上城年鉴

(2018)

杭州市上城区地方志编纂委员会办公室 编

方志出版社

图书在版编目（CIP）数据

上城年鉴. 2018 / 杭州市上城区地方志编纂委员会办公室编.
—北京：方志出版社，2018.11
ISBN 978-7-5144-3423-1

Ⅰ. ①上… Ⅱ. ①杭… Ⅲ. ①区（城市）—杭州—2018—年鉴
Ⅳ. ①Z525.54

中国版本图书馆 CIP 数据核字(2018)第 261383 号

上城年鉴（2018）

编　　者：杭州市上城区地方志编纂委员会办公室
责任编辑：陈　菁
出 版 人：冀祥德
出 版 者：方志出版社
地址　北京市朝阳区潘家园东里 9 号（国家方志馆 4 层）
邮编　100021
网址　http：//www.fzph.org
发　　行：方志出版社图书经销中心
电话（010）67110500
经　　销：各地新华书店
印　　刷：浙江海虹彩色印务有限公司
开　　本：889×1194　　1/16
印　　张：25
字　　数：648 千字
版　　次：2018 年 11 月第 1 版　2018 年 11 月第 1 次印刷
印　　数：001~500 册
ISBN 978-7-5144-3423-1　　定价：360.00 元

编辑说明

一、《上城年鉴》是中共上城区委、上城区人民政府主办，中共杭州市上城区委党史研究室（杭州市上城区地方志编纂委员会办公室）承编的年度资料性文献，系统记述上城区自然、政治、经济、文化、社会等方面的基本情况，为社会各界了解和研究上城区提供丰富、翔实的信息资料。

二、《上城年鉴（2018）》为第13卷。本卷年鉴以马克思列宁主义、毛泽东思想、邓小平理论、“三个代表”重要思想、科学发展观和习近平新时代中国特色社会主义思想为指导，全面反映2017年上城区围绕争做“四个标杆区”、高质量推进一流的国际化现代化城区建设的目标，努力提升发展、文化、生态、健康、平安五大品质，推动区域经济社会稳步健康发展的基本情况及重大事件。

三、本卷年鉴依据事物的发展变化，对以往的类目和分目设置进行适当调整，增设法治政府建设、国有资产监督管理、投资与管理、家庭教育、校外教育等分目。编排采用分类法，由类目、分目、条目3个层次构成。以条目作为记述的主要形式，条目标题统一用黑体加【】表示。全书基本内容分为综合情况、动态信息、辅助资料三大部分。综合情况部分设特载、总述、专记3个专栏。动态信息部分设上城区委、上城区人大、上城区政府、上城区政协、纪检监察、民主党派与工商联、群众团体、法治、军事、经济综合管理、工业、城区建设管理、环境保护、社会生活、街道等部类。辅助资料有大事记、统计资料和附录。全书设类目33个、分目182个，收入条目1122条、随文照片96幅、表格30张、图片1张、附属资料38篇。卷首刊有热点聚焦、领导调研、创新转型、文化传承、品质生活、社会治理、美丽上城等内容的照片。

四、本卷年鉴记载时限为2017年1月1日至12月31日。特载部分提前收录2018年1月16日的政府工作报告，以保持相关内容的完整性。

五、本卷年鉴具有双重检索系统，卷首刊有详细目录，同时设英文要目；卷末有主题分析索引。

六、本卷年鉴的统计数据均使用法定计量单位。数字用法、标点符号用法均执行国家新颁布的标准。

七、本卷年鉴中涉及上城区国民经济和社会发展的数据以区统计局数据为准。区统计局未统计的数据由各业务部门提供。由于统计口径不同，一些单位提供的数据与区统计部门提供的数据不尽相同，引用时请注意。

八、本卷年鉴载录的内容分别由上城区各有关部门和单位提供并署名，并经各部门和单位审核。书中如有疏漏或不足之处，敬请批评指正。

上城区地方志编纂委员会

顾　　问　陈　瑾
主　　任　金承涛
副 主 任　富永伟　王　歆
委　　员　周朝星　杨盛强　邬晓华　姚　杰　季黄辉
　　　　　章雅瑜　余德利　孙　锦　项海刚　杨　东
　　　　　陈宏萍　石荣祥　周　莹　鲁　军　钟　黎
　　　　　杜秀芬　毛学庆　孔兴桥　杜玉泉　范　丹
　　　　　洪梦君　陆　霞　赵　鹏　蒋晓斌　陈敏雅
　　　　　丁春早

上城年鉴编辑部

主　　编　陈敏雅
副 主 编　丁春早　朱洪昌　杨欣蔚
执行主编　许红霞
编　　辑　(按姓氏笔画排序)
　　　　　王　茜　王　琴　许红霞　刘　毅　高明明
　　　　　章　莉　楚克静　蔡　蕾　黎　颖

封面摄影　胡　鉴

2017 年 8 月 15 日，上城区举行“尚城·红星系”城市基层党建综合体项目发布会　　（区委组织部　供稿）

2017 年 11 月 24 日，上城区社会科学界联合会成立，并召开第一次代表大会　　（区委宣传部　供稿）

2017 年 10 月 20 日，上城区举办庆祝浙江省第 21 个环卫工人节表彰大会暨慰问演出活动　　（区城管局　供稿）

2017年11月14日，上城区举办陈浩同志先进事迹报告会暨“最美社工”颁奖典礼

（区民政局 供稿）

2017年2月28日，区委统战部、区工商联举办习近平总书记在全国政协民建、工商联界别委员会上重要讲话一周年专题论坛　（区工商联 供稿）

2017年，上城区开展社区组织换届工作。图为4月8日，定安路社区党委换届选举计票现场

（区委组织部 供稿）

2017 年 7 月 26 日，上城区举办“永远跟党走，军旗万代红”纪念中国人民解放军建立 90 周年文艺晚会暨区第五届群众合唱节活动 （陈建荣 摄）

2017 年 1 月 5 日，上城区举行“邻里价值观”践行活动年度总结暨第五届道德模范（最美邻里）颁奖仪式。图为区领导与道德模范合影 （区委宣传部 供稿）

2017年9月14日，中共中央宣传部副部长崔玉英（前排右二）调研清河坊历史文化街区反恐联盟工作，区委书记陈瑾（后排右一）陪同调研（清波街道 供稿）

2017年4月9日，中共中央统战部八局副巡视员郭焕龙（左二）调研上城区新社会阶层人士统战工作（区委统战部 供稿）

2017年6月1日，省委副书记、省长袁家军（左三）调研上城区特殊儿童关爱工作，省委常委、市委书记赵一德（左一），区委书记陈瑾（左二）陪同调研　　（区妇联 供稿）

2017年8月10日，浙江省军区司令员冯文平（左二）调研玉皇山南基金小镇，区委书记陈瑾（左一）、杭州警备区司令员任明龙（左三）陪同调研　　（区人武部 供稿）

2017年2月3日，市委副书记、市长张鸿铭（左三）到紫阳街道春江社区进行走访慰问，区委书记陈瑾（左二）陪同

（紫阳街道 供稿）

2017年10月1日，市委副书记、市长徐立毅（右二）调研湖滨派出所工作，区委副书记、区长金承涛（右一）陪同调研

（区公安分局 供稿）

2017 年 11 月 2 日，团省委书记朱林森（右三）调研上城区社会组织培育工作　　（清波街道 供稿）

2017 年 9 月 26 日，副市长缪承潮（右四）调研望江新城改造建设工作　　（望海潮公司 供稿）

迎十九大

2017年10月17日，清波街道柳翠井巷社区党员绣党旗，迎中共十九大

（清波街道 供稿）

2017年9月28日，南星街道举办“喜迎十九大，看南星巨变”摄影展

（南星街道 供稿）

2017年10月14日，区委组织部与望江街道联合举办“喜迎十九大，踏上新征程”——上城区“两学一做”学习闯关骑行活动（望江街道 供稿）

2017年10月18日，小营街道小营巷社区居民收看中共十九大开幕式 （李 忠 摄）

上城区运用城市管理“智能管控”平台加强精细化管理　　（区委宣传部　供稿）

公安巡特警 PTU（机动部队）队员在清河坊历史文化街区巡逻　　（区公安分局　供稿）

2017 年 6 月 24 日，第三届全球私募基金西湖峰会在玉皇山南基金小镇举行
(区委宣传部 供稿)

2017 年 11 月 8~10 日，上城区在杭州凯悦酒店举办浙江·杭州国际人才交流与项目合作大会上城分会。图为大会现场 (区委组织部 供稿)

2017 年 11 月 19 日，杭州娃哈哈集团有限公司举行公司创立 30 周年庆典活动。图为庆典大会全景
(杭州娃哈哈集团有限公司 供稿)

2017 年 6 月 8 日，Google AdWords 杭州体验中心在望江智慧产业园举行启动仪式　　（李　忠 摄）

2017 年 10 月 14 日，“在华世界 500 强企业体育系列赛”羽毛球赛在白塔公园全民健身中心举行，物产中大集团股份有限公司代表队获羽毛球赛冠军　　（区文广新局 供稿）

提升改造后的南星街道馒头山社区商议坊　　(张建萍　摄于2017年5月5日)

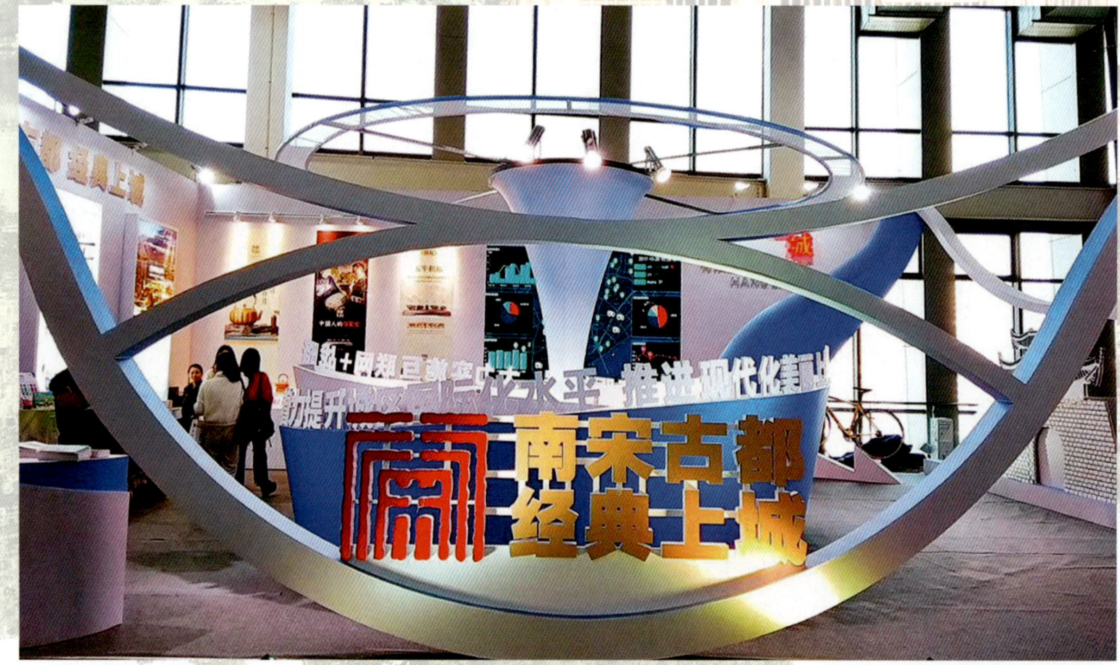

2017年10月26~29日，第四届中国（杭州）国际电子商务博览会暨第一届跨境电商进口博览会在杭州白马湖国际会展中心举行。图为博览会上城馆　　(区商务局　供稿)

全国爱国卫生运动纪念馆 （李　忠　摄于2017年5月10日）

毛主席视察小营巷纪念馆 （李　忠　摄于2017年5月10日）

红巷生活馆 （李　忠　摄于2017年5月10日）

①	②
③	

① 俯瞰八卦田

（艾　琳　摄于 2017 年 3 月 31 日）

② 江洋畈生态公园

（胡　鉴　摄于 2017 年 4 月 28 日）

③ 鼓楼一带风貌

（阮　晓　摄于 2017 年 12 月 21 日）

百年傳承名醫好藥

①	②	③
④		

2017 年 5 月 6 日，“杭州夜十景”发布，上城区的“河坊霓光”“湖滨水乐”“山阁览辉”3 处夜景入选

①“湖滨水乐”夜景 （吴海平 摄）
②“山阁览辉”夜景 （杨照夫 摄）
③“河坊霓光”夜景 （徐 晖 摄）
④ 五柳巷历史街区夜景 （小营街道 供稿）

2017年11月8日，清波街道举办南宋文化节“清波活动月”活动　　(陈建荣　摄)

2017年6月23日，南宋皇城小镇客厅“南宋记忆”文化体验馆揭牌，并免费向公众开放

(杭州清河坊资产管理有限公司　供稿)

2017 年 2 月 1 日，上城区在吴山广场举行舞龙表演庆祝新年　　（张建萍　摄）

2017 年 11 月 10 日，杭州吴山庙会开幕式暨伍子胥祭祀大典在伍公庙举行　　（李　忠　摄）

2017年4月1日，上城区举办以“传承南宋文脉，吟诵风雅上城”为主题的“清明诗会”

（陈建荣 摄）

2017年4月25日，上城区举办第七届文艺团队艺术节

（区文广新局 供稿）

2017年11月28日，湖滨街道涌金门社区盛之花舞蹈队在滨江区体育馆参加排舞大赛。图为获浙江赛区常青组团体第一名的舞蹈节目《万紫千红总是春》

（湖滨街道 供稿）

2017 年 6 月 27 日，“宋韵新生·南宋文化主题创意展”在“尚城 1157·利星”商业综合体举行。图为主题创意展展品

（区委宣传部 供稿）

2017 年 6 月 8 日，上城区组织开展文化和自然遗产日活动

（李 忠 摄）

2017 年 8 月 22 日，上城区文化馆参加“一带一路”国家风情摄影展（尼泊尔站）

（陈建荣 摄）

梵天寺经幢

(张建萍 摄于2017年5月)

太平天国听王府

(李 忠 摄于2017年7月11日)

闸口机务段遗址。

图为修复的原闸口机务段厂区面貌

(邱东明 摄于2017年5月21日)

郭婆井

（胡　鉴 摄于2017年6月9日）

龙泉青瓷陈列室

（邱东明 摄于2017年5月26日）

荷花池头迎宋莲

（李　忠 摄于2017年5月7日）

杭州传统技艺展

(吴海平　摄于2017年6月4日)

上城区非物质文化遗产展示馆

(李　忠　摄于2017年12月28日)

2017年10月27日至11月1日，上城区举办第七届中国民间艺人节。图为艺人节上的草编技艺展示

(杭州清河坊资产管理有限公司　供稿)

即将拆迁的杭州面粉厂
（李　忠　摄于2017年3月29日）

2017年4月14日，望江街道组织开展“绘出我心中的望江新城”活动
（李　忠　摄）

梵天寺路3D墙画
（李　忠　摄于2017年5月2日）

2017 年 1 月 4 日，南星街道水澄桥社区开展送腊八粥到工地活动　　（李　忠　摄）

2017 年 11 月 15 日，湖滨街道青年路社区举办社区邻居节活动　　（李　忠　摄）

2017 年 1 月 26 日，清波街道源茂里小区开展“福在源茂里”迎新春活动　（李　忠　摄）

2017 年 10 月，杭州新世纪外国语学校湖畔校区启用（区教育局 供稿）

2017 年 6 月 30 日，上城区教育系统举行庆祝中国共产党成立 96 周年暨“上城教育向党报告”主题教育活动（区教育局 供稿）

2017 年 1 月 16 日，上城区举行“有一种责任叫民安”上城平安卫士向人民报告晚会。图为区领导与平安卫士合影（区公安分局 供稿）

2017 年 4 月 6 日，上城区残疾人艺术中心举办“白瓷釉上彩”技能培训（李 忠 摄）

2017 年 5 月 11 日，区残联举办第 27 个全国助残日“名师授艺”活动（区残联 供稿）

2017 年 3 月 10 日，清波街道举办“书香换花香”进小学传递爱与美活动

（清波街道 供稿）

2017 年 7 月 13 日，上城区在杭州低碳科技馆举办科普夏令营活动

（区关工委 供稿）

2017 年 10 月 31 日，区关工委举办“浙江好家风”读书演讲比赛

（区关工委 供稿）

整治后的新开河　　（胡　鉴　摄于 2017 年 6 月 8 日）

“五水共治”主题公园　　（李　忠　摄于 2017 年 3 月 21 日）

龙山河新貌　（胡　鉴　摄于2017年4月2日）

俯瞰贴沙河　（王　川　摄于2017年5月18日）

目 录

Contents

特 载

专 记

上城概况

大事记

现代产业生态圈

中国共产党上城区委员会

上城区人民代表大会及其常务委员会

上城区人民政府

政协上城区委员会

纪检监察

民主党派与工商联

群众团体

法　治

军　事

特色产业与街区

人力资源和社会保障

对外经济贸易与区域合作

工业经济

财政·税务

城区建设与管理

环境保护

科学技术

教育

文 化

卫 生

体　育

社会·生活

街 道

人物

统计资料

附录

主题索引

Features

Special Records

General Situation of Shangcheng District

Chronicles of Events

Modern Industrial Ecosphere

Shangcheng District Committee of Hangzhou Committee of the CPC

People' s Congress Standing Committee of Shangchegn District

People's Government of Shangcheng District

Shangcheng District Committee of the CPPCC

Disciplinary Inspection & Supervision

Democratic Parties & Association of Industry Commerce

Mass Organizations

Rule of Law

Military

Characteristic Industry and Characteristic Urban Block

Integrated Economic Management

Human Resources and Social Security

Foreign Economic Trade and Regional Cooperation

Industrial Economy

Finance and Tax Administration

Urban Construction and Administration

Environmental Protection

Science and Technology

Education

Culture

Public Health

《上城年鉴》部分组织机构全称简称对照

全　称	简　称
中共杭州市上城区纪律检查委员会、区监察委员会	区纪委、区监委
中共杭州市上城区委办公室	区委办公室
杭州市上城区人民代表大会常务委员会办公室	区人大常委会办公室
杭州市上城区人民政府办公室	区政府办公室
政协杭州市上城区委员会办公室	区政协办公室
中共杭州市上城区委组织部	区委组织部
中共杭州市上城区委老干部局	区委老干部局
中共杭州市上城区委党史研究室 (杭州市上城区地方志编纂委员会办公室)	区委党史研究室（区地方志办公室）
中共杭州市上城区委宣传部	区委宣传部
中共杭州市上城区委统一战线工作部	区委统战部
中共杭州市上城区委政法委员会	区委政法委
杭州市上城区机构编制委员会办公室	区编委办
中共杭州市上城区直属机关工作委员会	区直机关工委
中共杭州市上城区委、杭州市上城区人民政府信访局	区信访局
杭州市上城区档案局	区档案局
杭州市上城区发展改革和经济信息化局	区发改经信局
杭州市上城区教育局	区教育局
杭州市上城区科学技术局	区科技局
杭州市上城区民族宗教事务局	区民族宗教局
杭州市上城区人民政府侨务办公室	区侨办
杭州市上城区民政局	区民政局
杭州市上城区司法局	区司法局
杭州市上城区财政局	区财政局

全　称	简　称
杭州市上城区人力资源和社会保障局	区人力资源和社会保障局
杭州市上城区住房和城市建设局	区住房和城建局
杭州市上城区商务局	区商务局
杭州市上城区风景旅游局	区风景旅游局
杭州市上城区文化广电新闻出版局	区文广新局
杭州市上城区卫生和计划生育局	区卫计局
杭州市上城区审计局	区审计局
杭州市上城区统计局	区统计局
杭州市上城区市场监督管理局	区市场监管局
杭州市上城区城市管理局（城区城市管理行政执法局）	区城管局（区城管执法局）
杭州市上城区安全生产监督管理局	区安全监管局
杭州市公安局上城区分局	区公安分局
杭州市上城区电子机械功能区管理委员会	区电子机械功能区管委会
杭州市上城区行政审批服务管理办公室	区审管办
杭州市城站广场管理委员会	城站广场管委会
杭州市上城区总工会	区总工会
中国共产主义青年团杭州市上城区委员会	团区委
杭州市上城区妇女联合会	区妇联
杭州市上城区社会科学界联合会	区社科联
杭州市上城区科学技术协会	区科协
杭州市上城区残疾人联合会	区残联
杭州市上城区工商业联合会	区工商联
杭州市上城区红十字会	区红十字会
中国人民解放军杭州市上城区人民武装部	区人武部
杭州市上城区人民法院	区法院

全　称	简　称
杭州市上城区人民检察院	区检察院
杭州市国土资源局上城分局	区国土分局
杭州市望江地区改造建设指挥部	望江指挥部
杭州市湖滨地区商贸旅游特色街居建设整治指挥部	湖滨指挥部
杭州市清河坊历史街区管理委员会	清河坊管委会
杭州市玉皇山南基金小镇管理委员会	基金小镇管委会
杭州市上城区望江智慧产业园发展中心	望江智慧产业园
杭州市上城区绿化委员会办公室	区绿化办
杭州市上城区国家税务局	区国税局
杭州市地方税务局上城税务分局	上城地税分局
杭州市公安局交通警察支队上城大队	上城交警大队
杭州市规划局上城规划分局	上城规划分局
杭州市环境保护局上城环保分局	上城环保分局
杭州市公安消防支队上城区大队	上城消防大队
杭州市上城区人民政府湖滨街道办事处	湖滨街道
杭州市上城区人民政府清波街道办事处	清波街道
杭州市上城区人民政府小营街道办事处	小营街道
杭州市上城区人民政府望江街道办事处	望江街道
杭州市上城区人民政府南星街道办事处	南星街道
杭州市上城区人民政府紫阳街道办事处	紫阳街道

高举习近平新时代中国特色社会主义思想伟大旗帜 高质量推进一流的国际化现代化城区建设

——在区委十届四次全体(扩大)会议上的报告

(2017 年 12 月 29 日)

中共上城区委书记　陈　瑾

同志们：

这次区委全会的主要任务是：高举习近平新时代中国特色社会主义思想伟大旗帜，全面贯彻党的十九大精神、中央经济工作会议精神，认真落实省委、市委各项决策部署，不忘初心、牢记使命，对接省市发展战略、对标国内一线城市中心城区、对照不平衡不充分发展实际，瞄准目标、苦干实干，努力争做“四个标杆区”，高质量推进一流的国际化现代化城区建设，奋力谱写新时代中国特色社会主义上城篇章。下面，我代表区委常委会向全会作报告。

一、进一步坚定进入新时代开创新发展的信心决心

2017 年是喜迎党的十九大和学习宣传贯彻党的十九大精神的重要一年，也是我们抢抓“后峰会前亚运”机遇的关键一年。一年来，我们深入学习贯彻习近平新时代中国特色社会主义思想，按照省委、市委的总体要求和决策部署，团结带领全区广大党员干部群众，全力争做“四个标杆区”，加快建设一流的国际化现代化城区，经济社会各项事业取得较好成效。预计全年实现地区生产总值 1010 亿元，同比增长 6%，首次突破千亿元；财政总收入 144 亿元，同比增长 12%；一般公共预算收入 72.6 亿元，同口径增长 9%；固定资产投资 120 亿元，同比增长 10%；社会消费品零售总额 396.6 亿元，同比增长 10.8%，较好完成年初确定的各项目标任务。成功夺得“大禹鼎”“平安金鼎”，获得全国未成年人思想道德建设先进单位等国家级、省级、市级荣誉 136 项，爱国卫生、垃圾分类和群团改革等工作得到中央领导充分肯定。

一年来，我们集中精力抓好以下七项工作：

（一）以学习宣传贯彻党的十九大精神为主线，进一步落实中央和省市决策部署。坚持把迎接党的十九大胜利召开摆在突出位置，注重思想武装，抓实两级理论中心组学习，切实增强“四个意识”。围绕“喜迎十九大”主题，加大社会理论宣传力度，营造喜迎党的十九大浓厚舆论氛围。认真分析研判全区经济社会发展形势，深入开展社会矛盾纠纷、不稳定因素排查化解和安全生产大整治，扎实做好信访工作。持续深化平安上城、法治上城建设，各类警情和发案连续三年大幅下降，社会治安安全感位列全市前茅，全区未发生重特大食品安全事故和安全生产事故，打赢十九大维稳安保工作硬仗。党的十九大闭幕后，区委第一时间召开全区领导干部大会传达学习党的十九大精神，组建区委党的十九大精神宣讲团，组织开展多层多样的学习宣讲，把党的十九大精神和习近平新时代中国特色社会主义思想传达到每一个支部、每一名党员，确保中央和省市决策部署在上城落地生根。

（二）以“最多跑一次”改革为龙头，进一步推进全面深化改革。认真落实中央和省委、市委关于全面深化改革的决策部署，顺利完成省对市、区改革满意度评估考核各项任务。坚持以“最多跑一次”改革为龙头撬动各领域各方面改革，推进我区6大类20项重点改革任务落地，企业“最多跑一次”满意度测评位居全市第一。持续深化体制机制改革，推动山南基金小镇专业化、国际化、市场化，统筹谋划南宋皇城小镇、望江金融科技城管理体制改革思路。探索设立华东首家独立建制的派出“金融法庭”，首创全国“金融纠纷一站式化解平台”，为金融市场的持续健康发展提供司法保障。稳步推进监察体制改革，实施全国首例留置措施，为深化国家监察体制改革提供上城样本。成立上城区社会科学界联合会，积极抓好工青妇群团改革试点。

（三）以“一号工程”升级版为引擎，进一步加快发展动能转换。全面实施创新驱动发展战略，深入推进供给侧结构性改革，经济结构更趋合理，五大主导产业税收对全区总量贡献达70%。“一圈两镇三园”六大平台支撑带动作用明显，山南基金小镇成为省级首批命名的特色小镇，提前实现入驻企业、资产管理规模、税收收入“三个翻一番”目标；南宋皇城小镇成功入围第三批省级特色小镇创建名单；小营智慧健康产业园进驻健康类企业近400家，科技工业园引进智能制造企业600余家，望江智慧产业园集聚信息经济类企业4000余家，成为引领全区创新发展的智慧高地。深入推进“双创”战略，新增国家级众创空间3家、国家高新技术企业14家。全面深化金融人才管理改革试验区建设，首次承办杭州国际人才交流与项目合作大会上城分会、2017中国（杭州）移动互联网大会、“工业智造·杭州大会”以及董秘百人会论坛等重大活动，吸引各类高端人才3300余名。积极参与“凤凰行动”计划，鼓励和支持企业上市融资、并购重组，新增上市企业3家、累计13家，“新三板”挂牌3家、累计18家。

（四）以“城市国际化”战略为抓手，进一步提升上城影响力。深入研究、积极推进城市国际化，制定上城区国际化标准与评价体系，入选中国城区国际化指数前八强，荣获“2017中国全面小康十大示范县市”。积极主动融入和服务“钱塘江金融港湾”“拥江发展”等重大战略，大力发展开放型经济，利用外资2.2亿美元，引进中电数据、中兴金控等重大项目17个。加快推进旅游国际化，三大特色旅游街区接待游客3100万人次，旅游税收收入增长10.7%。加强文化国际交流，用好G20峰会金字招牌，办好第三届全球私募基金西湖峰会、中国杭州名师名校长国际论坛、南宋文化节系列活动。加快推进南宋文化创意影视基地建设，电影频道1905电影网杭州分公司顺利落户馒头山，“最忆是杭州”室内版落户东坡剧院。培育和践行社会主义核心价值观，坚持把G20服务精神融入城市发展基因，扎实做好全国文明城市复评工作，开展“最美家庭”“最美社工”“身边好人”评选活动，积极推进公民道德建设，提升城市文明程度和开放包容程度。

（五）以“四个全域化”攻坚战为牵引，进一步推动城市有机更新。主动对接“拥江发展”战略，制定上城区分区规划，统筹深化望江金融科技城、南宋皇城小镇、小营智慧健康产业园等发展规划，提档山南基金小镇建设和科技工业园二次发展规划，拉开城市发展新框架。举全区之力打好“四个全域化”攻坚战，以前所未有的力度、速度、强度持续推进和谐征收、拆违治危，完成征收5741户、“清零”项目30个、拆违治危19.3万平方米，腾出1平方公里发展空间，成功出让3个地块。紧紧抓住中央环保督察契机，全面实施环境综合治理，完成中东河截污纳管、雨污分流等治水工程，全流域水质达到Ⅲ类以上，水气声废等各项指标持续向好，生态环境和城区功能相融发展。做精做细城市管理，统筹推进景观绿化、夜景照明、市政设施、国际化标识提升工程以及环境秩序综合治理，扎实开展共享单车整治，“五化”工作持续领先，垃圾分类成绩保持全市第一。

（六）以“四个全覆盖”工程为目标，进一步增强人民群众获得感。坚持以人民为中心，出台争做生活品质标杆区实施意见，乘势而上着力解决一批事关民生的重大问题，推进优质教育、医疗、养老、服务“四个全覆盖”。抓好“名校就在家门口”工程，探索“名校集群发展”，全面提升教育优质均衡水平。推进健康上城行动，深化全科医生签约服务，有效防控“登革热”疫情，建成全国爱国卫生运动纪念馆。深化“智慧餐饮”应用，成功创建浙江省首批食品安全区。完善养老服务体系，深化“医养”结合，推进养老服务业改革试点，获评浙江省首批老年友好城市。试点推广“3+X”社区为民惠民综合体建设，顺利通过全国第三批社区治理和服务创新实验区中期评估。完善就业创业政策，社会保障水平稳步提升。扎实推进为民办实事，实施省内首部老旧小区加装电梯试点，保障房、停车场（库）、配套道路、改绿扩绿等项目稳步推进，人民群众幸福感持续提升。

（七）以“三联三领”机制为统领，进一步抓实全面从严治党。深入推进“两学一做”学习教育常态化制度化，创新推出具有上城特色的“三联三领”活动，发动全区广大党员干部深入一线攻坚克难，协调解决民生问题1000余件，涌现出一大批陈浩式的优秀共产党员和铁军排头兵。夯实城市基层党建基础，圆满完成社区组织换届，在全市率先打造“尚城·红星系”城市基层党建综合体，推动党建工作与城市发展深度融合。树立基层、实绩导向，选准用好干部，切实加强领导班子和干部队伍建设。全面加强党风廉政建设和反腐败工作，压紧压实“两个责任”，推动管党治党责任落到实处。驰而不息正风肃纪，持之以恒落实中央八项规定精神，“四风”问题、“三不”行为得到有效遏制。用好“四种形态”监督执纪，保持惩治腐败高压态势，进一步营造风清气正的政治生态。牢牢掌握意识形态工作领导权，落实意识形态工作责任制。着力巩固统一战线，启动“同心文化”系列工程，“智和同心荟”实践创新基地成功入选全国创新试点。

一年来，区委常委会特别强调讲政治、抓统筹、严作风、求实效，团结带领全区人民同心戮力、共谋发展。支持人大及其常委会依法行使监督、决定和任免职权，支持人民政协履行政治协商、民主监督和参政议政职能，重视发挥人大代表、政协委员作用。民族宗教、对台、侨务等统一战线功能巩固完善，民主党派、工商联、无党派人士的作用进一步发挥，老干部、档案、科协、残联、红十字会等工作取得新成绩，工青妇群团桥梁纽带作用切实提升。国防动员、双拥共建等工作积极推进，军民融合深度发展。对口支援和城乡区域统筹工作有序开展。

成绩来之不易，离不开上级党委政府的正确领导，离不开全区人民的共同努力，更离不开全区各级党组织、广大党员干部、离退休老干部和民主党派、工商联、无党派人士等各方面的拼搏进取。在此，我代表区委，向在座的各位同志并通过你们向全区各级党组织和广大干部群众表示衷心的感谢和崇高的敬意！

同时，随着中国特色社会主义进入新时代，上城经济社会发展也面临着不平衡不充分的问题和挑战，比如：新旧动能转换还没有完全到位、新的经济增长点还有待于培育，民生服务均衡化多样性供给不足，社会领域潜在的风险依然存在等等，我们必须高度关注、妥善应对，更加积极有为、锐意进取，奋力推进新时代上城经济社会新发展。

二、全力推动党的十九大精神在上城落地生根

勇担新使命，谱写新蓝图。全区上下务必把学习宣传贯彻党的十九大精神和省委、市委全会精神作为当前以及今后一段时期的首要政治任务，在学懂、弄通、做实上下功夫，切实把十九大精神转化为推动“四个标杆区”建设的不竭动力。

（一）深入贯彻党的十九大精神，必须坚定不移高举习近平新时代中国特色社会主义思想伟大旗帜。习近平新时代中国特色社会主义思想是全党智慧的结晶，系统回答新时代坚持和发展什么样的中国特色社会主义、怎样坚持和发展中国特色社会主义这一重大时代课题，是当代的马克思主义、行动的马克思主义、发展的马克思主义，开辟中国特色社会主义新境界。深入学习贯彻党的十九大精神，必须注重从思想上抓落实，切实增强对习近平新时

代中国特色社会主义思想高度的政治认同、思想认同、理论认同，坚定不移把习近平新时代中国特色社会主义思想作为做好上城各项工作的“定盘星”，在战略部署上“扣扣子”，在责任履行上“担担子”，在任务落实上“钉钉子”，坚持学思践悟、融会贯通、知行合一，真正把科学理论转化为指导上城实践的强大力量。

（二）深入贯彻党的十九大精神，必须全面落实新时代中国特色社会主义新征程战略部署。党的十九大为我们擘划中华民族伟大复兴新征程的“光明图景”。根据省委、市委相关要求，区委制订了《关于高举习近平新时代中国特色社会主义思想伟大旗帜，高质量推进一流的国际化现代化城区建设的意见》，提出上城2020年到本世纪中叶工作部署和奋斗目标，明确加快建设现代化经济体系、积极发展社会主义民主政治、大力推动上城文化繁荣兴盛、全面推进富民惠民安民、开辟“绿水青山就是金山银山”的新境界以及坚定不移全面从严治党六项重要任务。这个文件既是对中央和省委、市委战略部署的贯彻、工作要求的衔接，又较好结合上城实际、体现上城特色，为继续推动上城在新时代走在前列、在新征程勇当尖兵指明方向。

（三）深入贯彻党的十九大精神，必须牢牢把握新时代社会主要矛盾发生转化重大政治论断。中国特色社会主义进入新时代，我国社会主要矛盾已经转化为人民日益增长的美好生活需要和不平衡不充分发展之间的矛盾。我们要深刻认识这一重大论断具有划时代意义，紧扣矛盾发生变化提出的新要求，全力争做“四个标杆区”。围绕创新转型，进一步促进结构优化和产业升级，推动质量变革、动力变革和效率变革；围绕文化传承，进一步完善公共文化服务体系，深入实施文化惠民工程，丰富群众文化生活；围绕生活品质，进一步解决好教育、医疗、保障、环境等关键问题；围绕社会治理，进一步增进社会公平，推进政府管理重心下移、服务延伸，打造共建共治共享的社会治理格局，全力推动上城实现新发展。

（四）深入贯彻党的十九大精神，必须始终坚守干在实处走在前列勇立潮头的争先意识。全面落实党的十九大精神，前提是学，关键在做。按照省委提出“在贯彻十九大精神上干在实处走在前列勇立潮头”的要求，我们必须把习近平新时代中国特色社会主义思想贯彻到社会主义现代化建设全过程各方面，尤其在争做“四个标杆区”进程中，坚持全面对标找差距、善于对标谋发展、定向对标争一流，真诚向国内一流、国际公认的大都市学习，开展创新转型学深圳、文化传承学北京、社会治理学上海“三学”行动，力争在规划建设、产业布局、人才集聚、城市管理、社会治理、民生服务等各方面体现引领，不断校准发展方向、集聚发展动能、提升发展效益，高质量推进一流的国际化现代化城区建设，全力当好学习贯彻党的十九大精神的排头兵。

三、高质量推进一流的国际化现代化城区建设

全力争做“四个标杆区”，高质量推进一流的国际化现代化城区建设，是党的十九大精神和省市决策部署在上城的生动实践。一直以来，上城经济社会各项事业始终保持健康快速发展。随着社会主要矛盾的转化，解决好发展不平衡不充分问题日益成为我们工作的重点。2018年是贯彻党的十九大精神的开局之年，是改革开放40周年，也是“十三五”规划承上启下的关键一年。我们要在继续推动发展的基础上，大力提升发展质量和效益，高质量推进一流的国际化现代化城区建设，更好满足人民日益增长的美好生活需要。

明年工作的总体思路是：高举习近平新时代中国特色社会主义思想伟大旗帜，全面贯彻党的十九大精神，认真落实省、市决策部署，大力弘扬“红船精神”，时刻秉持“浙江精神”，紧紧围绕建设“一流的国际化现代化城区”总目标，坚持党建统领，着力加快创新转型、着力推进文化传承、着力提升生活品质、着力优化社会治理，努力在全省“两个高水平”建设中走在前列，在全市打造“世界名城”进程中争创一流，高质量推进一流的国际化现代化城区建设。

建议2018年经济社会发展主要目标安排：地区生产总值增长5%，服务业增加值增长9%，一般公共预算收入增长8%，固定资产投资增长8%，社会消费品零售总额增长9%。金融支持实体经济力度不断加大，上市企业、高新技术企业、众创空间数量稳步增加，创新引领能力在全市持续走在前

列；推进“四个全域化”攻坚战，全面扫尾望江地区征收，在全市城中村改造中持续走在前列；加大力度推进教育、医疗、养老、服务“四个全覆盖”工程，民生优质均衡水平在全市持续走在前列。

围绕“高质量”目标要求，重点抓好九项工作：

（一）高质量抓好党的十九大精神学习宣传贯彻。始终坚定不移高举习近平新时代中国特色社会主义思想伟大旗帜，切实将党的十九大精神落实到上城发展的各个领域各个方面。深入学习领会。全面抓好党的十九大精神学习，做到学深悟透，更加坚定不移忠诚核心、拥戴核心、维护核心。认真组织“不忘初心、牢记使命”主题教育，引导全区党员干部读原著、学原文、悟原理，牢固树立“四个意识”，增强“四个自信”。切实抓好“千名书记万名党员大轮训”，凝聚共识，统一行动，推动各项工作落实。深入开展宣传。组织“百支宣讲团、千名宣讲员”集中宣讲活动，推动党的十九大精神进企业、进机关、进校园、进社区、进网格。运用《上城报》、上城网和上城发布等平台，宣传报道学习贯彻党的十九大精神典型事例及学习成果。大兴调查研究之风，各级领导干部要带头调研、经常调研，扑下身子，沉到一线，全面了解情况，深入研究问题，找到破解难题的办法和路径。深入贯彻落实。引导全区党员干部把学习贯彻习近平新时代中国特色社会主义思想和抓好上城各项工作紧密结合起来，融会贯通、学以致用。坚持实干导向，脚踏实地干实事，开拓创新善干事，常抓不懈干成事，在全力拼搏中干出上城加速度，创造出经得起历史和群众检验的业绩。

（二）高质量推动经济转型升级。始终坚定不移把发展作为第一要务，把做大“亩产”作为转型升级的着力点，进一步优化经济结构、提升产业层次。抓好市委“一号工程”。牢牢把握创新发展第一动力，进一步完善“科技+金融”服务体系，构建适合新时代上城发展的现代产业体系。以思科（中国）总部为龙头，重点布局以互联网、物联网、大数据、人工智能为核心的信息技术企业，形成具有上城特色的智慧经济产业集群。加快出台上城区“凤凰行动”计划实施方案，支持企业上市和并购重组，冲刺三年之内上市企业翻一番的目标。抓好平台提升工程。着力提升“一圈两镇三园”六大平台。顺应消费升级趋势，推进传统市场转型，加快大湖滨商圈提档升级，打造华东最美商圈；做优发展规划，服务实体经济，防范金融风险，深耕山南基金小镇2.0版；结合历史文化建筑保护利用，提升文化旅游内涵，打响南宋皇城小镇品牌；精准聚焦高端医疗、生命科学、信息技术、金融科技等产业，不断提升小营智慧健康产业园、科技工业园和望江智慧产业园（望江金融科技城）的高端企业集聚度，强化发展驱动引擎。抓好总部招引工程。做好“筑巢引凤”“腾笼换鸟”两篇文章，提升建设好一批现代高端楼宇。改革招商机制，深化平台招商，着力引进世界500强、央企国企、民营500强、浙商回归等高端总部项目，积极培育一批具有国际竞争力的创新型领军企业，着力打造一批亿元楼宇。

（三）高质量深化体制机制改革。始终坚定不移将改革进行到底，自我革新、自我完善，不断增进上城体制机制新优势。在“最多跑一次”改革上求突破。以提高满意度、实现度为工作方向，深化互联网+、大数据等在政务服务、投资项目审批等方面的应用，全面实现“一窗受理”“一证通办”“一次办结”，确保“最多跑一次”改革覆盖100%的民生事项和企业事项，着力塑造“四最”体系，让企业和群众享受改革便利。在经济体制改革上求突破。深化投融资体制改革，激发发展活力、做大做强平台，带动更多社会资本和民间投资。全面盘活国有资产，提升国有资本运营效率，推动国有资本做强做优做大。进一步理顺南宋皇城小镇、望江金融科技城管理体制，切实提升专业化、市场化水平。在社会治理体制改革上求突破。按照市委统一部署，实施街道行政体制改革，理顺内外关系，增强街道活力。完善以“三社联动”为核心的社区治理体系，争创全国社区治理和服务创新实验区。按照“有事好商量，众人的事情由众人商量”的要求，深化党组织引领下的基层协同治理机制，充分发挥群团和社会组织作用，提升居民自治水平。

（四）高质量优化空间发展格局。始终坚定不移秉持人民城市为人民的理念，遵循和顺应城市发展规律，坚持城市有机更新，提升城市品质，打造现代气质、国际风范的新上城。全方位融入“拥江发展”。对标一线城市中心城区，结合上城分区规划实施，大格局大手笔谋划城市新空间。坚持城市设计与详规同步进行，加快布局以8公里黄金江岸线和山南基金小镇、南宋皇城小镇、望江金融科技城为核心的“一轴三组团”拥江发展格局。加强与具有较高知名度的国际企业和大型央企的对接合作，高水准规划设计，把望江新城打造成为彰显地域特征、城市特质、时代风貌的传世精品。全方位优化空间利用。紧抓地铁时代机遇，优化沿线（地铁）空间布局，推进吴山广场、湖滨地区等地下空间开发利用，使地下空间互联互通、协同发展。集约高效利用地上空间，规划实施一批生态保护、公共文化服务、交通基础设施和产业重大项目，优化地上商业、配套、民生等设施布局，营造舒适共享的人居环境。引导、鼓励业态调整和产业升级，盘活优化存量空间资源。全方位推进征收建设。继续打好“四个全域化”攻坚战，稳步实施征收4000户，出让土地110亩，完成“无违建区”创建，为城市发展进一步拓展空间。加大货币安置和异地安置力度，着力疏解主城区非核心功能、优化人口结构。加快重点基础设施建设，带动一批大项目大工程落地，全面提升城市人居品质和综合承载能力。

（五）高质量提升城区国际化水平。始终坚定不移推进城市国际化，借力国家和省市战略机遇，以开放带动发展，全面提升城区国际化水平。推进国际化交流。对接“一带一路”战略枢纽杭州行动方案，支持企业开拓海外市场，积极帮助企业“走出去”。深化国际金融、人文等方面的合作交流，加强同伦敦、纽约等国际金融中心以及美国格林威治小镇的友好交流和互惠合作，引进更多国际重要影响力的母基金、创投资本，提高全球私募基金西湖峰会、董秘百人会等国际会议的承载服务能力。集聚国际化人才。深化金融人才管理改革试验区和人才生态示范区建设，落实好“1211”、金融人才等政策，积极建设“上城区海外高端人才创新中心”，集聚更多创新创业人才，提升金融服务、科技创新等行业人才的国际化水平。探索教育国际化新模式，加强国际理解教育，增强融入国际社会、同国际社会交往的能力。完善国际化配套。大力实施“标准化+”“国际化+”行动计划，积极构建完善国际化标准和评估体系。加大软硬件投入，营造国际化社区服务配套，打造春江社区、白塔岭社区等一批具有上城地域特色、与国际接轨、和谐幸福的示范样板。全面提升商贸旅游国际化水平，努力使上城成为杭州国际旅游休闲中心的核心区域。

（六）高质量打造上城文化新高地。始终坚定不移做优秀文化的引领者和传承者，不断激发文化创新活力，提高文化软实力，使上城成为杭州世界名城的重要展示窗口。实施品牌提升战略。积极培育和践行社会主义核心价值观，持续深化和大力弘扬“红巷精神”“最美现象”“邻里价值观”等价值内涵，培育开放包容、多元共融的城市文化。结合纪念南宋定都杭州880周年等文化活动，办好南宋文化节，筹划拍摄南宋题材的电影和纪录片，擦亮南宋历史文化品牌，不断拓展对外交流传播渠道，提升上城文化知名度和影响力。实施文脉修复战略。在市委、市政府的统一部署下，积极谋划推进南宋皇城大遗址综保工程。加快推进五柳巷省级文化街区创建，实施三元坊巷、东平巷等百幢历史建筑保护和百处里弄墙门修缮工程，有序推进城市修补与有机更新。加强对思鑫坊、泗水坊等历史建筑的保护性开发，调整业态布局，协调建筑风貌，实现历史与现代的完美融合，打造杭州“历史建筑博物馆”。实施文旅融合战略。抢抓之江文化产业带发展机遇，策划推出多元化旅游产品，主打钱塘江夜游、“非遗”体验游、红色旅游和“南宋150”等主题游线，确保“最忆是杭州”室内版精彩亮相。加快扶持壮大一批重点企业和文创品牌，充分引导商贸旅游、信息技术等产业与文化产业相融合，积极打造“南宋文化旅游目的地”，全力创建省级“全域旅游示范区”。

（七）高质量落实富民惠民安民行动。始终坚定不移树立以人民为中心的发展思想，进一步提升群众生活品质与人居环境，满足人民群众对美好生活的向往。创建温馨舒适的美满生活。开展“美好教育”行动，加速推进教育配套项目建设，推动名校集群多元化发展，全力争创全国首批义务教育优质均衡区。以纪念毛主席视察小营巷爱国卫生运动

60周年为契机，全面建设健康上城，深化紧密型医联体、医养护一体化服务，推进全民健身运动，试点社区照料中心植入护理站，建设示范型街道照料中心。落实创业就业政策，争创“无欠薪”城区和充分就业城区。健全完善社会救助体系，关心关爱残疾人等弱势群体，确保在全面小康进程中一个都不落下。加快推进“厕所革命”、老旧小区加装电梯工作，扎实做好群众身边的“关键小事”。营造宁静和谐的美丽生态。推进绿色生态城区建设，严守生态红线，健全完善河长制，开辟“绿水青山就是金山银山”新境界。加快实施海绵城市改造试点，深入推进水、气、废等环境综合治理，坚决打赢蓝天、水域保卫战。积极推进绿色发展，开展创建绿色家庭、绿色学校、绿色社区和绿色出行等行动，倡导简约适度、低碳环保的生活方式。积极推进垃圾分类智慧管理和示范小区创建，全面实现垃圾零增量。建设安居乐业的美好家园。坚持和发展枫桥经验，做实基层治理“四个平台”建设，全面推进社会治理创新。强化公共安全监管，严格落实安全生产、消防安全责任制，深入推进城中村、群租房、“三合一”等场所综合治理。提高风险防控和预测预警预防能力，完善“四联三防”机制，坚决打击各种暴力恐怖、宗教极端等违法犯罪活动，全力争创平安星级鼎。健全金融风险防控和监管体系，加强对互联网金融企业的监测监控，维护良好的金融秩序。

（八）高质量推进社会治理体系和能力建设。始终坚定不移推进共建共治共享，确保社会既充满活力又和谐有序。提升智慧化水平。优化智慧政务，构建应急指挥平台、公共信息服务平台，建好“上城大脑”。深化智慧上城应用，推进“云上公安”“雪亮工程”建设，提升服务大局、服务群众能力。继续完善“四位一体”智慧城管平台，推动城市管理向城市治理转变。深化智慧教育、智慧医疗、智慧餐饮等各类智慧民生应用，探索建立智慧养老数据库，增强民生服务便利度。提升法治化水平。统筹推进严格执法、公正司法、全民守法，将政府活动全面纳入法治轨道，不断丰富和深化依法治区实践。推进以审判为中心的诉讼制度改革，探索完善金融法庭、法院在线纠纷解决平台等试点，着力维护群众和企业合法权益。深入实施“七五”普法，健全公共法律服务体系，增强全民法治精神和法治意识。提升社会化水平。依托“公民警校”建设，不断提升群防群治专业能力，夯实平安上城群众基础。发挥“湖滨晴雨”“红巷议事厅”等基层自治作用，构建具有上城特色的基层社会治理服务体系。落实“四问四权”，实施民生实事项目票决制，真正把群众的事情办好。

（九）高质量贯彻全面从严治党各项要求。始终坚定不移落实新时代党的建设总要求，毫不动摇推进全面从严治党，不断增强各级党组织的政治领导力、思想引领力、群众组织力、社会号召力。聚焦政治思想建设。把党的政治建设摆在首位，把忠诚维护习近平总书记领导核心地位作为最大的政治，全面落实党中央和省委、市委的各项决策部署。牢牢掌握意识形态工作领导权，强化意识形态领域舆论引导能力。充分发挥两级理论中心组理论学习的“风向标”和“排头兵”作用，自觉用马克思主义中国化最新成果武装头脑、指导实践、推动工作。深化开展向陈浩同志学习活动，引导全区广大党员干部自觉向先进看齐。举行“创新转型学深圳、文化传承学北京、社会治理学上海”解放思想大讨论，不断提高党员干部工作本领和工作能力。聚焦基层组织建设。压实党委（党组）抓基层党建工作责任，以提升组织力为重点，突出政治功能，深化党建综合体建设，统筹区域党建、单位党建、行业党建和党建带群建工作，全面推进城市“大党建”融合发展。树立“一切工作到支部”鲜明导向，严格落实“三会一课”、固定主题党日等制度，把基层党组织建设成为坚强战斗堡垒。着眼“一圈两镇三园”转型发展，创新推进两新组织和新领域新业态党的建设，不断培育“双强”典型。聚焦干部队伍建设。突出政治标准，探索完善公开选拔、岗位交流、高校招聘、柔性使用等干部使用方式，重点从基层一线锤炼干部、储备干部、选拔干部，注重党外干部选拔和使用。继续深化“三联三领”机制，加大“上挂下派”力度，拓展干部战略眼光和国际视野，建设高素质专业化干部队伍。关心关爱基层干部、关怀社区工作者，运用好“大比武”“干部实绩研判系统”等管用做法，健全容错免责机制，鼓励干部甩开膀子放手干，锻造一支敢闯敢干、动真碰硬、埋头实干的铁军队伍。聚焦纪律作风建设。严明政治纪律和政治规矩，加强党性党风党纪教育，引导全区党员干部尊崇党章、遵守党规。高标准落实中央八项规定实施细则以及习近平总书记关于纠正“四风”不能止步、作风建设永远在路上的批示精神，持之以恒正风肃纪，深入开展“三不”专项整治，坚决杜绝“四风”问题反弹回潮。继续推进监察体制改革，深化政治巡察，整合各种监督力量，全面构建党统一指挥、全面覆盖、权威高效的监督体系。始终保持惩治腐败的高压态势，以坚如磐石的决心夺取反腐败斗争压倒性胜利，营造风清气正的政治生态。

目标越宏伟，任务就越艰巨，责任就越重大，就越需要汇聚起方方面面的智慧和力量。我们要积极发展社会主义民主政治，坚持党总揽全局、协调各方，支持人大、政府、政协和监察委、法院、检察院依法依章履行职能、开展工作、发挥作用，更好促进人大代表、政协委员依法依章履行职权、开展活动。加强和改进党的群团工作，把群团改革推向深入。健全完善大统战工作格局，强化各级党委（党组）责任监督落实。着力加强基层统战工作实践创新，打造上城统战“百花园”。支持各民主党派、工商联和无党派人士充分发挥作用。深入贯彻民族宗教政策，促进共同繁荣。做好新的社会阶层人士和党外知识分子统战工作，广泛团结联系海外侨胞和归侨侨眷。构建亲清新型政商关系，支持非公有制经济健康发展和非公有制经济人士健康成长。落实党管武装政治责任，积极支持国防建设和军队改革。

同志们，迈进新时代，开启新征程。让我们更加紧密地团结在以习近平同志为核心的党中央周围，高举习近平新时代中国特色社会主义思想伟大旗帜，在省委、市委的坚强领导下，以更大的政治担当、更强的能力素质、更实的工作作风，锐意进取，苦干实干，善作善成，为高质量推进一流的国际化现代化城区建设、奋力谱写新时代中国特色社会主义上城篇章而不懈奋斗！

政府工作报告

——在上城区第十五届人民代表大会第二次会议上

（2018年1月16日）

上城区人民政府区长　金承涛

各位代表：

现在，我代表上城区人民政府向大会报告工作，请予审议，并请区政协各位委员和其他列席人员提出意见。

2017年工作回顾

2017年是新一届区政府开局之年，也是实施“十三五”规划、推进供给侧结构性改革的深化之年。在习近平新时代中国特色社会主义思想指引下，在市委、市政府和区委的坚强领导下，区政府紧紧依靠全区人民，围绕争做“四个标杆区”、打造一流的国际化现代化城区目标，深入践行新发展理念，全面做好稳增长、调结构、促改革、惠民生、保稳定各项工作，较好地完成了区十五届人大一次会议确定的年度目标任务。

全年预计实现地区生产总值1010亿元，同比增长6%，其中服务业增加值610亿元；固定资产投资120亿元，同比增长10%；社会消费品零售总额396.6亿元，同比增长10.8%。完成财政总收入144.6亿元，同比增长12.6%，其中一般公共预算收入73.2亿元，同口径增长9.9%；新增城镇就业22540人。一年来，我区获得全国实施妇女儿童发展纲要先进集体、全国首批中小学校责任督学挂牌督导创新县（区）及浙江省“平安金鼎”“大禹鼎”等国家和省市级荣誉58项。

过去一年，我们重点抓了以下五方面工作：

一、聚焦创新转型，进一步增强发展动能

主导产业加速领跑。金融服务、文化创意、信息技术、商贸旅游、健康服务五大主导产业实现一般公共预算收入46.6亿元，占全区一般公共预算收入66.6%，同比提高10.2个百分点，引领优势进一步凸显。金融服务业高速发展，玉皇山南基金小镇累计入驻机构超过2300家，总资产管理规模突破10000亿元，实现税收21.6亿元，圆满实现“三个翻一番”，被命名为首批省级特色小镇。文创产业喜报频传，电视剧《鸡毛飞上天》荣获全国“五个一工程奖”，大型纪录片《古韵上城》央视播出，7个项目入选省市级文化精品工程，全区文创产业预计实现主营收入388.5亿元，同比增长34.4%。信息技术产业提质增效，成功举办中国（杭州）移动互联网大会暨中国首席技术官大会，实现“企业上云”超过1500家，入选省首批上云标杆企业2家，全区预计完成规上信息经济增加值44.7亿元，同比增长19.4%。商贸旅游业全域拓展，南宋皇城小镇成功入选第三批省级特色小镇创建名单，湖滨银泰三期正式开业，钱塘江游轮夜游项目成功落地，馒头山游客咨询服务中心建成运行，三大特色街区接待游客3300万人次，全区旅游总收入同比增长6.8%。健康服务业融合发展，区智慧健康产业展示中心建成亮相，彩虹鱼等2家企业入选全省“四个一批”重点企业清单，全区集聚健康服务企业850余家，规上健康产业实现营业收入99.8亿元，同比增长23%。

改革创新纵深推进。深化国企国资改革，健全国资监管体系，完善国有企业负责人薪酬制度。继续推进玉皇山南基金小镇管理机制改革，构建“管委会+建设、运营两家国有企业”模式。积极探索南宋皇城小镇体制机制改革路径，着手编制小镇总体规划。制定实施新一轮楼宇改造提升扶持政策，推进凤凰中心、中豪望江国际等重点楼宇改造提升。深化“双创”战略，顺利通过国家可持续发展实验区中期验收。强化产学研合作，与机械工业经济管理研究院、浙江理工大学签订合作协议，智能交通等3个项目实现成果转化。新增国家级高新技术企业14家、省级科技型企业42家，荣获省市科技进步奖9个。新增国家级众创空间3个，省市级4个。全区专利申请量1908件，同比增长15.6%，其中发明专利授权201件。出台为企服务新政策，完善考核办法，深入开展企业大走访活动，累计走访企业3000余家，帮助解决问题500余个。推动企业上市发展，诚邦园林、威星智能分别登陆上交所主板、深交所中小板，交联电力等3家企业成功挂牌“新三板”。

招强引优成效显著。完善招商工作机制，规范招商工作流程，打造专业化招商队伍，大力推进精准招商。针对重点领域和重点企业，组织开展赴北京、上海、深圳、广州等地“敲门招商”。全年引进市外资金500万元以上项目211个，实际到位资金112.96亿元，完成总投资10亿元以上产业类项目2个。引进“浙商回归”项目133个，到位资金57.79亿元；引进外商投资企业37家，实际到位外资2.18亿美元。积极推进土地招商，出让地块5宗计58.95亩。成功引进建银“一带一路”亚太基金和中电数据、中兴金控、思科杭州研发中心等重大项目，全力支持咸亨国际引入世界500强高盛集团战略投资。实施新一轮区“1211”人才计划，自主申报入选“国千”“市521”计划人才各1人，全年引进各级各类人才3300余人。

国际化进程全面加速。主动对标国际、国内一流的中心城区，大力实施国际化战略，跻身中国城区国际化指数排行榜前八，获评中国全面小康十大示范县市。持续推进国家品牌消费集聚区和跨境电子商务综合试验区建设，Google AdWords杭州体验中心启动运营。举办第三届全球私募基金西湖峰会和首届中国董秘百人会，与美国格林威治小镇签订友好合作备忘录，在纽约、伦敦分别设立山南基金小镇代表处。鼓励企业“走出去”，举办“一带一路”工业智造杭州大会，龙运国际登陆纳斯达克，成为我区首家北美上市公司。制定实施旅游国际化三年行动计划，举办夜休闲嘉年华、水上旅游发展共商会等品牌节庆活动。强化海外高端人才集聚，在硅谷设立海外人才联络站，“海归驿站”落户山南，“智·和”同心荟入选全国实践创新基地。举办浙江·杭州国际人才交流与项目合作大会上城分会，签约项目18个，签约金额4.5亿元。

二、聚焦文化传承，进一步提升发展软实力

大力弘扬传统文化。成功举办2017杭州南宋文化节，整合“中国民间艺人节”“杭州美术节”“吴山庙会”等文化品牌，创新打造南宋文化共享日暨南宋文化论坛。实施城市记忆修复工程，绘制完成上城区文保历史建筑（街区）分布图，新增钱学森旧居等省级文保建筑4处，推进思鑫坊、恰丰里、泗水新村等19处历史建筑保护性开发，完工11处。激活南宋基因，讲好上城故事，推出“南宋瓷韵展”、民间茶会等主题活动百余场，举办“南宋文化讲坛”9期，研发“宋韵皇城”系列旅游文创产品300余件，“南宋记忆”文化体验馆建成开放。

加快打造文化平台。以“一线三基地”为主抓手，推进文化品牌串珠成链。“南宋150”文化旅游体验线正式发布，启用多语种文化旅游线上平台。举办“非遗”展演、“非遗”进校园等活动130余场，新增区级“非遗”项目6个，省级以上“非遗”代表性项目位居全市第二，区“非遗”展示馆（基地）挂牌成立。馒头山文化街区入选省文化创意街区，国家新闻出版广电总局电影频道杭州基地顺利落地，袁和平、蒋胜男等名人团队先后入驻。小营红色文化基地提升内涵，“最美”品牌持续深化，“红巷·同心筑”精彩亮相。

切实加强文化供给。健全现代公共文化服务体系，区图书馆完成选址，区文化馆、区体育中心项目顺利推进，馒头山社区文化公园、南落马营体育文化公园建成开放，大华书场重装开业，“最忆是杭州”室内舞台剧落户东坡剧院。深化文化惠民工程，开展“喜迎十九大”“建军90周年”等各类文化活动600余场，举办公益性公共文化培训220期，开展全民健身活动200余场，惠及群众30余万人。组队参加杭州市第十九届运动会，举办在华世界500强企业羽毛球赛。

三、聚焦生活品质，进一步增进民生福祉

四个全域化强力推进。积极融入“拥江发展”战略，围绕优化功能布局，编制分区规划，完善望江新城城市设计方案，启动吴山广场地下空间、施家山地块等规划。全力推进城中村改造，实施征迁项目51个，签约5754户，完成年度目标的183%；“清零”项目33个，腾出土地1平方公里；望秋立交项目提前半年“清零”交地，9个市级征迁“清零”项目顺利完成。改革安置房管理调配制度，统筹调拨全区安置房源。交付安置房16.7万平方米，开工、续建安置房19.5万平方米。治理危房105处共10.37万平方米，提前完成危房治理三年行动计划。推进省“基本无违建区”创建，完成“三改”103.31万平方米，拆违8.1万平方米。深化“河长制”，逐步建立“一河一策”制度，完成截污纳管65处，清淤河道3.6万立方米，安装中东河沿线弃流井装置27处，全区河道监测断面平均达标率87.4%。实施浣纱渠沿线雨污分流，日均减少污水排放1000余吨。完成丁家花园劣Ⅴ类水体剿劣工作，成为全市首个消灭劣Ⅴ类河道和小微水体的主城区。杭州首台既有住宅加装电梯顺利交付，全市加梯工作现场会在我区召开。大力缓解交通“两难”，建成停车场库4处共计泊位808个，新增道路泊位221个，竣工交付支小路4条。

优质教育均衡发展。大力实施“名校就在家门口、名师就在我身边”工程，初中升学优高率位于全市前列。深化“区管校聘”改革，出台《关于进一步加强教师队伍建设的实施意见》，启动第一批“未来名师”“未来名校长”培养工程。成立建兰—惠兴中学和山南教育集团集群发展联盟，探索优质民办反哺公办机制和区域教育资源整合发展新途径。提升校舍品质，实施惠兴中学整体改造，续建行知幼儿园望江园区，新世纪外国语学校紫金校区投入使用。丰富终身教育内涵，成功创建省示范学习型城区，“星级家长执照”入选全国教育改革创新典型案例。实施“行走德育”工程，获评全国未成年人思想道德建设工作先进单位。全面推进“百校结对”行动计划，国（境）外学校结对覆盖率达100%。成功举办名师名校长、家庭教育等国

际论坛，建成全省首个国外教师培训基地。

健康事业全面深化。隆重举行毛主席视察小营巷 60 周年纪念活动，全国首个爱国卫生运动纪念馆落户小营巷。探索健康上城“五化”模式，创新“健康社区”评价标准体系，建立区域健康联盟，全力打造健康中国“上城样本”。深化医药卫生体制改革，加快建设紧密型医联体。改善基层就医环境，提升改造社区卫生服务中心 3 家、服务站 6 家。完成 2018 年医养护一体化签约 11.73 万人，十类重点人群签约率达 86.2%，签约居民社区就诊率达 64%。实施智慧医疗便民工程，社区医疗机构诊间结算率达 42%。开展医养结合试点，建成健康颐养园 6 家。深化中医药事业传承发展，顺利通过全国基层中医药工作先进单位复评。

保障体系不断完善。坚持新增财力 2/3 以上用于民生保障，全年民生支出达 26.86 亿元，占一般公共预算支出的 77.6%。全面完成年度 10 件民生实事。推进社保提质扩面，养老保险参保人数净增 17110 人，工伤保险净增 17129 人，生育保险净增 15118 人，医疗保险参保率达 98.6%，发放各类社保补贴 8639.05 万元。开展公益性岗位管理改革试点，促进多渠道就业创业，实现失业人员再就业 12676 人，就业困难人员再就业 4938 人。积极开展“无欠薪城区”创建，健全“三位一体、一站式服务”和谐劳动关系平台，帮助追讨工资 1300 余万元。推进养老服务业综合改革试点，建成街道级居家养老服务照料中心 3 家，社区日间照料中心实现全覆盖，居家养老政府购买服务 56300 余人次，新增机构养老床位 569 张，获评全省首批老年友好型城区。完善流浪乞讨人员长效救助管理机制，加大对低保边缘家庭和支出型贫困家庭的救助力度，发放救助资金 3325.21 万元，救助 75191 人次。实施残疾人精准康复服务行动计划，四项补贴实现目标人群全覆盖。

四、聚焦社会治理，进一步夯实基层基础

深化基层共建共治。稳步推进“四个平台”建设，重新划分 268 个全科网格，完善区、街道两级综合指挥体系。深化“三社”融合发展，推进社区协商共治，建成馒头山社区等“3+X”为民惠民综合体 10 个，顺利通过全国社区治理和服务创新实验区中期评估。完成社区换届选举工作。稳步推进国际化社区建设，白塔岭社区被确定为第二批杭州市国际化示范社区。规范社会组织运行机制，深化行业协会脱钩改革，成立上城社会组织发展基金会，建立四级公益项目监管体系，资助公益项目 64 个共计 499.68 万元。推进“五位一体”基层司法行政工作模式，强化律师队伍执业纪律教育，加大律师服务街道、社区力度。推进大调解工作格局纵横延伸，全区成功调解纠纷 2323 起。

保障社会公共安全。筑牢“心防”工程，做强“公民警校”“平安联盟”，刑事警情、治安警情、侵财案件同比分别下降 44.2%、28.5%和 40%，成功侦破“6·22”蓝色钱江放火案等社会关注的重特大案件，圆满完成党的十九大各项安保任务，成功实现省级平安区十二连创。严格落实安全生产责任制，建立安全生产“1+X”责任体系，加大高层建筑、出租房屋、“多合一”等场所整治力度，开展安全检查 7160 余次，检查单位 8320 余家次。加强消防安全社会治理，出台消防安全问责办法，区消安办实体化办公，安装电动自行车智能充电设备 407 处、智慧式独立感应火灾报警器 16404 个，火灾起数同比下降 62%。推行高层建筑“楼长制”，全区 659 幢高层楼宇实现消防监管全覆盖。完善消防分片包干责任制，全市率先开展“三色预警”火灾风险防控等级试点工作，对 7300 余家小单位小场所进行挂牌上墙和督促整改。创新“保险+服务”模式，引入电梯第三方综合保险监管。开展食品安全排雷“百日攻坚”等专项整治，成功创建全省首批食品安全区。积极防范化解企业“两链”风险，重点做好非法集资专项排查和互联网金融风险防范处置工作。加强应急能力建设，首次举办全区防震减灾应急预案桌面推演。有效应对登革热和 H7N9 禽流感等传染病疫情，病例规范处置率达 100%。

推进城区智慧治理。“智慧上城”一期项目全面完成，二期顺利推进，三期启动建设。完成“阳光餐饮智慧管控平台”验收，260 家餐饮企业接入平台管理。创新“智慧消防”建设，完成城市消防物联网布局，300 家重点单位安装消防远程监控系统。启动“智慧旅游”建设，成功开发上城智慧旅游大数据平台、南山路 VR 云游等项目。优化智慧

城管平台，全区河道、街面实现智慧监管全覆盖。推进生活垃圾智慧分类，建成垃圾分类小区384个，其中示范小区20个、智慧分类小区20个，垃圾前端减量30000余吨，减量总数全市第一。

五、聚焦自身建设，进一步转变工作作风

深入推进依法行政。严格执行区政府重大行政决策程序，修订完善区政府工作规则，成立上城区智库。坚持区政府常务会议会前学法，完善府院联席会议制度。加强公职人员依法行政能力建设，启动学法用法三年轮训行动计划，举办区管领导干部任职前法律知识考试4次，开展依法行政暨法制培训2次。积极推进政务公开，主动公开政务信息9561条，预算公开率达100%。清理行政规范性文件102件，合法性审查行政合同101件。完善行政争议化解机制，有效化解行政诉讼案件66起，化解率达40%。主动接受人大依法监督和政协民主监督，坚持人大代表、政协委员列席区政府常务会议制度，定期向人大报告、向政协通报工作，全年承办人大代表议案1件、建议112件，政协委员提案116件，办结率、满意率均为100%。

持之以恒正风肃纪。推进"两学一做"学习教育常态化制度化，切实增强"四个意识"，在思想上政治上行动上同以习近平同志为核心的党中央保持高度一致。全面落实从严治党、从严治政要求，坚决把纪律和规矩挺在前面。全面履行党建主体责任，严格落实党风廉政建设责任制和"一岗双责"，认真执行"三重一大"和"五不直接分管"制度。认真落实中央八项规定精神，推进作风建设常态化、长效化。规范公车管理和公务支出，全年"三公"经费累计1614.93万元，同比减少15.5%。开展正风肃纪专项行动1149次，问责处理42人，点名道姓公开曝光30人。强化绩效考核，督察督办各项任务542项。进一步加强审计监督，实施国家审计项目17个，完成结算审计项目187个，净核减率9.6%。

全面提升行政效能。深化"最多跑一次"改革，推进公民个人事项"简化办、就近办、网上办"，推行"一窗受理、集成服务"和材料预审、"容缺受理"、咨询导办制度，推动不动产登记、商事登记、企业投资项目审批流程再造，实现"最多跑一次"事项431个，占比达96.8%，提前完成省市目标；实现"一次不用跑"事项113个。成立区行政服务中心科技工业园分中心，将行政服务前移至园区企业一线。整合公共资源交易平台，启用全市统一交易管理系统。认真落实区委"三联三领"部署，全面开展蹲点调研、结对帮扶、志愿服务、破解难题等专项行动。认真落实中央环保督察有关要求，全面完成上级交办的整改任务。

此外，我们大力支持监察体制改革，配合驻地部队做好停止有偿服务工作，进一步强化与淳安的区县协作，扎实开展对贵州雷山、湖北鹤峰的对口支援。积极发展民族宗教、对台、侨务、老龄、工会、青年、妇女儿童、志愿服务、红十字、慈善等事业，大力加强统计、保密、档案、地方志、人防、国防动员、人民武装、双拥共建等工作。

各位代表，同志们！过去一年成绩来之不易，这是上级党委、政府和区委正确领导的结果，是区人大、区政协监督支持的结果，是全区人民团结拼搏的结果。在此，我谨代表区政府，向全区人民和所有关心支持上城建设发展的同志们、朋友们致以崇高的敬意和衷心的感谢！

在肯定成绩的同时，我们也清醒地看到，当前我区经济社会发展仍然存在一些问题和挑战，我们的工作与高质量发展的目标、与全区人民对美好生活的向往还存在一定的差距，主要是：具有核心竞争力的新兴产业集群还不够大，科技创新和人才支撑力有待进一步增强；融入省市重点战略还不够深，城市国际化步伐有待进一步加快；公共服务精准化水平还不够高，民生领域短板有待进一步补齐；社会治理能力还不够强，基层治理体系有待进一步完善；政府工作还存在薄弱环节，自身建设有待进一步加强。对此，我们将高度重视，直面困难和问题，全力以赴加以解决。

2018年重点工作

2018年是贯彻党的十九大精神的开局之年，是改革开放40周年，也是实施"十三五"规划、决胜高水平全面建成小康社会的关键一年。我们将以习近平新时代中国特色社会主义思想为指导，深入贯彻落实党的十九大精神，坚持稳中求进总基调，坚持新发展理念，紧扣社会主要矛盾变化，按照高

质量发展的要求，全面抓好稳增长、促改革、调结构、惠民生、防风险各项工作，促进经济可持续发展和社会和谐稳定，为建设一流的国际化现代化城区奠定坚实基础。

2018 年全区发展主要预期目标是：地区生产总值增长 5%；服务业增加值增长 9%；社会消费品零售总额增长 9%；固定资产投资增长 8%；一般公共预算收入同比增长 8%；新增城镇就业 17500 人。重点抓好以下几方面工作：

一、加快动能转换，着力推动经济高质量发展

以供给侧结构性改革为主线，着力抓重点、补短板、强弱项，不断创造发展新优势，推进新旧动能转换，增强区域经济创新力和竞争力。

垒筑现代产业高地。坚定不移调结构促转型，不断优化“一圈两镇三园”现代产业平台。继续深化全国品牌消费集聚区建设，推动湖滨商圈深度融入全域旅游战略，着力招引大项目大品牌，全面完成湖滨五期建设。加快打造玉皇山南基金小镇 2.0 版，完成国家 AAAA 级旅游景区创建，构建五大服务体系，启动“三纵三横”工程，办好第四届全球私募基金西湖峰会、第二届中国董秘百人会，进一步提升小镇发展质效。编制完成并实施南宋皇城小镇总体规划，完善业态布局，扩大有效投资，着力打响小镇品牌。加快科技工业园“腾笼换鸟”，积极布局物联网、节能环保、人工智能等重点产业，聚焦具有竞争力的细分行业，打造更多“隐形冠军”。深入推进“一号工程”，加快建设望江金融科技城（望江智慧产业园），重点布局股权投资、新金融、云计算、大数据等产业，促进金融与科技深度融合。完善上城健康产业发展规划，举办浙江国际健康产业领袖峰会，重点围绕精准医疗、生物医药、中医养生、康复养老等领域，加快构建小营地区“一圆心三区域”产业空间新格局，打造健康产业新高地。

激发改革创新活力。全面落实“上改六条”，进一步深化供给侧结构性改革。推进国有企业改革，完善企业法人治理结构，探索职业经理人制度。强化国资监管，进一步梳理、整合全区经营性资产，推动国有资本参与战略投资，切实提高国有资本保值增值能力。加快理顺湖滨商圈、望江金融科技城、南宋皇城小镇管理体制机制。有序推进招商体制改革，逐步建立以产业平台为主体的统一招商模式。深化金融改革试验区建设，成立玉皇山南董秘学院。完善区域创新机制，提高创新能力，新增市级以上高新技术企业 15 家、企业研发中心 4 家，省级企业研究院 2 家，省科技型中小企业 22 家，发明专利授权量增长 10%以上。加强科技创新平台建设，新建国家级众创空间 1 家，新培育区级企业研发中心 10 家。推进产学研深度融合，开展与国内外高等院校深层次合作，推进浙江大学上城区科技合作交流中心、省高校科技成果转化基地、市科技成果转化中心建设，提高科技成果转化率。

推进高端要素集聚。加快新一轮“1211”人才政策落地，发挥海外人才联络站和“海归驿站”作用，继续办好国际人才交流与项目合作大会，重点引进培育“国千”“省千”和“市 521”人才。加快未来产业与经济社会发展各领域深度融合，深化“智慧上城”建设，推进“企业上云”。实施“凤凰行动”计划，建立上市股改预备清单，搭建企业上市综合金融服务平台，力争实现 3 家以上企业挂牌上市。加快发展跨境电商和服务贸易，积极参与 eWTP 杭州实验区建设。聚焦五大主导产业，加强与世界 500 强、央企国企、行业龙头对接，着力招引一批辐射力大、带动力强的大项目好项目。深入推进“浙商回归”，积极开展“敲门招商”，确保引进 10 亿元以上产业类项目 2 个。

二、加快有机更新，着力打造现代化宜居环境

深入推进国际化城区建设，高起点规划发展蓝图，高速度推进“四个全域化”，高标准加强城市管理，努力打造现代气质、国际风范的新上城。

做优做实规划设计。积极落实“大湾区”“大花园”“大都市”等重大战略，全面融入“拥江发展”，围绕五大主导产业布局，对标国际化城区评估体系，落实新一轮分区规划，推进空间、土地利用、产业等“多规合一”。完善望江金融科技城综合功能，加快城市设计及望江单元控规调整，围绕城站东通道、婺江路金融街等关键节点，打造新地标。积极配合市级部门实施之江路提升改造，串联沿山、沿江资源，加快形成以“一轴三组团”为核心的发展格局。抢抓地铁建设契机，实施吴山广场地下项目一期规划，统筹谋划东坡路沿线、莫邪塘等地下空间开发，着力打造多功能、多维度的商业综合体。

做大做强功能配套。全域化完成城中村改造，实施征迁项目30个，征迁4000余户，出让棉毛针织厂等地块2宗。全域化推进省“无违建区”创建，坚决打赢主要道路沿线、屋顶、天井等重点区域拆违三大战役。全面推进城市建设，实施重点项目109个，开工70万平方米，竣工40万平方米。开工、续建木场巷地块等安置房项目4个。开工建设中策橡胶厂地块九年一贯制学校和2所幼儿园，提升改造紫阳小学、上教院附小，完成惠兴中学改扩建，启用胜利小学新城校区及附属幼儿园、行知幼儿园望江园区。实施社区卫生服务用房建设三年行动计划，完成社区卫生服务站点提升改造3处。开工建设霞北地块邻里中心，完成13个老旧小区46幢高层住宅二次供水。积极推进既有住宅加装电梯，完善申报、审批、建设、验收、管理等一系列制度，做到“愿改尽改”。建设省妇保停车楼等停车场库6处泊位1400个，开工木场巷等支小路4条，交付始版桥直街等支小路2条。

做精做细城市管理。聚焦“关键小事”，全面提高城区管理精细化水平。深化生活垃圾“三化四分”，积极引入社会力量推进垃圾资源综合利用，确保完成垃圾前端减量33000吨。推进“厕所革命”，全面完成符合条件的公厕提升改造。坚持常态化治水，推进雨污水管网混接、截流设施调查和改造，全域推进餐饮企业油水分离，加强巡河与民间护水队工作，保持全区河道水质持续稳定。巩固中央环保督察成果，着力整治小餐饮油烟扰民。推进“五气共治”，强化工地扬尘防治管理，深入开展大气复合污染整治。推进“交通治堵”，大力整治交通顽症，开展旅游目的地专项整治，抓好节假日和重点区域共享单车管理，切实维护市容环境和交通秩序。

三、加快补齐短板，着力保障和改善民生

坚守底线、突出重点，大力发展社会事业，着力解决人民群众操心事烦心事，努力实现幼有所育、学有所教、劳有所得、病有所医、老有所养、住有所居、弱有所扶。

社会事业注重均衡。优先发展教育事业，实施“美好教育”三年行动计划，争创全国义务教育优质均衡发展区。深化“区管校聘”改革，探索学校自主办学新模式。推进课程改革，打造“区域学习中心”。延伸教育社会服务，建设“三点半乐园”。深化“星级家长执照”工程，健全家庭教育联动机制。完善青少年心理健康教育体系，全面建设心理辅导标准化学校。推进教育国际化，办好名师名校长论坛。以国卫复评为契机，全面推进爱国卫生工作，完善全国爱国卫生纪念馆管理机制，深化健康上城建设。推进医养结合试点工作，深入开展紧密型医联体合作，切实提高医养护一体化签约服务质量。强化疾病防控，健全登革热、禽流感等传染病长效防控机制。推进生命关爱工程，开展“健康上城·生命教育”应急救护能力提升行动。关心关爱失独家庭，继续做好适龄妇女免费两癌筛查工作。

社会保障强化兜底。深入开展“无欠薪城区”创建，完善长效管理和联合预警机制，推动劳动监管重心下移。深化充分就业城区创建，巩固全市公益性岗位改革管理工作试点成果。推进养老服务业综合改革，提升社区养老社会化专业化水平，试点社区照料中心植入护理站，新建街道级示范型照料中心3家。加快构建多层次租赁住房供应保障体系，全面落实商品住宅配套公共租赁房、人才租赁房政策。认真落实各类基本生活保障政策，确保困难群众“应保尽保、进退有序”。推进残疾人“十大保障”工程和“浙江省无障碍社区”创建，提高助残服务覆盖率和服务水平。

文化品牌突出特色。以南宋定都临安城880周年为契机，开展系列南宋主题活动，全力办好2018年杭州南宋文化节。实施文脉修复战略，积极谋划推进南宋皇城大遗址综保工程，完善十三湾巷综合保护方案，做好思鑫坊等区域综合改造，实施东平巷徐宅、积善坊巷章宅等修缮项目5个。举办南宋文化旅游推介会，推出“梦回南宋”大型旅游全息演出，加快推进“最忆是杭州”室内舞台剧公演。抢抓之江文化产业带发展机遇，积极开发南宋IP文创产品，着力打造南宋文化体验中心和创意影视基地。完成清波·古韵省级旅游风情小镇创建，全力打造省级全域旅游示范区。完善现代公共文化服

务体系，加快建设区图书馆、区体育中心，投入使用区文化馆。传承发扬书院文化，深化“书香上城”工程，积极打造名巷、名坊等特色文化街巷。发挥区“非遗”展示馆作用，继续做好非物质文化遗产传承和保护。建设公共体育管理平台，举办上城区第九届运动会。

各位代表，做好民生实事是政府的重要职责。2018年，我们在聚焦普惠性、基础性、兜底性民生工程的同时，将更加注重解决群众最关心最直接最现实的利益问题。根据区委关于实施民生实事项目人大代表票决制工作的意见，前期区政府通过上城网、《上城报》和政务内网等形式，从市民群众、“两代表一委员”和区级部门三个层面，广泛征集今年民生实事候选项目。经过遴选比较，形成12个候选项目，现提交大会审议。第一，深化“垃圾分类”，完成提升改造破旧垃圾房20处，创建垃圾分类示范小区20个，打造垃圾分类体验馆1座，建立街道社区资源化集置点60处。第二，推进“厕所革命”，完成提升改造公厕15座。第三，积极推进既有多层住宅加装电梯，完成加装60台。第四，大力破解“停车难”，开工建设南星单元11地块小区绿地、东河环保公园等地下公共停车库，设计泊位300个；建成南星单元07地块24班小学操场地下公共停车库，设计泊位100个。第五，建成行知幼儿园望江园区，9月投入使用。第六，完成穆兴小学原有建筑、室外运动场地、市政管网、围墙、景观绿化等修缮改建。第七，完成慢性病自助筛查及自助体检站标准化建设5处。第八，建设社区级居家养老服务照料中心康复护理站6个。第九，新建或提升改造中心微型消防站13处、校园微型消防站80处，安装电动自行车智能充电桩120处，安装独立式火灾报警器10000个、联网式火灾报警器1800个。第十，深化“五水共治”，完成准物业小区雨污水管网混接点治理工程100处，实施截污纳管项目10个，完成龙山河、新开河、新塘河清淤3.68万立方米。第十一，完成改扩绿2.4万平方米。第十二，完成新塘河河道、驳岸、岸边绿植提升改造，修缮、新增配套设施与景观小品工程。对本次大会票选确定的10个民生实事项目，区政府将加强组织领导、强化统筹协同、认真分解落实、严格督查考评，并接受区人大代表监督检查，确保实事办好、好事办实。其余2个实事项目也将纳入政府年度任务并抓好落实。

四、加快完善体制，着力构建共建共治共享的社会治理格局

健全社会矛盾纠纷预防化解机制，深化平安创建，保障公共安全，不断提高社会治理社会化、法治化、智能化、专业化水平。

夯实基层治理基础。继续推进“四个平台”建设，建立健全下沉机构人员属地化管理、考核机制，打造专职网格员队伍。深化“五位一体”基层司法行政工作模式，开展“百名律师进社区、千名调解员化纠纷、万名普法志愿者在行动”系列活动，推进新媒体法宣工作室建设。深化“三社联动”，全面推广“3+X”为民惠民综合体模式，争创全国和谐社区示范城区，确保高分通过全国社区治理和服务创新实验区终期评估。发挥社会组织作用，加大社会工作岗位开发力度，创新推出“公益新天地”项目。认真落实社区工作准入制，切实减轻社区工作者负担。推进社区协商规范化，加快实现政府治理和社会调解、居民自治良性互动。

维护社会和谐稳定。严格执行平安综治领导责任制，巩固“平安护航G20”安全保障经验，加快构建全方位立体化平安网，争创星级“平安金鼎”。完善“四联三防”反恐机制，推进“公民警校”建设。强化“云上”智慧治理，提高风险防控和预测预警能力。加强信访日常受理规范化建设，深入落实信访积案化解和领导包案督查制度，进一步提升“12345”效能指数和综合满意率。加大互联网金融整治力度，支持金融法庭实体化运作，完善“募投管退”生态链，切实防范金融风险。

健全公共安全体系。全面落实“党政同责、一岗双责、齐抓共管、失职追责”和“三个必须管”要求，进一步完善安全生产“1+X”责任制，加强出租房屋、高层建筑、特种设备、建筑施工、专业市场、道路运输和城市运行等领域的安全监管，坚决遏制较大事故、杜绝重特大事故。继续推进电气火灾综合治理，完善“三色预警”风险防控体系，推进高层建筑“阳光智慧消防系统”和社区“消防地图”建设。巩固省食品安全区创建成果，完善食品药品安全治理和技术支撑体系，规范学校、医院、养老机构等重点领域食品安全管理。建立健全救灾应急社会动员机制，全面提升突发事件应急处置能力。

五、加快职能转变，着力建设法治型服务型政府

自觉用习近平新时代中国特色社会主义思想武装头脑、指导实践、推动工作，坚持为民执政、依法行政，切实提高政府执行力、公信力，打造人民满意政府。

深入推进依法行政。坚持法无授权不可为、法定职责必须为，不断提高依法行政的能力水平，全面建设法治政府。探索实施法律顾问考核办法，健全政府法律顾问制度化、常态化参与政府工作的途径和机制。发挥上城智库作用，健全智库专家参与决策咨询机制。推进政务公开，健全信息发布和政策解读机制。加强地方政府债务管理，妥善处理加快发展和合理负债的关系，确保完成年度化债目标。有序推进行政复议体制改革，提高行政争议化解率。严格落实“七五”普法工作要求，加大法治宣传教育，完成区金融法律服务中心建设。认真执行区人大及其常委会决议决定，坚持重大事项向区人大及其常委会报告、向区政协通报制度，自觉接受人大法律监督、政协民主监督和社会舆论监督，认真办理人大代表议案、建议和政协委员提案。

持续优化政务服务。深化“最多跑一次”改革，完善在线审批2.0版，落实街道、社区便民服务中心“7个统一”运行管理制度，力争100%事项实现“一次办结”或“零上门”。推进街道、社区“24小时自助服务终端”全覆盖，实现所有公民个人办事事项“移动可办”或“就近能办”。继续优化投资项目审批流程，努力实现企业投资项目开工前审批“最多100天”。稳步推进综合执法权力划转、机构设置、人员整合，加快建立权责明晰、服务为先、管理优先、执法规范、安全有序的综合行政执法体制。健全公平竞争审查联席会议制度，营造公平竞争的市场环境。深化参与式预算，优化财政支出结构，提高预算资金使用绩效。认真做好全国第四次经济普查。

切实改进工作作风。始终坚持正确的政治方向，把忠诚核心、维护核心、看齐核心作为最大的政治，牢固树立“四个意识”。认真开展“不忘初心、牢记使命”主题教育，大力弘扬红船精神，树立大格局、大境界，忠诚敬业、勤勉为政、担当尽责。大兴调查研究之风，坚持群众路线，沉到一线摸实情，扎扎实实解决实际问题。严格执行中央“八项规定”、《实施细则》，认真查找整改“四风”突出问题特别是形式主义、官僚主义的新表现，严防“四风”反弹回潮。厉行勤俭节约，反对铺张浪费。严格执行《准则》《条例》，认真落实“一岗双责”。不断完善防腐治腐制度体系，自觉接受监察监督、审计监督。

此外，我们还将继续扩展与淳安的区县协作，加大对贵州雷山、湖北鹤峰的对口支援力度。继续加强双拥共建和武装工作，扎实做好民族宗教、对台、侨务、档案、地方志、工会、青年、妇女儿童和慈善等工作。

各位代表，新时代赋予新使命，新征程要有新作为。让我们紧密团结在以习近平同志为核心的党中央周围，高举习近平新时代中国特色社会主义思想伟大旗帜，在市委市政府和区委的领导下，不驰于空想，不骛于虚声，锐意进取、苦干实干，为加快建设一流的国际化现代化城区、不断满足人民群众日益增长的美好生活需要而不懈奋斗！

专 记
Special Records

领导调研（选录）

【中共中央组织部组织二局调研组考察上城区城市基层党建工作】 2017年1月13日，中共中央组织部组织二局局长、全国基层组织建设协调小组办公室副主任石军，中央组织部组织二局六处调研员、副处长仲辉一行到小营街道考察城市基层党建工作。市委常委、组织部部长张仲灿，区委书记陈瑾，区委常委、组织部部长王歆，省、市组织部门相关负责人陪同考察。石军一行首先来到红巷议事厅，对“红巷老舅妈”做好调解矛盾的同时为社区出谋划策的做法给予肯定。他指出，基层协商自治与群众的生活息息相关，既是解决好居民问题的过滤器，也是城市基层党建的最好着力点。随后，在红巷生活广场了解“红巷义集义仓”“红巷微e站”“红巷志愿时”等基层党建特色品牌建设情况，听取关于“网格+网络、统领+引领”城市基层党建工作模式的介绍。石军表示，上城区“双网双领”模式兼具居民问题解决的“阶梯式”层级架构和“电梯式”直通模式的做法要继续推广运用，着力形成互融共促、无缝衔接的体制机制。在参观小营巷社区办事大厅时，石军一行听取关于“民情E点通”党建责任APP和“365社会服务管理平台”建设情况的相关介绍，肯定上城区通过智慧手段，健全完善党建责任工作目标管理、过程管理和绩效评估体系，形成联动化收集居民诉求、协作式解决居民问题的机制支撑，以及压实基层党建的“责任链”，开辟解决群众问题的“直通车”等做法。

【商务部流通发展司考察上城区街区商贸流通和老字号工作】 2017年2月22日，商务部流通发展司司长郑文率队考察清河坊历史文化街区商贸流通和老字号保护传承工作。考察队走访江南铜屋、胡庆余堂等“非遗”和老字号企业，听取汇报和开展座谈，了解企业经营发展情况，对清河坊历史文化街区发展情况给予肯定。24日，考察队调研区品牌消费集聚区建设工作。省商务厅副厅长徐高春、市商务委副主任郑永标和副区长孙刚锋陪同考察。考察队实地考察湖滨商圈、银泰商业城等，听取上城区关于品牌消费集聚区建设情况汇报。郑文对工联海淘线下实体和线上互联网相结合的模式及上城区品牌消费集聚区建设工作给予肯定。他指出，杭州作为第一个获批跨境电商综合试验区的城市，有着天时、地利、人和的优势，G20杭州峰会的成功举办，更是进一步促进杭州跨境电商的发展，杭州要抓好机遇，进一步做好转型升级和消费集聚区建设工作。

【中央纪委调研组考察玉皇山南基金小镇】 2017年4月7日，中央纪委副书记吴玉良、中央纪委研究室综合处处长汪信奇一行考察玉皇山南基金小镇。省委常委、省纪委书记、省监委主任任泽民，省纪委常委、秘书长傅祖民，省委常委、市委书记赵一德，市委常委、市纪委书记陈擎苍，区委书记陈瑾，区委常委、区纪委书记、区监委主任金晓东陪同考察。吴玉良在二期展厅通过展示材料，详细了解玉皇山南基金小镇的建设发展情况；走访浙银资本管理有限公司、杭州联创投资管理有限公司，与杭州楪盛资本管理有限公司创始人王铁飞、杭州凯泰投资管理有限公司首席合伙人徐永红座谈，了解企业在发展中遇到的困难问题，并提出意见建议。在听取对玉皇山南基金小镇的工作汇报后，吴玉良充分肯定小镇建设发展情况，希望小镇更好更快发展。

【全国爱卫办调研组调研上城区“三馆两廊一园”建设情况】 2017年4月8日，全国爱卫办副主任张勇一行在浙江省爱卫办副主任张新卫、杭州市爱卫办主任蔡一华和副区长毛素云等陪同下，调研全国爱国卫生运动纪念馆、毛主席视察小营巷纪念馆、红巷生活广场等“三馆两廊一园”建设情况，听取各场馆的建设构想介绍，对上城区推进纪念馆建设工作表示肯定，并对纪念馆素材收集、红巷生活广场健康教育元素提升等细节问题提出建议。

【中共中央统战部八局调研组调研上城区新社会阶层人士统战工作】 2017年4月9日，中共中央统战部八局副巡视员郭焕龙一行调研上城区新社会阶层人士统战工作。市委统战部常务副部长金志强，区委常委、统战部部长来剑波及市区相关部门负责人陪同调研。调研组走访凤凰御元艺术基地园区内的Random咖啡馆、女性创业基地Miss X等企业，了解企业发展情况。随后走访蒋胜男工作室和玉皇山南基金小镇“智·和”同心荟——新的社会阶层人士综合服务基地。南星街道负责人介绍街道通过党群共建、线上线下相结合，凝聚基金小镇以职业经理人为代表的新社会阶层人士的做法，以及通过培育社会组织团队承接“智·和”同心荟资本超市专业服务，打造集新社会阶层人士教育、引导、实践、联谊、发挥作用等功能于一体的“同心家园”的具体设想。郭焕龙对此表示充分肯定，并希望上城区进一步结合园区特色、小镇发展，挖掘好、团结好、培养好、引导好新社会阶层人士，为辖区经济社会发展贡献力量。

【中华全国总工会调研上城区基层工会工作】 2017年4月22日，全国人大常委会委员、中华全国总工会兼职副主席许振超到上城区调研基层工会工作。区人大常委会副主任、区总工会主席管光尧陪同调研。许振超参观玉皇山南基金小镇的整体建设风貌，了解小镇的发展历程，以及未来的发展设想，对小镇的复古建筑和如画的景观表示称赞。对小镇的整体建设及全区基层工会工作给予肯定，对进一步做好工会工作提出要求。

【国家发改委调研组考察玉皇山南基金小镇】 2017年4月27日，国家发改委副主任胡祖才率领考察团一行，到上城区考察玉皇山南基金小镇。市委副书记、市长徐立毅，区委副书记、区长金承涛，区委常委、常务副区长富永伟，以及省、市发改委相关负责人等陪同考察。胡祖才一行在基金小镇二期展示中心听取小镇建设情况介绍，了解基金小镇金融产业格局、运作管理、企业入驻、招商引资等情况，走访小镇内入驻的浙银资本管理有限公司和杭州联创投资管理有限公司，充分肯定小镇建设取得的成绩，认为玉皇山南基金小镇建设抓得扎实，已经形成良好氛围。胡祖才希望上城区进一步打造好小镇软硬件环境，让基金愿意来、留得住，形成多样化的金融业态，进一步带动转型升级，在基金小镇建设上取得新进展、新成效。

【全国政协调研组考察玉皇山南基金小镇】 2017年5月9日，全国政协副主席王家瑞率全国政协调研组到玉皇山南基金小镇考察。省政协副主席张泽熙、市政协主席潘家玮、区委书记陈瑾、区政协主席占仁义陪同考察。王家瑞一行在基金小镇二期展示中心观看小镇宣传片，听取小镇建设情况介绍，了解小镇的产业布局和为企业提供特色服务等情况。随后走访杭州睿沣资产管理有限公司、浙银资本管理有限公司、杭州联创投资管理有限公司，了解企业发展现状，并召开座谈会。王家瑞对基金小镇取得的成绩给予充分肯定，希望上城区继续把小镇做强做大，实现“创新理念，此地为先”的愿景。

【刘延东率队考察上城区爱国卫生工作】 2017年5月11日，全国爱国卫生运动65周年暨全国爱国卫生座谈会在上城区“小营·江南红巷”景区举行。中共中央政治局委员、国务院副总理刘延东率国家7个部委分管领导，10个省政府，32个省、自治区、直辖市卫计委主任、爱卫办负责人等近150人到小营巷考察爱国卫生工作，参观毛主席视察小营巷纪念馆、红巷生活馆和全国爱国卫生运动纪念馆。刘延东指出，爱国卫生运动广泛组织动员群众，解决突出卫生问题，为改善城乡面貌、保障群众健康做出了历史贡献。新时期爱国卫生工作要发扬优良传统，坚持预防为主，以人民健康为中心，大力提升全民健康文明水平。

【全国人才财经委考察团考察玉皇山南基金小镇】 2017年5月18日，全国人大财经委副主任委员、国家税收法律研究中心主任郝如玉率考察团一行考察玉皇山南基金小镇。区委书记陈瑾、区人大常委会副主任沈民及省市相关部门负责人陪同考察。郝如玉一行到基金小镇二期展示中心，听取小镇发展情况介绍。随后走访杭州联创投资管理有限公司、杭州凯泰投资管理有限公司等小镇入驻企业，并召开座谈会。在听取相关情况汇报后，郝如玉对基金小镇取得的成绩给予充分肯定。他说，上城区抢抓机遇，积极投身环境改造，打造基金小镇发展平台，有力推动相关产业的发展，为服务地方经济发展做出积极贡献，希望上城区再接再厉，继续把基金小镇做强做大。

【沈跃跃督查上城区环境保护工作】 2017年6月5日，全国人大常委会副委员长、全国妇联主席沈跃跃到上城区督查环境保护工作。省委常委、市委书记赵一德，省人大常委会党组书记、副主任王辉忠，市人大常委会党组书记、主任于跃敏，区委书记陈瑾，区委副书记、区长金承涛，区人大常委会党组书记、主任袁建祥等陪同调研。沈跃跃一行走进毛主席视察小营巷纪念馆和红巷生活馆，边参观边了解生活馆的建设发展情况。在馆内的小营巷人大代表联络站，详细询问日常环保、垃圾分类等情况，并向市民了解“最多跑一次”改革推行以来的感受。在馆内的红巷长青颐养园，沈跃跃与老人们握手，询问老人的身体状况、居住情况，祝他们生活开心、健康长寿。沈跃跃对上城区的健康卫生工作给予充分肯定，希望上城区不断提升环境水平，共建共享品质生活。沈跃跃一行还参观南星街道水澄南苑小区低碳馆，对该社区以寓教于乐形式向居民宣传垃圾分类知识的做法表示赞赏。

【全国妇联调研组调研上城区妇女创业创业及妇联改革工作】 2017年7月6日，全国妇联书记处书记杨柳一行到上城区调研妇女创业创新及妇联改革工作。省妇联主席王文娟、市妇联主席魏颖、区委常委宣寅等陪同调研。杨柳一行听取上城区基层妇联改革情况介绍，走访馒头山邻里中心，在“社会组织创客空间”了解女性社会组织发展情况，参观“妇女之家”各功能室，并与社区居民交流互动。杨柳表示，馒头山邻里中心推行的免费指导活动、设置的培训课程很有意义，“妇女之家”为基层妇女提供创业创新、展示自我的平台，值得推广。随后，杨柳一行考察上城区“她时代”女性社群举办的“梨掌柜”创意市集。杨柳对上城区良好的创业氛围和环境给予肯定，认为“梨掌柜”创意集市在推动女性创业方面发挥积极作用。她希望区妇联继续努力，把社群打造成集女性创业辅导、市场开拓、项目对接等多功能于一体的创新创业平台，成为女性创业的重要推手，让改革创新真正惠及妇女群众。

【全国人大常委会办公厅信访局调研上城区白塔岭代表联络站】 2017年7月12日，全国人大常委会办公厅信访局副局长范文亮一行到上城区南星街道白塔岭代表联络站进行调研。区人大常委会主任袁建祥、副主任朱荷芳陪同调研。范文亮实地察看白塔岭代表联络站，并召开座谈会听取上城区“代表进社区”工作的介绍。他充分肯定上城区人大代表的工作，认为上城区人大“代表进社区”工作历史最悠久、制度最健全、效果最明显，充分发挥基层人大代表在化解矛盾纠纷，促进社会和谐方面的作用。他希望省、市、区三级人大代表联手，进一步推进民主法制建设。

【全国人大环境与资源保护委员会考察上城区】 2017年8月3日，全国人大环境与资源保护委员会副主任委员夏宝龙一行考察上城区望江街道近江村、勾山里历史街区和城中村改造提升工作。省市领导赵一德、毛光烈、徐立毅、于跃敏等，区领导陈瑾、金承涛等陪同调研。夏宝龙说，杭州推进城中村改造提升力度大、工作细、政策到位，让百姓得到实惠。要保持良好状态，把城中村改造提升这场硬仗进行到底，通过改造改出城市发展空间、潜力和后劲。

【李源潮调研上城区基层妇联工作】 2017年8月18日，中共中央政治局委员、国家副主席李源潮到上城区调研基层妇联工作。李源潮一行听取上城区基层妇联改革情况汇报，在馒头山社区观摩“妇女之家”及女性社会组织创业就业活动，了解基层妇女骨干带领妇女群众参与家庭文明建设及基层社会治理情况。李源潮对上城区推进基层妇联组织形态重构和形象重塑，共建共用基层妇女活动阵地的做法表示肯定，并鼓励妇联志愿者更好为居民服务、为妇女服务，共建共享和谐邻里。

【团中央调研组调研上城区共青团工作】 2017年8月31日，团中央书记处书记徐晓一行到上城区调研共青团工作。团省委副书记王征，团市委副书记马利阳，区委常委、副区长张军伟等陪同调研。徐晓一行首先到新中国第一个居民委员会——紫阳街道上羊市街社区居委会听取街道和上羊市街社区群团建设情况的汇报。徐晓充分肯定上羊市街社区在为民服务和文化建设等方面做的工作。并希望基层团组织依托活动阵地，进一步创新服务方式，培育社会组织，加强团工作的可视性。接着，徐晓一行到青年创业大街参观街区内青年创业创意的各类门店与摊位，详细询问“创客”们创业的心路历程与取得的成果，勉励他们要永葆创业激情，努力开创自主创业的广阔天地。在西柚传媒公司，徐晓一行观看由青年TV制作的短片《最美女教师》，并举行座谈。徐晓表示，青年的力量就是国家的力量，共青团应创造更多的条件服务青年，带领青年建功立业。

【中共中央组织部考核组考察玉皇山南基金小镇】 2017年9月8日，中共中央组织部考核组一行在十二届全国人大常委会委员、民族委员会主任委员李景田和十二届全国政协委员、经济委员会副主任董大胜带领下，到上城区考察玉皇山南基金小镇。省委常委、市委书记赵一德，区委书记陈瑾，区委常委、组织部部长王歆等陪同考察。考核组一行参观基金小镇展示中心，听取小镇发展规划等情况介绍，走访园区企业杭州睿沣资产管理有限公司，了解企业经营发展情况。

【国家反恐办第一督导检查组调研上城区反恐怖“四联三防”工作】 2017年9月14日，国家反恐办第一督导检查组组长、中共中央宣传部副部长、国务院新闻办副主任崔玉英一行到清河坊历史文化街区调研指导反恐怖“四联三防”工作，省公安厅副厅长、杭州市委常委、公安局局长叶寒冰，省委宣传部副部长琚朝晖，省公安厅党委委员、副厅长沈亚平，区委书记陈瑾，省公安厅反恐怖总队队长赵骏，区委常委、公安分局局长秦文，区委常委、宣传部部长范卫东等陪同调研。

【中央政法委安保督导组考察中共十九大安保工作】 2017年9月29日，中央防范办副主任柯良栋带领中央政法委安保督导组到城站火车站考察中共十九大安保工作。省委政法委副书记、省维稳办主任翁钢粮，省公安厅副厅长、杭州市委常委、公安局局长叶寒冰，区委副书记、区长金承涛，区委常委、公安分局局长秦文等参加考察。

【财政部税务司调研组调研玉皇山南基金小镇】 2017年11月29日，财政部税政司司长王建凡一行调研玉皇山南基金小镇。副市长陈国妹、省财政厅副厅长罗石林，区委副书记、区长金承涛，区委常委、常务副区长富永伟陪同调研。王建凡了解基金小镇规划和入驻企业情况，参观二期园区和基金小镇行政服务中心，与杭州凯泰投资管理有限公司、杭州联创投资管理有限公司等企业，以及财政、国地税等部门进行座谈，听取创业投资基金、股权投资基金税收政策方面的意见建议。

【中央文明办调研组调研上城区志愿服务文明城市创建工作】 2017年12月5日，中央文明办调研组到城站广场调研上城区志愿服务微笑亭、杭州站

“赵红卫”服务总台等志愿服务文明城市创建工作。城站广场管委会负责人向调研组汇报城站广场文明城市创建和志愿服务微笑亭情况。调研组向志愿服务微笑亭、“赵红卫”服务总台等城市文明志愿服务者表示感谢。省市文明办、省市民政部门、团省委、团市委、上城区等单位领导陪同调研。

（上城年鉴编辑部）

学习贯彻中共十九大精神

【概况】 2017 年 10 月，中共十九大召开后，上城区迅速掀起学习宣传贯彻中共十九大精神热潮，推出党员干部带头学习宣讲、开展中共十九大精神“四进”（进社区、进机关、进企业、进校园）活动等学习贯彻的具体措施，并结合实际认真学习，切实抓好中共十九大精神落实，使中共十九大精神家喻户晓、深入人心。

【领导带头学习】 2017 年 10 月 18 日，上城区四套班子领导集中收看中共十九大开幕式。大会闭幕后，区委召开常委会和全区领导干部会议，传达学习中共十九大精神，研究部署学习宣传贯彻工作。依托“吴山大讲堂”“草根民师”讲堂等平台，以中共十九大精神为指导，围绕群众关心的区域发展问题开展主题宣讲，邀请省委原常委、市委原书记王国平，市委常委、统战部部长佟桂莉，市纪委副书记、市监委副主任陈建华等做专题报告，并与中央人民广播电台联合举办“大国新时代——中国经济报告会”。编发理论学习提示和相关学习资料，指导各级各部门以理论中心组、读书会等形式，学习领会中共十九大精神。

【抓好宣传普及】 2017 年，上城区党员干部通过集中收看实况转播、小组讨论、主题宣讲等形式，全面深入学习中共十九大精神。各级党组织第一时间召开学习会，制定学习计划，列出学习专题，掀起区、街道、社区三级学习热潮。抓好群众宣传普及，依托“上城发布”平台，在中共十九大开幕当天及时编辑发送中共十九大报告主题内容解读表，提炼中共十九大报告核心关键词，让基层群众听得懂、记得牢。后续持续发布中共十九大精神相关解读，营造浓厚学习氛围。开展“三讲三谈”活动，由市委党校上城分校老师、社区党委书记、基层党支部书记进行中共十九大精神宣讲，社区党员、社工党员、居民骨干联系实际进行座谈，将中共十九大精神学懂、弄通。

【组织专题宣讲】 2017 年 11 月 14 日，上城区成立由中共十九大代表、杭州解百集团周明娟和区委常委、党员副区长、区直有关单位主要负责人、各街道党工委书记参加的“区委党的十九大精神宣讲团”，分别到各部门、街道、学校、企业进行专题宣讲，宣讲团成员每人宣讲两场以上。组织党政干部、理论工作者将中共十九大报告的主要精神归纳成若干专题，在街道、社区进行宣讲。以“小营·江南红巷”景区内中共杭州小组纪念馆为主要阵地，开展“不忘初心，传承红色基因；牢记使命，弘扬红巷精神”主题党日活动，组织党员重温入党誓词。

2017 年 11 月 22 日，市委宣讲团党的十九大精神报告会在上城区政府大礼堂举行 （区委宣传部 供稿）

【加强主题报道】 2017 年，上城区加强主题报道，在《上城报》、上城网开设“十九大报告解读”“十九大精神在基层”等专栏，重点报道干部群众学习贯彻中共十九大精神情况，并在理论专版刊发报告解读、社论、综述、评论员文章和学习体会，帮助干部群众准确理解中共十九大报告的新思想、新观点、新论断。强化舆论引导，集中开展中共十九大精神网上宣传，制作完成《你的美好生活，我的不懈追求》专题宣传片，网络点击阅读量160万余次。

【拓展学习平台】 2017年，上城区发挥各类宣传载体作用，依托大型广告牌、阅报栏、宣传橱窗、电子显示屏等，开展面向不同阶层和群众的宣传教育。由区委宣传部负责采编，在手机客户端开设“十九大精神导读”“文献摘要”“领导言论”“学习动态”等板块，转载新华网、人民网等快讯、时评，传达和解读中共十九大精神，反映全区学习宣传贯彻中共十九大精神的动态。举办“贯彻落实党的十九大精神书画展”，集中展出干部职工、居民群众的书画摄影作品60余幅。在小营街道梅花碑社区展示“最美人物”鲁立清的剪纸作品，其中“不忘初心，振兴中华”大幅剪纸作品登上中央电视台《新闻联播》栏目，新华社为此专门刊发通稿。

（王　蕾）

“三联三领”工作制度

【概况】 2017年，上城区委根据市委关于开展“联百乡结千村访万户”蹲点调研和“三提一争”活动要求，建立“区领导联系街道领衔破难、机关部门联系社区领办项目、党员干部联系群众领跑示范”的“三联三领”工作制度。成立上城区“三联三领”工作统筹领导小组及办公室，印发《关于建立区领导、机关部门、党员干部“三联三领”工作制度的通知》《关于开展“三联三领”集中蹲点调研活动的通知》《上城区推进“三联三领”工作实施方案》等文件，引导党员干部在转作风、惠民生、促发展上重实干、敢担当、破难题。相关做法得到省委常委、市委书记赵一德批示肯定，并在全市“三提一争”主题活动推进会上做交流发言。

【区领导蹲点调研】 2017年，上城区以“三联三领”推进“四个全域化”工作。全区确定16个调研课题，由32名区四套班子领导采取组团式调研方法，分头到联系街道和蹲点社区领衔办理重难点问题。建立区领导统筹协调、督查推进等工作机制，进行工作指导的同时，开展传帮带，为街道解决发展中的问题。在区领导带头示范下，全区各级领导干部向群众宣讲区党代会精神468次，召开现场办公会、民情恳谈会223次，解决稳定、信访、民生保障问题388个。

【部门领办项目督查】 2017年，为推动和谐社区建设，上城区机关54个部门以“1+1”的形式结对全区54个社区，通过每周进行一次集中走访、每半月开展一次“民情半月谈”，了解梳理各社区急需解决的困难和问题，由各部门分头领办，领办项目涉及民生保障、城市管理、基层党建等5个方面。区“三联三领”工作统筹领导小组对领办项目进行审定和跟踪督查，年终统一组织验收。通过上下联动，横向协调，促进机关转变作风，加强社区工作力量，社区存在的一些突出问题得到较好地解决。

【机关与社区结对帮扶】 2017年，上城区机关党员干部根据联系挂包社区“双报到双服务双管理”要求，开展“上门看、当面谈、马上干”活动，与社区困难群众结对，落实进行一次政策理论宣讲、开展一次社情民意走访、办好一件惠民实事等“八个一”责任清单，助推党员干部当好政策理论宣讲员、社情民意收集员、为民办事勤务员、环境整治助推员、社区换届指导员、矛盾纠纷调解员、党建工作组织员、社区建设领航员“八大员”。全区1700余名机关党员结对帮扶困难群众1134人，参与社区平安巡防等志愿服务4900人次，认领微心愿2600余个，解决民生难题1000余个。

（潘罗定）

“四个全域化”推进

【概况】 2017年，上城区委、区政府全面融入“拥江发展”战略，深入推进全域化征收、拆违、治理、治水“四个全域化”工作。区委、区政府统筹协调政策、资金等重大问题，区人大、区政协组团助推，各街道、指挥部具体推进。围绕优化功能布局，编制分区规划，完善望江新城城市设计方案，启动吴山广场地下空间、施家山地块等规划编制。推进城中村改造和省“基本无违建区”创建，提前完成危房治理三年行动计划。深化“河长制”，建立“一河一策”制度，在全市率先完成剿灭劣Ⅴ类河道和小微水体工作，全区河道监测断面平均达标率87.4%。全年实施征迁项目51个，签约5754户，完成年度目标的1.8倍；“清零”项目33个，完成“三改”103.31万平方米，腾出土地1平方千米；望江路秋涛南路立交项目提前半年“清零”交地，9个市级征迁“清零”项目完成。改革安置房管理调配制度，统筹调拨全区安置房房源。全年交付安置房16.7万平方米，开工、续建安置房19.5万平方米。拆除违章建筑1571处、8.1万平方米。治理危房105处、10.37万平方米。全年新增污水管网5.04千米，完成年度目标的4.9倍；新建雨水管网4.63千米，完成年度目标的3.7倍；实施截污纳管65处，完成浣纱渠沿线等雨污分流项目36个；清淤4.71万立方米，完成年度目标的1.6倍；完成阳台雨污水改造治理1200户；春江花月小区和望江新园二园、三园创建成为省级节水型小区，涉及居民约3700户。

（占志铖）

【省委督查组督查城中村改造工作】 2017年8月29日，省委督查组对全区“三改一拆”及“五水共治”工作进行第二轮专项督查。督查组实地查看望江01地块、面粉厂拆迁地块、徐家埠03地块、南星街道施家山地块等城中村改造现场，同时参观城中村改造成功典范——馒头山邻里中心和玉皇山南基金小镇。通过实地查看、民主座谈和台账检查，省委督查组对上城区城中村改造工作给予肯定，认为上城区的城中村改造措施有力，效果明显。要求上城区及时梳理总结，为省、市提供有益经验。同时希望进一步加大巡查力度，确保城中村的消防安全。

【老干部调研城中村改造工作】 2017年5月11日，区委老干部局组织20余名老干部到紫阳01地块、望江19地块调研，通过“实地走、亲眼看”感受城中村改造的变化。随后在望江指挥部召开座谈会，副区长朱黎明陪同调研，并向老干部介绍区城中村改造的计划、进度、完成情况及相关做法，即征收一旦启动，按照节点强势推进目标完成，营造快拆之势；坚持“公开、公平、公正”，让老百姓信息看的见、利益算的清，提升主动、提前、快速搬迁的意愿。危房治理做到能拆尽拆，拆不了的改，改不了的修，真正做到腾出空间、改出新貌。座谈会上，老干部对城中村改造取得的成绩予以肯定，表示要继续发挥余热，助推上城区的改造建设。

【推进“四个全域化”暨百日攻坚大会】 2017年10月9日，上城区召开全面推进“四个全域化”暨百日攻坚大会。区委书记陈瑾等领导，区人武部部长，区法院院长，区检察院检察长，副区级干部，各部门、街道主要负责人参加会议。会议由区委副书记、区长金承涛主持。会上，观看6个街道推进“四个全域化”工作视频短片，对前一阶段征收工作进行通报表彰，并下发任务书；听取副区长薛鸿翔和朱黎明“五水共治”和征收、城中村改造、危房治理工作推进情况汇报，对下一阶段工作进行具体部署；小营、望江、南星街道和望海潮公司分别就推进“四个全域化”工作做表态发言。区委书记陈瑾强调，全区上下要时刻保持一流状态，为全面打好打赢“四个全域化”攻坚战和完成年度目标任务不懈努力。

（陈　希）

望江新城建设

【概况】 2017年，上城区以“改善民居民生、提升生活品质、促进产城融合”为目标，加快望江新城征迁改造。海潮寺原址复建项目可行性研究方案获批复。18个项目完成征收，完成年度计划的2.3倍。出让地块2个。其中，望江单元SC0401-G1/S42-46地块面积1.18万平方米，出让价6200万元；近江单元B-C2-07地块面积7333平方米，出让价4.17亿元。落实安置房房源17.5万平方米，其中地铁房源7万平方米，其他房源2.7万平方米，商品房796套、7.8万平方米。

【望江新城征收、建设工作】 2017年3月23日，望海潮公司（望江指挥部）召开“加快推进望江新城征收、建设工作动员大会”，区人大常委会副主任、望江指挥部总指挥顾文友出席会议并做动员，总结望江新城改造建设情况，部署2017年征迁、建设工作，对2016年度望江新城建设5个先进集体、60名先进个人进行表彰。区相关部门、望海潮公司（望江指挥部），望江街道和紫阳街道及现场动迁指挥部等干部职工300余人参加会议。

【望江新城城市设计专家评审会】 2017年6月15日，区政府召开望江新城城市设计专家评审会，省住房和城乡建设厅有关部门负责人主持会议。区领导金承涛、朱黎明、顾文友和有关专家出席。望海潮公司汇报望江新城城市设计二稿修改情况。金承涛强调，要深入考虑城站东广场规划，加强婺江路整体空间开发研究，解决好海潮寺周边建筑风貌的协调性等问题，推进望江新城城市设计进一步优化完善。

【望江新城城市设计国内外方案征集】 2017年，上城区根据望江新城“钱塘江金融港湾新引擎，长三角城市高铁新枢纽，世界名城经济区新窗口”的定位和“产业空间作加法、人口密度作减法、配套功能作乘法”的原则，对望江新城改造建设提出新的标准和要求。为进一步优化望江新城城市设计，望江指挥部邀请5个国内外优秀团队，开展城市设计方案征集工作。参与方案设计的团队中，有总部在英国的达伦建筑设计（上海）有限公司、总部在美国的艾斯弧（杭州）建筑规划设计咨询有限公司，国内单位有深圳市城市规划设计研究院、清华同衡规划设计研究院、浙江省城乡规划设计研究院。

【道路地块项目建议书获批复】 2017年4月17日，凯旋路六期（甘王路—清江路）道路项目建议书获批复，该路段长150米，宽20米，用地面积3000平方米，工程投资9亿元。5月12日，南兴加儿地块、十三湾周边地块项目建议书获批复。南兴加儿地块东至江城路，南至凤山花苑，西至中河南路，北至六部桥直街，用地面积3.9万平方米，涉及征迁户205户。十三湾巷周边地块分两个地块，其中，东侧地块东临中山路，南至太平坊巷，西至后市街，北至惠民路；西侧地块东至后市街，南至清河坊社区23号楼，西至十三湾巷，北至惠民路，用地面积1.87万平方米，涉及征迁户100户。

【道路施工图设计完成】 2017年5月5日，上城区完成望江新城凯旋路三期、凯旋路四期（东宝路—婺江路）两条道路施工图设计。凯旋路三期南起望江路，北至东宝路，道路长563米，宽30米，用地面积1.8万平方米；凯旋路四期南起东宝路，北至婺江路，用地面积1.55万平方米。

【地块征收出让】 2017年5月26日，始板桥新村地块评估完成，正式启动征迁。该地块东至凯旋路，南至东宝路，西至始版桥直街，北至婺江路，用地面积3.3万平方米，征迁913户。6月5日，望江新城望江单元莫邪塘公园地块挂牌出让，通过13轮竞拍，由杭州市钱江新城投资集团有限公司所属杭州停车产业股份有限公司以6200万元竞得，折合楼面价4506元/平方米，溢价率151%。该地块为地上公园绿地、地下社会停车场用地及部分商业用地，范围东至新开河，北至绿化带，南至甘王路，西至浙江中烟工业有限责任公司，用地面积1.18万平方米，地块现状为莫邪塘公园。规划地下2层为社会停车库，设计停车泊位300个，建筑面积1.38万平方米；地下1层为商业建筑，建筑面积1974平方米。

【廉政文化进工地活动】 2017年7月31日，上城区廉洁文化进工地暨青年突击队授旗仪式在望南橡胶厂保障房工地举行。活动由望江指挥部会同区住房和城建局、区纪委、区建设工程质量安全监督站联合举办，活动内容包括廉政文化进工地授牌、青年突击队授牌、廉政文化进工地签字、高温慰问等。望江指挥部将望南橡胶厂保障房工地列为廉政文化进工地的示范点，旨在打造“廉政工程”“文明工地”。

【区行政服务中心“百日攻坚”誓师大会】 2017年8月11日，区行政服务中心“百日攻坚”誓师大会召开，区委常委、常务副区长富永伟及区直各部门和建设单位代表200余人参加。区行政服务中心和科技文化馆项目位于望江东路以东、鲲鹏路以南、望江公园以北，总建筑面积10.89万平方米。项目主体建筑为3幢塔楼结构，地上19层、地下3层。建筑主体于2013年4月开工，2017年12月底竣工。会上，区领导向参建单位授予“百日攻坚”大旗，并要求参建单位坚定决心，汇聚力量，抓紧节点，加快推进望江新城建设，做到进度百分之百按时、质量百分之百可靠、任务百分之百完成。望海潮公司和施工单位代表分别在会上表态，将全力以赴，按计划高质量完成建设任务。

【印铁制罐厂地块保障房项目完成物业交接】 2017年8月，印铁制罐厂地块保障房项目完成物业交接，具备交付条件。该项目位于近江片原印铁制罐厂、华东家具厂地块内，东北为清江路，东南为组团路，西南为衢江路，西北为秋涛路，占地面积2.9万平方米，总建筑面积14.42万平方米，其中地上建筑面积10.13万平方米、地下建筑面积4.29万平方米，建设住宅936套、停车泊位727个。

【钱塘江北岸亮灯工程获“中照照明二等奖”】 2017年9月，钱塘江北岸亮灯工程被中国照明协会评为“中照照明二等奖”。由望海潮公司负责实施的钱塘江北岸亮灯工程（一桥至三桥）全长8000米，由核心区绿城蓝色钱江沿江立面、长城大厦、上城区行政服务中心、杭州市检察院、杭州市文广集团等7幢高楼联动的多媒体画墙组成，通过“经典上城”“美丽上城”“时尚上城”“喜迎G20”4个板块展现上城悠久的文化，为杭州增添钱塘江边的独特韵味。

【望南行知幼儿园项目主体结顶】 2017年11月，望南行知幼儿园项目主体结顶。该项目是望江新城第一所幼儿园，位于规划SC0403-R21-03地块东南侧，海潮寺路以西，海潮支路以北，征地面积5339平方米，建筑面积7600平方米，办学规模为12个幼儿班和4个幼托班。项目于2016年底开工建设，由浙江绿城建筑设计有限公司设计。

【4个项目开工建设】 2017年12月27日，上城区城中村改造安置房及配套设施项目集中开工仪式举行，望江新城常青村地块保障房及海潮寺路、海潮支路、凯旋路三期道路4个项目同时启动建设。其中海潮支路（凯旋路—海潮寺路）、海潮寺路（甬江路—望江路）、凯旋路三期（望江路—东宝路）全长1235米。3条道路中，海潮寺路的设计时速每小时30千米，为沥青混凝土路面，道路整体呈南北走向，标准路宽20米。常青村保障房地块建筑面积3.8万平方米，其中地上建筑面积2.39万平方米，地下建筑面积1.39万平方米，为两幢27~29层的高层住宅，共216套，并建设地下停车泊位298个。

【“共产党员突击队”成立】 2017年11月15日，“党建进工地”主题活动——上城区行政服务中心及科技文化馆项目“共产党员突击队”授旗仪式在上城区行政服务中心及科技文化馆建设工地举行。望江新城联合党委全体党员及入党积极分子参加。望江新城联合党委负责人为“共产党员突击队”授旗，要求发扬一丝不苟的“工匠”精神，精心打造品牌工程，为望江新城改造建设多做贡献。“共产党员突击队”代表发言，表示要带头冲锋在前，带头拼博奉献，以实际行动助推望江新城建设。

（叶　健）

社区组织换届

【概况】 2017年，上城区根据省、市委关于社区组织换届工作要求，加强换届工作领导，严格把好人选关，高质量完成54个社区换届工作，其中社区居委会换届52个。全区选举产生新一届社区党委和居委会委员530名，社区书记、居委会主任均为大专以上学历，年龄分别比上一届下降1.4岁和0.3岁，其中35岁以下社区党委书记25名。社区“两委”班子结构优化，整体素质提高，一批在服务保障G20杭州峰会、推进“四个全域化”工作中业绩突出的社区干部走上社区主要负责人岗位。

【加强换届工作领导】 2017年，上城区成立社区组织换届工作领导小组，区委书记陈瑾任换届工作领导小组组长，先后召开5次领导小组会议和区委常委会，听取情况汇报，研究社区班子配备方案。区委成立6个由退居二线的区管干部和区委组织部、区民政局业务骨干组成的换届工作督导组，通过日报告、周督查、月例会，对社区换届工作开展督查。组织区纪检、卫计、公安等13个职能部门，对354名社区党委委员和91名兼职委员、236名纪委委员、789名居委会和居监会成员人选，进行全面考察，把好候选人的政治关、廉洁关、素质关、结构关。新一届党委班子成员270名。其中，新调整86名，占31.9%；女性172名，占63.7%；平均年龄43.2岁，下降0.3岁；52名社区党委书记均为大专以上学历。新一届居委会班子成员284名。其中，新当选居委会成员211名，占74.3%；女性190名，占66.9%；平均年龄41.5岁，下降0.3岁；50名社区居委会主任均为大专以上学历。选出居务监督委员会成员260名。其中，党员158名，占60.8%；女性185名，占71.2%；居民代表137名，占52.7%；熟悉财务知识的56名，占21.5%；大专及以上学历139人，占53.5%。

（潘罗定）

“最多跑一次”改革

【概况】 2017年，上城区加快推进“最多跑一次”改革，着力提升政府服务效能，进一步激发市场活力。年内全区“一窗受理、集成服务”政务服务新模式基本建成，实现“最多跑一次”的事项96.9%，100%事项通过网上申请。企业和群众“最多跑一次”改革的实现率和满意度不断上升，在市经济信息中心、市绩效评估中心组织的抽样调查中，上城区企业对“最多跑一次”改革满意度达92.4%，在全市13个区县（市）中排名第一；群众满意度测评总分为96.86分，位列全市第一。

【“两张清单”梳理】 2017年，上城区主动作为，创新方法，第一时间推进事项梳理、窗口调整、流程再造、服务优化等工作。先后梳理出“最多跑一次”改革事项正负“两张清单”445项，包括能够实现“最多跑一次”的正面清单431项，占事项总数的96.9%。其中，权力事项418项、服务事项27项；暂时不能实现“最多跑一次”的负面清单14项。

【创新“一窗受理、集成服务”模式】 2017年，上城区按照“一窗受理”要求，在区行政服务中心、各街道和社区便民服务中心调整窗口设置，通过打通各部门“大数据”，消除部门痕迹，实现“一窗受理、集成服务”的政务服务新模式。区行政服务中心97个服务窗口进行业务归集，形成社会事务、投资项目审批、商事登记、房屋交易与不动产登记及公安、便民“4+2”六大业务板块；各街道便民服务中心按需分别设置综合进件窗口，社区设置便民服务综合窗口——“百通岗”，统一实行“前台综合进件、后台并联审批、统一窗口出件”新业务流程。

【办事流程优化】 2017年，上城区创新审批制度，优化服务流程。推出材料预审和“容缺受理”举措，节省群众办事时间。将部门最终审核权下放至窗口首席代表，减少审批环节。实行商事注册登记申报承诺制和“工位制”及“五少工作法”，提升服务效率和企业满意度。全区“三集中、三到位”（将部门行政审批职能向一个科室集中，承担审批职能的科室向市行政服务中心集中，行政审批事项向电子政务平台集中；审批事项进驻中心到位、授权到位、电子监察到位）工作成效明显，有效实现“行政服务中心之外无权力”目标。事项网上申请率达100%；113个“五星级”服务事项实现“一次不用跑”。推进医保、社保业务打通和商事登记证照联办窗口设置及系统接入，企业在商事登记窗口一次性补齐材料的比例达97%以上，基本消除“多次跑”现象。通过国土、房管、地税三部门协同办公，实现房产登记等业务“60分钟领证”目标。按照“一件事”标准，完成设置投资项目联办事项梳理，设置投资项目审批板块综合窗口，全区所有投资项目均在统一在线监管平台办理。

资料

“五少工作法”：通过畅通渠道、靠前服务、容缺受理、追踪服务、简化材料等方式，让企业少等待、少差错、少退回、少跑腿、少负担。

【“网上办、简化办、就近办”试点】 2017 年，上城区将便民服务平台建设和“网上办、简化办、就近办”试点结合起来，合力推进，取得明显成效。全区 6 个街道便民服务中心全部设立综合窗口，52 个社区便民服务中心设立“百通岗”，梳理出 52 项公民个人办理事项，全部下放到街道或社区便民服务中心就近办理，让群众在“15 分钟生活圈”就能办成事。“上城行政服务”微信服务号专设街道、社区事项板块，实现材料预审、在线留言功能。引入政务服务自助申请一体机，主动对接“一窗受理”平台，打造街道、社区便民服务中心“24 小时自助服务区”。自 8 月起，开展“老年优待证”送证上门服务，并做到“立等可取”。创新引入邮政 EMS，实现证件“快递送达全覆盖”。

（余中国）

全国爱国卫生运动纪念馆内景

（区风景旅游局 供稿 摄于 2017 年 5 月 18 日）

全国爱国卫生运动纪念馆

【概况】 全国爱国卫生运动纪念馆（小营巷）是以“爱国卫生运动”主题命名的国家级专业型纪念馆。上城区为纪念馆立足小营巷深厚的红色精神和爱国卫生文化底蕴，统筹推进“三馆两廊一园”改造。该馆被辟为全国爱国卫生运动教育基地、浙江省健康文化宣传基地和中小学生的第二课堂，每周二至周六向社会免费开放。

资料

“三馆两廊一园”：“三馆”指全国爱国卫生运动纪念馆、毛主席视察小营巷纪念馆、红巷生活馆；“两廊”指小营巷和方谷园；“一园”指小营公园。

【全国爱国卫生运动纪念馆筹建】 2017 年 3 月，上城区政府成立以区长金承涛为组长，区委、区政府分管领导为副组长的全国爱国卫生运动纪念馆（小营巷）筹建领导小组，正式开始筹备全国爱国卫生运动纪念馆建设工作。经与多方面商议，拟定以全国爱国卫生运动纪念馆（小营巷）为中心，对原有毛主席视察小营巷纪念馆、小营公园、红巷生活广场和小营巷社区办公场所进行整体改造提升，形成“三馆两廊一园”主场馆辐射周边的总体格局。纪念馆功能布局上注重静态展示和动态体验相结合，内容上体现历史与现实的结合。为丰富纪念馆布展内涵，上城区通过报纸、网络媒体等途径，广泛收集图片、实物等历史遗存，先后征集到爱国卫生相关实物和史料 100 余件。4 月，为配合毛主席视察小营巷纪念馆整治提升，区卫计局牵头拍摄上城区爱国卫生主题宣传片《为了人民健康》，为纪念馆开馆献礼。5 月 9 日，上城区召开全区爱国卫生工作会议，部署纪念馆落成开馆和全国爱国卫生现场会期间小营巷参观事宜。

【全国爱国卫生运动纪念馆开馆】 2017年5月15日，全国爱国卫生运动纪念馆在国家AAA级红色旅游景区“小营·江南红巷”开馆。馆内设爱国卫生伟大创举、爱国卫生运动的发展与创新、爱国卫生运动的深化和创新、爱国卫生运动的组织和保护4个板块，通过物品展示、浮雕刻画、多媒体传播等方式回顾中国爱国卫生运动发展65年来的历程和成果，反映爱国卫生运动在健康中国建设过程中做出的重要贡献。65年来，小营巷爱国卫生工作蕴含中华人民共和国成立初期的“全民除四害讲卫生”、20世纪80年代的“五讲四美三热爱”、新世纪的“打造宜居宜游宜商宜养”、当下的“全民健康教育、打造品质生活”等不同时期的主题。

【参观接待】 2017年5月11~12日，爱国卫生运动65周年暨全国爱国卫生工作座谈会在杭州召开，中共中央政治局委员、国务院副总理、全国爱国卫生运动委员会主任刘延东带领全国各省的领导干部前往参观调研，实地感受小营巷爱国卫生工作和全国爱国卫生运动纪念馆（小营巷）内外环境。随后，全国各地参观团、杭州市民群众、中小学生陆续到小营巷参观学习，平均每日接待150人次。全国爱国卫生运动纪念馆（小营巷）由“小营·江南红巷”景区管理，对外开放期间由“小营·江南红巷”景区游客中心讲解员负责讲解。

（仲　玥）

五水共治

【概况】 2017年，上城区围绕“四河三渠”治理工作目标，以全域化剿灭劣V类水体为“五水共治”工作重点，协同推进“四个区域化”工作，巩固提升水环境治理成果。完成丁家花园全区唯一劣V类水体剿劣任务，并通过市对区劣V类销号整体验收。全年水环境功能区达标率87.7%，比2016年明显上升。十五奎巷社区党委书记任亮当选“十大杭州市最美治水人”，望江街道党工委书记裘华君、南星街道办事处主任周莹和小营巷社区党委书记张碧薇当选“杭州市2017年度优秀基层‘河长’”。

【“河长制”全面落实】 2017年6月20日，上城区印发《关于全面深化“河长制”工作方案（2017~2020年）》，各街道根据辖区实际，出台“河长制”工作方案，制定三年工作任务。调整区“五水共治”工作暨“河长制”领导小组及办公室成员名单，区治水办与区河长办公室合署办公。各街道落实专人，与区河长办公室进行工作对接，形成区—街道—社区三级治水联动机制。修订完善“河长”会议、信息共享和报送、督查、考核、问责、验收六项制度，对各部门、街道及各级“河长”的职责和任务进行详细分解。依托河道水质APP平台，实时记录河道情况、“河长”信息、“河长”履职、投诉建议受理等情况。依托“平安365”“智慧城管”等平台，推行使用新型“电子河长公示牌”，并在各级“河长”办公电脑上安装智能监控系统，对河道违法行为进行全天候监测。建立“一河一策”“一河一档”制度及河道“病历卡”，对河道有针对性地进行治理，并加强对河道水质实时跟踪和动态化管理。

【污水治理项目完成】 2017年，区治水办组织中东河沿线街道对辖区范围内的住宅小区、公建单位、“八小行业”（小餐饮、小作坊、小食品店、小美容美发店、小旅馆、小浴室、小歌舞厅、小网吧）的排水设施进行普查，制订中东河治理方案和排水设施改造计划。投入3230万元，完成河道清淤、截污纳管、雨水污水分流和阳台水治理项目74个。中东河平均水质保持在IV类及以上，为打造污水“零直排”2.0版提供有力保障。确定美政花苑小区为上城区首个“海绵城市”小区试点，该工程通过结合海绵城市建设理念实施多种“海绵手术”，包括阳台雨污水分流工程、小区道路雨水和小区停车位雨水处理系统、雨水花园等，推进雨污分流，完成美政花苑阳台污水治理1200户。完成馒头山山水分流初步方案编制，与实施南宋皇城大遗址综保工程同步进行山水分流。坚持“水岸同治”，开展餐饮污水专项整治，全区大、中型餐饮企业100%安装油水分离器或隔油池，小型餐饮企业62%安装油水分离设施。全年增拨养护经费600万元，对雨水污水混接问题进行改造，提高雨水污水混接处置效率。

2017 年 4 月 5 日，上城区开展“百万职工大行动，剿劣攻坚当先锋”工会集中巡查活动。图为活动启动仪式　　（区治水办　供稿）

【“五水共治”宣传】 2017 年，上城区加大“五水共治”工作宣传力度，通过各种形式展现治水成果，着力营造全社会治水氛围，共同打好治水剿劣攻坚战。全年举办以“争当剿劣先锋·呵护碧水清流活动”为主题的科普系列讲座、贴沙河圆桌会、“水韵上城”摄影比赛、寻找“最美治水人”活动、“最美河长”评选、上城区“图文话剿劣”治水展览等活动 153 个。设计上城治水标识（LOGO）和吉祥物，打造上城治水自身品牌。制作并发放抽纸、手帕、宣传扇、松果小报等治水宣传小物件 12.1 万份，张贴治水宣传海报 4 万份，面向中小学学生发放治水成果调查问卷 3.1 万份。利用各媒体及微信、微博平台，持续推出“五水共治”宣传内容。在各类纸媒、电媒等媒体上刊登上城区治水剿劣工作报道 236 篇，主要报道有《每一口水井，都要活出自己的样子》《上城区：冲锋号吹响，皇城根下的创新生态高地》《以一流状态建设全域化“花园城区”美丽上城打响“五水共治”新战役》《对标世界名城，以一流状态建设独特韵味的全域化“花园城区”》等。

（张　斌）

【丁家花园劣Ⅴ类水体剿劣工作完成】 丁家花园是宋代杭州石榴园遗址，因有建筑特色和庭院景观特色被列为文物保护建筑。由于周边地铁建设，造成水体不流通，影响假山水池的水质，成为上城区唯一被挂牌督办的劣Ⅴ类小微水体。2017 年 3 月，区绿化办启动剿劣工作。为减少对建筑和假山的影响，采取人工清淤方式，逐步提升水质。9 月，剿劣工作通过市治水办督察组验收，上城区成为首个消灭劣Ⅴ类河道和小微水体的主城区。

（屠晓晨）

【清波街道“五水共治”全民参与机制】 2017 年，清波街道打造“五水共治”全民参与机制。建立劣Ⅴ类水及辖区用水排水设施档案，落实分片监管责任。打造治水品牌，在“井长制”基础上扩大民间护水队伍，民间护水实现学校和单位全覆盖。完善部门配合机制，抓好水质监控，组织辖区 30 余名人大代表开展“剿灭劣Ⅴ类水，代表在行动”主题监督活动。以水文化为载体加强治水宣传，配合节水型小区建设将理念转换成行动。注重源头治理，建立完善辖区河道排水口、水井、小微水体长效巡查机制，推进老旧小区、背街小巷截污纳管，提高排污排涝能力。4 月 7 日，清波街道被杭州市“五水共治”领导小组评为全市“五水共治”工作先进集体。

（蒋成杰）

上城概况

General Situation of Shangcheng District

地情概貌

【概况】 上城区是杭州市的老城区。南宋时建皇城于杭城南部，习惯称南边为上，区名由此而得。

自隋唐以来，辖区一直是商贾辐辏，官衙毗邻，名贤辈出的繁华地区。辖区内的凤凰山东麓是隋唐时期州治及五代吴越国王宫和南宋皇宫所在地，留有众多的古迹遗址和人文景观，具有较高的历史价值，通过遗址考古发掘，累计有5项考古发现被评为年度全国十大考古新发现。宋时的三省六部，德寿宫，龙翔宫，安抚司；元时的江浙行省；明清时期的织造署，南巡行宫；清代的旗营将军署，以及宋至清的杭州府署；元至清的仁和、钱塘县署；民国时期的浙江省政府等省、市官衙、名宅、重要机关；中华人民共和国成立至1995年12月，中共杭州市委、市人大常委会、市人民政府、政协杭州市委员会等机构均设在上城区域内。

上城区道路纵横，交通发达，是杭州市的商贸黄金地段。省、市、区的大批商业、旅游业、服务行业，省市各大银行，省市著名医院和文化设施均聚集在该区。上城区在保留和开发历史街区、加快旧城改造、打造精品街区等方面取得明显成效，城区面貌日新月异，全区旅游、购物、休闲环境日益优化。

杭州悠久的历史为上城区留下丰富的文化遗产，至2017年末，国家、省、市有关部门公布的上城区辖区内的重点文物保护单位96处，其中国家级文物保护单位13处、省级文物保护单位17处、市级文物保护单位48处，市级文保点18处。

【地理位置与面积】 上城区地处杭州城区中部偏南，东以贴沙河、清江路至西兴大桥与江干区为界；西自钱塘江大桥经虎跑路、铁路涵洞桥、玉皇山脚、万松岭路、西湖东岸、庆春路西延伸段与西湖区接壤；南以钱塘江主航道为界与滨江区相望，北以庆春路与下城区毗连。区域面积18.3平方千米，2006年，杭州市国土资源局上城分局组织专家对上城区区域面积重新测定（含山体、水域面积）为25.4平方千米。地形以平原、丘陵为主，地势西南高、东北低。

【气候】 上城区地处亚热带季风气候区，冬季受蒙古高压控制，盛行西北风，以晴冷、干燥天气为主，是低温少雨的季节。夏季受太平洋副热带高压控制，以东南风为主，海洋带来充沛的水气，空气湿润，是高温、强光照的季节。春秋两季为过渡期，气旋流动频繁，锋面雨甚多。2017年，全区年平均气温偏高，夏季高温特征较为明显，高温天数46天，较常年偏多19天，年平均气温18.3摄氏度。全年雨日数为145天，比常年均值（147.4天）偏少2.4天。年日照时数1818.4小时，较常年（1709.4小时）偏多6%。吴山、凤凰山、紫阳山、玉皇山等林木覆盖、郁郁葱葱，平地以柳浪闻莺、南落马营体育文化公园为代表的各大公园分布辖区。2017年，全区绿地面积571.68万平方米，绿地覆盖率35.6%，人均公园绿地面积7.94平方米，人均绿地面积17.57平方米。

（上城年鉴编辑部）

【行政区划】 2017 年，上城区有街道 6 个、社区 54 个。其中湖滨街道社区 6 个、清波街道社区 5 个、小营街道社区 12 个、望江街道社区 11 个、南星街道社区 8 个、紫阳街道社区 12 个。

【人口】 2017 年末，上城区有户籍家庭 112106 户，常住人口 320431 人，比 2016 年减少 1602 户、6472 人，平均每户 2.86 人。其中：男性 159422 人，减少 3934 人，占总人口的 49.75%；女性 161009 人，减少 2538 人，占总人口的 50.25%。男女性别比99.01:100。出生人口 3178 人，其中男性 1624 人、女性 1554 人，出生率 9.92‰；死亡人口 7383 人，其中男性 4191 人、女性 3192 人，死亡率 23.04‰；人口自然增长率-12.99‰。全区暂住人口 152074 人，下降 6.6%。

【少数民族】 2017 年末，上城区有少数民族人口 3261 人，分属 39 个少数民族。其中，回族 1201 人、满族 784 人、畲族 285 人、土家族 214 人、蒙古族 206 人、壮族 138 人、苗族 112 人、朝鲜族 78 人、瑶族 43 人、侗族 38 人、布依族 18 人、彝族 18 人、黎族 16 人、达斡尔族 16 人、藏族 15 人、白族 14 人、锡伯族 12 人，其他少数民族 53 人。

（蔡 勤）

经济建设

【概况】 2017 年，上城区围绕争做创新转型标杆区、文化传承标杆区、生活品质标杆区和社会治理标杆区“四个标杆区”及打造一流的国际化现代化城区的目标，以提高发展质量和效益为中心，以推进供给侧结构性改革为主线，深入践行新发展理念，全面做好稳增长、调结构、促改革、惠民生、保稳定工作，实现区域国民经济持续健康发展及社会和谐稳定。全年实现地区生产总值 1011.44 亿元，首次突破 1000 亿元大关，按可比价格计算，比 2016 年增长 6.5%。按全年全区 5‰人口变动情况抽样调查结果推算，人均生产总值为 28.85 万元，增加 2.55 万元，增长 9.7%。按全年平均汇率计算，人均 GDP4.27 万美元，增加 900 美元。根据市区居民家庭抽样调查显示，全市城镇居民人均可支配收入 56276 元，增加 4091 元，增长 8.1%。全市城镇居民人均消费支出 38179 元，增长 7.0%。按产业分，第二产业实现增加值 385.86 亿元，增长 7.1%。其中：工业增加值 367.61 亿元，增长 8.1%；第三产业实现增加值 625.57 亿元，增长 6.1%。二、三产业的结构比为 38.2 ：61.8。完成财政总收入 144.56 亿元，实现地方财政收入 73.19 亿元，分别

2017 年上城区行政区划情况

表 1

街道名称	区域面积（平方千米）	所 辖 社 区
湖滨	1.6	涌金门、青年路、东平巷、岳王路、东坡路、吴山路
清波	2.2	清河坊、定安路、劳动路、清波门、柳翠井巷
小营	2.7	小营巷、金钱巷、西牌楼、紫金、马市街、大学路、葵巷、老浙大、长明寺巷、茅廊巷、梅花碑、姚园寺巷
望江	4.0	大通桥、始版桥、兴隆、莫邪塘、清泰门、婺江、耀华、近江东园、近江西园、在水一方、徐家埠
南星	4.31	美政桥、海月桥、馒头山、玉皇山、紫花埠、复兴街、水澄桥、白塔岭
紫阳	3.49	上羊市街、彩霞岭、十五奎巷、太庙、候潮门、北落马营、新工、海潮、木场巷、凤凰、春江、甬江

（谢 洋）

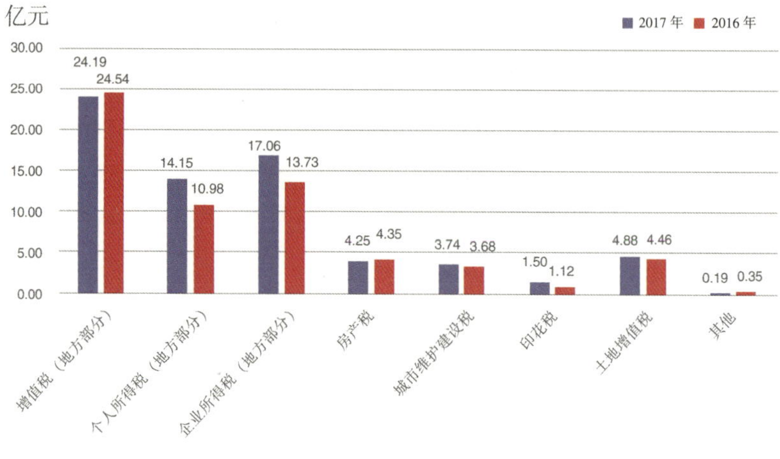

图1　2016~2017年上城区地方主要税种构成情况

增长12.6%和9.9%。公共预算支出40.08亿元，增长21.5%，其中一般公共服务支出3.97亿元，增长15.9%。完成固定资产投资121.46亿元，增长11.3%。其中：工业投资9000万元，增长14.3%；房地产开发投资95.36亿元，增长37.9%。商品房销售面积4.17万平方米，下降76.1%。实现社会消费品零售总额396.06亿元，增长10.6%。其中：限额以上批发零售业零售额216.29亿元，增长9.7%；限额以上住宿餐饮业零售额36.83亿元，增长15.0%。限额以下批发零售业零售额129.45亿元，增长13.4%；限额以下住宿餐饮业零售额13.49亿元，下降7.7%。全年新增城镇就业22540人。南宋御街·清河坊、湖滨路、南山路三大特色街区接待游客3300万人次，增长4.5%；实现营业总收入105.83亿元，增长6.8%；税收5.23亿元，增长4.2%。2017年，上城区有总承包和专业承包建筑企业75家（指资质以上的总承包和专业承包建筑企业，不含劳务分包），全年完成建筑业总产值251.76亿元，完成竣工产值141.68亿元。房屋施工面积1540.1万平方米，增长0.8%；竣工面积517万平方米，增长11.8%。装饰装修产值22.2亿元，增长4.6%。企业上缴税金4.5亿元，其中，主营业务税金及附加值1.1亿元，应缴增值税3.3亿元。

（张海树）

【产业结构升级】 2017年，上城区产业结构加快升级。举办首届中国董秘百人会、第三届全球私募基金西湖峰会，出台金融人才管理改革试验区的若干政策意见，新增浙江诚邦园林股份有限公司等3家上市企业、浙江春派科技股份有限公司等3家“新三板”挂牌企业。馒头山文化街区入选省级文化创意街区名单，国家新闻出版广电总局电影频道杭州基地正式启用，引进杭州麦粒投资管理有限公司、浙江天琦控股有限公司、浙江米菠萝文化传媒有限公司等影视类企业，辖区企业参与投资《择天记》《楚乔传》等影视剧拍摄。举办中国（杭州）移动互联网大会，实现企业“上云”1902家。海兴巴西控股公司与巴西EPC电力运维公司签订战略合作协议，思创医惠科技股份有限公司助力厦门金砖峰会相关安保网建设。推进品牌消费集聚区建设，抓好专业市场转型升级，出台旅游国际化行动计划，建设智慧旅游大数据平台。编制健康产业发展规划，制定养老服务业改革试点方案，完成“智慧医疗”一期项目。推进“一圈两镇三园”建设，杭州蔚来汽车销售服务有限公司等知名品牌相继落地。编制玉皇山南基金小镇战略发展规划，小镇被命名为首批省级特色小镇，累计集聚各类金融机构2361个，总资产管理规模10455亿元，实现税收21.6亿元。南宋皇城小镇列入第三批省级特色小镇创建名单，小镇APP、“南宋150”文化旅游线路正式上线，举办首届小镇文化旅游创意设计大赛，研发“宋韵皇城”系列旅游文创产品300余种。盛景网联科技股份有限公司获“中国自主创新杰出贡献奖”，Google Adwords杭州体验中心正式运营，杭州德中传感智谷建设有限公司、中联共生投资有限公司等优质企业落户上城区。完善电子机械功能区“二次规划”，承办工业智造·杭州大会，工创空间正式投入运营，全省首个FabLab创新实验室对外开放。小营智慧健康产业园发展步入快车道，全景医学影像中心开业，举办国际专科护士大会，与广宇集团股份有限公司签署战略合作协议，区智慧健康产业展示中心亮相。稳步推进楼宇经济建设，出台新的楼宇改造提升若干意见，竣工交付横店集团大厦等楼宇，中维地产商业大厦等项目建设进度加快。楼宇经济实现税收 82.96 亿元，比 2016 年增长 26.5%，其中一般公共预算收入 38.45 亿元，增长 13%。

【城区品质提升】 2017 年，上城区城区品质持续提升。全年实施重点建设项目 112 个，开工 41 万平方米，竣工 70 万平方米。平安里地块危旧房改造重建、西湖电子地块商务楼、省妇保医院南侧社会停车场、惠兴中学整体改建等项目开工。中策橡胶厂地块安置房、工联大厦二期、轿子巷地块金融用房等项目有序推进。徐家埠地块安置房、稠银大厦、昆仑中心等项目竣工交付。深入推进“四个全域化”工作，完成岳王路新村等危旧房改造，施家山环境综合整治工程地块等 12 个保障性安居工程项目与旧城改造项目启动征收。推进省“基本无违建区”创建工作，全年完成“三改”103.31 万平方米，拆除违法搭建 8.1 万平方米；治理危房 105 处，面积 10.37 万平方米，提前完成危房治理三年行动计划。完成中央环保督察迎检工作。推进“五水共治”，实施浣纱渠、八卦田渠等改造治水工程，全面提升全区水质环境，上城区获省治水工作最高奖“大禹鼎”。完成丁家花园劣Ⅴ类水体剿劣，成为全市首个消灭劣Ⅴ类河道和小微水体的主城区。全区 384 个小区垃圾分类全覆盖，建成分类示范小区 20 个、智慧分类小区 20 个。

【企业创新能力提升】 2017 年，上城区坚持以推进科技计划项目实施、加快高新技术企业和研发中心建设为抓手，提升企业创新能力。全年新增国家高新技术企业 14 家、省级科技型企业 42 家、省级企业研究院 2 家、市级高新技术企业 26 家、市级高新技术研发中心 2 个、市级专利试点企业 5 家、“雏鹰计划”企业 12 家；获省、市科技进步奖 9 个。新增国家级众创空间 3 个、省级众创空间 3 个、市级众创空间 1 个，“唯曦国际创投基地”获评省级优秀众创空间。全区专利申请量 1908 件，其中发明专利授权 201 件。在美国硅谷设立上城区海外高端人才联络站。与机械工业经济管理研究院、浙江理工大学分别签订战略合作协议。杭州亿恒科技有限公司与浙江大学合作开发“工业机器人性能自动测量系统”。杭州金通公共自行车科技股份有限公司、杭州捷尔思阻燃化工有限公司分别与浙江工业大学合作成立研究院。浙江大学、浙江科技学院等高校的 30 个科技成果在玉皇山南基金小镇进行路演，激光雷达等项目落户区科技创业中心。“一窗受理、集成服务”布局从区行政服务中心全面延伸到街道、社区，进一步完善便民服务平台建设，431 个事项实现“最多跑一次”，占比 96.8%。区综合行政执法局揭牌，为提升城市治理水平、优化城市发展环境提供有力保障。以跨境电子商务公共海外仓建设为抓手，推进跨境电子商务出口服务体系建设，杭州伯恒进出口有限公司申报为第三批省级公共海外仓。世界 500 强企业高盛亚洲战略投资集团完成对内资企业咸亨国际科技股份有限公司的外资并购，吸引外资 2800 万美元。全年引进到位市外资金 500 万元以上项目 211 个，占到位资金项目数的 75.1%，实际到位资金 112.96 亿元。引进浙商回归项目 133 个，其中内资项目 129 个、外资项目 4 个，累计省外到位资金 57.79 亿元。

（魏建军）

政治建设

【概况】 2017 年，上城区坚持以习近平新时代中国特色社会主义思想为指引，深入学习贯彻中共十九大精神，进一步加强党的建设，深化重点领域改革，推进依法治区工作，着力提升区委常委会领导能力，为实现区第十次党代会确立的“争做创新转型、文化传承、生活品质、社会治理”四个标杆区，推进一流的国际化现代化城区建设目标提供重要保证。

【“法治上城”建设】 2017 年，区委统筹“法治上城”建设各项工作，加强法治政府建设，支持区人大及其常委会依法履职。9 月 11 日，区委印发《关于实施民生实事项目人大代表票决制工作的意见（试行）的通知》，推进和保证人大和人大代表依法行使职权，促进基层民主政治建设。区人大常委会强化执法监督检查工作，全年依法审议重大事项 30

项。区政府严格执行区人大决定决议，自觉接受区人大及其常委会法律监督、工作监督。支持区政协开展多种形式的协商议政，加强同各民主党派、工商联政治协商，全年开展政治协商7次。着力构建“阳光司法”机制，推进审判、检务、警务公开，支持司法机关依法独立公正行使职权，设立华东首个独立建制派出的“金融法庭”和检察工作站。举办国家宪法日系列宣传活动和领导干部法制讲座活动，坚持区委常委会、区政府常务会议会前学法，举办区管领导干部任职前法律知识考试4次，开展法制工作培训2次，审核规范性文件7个。

【全面深化改革】 2017年，上城区调整区委全面深化改革领导小组办公室，由区委副书记任主任，并在区委办公室专门设立改革科，创新“四办”联动抓改革机制，建立例会、调研、考勤等工作制度，并结合上城实际，研究制定六大类20条重点改革任务。“最多跑一次”事项实现率超过96%，网上申请率达92.0%。加快实施电子化审批，积极推行“容缺受理”，审批用时不断提速，部门职能交叉重叠、行政资源浪费等问题得到较好解决。首创全国“金融纠纷一站式化解平台”，确保金融市场持续健康发展。办理全国首例留置案例，为深化国家监察体制改革提供上城样本。

【基层共建共治】 2017年，上城区全面深化基层共建共治工作，稳步推进基层治理“四个平台”建设，全区重新划分268个全科网格，区、街道两级综合指挥体系进一步完善。深化社区、社会组织和社会工作“三社联动”机制和融合发展，推进社区协商共治，建成馒头山社区等“3+X”为民惠民综合体10个。7月25日，上城区通过全国社区治理和服务创新实验区中期评估。全区54个社区党组织、52个社区居委会、监委会完成换届选举。成立上城社会组织发展基金会，建立四级公益项目监管体系，全年全区资助公益项目64个，资助金额499.68万元。

（占志铖）

文化建设

【概况】 2017年，上城区大力弘扬传统文化，加快打造文化平台，加强公共文化供给。推进现代公共文化服务体系建设，以文体惠民工程为载体，深化“七送”文化惠民活动，增强公共文化服务供给能力。打造南宋文化论坛，推出“南宋瓷韵”展等主题活动100余场。完善文化设施，大华书场重新开放，馒头山社区被列入杭州市首批社区文化家园推荐试点。加强非物质文化遗产保护和利用，初步建立起较为完整的“非遗”名录保护和传承体系，4个项目入选省级“非遗”名录，王文英等5人入选浙江省非物质文化遗产代表性项目传承人。推进文化市场规范化建设，加大文化市场安全监管力度，为文化市场繁荣发展营造安定有序环境。

【文化平台打造】 2017年，上城区大力推进文化品牌打造。“南宋150”文化旅游体验线正式发布，多语种文化旅游线上平台正式启用。全年举办非物质文化遗产展演、展示、展览和非物质文化遗产进校园等活动140余场，新增区级非物质文化遗产代表性项目6个，全省“非遗”工作排名第11位，全区省级以上非物质文化遗产代表性项目数量位居主城区第一、杭州市第二。区非物质文化遗产展示馆（基地）挂牌成立。馒头山文化街区入选省文化创意街区，国家新闻出版广电总局电影频道杭州基地落户上城区，袁和平、蒋胜男等名人团队先后入驻该街区。小营红色文化基地内涵进一步提升，“最美”品牌活动持续深化。

【公共文化服务】 2017年，上城区成功举办杭州南宋文化节，整合中国民间艺人节、杭州美术节、吴山庙会等文化品牌，创新打造南宋文化共享日暨南宋文化论坛。实施城市记忆修复工程，绘制完成上城区文保历史建筑（街区）分布图，新增钱学森旧居等省级文保建筑4处，推进思鑫坊、恰丰里、泗水新村等19处历史建筑保护性开发，完工11处。

讲好上城故事，推出“南宋瓷韵”展、民间茶会等主题活动100余场，举办南宋文化讲坛9期，组织惠民演出248场。紧扣中共十九大召开、中国人民解放军建立90周年等重大主题，组织开展各类文化和健身活动800余场，举办公益性公共文化培训300余期，惠及群众100余万人次。

【“七送”文化惠民活动】 2017年，上城区文化惠民能力和水平进一步提升。5月，启动以“百团百场”公益演出、送戏剧、送演出、送培训、送讲座、送电影、送图书、送体质监测为主要内容的“七送”文化惠民活动。其中，举办公益性文体培训73场，受益群众4万余人次。重点公共文化活动有“三江”歌手大赛、清明诗会、重阳登高诗会、“城市一家亲”外来务工者艺术节等。该项活动被省、市主要媒体连续报道。

（上城年鉴编辑部）

社会建设

【概况】 2017年，上城区围绕建设一流的国际化现代化城区目标，以创建全国第三批社区治理和服务创新实验区为契机，以完善社区治理体系、建设“3+X”为民惠民综合体、建立健全社区协商体系、规范社会组织发展和优化社区工作者队伍建设为基本策略，进一步推进“三社”（社区、社会组织和社会工作）融合发展。通过优化“三社联动”工作机制、创新“三社联动”发展机制、夯实“三社联动”保障机制，不断完善社区治理协商方式，改善社区公共服务供给，提升社区治理水平。开展2017年度“三社联动‘金点子’案例”评选与推广，充分发挥社区、社会组织和社会工作的作用，推进社区热点、难点问题的解决。

馒头山社区邻里中心迎客厅　　（区民政局 供稿 摄于2017年5月9日）

【基层协商体系构建】 2017年，上城区按照协商于民、协商为民的要求，指导社区筹建社区发展协会，引导社区居民代表、社会组织、驻地单位、物业管理公司等多元力量共同参与社区协商治理，涌现出“湖滨晴雨”、清波话坊、睦邻自治会、“六步工作法”等居民自治创新案例，圆满解决劳动路社区电梯加装、老浙大社区业委会自治等社区治理的热难点问题。重视和发挥老党员、老干部、“两代表一委员”（党代表、人大代表、政协委员）的“领头羊”作用，提高协商质量。为支持社区开展多层面的协商活动，杭州市上城社会组织发展基金会按照每个社区两万元的标准下拨社区协商专项经费，保障居民自治活动顺利开展。

【“3+X”为民惠民综合体打造】 2017年，上城区以再造社区服务空间、整合社区服务资源、提高社区配套用房使用率为抓手，在全区打造集社区居民办事、生活、休闲、自治、共治一体化的“3+X”社区为民惠民综合体。综合体突出一“厅”迎客、一“岗”受理、一“坊”议事3个主体服务功能，并因地制宜设置X项服务空间，提供社会组织孵化中心、居家养老照料中心、儿童乐园、社区卫生服务站等服务，实现社区服务多样化，为社区建设可持续发展注入新的理念和活力。投入165万元建成以馒头山邻里中心为代表的10个“3+X”为民惠民综合体，总面积1.75万平方米。

【智慧社区服务平台搭建】 2017年，上城区升级改造“民情E点通”移动智慧服务平台，对党群类、民政类、计生类、城市管理类和社会救助类等社区事务的办理流程进行梳理，进一步改进操作系统，增加使用模块，完善后台数据。规范办事流程，对于简单的事件，实行前台受理、后台办理、现场结案，做到事务交接无缝链接；对于复杂的事件，采取前台受理、后台自治协商处理，或者为居民提供“代办服务”，以服务流程再造，实现居民难题高效解决，达到便民利民的效果。

资料

“民情E点通”：由手机互动平台、运行管理平台和综合展示平台组成，集民情反映、民情处置、民情管控、党员管理、党员服务、活动招募、宣传引导等功能于一体的智慧民生服务平台。

（谢　洋）

生态文明建设

【概况】 2017年，上城区深化生态文明建设，加大重点减排项目实施力度，主要污染物排放量减少，万元工业增加值能耗下降。围绕环境质量、污染治理、环保执法等方面开展工作，全年实施截污纳管项目35个、雨水污水分流项目36个，完成清淤4.71万立方米。全区水环境功能区达标率87.7%，比2016年上升；交界断面水质考核评价为良好。环境空气优良率66.6%，上升0.5%；PM2.5平均浓度47.5微克/立方米，下降9.5%。

【生态保护】 2017年，上城区完善生态文明建设目标责任制。制定并印发《上城区2017年度各成员单位生态文明建设（“美丽上城”建设）目标责任书》《上城区2017年度街道生态文明建设（“美丽上城”建设）目标责任书》《2017年上城区生态文明（“美丽上城”）建设工作考核办法》，将“美丽上城”建设工作纳入对各单位的综合考评，并将水环境质量提升目标纳入《上城区绩效管理规划(2016~2020)》，进一步厘清环境保护工作职责，构建“大环保”工作格局。

【街道干部生态环境离任审计试点】 2017年，上城区将环境审计作为经济责任审计的重要内容纳入年度经济责任审计计划。全年对小营、清波、南星、紫阳4个街道的主要领导开展生态环境离任审计，并形成审计调查报告。审计内容主要为生态文明建设目标责任制及“河长制”等工作落实情况、水环境质量改善情况、固体废弃物处理情况及辖区绿地面积变化情况。

【生态文明宣传教育】 2017年，上城环保分局利用各种平台开展环境保护宣传。通过环保门户网站和“生态上城”官方微博，宣传环境保护工作动态和亮点。全年官方微博发布工作动态等信息920余条。6月2日，会同清波街道在鼓楼小广场举办以“绿水青山就是金山银山”为主题的“六·五”环境日主题活动，副区长朱黎明出席并致辞。6月20日，邀请浙江大学法学院教授钱水苗为全区领导干部解读《党政领导干部生态环境损害责任追究办法》。区四套班子领导，区法院院长和区检察院检察长，区直各单位主要负责人，以及各街道、各指挥部党委主要负责人和区直属企业主要负责人107人参加。

（陈　曦）

精神文明建设

【概况】 2017年，上城区精神文明建设工作以学习宣传贯彻中共十九大和省、市、区党代会精神为主线，以培育和践行社会主义核心价值观为根本，围绕工作目标，搭建创建文明城区常态化的有效载体，着力加强思想道德建设，培育社会文明新风，提升市民文明素质和社会文明程度，为建设一流的国际化现代化城区提供精神支撑。

【群众性精神文明创建】 2017年，上城区建立区、街道两级迎检指挥部，做好全国、省、市城市文明指数测评迎检工作。全区张贴宣传海报3万份，入户发放社会宣传品、文明倡议书1万份，发布督查简报108期，整改问题648个，区直机关和街道社

2017年1月5日，上城区举行第五届邻里价值观年度总结暨道德模范（最美邻里）颁奖仪式　　（区委宣传部　供稿）

区1734名党员干部参与文明创建志愿服务活动，解决一批重点难点问题，公共环境、社会秩序和基础设施得到有效改善。组织开展新一轮文明单位创建工作，小营巷社区获第五届全国文明单位称号，实现上城区全国文明社区"零"的突破。

【社会主义核心价值观宣传】　2017年1月5日，上城区组织开展"邻里价值观"主题实践活动，举办第五届邻里价值观年度总结暨道德模范（最美邻里）颁奖仪式，组建巡回宣讲团开展巡回宣讲报告会，推进社会主义核心价值观学习宣讲普及工作。举办上城区第十五届邻居节，开展"传承好家风，弘扬好家训"征集、"家风故事代代传"主题演讲比赛等活动，进一步弘扬中华孝老爱亲、邻里和睦的文明传统。深化"最美机制"，持续做好"最美"人物评选，开展"美德少年"推选、"最美家庭"寻找等活动，全年入选"浙江好人"5人、"杭州好人"5人、市级道德模范2人、"最美杭州人"1人，涌现出上城区"最美社工"陈浩、全国"最美中医"邱华平等先进典型。

【公民思想道德建设】　2017年，上城区加快推进城市文化公园、社区文化家园和企业文化俱乐部建设，打造一批具有价值引领、道德教化、文明倡导、文化熏陶等新内涵的城市基层宣传文化阵地。全国爱国卫生运动纪念馆落户"小营·江南红巷"景区，小营巷、馒头山社区文化家园和杭州娃哈哈集团有限公司文化俱乐部成为全省示范样板。深化市民文明素质提升行动，发动机关、街道、社会组织志愿者常态化开展文明交通引导、文明旅游宣传、共享单车清理、爱心便民服务等志愿服务活动。深化市民学习，举办上城区全民终身学习活动周暨第十四届上城区终身教育节，发布"上城区全民终身学习电子地图"，全力构建"15分钟市民学习圈"。

【未成年人思想道德建设】　2017年，上城区实施"行走德育"三年行动计划，建成精品德育课程14个、精品实践基地2个、全国国防教育特色基地1个，其中国防教育特色基地项目《行走德育：基于社会主义核心价值观的上城德育实践》入选全国中小学德育工作优秀案例。创新启动"星级家长执照"工程，探索家长教育社会化运作机制和家长教育指导服务新体系。全年开发线上线下课程600余门，近4万名家长完成线上注册，3000余名家长获星级执照。评选表彰第十三届区级百名"美德少年"，其中2人获评省级"美德少年"。持续推进校外活动阵地建设，新培育市级"第二课堂"活动基地2个，区级"第二课堂"活动基地5个。区教育局获评全国未成年人思想道德建设工作先进单位。

（沈伟霞）

2017年区级主要机构及负责人名单

中国共产党杭州市上城区第十届委员会

书　记：陈　瑾（女）

副书记：金承涛

　　　　周徐胤

常　委：陈　瑾（女）

　　　　金承涛

　　　　周徐胤

富永伟
金晓东
秦　文（女）
来剑波
童玉玲（女）（2017 年 6 月止）
范卫东
王　歆
张军伟
宣　寅（女）
胡永光（2017 年 6 月起）
李中富（2017 年 11 月起）

委　员：（按姓氏笔画为序）
王　歆
王斌达
毛学庆
毛素云（女）
石荣祥
占仁义
叶　青（女）
叶　榕
朱黎明
孙　勇
孙　锦
孙刚锋
李中富（2017 年 11 月起）
杨盛强
来剑波
张军伟
张淦华
陈　瑾（女）
范卫东
金水根
金承涛
金晓东
周忠诚
周徐胤
周朝星
赵　楠（女）
胡永光（2017 年 6 月起）
洪梦君（女）
宣　寅（女）
秦　文（女）
袁建祥
陶晓亮
黄涌泉
章　琪（女）
惠海涛
童玉玲（女）（2017 年 6 月止）
富永伟
裘华君

候补委员：沈武洪
杜秀芬（女）
项海刚
杨　东
钟　黎（女）
姚　杰
邹紫娟（女）

中国共产党上城区纪律检查委员会

书　记：金晓东
副书记：吴电荣
毛明秀（女）
常　委：金晓东
吴电荣
毛明秀（女）
何　靖（2017 年 10 月止）
何　瑶
田　涛（2017 年 10 月起）

杭州市上城区监察委员会

主　任：金晓东（2017 年 2 月起）
副主任：吴电荣（2017 年 2 月起）
毛明秀（2017 年 2 月起）

区委工作部门

区委办公室

主　任：周朝星

区委组织部

部　长：王　歆

区委老干部局

局　长：陈慧芳（女）

区委宣传部
部　长：范卫东
区委统战部
部　长：袁巧玲（女）（2017 年 1 月止）
　　　　来剑波（2017 年 1 月起）
区委政法委
书　记：周徐胤
区编委办
主　任：林文杰（2017 年 1 月止）
　　　　金水根（2017 年 3 月起）
区直机关工委
书　记：姚　杰
区信访局
局　长：陈　钢
区档案局
局　长：余德利
区委党史研究室
主　任：周朝星（2017 年 1 月止）
　　　　陈敏雅（2017 年 12 月起）

上城区第十五届人民代表大会常务委员会
党组书记：袁建祥
主　任：袁建祥
副主任：顾文友
　　　　李　静（女）（2017 年 2 月止）
　　　　管光尧（2017 年 2 月起）
　　　　韦　云（女）
　　　　沈　民
　　　　顾敏达
　　　　朱荷芳（女）

区人大常委会工作部门
区人大常委会办公室
主　任：邬晓华
区人大常委会法制和内务司法工作委员会
主　任：谢根福
区人大常委会财经工作委员会
主　任：顾　蕾（女）
区人大常委会城建环保工作委员会
主　任：陈　伟（2017 年 3 月止）
　　　　梅建群（2017 年 3 月起）
区人大常委会教科文卫和民宗侨工作委员会
主　任：戈海光
区人大常委会代表工作委员会
主　任：李光勋

上城区人民政府
党组书记：金承涛
区　长：金承涛（2017 年 2 月起）
代区长：金承涛（2017 年 2 月止）
副区长：富永伟
　　　　管光尧（2017 年 2 月止）
　　　　童玉玲（女）（2017 年 6 月止）
　　　　张军伟
　　　　宣　寅（女）（2017 年 2 月止）
　　　　马　彦（2017 年 2 月止）
　　　　胡永光（2017 年 6 月起）
　　　　叶　榕
　　　　薛鸿翔（2017 年 2 月起）
　　　　孙刚锋
　　　　朱黎明（2017 年 2 月起）
　　　　毛素云（女）（2017 年 2 月起）
　　　　吾拉木江·阿迪力(2017 年 5~12 月)

区政府工作部门
区政府办公室
主　任：杨盛强
区发改经信局
党委书记：鲁　军
局　长：鲁　军
区教育局
党委书记：项海刚
局　长：项海刚
区科技局
党委书记：杨　东
局　长：杨　东
区民族宗教局
局　长：林系州
区监察局
局　长：吴电荣（2017 年 2 月止）

区民政局

党组书记：金水根（2017 年 3 月止）
陈宏萍（女）（2017 年 3~6 月）
党委书记：陈宏萍（女）（2017 年 7 月起）
局　长：金水根（2017 年 3 月止）
陈宏萍（女）（2017 年 3 月起）

区司法局

党组书记：高燕东（2017 年 7 月止）
党委书记：高燕东（2017 年 7 月起）
局　长：高燕东

区财政局

党委书记：季黄辉（2017 年 1 月止）
石荣祥（2017 年 1 月起）
局　长：季黄辉（2017 年 1 月止）
石荣祥（2017 年 1 月起）

区人力资源和社会保障局

党委书记：孙　锦
局　长：孙　锦

区住房和城建局

党委书记：沈武洪
局　长：沈武洪

区商务局

党委书记：钟　黎（女）（2017 年 6 月止）
党组书记：钟　黎（女）（2017 年 7 月起）
局　长：钟　黎（女）

区风景旅游局

党组书记：薛迓冰（女）
局　长：薛迓冰（女）

区文广新局

党组书记：郑　平
局　长：郑　平

区卫生和计划生育局

党委书记：杜秀芬（女）
局　长：杜秀芬（女）

区审计局

党组书记：石荣祥（2017 年 1 月止）
林文杰（2017 年 1 月起）
局　长：石荣祥（2016 年 12 月止）
林文杰（2017 年 1 月起）

区统计局

党组书记：胡建宏（女）
局　长：薛鸿翔（2017 年 3 月止）
杨　帆（女）（2017 年 3 月起）

区市场监督管理局

党委书记：毛学庆
局　长：毛学庆

区城管局

党委书记：黄涌泉（2017 年 10 月止）
孔兴桥（2017 年 10 月起）
局　长：黄涌泉（2017 年 10 月止）
孔兴桥（2017 年 10 月起）

区安全监管局

党组书记：楼复进
局　长：楼复进

区法制办公室

党组书记：朱旭成（2017 年 3 月起）
主　任：徐志忠

区公安分局

党委书记：秦　文（女）
局　长：秦　文（女）

区行政审批服务办

党组书记：徐俊明（2017 年 3 月止）
余向平（2017 年 3~9 月）
富永伟（2017 年 9 月起）
主　任：周常生（2017 年 2 月止）
余向平（2017 年 3 月起）

政协上城区第五届委员会

党组书记：占仁义
主　席：占仁义
副主席：刘志安（2017 年 2 月止）
袁巧玲（女）
陈少华
马　彦（2017 年 2 月起）
俞　朔
周常生（2017 年 2 月起）
薛鸿翔（2017 年 2 月止）
秘书长：吴诗兵

区政协机关

办公室

主　任：吴诗兵

提案委员会

主　任：胡　勇

经科委员会

主　任：吴　坚

城建委员会

主　任：陈伟刚

社法委员会

主　任：严　莺（女）（2017 年 3 月止）
　　　　徐俊明（2017 年 3 月起）

文教委员会

主　任：陆　峰（女）

学联委员会

主　任：张　璐（女）

民主党派和工商联

民革上城区基层委员会

主　委：林巾巾（女）
副主委：郑永宁
　　　　朱葆琳（女）
　　　　许宏波
　　　　蔡伟利（女）
　　　　沈永翔

民盟上城区基层委员会

主　委：周常生
副主委：周芸佳（女）
　　　　牟晓军
　　　　钟荣川
　　　　王双林

民建上城区基层委员会

主　委：张　敏
副主委：李国平
　　　　王理顺
　　　　贾元元（女）

民进上城区基层委员会

主　委：薛鸿翔
副主委：严　莺（女）
　　　　吴　坚（女）
　　　　俞富根
　　　　徐　敏

农工党上城区基层委员会

主　委：韦　云（女）
副主委：宋　燕（女）
　　　　吴桂萍（女）
　　　　赖晓刚

致公党上城区基层委员会

主　委：杨　帆（女）
副主委：王容峰
　　　　张　虹（女）
　　　　文　熙

九三学社上城区基层委员会

主　委：徐志忠
副主委：杨占友
　　　　叶俊杰

区工商联

党组书记：邓海鹰（女）
主　席：杨　帆（女）（2017 年 3 月止）
　　　　严　莺（女）（2017 年 3 月起）

区法院

党组书记：叶　青（女）
代院长：叶　青（女）（2017 年 2 月止）
院　长：叶　青（女）（2017 年 2 月起）

区检察院

党组书记：孙　勇
代检察长：孙　勇（2017 年 2 月止）
检察长：孙　勇（2017 年 2 月起）

区人武部

政　委：吕朝阳（2017 年 6 月止）
部　长：李中富（2017 年 7 月起）

中国社区建设展示中心

主　任：李　敏（女）

区群团机关

区总工会

党组书记：张淦华

主　席：管光尧（2017 年 3 月起）

团区委

书　记：洪梦君（女）（2017 年 3 月止）

区妇联

党组书记：赵　楠（女）

主　席：赵　楠（女）

区科协

党组书记：罗伟东（2017 年 1 月止）

陈　伟（2017 年 3 月起）

主　席：罗伟东（2017 年 2 月止）

陈　伟（2017 年 3 月起）

区残联

党组书记：林　森

理事长：林　森

区红十字会

会　长：马　彦

街　道

湖滨街道

党工委书记：章　琪（女）

人大工委主任：严民强

办事处主任：范　丹（2017 年 8 月起）

清波街道

党工委书记：周忠诚

人大工委主任：陈兴义

办事处主任：周骆斌

小营街道

党工委书记：惠海涛

人大工委主任：陆建华

办事处主任：陆　霞（2017 年 3 月起）

望江街道

党工委书记：裘华君

人大工委主任：胡筱飞

办事处主任：赵　鹏

南星街道

党工委书记：王斌达

人大工委主任：胡建根

办事处主任：周　莹（女）

紫阳街道

党工委书记：陶晓亮（2017 年 10 月止）

黄涌泉（2017 年 10 月起）

人大工委主任：林国平

办事处主任：张建文

（沈　沉）

大事记

Chronicles of Events

1月

4日 区委书记陈瑾接受 FM89“杭州之声”主题为“实干开新局，发展问书记”的专访。

同日 上城区风景旅游局与浙江外国语学院签订国际志愿服务实践基地共建协议。

同日 杭州利民中式服装厂入选第二批浙江省非物质文化生产性保护基地。

5日 上城区举行“邻里价值观”践行活动年度总结暨第五届（最美邻里）颁奖大会。

8日 杭州市江城中学被教育部认定为“国防教育特色学校”，该校是全市唯一获此称号的义务教育阶段学校。

11日 副省长朱从玖到上城区小营巷人大代表联络站开展联系人民群众主题活动。

同日 副市长项永丹及市相关部门负责人到上城区调研望江新城改造建设工作。

同日 省委常委、公安厅厅长徐加爱到上城区检查指导省“两会”驻地安保工作。

13日 上城区举行机关干部迎新春书画展暨上城区书法家“送福送春联”活动。

同日 中共中央组织部组织二局局长、全国基层组织建设协调小组办公室副主任石军一行到上城区考察城市基层党建工作。

同日 凤凰御元艺术基地获评为浙江省重点文化产业园区（2015~2016年度）。

15日 全省首个杭州创新实验室在上城区试运营。

16日 上城区在胜利剧院举行“有一种责任叫民安”上城平安卫士报告会暨年度表彰大会。

18日 市政协主席叶明走访慰问上城区老干部。

19日 陈瑾、金承涛、袁建祥等区领导走访慰问部队官兵。

20日 省政协副主席吴晶调研上城区企业。

21日 2017年“中国梦，五洲情”中西文化交流演出迎春晚会在杭州剧院举行。上城区政府为此次活动主办方之一。

22日 省委副书记、省长车俊到汽车南站检查春运工作。

同日 市委副书记、市长张鸿铭调研上城区医疗卫生工作。

2月

3日 市委副书记、市长张鸿铭一行到上城区开展新春走访活动。

6日 中国人民政治协商会议第五届杭州市上城区委员会第一次会议召开（于10日结束）。

7日 上城区第十五届人民代表大会第一次会议召开（于11日结束）。

8日 市委常委、宣传部部长翁卫军到上城区检查文化娱乐场所安全工作。

11日 上城区召开区政府全体（扩大）会议，贯彻区委全会和区“两会”精神，明确《政府工作报告》年度各项目标任务，下达2017年重点工作任务，为全区工作做具体的安排和部署。

13日 上城区召开区纪委十届二次全体会议暨全区深化作风建设大会。

14日 省财政厅党组副书记、省地税局常务副局长劳晓峰调研玉皇山南基金小镇。

同日 上城区正式向社会公布第一批355项“最多跑一次”事项清单。

16日 上城区召开推进“四个全域化”暨望江新城攻坚大会。

17日 上城区公安分局为区首名维和警察韩卓琦到南苏丹维和举行出征仪式。

20日 湖滨商圈劝业里公厕“第三卫生间”启用。

资料

“第三卫生间”：是独立于男厕和女厕之外的厕所空间，主要针对大人带不同性别的小孩如厕、子女照顾年迈父母如厕、残疾人需要特殊卫生间如厕等情况设立的。

22日 商务部流通发展司司长郑文率队考察清河坊历史文化街区商贸流通和老字号保护传承工作。

24日 区委书记陈瑾以“勇立潮头，谱写新篇”为主题，接受《杭州日报》、杭州网组织的杭州市第十二次党代会区县（市）委书记网络专访。

27日 2017年中澳校长国际论坛暨上城区名校长工作坊启动仪式在杭州崇文实验学校举行。

28日 浙江省摄影家协会主席、杭州市摄影家协会主席兼秘书长吴宗其到上城区传达中国文代会精神，并做“用情感去按快门”主题讲座。

同日 上城区首批“未来名师”“未来名校长”培养工程开班典礼在杭州师范大学仓前校区举行。

3月

1日 上城区“杭州智慧就业信息系统”正式上线启用。

1~26日 上城区听障人士陈巍作品《暗香疏影》入展杭州国画院举办的“清气满乾坤——梅花主题中国画展”。

6日 上城区召开纪念“三八”国际妇女节107周年大会。

7日 上城区启动清理河、库、塘剿灭劣V类水体暨政协委员“万千行”活动。

资料

“万千行”活动：由省、市、区三级政协主席会议成员带领千个小组、万名委员，分别到万里江河看水质、查清淤、找短板，深入万个村庄看管网、查运营、研机制活动。

8日 上城区举办第三十七期吴山大讲堂。邀请浙江省委宣传部原常务副部长、省文化建设领导小组办公室主任、省人大常委会委员、教科文卫委员会副主任胡坚做题为“让文化创造无限的经济价值”的报告。

9日 市政协副主席汪小玫率民主监督组到上城区实地督查开展剿灭劣V类水““查、找、督’‘万千行’”活动情况。

10日 市政协副主席董建平带队到上城区开展“城中村改造暨小城镇环境综合整治工作”两级政协联动监督。

13日 市委副书记、代市长徐立毅到上城区调研，实地考察玉皇山南基金小镇、轿子巷地块、思鑫坊、始版桥公园和望江智慧产业园等地，强调做好望江建设“加减”法，强化信息产业发展。

14日 上城区首个“五星级”事项——营业性演出（许可、备案）“零上门”服务事项在区行政服务中心推出，并联网运行。

同日 省司法厅副厅长劳泓到上城区指导社区法治宣传工作。

15日 省委副书记、政法委书记袁家军调研指导上城区司法行政工作。

同日 加拿大高贵林教育局到上城区进行教育教学访问交流，并在杭州新世纪外国语学校签订“加拿大高贵林教师杭州培训基地”落户上城区协议，杭州首个国外教师培训基地成立。

16日 蒋胜男工作室正式入驻馒头山。杭州市文联主席应雪林、区委副书记周徐胤、区人大常委会副主任沈民、区政协副主席俞朔等参加工作室启动仪式。

资料

蒋胜男 女，1973年出生，温州人。中国作家协会第九届全国委员会委员、浙江省网络作家协会副主席、温州市文联副主席。著名作家、国家二级编剧。累计创作各类文学体裁作品近2000万字，出版长篇小说10余部。代表作有长篇历史小说《芈月传》《凤霸九天》《铁血胭脂》《燕云台》，武侠小说《魔刀风云》《玉手乾坤》《鹰王》《紫星传奇》等，都市言情小说《太太时代》，玄幻小说《紫宸》，历史评述类作品《历史的模样》《权力巅峰的女人》等，戏曲剧本《妲己之死》《未央长歌》等。2016年，蒋胜男在上城区馒头山文化街区成立个人工作室。2017年3月16日，蒋胜男工作室正式启动运作。

同日 市委常委戴建平调研上城区经济社会发展情况。

20日 区委召开全区领导干部会议，传达十二届全国人大五次会议、全国政协十二届五次会议精神，部署全区学习贯彻工作。区委书记陈瑾主持会议，传达中央领导有关讲话和全国“两会”精神并讲话。

同日 上城区被国务院教育督导委员会评为第一批全国中小学校责任督学挂牌督导创新区。

同日 杭州首个专业服务于“双失”老人的社区照料中心在南星街道馒头山社区邻里中心开张。

21日 全省首个“五水共治”主题公园在上城区贴沙河畔落户。

同日 上城区通过国家可持续发展实验区中期评估。

同日 省、市爱卫办到上城区调研全国爱国卫生运动纪念馆筹建情况。

22日 上城区被授予2016年度浙江省“五水共治”工作优秀县（市、区）称号，获全省治水工作最高奖“大禹鼎”。

同日 上城区与省国贸集团对接有关工作，双方就进一步加强合作交换意见。

23日 上城区召开区委常委（扩大）会议，专题研究南星街道工作。

同日 市政协党组书记潘家玮调研上城区相关工作，并召开座谈会。

25日 上城区以“女性”为主题的综合性书店——“最天使文创书城”开幕。该书城位于“尚城1157·利星”商业综合体三楼，面积3000平方米，为24小时不打烊的书吧。

同日 系列南宋讲坛活动在延安路54号的“匠无界文化交流中心”举办，活动由南宋讲坛、迎春书画展、老砚展3个部分组成。讲坛邀请南宋史专家、浙江大学亚欧旅游规划设计研究院院长、中国旅游文化策划专家林正秋主讲。南宋讲坛活动全年举办9期，每期邀请1名嘉宾围绕相关主题开讲。

27日 市人大常委会党组书记于跃敏到上城区走访调研，并进行座谈交流。

同日 “小营·江南红巷”国家AAA级红色旅游景区被市委宣传部、市教育局、市科协、市科委联合命名为杭州市青少年科普教育基地。

28日 副市长陈红英一行到小营巷社区调研爱国卫生工作。

同日 上城区打造的残疾人家庭无障碍设施改造项目在南星街道复兴街社区完工。

同日 由区城管局研发的“智慧城管平台”和“城管执法工作日常运行质量评价平台”软件获国家版权局认证颁发的计算机软件著作权登记证书，并为原始取得方式，拥有全部权利。

29日 上城区召开“四个全域化”“三联三领”专题汇报会，听取工作开展情况汇报，部署下一步工作安排。

30日 省教育厅副厅长丁乐天调研上城区教育工作。

31日 上城区在全省建设平安浙江工作会议上连续第十二年被省委、省政府命名为“平安区”，并被授予浙江省首批“平安金鼎”。

4月

1日 区四套班子领导和全区机关党员干部在云居山浙江省革命烈士陵园参加悼念活动。

5日 市住保房管局、市地税局正式进驻上城区行政服务中心，与区国土分局的原不动产登记窗口整合，设立“房屋交易与不动产登记受理窗口”，开展不动产交易、税收、登记“一站式”服务，上城区正式开启不动产登记2.0时代，实现全业务、全过程“最多跑一次”。

7日 市委常委戴建平一行到上城区调研行政服务中心窗口服务和“最多跑一次”改革工作。

同日 上城区完成首次浙江省残疾人釉上彩技艺培训。

同日 中共中央纪委副书记吴玉良、中共中央纪委研究室综合处处长汪信奇一行考察玉皇山南基金小镇。

8日 全国爱卫办副主任张勇一行调研全国爱国卫生运动纪念馆、毛主席视察小营巷纪念馆、红巷生活广场等“三馆两廊一园”整体建设情况。

9日 中共中央统战部八局副巡视员郭焕龙一行走访调研上城区新社会阶层人士统战工作。

12日 中央电视台发现之旅频道《美丽中华行》栏目组到上城区拍摄专题片。

14日 副省长成岳冲考察小营巷爱国卫生工作，参观筹建中的全国爱国卫生运动纪念馆，听取杭州市及上城区有关全国爱国卫生运动纪念馆建设情况汇报。

同日 上城区举办第三十八期吴山大讲堂。国家统计局原总经济师兼新闻发言人、国务院参事室特约研究员姚景源受邀做《“两会”热点与宏观经济走向解读》专题辅导报告。

同日 上城区中小学创客教育论坛在杭州市胜利实验学校举行。

17日 上城区委召开全区领导干部会议，传达学习市“两会”精神，研究部署贯彻落实工作。

同日 由区城管局研发的“上城区城市管理网格化管理平台软件”获国家版权局认证颁发的计算机软件著作权登记证书，并为原始取得方式，拥有全部权利。

19日 市委常委、统战部部长佟桂莉到上城区调研统战工作。

20日 市委副书记、政法委书记马晓晖到上城区调研基层治理体系“四个平台”建设。

同日 副市长缪承潮到上城区调研中东河治理工作。

同日 清河坊民间茶会在南宋皇城小镇开幕。

21日 全国人大常委会委员、中华全国总工会兼职副主席许振超到上城区调研基层工会工作。

22日 第十届杭州市民体验日在鼓楼小广场开幕。南宋皇城小镇寻古之旅、“FabLab杭州创新实验室”探索体验、中国丝绸博物馆等被列为“最具品质体验点”。

24日 望江路秋涛南路立交打下第一根桥梁桩基，标志着该立交工程正式动工。

26日 上城区召开“四个全域化”工作现场推进会。会上，宣读征收项目“清零”奖、征收项目启动奖表彰文件，并为获奖项目颁发奖杯；汇报“五水共治”、城中村改造、危房治理等情况；通报人大督察城中村和政协督察“五水共治”工作情况；区委区政府向各部门、街道发放任务书。

同日 省委政法委副书记、省综治委副主任刘树枝到上城区调研基层综治工作和“四个平台”建设。

27日 国家发改委副主任胡祖才率领考察团考察玉皇山南基金小镇。

同日 省住房和城乡建设厅厅长项永丹调研上城区望江新城改造建设工作。

28日 上城区在区政府三楼大礼堂举行“朗读上城·匠心聚会”诵读大会。该活动为上城区“五一”期间“弘扬工匠精神，助推全域发展”系列主题教育活动的内容之一。

5月

3日 由山东省委副书记、济南市委书记王文涛，济南市委副书记、市长王忠林率领的党政代表团到上城区考察城市建设、规划、管理及项目建设等情况。

4日 省司法厅社区矫正管理局局长徐祖华到上城区调研指导社区矫正工作。

7日 中央电视台《新闻30分》栏目播出上城区城管局配备执法记录仪，实现执法过程全记录的新闻报道。

9日 全国政协副主席王家瑞率全国政协调研组考察玉皇山南基金小镇。

同日 上城区第五届道德模范（“最美邻里”）巡回宣讲活动在湖滨街道湖滨家园正式启动。

9~10 日 由省委督查组副巡视员李保东任组长的省委“三改一拆”“五水共治”督查组到上城区开展督查工作。

10 日 全国首个爱国卫生运动纪念馆在国家AAA级红色旅游景区“小营·江南红巷”揭牌落成。

同日 全国爱卫办考察全国爱国卫生运动纪念馆建设情况。

11 日 全国爱国卫生运动 65 周年暨全国爱国卫生工作座谈会在“小营·江南红巷”国家 AAA 级红色旅游景区举行。中共中央政治局委员、国务院副总理刘延东带领国家 7 个部委、10 个省政府分管领导，32 个省、自治区、直辖市卫计委主任和爱卫办负责人等近 150 人到小营巷考察爱国卫生工作。

12 日 上城区与中电数据服务有限公司签订战略合作框架协议书，望江街道与中电数据服务有限公司签订落户协议书。

同日 上城区召开党外干部座谈会，全体区管党外干部参加。

同日 中国社科院考察玉皇山南基金小镇。

13 日 上城区完成辖区 54 个社区党组织、52 个社区居民委员会和社区居务监督委员会换届选举。

15 日 上城区启动“最美家庭”系列主题实践活动。

16 日 南宋皇城遗址保护工作座谈会召开。省委常委、市委书记赵一德在会上强调，要本着对历史负责、对人民负责的精神，积极有序推进南宋皇城遗址保护工作，保护历史文化，延续历史文脉，当好薪火传人，呈现历史与现实交汇的独特韵味，厚植历史文化名城特色与优势，为加快建设世界名城提供文化动力。

同日 上城区全国首创“星级家长执照”工程正式启动，并发出国内第一张“星级家长执照”，开创家长持证上岗的先河。启动仪式在“尚城1157·利星”商业综合体举行。

17 日 上城区启动开展“换位体验、助推‘最多跑一次’改革”专题活动。

18 日 上城区与机械工业经济管理研究院签订全面战略合作协议，共建“先进制造业研发中心”和“咸亨国际应急装备研究所”。

同日 省委宣传部、省残联在浙江广电集团演播大厅举行“最美浙江人之最美残疾人家庭”发布会。上城区王梦婷家庭获评“最美浙江人·最美残疾人家庭”称号，全省仅 10 户家庭获评该称号。

同日 首届南宋瓦肆文化节正式开幕。

同日 全国人大财经委副主任委员、国家税收法律研究中心主任郝如玉率考察团到上城区考察玉皇山南基金小镇。

18~31 日 上城区举办“2017 年区科技活动周”及防震减灾宣传活动。

19 日 “经典电影文化艺术展映”暨上城区2017 年文化惠民工程启动仪式在“尚城 1157·利星”商业综合体举行。

同日 2017 年贵州雷山旅游茶叶招商杭州推介会在上城区举行。

同日 “推进残疾预防，健康成就小康——志愿者在行动”暨上城区庆祝第 27 个全国助残日活动在清波街道文化活动中心举行。

19~21 日 杭州第六届文交会在吴山古玩城举行。

19~26 日 区委副书记、区长金承涛率团到美国、墨西哥开展系列经贸活动。其间，上城区举行杭州玉皇山南基金小镇纽约代表处揭牌仪式。

20 日 “喜迎十九大，颂歌献给党”上城区第十七届歌手大赛暨杭州市第二十四届“三江歌手”大赛选拔赛举行。

同日 市纪委常务副书记、监委副主任张振丰一行到上城区调研纪检监察工作。

21 日 赵进军、李建英、徐亚男等国家原外交官访问杭州新世纪外国语学校，参加学校举行的“外交官进校园”活动启动仪式。

22 日 上城区在美国硅谷挂牌成立“杭州市上城区海外高端人才联络站”。

23 日 上城区举办的“宋词书法、国画、篆刻作品展”在中山南路 187 号杭州梓府开幕。展览持续至 6 月 5 日。

24 日 由《人民日报》、新华社、人民网、《光明日报》、《经济日报》等近 20 家媒体组成的“迎接十九大，教育看变化·浙江行”中央新闻单位采访团到上城区考察访问。

25 日 全国政协副主席、农工党中央常务副主席刘晓峰考察玉皇山南基金小镇。

26日 市委常委、宣传部部长戚哮虎调研上城区宣传思想文化工作。

同日 位于上城区的湖滨水乐、河坊霓光、山阁览辉夜景入选“杭州夜十景”。

27日 杭州市崇文实验学校与杭州市胜利小学经中国教育信息化创客教育研究中心及教育部中国教育信息化杂志社资格审查和批准，成为国内首批STEM教育&创客教育实验学校。

同日 在胡庆余堂从事文物保护志愿服务30余年的蒋子良当选第一届“最美浙江文物守望者”业余文保员，全市仅有两名入选者。

30日 吴山城隍阁景区第四届八仙花（即绣球花）主题展开幕。花展为期一个月。

31日 上城区召开庆“六一”暨第十六届“奋飞奖”表彰大会。

同日 市人大常委会主任于跃敏调研水澄桥社区。

是月 清河坊“葳芸”旗袍·雅舍为“杭州全球旗袍日”活动提供独家设计。

6月

1日 省委副书记、代省长袁家军到上城区看望小学生，代表省委、省政府向全省少年儿童表示节日祝贺，并向教育工作者表示感谢和慰问。

同日 省委常委、市委书记赵一德调研上城区水澄南苑小区。

2日 上城区“娃娃学非遗”文化体验活动在四宜路23号的环球雅葵艺术中心举行。

同日 杭州市新的社会阶层人士统战工作实践创新示范点建设启动仪式暨“智·和”同心荟揭牌仪式在上城区举行。南星街道成为首批创新示范点之一。“智·和”同心荟是上城区为新的社会阶层人士建立的新阵地。

3日 上城区与温州市龙湾区、瓯海区开展三地文化走亲活动，以迎接中共十九大、庆祝中国人民解放军建立90周年。

5日 全国人大常委会副委员长、全国妇联主席沈跃跃到上城区督查环境保护工作。

6日 上城区湖滨街道通过国家第一批社会管理和公共服务综合标准化试点项目验收。

6~7日 贵州雷山县党政代表团到上城区交流对口援建工作，并签订《2017年度上城区—雷山县对口帮扶合作备忘录》。

7日 市委副书记、市长徐立毅到上城区检查剿劣治水工作。

同日 市人大常委会副主任许勤华调研上城区。

8日 市委常委、常务副市长戴建平调研玉皇山南基金小镇。

同日 上城区在吴山广场举行2017年“安全生产月”现场宣传咨询日活动。

同日 Google Adwords杭州体验中心运营启动仪式在上城区举行。

同日 2017年“文化和自然遗产日”启动仪式在杭州湖滨银泰in77亮相。

9日 上城区举办2017年侨界创业投资国际高峰论坛。活动期间，省委常委、市委书记赵一德为上城区“海归驿站”授牌，杭州市海外企业家投资联合会与上城区“智·和”同心荟签署战略合作协议。

9~10日 应美国哈佛大学邀请，上城区教育局局长项海刚参加哈佛大学教育学院组织的第二次全球教育创新智库会议。会上，项海刚围绕“如何为每一个学生提供适性的教育”问题，与专家和学者交流分享。

12日 市委常委、副市长姚峰调研玉皇山南基金小镇。

13日 国家发改委财政金融司副司长徐晓波一行考察玉皇山南基金小镇。

同日 上城区举办第三十九期吴山大讲堂，邀请著名经济学家、玉皇山南基金小镇镇长、上海市互联网金融行业协会会长、上海新金融研究院首任理事长万建华做《我国金融业的现状及发展趋势》专题辅导报告。

14日 第十六届中共中央政治局委员、国务院原副总理吴仪考察上城区。

21日 Google Adword杭州体验中心与中国（杭州）综合试验区合作备忘录签约仪式在上城区举行。

同日 2017年上城区“非遗”传承人交流活动

在杭州国际博览中心举行。

同日 上城区举办2017年第五届杭州夜休闲主题嘉年华活动。

22日 鲲鹏路蓝色钱江2幢1单元1802室发生放火案，导致4人死亡。上城区有关领导迅速赶到现场指导救火及后续处置工作。

23日 位于鼓楼的南宋皇城小镇“客厅”——“南宋记忆”文化体验馆正式对公众开放。

同日 南落马营体育公园正式开园。该公园以“文创+体育”为核心理念，成为杭城首个体育文化创意产业园。

24日 以“私募基金的责任”为主题的第三届（2017）全球私募基金西湖峰会在上城区开幕。会议期间，上城区和美国格林威治市共同举行中美基金小镇“双城论坛”。

25日 主题为“禁毒骑士进万巷”的“6·26”国际禁毒日公益骑行活动暨杭州市禁毒卡通形象发布会在上城区举行。

26日 全国首份委托缴税协议四方网签在上城区试点成功。

27日 市人大常委会副主任罗卫红率督查组到上城区督查城中村改造工作。

同日 上城区新生代企业家联谊会年会暨首个南宋文化主题创意展在“尚城1157·利星”商业综合体举行。

28日 市委副书记、市长徐立毅走访慰问上城区老党员和生活困难党员。

29日 省委常委、统战部部长冯志礼到上城区调研新的社会阶层人士统战工作实践创新基地示范点——“智·和”同心荟。

同日 省人大常委会执法检查组检查上城区《中华人民共和国动物防疫法》贯彻实施情况。

30日 上城区举行庆祝中国共产党成立96周年暨第四届“草根民师”讲堂专场活动。活动现场，还对全区24个先进基层党组织、62名优秀共产党员、15名优秀党务工作者进行表彰，并由党员干部代表讲述其先进事迹和工作经验，用榜样的力量带动全区党员干部争当铁军排头兵。

同日 《美丽中华行》之《古韵上城》独家专栏在中央电视台发现之旅频道独家播出。

7月

2日 上城区司法局作为全市唯一受邀者，出席中国关工委、司法部等12部委推出的“中国校园健康行动·护眼亮眼”工程暨中国关心下一代健康体育基金会护眼亮眼专项基金启动仪式。

4日 上城区国家级非物质文化遗产项目胡庆余堂中药文化代表性传承人、著名浙商冯根生逝世。

5日 上城区首个视觉康复“加油站”在南星街道阳光庇护中心成立。

同日 中共中央统战部八局巡视员许睢宁一行到上城区调研新的社会阶层人士统战工作。

6日 全国妇联书记处书记杨柳一行到上城区调研妇女创业创新及妇联改革工作。

7日 由山东省委常委、青岛市委书记张江汀，青岛市委副书记、市长孟凡利，市政协主席杨军率领的党政代表团到玉皇山南基金小镇考察。

同日 上城区在钱王祠举行“科学先锋，和平卫士——世界反法西斯战争时期的钱学森”主题展开幕式。

9日 医养结合型养老机构——暮泰医养中心在上城区试营业。

10~21日 上城区教育局和拱墅区教育局共同承办“2017年浙江省—美国印第安纳州中小学STEM平移教学项目”课堂。

11日 上城区举办“清粼粼，情悠悠”——“剿灭劣V类水”书画摄影家采风成果展。

12日 全国人大常委会办公厅信访局副局长范文亮一行到上城区调研。

13日 上城区举行省第十四次党代会精神宣讲报告会。市委党校校务委员、教育长、教授高国舫做题为《沿着“八八战略”指引的路子，谱写浙江新篇章》的宣讲报告。

同日 副市长缪承潮调研上城区城市建设工作。

同日 上城区人民调解能手沈寅弟被司法部评为“全国模范人民调解员”。

18日 中新社浙江分社、浙江日报社杭州分社、《杭州日报》、《钱江晚报》、浙江经视等10余家新闻媒体组成的“省市媒体看城中村”采访团聚焦上城区城中村改造工作。

同日 上城区与浙江理工大学签署战略合作协议，双方合作共建“就业实训基地”“创新创业基地”。双方为“上城区科技创业中心浙江理工大学分中心”“浙江理工大学上城区科技成果转化基地”揭牌。

20日 市十二届人大常委会党组副书记、副主任朱金坤率市人大工作研究会到上城区调研“拥江发展”工作。

21日 市人大常委会副主任许勤华调研上城区无障碍设施建设情况。

同日 市人大基层干部培训班考察玉皇山南基金小镇。

24日 省政协副主席吴晶调研小营巷红巷生活馆社区文化家园。

25日 杭州市城中村改造“互看互学”大比武活动首站走进上城区。赵一德、徐立毅、于跃敏、潘家玮、马晓晖等市领导率领考察团深入望江街道近江村改造项目现场，进行实地考察。

26日 上城区在北京师范大学附属杭州中学举办“永远跟党走，军旗万代红”——纪念中国人民解放军建立90周年文艺晚会暨上城区第五届群众合唱节。

同日 上城区“智慧引领·红游上城”党建品牌发布会在红巷生活馆举行。发布会上，3条以“红色之旅”为主题的特色旅游线路正式向公众发布。

27日 陈瑾、金承涛、占仁义、周徐胤等区领导及相关部门负责人分组走访慰问部队官兵。

同日 南宋皇城小镇启动“缤纷夜游”系列活动。

同日 副市长缪承潮慰问上城消防大队。

28日 吉林省委组织部副部长、省委非公有制企业和社会组织党工委书记于洪岩一行调研玉皇山南基金小镇党建工作。

同日 “上城情·雷山行”——区两新组织“四季党建”之“党建+公益”主题党日活动启动。

29日 由河南省文化厅、浙江省文化厅主办的“吉金墨影——‘一带一路’非物质文化遗产全形拓精品展”在杭州恒庐美术馆开展。展览持续至8月12日。

30日 上城区发现第一例登革热病例。全区立即行动，以“翻盆倒罐去积水防滋生、清理消杀灭成蚊防传播”为重点开展疫情群防群控工作。截至10月16日，累计报告登革热病例184例，其中183例症状已消失或痊愈无传染性。

31日 上城区在吴山古玩城B区举行“铁血雄风——纪念中国人民解放军建立90周年军服史料展”，500多件军旅珍贵史料亮相。展览持续至8月20日。

同日 省政府副秘书长、省政府研究室主任沈建明一行到上城区审管办调研“最多跑一次”改革。

8月

2日 玉皇山南基金小镇获首批“浙江省特色小镇”授牌。南宋皇城小镇入选省级特色小镇第三批创建名单。

3日 全国人大环境与资源保护委员会副主任委员夏宝龙一行考察望江街道近江村城中村改造和勾山里历史街区提升工作。

同日 省民政厅副厅长、巡视员计时华一行调研中国杭州社区建设展示中心。

3~4日 区政协举行2017年度政协委员暑期读书会。

5日 2017年上城区“全民健身日”系列活动在南落马营体育文化公园启动。

同日 上城区紫阳街道工疗站学员的《红太阳、绿农地》《五彩的肤色、五彩的花》《难民小朋友的喜悦》《共同种下金色麦子》4幅艺术作品在纽约联合国总部和美国威廉派特森大学中国艺术中心举行的第二届无界国际艺术展上展出。

7日 中共杭州市上城区委十届三次全体（扩大）会议举行。区委书记陈瑾代表区委常委会报告工作。会议审议通过《关于全力争做生活品质标杆区，加快建设一流的国际化现代化城区的实施意见》。

同日 吴山广场因地铁7号线建设需要，开始封闭，直至2021年底。

同日 上城区残疾人艺术家陈巍《有竹得清凉》书画作品参加由中国残疾人联合会主办的“残健同行，共享芬芳”全国书画家作品（榆林）邀请展，该展览在陕西省榆林市米脂县李自成行宫展出，展期持续至8月12日。

8日 上城区获首批“浙江省老年友好城区”称号。

同日 上城区在南落马营体育公园举行全民健身日活动启动仪式。

同日 中央党校教育长罗宗毅一行调研玉皇山南基金小镇。

9日 省委组织部副部长、两新工委书记张学伟调研玉皇山南基金小镇党建、互联网党建工作。

10日 “尚城1157·利星”商业综合体和“最天使文创书城”被评为2017年杭州特色休闲示范点。

14日 市委宣传部副部长、市文明办主任钮俊到上城区调研企业文化俱乐部建设工作。

15日 上城区在湖滨银泰in77举行“尚城·红星系”城市基层党建综合体项目发布会。上城区阵地共享软件模块“红色坐标”在线上发布，“城市基层党建在上城”专题网页在浙江党建网同步上线。

16日 区委书记陈瑾接受“浙江之声”特别策划《向人民报告》栏目采访。

17日 “海归驿站”上城众创空间联盟合作框架协议签约仪式在玉皇山南基金小镇“智·和”同心荟举行。

18日 中共中央政治局委员、国家副主席李源潮到上城区调研基层妇联工作。

同日 上城区召开2017年上半年区政情通报会。

20日 由上城区政府主办，区委宣传部、中国民间艺术产业示范基地等单位共同承办的“南宋瓷韵——金国荣南宋官窑作品暨宋瓷标本展”在杭州梓府开幕。

21日 上城区被杭州市政府正式确定为既有住宅加装电梯先行试点区，杭州既有住宅加装电梯试点工作全面启动。

同日 上城区正式启用杭州市公共资源交易网新版网站。

22日 2017年上市公司价值投资·中国资产管理高峰论坛暨颁奖典礼在上城区举行。

同日 全国政务大厅服务标准化工作调研组考察上城区。

22~24日 上城区党政代表团到雷山县开展对口帮扶考察调研。

23日 省人大常委会副主任、省总工会主席厉志海到玉皇山南基金小镇调研特色小镇工会建设工作。

同日 市政协副主席翁卫军到上城区调研，先后走访Google Adwords杭州体验中心、望江智慧产业园、玉皇山南基金小镇。

26日 上城区行政服务中心开始实行双休日照常开放制度。

28日 上城区举办首届女性社会组织项目“比巧”大会，为女性社会组织提供展示服务水平平台。

30日 省委组织部调研上城区智慧党建工作。

31日 团中央书记处书记徐晓一行到上城区调研共青团工作。

同日 市政协副主席汪小玫带领市政协监督组到上城区开展“助推文明城市与生态文明建设”专项集体民主监督活动，进行实地考查并反馈监督情况。

9月

1日 大华书场经过半年多的筹备和装修后，重新开业。

5日 来自32个国家驻沪领事馆、商务机构的代表及在杭州外企的外籍高级管理人员等90余位国际嘉宾组成的“国际体验团”走进上城，参加国际体验日活动。

6日 上城区文创企业杭州佳平影业有限公司制作的电视剧《鸡毛飞上天》入选全国精神文明建设“五个一工程”优秀作品奖。该剧于2月23日在北京人民大会堂举行开播发布会，并于3月3日在浙江卫视和江苏卫视黄金档首播及乐视视频独家播出。3月24日，中央、省、市、区委宣传部领导及业内专家、学者等举行研讨会，就该剧反映的时代精神、现实意义等进行研讨。

7日 省委宣传部副部长王四清调研上城区社区文化家园建设和杭州娃哈哈集团有限公司企业文化俱乐部建设工作。

同日 市委常委、宣传部部长戚哮虎，副市长陈红英等调研北京师范大学附属杭州中学。

同日 吉林省委副书记、省长刘国中一行考察玉皇山南基金小镇。

8日 上城区召开庆祝第33个教师节暨总结表彰大会。

同日 中共中央组织部考核组考察玉皇山南基金小镇。

10日 中央电视台中文国际频道《城市1对1》播出南山路的涌金池金牛、清照亭、澄庐、南山书屋、西湖101文化创意会客厅及南宋御街、清河坊街区的小吃、名菜，以及近江农贸市场的蔬果海鲜等，展示上城区闹静结合的独特魅力。

11日 杭州市首个“地方戏曲曲艺教学实践基地”在杭州市清河实验学校成立。

同日 省政协副主席黄旭明一行到馒头山社区调研。

同日 市人大常委会副主任罗卫红调研纪念钱塘江大桥开通80周年活动准备工作情况。

13日 省委党校2017年秋季学期领导干部进修班学员到玉皇山南基金小镇调研。

14日 国家反恐办督导检查组一行考察清河坊历史文化街区反恐怖“四联三防”试点建设工作。

同日 市委组织部副部长、两新工委书记李志龙率市委督查组第四组，对上城区贯彻落实市委有关人大文件情况进行专项督查，并召开座谈会。

15日 上城区举办主题为“古往今来南宋游”的南宋文化节，以互动体验展现南宋文化经典和人文记忆。活动至11月30日结束。

同日 上城区委召开常委（扩大）会议，专题研究湖滨街道工作。

16日 上城区开展2017年全国科普日暨杭州市第三十一届科普宣传周活动。

18日 成都市委组织部考察团到上城区考察馒头山社区改造工程。

19日 上城区在望江街道现场动迁指挥部举办主题为“用脚步丈量民情、用实干赢得民心”的“三联三领”论坛，9名干部在论坛上做交流发言。

同日 区领导占仁义、宣寅、孙刚锋到湖北省鹤峰县结对帮扶。

20日 副市长王宏一行到上城区检查旅游安全和市场秩序。

21日 中国社区建设展示中心管理委员会第五次会议在上城区召开。

22日 2017年中国（杭州）移动互联网大会暨中国首席技术官大会举行。上城区为主办方之一。

同日 副省长朱从玖调研玉皇山南基金小镇。

24日 上城区国家级非物质文化遗产传承人、熔铜艺术创始人朱炳仁设计制作的大型组雕“五牛五福”亮相北京王府井步行街。

25日 上城区通过浙江省食品安全区创建验收，成为全省首批食品安全区。

26日 省委常委、市委书记赵一德对陈浩的事迹做出批示，号召大家向他学习。次日，上城区委追认陈浩为上城区“优秀共产党员”。陈浩系上羊市街社区主任，1987年出生，2017年9月23日突然离世。省、市媒体对陈浩事迹进行连续追踪报道。

同日 副市长缪承潮带领市政府督查组到上城区进行“护航十九大”安全大督查。

同日 上城区举行各界人士“凝心聚力建名城，创新业绩迎十九大”迎中秋国庆座谈会。

同日 浙江省少年海事学校授牌仪式在杭州市大学路小学举行。浙江海事局、浙江省交通运输厅、浙江省教育厅、共青团浙江省委联合授予杭州市大学路小学“浙江省少年海事学校”称号。

27日 国家登革热防控工作督导组到上城区检查登革热防控工作。

同日 省政协视察组到上城区视察有关工作。

同日 省司法厅党委委员、副厅长劳泓一行到上城区督查“惠企便民”工作。

28日 上城区邀请新华社浙江分社图片总监、高级记者，中国新闻摄影学会常务理事兼浙江联络部部长、中央电视台摄影家协会顾问、浙江省摄影家协会副主席王小川做主题为“新闻摄影的表现与方法”的交流活动。

同日 上城区在位于劳动路的杭州孔庙举行祭孔典礼活动，并邀请杭州中小学学生同行“南宋儒礼”。

同日 浙江文化遗产保护留下讲坛·科普讲坛在杭州孔庙内首次开讲，浙江省博物馆副研究馆员王宣艳做题为《中兴纪胜——南宋风物观止》的讲座，介绍南宋人的饮食、服饰、娱乐等民情，以及商业、手工业、科技、文化等领域的成就。

同日 省委党校领导干部进修班考察团到上城区考察“最多跑一次”改革工作。

29日 省委常委、市委书记赵一德到上城区翰林农贸市场检查“十一”黄金周民生保障工作，并看望慰问一线工作人员。

同日 中央防范办副主任柯良栋带领中央政法委安保督导组到城站火车站考察中共十九大安保工作。

10月

1日 市委副书记、市长徐立毅到上城区检查安全保障工作。

5日 由杭州文化名人蔡云超和俞宸亭夫妇创办的桐荫堂公益书院在馒头山社区笤帚湾路87号正式揭幕。

9日 上城区召开全面推进“四个全域化”暨百日攻坚大会。

同日 上城区美政桥社区启动老旧小区“海绵城市”改造示范工程建设。

10日 全国首个“金融纠纷一站式化解平台”在上城区法院正式上线。该平台利用互联网技术和数据共享，与金融机构互联互通，进行金融纠纷“一站式”处理，为金融纠纷当事人提供从立案、审判到执行的全流程线上服务。裁判之外，平台兼具在线调解功能，根据当事人申请或者法官操作，案件可在法院做出裁判之前的任何阶段进入调解环节。

同日 省委组织部派员检查小营巷社区和玉皇山南基金小镇两个全省城市基层党建工作推进会现场考察点准备工作情况。

同日 上城区政府召开全体（扩大）会议。区委副书记、区长金承涛主持并讲话。区发改经信局、区商务局、区卫计局、区公安分局、区安全监管局、区审管办、望江街道和望海潮公司8个单位做交流发言。

12日 省委组织部副部长、省委人才办主任姚志文，市委常委、组织部部长张仲灿到上城区考察城市基层党建工作开展情况。

同日 市委副书记、政法委书记马晓晖到上城区督导管控工作。

同日 由上城区文创企业欧联（杭州）节能建筑技术研究有限公司和中国交通建设股份有限公司联合发起的中交华东区域城市发展研究联盟在玉皇山南基金小镇挂牌成立。

同日 由上城区联合出品的纪录片《钱塘江》获浙江省纪录片“丹桂奖”优秀系列纪录片奖。

14日 上城区在钱塘江边的望江公园开展“喜迎十九大，踏上新征程”——上城区“两学一做”学习闯关骑行活动。

同日 2017年在华世界500强企业羽毛球赛在杭州白塔公园全民健身中心举行。

同日 上城区启动“南宋印象·漫游上城”2017年首届杭州（上城）国际旅游特色商品创意大赛。活动持续至11月15日。

15~22日 上城区举办“2017全民终身学习活动周暨第十四届终身教育节”活动。

16日 中共中央纪委工作组调研玉皇山南基金小镇。

17日 上城区策划拍摄的《你的美好生活，我的不懈追求》宣传片正式上线，以此献礼中共十九大。

同日 省委常委、常务副省长冯飞到上城区检查中共十九大安保防控工作。

同日 副省长孙景淼调研玉皇山南基金小镇。

20日 上城区举行浙江省第21个环卫工人节表彰大会暨“韵味上城，感谢有你”活动。

同日 总部落户上城区的龙运国际（Dragon Victory）在美国纳斯达克资本市场上市交易，股票代码为“LYL”，共募资850万美元。

21日 第五届南宋斗茶会在杭州孔庙举行。

23日 省信访局负责人到上城区检查府学巷建设情况。

24日 上城区与广宇集团股份有限公司签署战略合作协议，共同推动健康产业发展，并举行杭州全景医学影像诊断中心正式运营揭牌仪式。

26日 上城区在玉皇山举行“传承南宋文脉，吟诵风雅上城”重阳登高诗会。

同日 上城区举办第四十期吴山大讲堂，邀请浙江省委原常委、杭州市委原书记王国平做《关于上城区建设一流的国际化现代化城区的思考》专题讲座。

27日 第七届中国民间艺人节在鼓楼小广场开幕。

27~29日 杭州第七届文玩交易会暨第七届中国民间艺人节收藏交流展在吴山古玩城举行。

28日 "怡宝·杭州大宋"108千米国际越野赛开幕式在南宋皇城遗址太庙广场举行。比赛分为8千米欢乐体验组、25千米好汉组、50千米地煞组、108千米天罡组4个竞赛项目组。

28~29日 由中国教育学会主办、中国教育学会家庭教育专业委员会和上城区教育局承办的2017年家庭教育国际论坛在北京师范大学附属杭州中学举行，中国教育学会、中国青少年研究中心等官方机构的家庭教育专家、教育局局长、一线校长教师共同探讨新家庭的教育问题。

30日 区委召开全区领导干部会议，传达学习中共十九大精神。

31日 市委办公厅调研组调研玉皇山南基金小镇建设工作。

11月

1日 上城区第六届"湖滨美食·舌尖艺术"活动开幕。

3日 副市长缪承潮到上城区调研既有住宅加装电梯工作。

同日 杭州市建设行业系统党建工作现场推进会在上城区望江新城召开。

4~5日 2017年中国杭州名师名校长国际论坛在上城区召开。

7日 宁夏总工会交流考察团参观西湖银泰省级"妈咪暖心小屋"（又名"爱心母婴室"）示范点。

9日 上城区德育工作案例《行走德育：基于社会主义核心价值观的上城德育实践》获教育部点赞肯定。

10日 2017年浙江·杭州国际人才交流与项目合作大会上城分会场活动在杭州凯悦酒店举行。上城区结合自身产业布局，举办"智汇经典上城"海外高层次人才对接会。

10~15日 2017年杭州吴山庙会在上城区举行。庙会推出伍子胥祭祀大典、文化巡游、展会展览、互动活动四大板块内容，吸引市民、游客前往体验老街的市井民俗。

10~25日 由市委宣传部、中国美术学院、市文化创意产业办公室、市文广新局及上城区委、区政府联合主办的杭州美术节在上城区举行，美术节主题为"宋韵皇城，艺术杭州"。

13日 市委副书记、市长徐立毅到上城区调研指导既有住宅加装电梯工作。

14日 上城区召开"最美社工"表彰大会，对22名"最美社工"和21名优秀社工进行表彰。

同日 2017年杭州美术节在"尚城1157·利星"商业综合体开幕。

17日 全区党外代表人士建言议政会暨对口联系推进会在"智·和"同心荟召开。

同日 中共中央宣传部"讲好中国故事"专家学者研修班调研玉皇山南基金小镇。

同日 上城区小营巷社区被授予第五届全国文明单位称号，实现上城区全国文明社区"零"的突破。

17~28日 "天水一朝——两宋印章的渊源与走向"官印实物展在上城区举行。

18日 上城区2017年南宋文化共享日暨"历史传承·文化复兴"论坛举行，并将11月18日设立为南宋文化共享日。

20日 杭州地区首份《医疗纠纷类案件审理情况白皮书》由上城区法院正式发布。

同日 省卫生计生委组织机关党员到小营巷开展"不忘初心，牢记使命"集中性主题党日活动。

21日 市委副书记、市长徐立毅到上城区调研医疗卫生工作。

同日 《南宋皇城记忆》丛书首发式暨第九届南宋讲坛在杭州孔庙举行。

22日 杭州首台既有住宅加装电梯通过验收并试运行。首台加装电梯位于清波街道新民村2幢1单元。

同日 国家卫计委调研组到小营巷社区调研。

同日 上城区举办市委宣讲团中共十九大精神报告会。市委宣讲团成员、市纪委副书记、市监委副主任陈建华做中共十九大精神宣讲报告。

同日 上城区"美丽上城号"——魅力雷山·苗年旅游专列的开行仪式在城站火车站举行。

24日 上城区社会科学界联合会（简称区社科

联）成立暨第一次代表大会召开。市委宣传部为区社科联成立授牌。会议审议并通过上城区社会科学界联合会章程、工作报告等，选举产生区社科联第一届理事会理事、常务理事、主席、副主席、秘书长和副秘书长。洪梦君当选为区社科联第一届理事会主席。

同日 钱塘江首个大型综合性水上夜游项目落户上城。

同日 副市长陈红英带领杭州市“美好教育”三年行动计划课题组到杭州天地实验小学调研。

25 日 上城区主办“钱江弄潮”中国金融科技创新与上市公司产业发展高峰论坛暨中国董秘百人会论坛，活动启动仪式在杭州国际博览中心举行。

同日 国家新闻出版广电总局电影频道杭州基地在上城区落成启用。

27 日 上城区涌金门社区盛之花舞蹈队在 2017 年福摩杯“舞动中国——广场舞联赛”总决赛中获常青组大集体团体第三名。

29 日 财政部税政司调研组调研玉皇山南基金小镇。

30 日 上城区召开健康中国上城样本专家咨询会，来自浙江大学、省卫生厅、中央电视台、新华社等单位的 10 余位专家到会把脉问诊。

同日 上城区正式推出“南宋皇城小镇智慧旅游”APP 和“南宋 150”文化旅游线路。

同日 上城区第二十三届中小学生“七色花”艺术节优秀节目展演在杭州新世纪外国语学校湖畔校区举行。

12 月

1 日 由浙江广慈医护有限公司承办的第二届国际专科护士大会开幕。

2 日 上城区科技型企业浙江远传信息技术股份有限公司研发的 15 台智能服务机器人应用于第四届世界互联网大会·互联网之光博览会。

同日 2017 年杭州·中国第二届艺术财富峰会在上城区举办。

4 日 “民情 E 点通”平台入选全国创新社会治理典型案例。

4~6 日 区委书记陈瑾率上城区党政代表团到上海学习考察。

5 日 由共青团省委、共青团市委主办，共青团区委承办的“你好，志愿者”第 32 个“12·5”国际志愿者日系列主题活动暨上城青年诚信行动启动仪式在“尚城 1157·利星”商业综合体举行。

同日 中央文明办调研组参观城站广场志愿服务微笑亭。

6 日 国家标准化管理委员会调研组调研玉皇山南基金小镇。

7 日 上城区承办 2017 年全国羽毛球后备人才基地比赛（总决赛）。

7~8 日 上城区在全市首次举办中小学生（幼儿）戏剧节活动。其间，杭州天地实验小学编写的《玩转童话——教育戏剧创意教程》举行首发仪式，该书是全国第一本教育戏剧教程书。

8 日 上城区举办第四十一期吴山大讲堂，邀请市委常委、统战部部长佟桂莉做《用好党的法宝，开好统战新局》专题报告。

同日 浙江省（杭州市）禁毒教育馆落户南星地区并正式对公众开放。

11~12 日 上城区残疾人联合会第七次代表大会召开。会议选举产生新一届领导班子。

13 日 杭州新丰小吃股份有限公司正式挂牌“新三板”，成为浙江省餐饮行业第一个“新三板”挂牌公司，也是国内以小笼为特色、专注小吃类的“新三板”第一股。

15 日 “山南论道”之山南-万得私募启航/领航计划分享会在玉皇山南基金小镇目术塘创意园路演中心举行。

同日 庆春路购书中心重装开业。重装改建后的庆春路购书中心面积 7500 平方米，实现与浙江省新华书店集团物流基地的无缝对接。书店还增设少儿活动区（绘本馆）和阅读交流厅，其中阅读交流厅可举行学术交流、展览、读诗与演讲等活动。

16 日 由中国扶贫开发协会、小康杂志社举办的“2017 第十二届中国全面小康论坛”在北京举行，其间，举办“城区国际化与决胜全面小康”论坛，并发布中国城区国际化指数，上城区位列第八位，并入选 2017 年中国全面小康十大示范县（市）。

同日 湖滨三期项目（湖滨银泰 in77D 区）试营业。于 18 日正式营业。

18 日 副市长谢双成调研上城区企业。

19 日 省委常委、市委书记赵一德到上城区调研既有住宅加装电梯工作。

19~21 日 区委书记陈瑾率上城区党政代表团到湖北省鹤峰县考察对口帮扶工作。

20~22 日 上城区组织 14 家知名股权投资类企业开展“金融特色小镇浙江行”主题活动。

22 日 上城区与中央人民广播电台联合举办“大国新时代——中国经济报告会”暨第四十二期吴山大讲堂，邀请知名专家、学者以“互联网经济新增长”为主题做讲座。

同日 “金·源——金上京历史博物馆馆藏文物展”在杭州南宋官窑博物馆七号展厅开幕。

同日 馒头山文化街区入选为省文化创意街区。

24 日 上城区微纪录片《爱馨益起乐》获 2017 年中国梦（浙江）网络视频大赛·“最美浙江人”微纪录片三等奖。

27 日 市委举行陈浩先进事迹报告会，追授陈浩为杭州市优秀共产党员。

同日 省委常委、市委书记赵一德看望慰问陈浩家属并会见宣讲团成员。

同日 上城区安置房及公建配套设施项目集中开工。

28 日 中国文物保护基金会理事长励小捷一行到上城区朱智故居参观考察。

同日 上城区非物质文化遗产展示馆正式揭牌。展示馆位于延安路 54 号，总面积约 1500 平方米，展馆根植于传统“非遗”文化，将上城区的“非遗”资源融入百姓生产生活中，采用多种现代展陈方式和手段，多方位、多视角陈列展出上城区域内的经典“非遗”项目。

同日 上城区玉皇山南基金小镇总工会正式揭牌，成为全国首个特色小镇总工会。

29 日 区委十届四次全体（扩大）会议举行。会议审议通过全会报告及《中共杭州市上城区委关于高举习近平新时代中国特色社会主义思想伟大旗帜高质量推进一流的国际化现代化城区建设的意见》。

同日 副市长缪承潮率市委宣传部、市住保房管局、市民政局、市财政局、市国土资源局、市建委、市规划局等单位及各区负责人到上城区考察既有住宅加装电梯工作，并召开新民村和柳浪阁小区加装电梯工作现场会。

（上城年鉴编辑部）

现代产业生态圈

Modern Industrial Ecosphere

湖滨商圈

【概况】 湖滨商圈东至浣纱路、西至湖滨路、南至西湖大道、北至庆春路，面积0.87平方千米。商圈集聚杭州湖滨银泰in77、工联服饰城、龙翔服饰城、兴合男装服饰城等中高端商场及知味观、杭州酒家、外婆家等知名餐饮和凯悦大酒店、杭州新侨饭店、杭州友好饭店等星级品牌酒店。核心区块为吴山路、学士路、湖滨路、解放路围合区域，面积0.17平方千米。2017年，上城区按照“统一规划、统一设计、统一业态、统一管理、统一标准、统一考核和分别筹资、分别修缮、分别经营”的“六统三分”原则，加快推进国际旅游综合体打造，最大限度地满足中外游客吃、住、行、游、购、娱的需要。全年湖滨旅游商贸特色街区、南山路艺术休闲特色街区实现销售收入88.64亿元、税收3.24亿元，接待游客1265.61万人次。湖滨银泰三期正式开业，湖滨一期到四期区块全部联通，地铁站与商场实现无缝接驳，商圈业态布局更加完善。

【商圈管理】 2017年，湖滨指挥部（管委会）探索“以商引商、以民引外、以外引外”招商模式，加强与区商务局、湖滨街道、清波街道等部门和单位沟通，推进街区招商引资工作，提升招商专业化、精准化水平。优化街区商贸业布局，实施名品进名店、名店进名街战略，营造有国际品牌集聚、有浓郁杭州特色的高品质购物体验环境。各商业特色街区开展文化、宣传、促销等活动100场。挖掘、编纂商业街故事100个，推进商旅文有机融合，并做好街区内社会资源国际旅游访问点建设工作。

【第六届“湖滨美食·舌尖艺术”活动】 2017年11月1日，由区商务局、区风景旅游局、湖滨街道主办的“湖滨美食·舌尖艺术”活动在杭州湖滨银泰in77 C区中庭举行。参赛餐饮店分为中国餐饮店和外国餐饮店，知味观、丰和日丽、川城、老头儿油爆虾、山葵家、纽约牛排、星贝壳等26个餐饮店烹制的52道菜肴参加比赛。通过专家点评和现场观众投票，知味观的美食获中国餐饮第一名，MQ西餐厅获外国餐饮第一名。活动现场设有品尝美

2017年11月1日，“湖滨美食·舌尖艺术”活动在湖滨银泰in77 C区中庭举行 （湖滨指挥部 供稿）

食、抢半价菜、赠送促销券等环节。《钱江晚报》和《都市快报》等媒体进行现场采访。

【湖滨三期项目开业】 2017 年 12 月 18 日，湖滨三期项目——杭州湖滨银泰 in77D 区正式开业。湖滨三期项目总投资 15 亿元，引进万事利、西选超市、家时代等品牌，进一步完善商圈业态布局。项目用地面积 4082 平方米，建筑面积 2.5 万平方米，分为地上5 层、地下 2 层，其中地下 2 层为机动车库，配置机动车位 112 个和非机动车位 300 个。三期项目建成开业后，通过东坡路、平海路、延安路过街通道和东坡路天桥与湖滨银泰 in77A、B、C 区贯通，有效缓解湖滨商圈地面的交通、停车压力。

【省外党政考察团考察思鑫坊】 2017 年 3 月 8~9 日，福建省委常委、厦门市委书记裴金佳率领的党政考察团和北京市朝阳区委书记吴桂英率领的党政考察团先后考察上城区思鑫坊。区委书记陈瑾分别陪同。考察团听取思鑫坊改造提升、未来规划等情况介绍，观看思鑫坊宣传纪录片，深入了解坊巷历史文化，对思鑫坊通过提升改造完善配套设施、改善居民生活的做法给予好评。

（洪斯斯）

玉皇山南基金小镇

【概况】 2017 年，玉皇山南基金小镇围绕“专业化、国际化、市场化”目标，进一步集聚项目、资本和高端人才，着力提升基金小镇建设层次和管理水平，小镇产业快速发展，并通过省级特色小镇验收，成为全省首批命名的两个特色小镇之一。基金小镇在国内外的影响力持续扩大，集聚规模效应不断显现，“山南速度”和“山南效应”充分展现。基金小镇全年新增金融机构 1054 个，累计2361 个，其中财富管理机构 1086 个，吸引中电数据基金、浙江省能源集团有限公司等基金项目落户小镇。总资产管理规模 10455 亿元，实现税收 21.6 亿元，完成入驻企业、资产管理规模、税收“三个翻一番”目标。实施资本服务实体经济项目 1342 个，总额 3428 亿元，其中投向浙江省内项目 360 个，总额 939 亿元，助推 98 个公司上市。开展“金融小镇浙江行”活动，基金小镇管委会分别与江山市木艺时尚小镇、龙游县红木小镇、缙云县机床小镇签订合作协议，基金小镇的辐射力和影响力进一步扩大。

【小镇发展空间拓展】 2017 年，玉皇山南基金小镇八卦山庄地块利用、啤酒仓库地块开发、复兴商务广场建设、目术塘创意园 2 号楼装修、南星文体活动文化中心改造等 7 个项目竣工，开发、建设、改造总建筑面积 5.39 万平方米。启动目术塘 2 号楼装修、馒头山第二批 D 级危房整治、施家山农居地块城中村改造 3 个项目，涉及建筑面积 1.1 万平方米。完成大名空间西侧地块出让，收取土地出让金 2.56 亿元。地铁上盖物业地块（地铁 7 号线飞云江路钱江路口）收储完成。

玉皇山南基金小镇水景　　（胡　鉴　摄于 2017 年 5 月 5 日）

【小镇人才集聚】 2017 年，玉皇山南基金小镇围绕金融管理人才管理改革试验区建设，做强人才集聚平台，优化人才发展环境，全力打造人才生态高端金融高地。全年小镇吸引国内外专业金融人才逾 5000 人，其中，研究生及以上高学历人才 1736 人、海归人才 600 余人，入选国家“千人计划” 1 人，入选浙江省“千人计划” 2 人。评选出上城区第二届金融杰出人才 6 人、突出贡献人才 10 人。

【小镇配套服务提升】 2017 年，玉皇山南基金小镇全面提升配套服务，促进小镇更快更好发展。通过公开招聘，确定小镇一期食堂新的经营承包单位。根据小镇近期物业管理需求，提升园区物业管理品质。推进小镇智慧化管理，与中国移动公司签订战略合作协议，打造 5G 试点应用示范区；实现监控设备、无线 Wi-Fi、双路供网等智能化管理全覆盖；打造“旅游+金融” AAAA 级旅游景区，推出特色公园休闲游和金融文化体验游两条旅游线路。全年小镇接待来自省内外参观考察团 1887 批次，总人数 3.27 万人次，小镇被中央和省市主流媒体报道 100 余次，其中新华社、中新社等国家级媒体报道 20 余次。

【第三届全球私募基金西湖峰会】 2017 年 6 月 24 日，第三届全球私募基金西湖峰会在玉皇山南基金小镇举行。省委常委、市委书记赵一德，副省长朱从玖，中国证券投资基金业协会会长洪磊到会并致辞。峰会以“私募基金的责任”为主题。全球私募基金行业领军人物、国内外投资机构代表、专家学者 1000 余人参会。会上，金砖国家开发银行副行长马磊立、全球第二大基金公司美国领航集团大中华区总裁林晓东等发表主题演讲。基金小镇镇长万建华介绍小镇发展成果，并宣布设立玉皇山南基金小镇建设银行 FOF 基金（指以其他证券投资基金为对象的基金），推进整个小镇新金融业态发展。小镇与美国格林威治小镇签订友好合作备忘录。

（楼钟飞）

【省军区司令员调研玉皇山南基金小镇】 2017 年 8 月 10 日，浙江省军区司令员冯文平率调研组到上城区调研玉皇山南基金小镇。调研组在基金小镇二期展厅听取基金小镇建设发展情况介绍，详细了解基金小镇企业入驻、招商引资、人才引进等工作开展情况。走访浙江财通资本投资有限公司，并召开座谈会，听取区委书记陈瑾有关上城区区情介绍。调研组对基金小镇取得的成绩予以肯定，并鼓励上城区立足现有基础，顺势而为，借势发力，努力把基金小镇打造成“中国的格林威治小镇”。

（毛俏燕）

南宋皇城小镇

【概况】 南宋皇城小镇以南宋皇城遗址和清河坊 AAAA 级景区为核心，总规划面积 3.1 平方千米。小镇内留有南宋皇宫遗址、“三省六部”、太庙等南宋宫廷古迹 10 余处，拥有清河坊、南宋御街等全开放式特色街区及南宋遗址陈列馆、紫阳书院、胡雪岩故居等文旅体验点 40 余个，有“非遗”项目近 50 项，并留存二十三坊、大井巷两处原生态市井，是国内南宋文化积淀最为深厚、保留最为完整的区域。2017 年，南宋皇城小镇完成固定资产投资 14.27 亿元，实现营业收入 221 亿元、税收 12 亿元。接待游客 3600 万人次，60 余家中央和各省市媒体对小镇进行专题报道。

【南宋皇城小镇入选省级特色小镇第三批创建名单】 2017 年 8 月 2 日，全省特色小镇规划建设工作现场推进会在嘉兴市嘉善县召开。会上，首次命名两个省级特色小镇，同时公布省级特色小镇第三批创建名单，南宋皇城小镇经省有关部门组织的考核，被评选为优秀小镇，与其他 34 个小镇入围浙江省特色小镇第三批创建名单。

【“南宋记忆”文化体验馆开放】 2017 年 6 月 23 日，南宋皇城小镇的“南宋记忆”文化体验馆对外开放。体验馆位于鼓楼城门里，占地面积 560 平方米，内设 50 平方米环幕，通过播放南宋皇城小镇介绍片，展现南宋当时的勾栏瓦肆繁华盛景。体验馆内有 VR 体验“南宋之旅”及占地 65 平方米的南宋皇城工艺沙盘，通过新媒体设备，可还原700

2017年11月30日，上城区在鼓楼举办“南宋皇城小镇时光微旅挑战赛”骑行活动　(杭州清河坊资产管理公司 供稿)

多年前南宋皇城的世事变迁，可领略南宋文化的内涵，体验南宋时期的风土人情。

【“南宋皇城小镇时光微旅挑战赛”骑行活动】2017年11月30日，上城区在鼓楼举办“寻迹南宋·探秘皇城之南宋皇城小镇时光微旅挑战赛”骑行活动，同时发布南宋皇城小镇APP “南宋150”旅游线路。骑行活动在每个遗址上设置“关卡”，200余名选手从鼓楼出发，在“南宋150” 旅游线路上的太庙、开元宫、忠王府等10个景点进行闯关挑战，挑战任务包括大宋投壶、古诗词接龙、趣味蹴鞠等，完成10项挑战任务后回到终点，即可获纪念奖牌1块。骑行活动推出的旅游线路以开元路上的“开元宫”为起点，馒头山上的“南宋皇宫”为终点，将太常寺、开元宫、龙翔宫等南宋皇城遗址串联起来。“南宋150”旅游线路开放后，杭州市民在手机上就能体验南宋文化。

【南宋皇城小镇商标保护注册】2017年，清河坊资产管理有限公司为保护南宋皇宫遗迹文化知识产权，助力开发小镇旅游纪念品，对南宋皇城的“门”元素进行系统梳理，并开展保护注册工作。年内，钱湖门、和宁门、候潮门等83个相关商标完成保护注册资料上报。

(方　汇)

【“香花赞”主题大型宋韵文化活动】2017年5月7日，清波街道与辖区文化企业联合举办“香花赞”主题大型宋韵文化传播推广活动，省市书画界、文学界、香道界、茶道界、花道界人士100余人共同品味宋代品质文化。活动包括用宋代莲子培育成活的宋莲展示、本土插花流派“三三宗”开宗立派仪式及首展，以及“棋楠特展”“伽蓝香会”等香文化传播。其中“棋楠特展”和插花艺术展在活动结束后免费向市民游客开放1个月，以传承和传播包括香文化在内的传统文化。

【“南宋遗韵”主题大型文化茶会】2017年10月13日，清波街道在杭州孔庙举办“南宋遗韵·花语茶香”主题大型文化茶会，辖区单位、居民代表及文艺界人士100余人参加。茶会以品茶为主线，融合“花、香、琴、舞、艺”等宋韵艺术表演，现场展出浙派古琴、雕版印刷、“五常十八般武艺”等国家级非物质文化遗产项目。

(蒋成杰)

2017年南宋皇城小镇主要活动

表2

时　间	活动名称	主办单位	承办单位
2017-01-28~02-01	南宋皇城小镇年俗活动	杭州市清河坊历史街区管委会	—
2017-04-18~24	清河坊民间茶会	杭州市旅游委员会、杭州市商务委员会、上城区政府	上城区茶文化研究会、杭州市清河坊历史街区管委会、上城区商务局、上城区风景旅游局

续表 2

时　间	活动名称	主办单位	承办单位
2017-04-28	“曲水流觞”南宋文化主题活动	杭州清河坊资产管理有限公司	—
2017-05-29	端午民俗“寻古之旅”公益体验活动	杭州清河坊历史街区管委会、上城区妇联、上城区文广新局	杭州吴越人家工艺服饰有限公司
2017-06-23	南宋文化体验馆暨小镇客厅开幕	杭州清河坊资产管理有限公司	杭州清河坊资产管理有限公司
2017-07-09 2017-07-27 2017-08-04 2017-08-28	2017 年缤纷夜游、欢乐颂、夜朗诵、爱相送活动	杭州市清河坊历史街区管委会	—
2017-10-14~11-15	南宋皇城小镇创意设计大赛	杭州市清河坊历史街区管委会	杭州清河坊资产管理有限公司
2017-10-27~11-01	第七届中国民间艺人节	中国民间文艺家协会、中国文物学会、浙江省文联、上城区政府	杭州市清河坊历史街区管委会
2017-11-10~11-15	吴山庙会	上城区政府、杭州市西博办、上城区风景旅游局 、上城区商务局	杭州市清河坊历史街区管委会、杭州清河坊资产管理有限公司、上城区非物质文化遗产保护中心
2017-11-18	南宋共享日	杭州市文广新局、杭州市西博办、杭州文广集团、上城区委区政府	上城区委宣传部、上城区文广新局、上城区风景旅游局、上城区教育局、清波街道、杭州市清河坊历史街区管委会、杭州清河坊资产管理有限公司、杭州电视台西湖明珠频道
2017-11-30	“南宋皇城小镇时光微旅挑战赛”骑行活动	杭州市清河坊历史街区管委会	杭州清河坊资产管理有限公司

（方　汇）

望江金融科技城（望江智慧产业园）

【概况】 2017 年，望江金融科技城（望江智慧产业园）拥有思科（中国）总部、中国铁塔股份有限公司浙江分公司、浙江海投集团、浙江省产权交易所、浙江刚玉智能科技有限公司等入驻企业，初步形成以传统金融为基础、以互联网金融和金融科技为发展方向的金融集群和以新一代信息技术为核心、以物联网为技术支撑的“互联网+”解决方案集群。全年新入驻信息经济类和金融类企业 634 家，其中信息经济类企业 229 家、金融类企业 405 家，注册资金 141 亿元，实现税收13.1 亿元，信息经济增加值比 2016 年增长 40.1%，税收增长 21.3%。

【产业空间建设】 2017 年，望江智慧产业园集中上城区未来经济发展的主要楼宇空间及地块资源，其中建成的楼宇空间有中豪望江国际、蕙沣大厦、近江时代大厦等，总建筑面积 130 万平方米；在建的办公楼宇有稠州商业银行大厦、昆仑集团大厦等，建筑面积 32 万平方米；具备出让条件的地块有四合一地块、C-16 地块、发射塔地块等，总面积 75 万平方米。

【龙头企业快速发展】 2017 年，思科（中国）总部迁入望江智慧产业园，其经济效应和产业聚集效应日益凸显，全年实现销售收入 60 余亿元，缴纳税收4 亿余元。中国铁塔股份有限公司浙江分公司、浙江中浩应用工程技术研究院有限公司等重点企业发展稳健，税收比 2016 年增长 20%以上。新科技

望江智慧产业园区风貌　　（望江智慧产业园 供稿）

龙头企业快速成长，杭州销冠网络科技有限公司完成B轮融资，入选杭州1亿美元以上公司（准独角兽企业）名单。盛景网联科技股份有限公司获“2017中国自主创新杰出贡献奖”。浙江春派科技股份有限公司在“新三板”挂牌。城云国际有限公司获碧桂园集团和思科（中国）总部2亿元B轮融资。

【产业园项目建设】 2017年，望江智慧产业园加强园区重点项目建设，促进产业园快速发展。思科（中国）总部研发中心的办公场地和中心机房整饬完成，中豪望江国际3号楼的2层作为机房，4号楼的15、16、17层作为研发中心办公场地，为思科（中国）总部300余名研发人员入驻望江智慧产业园提供良好的办公条件。12月19日，园区C2-07地块出让，出让面积2.95万平方米，由杭州望海潮建设有限公司以4.17亿元竞得，将建设高端商务综合体。杭州昆仑中心商务大厦主体工程结顶，并进行前期招商，该中心商务大厦为高端商务楼宇，建筑面积约5万平方米，目标客户为500强企业、中央企业、国有企业及大型金融、科技龙头企业。

【产业园创新发展】 2017年，望江智慧产业园推进园区企业创新创业工作。杭州阵视科技有限公司、杭州圣联科技有限公司等企业高层次海归人才项目相继落地。依托浙江省国际人才与项目交流大会，引进德国和美国海归人员的人工智能和大数据类项目2个，园区内集聚各类人才3万余人。杭州销冠网络科技有限公司、尼尔森网联媒介数据服务有限

2017年望江智慧产业园区产业构成情况

表3

产业类型			入驻龙头企业与代表企业
信息产业	物联网	新一代信息技术（云计算、大数据）	思科（中国）总部、快威科技集团有限公司
		网络通信	中国铁塔股份有限公司浙江分公司、浙江安正科技股份有限公司、浙江省移动设计院
		电子商务	清江路电子商务产业园
		人工智能	浙江刚玉智能科技有限公司、咸亨国际（杭州）航空自动化有限公司
金融产业		互联网金融	杭州市民卡有限公司、盛景—浙江创新中心、新光金融服务有限公司
		科技金融	浙江产权交易所、杭州评级宝科技有限公司、浙江贝付科技有限公司
		传统金融	温州银行、稠州银行、泰隆银行
		产业投资	浙江海投集团、浙江财通资本投资有限公司
孵化器			数动空间、青创大街、幼发拉底

公司、杭州圈外网络科技有限公司、杭州市民卡有限公司4家园区企业被认定为市级高新技术企业。数动空间、网尚空间被评为省级众创空间，区内众创空间增至6个。成功孵化企业50余家，其中国家级众创空间2个（幼发拉底孵化中心、杭州望江创业大街）、省级众创空间3个（数动空间、网尚空间、星工场）、市级众创空间1个（伊创荟）。

【产业园品牌宣传】 望江智慧产业园联合城云科技（中国）有限公司在园区建立智慧城市展示中心，全方位地展示园区未来发展蓝图、产业布局、楼宇分布、地块资源、地域优势。2017年，展示中心接待参观人员200余批。随着钱塘江金融港湾规划和“拥江发展”战略的实施，上城区加快布局“一轴三组团”的“拥江发展”格局，产业园于8月升级为望江金融科技城。

（金伟锋）

【浙能集团绿色能源股权基金设立】 2017年，浙能集团全资控股子公司浙能资本控股有限公司联合其他投资公司、金融机构共同组建国内收支绿色能源产业基金——浙江浙能绿色能源股权基金，目标规模500亿元（首期规模200亿元以上），致力于聚焦能源产业链投资，以绿色金融推动绿色能源发展，服务“两美”浙江建设，助力创建“国家清洁能源示范省”。

【Google Adwords杭州体验中心启动运营】 2017年6月8日，Google Adwords（谷歌广告关键字）杭州体验中心在望江智慧产业园启动运营，市委常委、统战部部长佟桂莉等出席仪式。作为第二个入驻望江智慧产业园的外资型世界500强品牌，体验中心充分发挥自身数字营销的优势，助力上城区及杭州的外贸企业创出一片新天地，让“上城制造”“杭州制造”走向世界。体验中心规划在3年内帮助培养1万名具有专业跨境知识的人才，帮助1000家杭州本地企业通过互联网走上海外营销之路，通过互联网方式和手段打造10个著名海外平台。

【Google Adwords杭州体验中心与中国（杭州）跨境电子商务综合试验区合作】 2017年6月21日，Google Adwords杭州体验中心与中国（杭州）跨境电子商务综合试验区签署合作备忘录。根据备忘录，双方将在数字营销与品牌推广、跨境电商人才培养与孵化等方面进行合作。以Google Adwords杭州体验中心为依托，联合高校、协会、外贸企业和平台方，开展跨境电子商务人才培训，培养数字营销、网站优化、数据分析等方面的跨境电子商务专家，为杭州跨境电子商务发展输送人才，将杭州打造成为“网上丝绸之路”重要战略枢纽城市和国际网络贸易中心。

（周廷波）

电子机械功能区

【概况】 2017年，电子机械功能区加快发展以物联网为核心的信息技术及节能环保产业，主动抢占未来产业发展制高点，促进功能区经济结构进一步优化。全年实现技工贸总收入65.96亿元，比2016年增长13.9%；实现规模以上工业销售产值50.5亿元，增长41.1%；税收收入5.28亿元，增长31.3%；地方财政收入2.6亿元，增长37.2%。亩产产值1050万元，亩产税收84万元。功能区企业浙江威星智能仪表股份有限公司在深圳证券交易所中小企业板上市，公司“超声波燃气表”项目被浙江省制造品牌建设促进会列入第二批“浙江制造”标准制定计划，成为功能区首个立项的“浙江制造”标准。思创医惠科技股份有限公司为厦门金砖国家领导人会晤提供安保方案；在杭州·云栖大会上，阿里云Link品牌家族正式发布，该公司名列其中，成为首批在智慧城市领域和阿里云合作的企业。杭州亿恒科技有限公司和浙江大学共同承担的科技部国家重点研发计划项目“工业机器人整机性能测试与评估平台研发及应用”正式立项。杭州捷尔思阻燃化工有限公司入选省经信委公布的浙江省“隐形冠军”培育企业名单，成为上城区首个被认可的“隐形冠军”企业。杭州大光明通信系统股份有限公司发布基于4G地震监测站远程综合监控系统解决方案。杭州泽大仪器有限公司推出新产品“一次性温度记录仪”，其基于设备在线状态监测和故障诊断技术的全生命周期远程运维管理系统被列入浙江省智能制造重点项目。杭州华雁云态信息技术有限公司入围杭州市科技型初创企业培育工程。至年末，功能区有上市（挂牌）和被上市公司并购企业9家、高新技术企业46家，发明专利授权120件、实用新型专利543件。建成上城区浙江大学成果转化基地等创新平台和2个省级重点企业研究院、3个院士工作站、4个博士后工作站、5个CNAS认证实验室。

【功能区重点项目建设】 2017年，区电子机械功能区加快园区重点项目建设。杭州海兴电力科技股份有限公司新建的智能电网设备及系统产业化基地项目土建工程竣工，项目总用地面积2.5万平方米，总建筑面积4.5万平方米，其中生产研发大楼占地面积2430平方米。浙江威星智能仪表股份有限公司年产150万台智能燃气表及技术研发中心建设项目主体工程通过竣工验收，总投资2.1亿元，总建筑面积2.93万平方米，其中地上建筑面积2.53万平方米、地下建筑面积4030平方米，层高8层。

【企业参与“一带一路”建设】 2017年，区电子机械功能区鼓励和引导企业参与“一带一路”建设，“走出去”效应日益放大。10月27日，功能区与有关单位联合承办杭州西湖国际博览会子项目“2017工业智造·杭州大会”，实现杭州西湖国际博览会上城区工业元素“零”的突破，区相关直属单位与企业签订9项战略合作协议和引进企业协议。园区26家外贸和跨境电子商务企业实现外贸出口额22.94亿元，并涌现杭州海兴电力科技股份有限公司、杭州慧景科技股份有限公司、浙江博世华环保科技有限公司等参与“一带一路”建设示范企业。9月3~4日，杭州海兴电力科技股份有限公司董事长周良璋应邀参加在厦门举行的金砖国家工商论坛，与“一带一路”沿线国家洽谈合作项目。

2017年10月27日，杭州西湖国际博览会子项目“工业智造·杭州大会”在上城区举行。图为签约仪式　（区电子机械功能区 供稿）

【“FabLab杭州创新实验室”投入使用】 2017年1月15日，区电子机械功能区引进的“FabLab杭州创新实验室”投入试运营。实验室占地350平方米，包含数控装备区、3D打印区、分享交流区等区块。实验室开展“园区创业邦”“创意马拉松”“创客训练营”“创客分享会”等系列主题活动，为入驻团队提供智能公共技术实验服务。4月，实验室入围“2017杭州市民体验日”最具品质体验点40强。8月，实验室成为省内首个获MIT FABLAB官方认证的创新实验室。

资料

FabLab：Fabrication Laboratory的缩写，即微观装配实验室，是美国MIT比特与原子研究中心发起的一项实验，是一个可以制造产品和工具的小型工厂。其核心理念为发明创造不只发生在拥有昂贵实验设备的大学或研究机构，也不仅仅属于少数专业科研人员，而是有机会在任何地方由任何人完成。

【产城融合配套建设】 2017年，区电子机械功能区加快产城融合配套建设。5月，结合“最多跑一次”改革，设立功能区行政服务分中心，为企业提供综合接件和纳税服务，全年办理各类行政事务200余件。面积约200平方米的医务室投入使用，配备常用药品、六导联心电图仪、特定电磁波治疗仪等药品和医疗器械，方便职工平常就医。10月，二期标准厂房食堂投入运营，可容纳近500人用餐。

【服务园区企业】 2017年，区电子机械功能区搭建三大服务平台，提升为企业服务水平。建立校企合作服务平台，组织杭州海兴电力科技股份有限公司、浙江威星智能仪表股份有限公司、浙江博世华环保科技有限公司、杭州绿仰科技有限公司、杭州珏朗科技有限公司等10余家企业与在杭高校科研院所进行产学研对接。杭州海兴电力科技股份有限公司与浙江大学电气工程学院就新技术开发合作模式和共同建设能源供应一体化研究中心进行洽谈，该公司海兴能源物联网项目与浙江大学计算机系统结构与网络安全研究所合作等事项达成初步意向。浙江威星智能仪表股份有限公司与浙江大学控制科学与工程学院在天线、智能仪表开发、物联网系统开发及应用上达成合作。浙江双元科技开发有限公司和杭州三高光电科技有限公司就开发LED背光源生产流水线产品在线监测系统与相关高校达成合作意向。建立投融资服务平台，举办“金融+产业”对接会，浙江谷丰科技有限公司、杭州芯影科技有限公司、杭州微智兆智能科技有限公司、杭州泰宏新能源技术有限公司4家企业在对接会上进行路演，20余家企业参会。通过与银行、券商和投资公司对接，帮助企业解决融资难问题。建立生活服务平台。5月14日，功能区党工委、总工会主办“春日相识，一见倾心”交友活动，为青年婚恋交友牵线搭桥，近100名单身职工参与。“七一”前夕，功能区与区委组织部、区委两新工委、团区委联合举办“青春立志·创未来——上城区纪念建党96周年暨四季党建之青春人才季”活动，首批通过“圆梦大学3150”计划结业的学员获国家级、省级奖学金。组织女职工开展“趣享汇”瑜伽学习活动，丰富园区职工业余生活。

（李　岚）

小营智慧健康产业园

【小营健康颐养园打造】 2017年，上城区以打造健康医疗城、提高全体居民健康水平为宗旨，依据小营街道红巷生活广场进行总体布局调整，整合养老机构、日托中心等养老资源，全力打造小营健康颐养园。园内设置健康服务、健康科普、健康体验等区块，坚持开放办医格局，通过政策引导，引进杭州暮泰护理院、彩虹鱼康复护理院等康复护理型医疗机构，逐渐形成小营健康服务业集聚区。

【暮泰医养中心落户小营街道】 2017年8月16日，医养结合型养老机构——暮泰医养中心落户小营街道。该中心为全区规模最大、床位最多的养老机构，建筑面积1.3万平方米，拥有床位550张，为上城区建设生活品质标杆区、发展健康产业奠定基础。暮泰医养中心位于梅花碑8号，以“医、养、护、康”相结合、中西医并举的服务举措，为老年人提供生活照料、健康护理、康复娱乐、社会工作等服务。中心借鉴北欧地区的养老院护理模式，提倡失能老人的“常人”照护理念，把到颐养的老人当做亲人照顾，为老人举办生日聚会；每逢端午节、重阳节等节日，组织各种活动与老人一起娱乐，并为回家过年或参加晚辈婚礼的老人提供专车接送，并医护随行。

（仲　玥）

中国共产党上城区委员会

Shangcheng District Committee of Hangzhou Committee of the CPC

综　述

【概况】 2017年，上城区委深入学习贯彻习近平新时代中国特色社会主义思想和中共十九大精神，以“最多跑一次”改革为龙头，全面深化改革，全力争做“四个标杆区”，加快建设一流的国际化现代化城区。全年全区实现地区生产总值1011.44亿元，人均GDP和亩产税收均居全省县（市、区）前列。上城区获治水工作最高奖“大禹鼎”，被授予浙江省首批“平安金鼎”，获评全国未成年人思想道德建设先进单位等荣誉。

【党委核心作用发挥】 2017年，上城区委充分发挥党委总揽全局、协调各方核心作用，完善“一个中心、三个党组”领导体制。定期听取区人大常委会、区政府、区政协党组工作汇报，全力支持区人大常委会、区政府、区政协和审判机关、检察机关依照宪法法律和章程独立负责、协调一致开展工作。进一步巩固和壮大爱国统一战线，定期召开统战工作会议，重大决策及时听取各民主党派、工商联、无党派人士意见建议，加强同各民主党派政治协商。召开群团工作会议，完善党群联席会议机制，发挥群团组织联系群众的桥梁纽带作用，工会、共青团、妇联等群众团体事业全面发展。坚持党管武装原则，坚持区委常委会议军制度，持续加强后备力量建设、国防动员和双拥共建等工作。

【区委常委会自身建设】 2017年，上城区委坚决维护以习近平总书记为核心的党中央权威，严格执行中央和省、市委各项决策部署，在维护核心、绝对忠诚上作表率。区委班子成员带头践行“两学一做”学习教育活动，查摆问题，抓好整改落实。区委常委会民主生活会前，广泛向区直各单位、老党员及基层一线党代表征求意见建议，提高民主生活会质量。全年召开区委常委会会议24次，研究完善经济社会发展战略、分析经济发展和社会稳定形势、研究重大决策部署落实等情况，确保中央和省、市委重大决策部署贯彻执行。完善区委常委会学习制度。全年召开理论学习中心组会议21次，区委务虚会2次，区委常委会组织专题学习5次，深入学习习近平新时代中国特色社会主义思想。坚持贯彻民主集中制原则，做到科学决策、民主决策、依法决策。严格执行党风廉政建设责任制，全年专题研究部署党风廉政建设和反腐败工作5次，班子成员带头严守党的政治纪律和政治规矩，强化责任担当。

区委重要会议

【区委全委会】 2017年，中共杭州市上城区委召开3次全委会。1月4日，区委召开十届二次全体（扩大）会议，推荐中共十九大代表和省第十三次党代会代表候选人。8月7日，区委召开十届三次全体（扩大）会议，深入贯彻习近平总书记系列重要讲话精神和治国理政新理念新思想新战略，落实省第十四次党代会、市第十二次党代会及市委十二届二次全会精神，专题研究部署争做生活品质标杆区工作，审议《中共杭州市上城区委、杭州市上城

2017年中共上城区委重要文件题录

表4

发文字号	发文日期	标　题
上委〔2017〕1号	2017-01-03	中国共产党杭州市上城区委员会工作规则
上委〔2017〕14号	2017-02-13	中共杭州市上城区委员会关于建立区领导、机关部门、党员干部“三联三领”工作制度的通知
上委〔2017〕16号	2017-02-15	中共杭州市上城区委员会关于成立区委巡察工作领导小组的通知
上委〔2017〕18号	2017-02-16	中共杭州市上城区委、杭州市上城区人民政府关于公布征迁、治危、拆违先进集体和先进个人的通知
上委〔2017〕24号	2017-03-11	关于建立中共杭州市玉皇山南基金小镇管理委员会联合委员会的通知
上委〔2017〕25号	2017-03-30	中共杭州市上城区委 杭州市上城区人民政府关于授予王小军等19名新社会阶层人士第六届上城区优秀中国特色社会主义事业建设者荣誉称号的决定
上委〔2017〕32号	2017-05-15	中共杭州市上城区委 杭州市上城区人民政府关于印发《2017年普法教育依法治理工作要点》的通知
上委〔2017〕34号	2017-06-30	中共杭州市上城区委员会关于表彰上城区先进基层党组织、优秀共产党员和优秀党务工作者的通报
上委〔2017〕43号	2017-08-22	中共杭州市上城区委、杭州市上城区人民政府关于全力争做生活品质标杆区加快建设一流的国际化现代化城区的实施意见
上委〔2017〕49号	2017-11-03	中共杭州市上城区委、杭州市上城区人民政府关于建设金融人才管理改革试验区的若干政策意见
上委〔2017〕50号	2017-11-06	中共杭州市上城区委员会关于认真学习宣传贯彻党的十九大精神的通知
上委〔2017〕54号	2017-11-13	中共杭州市上城区委员会关于开展向陈浩同志学习活动的决定
上委〔2017〕55号	2017-12-12	关于同意杭州市上城区社会科学界联合会选举结果的批复
上委〔2017〕57号	2017-12-27	关于建立中共杭州市南宋皇城小镇联合委员会的通知
上委办〔2017〕第18号	2017-03-14	关于认真做好上城区社区党委、社区居民委员会和社区居务监督委员会选举工作的通知
上委办〔2017〕第42号	2017-05-25	中共杭州市上城区委办公室关于印发《推进全区“两学一做”学习教育常态化制度化工作安排方案》的通知
上委办〔2017〕第52号	2017-06-21	中共杭州市上城区委办公室、杭州市上城区人民政府办公室关于印发《上城区全面深化河长制工作方案（2017~2020年）》的通知
上委办〔2017〕第60号	2017-08-01	中共上城区委办公室、上城区人民政府办公室关于加强消防安全社会治理的指导意见
上委办〔2017〕第67号	2017-08-11	中共上城区委办公室、上城区人民政府办公室关于印发《上城区养老服务业综合改革实施方案》的通知
上委办〔2017〕第79号	2017-09-12	中共杭州市上城区委办公室关于印发《关于实施民生实事项目人大代表票决制工作的意见（试行）》的通知
上委办〔2017〕93号	2017-11-09	中共杭州市上城区委办公室《关于进一步加强和改进社会组织党的建设工作的实施意见》的通知

2017年7月28日，上城区举办“上城情·雷山行”两新组织“党建+公益”主题党日活动 （区委组织部 供稿）

区人民政府关于全力争做生活品质标杆区加快建设一流的国际化现代化城区的实施意见》，区委书记陈瑾代表区委常委会做题为《坚持以人为本，突出共建共享，以一流状态争做生活品质标杆区》的报告。12月29日，区委召开十届四次全体（扩大）会议，深入贯彻习近平新时代中国特色社会主义思想、中共十九大精神、中央经济工作会议精神，专题研究高质量推进一流的国际化现代化城区建设相关工作，审议《中共杭州市上城区委关于高举习近平新时代中国特色社会主义思想伟大旗帜，高质量推进一流的国际化现代化城区建设的意见》，陈瑾代表区委常委会做工作报告。

【区委常委会会议】 2017年，上城区委召开常委会会议24次，传达学习中共十八届七中全会、中共十九大、省第十四次党代会、市第十二次党代会及全国“两会”、省委经济工作会议精神，围绕建设一流的国际化现代化城区目标，对党组织建设和人才工作、“两学一做”学习教育和意识形态、统一战线、党风廉政建设、监察体制改革等工作进行研究部署，加强对人大、政协、法院、检察院等工作的领导，重点研究2017年上城区国民经济和社会发展计划（草案）、“四个平台”建设、玉皇山南基金小镇发展等经济社会发展重大问题。

（占志铖）

重要活动

【庆祝中国共产党成立96周年活动】 2017年6月30日，上城区举办庆祝中国共产党成立96周年暨第四届“草根民师”讲堂活动。区委书记陈瑾参加活动并讲话。区委副书记、区长金承涛宣读表彰24个先进基层党组织、62名优秀共产党员、15名优秀党务工作者的决定。第四届“草根民师”讲堂现场，区国土分局副局长汪洋、区市场监管局下派干部翁政、望江街道现场动迁指挥部汤才庚、望江路秋涛南路立交工程项目部金意明等介绍各自先进事迹。庆祝活动演出情景诗剧《向你看齐》、独唱《英雄》、配乐诗朗诵《拥抱你的美丽》、音舞说唱《南宋古都展新颜》等节目。

【“上城情·雷山行”两新组织“党建+公益”主题党日活动】 2017年7月28日，上城区在玉皇山南基金小镇党群人才服务中心举办“上城情·雷山行”两新组织“党建+公益”主题党日活动，通过两新工委搭台、企业出资、社会组织出力的方式，认领公益项目，众筹公益资金，对贵州雷山县进行对口帮扶。先后认领建造学生餐厅、设立应急救助基

2017年8月15日，上城区在湖滨银泰in77A区召开“尚城·红星系”城市基层党建综合体项目发布会 （区委组织部 供稿）

金、雷山茶品牌营销等项目 20 个，募集资金 40 余万元。

2017 年 11 月 10 日，上城区在浙江·杭州国际人才交流与项目合作大会上城分会上举行人才顾问聘请仪式　　（区委组织部　供稿）

【“尚城·红星系”城市基层党建综合体项目发布会】 2017 年 8 月 15 日，上城区在湖滨银泰 in77A 区召开“尚城·红星系”城市基层党建综合体项目发布会。区委书记陈瑾出席发布会并讲话。发布会上，“湖滨晴雨”“小营红巷”“望江红云”“南星红盟”4 个城市基层党建综合体以“路演”的形式，诠释基层党组织如何发挥政治优势和服务优势，将各方面的力量凝聚起来，为加快建设一流的国际化现代化城区提供有力保障。活动现场，上城区“红色坐标”阵地共享党建综合体上线，“城市基层党建在上城”专题网页在浙江党建网同步上线，现场举办“湖滨汇享”爱心义卖、“共建最美商圈”晴雨论坛、红色电影展映等活动。

【浙江·杭州国际人才交流与项目合作大会上城分会活动】 2017 年 11 月 10 日，浙江·杭州国际人才交流与项目合作大会上城分会在杭州凯悦酒店举行。区委副书记、区长金承涛在会上推介上城区创业环境和人才政策，邀请各类人才到上城区创业创新。区科技局、区商务局、区发改经信局、区财政局和各园区、街道招商中心等单位负责人 350 余人参加分会场活动。200 余名带项目、带技术、带资金的海内外高端人才与上城区投资机构、众创空间开展“一对一”洽谈，通过项目“路演”形式，进行资本与人才对接。18 个海外人才项目成功签约，项目涉及科技、金融、健康、智能制造等领域，投资额 3.53 亿元。大会聘请 10 名人才顾问，作为上城区人才培养和服务的“智库”，对 6 名杰出金融人才、10 名突出贡献金融人才进行表彰。

组织工作

【概况】 2017 年末，上城区有中共党组 18 个、基层党组织 1473 个（包括党委 98 个、党总支 58 个、党支部 1317 个），有中共党员 27536 人。上城区注重以上带下抓学习、抓调研，推进“两学一做”常态化、制度化。选派干部到征迁项目、社区服务一线“墩苗”锻炼、攻坚克难。加强年轻干部、党外干部、专业技术人员、社区干部培养，结合“三提一争”活动，组织干部参加各级党校进修班、中青班、科级干部示范班培训。完善干部实绩考核，建立领导评分、实绩得分、民主测评等多维度考核模式。从严管理监督干部，按照选拔、任用、监督“三位一体”的要求抓早、抓小、抓苗头。规范出国（境）管理工作，落实国家工作人员信息登记备案制度，确保应报尽报。通过建立健全领导干部领学、分层轮训辅学、主题党日月学等“十学”机制，抓好万名党员大轮训、千名书记讲党课、百场宣讲到基层等工作。根据“四过硬、五不能、六不宜”要求，组织对社区“两委”候选人进行资格联审，高质量完成社区组织换届。抓实党支部 13 项日常工作和党支部主体作用发挥。在全市率先打造“尚城·红星系”城市基层党建综合体。制定出台《上城区部门行业党建“红色系统工程”实施意见》，推行“网格建支部、组团强服务”工作法，建优建强三层级城市社区和“一核多堡”商圈（小镇）组织架构。立足“一圈两镇三园”平台，巩固深化“双覆盖百日攻坚”专项行动，《特色小镇党建标准化管理规范》获市级地方标准立项，基金小镇党建特色做法在全省特色小镇党建工作现场会上做书面交流。实施新一轮“1211”引才计划，修订《关于建设金融人才管理改革试验区的若干政策意见》，组织评定上城区金融人才和高层次人才申报国家“千人计划”、市“521”计划，推选省“151”中青年培养人才，申报和推选人数比2016年增加。

【领导班子配备】 2017年，上城区以换届为契机，突出基层导向、实绩导向，高质量做好区管领导干部选拔任用工作。换届后，全区有区管干部391名，其中，研究生学历或硕士以上学位103名。平均年龄47.2岁，基本形成以“70后”为主体，兼顾“60后”与“80后”的橄榄型年龄梯次。全区新提拔的区管干部中，绝大部分有区直部门（单位）或街道任职经历。加强换届后干部队伍整体建设，重新梳理区管后备干部名单和结构型干部清单，聚焦重点培养对象，建立成长档案，做细做实实绩台账和问题台账。运用调任、聘任、竞争性选拔等方式引进急需的专业型人才。

【干部选拔培养】 2017年，上城区规范干部选拔任用工作，梳理选人用人相关政策规定，结合上城区实际制定“一图二表”，即“上城区干部选拔任用工作流程图”“干部考察工作执行表”和“干部任用纪实工作执行表”，严格干部选拔任用工作流程。强化党组织的领导把关作用，做到精准选人。区委组织部梳理印发《干部工作历年文件汇编》，做到部领导带头学、有关科室重点学，开拓组工干部选人用人视野，提高选人用人质量。加强干部培养，分类分批选派干部到一线挂职锻炼，全年选派挂职干部4批、186人，其中机关干部163人、社区干部23人，10名新提拔的区直机关单位副职均下派望江新城征迁一线担任征迁组组长。选派区管年轻干部到金融机构挂职，安排基层年轻干部到区直部门锻炼。

【干部考核评价】 2017年，上城区以推动全区中心工作为目标，拓展升级领导干部实绩记录研判系统，以6个街道区管副职干部为试点，对7个岗位42名干部开展年度个人实绩研判评分，建立领导评分、实绩得分、民主测评等多维度考核模式，并强化实绩研判工作的结果运用，对敢于担当、业绩突出的干部大胆提拔使用；对“为官不为”、慵懒拖沓的干部实施问责，进行诫勉谈话和采取“下”的措施。加强日常考核，充分运用谈心谈话、列席民主生活会、旁听党（工）委（党组）会议等方式，加强对干部素质能力的了解，并注重从推进中心工作和急难险重任务中考察识别干部。

【干部教育培训】 2017年，上城区以市委党校为主阵地，突出重点，分类实施，开展干部教育培训，全年有21名处级干部、20名科级干部参加进修班、中青班、科级干部示范班集中培训。围绕国际化推进、经济转型升级、城市有机更新等热点、难点问题，设置个性化课程，邀请省、市专家、学者到党校讲课，参加培训干部近200人次；选派100余人次干部出国学习交流，学习内容涉及科技、商务、教育等方面。

【干部监督管理】 2017年，上城区修订完善干部日常提醒、兼职审批、出国（境）管理等制度，形成全方位、多层次的监督管理体系。以《党政领导干部选拔任用工作条例》为基本遵循，进一步规范调整动议、推荐提名、干部考察和征求意见等环节的操作程序。抓好新修订的《领导干部报告个人有关事项规定》和《领导干部个人有关事项报告查核结果处理方法》等规定的贯彻落实，全年领导干部上报个人事项405人次，抽查个人事项37人次，核查个人事项116人次，对干部报告事项进行分析的基础上，做出批评教育、责令检查等处理39人次。规范领导干部登记备案和出国（境）管理工作，全年新增报备人员42人，修改报备人员6人，撤销报备人员21人，累计审批因公出国248人次、因私出国33人次、新收录证件54人次。对7个单位和13名领导干部进行经济责任审计，运用审计结果对领导干部做出综合评价。

【“两学一做”学习教育常态化制度化】 2017年，上城区建立健全领导干部领学、分层轮训辅学、主题党日月学、学思践悟自学、结对共建互学、深入一线践学、争先晋位比学、党性体检检学、定期巡查督学、“互联网+”助学等“十学”机制，抓好万名党员大轮训、千名书记讲党课、百场宣讲到基层等工作，推进“两学一做”学习教育常态化、制度化。将每月15日的党员固定活动日升级为“主题党日”，按规定完成缴纳党费、重温誓言、诵读党章等8项“规定动作”和义工服务、民情比武等“自选动作”，凸显组织生活仪式感、实效性。举办第四届“草根民师”讲堂“三联三领”专场活动和“用脚步丈量民情，用实干赢得民心”主题论坛。年终对评选出的24个先进基层党组织、62名优秀共产党员、15名优秀党务工作者进行表彰。

【行业党建工作】 2017年，上城区坚持以规范化推进行业党建工作。制定《上城区部门行业党建“红色系统工程”实施意见》，汇编教育、卫计、机关等17个部门行业党建工作推进方案和达标线、风景线、警示线工作标准，全面落实部门行业主管单位抓党建工作的主体责任，提升打造100个党建工作实、服务群众好、阵地设施优、党员干部作风正、队伍战斗力强的行业党建工作示范点。杭州天地实验小学、北京师范大学附属杭州中学被教育部认定为全国中小学党建暨德育工作会议现场参观点，杭州市崇文实验学校被省委组织部、省委两新工委评为浙江省民办学校党建工作示范基地。全市建设行业党建工作现场推进会在上城区召开。

【两新党建融合发展】 2017年，上城区不断深化特色小镇党建工作，《特色小镇党建标准化管理规范》获市级地方标准立项。强化玉皇山南基金小镇党委主体作用，夯实党群人才服务中心阵地，运用“支部+社团”模式推进“山南财富论坛”“山南精英圈”平台建设和“青春党建”“公益党建”探索实践，玉皇山南基金小镇成为全省特色小镇“双强”典型，其经验做法在全省特色小镇党建工作现场会上进行书面交流，在省委办公厅专报信息上刊登。加强互联网企业党建工作，运用“党建+互联网”模式推进互联网企业党建工作全覆盖，依托望江智慧产业园构建“红色联盟”，建立“双孵化”平台和“云支部”“云学堂”“云协作”体系，推动党建工作与园区产业链、信息技术发展相融合，微贷（杭州）金融信息服务有限公司、城云国际有限公司、浙江宇天科技股份有限公司等单位分别被市委组织部、区委组织部列为市、区党建示范点。推进社会组织党建工作，理顺社会组织党组织隶属关系，建强社会组织综合党委，抓好行业协会脱钩后的党建工作，其经验做法在全市社会组织党建现场会上做书面交流。完善认领“微心愿”机制，全年“上城情·雷山行”主题党日活动认领“微心愿”20个，筹集公益资金40余万元。

【党建引领基层治理】 2017年，上城区立足“引领、融合、集聚、创新、示范”5个纬度，按照“区域统领、行业引领、两新融合、街社兜底”的思路，打造“尚城·红星系”城市基层党建综合体，着力完善以街道党工委为核心、社区党组织为基础、辖区单位党组织和党员共同参与的区域化党建新机制。强化街道统筹协调和综合管理能力，打造各具特色的“湖滨晴雨”“清波红韵”“小营红巷”“望江红云”“南星红盟”“紫阳先锋”六大党建综合体，实现全域覆盖、多元参与、各方联动、互惠共享。科学设置593个商圈楼宇型、居民住宅型、单体综合型网格，规范推行“网格建支部、组团强服务”工作法，优化“社区党委+网格党支部+楼道党小组”3个层级城市社区组织架构和“商圈（小镇）建党委、企业建支部”商圈（小镇）组织架构。开展党建引领物业小区基层治理“百日攻坚”专项行动，通过单独建、联合建、派驻建、孵化建等方式建立业委会党组织24个，成立区委党建引领物业小区基层治理共建共商共治委员会，由街道负责业委会、物业公司党建工作，初步形成党组织引领下居委会、业委会、物业公司、驻区单位等多方主体协同治理机制。

【基层党建加强】 2017年，上城区树立党的一切工作到党支部的鲜明导向，明确党支部13项日常工作。以“四查四看”考评清单式管理，实施“常态化互查+专题定点巡查”工作机制，发挥党支部的战斗堡垒作用。把好发展党员“入口关”，举办2期全区入党积极分子和1期发展对象培训班，参加培训488人次。实施发展党员计划报备、预审、季报制度，全年发展党员201名。依托“红芯·上城区党员服务管理系统”，采取分类认定、分色预警、分级处置、分员帮扶等方式，常态化做好党员先锋和堡垒指数评定工作，按照规定处理不合格党员38人。完成全区1417个基层党组织、2.7万名党员基本信息采集工作。关心关爱老党员、生活困难党员，拨付经费30余万元，走访慰问老党员和生活困难党员700余人。规范党费收缴使用管理工作，确保党员缴纳的党费50%以上用于党支部活动和建设。

（潘罗定）

宣传工作

【概况】 2017年，上城区宣传思想文化工作以学习宣传贯彻习近平新时代中国特色社会主义思想和中共十九大精神为主线，以稳中求进为总基调，围绕区委、区政府中心工作，做深做透重大主题宣传，助推城中村改造攻坚、“最多跑一次”改革等重点工作扎实开局，为建设一流的国际化现代化城区提供正能量。

【“四个全域化”工作宣传】 2017年，上城区全面推进“四个全域化”工作。区委宣传部协同各级新闻媒体开展这一主题宣传报道，全方位展现区委、区政府中心工作的进展成效和经验典型。人民网以《危房换新颜，这个新年格外暖心》为题，报道直饮马井巷D级危房排危修缮情况。《浙江日报》分别在头版、重点版以《馒头山，老地方新风情》《上城区城中村改造加快步伐》《八百米婺江路攻坚记》为题，《杭州日报》头版分别以《今年征迁3000户，望江新城打响上城城中村改造首站》《对未来杭州路网建设意义重大，望江五个地块同时启动城中村改造》《上城区全面完成危房治理三年行动计划》《打通西湖时代到拥江发展时代的通道》为题，对上城区危旧房治理、城中村改造、望江地区征迁等重点工作进行深度报道。浙江卫视、杭州电视台综合频道《新闻联播》通过动态报道，全方位、多角度展示“四个全域化”工作进程和成果。联合杭州网开展“幸福小巷在上城”系列报道，对6个街道“四个全域化”工作推进情况进行跟踪报道。

【中共十九大精神宣传】 2017年10月，中共十九大开幕前夕，区委宣传部邀请浙江卫视、《浙江日报》、杭州电视台、《杭州日报》等10余家省市媒体，对小营巷社区迎接中共十九大活动进行报道。杭州电视台综合频道《杭州新闻》播出“旧城里造金库，破译杭州最小城区的经济密码”“宋韵新生，我是南宋人”“老城换新颜，我们住新家”等系列报道，全方位展示上城区过去5年的发展变化。“全国文明家庭”获得者，杭州剪纸艺术家鲁立清、王玉枝夫妇专门制作剪纸作品，寄到北京，对中共十九大召开表示祝贺。中共十九大开幕当天，省市主要媒体从不同侧面报道上城区干部群众收看大会开幕式情况。大会闭幕后，《浙江日报》《钱江晚报》《都市快报》等媒体对全区采取党委理论中心组学习、集中宣讲、主题教育等形式学习贯彻中共十九大精神进行连续报道。

【统筹对外宣传】 2017年6月24日，第三届西湖基金峰会开幕，区委宣传部与中国新闻社、《浙江日报》、《杭州日报》及市委宣传部对接，做好对外宣传报道，在中央及省市媒体刊发报道80余篇，向国内外宣传西湖基金峰会盛况。9~11月，南宋文化节系列活动举行，区委宣传部与中国新闻社、《浙江日报》、浙江卫视、《杭州日报》、杭州电视台等媒体沟通，提供有关资料及素材，通过媒体对外报道，更好地展示杭州丰富而深厚的南宋文化资源。

【“三联三领”活动宣传】 2017年2月，上城区开展区领导联系街道领衔破难、机关部门联系社区领办项目、党员干部联系群众领跑示范的“三联三领”活动。区委宣传部协同中国新闻社、《浙江日报》、《杭州日报》、杭州电视台等主流媒体进行连续报道。4月1日，《杭州日报》头版发表《上城“三联三领”铁军下基层》文章，并与杭州电视台西湖明珠频道联合推出《三联三领先进人物展播》节目，通过动态报道、人物介绍、新闻评论，产生较好的宣传效果。6月30日，上城区举办“草根民师”讲堂活动，中国新闻社、《浙江日报》、杭州电视台、《钱江晚报》等进行深度报道。10月14

日，区委组织部、区委两新工委推出“上城区喜迎十九大，踏上新征程——两学一做学习闯关骑行活动”，《杭州日报》、杭州电视台等均在第一时间进行报道。

【助推“最多跑一次”改革】 2017年，上城区以“简政放权、放管结合、优化服务”为抓手，全面启动“最多跑一次”改革。3月26日，全区公布两批清单，涉及662项事项，新华网和《杭州日报》头版进行报道，其他媒体随后跟进报道“最多跑一次”改革推进情况。5月24日，《杭州日报》以《上城：看看最多跑一次，到底卡在哪儿了》为题，报道全区各部门主要领导到办事窗口体验和发现问题，推进“最多跑一次”改革的情况。6月21日，中国新闻社以《杭州上城设“五大员”助推“最多跑一次”改革》为题，对全体党员干部分批到区行政服务中心服务窗口当“五大员”情况进行报道。10月18日，上城区开放“零号窗口”，为“最多跑一次”改革提速，《杭州日报》等媒体予以及时报道。 （吕　啸）

【新闻阵地建设】 2017年，上城区加强新闻阵地建设。《上城报》出报101期、专版80余个，采写原创新闻1000余条。上城网注重突出时效性，更新新闻2400余条，制作视频新闻50期。“上城发布”微博平台发布信息5100余条，其中原创信息3800余条；发起微博话题50余个。“上城发布”微信公众号推送图文信息330余期、文章1200余篇。全年“上城发布”微博微信关注量达17万人次。“上城快讯”推送信息260余条，手机短信成为上城区干部群众获取新闻信息的便捷渠道。“韵味上城”手机APP新闻客户端试运营，客户端（苹果和安卓系统）下载量3万余次，通过各种平台、载体、形式的宣传，营造浓厚的正面舆论氛围。

（王　灵）

统一战线工作

【概况】 2017年，区委统战部以贯彻中共十九大精神为主线，落实习近平总书记关于统战工作重要讲话精神，围绕中心工作，服务大局，坚持和完善多党合作和政治协商制度，维护民族宗教领域稳定，凝聚侨联、党外代表等力量，提升统战服务经济社会发展能力，助推“四个标杆区”和一流的国际化现代化城区建设。成立上城区党外代表人士服务中心（上城区民族宗教事务服务中心）。引导党外代表人士和民族宗教界代表人士参政议政。在全区范围内形成并推广以“智·和”同心荟为代表的全区新的社会阶层人士统战工作经验。畅通咨政建言渠道，进一步健各民主党派、区知识界人士联谊会同政府有关部门沟通联系机制，年内结对联系部门增加至17个，推动“三改一拆”“五水共治”“四个平台”“最多跑一次”等工作开展。全年开展统一战线“爱心社区行”暨“三联三领”服务社区活动6场，“爱心社区行”品牌活动提供服务63项，受益居民5000余人次。

【区领导结对党外代表人士】 2017年，上城区进一步落实区领导结对党外代表人士制度。区领导与党外代表人士“一对一”联系交友，定期走访听取意见。完善重大事项征求党外代表人士意见制度并认真组织实施。组织召开党外代表人士新春联谊、中秋和国庆座谈会等活动，区领导与结对联系的党外代表人士谈心交流，增进共识。

【创立“智·和”同心荟】 2017年6月2日，杭州市新的社会阶层人士统战工作实践创新示范点建设启动仪式暨“智·和”同心荟揭牌仪式在上城区举行，省委统战部副部长、省民宗委主任楼炳文，市委常委、统战部部长佟桂莉，市委统战部常务副部长金志强，区委书记陈瑾，区委常委、统战部部长来剑波参加揭牌仪式。“智·和”同心荟集学习教育、人才培训、联络联谊等功能于一体，设有“和·智学谷”“智·和之窗”等7个功能区，通过强化“党建+统战”融合，成立非政府组织（NGO），创新运作模式，把统战对象培养成统战力量，为新的社会阶层人士建立温馨家园，搭建增进政治认同、服务玉皇山南基金小镇发展、拓展招商引资、助推创业创新的全区统战工作平台。至年末，全国各地30余个创业团队、20余个合作项目

2017年6月2日，“智·和”同心荟揭牌仪式举行。图为省委统战部副部长楼炳文（右三），市委常委、统战部部长佟桂莉（左二），市委统战部常务副部长金志强（左一），区委书记陈瑾（右二）和区委常委、统战部部长来剑波（右一）揭牌后合影　（区委统战部　供稿）

落户上城，为新的社会阶层人士组织财富投资、创客交流、项目洽谈等活动152场，接待考察洽谈174次，吸引自由职业者、企业高级管理人员等在内的新的社会阶层人士1.1万人次参加，为其搭建深化政治共识、促进职业提升、实现价值理想的广阔平台。12月，“智·和”同心荟被评为全国新的社会阶层人士统战工作实践创新基地。

资料

新的社会阶层人士：主要包含私营企业和外资企业的管理技术人员、中介组织和社会组织从业人员、自由职业人员、新媒体从业人员4类群体。

【“海归驿站”落户上城】 2017年6月9日，由市归国华侨联合会、区政府联合主办，市海外企业家投资联合会和玉皇山南基金小镇联合承办的“2017侨界创业投资国际高峰论坛”在杭州绿城尊蓝钱江豪华精选酒店举行。省委常委、市委书记赵一德为“海归驿站”授牌，标志着“海归驿站”正式落户上城。年内，“海归驿站”与全市10个众创空间签署合作协议，组织高层次青年海归人才500余人次到上城考察、交流，邀请硅谷人才团10余人参加全区人才大会，吸引10余个由海归人才创办的科技企业落户。“海归驿站”由上城区政府与市侨联、市海外企业家投资联合会共同打造。

【上城旅港同乡会成立两周年庆典】 2017年3月4日，上城区旅港同乡会成立两周年庆典在香港举行，100余名同乡会会员和香港各界嘉宾参加庆典活动。市委统战部副部长徐祖德等领导和市海外联谊会、兄弟县（市、区）同乡会会长参加。区委常委、统战部部长来剑波致辞，区政协副主席袁巧玲参加庆典。上城旅港同乡会围绕联络同乡、服务会员的宗旨，积极开展经济文化交流、宣传家乡等活动，促进上城与香港有关方面更好地合作，工作成效得到区领导肯定。

【首届宗教界“同心”趣味运动会】 2017年5月7日，上城统一战线首届“同心”趣味运动会在杭州清河实验学校和杭州西湖风景名胜区全民健身中心举行。运动会设置较有竞技性的羽毛球比赛和“陆地龙舟”“穿越时空”“袋鼠运瓜”“流水作业”“巨人脚步”等团队趣味项目。全区各宗教活动场所、区少数民族联谊会派出30名运动员组成两支代表队参加比赛。区委常委、统战部部长来剑波等出席运动会并为获奖团体和个人颁奖。

【统战工作网络化建设】 2017年，上城区将统战工作纳入全区大党建工作和综合目标管理双考核，推进统战工作上下联动、横向联合的工作网络化建设。依托统战工作大调研活动，推动6个街道落实党委领导班子的集体责任、党委主要负责人的第一责任“两个责任”制度。各街道均配备统战委员。组织基层统战干部培训，参加培训60余人。加强统战工作宣传，在全区上下营造重视、支持、参与统战工作的良好氛围。　（王琳莉）

老干部工作

【概况】 2017年末，上城区有离休干部131人，年龄最小的83岁，最大的98岁，平均年龄90岁。有副区以上离退休老领导34人。省、市托管服务的离休老干部320人；有离休干部党支部7个、退休干部党支部57个。全区11个部门、6个街道有老干部工作。区委老干部局坚持“为党和人民事业增添正能量”的价值取向，以党建为统领，以“银龄颂党恩、喜迎十九大”系列活动为抓手，用心用情为老干部服务，促进老干部工作转型发展、科学发展。

【离退休干部党组织建设】 2017年，区委老干部局按照离退休党支部统一换届要求，指导29个离退休党支部做好换届工作。加强党支部建设，成立区老干部活动中心、区老年大学、馒头山老年大学分校、部分医院和疗养院临时党支部，区老年大学临时党支部组织老干部参观“五四宪法”历史资料陈列馆，组织“喜迎十九大”文艺演出、“银亮四季”等党建活动；疗养院临时党支部举行“军歌嘹亮、党旗飘扬”主题升旗仪式，组织参观“小营·江南红巷”景区，开展“建言十九大”等活动。建立离退休支部书记例会制度、“老帮老”党员结对互学制度、“掌上党校”和固定主题党日制度，以制度建设推进党组织堡垒作用发挥。坚持讲政治、顾大局、懂党务、年龄相对较小的标准，选好配齐离退休干部党支部书记，发挥党支部书记引领示范作用，全年调整党支部书记18人。开展“五好党支部”“优秀共产党员”“优秀党务工作者”“最美老干部”“好家风”评选活动。推进“两学一做”学习教育常态化、制度化，结合“三联三领”活动，组织老干部蹲点调研，配合社区做好车棚改造、微型消防站建设、社区换届等工作，并认领“微心愿”23个。

【离退休干部思想政治建设】 2017年，区委老干部局把思想政治建设摆在老干部工作首位，组织老干部开展形式多样的理论学习，丰富老干部的精神文化生活。深入学习习近平新时代中国特色社会主义思想，增强老干部政治意识、大局意识、核心意识、看齐意识。全年举办中共十九大精神报告会、讲座、读书会、学习心得交流会20余场，为老干部送书送学150余次，组织老干部参加区“两会”等重大活动11次，参会220人次；举办老干部情况通报会39场，1130人次参加。

【老干部工作领导小组调整】 2017年，上城区调整区委老干部工作领导小组和上城区老年大学校务委员会。领导小组由区委常委、组织部部长王歆任组长，副区长毛素云任副组长，领导小组下设办公室，负责日常工作，办公室设在区委老干部局。区老年大学校务委员会由王歆任主任。领导小组制定《关于建立离退休干部关爱帮扶机制》，为进一步服务保障老干部提供制度保障。成立上城区老年（老干部）大学常青藤艺术团和南星分校，提高上城区老年（老干部）大学外聘教师薪酬标准。

【织密“三张网”体系】 2017年，上城区针对老干部普遍进入“后双高期”（更高年龄、更高发病期

2017年5月19日，上城区老年大学南星分校揭牌

（区委老干部局 供稿）

阶段）的实际，织密倾情关爱、生活服务、困难帮扶“三张网”，区委组织部、区委老干部局、区财政局、区卫计局、区民政局联合出台困难老干部帮扶意见、区级老干部病房管理办法、慰问老干部经费标准等文件，进一步优化服务保障。全年区领导探望、看望老干部50余人，送上慰问金13.6万元，为22人次患病老干部解决住院难问题。全年全区走访慰问离退休干部670人次，发放慰问金（含实物）40万元，组织区级老干部67人次健康疗休养和体检，发放困难老干部帮扶基金20万元。湖滨“晴雨管家”探索“老帮老”管家式互助服务、望江“夕阳红志愿者团队”坚持上门服务老干部等做法得到市委老干部局肯定。区教育局、区公安分局老干部工作经验在全区介绍推广。

【深化老干部服务工作】 2017年，上城区老干部工作坚持统一领导、分工协调、分级负责、分类管理原则。区委老干部局加强与区老干部工作部门沟通协调和业务指导。全年组织召开老干部工作推进会4次，举办老干部工作业务培训6次。通过制度创新带动服务创新，建立离退休干部困难帮扶制度、区委老干部工作领导小组成员单位办实事工作制度和离退休干部工作定期督促检查制度。区委老干部局实行全员联系离退休干部党支部和离休干部的“双联系”制度和“月走访、季交流、年总结”制度，加强情感沟通，倾听老干部心声，征求意见建议。全年受理来信来访35人（件）次，所有来信来访均得到妥善解决和回复。协助老干部报销医疗费、办理遗失证件等67件次。深化“四就近”（就近学习、就近活动、就近得到关心照顾、就近发挥作用）服务工作，以街道、社区居家养老服务中心为基点，构建老干部“15分钟活动圈”，让老干部在家门口享受医疗、保健、就餐、文娱、学习、交友等便捷、高效、性价比高的养老服务。

【老干部作用发挥】 2017年，上城区以“银亮尚城”为主抓手，鼓励老干部在参政议政、文明新风倡导、生态保护、青少年教育等方面积极作为。组织全区离退休党支部和党员参加“网下我点赞、网上晒风采”活动，网上点赞300人次；与市委老干部局联合举办“垃圾分类老干部在行动”“银龄助力剿灭劣V类水”活动，参与老干部600余人次，提出各类建言60余条，形成专报和调研文章3篇。组织离退休干部、四套班子老领导开展“走基层、看变化、促发展”活动8次，并组织老干部考察调研望江指挥部、区审管办等部门，就征地拆迁、城中村改造、“最多跑一次”改革等工作提出意见建议90余条，多数建议得到采纳。

【老干部“文化养老”阵地建设】 2017年，上城区加强老干部“文化养老”阵地建设。在紫阳街道十五奎巷社区建立老干部活动站；在南星街道馒头山社区建立区老年大学南星分校，开设山水画高级、花鸟画高级、葫芦丝初级、表演舞、健身舞等课程，设5个班招收学员120人。发挥区老干部活动中心八大协会作用，实行协会自我组织、自我管理、寓教于乐。全年协会组织活动90场，参与950人次。区老年大学坚持以教学为中心，深化管理机制改革，加大校园安全管理力度，为老干部参加学习和活动提供安全保障。 （周云华）

关心下一代工作

【概况】 2017年，上城区有关工委组织146个，其中一级关工委组织1个（区关工委）、二级关工委组织7个（街道关工委6个、区教育局关工委1个）、三级关工委组织138个（社区关工委54个，中小学、幼儿园关工委69个，区教育局直属部门关工委4个，民营企业关工委11个），关心下一代工作者6865人。优化“五老四团一组一员”队伍，其中离退休人员中参加区级顾问团32人、讲师团9人、关爱团9人、科技服务团9人、网吧义务监督员104人。区关工委以社会主义核心价值观引领青少年，以改革创新精神推进关心下一代工作，着力提高青少年思想道德素质、科学文化素质和健康素质，全区关心下一代工作呈现良好局面。

资料

“五老四团一组一员”：“五老”指老干部、老战士、老专家、老教师、老模范；“四团”

2017 年 5 月 16 日，上城区开展“牵着蜗牛走湘湖”关爱智力（精神）障碍人士活动　（区关工委　供稿）

指讲师团、关爱团、科技团、顾问团；“一组”指 18 人关爱小组；“一员”指网吧监督员。

【“假日学校”活动】 2017 年 7 月，区关工委、区科协、区社区学院联合开展科普夏令营活动，120 余名小朋友和 20 余名家长参加。自然博物馆游学之旅、低碳科技馆科普之旅、“绿科秀”农科园亲子活动、工业园区一日游等活动让小朋友体验现代科技的力量和大千世界的奥秘。7 月 17 日，市关工委名誉主任吴键，副主任顾树森、郑柯荆一行到湖滨街道湖滨家园青少年“假日学校”慰问师生，实地察看学校办学情况，了解学生们在“假日学校”的学习与生活情况，并送去教学用品。暑假期间，全区 1 万余名学生参加基层关工委开展的社会实践活动，其中外来务工子女 3500 余人。

【主题教育活动】 2017 年，区关工委以社会主义核心价值观引领青少年为工作主线，以庆祝中国共产党成立 96 周年、中国人民解放军建立 90 周年为契机，依托社区关工委和“五老”队伍，组织开展各种教育活动。3 月 30 日，区关工委会同清波街道党工委及关工委，组织辖区单位党员干部、部队官兵和学校师生到云居山革命烈士陵园祭奠革命先烈。5 月 16 日，由区残联主办，区关工委、区智力精神残疾人亲友协会承办，开展第三个“蜗牛日”——“牵着蜗牛走湘湖”活动，旨在动员全社会更好地关爱智力（精神）障碍人士，让其平等参与各项社会活动，区 6 个街道智力（精神）障碍人士及其亲友、区亲友会班子成员和志愿者 120 人参加。10 月 31 日，区关工委、区青少年活动中心和区文化馆携手举办“浙江好家风”读书演讲比赛。辖区内各学校选拔参赛选手 26 人，用亲身感受讲述家风对自己成长的潜移默化作用。

【帮困助学工作】 2017 年，区关工委与区教育局、团区委、区妇联、区工商联、区民政局（区慈善总会）、各街道和有关共建单位协调联动，开展对弱势、特殊群体学生帮困助学工作，建立贫困生档案，健全扶贫助学长效管理机制，把关爱工作落到实处。5 月 31 日，区关工委举行庆“六一”暨上城区第十六届“奋飞奖”表彰活动，表彰 25 名“奋飞奖”获得者，并慰问困难家庭学生。区委常委、组织部部长、区关工委主任王歆为爱心企业代表杭州方回春堂国药馆有限公司颁发帮困助学荣誉证书，该公司捐款 6.4 万元。8 月，湖滨街道东平巷社区“民俗文化体验馆项目”、高银巷小学关工委“高银读书会项目”等 7 个重点教育基地项目获市关心下一代基金会资助金 6 万元、区关心下一代基金会资助金 3 万元。全年全区帮困助学对象 183 人，其中 10 人被评为市“奋飞奖”学生，25 人被评为区“奋飞奖”学生，发放助(奖) 学金14.65 万元。

【关爱帮教行动】 2017 年，区关工委以主题教育为抓手，开展创建“零犯罪”学校活动，推进预防青少年违法犯罪工作。区关爱维权小组参与未成年人刑事诉讼权益保障工作。全区 44 所中小学配备 36 名分管法制工作副校长，协助学校做好法制宣传教育工作。组织 104 名“五老”网吧监督员参与“绿网营建”工作，开展网吧、书报亭执法监督检查，努力净化网吧环境。　（宋晓莺）

机构编制管理

【概况】 2017年，上城区加强机构编制资源配置，助推“最多跑一次”改革，提升公共服务水平。开展事项梳理、窗口调整、流程再造、优化服务等工作，着力打造“审批事项少、办事效率高、投资环境优”核心城区。推进“网上办”和“就近办”试点，将“一窗受理、集成服务”模式推广至街道、社区，推出“五星级”事项85项，实行全流程网上办理，让群众办事“一次不用跑”。将52项公民个人事项下放到街道、社区，通过街道综合窗口、社区“百通岗”、街道便民服务中心24小时自助服务机等途径办理，加强街道、社区便民服务体系构建，增强基层便民服务点服务能力。建立健全区、街道两级综合指挥协调机构。推进派驻机构属地化改革，区司法局力量下沉，区国土分局、上城规划分局、上城环保分局等市级派驻机构采用专人挂包街道形式，落实力量下沉工作。推进区市场监管局、区城管局等部门派驻机构体制改革，建立部门、街道双向考核机制。

【综合行政执法工作改革】 2017年4月11日，上城区印发有关推进综合行政执法工作实施方案，明确设立区综合行政执法局（区综合行政执法大队），与区城市管理局合署办公，将相关领域法律、法规、规章规定的全部或部分行政处罚权及相关行政监督检查、行政强制职权纳入执法范围，按照“成熟一批，划转一批”原则，有序实施改革。全面推进跨部门、跨领域综合行政执法，探索部门内集中行政执法和部门联合执法的办法，健全完善行政执法统一协调指挥机制，加快建立权责统一、权威高效的行政执法体制，增强基层政府治理能力和社会管理水平。

【监察体制改革试点工作】 2017年2月，上城区按照省、市关于深化监察体制改革试点工作的部署，撤销区监察局，成立区监察委员会（简称区监委），并将区检察院反贪污贿赂局、反渎职侵权局、职务犯罪预防科等机构的职能整合至区监委，划转区检察院专项编制16名至区监委。按照“编随事转、人随事走”的原则，做好机构编制相关工作。4月，从区纪委6个派驻机构各划转1名编制（共6名编制）至区纪委、区监委机关，加强机关力量，保障监察体制改革试点工作顺利进行。

【机构编制资源配置】 2017年，区编委办加强对各领域工作和机构编制情况的综合分析，把有限的机构编制资源向保民生、保发展、保稳定的重点领域倾斜。针对小学教师存在缺编情况，从现有民办学校中收回50名编制，并从全区事业总编中划拨50名编制给教育系统，确保未来3年义务教育阶段的教师用编。

【事业单位管理】 2017年，区编委办推进事业单位登记管理工作，并完成机关和纳入机构编制管理的群团组织的统一社会信用代码证书信息维护及换证工作。开展机关、事业单位网站挂标情况排查。全年完成统一社会信用代码证书换证机关变更13个，群团设立1个。完成174个事业单位法人年度报告公示，公示材料审核通过率100%；网上应公示143个，公示率100%。完成事业单位登记1个，变更登记49个，注销登记2个。

【权责清单动态调整】 2017年，区编委办根据省、市行政审批制度改革要求，做好权责清单调整和权力运行库维护管理工作，建立权责清单动态调整更新长效机制。结合“最多跑一次”改革，做好全区服务清单梳理。全面制定事中事后监管制度措施，落实“双随机一公开”工作，推动行政监管工作重心从事前审批向事中、事后监管转变。 （沈 滟）

机关党建工作

【概况】 2017年，区直机关有基层党组织44个，党员1134人。区直机关工委深入学习贯彻中共十八届六中全会和中共十九大精神，以“服务中心、建设队伍”为核心任务，以综合考评为抓手，以“党员先锋365”为载体，用一流工作标准服务“四个全域化”“最多跑一次”改革和争创“四个标杆区”等中心工作，发挥机关铁军排头兵作用。

2017 年 5 月 16 日，区直机关工委举办党员发展对象“一心一义一述评”培训班（区直机关工委 供稿）

【“一支部一品牌”项目评选会】 2017 年，区直机关工委以发挥基层党组织战斗堡垒作用为抓手，结合“三联三领”活动，组织开展机关党建“一支部一品牌”创建活动，区直机关 44 个基层党组织均创建具有自身特色的党建品牌。11 月 2 日，区直机关工委在区社区学院举行“创先锋品牌，强党建引领，深入学习贯彻十九大精神机关党建‘一支部一品牌’”项目评选会，评选出品牌项目 17 个。

【党员发展对象培训】 2017 年 5 月 15~16 日，区直机关工委在中国社区建设展示中心举办党员发展对象“一心一义一述评”培训班，14 名党员发展对象参加。培训期间，组织党员发展对象开展“服务群众零距离、机关干部作表率”志愿服务主题活动，助推“最多跑一次”改革。平时，要求每名发展对象承诺结对 1 户困难家庭，认领 1 个微心愿，参加 1 次义工志愿服务活动，接受 1 次公开述评，并由区直机关工委成立评议考核组，听取党员发展对象的思想汇报，以评委提问、综合评定、现场打分的形式进行考核。组织发展对象参观中国共产党杭州历史馆和杭州“五四宪法”历史资料陈列馆。

【夯实基层党组织基础】 2017 年，区直机关工委从强化教育、建设组织、严肃纪律三方面夯实基层党组织基础。制定《推进区直机关“两学一做”学习教育常态化制度化的实施方案》，打造全员主动参与平台。统筹协调各基层党组织利用主题党日载体，运用“大讨论”“党建互助”“参观红色教育点”等形式，深化主题党日活动。开展党支部书记、纪委书记集中教育 2 次，组织党支部书记、纪委委员、党员集中培训 6 期。印发《区直机关工委行业党建工作方案》和《机关党建工作标准》，推进基层党组织建设制度化。完成全区 126 个党支部（含二级支部）换届。

【弘扬价值观主旋律】 2017 年，区直机关工委坚持问题导向，抓实党建，夯实基层党组织基础，弘扬价值观主旋律。全区 44 个基层党组织根据单位实际，结合服务群众需要，提炼出各自单位的价值观核心词。6 月 27 日，区直机关工委在区教育学院举行“弘扬价值观，当好排头兵”——迎“七一”主题党日暨核心价值观演讲决赛，并邀请专家点评。各基层党支部分别介绍单位价值观核心词，并开展以价值观为主题的宣讲活动。

【夯实“党员先锋 365”品牌】 2017 年，区直机关工委以夯实“党员先锋 365”品牌为抓手，结合蹲点调研走访，组织各基层党组织申报“六行动”，认领“五大兵”。开展“进一线、进社区、进家门”“三进”活动。组织基层党组织和党员走访家庭 6970 户，调解矛盾纠纷 244 起。收集整理社区问题 872 个，解决商户占道经营、油烟倒灌、噪音扰民等痼疾顽症 730 个。组织党员到基层一线参加项目攻坚，推进望江地区征迁等重点工作。深入挂包社区特困户、低保户开展帮扶，为 92 户困难户提供帮扶资金 7.6 万元。

2017年11月30日，上城区召开市对区特色创新项目专家咨询会
（区直机关工委　供稿）

贡献同步，压力与激励同步，提升全区综合考评工作水平。

【特色创新项目评比】 2017年，《弘扬爱国卫生精神，打造健康中国的上城样本》为上城区市对区考核的特色创新项目。该项目由区政府办公室牵头，区卫计局和小营街道配合，成立专门班子，精心组织实施，通过协同争创，获市"创新奖"。为进一步培育创新创优项目，上城区邀请浙江大学社会科学院院长余逊达等专家对上城区市级创新项目进行全程把脉。同时，成立区创新工作领导小组，对申报的24个区级创新项目进行初审，通过听汇报、查看台账和实地检查等方式进行核验，确定入围单位10个，区教育局、区城管局、湖滨街道3个单位特色创新项目获区"创新奖"。

【廉政与作风建设】 2017年5月5日，区纪委、区直机关工委联合出台《关于规范机关纪委工作的若干规定》，就机关纪委的工作职责、工作机制、组织设置、工作关系、领导体系等做出部署，并明确机关纪委开展机关作风与效能建设、机关廉政文化建设和反腐倡廉宣传教育等6个方面的工作要求。加强与派驻纪检组工作协作，建立相应机关纪检工作协调小组，并落实机关纪委定期报告、专题报告等基本制度。建立机关纪检人员通讯录、QQ微信交流群，编发机关纪检专刊，加强业务指导和信息互通。组织机关纪委成员参加专题培训班、以会代训、联合检查、交叉互查、专项督查等活动，提高机关纪检干部政治素质和业务水平。全年机关纪委开展出国出境、婚丧喜庆、亲属经商办企业等事项"廉情预警"谈话326人次，日常提醒850人次。组织"家风家训""倡廉摄影"作品征集、尚廉美文"朗读者"等活动，中纪委网站等新媒体予以报道。

【综合考评体系建设】 2017年，上城区制定并实施区直单位综合考评实施办法，科学设置上城区综合考评体系。组织开展年度综合考评培训，66个区直单位分管领导和工作人员140余人参训，由区考评办及各牵头单位对考核办法进行解读和答疑。调整区考评办、区人力资源和社会保障局、区财政局原有考核职责，将目标考核、综合考评、单项奖考评三合为一，同步推进绩效过程管理。建立上城区工作目标立项制度，完善大党建结果运用，优化目标考核内容；合理赋权，目标考核权重由45%调整为65%。82条市对区考核指标和区委、区政府中心工作纳入区综合考评，实现排名与奖惩挂钩，结果与

【综合考评创新】 2017年，区直机关工委完成首轮《上城区绩效管理规划》编制，分解全区"十三五"规划中4项关键指标及23项重点目标。聚焦教育卫生事业、食品安全、治安管理等10类民生项目，厘清三大绩效问题并制定整改方案和举措。储备"星级家长执照"工程等8个创新创优培育项目。该规划被市考评办作为样本进行推广。推进综合考评工作标准化建设，编制《上城区综合考评工作手册》。手册全面梳理以往综合考评工作做法，内容涵盖社会评价意见建议、目标考核、领导考评、特色创新等，分市对区综合考评流程和区直单位综合考评两大流程阐述。梳理汇总省、市、区三级标准目录149条，建立和完善上城区综合考评工作标准。年末，在区县（市）首推网上发送社会评价邀请短信，包括向市民发送评价短信，并委托第三方开展网上社会评价，征集社会评价意见1.09万条。

【窗口志愿服务】 2017年7~9月，区直机关工委组织全体党员按计划按单位分批到区行政服务中心各服务窗口开展志愿服务，当好便民助民"助跑员"、答疑解惑"咨询员"、民情民意"信息员"、作风效能"监督员"、党员先锋"示范员"。为老年群众、

残疾人等特殊群体提供一对一“助跑”或“代跑”服务。全区44个党组织、1134名党员参与服务，志愿服务时间5000余小时。

【机关群团工作】 2017年，区直机关工委完成区级机关工会、团工委、妇工委改选，选好配齐群团组织班子，营造凝心聚力的工作氛围。区级工会利用工余时间，开展“东河毅行”“会员观影”“十九大精神抄写书法比赛”“十九大精神知识竞赛”“美丽上城手机摄影比赛”等文体活动。协助区直机关工委举办第一届上城区趣味运动会，并在区总工会举办的乒乓球比赛中取得良好成绩。组织工会疗休养，参加疗休养会员150余人。（寿李礼）

2017年5月23日，区委书记陈瑾（右二）参加区信访联络员会议

（区信访局 供稿）

信访工作

【概况】 2017年，上城区完成三级“两会”、中共十九大等重大活动期间的信访维稳任务。全年受理来信、来访、来电13633件次，信访总量比2016年上升17.2%。其中，来信1486件、2136人次，件次和人次分别上升62.1%和2.9%；来访601批、1229人次，批次和人次分别下降24.1%和52%；来电11546件，上升16.4%。所有来电办件的按期反馈率、到期办结率均100%，综合满意率90.6%，重复交办率1.4%，续报率1.0%，效能指数73.1。

【市领导慰问信访干部】 2017年1月19日，市政协主席叶明在市人大常委会副主任项勤、副市长戚哮虎、市政协秘书长陈晨、市信访局局长杨钊，区政协主席占仁义、区委副书记周徐胤等陪同下，到上城区慰问一线信访干部，对上城区信访工作表示肯定。

【区领导接待来访群众】 2017年，区四套班子领导落实包案制度，先后召开各自包案的专题会议，研究案情，会商化解方案。全年接访群众272批次，其中，来访232批次，研究包案31批次，下访9次。对孙某、戴某的信访问题，包案领导区委常委、纪委书记金晓东及副区长叶榕多次召集协调沟通会，最后调解成功。

【全区信访干部培训会】 2017年12月18~20日，区信访局召开全区信访干部信访业务培训会，旨在进一步提升信访干部的业务能力和水平，助推信访工作规范化、专业化。区委副书记周徐胤到会并做动员讲话。培训会邀请市信访局有关负责人进行专业授课。参加培训信访干部85人。

（叶　敏）

党史编研

【概况】 2017年，区委党史研究室继续做好党史编研工作，推动“红色引领在上城”党史党建品牌建设和“文化传承标杆区”建设进一步深入。结合“两学一做”学习教育活动，开展“三联三领”“固定主题党日”活动，推进党史学习、党史编研和党史宣传教育工作。以纪念中国共产党成立96周年为契机，重点开展“红色史料”征编、“红色基因”植入、“红色品牌”展示3项工作，发挥存史、资政、育人作用。

【红色历史资料征编】 2017年，区委党史研究室完成《潮起钱塘——改革开放以来上城区党史专题集》《上城区组织史（第五卷）》等书籍编印和赠阅工作。《潮起钱塘——改革开放以来上城区党史专题集》分上、中、下三册，全书70余万字，记载1978~2012年上城区政治、经济、文化、社会、生态等方面建设取得的成就，印数500套。《上城区组织史（第五卷）》记载上城区2008~2014年党组织机构性质、职能、主要工作情况，以及党政领导干部的任职、离职情况。完成《从“红巷精神”的传承和发扬看党的优良传统文化如何在新时代发挥引领作用》党史资政课题研究，从理论的高度、历史的深度和现实的角度深入挖掘“红巷精神”对于新时代发展的重要意义，明确新时代弘扬“红巷精神”的具体路径。

【党史宣传教育】 2017年9月18日至10月18日，为迎接中共十九大召开，区委党史研究室专题组织“丰碑——中国共产党全国代表大会巡礼”图片展活动，旨在增进党员干部对中国共产党发展历程和历次党代会的了解。展出期间，安排区委党史研究室工作人员负责讲解，先后接待参观团队13批次、282人次。10月14日，与望江街道联合在钱塘江畔组织开展学党史、知党情及“两学一做”学习闯关活动，全区100余名党员组成19支参赛队，参与重温入党誓词、党史问题竞答等，开展党史宣传教育活动。10月17~18日，在小营巷社区组织开展“喜迎十九大，爱心卡寄语”主题活动，社区党员、群众和过往游客热情参与，中央电视台等媒体进行采访报道。

【红色阵地作用发挥】 2017年，上城区为纪念全国爱国卫生运动65周年，设立全国爱国卫生运动纪念馆，通过实物展示、浮雕刻画、多媒体传播等方式，展现自1952年以来爱国卫生运动的发展历程，全国爱国卫生运动纪念馆与毛主席视察小营巷纪念馆、红巷生活馆、小营巷、方谷园、小营健康公园组成“三馆两廊一园”，成为爱国主义教育的重要红色阵地和“小营·江南红巷”国家AAA级红色旅游景区的重要组成部分。5月9日，中共中央政治局委员、国务院副总理刘延东到小营巷考察，给予高度肯定。上城区以“一馆两基地”为轴心，整理、连缀上城区域内红色历史碎片，与区纪委、区风景旅游局等部门联合打造“清风之旅”“红色旅游”体验线路，形成具有上城特色的红色体验区、旅游线和教学点。推进“红色博物馆联盟”建设，强化红色阵地集群优势，辖区内10个社区、10所中小学与杭州市党史馆签订共建红色教育基地协议。建立区、街道、社区有机结合的三级宣讲队伍。依托理论中心组、吴山大讲堂、“草根民师”讲堂等宣传平台，推进区级层面党史专题学术交流和文化传承工作。立足机关、社区、企业，开展区领导宣讲省市党代会报告、模范党员讲党史、老战士讲抗战故事、老教师讲香港回归历史等活动，激发党员群众的家国情怀。全年全区开展各种党史教育活动57场，受教3万余人次。

（章　莉）

2017年8月16日，杭州市委党史研究室主任郎健华（左四）一行参观中共杭州小组纪念馆，区委常委、组织部部长王歆（左三）陪同　（高明明　摄）

上城区人民代表大会及其常务委员会

People's Congress Standing Committee of Shangcheng District

综　述

【概况】 2017年是区十五届人大常委会依法履职的第一年，常委会深入学习贯彻中共十九大精神和习近平新时代中国特色社会主义思想，围绕争做“四个标杆区”，加快建设一流的国际化现代化城区的目标，以反映人民意愿为己任，紧密依靠全体人大代表，依法履行宪法和法律赋予的职责，各方面工作取得新的成绩。全年召开常委会会议8次、主任会议20次，听取和审议“一府两院”专项工作报告30项，就重大事项做出决议、决定13项。开展执法检查、专项视察、专项工作评议18次；注重调整研究，开展人大理论与工作研讨活动，助推全区经济社会发展和民主法治建设。

【区人大机构】 2017年末，上城有各级人大代表247人，其中，区人大代表197人，省、市人大代表分别为10人和40人。区十五届人大常委会有组成人员34人，其中主任1人、副主任6人、委员27人。区人大常委会设法制和内务司法、财政经济、城乡建设环境保护、教育科学文化卫生和民族宗教华侨、代表5个工作委员会，以及1个办公室（研究室）。全区6个街道设立人大街道工作委员会。

【区人大常委会自身建设】 2017年，区人大常委会把思想政治建设摆在首位，自觉提高政治站位。认真学习贯彻中共十九大精神，不断增强“四个意识”。把党的领导贯穿于人大工作的各方面。按照中央和省市委部署，深化“两学一做”学习教育，保持奋发有为的精神状态和求真务实的工作作风。在“三联三领”活动中，常委会班子成员带领机关干部深入结对街道、社区，走访居民群众，推动解决城市管理、社会治理、民生保障等方面问题30余个。坚决执行全面从严治党各项规定，严格执行党风廉政建设责任制。加强人大制度宣传工作，区人大常委会办公室被评为省、市人大信息工作先进单位。办好《上城报》“人大之窗”专版、上城人大网等宣传平台，提高人大工作公开性和透明度。

人大重要会议

【区第十五届人民代表大会第一次会议】 2017年2月7~11日，区第十五届人民代表大会第一次会议举行。会议应到代表197名，实到代表194名。区政府各部门、机关团体负责人和离退休老干部等87人列席会议，18名公民应邀旁听会议。会议听取和审查批准区人大常委会、区政府、区法院、区检察院工作报告，审查和批准区2017年国民经济和社会发展计划、财政预算，审议区政府贯彻执行《关于实施上城区第七个法治宣传教育和依法治区五年规划（2016~2020年）的决议》情况的报告，并通过相关决议。依法选举产生区十五届人大常委会主任、副主任及委员，区政府区长、副区长，区监委主任，区法院院长，区检察院检察长和上城区出席杭州市第十三届人民代表大会代表。大会收到代表10人以上联名提出的议事原案1件，收到代表提出的建议、批评和意见119件。大会主席团决定将章琪代表领衔提出的《关于举全区之力推进“建设一流的国际化现代化城区”战略目标实施的议案》，交由全体代表审议，并做出相应决议。区人大常委会专门机构将其他代表议案建议交由有关机关和组织研究处理，负责答复代表，并报告区人大常委会。

【区十四届人大常委会第三十八次会议】 2017年1月16日，区十四届人大常委会第三十八次会议举行。会议听取并审议区政府关于2016年国民经济和社会发展计划执行情况及2017年国民经济和社会发展计划草案的报告（稿）、关于2016年财政预算执行情况和2017年预算草案的报告（稿）、区人大常委会工作报告（稿）；审议通过区十五届人大一次会议代表资格审查报告、建议议程和日程、列席人员名单、各项建议名单和有关事项；审议区十五届人大法制和内务司法委员会、财政经济委员会组成人员建议人选及表决办法草案；听取并审议区十五届人大一次会议筹备工作情况报告。根据区长金承涛提请，通过有关人事任免事项，区人大常委会主任袁建祥为新任命的干部颁发任命书，并举行宪法宣誓仪式。区人大常委会组成人员22人出席会议。区政府、区法院和区检察院领导，区人大常委会办事机构和工作机构、区政府办公室、区发改经信局、区财政局负责人及区十五届人大一次会议筹备处各组负责人列席会议。区政协领导应邀参加会议。

【区十五届人大常委会会议】 2017年，上城区第十五届人民代表大会常务委员会（简称区十五届人大常委会）共举行7次会议。

2月11日，区十五届人大常委会第一次会议举行。会议根据区长金承涛和区监委主任金晓东提请，以无记名投票方式，通过有关人事任免事项。区人大常委会主任袁建祥为新任命的区监委副主任和委员颁发任命书，并举行宪法宣誓仪式。区人大常委会组成人员34人出席会议。区政府、区监委、区法院、区检察院领导，区人大常委会办事机构和工作机构、区政府办公室负责人列席会议。

3月22日，区十五届人大常委会第二次会议举行。会议传达学习十二届全国人大五次会议精神；听取并审议政府重大投资项目执行情况及2017年新增政府重大投资项目计划草案的报告，表决通过关于批准2017年新增政府重大投资项目计划的决定；审议通过区十五届人大常委会2017年工作要点、区人大常委会办事机构和工作机构工作职责的规定、关于调整区人大常委会各工作委员会组成人员的决定和关于设立区十五届人大常委会代表资格审查委员会的决定。会议根据区长金承涛提请，以无记名投票表决方式，决定任命童玉玲、张军伟为副区长和新一届政府其他组成人员；根据区人大常委会主任会议提请，以无记名投票表决方式，任命区人大常委会城建环保工委主任。区人大常委会主任袁建祥为新任命的干部颁发任命书，并举行宪法宣誓仪式。区人大常委会组成人员31人出席会议。区政府、区法院、区检察院领导，区人大常委会办事机构、工作机构和区政府办公室、区发改经信局负责人列席会议。

5月26日，区十五届人大常委会第三次会议举行。会议听取区政府关于将新增和调整的征收项目纳入2017年上城区国民经济和社会发展计划的报告，表决通过关于同意增加和调整2017年建设项目征收工作任务的决定；听取和审议区政府关于2017年环境质量状况和环境保护目标完成情况的报告。会议根据区长金承涛提请，以无记名投票表决方式，决定任命吾拉木江·阿迪力（中央三部委挂职干部）为副区长；根据区人大常委会主任会议提请，以无记名投票表决方式，通过有关人事任职事项；根据区法院院长叶青和区检察院检察长孙勇提请，以按电子表决器的方式，通过有关法律职务的任免事项。区人大常委会主任袁建祥为新任命的政府和人大干部颁发任命书，并举行宪法宣誓仪式。会议通过选举区十五届人民代表大会代表的决定，将在第82选区选举1名区十五届人大代表。区人大常委会组成人员29人出席会议。区政府、区法院、区检察院领导，区人大常委会办事机构、工作机构和区政府办公室、区发改经信局、上城环保分局负责人列席会议。

7月27日，区十五届人大常委会第四次会议举行。会议听取和审议2017年区国民经济上半年执行情况的报告、2016年度决算（草案）和2017年预算上半年执行情况的报告，以及2016年度预算执行及其他财政支出的审计工作和审计发现问题整改情况的报告，一并审议区发改经信局、区卫计监督所、南星街道3个单位2016年度部门决算的书面报告。会议根据区长金承涛提请，决定任命胡永光（省下派挂职干部）为副区长，并举行宪法宣誓仪式；会议确认选举产生的1名区十五届人大代表资格有效。区人大常委会组成人员33人出席会议。区政府、区法院、区检察院领导，区人大常委会办事机构和工作机构、区政府办公室、区发改经信局、区财政局、区审计局负责人列席会议。

9月22日，区十五届人大常委会第五次会议举行。会议听取并审议区政府关于《杭州市精神卫生条例》的贯彻执行情况报告、区人大常委会执法检查组关于上城区贯彻执行《杭州市精神卫生条例》情况的执法检查报告；听取并审议区政府关于区十五届人大一次会议代表议案和建议办理情况的报告。会议表决通过《区人大常委会关于实施民生实事项目人大代表票决制的暂行规定》。会议根据区检察院提请，通过有关人事任免事项。区人大常委会组成人员28人出席会议。区政府、区法院和区检察院领导，区人大常委会办事机构和工作机构、区政府办公室、区卫计局、团区委负责人列席会议。

11月13日，区十五届人大常委会第六次会议举行。会议听取和审议区政府关于2017年度区本级预算调整方案（草案）的报告，并做出决议，同意调整2017年度区本级预算；会议听取和审议区政府关于2017年为民办实事项目实施情况的报告；会议对区安全监管局进行工作评议和工作满意度民主测评。会议根据区政府、区监委、区法院提请，通过有关人事任免事项，并举行任命书颁发仪式和宪法宣誓仪式。会议表决通过个别市、区人大代表辞去职务的请求，决定补选1名区人大代表。区人大常委会组成人员34人出席会议。区政府、区法院和区检察院领导，区人大常委会办事机构和工作机构、区政府办公室、区财政局负责人，区安全监管局班子成员及安全监管局工作评议小组部分成员列席会议。

12月15日，区十五届人大常委会第七次会议举行。会议通过《关于召开上城区第十五届人民代表大会第二次会议的决定》。会议同意个别区人大代表辞去代表职务，并决定补选1名区人大代表。会议根据主任会议提请，以无记名投票方式，补选徐祖德为杭州市第十三届人民代表大会代表。区人大常委会组成人员31人出席会议。区政府、区法院和区检察院领导，区人大常委会办事机构和工作机构、区政府办公室负责人列席会议。

重大事项决定与任免

【重大事项决定】 2017年，区人大常委会根据区十五届人大常委会一次会议代表议案，做出《关于举全区之力推进“建设一流的国际化现代化城区”战略目标实施的决议》，将区委决策依法转化为全区人民的共同意志，并做出重大事项决定13项，助推打造“四个标杆区”。区人大常委会审议批准区政府将新增和调整的征收项目纳入2017年区国民经济和社会发展计划的报告，增加征收户6000余户，加快征迁改造工作。审议区政府近3年来10个重大投资项目执行情况和2017年新增项目安排，主要审查资金来源与使用、项目可行性等情况，批准将杭州市惠兴中学整体改造纳入新增项目。

【人事任免】 2017年，区人大常委会坚持党管干部与人大依法任免相统一，规范任免程序，为任命干部举行任命书颁发仪式，并组织宪法宣誓，强化新任干部宪法意识、法律意识、人民意识、监督意识。全年依法任免国家机关工作人员55人，任命人民陪审员11人，补选区人大代表4人、市人大代表1人。

监督工作

【财政经济监督】 2017年，区人大常委会听取审议上半年经济运行情况报告，围绕经济发展平台建设不平衡、传统商贸旅游企业后劲不足等问题，探讨发展对策，提出补齐短板，深耕优势，统筹推进“一圈两镇三园”经济平台建设等意见。专题调研国有资产管理保值增值情况，形成调研报告，为区委提供决策参考。视察区县协作、对口帮扶项目建设情况，推进城乡统筹协调发展。审查批准2016

年决算，听取审议2017年上半年预算执行情况和其他财政收支审计工作报告，就审计发现的问题及整改落实情况开展“回头看”，督促政府加强问责，加大整改力度，促进整改长效化。严格审查区发改经信局等3个部门2016年决算情况，跟踪监督区档案局等3个参与式预算部门单位2017年1~9月预算执行情况，建立“将参与式预算部门的专项资金预算调整批复抄送人大备案”工作机制，进一步规范预算执行。加强预算联网监督，开发“预算动态监督系统”，为政府重大投资项目资金监督等提供实时信息与数据支撑。听取全区债务情况汇报，要求处理好发展与负债的关系，细化债务偿还计划，确保政府债务风险始终可控。

【民生实事监督】 2017年，区人大常委会深入开展调研，建言政府加快望江地区学前教育设施建设和规划项目落地。针对优秀师资流失、优质养老资源紧缺现状，推动出台《关于进一步加强教师队伍建设的实施意见》《养老服务业试点改革方案》。跟踪监督食品安全工作，保障人民群众“舌尖上的安全”，上城区通过全省首批食品安全区创建验收。对街道劳动保障站管理、区体育中心建设、区残疾人服务中心运营等工作，提出意见建议。关注原杭州利民食品厂、岳王新村等6个地块征迁工作，支持老城区拓展发展新空间。重视高层建筑消防安全工作，“6·22”蓝色钱江放火案发生后，第一时间对全区消防安全工作开展督查，形成监督意见，推动政府出台消防安全责任问责办法，建立高层消防安全“楼长制”。为推进实事项目落地，开展项目征集筛选过程督查，组织人大代表视察督办，授权各街道工委属地监督，专题听取落实情况报告，促进政府把实事办实办好。组织人大代表走访行政审批服务中心，到办事窗口体验、发现问题，提出优化办事流程、加快网络办件等建议，推动改革跑出“上城速度”“上城效率”，实现“最多跑一次”事项431项。

【生态文明建设监督】 2017年，区人大常委会围绕水气治理工作，对截污纳管、清淤和剿灭劣V类水等工作开展视察，就人大常委会有关审议意见落实情况进行跟踪监督。在人大代表中开展“剿灭劣V类水，巡河护河我行动”主题活动，所有人大代表均安装监督治水手机APP，履行河道监督员职责，其中两名代表被市人大常委会评为监督治水积极分子。各街道工委建立环境状况和环境保护目标完成情况报告制度，专题听取并审议政府环境质量状况和环保目标完成情况、生态文明建设三年行动计划实施情况的报告。聚焦“五气共治”，开展大气污染防治工作执法检查，推动治气工作不断深化。

【司法执法监督】 2017年，区人大常委会加大执法检查力度，对实施《杭州市精神卫生条例》《杭州市生活垃圾分类管理条例》情况开展执法检查，专题听取并审议贯彻执行情况的报告，督促政府多措并举，有效提升精神卫生保障水平，推进全区垃圾“三化四分”工作走在全市前列。加强普法情况监督，对普法项目化推进工作开展视察，为“七五”普法教育和依法治区工作注入动力。以办案质量为重点，就案多人少矛盾突出、个别案件办理时限过长等问题，督促区法院严格落实司法责任制，加快“智慧法院”建设。对社区警务工作、协辅警队伍管理情况开展督查，督促有关部门制定加强警务辅

2017年4月25日，区人大常委会视察组视察上城区小微水体治理工作

（区人大常委会办公室 供稿）

助人员管理工作意见，提升队伍职业能力素养，确保秉公执法。成立信访工作领导小组，修订机关信访工作办法，建立与公检法等部门联系沟通机制，促进信访工作法治化、制度化。专题听取政府行政争议化解工作报告，提出要抓好源头防控、充实专业力量等建议意见。完成8件政府规范性文件备案。

人大代表工作

【代表依法履职保障】 2017年，区人大常委会完善人大代表联络站工作制度，规范人大代表网上联络工作，密切新一届人大代表与选民的联络。围绕剿灭劣V类水、城中村改造、“最多跑一次”改革、民生实事项目征集等主题，组织代表进社区、进网格、进网络，听取民意，了解诉求。全年全区21个人大代表联络站接待选民和群众105批，参加接待的省、市、区人大代表456人次，征集选民和群众意见323条，落实解决262条，解决率81.1%。开展区“代表活动日”活动5次。

【代表议案建议督办】 2017年，区人大常委会专题听取并审议区政府办理《关于举全区之力推进“建设一流的国际化现代化城区”战略目标实施的议案》情况报告，提出要注重统筹兼顾、加强规划衔接、细化目标任务和建设路径等审议意见。对119件区属职权范围内的代表建议，提出要落实重点督办、例会督办等制度，提升解决率，并设立100万元的议案建议办理专项预算资金，为议案建议办理提供资金保障。对“无法解决或留作参考”建议进行全面评估，将合议评估的结果及历年“正在解决”建议的办理情况纳入年终考核范围，强化跟踪督办。启用办理情况征询函，要求每月定期函复办理情况。年内，119件建议按法定程序全部办结。

街道工委工作

【概况】 2017年，区人大常委会各街道工委深化特色项目创建工作，拓展“一街一品牌”内涵与外延。湖滨街道工委推行“晴雨监督法”，实现选民“点将式”约见代表、代表“认领式”解决问题。清波街道工委坚守“一线工作法”，通过代表进联络站、走访群众等形式，激发工作活力。小营街道工委形成“代表+”工作模式，拓宽代表履职领域，全方位、“零距离”联系选民群众。望江街道工委推出“资本公益相亲”项目，吸收代表发挥自身特长和优势，认领民生实事项目。南星街道工委完善“四式监督法”，对街道科室工作、实事工程实施情况等开展项目式督查、通报式监督、跟踪式督办、参与式督政，提高街道工委工作水平。紫阳街道工委发挥代表“公督、公益、公信”作用，坚持开展“周末有约”和“邻里圆桌会”活动，新设“听风会”平台，健全“站·社一体”工作机制，努力化解民生难题。

（瓮文允）

【创新“人大晴雨监督法”】 2017年，人大湖滨街道工委创新“人大晴雨监督法”。通过多点式拓宽选民与代表之间的沟通渠道，依托人大代表（选民）联络服务中心、社区代表联络站、人大履职网、“湖滨晴雨”工作室、“晴雨”议事厅等联络平台线上线下结合，收集社情民意，将收集到的问题整理制成“民情晴雨表”。通过点将式约见代表听取意见建议，解决相关民生问题，搭建有针对性的全天候选民约见代表面对面交流平台。通过认领式由人大代表认领“民情晴雨表”中重难点问题，对照问题制定“个性化”监督方案，促进问题办理落到实处。

（沈　雯）

【人大工委“一线工作法”】 2017年，清波街道人大工委创新“一线工作法”，发动代表深入到选民群众中，引领代表脚步下沉、重视调研走访，充分激发代表活力。代表深入选区，听取选民意见，现场咨询沟通，对民意集中的热点、难点问题，重点督办落实。利用街道人大工作恳谈会、职能部门交流会、走访辖区单位等机会，将代表了解的民意需求及时向职能部门反映，探讨解决办法，在辖区食品安全、“五水共治”、“四治攻坚”、剿灭劣V类水等重点工作中发挥纽带作用。推动中山苑用电一户一表、省军区宿舍电力线“上改下”等历史遗留难题的解决。注重挖掘代表资源，围绕重点工作开展视察活动，发动代表参与“市民观察团”“清风圆桌会”“清波话坊”等活动，为街道经济社会的发展提供“金点子”。10~11月，安排20%的人大代表向选民代表述职，选民对述职代表现场评议，提出意见建议。年内，组织人大代表接待选民8次，参加代表日活动4次、网格流动服务3次、“主任接待代表”活动1次；收集选民民生问题48个，解决44个；区“两会”期间，提交意见和建议16件。

资料

“一线工作法”：即知民情，一线掌握实情，督促问题解决；排民忧，一线协作联动，合力解决难题；聚民智，一线参与实践，提升履职水平；顺民意，一线评议考核，强化尽责意识。

（蒋成杰）

【人大工委“代表+”模式】2017年，小营街道人大工委推出“代表+”工作模式，通过多元化服务方式，拓宽代表履职领域，全方位、“零距离”服务选民群众。人大工委规范履职管理，建立“代表履职登记册”，记录代表参加各种活动、提出议案建议等情况；通过“代表工作簿”，记录代表学习培训、视察调研、接待选民、问题处理等活动内容。健全视察、调研、督办等工作制度，采取协商、询问、评议组合的监督方式，开展专项监督，全年围绕危旧房改善、“五水共治”、“最多跑一次”改革等重点工作组织视察活动13次，提出意见建议50余条。建立街道、选区、网格“三级”联动机制，代表进网格收集到的重大问题经选区汇总后交街道综合协调室进一步研究处理。辖区6个代表联络站深化“一站一特色”活动，围绕中心工作和事关群众切身利益问题开展建言献策。

（王　芹）

【人大代表对望江辖区重大事项实施项目化监督】2017年4月，人大望江街道工委推出“人大代表对望江辖区重大事项实施项目化监督的意见”，梳理出辖区重点工作事项，分为城中村改造、治危拆违民生实事等六大类、10个项目，34名人大代表按自身特长、资源优势分成10个小组，分别挂包不同重点工作事项，实施项目化跟踪监督。6月9日，人大望江街道工委组织20余名代表对望江辖区重大事项实施项目化监督进展情况及“两会”建议落实情况开展座谈，并实地视察望江地区城中村改造现场。

（周廷波）

【人大工委“四式监督法”】2017年，人大南星街道工委探索实行“四式监督法”，组织人大代表对街道重点工作开展监督。抓好项目式督查，以项目化管理方式对街道工作进行监督，年终对项目督查情况反馈给街道办事处。开展通报式监督，为确保督查建议的有效落地，尝试对街道办事处与区政府签订目标管理责任书的主体责任科室开展一体化监督。采取跟踪式督办，对民生重点工程、代表建议办理“一督到底”，组织代表以明察暗访、座谈交流、跟踪问效等方式，监督政府“为民办实事”项目、“乐活南星”重点工程和民生服务共享工作。实行参与式督政，通过由人大代表领衔、居民代表参与的“听政议政督政会”，参与街道办事处重大问题的决策、重点工作的安排、民生实事项目的确定，并全程监督实施。

（徐弋茜）

【紫阳街道人大工委工作】2017年，紫阳街道人大工委发挥人大代表“公督、公益、公信”优势，由人大代表联合党代表、政协委员搭建沟通联系平台，推动政府与群众面对面沟通、心连心协商、手挽手破题，促进基层矛盾化解、社会和谐。开展“周末有约”活动，畅通民意上传通道。每周六确定1名人大代表与街道班子成员一起“开门纳谏”，听取选民群众意见诉求，拓宽代表联系选民渠道，帮助群众解决实际问题。全年开展“周末有约”活动15次，收集意见建议50余条，解决率90%以上。组织人大代表开展“带着主题进社区”活动11次，参加代表94人次，接待选民136人，收集问题69个，解决率95%。

（朱丽群）

2017年上城区人大常委会文件题录

表5

文件号	发文日期	文件标题
上人大〔2017〕第1号	2017-01-17	关于出席杭州市上城区第十五届人民代表大会第一次会议的通知
上人大〔2017〕第2号	2017-01-17	关于列席杭州市上城区第十五届人民代表大会第一次会议的通知
上人大〔2017〕第3号	2017-01-17	关于旁听杭州市上城区第十五届人民代表大会第一次会议的通知
上人大〔2017〕第4号	2017-02-21	上城区选举杭州市第十三届人民代表大会代表选举结果的报告
上人大〔2017〕第5号	2017-03-27	杭州市上城区人民代表大会常务委员会关于调整区人大常委会各工作委员会组成人员的决定
上人大〔2017〕第6号	2017-03-24	杭州市上城区人民代表大会常务委员会关于设立杭州市上城区第十五届人民代表大会常务委员会代表资格审查委员会的决定
上人大〔2017〕第7号	2017-03-24	关于批准2017年新增政府重大投资项目计划的决定
上人大〔2017〕第8号	2017-03-29	杭州市上城区第十五届人民代表大会常务委员会2017年工作要点
上人大〔2017〕第9号	2017-05-27	关于同意增加和调整2017年建设项目征收工作任务的决定
上人大〔2017〕第10号	2017-05-27	杭州市上城区第十五届人民代表大会常务委员会关于选举区十五届人大代表的决定
上人大〔2017〕第11号	2017-07-27	关于批准上城区2016年财政决算的决议
上人大〔2017〕第12号	2017-11-14	关于批准2017年度区本级预算调整方案的决议
上人大〔2017〕第13号	2017-11-14	杭州市上城区人民代表大会常务委员会关于接受陶晓亮同志辞去代表职务请求的决定
上人大〔2017〕第14号	2017-11-14	杭州市上城区人民代表大会常务委员会关于补选出缺的区十五届人大代表的决定
上人大〔2017〕第15号	2017-11-14	杭州市上城区人民代表大会常务委员会关于接受叶茂东同志辞去杭州市第十三届人民代表大会代表职务请求的决议
上人大〔2017〕第16号	2017-12-15	关于补选徐祖德为杭州市第十三届人民代表大会代表的报告
上人大〔2017〕第17号	2017-12-15	杭州市上城区人民代表大会常务委员会关于接受丁来周等同志辞去区十五届人大代表职务请求的决定
上人大〔2017〕第18号	2017-12-15	杭州市上城区人民代表大会常务委员会关于补选出缺的区十五届人大代表的决定
上人大〔2017〕第19号	2017-12-18	杭州市上城区人民代表大会常务委员会关于召开上城区第十五届人民代表大会第二次会议的决定
上人大〔2017〕第20号	2017-12-18	关于出席杭州市上城区第十五届人民代表大会第二次会议的通知
上人大常干〔2017〕第1号	2017-01-16	关于决定任免石荣祥等同志职务的通知
上人大常干〔2017〕第2号	2017-02-13	关于决定免去吴电荣等同志职务的通知
上人大常干〔2017〕第3号	2017-02-13	关于任命吴电荣等同志职务的通知
上人大常干〔2017〕第4号	2017-03-24	关于任免梅建群等同志职务的通知
上人大常干〔2017〕第5号	2017-03-24	关于决定任命童玉玲等同志职务的通知

续表 5

文件号	发文日期	文件标题
上人大常干〔2017〕第 6 号	2017-03-24	关于决定任命杨盛强等同志职务的通知
上人大常干〔2017〕第 7 号	2017-05-27	关于决定任命吾拉木江·阿迪力同志职务的通知
上人大常干〔2017〕第 8 号	2017-05-27	关于任命赵钧同志职务的通知
上人大常干〔2017〕第 9 号	2017-05-27	关于任命黄维等同志人民陪审员职务的通知
上人大常干〔2017〕第 10 号	2017-05-27	关于任免程煜峰等同志法律职务的通知
上人大常干〔2017〕第 11 号	2017-05-27	关于任命丁海英等同志法律职务的通知
上人大常干〔2017〕第 12 号	2017-07-27	关于决定任免胡永光等同志职务的通知
上人大常干〔2017〕第 13 号	2017-07-27	关于决定任免黄涌泉同志职务的通知
上人大常干〔2017〕第 14 号	2017-09-22	关于免去李佳吟同志检察官职务的通知
上人大常干〔2017〕第 15 号	2017-11-14	关于决定任免孔兴桥等同志职务的通知
上人大常干〔2017〕第 16 号	2017-11-14	关于任免戚晓峰等同志职务的通知
上人大常干〔2017〕第 17 号	2017-11-14	关于任命陈清亮等同志法律职务的通知

（瓮文允）

上城区人民政府

People's Government of Shangcheng District

综　述

【概况】 2017 年，上城区政府围绕争做“四个标杆区”、打造一流的国际化现代化城区目标，深入践行新发展理念，全面做好稳增长、调结构、促改革、惠民生、保稳定各项工作，较好地完成区十五届人大一次会议确定的年度目标任务。全年获全国实施妇女儿童发展纲要先进集体、全国首批中小学校责任督学挂牌督导创新县（区）、浙江省“平安金鼎”、“大禹鼎”等省市级以上荣誉 58 项。

【行政效能提升】 2017 年，上城区推进“最多跑一次”改革，“一窗受理、集成服务”政务服务模式全面延伸到街道、社区，承诺实现“最多跑一次”的事项超过 96%，网上申请实现 100%，政务服务更加高效。出台为企服务新政策，完善考核办法，深入开展企业大走访活动，全年走访企业 3000 余个，帮助解决问题 500 余个。推进基层治理“四个平台”建设，重新划分 268 个全科网格，完善区、街道两级综合指挥体系。推进政府督办，全年督查各项任务 542 项。推进政府管理和公共服务标准化建设，行政效能持续提升。

【政府信息公开】 2017 年，区政府各部门加大政府信息公开力度，深化重点领域信息公开工作，创新政府信息公开方式。组建政务公开科，印发《杭州市上城区人民政府工作规则》《区政府及办公室政府信息公开工作处理程序》，通过政府门户网站，利用《上城报》和“上城发布”微博、微信公众号等平台公开各类政府信息。全年公开政府信息 9561 条，受理依申请公开 117 件；区政府及各部门预算公开率 100%。主动接受区人大及其常委会法律监督、工作监督和区政协民主监督，坚持人大代表、政协委员列席区政府常务会议制度。全年承办人大代表议案、建议 113 件，政协委员提案 116 件，办结率、满意率均 100%。

【公务接待】 2017 年，上城区严格接待标准，规范接待办法，以认真务实态度做好接待工作。全年接待来宾 440 批、7418 人次。其中，党和国家领导人 5 批、86 人次，省部级领导 7 批、160 人次。主要领导带队外出考察 9 批、166 人次。

【政务督查】 2017 年，上城区多次开展专项督查，并形成督查专报、通报，督查涉及深化改革、经济发展、产业升级、生态建设、民生实事、政府自身建设等方面，协调促进各项工作开展。

【建议提案办理】 2017 年，上城区人大代表提出建议 120 件，由区政府承办建议 112 件（含重点建议 8 件）；上城区政协委员提出提案 130 件，其中区政府承办提案 116 件（含重点提案 8 件）。建议提案涵盖经济发展、城市建设、交通管理、环境保护、社会法治、科学技术、文化教育、医疗卫生等领域，所有提案均在规定时限内办理，办结率 100%。

【应急管理】 2017 年，上城区调整防汛抗台指挥部成员，完善全区应急处置指挥体系，修订《上城区防御灾害性天气应急预案》，制定《上城区铁路公路旅客滞留事件应急预案》《上城区城市轨道交通运营突发事件应急预案》，确保应急工作有效开展。全年组织防汛抢险应急实战演练140余次，发出四级响应预警13次、三级响应预警5次，有效抵御自然灾害的影响。妥善处置因冰冻、强降雨和强台风“尼伯特”引发的有关问题。

【区长公开电话受理】 2017年，上城区区长公开电话受理市民来电1.16万件，比2016年增长16.5%。来电办件的按时反馈率和办结率均100%，综合满意率91.2%，重复交办率1.4%，续报率1.1%，效能指数73.44。来电受理量前五位的部门（单位）是区市场监管局1970件、区城管局1538件、望江街道1117件、小营街道972件、区住房和城建局992件。受理量前五位的事项是：社区管理2372件、消费服务1155件、消费质量842件、房产管理741件、拆迁规划668件。

（潘建强）

【涉外服务】 2017年，上城区审批因公出国（境）83批273人，其中，自行组团因公出国（境）团组7批42人（其中2批12人为上年度留存），教育系统学校自行组团访学、游学47批176人，其余均属参团人员。为51个单位、171批、278人次外国人来华办理审批事项。

（黄逸真）

2017年上城区十项实事工程及完成情况

表6

序号	实事项目内容	完成情况
1	危房治理工作完成62幢（处）、90477平方米	完成105幢（处）、10.37万平方米危房治理
2	完成馒头山消防站功能提升工程，安装电动自行车智能充电设备91处、智慧式独立感应火灾报警器9300个	馒头山消防站功能提升工程完工并投入使用，全区完成安装电动自行车智能充电设备407处、智慧式独立感应火灾报警器16404个
3	帮扶困难企业退休人员4000人，帮助2380名就业困难人员实现再就业	完成困难企业退休人员5091人帮扶工作，4938名就业困难人员实现再就业
4	完成在水一方社区卫生服务站扩建，交付茅廊巷社区、在水一方社区、徐家埠社区3处居家养老服务照料中心，增设4个老年食堂，实现2个机构养老医疗一体化服务	完成在水一方社区卫生服务站扩建；建成徐家埠社区、茅廊巷社区、在水一方社区3处居家养老服务照料中心；增设近江西园社区、清泰门社区、徐家埠社区、在水一方社区4个老年食堂；完成上城区好地方健康颐养中心、上城区缘外缘颐养中心、暮泰颐养中心3个机构养老医疗一体化服务建设工作
5	开工建设常青村安置房项目，续建平安里危改重建、望江单元橡胶厂安置房2个项目，竣工徐家埠安置房、印铁厂地块安置房2个项目，总建筑面积36.63万平方米；完成望北、望南区块，南瓦子巷15、19号历史建筑与文物保护项目，甘水巷项目，馒头山区域环境整治4个项目、552户居民安置工作	常青村安置房项目开工建设，平安里危改重建、望江单元橡胶厂安置房2个项目续建，徐家埠安置房、印铁厂地块安置房2个项目竣工，总建筑面积36.63万平方米；完成望北、望南区块，南瓦子巷15、19号历史建筑与文物保护项目，甘水巷项目，馒头山区域环境整治4个项目、552户居民安置工作
6	实施惠兴中学改建工程，续建望江单元SC0403-R22-09地块（行知幼儿园）	完成惠兴中学改建工程，望江单元SC0403-R22-09地块（行知幼儿园）投入使用
7	建设公共停车场库9处，其中开工1处、续建4处、竣工4处；建设泊位1500个，其中建成800个	建设公共停车场库9处，其中开工1处、续建完成4处、竣工4处；开工建设泊位1579个，建成808个

续表 6

序号	实事项目内容	完成情况
8	完成改扩绿 3 万平方米，完成截污纳管 29 处	完成改扩绿 5.4 万平方米、截污纳管工程 65 处
9	投入使用 4 个街道食品快检室，完成老旧小区使用 15 年以上 200 台电梯参保	湖滨、小营、望江、南星 4 个街道食品快检室均建成并投入使用，241 台使用 15 年以上小区电梯完成参保
10	建成海潮社区、木场巷社区公共服务站，提升改造美政社区公共服务站、在水一方社区邻里互助中心，打造春江国际化社区，投入使用馒头山邻里服务中心	海潮社区、木场巷社区公共服务站建成，美政社区公共服务站、在水一方社区邻里互助中心完成提升改造，推进春江国际化社区打造工作，馒头山邻里服务中心投入使用

2017 年上城区人民政府重要文件题录

表 7

文　号	日　期	标　　　　题
上政函〔2017〕第 9 号	2017-02-20	杭州市上城区人民政府关于印发《上城区全民健身实施计划（2016~2020 年）》的通知
上政函〔2017〕第 17 号	2017-04-12	杭州市上城区人民政府关于印发《杭州市上城区人民政府工作规则》的通知
上政函〔2017〕第 25 号	2017-05-16	杭州市上城区人民政府关于进一步加强内部审计工作的实施意见
上政函〔2017〕第 38 号	2017-08-08	杭州市上城区人民政府关于印发《进一步深化“简政放权、放管结合、优化服务”推进办事“最多跑一次”改革实施方案》的通知
上政函〔2017〕第 41 号	2017-09-08	杭州市上城区人民政府关于进一步加强教师队伍建设的实施意见
上政函〔2017〕第 49 号	2017-08-11	杭州市上城区人民政府关于印发杭州市上城区土壤污染防治工作方案的通知
上政办函〔2017〕第 7 号	2017-03-21	杭州市上城区人民政府办公室关于印发上城区劣Ⅴ类水剿灭行动（水质提升）总体实施方案的通知
上政办函〔2017〕第 15 号	2017-04-01	杭州市上城区人民政府办公室关于印发杭州市上城区食品药品安全“十三五”规划的通知
上政办函〔2017〕第 19 号	20107-04-14	杭州市上城区人民政府办公室关于印发《杭州市上城区推进综合行政执法工作实施方案》的通知
上政办函〔2017〕第 32 号	2017-06-08	杭州市上城区人民政府办公室关于印发《上城区防御灾害性天气应急预案》的通知
上政办函〔2017〕第 36 号	2017-06-09	杭州市上城区人民政府办公室关于印发杭州市上城区“十三五”教育事业发展规划的通知
上政办发〔2017〕第 17 号	2017-07-19	杭州市上城区人民政府办公室关于印发《上城区旅游国际化行动计划（2017 年~2020 年）》的通知
上政办发〔2017〕第 18 号	2017-07-27	杭州市上城区人民政府办公室关于印发上城区既有多层住宅加装电梯试点实施方案的通知

续表 7

文号	日期	标题
上政办函〔2017〕第 63 号	2017-08-14	杭州市上城区人民政府办公室印发《关于进一步推进楼宇改造提升的若干意见》的通知
上政办函〔2017〕第 64 号	2017-08-15	杭州市上城区人民政府办公室印发上城区关于进一步加强为企服务工作的意见的通知
上政办函〔2017〕第 73 号	2017-09-01	杭州市上城区人民政府办公室关于印发上城区卫生计生事业发展“十三五”规划和上城区中医药事业发展“十三五”规划的通知
上政办函〔2017〕第 99 号	2017-12-29	杭州市上城区人民政府办公室关于印发杭州市上城区深入开展“无欠薪”城区建设工作实施方案的通知

区政府重要会议

【区政府常务会议】 2017 年，上城区政府召开常务会议 11 次。

1 月 6 日，区政府召开十四届第四十三次常务会议。会议研究《2017 年政府工作报告（征求意见稿）》、《2016 年国民经济和社会发展执行情况及 2017 年国民经济和社会发展计划草案》、《2016 年财政预算执行情况和 2017 年财政预算草案》、《加强街道“四个平台”建设完善基层治理体系的实施意见》、《加强税收征管保障工作的意见》、望江路秋涛南路立交项目等两个征收项目的相关情况等事宜。

2 月 4 日，区政府召开十四届第四十四次常务会议。会议分析研究 1 月各项经济指标完成情况、危旧房治理工作情况、2016 年度区政府质量奖评审等事宜。

3 月 16 日，区政府召开十五届第一次常务会议。会议研究安全生产工作、《杭州市上城区人民政府工作规则》、杭州市上城区食品药品安全“十三五”规划及有关领导小组调整、上城区 2017 年建设项目计划、《上城区幼儿园园舍建设实施办法》和《推进教师“区管校聘”工作的实施意见》、《杭州市上城区机关公务用车管理办法》等事宜。

4 月 7 日，区政府召开十五届第二次常务会议。会议研究一季度主要经济考核指标落实情况、《上城区进一步明确集体土地货币化安置的实施意见》、《上城区学前教育第二轮行动计划（2016~2018）》等事宜。

6 月 5 日，区政府召开十五届第三次常务会议。会议研究安全生产工作、杭州市上城区教育事业“十三五”发展规划、望江单元 SC0402-G1-22 地块公园绿地项目等 7 个国有土地上房屋征收决定等事宜。

7 月 6 日，区政府召开十五届第四次常务会议。会议研究上城区消防安全责任问责办法、环保督查有关问题整改措施、上城区养老服务业综合改革实施方案、上城区旅游国际化行动计划（2017~2020 年）、加快推进上城区楼宇改造提升的若干意见、进一步加强为企服务工作的意见、“健康+”养老服务暨建设健康颐养园工作及实施“星级家长执照”工程、公布 2017 年规范性文件清理结果、望江单元 SC0401-R21-12 地块安置房项目（一期）和望江单元 SC0401-R21-13 地块安置房项目两个国有土地上房屋征收决定等事宜。

7 月 19 日，区政府召开十五届第五次常务会议。会议研究上城区 2017 年国民经济计划上半年执行情况、上城区 2016 年财政决算（草案）和 2017 年上半年财政预算执行情况、《2016 年度区财政预算执行和其他财政收支情况的审计结果报告》和《2016 年度上城区审计反映问题整改情况报告》、上城区危险化学品安全综合治理实施方案、完善社会治理、加强消防安全的指导意见等事宜。

8 月 18 日，区政府召开十五届第六次常务会议。会议研究新一轮引进海内外高层次创业创新人才“1211”计划实施意见、杭州地铁 7 号线城站站和江城路站两个国有土地上房屋征收决定等事宜。

10 月 21 日，区政府召开十五届第七次常务会议。会议研究三季度全区主要经济指标完成情况和经济运行态势、关于明确区安全监管局为行政执法机构、望江单元4个地块等事宜。

11月10日，区政府召开十五届第八次常务会议。会议研究2017年度为民办实事工程完成情况及2018年度为民办实事工程项目征集情况、《上城区安全生产综合治理三年行动计划》、2017年杭州南宋文化节总体安排及经费列支等事宜。

12月7日，区政府召开十五届第九次常务会议。会议传达学习《中共中央、国务院关于推进安全生产领域改革发展的意见》、研究《深入开展“无欠薪”城区建设实施方案》、上城区2017年1~10月环境质量状况和年度考核重点任务完成情况、上城区推进政策性融资担保体系建设工作等事宜。

【区长办公会议】 2017年，区政府召开区长办公会议14次。主要议题有：2016年“1211”人才计划评审、近江经联社非住宅房屋货币安置补偿、2017年经济科技暨特色小镇推进大会方案、2017年春节慰问活动经费安排、湖滨银泰项目资产证券化、2016年度文化创意产业专项资金项目、表彰2016年度考核优秀公务员、近江单元B-C2-07地块出让条件设置、调整全区国有土地房屋征收项目货币补偿奖励政策、《上城区安置房源管理办法（征求意见稿）》、杭州湖滨南山商业发展有限公司增加注册资金及融资和湖滨指挥部4个新征收项目融资、杭州湖滨南山商业发展有限公司和杭州玉皇山南建设有限公司融资、进一步加强招商引资工作的指导意见（征求意见稿）、5家企业上市及“新三板”挂牌的政策兑现、加快落实望江地区征收安置房源、上城区“非遗”项目租用国有房产租金减免、《上城区党政机关商务接待管理规定（暂行）（征求意见稿）》、浙江省公安厅周边环境整治二期项目、购买市区普通商品房进行征收外迁安置有关事宜、小营智慧健康产业园商务运营及政策情况、杭州城市大数据运营有限公司政策扶持、海潮路96号房屋收购补偿权益分配方案、望江新城PPP项目、全国文明城市复评迎检、贯彻全省政府理财治税专题研讨班和全省财政局长培训班精神、1~7月经济指标数据和招商工作、全区登革热疫情防控工作、“四个全域化”工作、“四个平台”建设、《上城区高层建筑“楼长制”实施方案》、环保督查工作、进一步加强教师队伍建设实施意见、紫阳单元中纬地块和近江单元14号地块出让、购买市区湾上风华商品房进行征收外迁安置、确定吴山广场地下空间项目概念方案和设计单位及费用事宜、与省交投集团合作、社区工作者队伍建设、2016年3家区直属国有企业经营业绩考核情况、区电子机械功能区一期标准厂房7幢102室、103室、2~6层公开转让、杭州铜雕技艺等3个“非遗”代表性项目租用国有房产租金减免、2017年度区本级预算调整方案（草案）、省公安厅周边环境整治增加投资、驻地部队停止有偿服务工作进展情况及提前终止秋涛北路100号房产联建协议、上城区2018年“拥江发展”重点任务、为企业服务等有关事宜。

（潘建强）

政务服务

【概况】 2017年，区审管办围绕“最多跑一次”改革目标，推进简政放权，深化行政审批制度改革，主动服务上城经济社会发展。全年区行政服务中心进驻单位27个，设置办事窗口97个，有工作人员257人。区行政服务中心实行“双休日开放服务”，服务公民个人事项86项。集中受理事项占事项总数97.2%；梳理“最多跑一次”事项正负“两张清单”445项，实现“最多跑一次”的事项占事项总数96.9%，100%事项通过网上申请。全年办事平台受理各类事项98.22万件，其中区行政服务中心86.39万件、街道11.83万件。区公共资源交易服务中心受理进场交易项目192个，成交额6.75亿元，其中建设工程项目成交额6亿元，政府采购项目成交额5500万元，房产成交额2000万元。

【区公共资源交易服务中心更名】 2017年5月25日，上城区公共资源交易服务中心更名为杭州市公共资源交易中心上城分中心，正式成为市公共资源交易中心的分支机构。上城分中心在统一场所设施标准、服务标准和实现信息共享的前提下，仍保留既有交易场所，实行人、财、物属地管理。此次更

2017 年，上城区行政服务中心调整窗口设置，不动产登记采取全流程办理“一窗受理”。图为窗口业务办理现场　　（区审管办 供稿）

名旨在推进市公共资源交易平台标准化建设，促进公共资源交易阳光操作，加快形成统一开放、竞争有序的现代市场体系。

【区行政服务中心电子机械功能区分中心成立】 2017 年 5 月 4 日，区行政服务中心电子机械功能区分中心成立。区电子机械功能区自 1993 年设立以来，入驻园区企业 482 家。此次在园区设立分中心，是区行政服务中心贯彻“变企业跑为政府跑”的服务理念，通过在企业家门口设立窗口，有效解决服务“最后一公里”的问题。分中心设综合接件、市场监督、人力资源和社会保障 3 个窗口，以园区企业需求为导向，为企业提供咨询、接件受理等多方面服务。

【营业性演出“零上门”服务机制推出】 2017 年 3 月 14 日，区行政服务中心推出营业性演出（许可、备案）等事项“零上门”服务，成为全区首个“五星级”服务事项，通过互联网受理，文化企业不用为申请许可、备案多跑路。全年全区全流程网上办理“最多跑一次”五星级事项 113 项。网上办事“五星级”评价体系由浙江政务服务网制定，其中五星级为最高等级，体现效率最高、办事环节最少，让企业和群众享受到“零上门”服务。

【不动产登记实现“60 分钟领证”】 2017 年，区行政服务中心房屋交易与不动产登记业务板块经过两轮调整，实现国土、房管、地税 3 个部门业务系统全面打通，数据共享模式从“物理整合”走向“化学融合”，群众办理不动产登记由原先的“三套材料”变成“一套材料”，并以不动产信息平台为基础，统一使用“一窗受理”平台，不动产登记全流程办理只需一套资料、一个系统、一窗受理，实现房屋产权登记等业务“60 分钟领证”的目标。

【“零号窗口”设立】 2017 年 8 月 24 日，区审管办创新工作思路，开辟专门咨询导办区，设立现场“零”等待、咨询“零”差错、服务“零”距离的“零号窗口”，承诺让办事群众“排队等候时间不超过 30 分钟”，并在等候区为群众和企业提供咨询、导引和材料预审等服务。该窗口在办件高峰期间可实现窗口业务自动分流，缓解窗口忙闲不均匀状况，使办事群众享受更便捷、优质的服务。至年末，商事登记、人力资源和社会保障等窗口推出的“零号窗口”为办事群众和企业提供服务 5.28 万次。

【“上城行政服务”微信服务号开通】 2017 年 9 月 1 日，区审管办开通“上城行政服务”微信服务号。服务号设置互动交流、政务服务、信息公告三大板块，拥有预审、咨询、评价等功能。市民只需关注“上城行政服务”微信服务号，通过服务指南查询，便可解决办事当中的诸多困扰，实现一“机”在手，办事不愁。至年末，微信服务号公布 30 个业务咨询或投诉电话，实现 20 个部门、457 项事项（含下放到街道或社区的 52 项公民个人事项）的服务指南在线查询及材料预审。

【行政服务“绿色通道”开设运行】 2017 年 5 月 23 日，区行政服务中心各办事模块正式开设并运行行政服务“绿色通道”，凡 70 周岁以上老年人和残疾人、孕妇等特殊人群，无需排队等候，即可享受优先服务。“绿色通道”整合行政服务中心大厅导询、志愿服务、评价反馈等功能，全程为特殊需要人群提供取号、导引咨询、代办等服务。开设“绿色通道”旨在提升行政服务效率，体现注重服务的公平和均等化。

【办事服务指南更新】 2017年，区审管办为更新办事事项服务指南，组织17个职能部门梳理上报“最多跑一次”事项电子版服务指南373项，印制5万余册纸质版最新服务指南，分发至区行政服务中心、街道便民服务中心和社区便民服务“百通岗”窗口，并对服务指南进行线上、线下同步更新，进一步方便群众查询所办事项，提升服务效率和群众满意度。推进服务指南可视化工作，选择常年办件量较大、政策性较强、群众咨询较多的事项，以服务指南为蓝本拍摄短视频，在公共场所滚动播放，帮助群众了解有关政策和办事流程。

【建立房屋拆除施工企业诚信预选名录库】 2017年11月8日，区公共资源交易中心通过公开招投标，规范建立房屋拆除施工企业诚信预选名录库。此次招投标吸引54家企业参与，经过市专家库专家评审，综合评分排名前12位的浙江光大建设集团有限公司等施工企业入围诚信预选名录库。区公共资源交易中心与入围企业签订服务合作协议，规定全区房屋拆除项目从名录库中随机选取施工企业。名录库的建立有利于缩短发包时间，提高房屋拆除工作效率。（余中国）

电子政务

【“互联网+政务服务”创新体系建设】 2017年，上城区深化“互联网+政务服务”创新体系建设，助推“最多跑一次”改革。5月，按照全省统一部署，上城区加快全区一体化的“一窗受理”信息平台建设，该信息平台与上城区权力运行系统联通，并与省级部门相关涉批系统对接，支撑综合窗口受理后的材料自动完成电子扫描、分头发送、网上流转、协同办理，让办事对象不再多头申请和重复提交材料。6月，区电子政务办公室将网上信访、“12345”热线、区长信箱等统一接入全省政务咨询投诉举报平台。9月，根据国务院及省政府关于政府网站集约化建设要求，全面关停区级部门子网站，统一整合至区政府门户网站平台，形成统一服务入口。健全行政权力网上运行监督体系，实现行政处罚事项网上运行、全程公示。12月，区电子政务办公室启动基于统一的数据汇聚共享体系建设，共享体系涵盖社会综合治理、综合执法、市场监管等功能。全年全区公布“最多跑一次”改革事项清单463项，实现“最多跑一次”事项445项，其中权力事项418项、服务事项27项。

【政务网络及信息安全保障体系完善】 2017年，区电子政务办公室加快全区电子政务网络整合，确保电子政务网络按政务服务需求延伸到位，提升网络可靠性和稳定性，实现网络互联互通。建立重要数据资源和信息系统的安全防护体系，落实信息安全等级保护、风险评估等制度，加强信息系统和数据资源容灾备份。12月29日，根据《浙江省人民政府办公厅关于开展部门政务专网整合和加强政务外网安全防护工作的通知》，区电子政务办公室结合上城区实际情况，编制完成《上城区政府政务专网整合及政务外网防护工作方案》。

【上城区电子政务系统改版】 2017年，上城区根据电子政务系统（简称OA系统）使用10余年，已不能满足政务办公需要的实际情况，启动OA系统改版工作。8月，区电子政务办公室通过公开招标，确定新版“上城区电子政务办公系统”的开发公司，并在前期调研、征集需求的基础上，对新OA系统开发工作提出意见要求。12月，新版OA系统基本功能框架搭建完成。

【政务“钉钉”推广应用】 2017年5月，根据省市考核要求及区政府办公室《关于印发上城区政务移动办公系统（“钉钉”）应用推广实施方案的通知》，上城区全面开展政务“钉钉”应用推广工作，通过制定全区应用推广方案，明确各单位工作任务，开展动员和培训会，区级各单位积极响应，及时开展人员录入、账号激活、日常应用等工作，推进全区政务“钉钉”应用推广工作。至12月，区电子政务办公室将新版电子政务办公系统与政务“钉钉”相结合，区级各部门通过手机“钉钉”即可浏览电子政务办公系统内部邮件、会议通知、待办事宜等，办公效率提高。

（郑 磊）

侨 务

【概况】 2017年，区侨办、侨联贯彻落实中央统战工作会议精神，围绕全区中心工作，坚持以构建和谐侨界为目标，以为侨服务为宗旨，贯彻“基础在国内，优势在海外”的工作方针，着力发掘海外资源，搭建联谊交友平台，助推区域经济社会发展。进一步健全网络，加强与侨界联系沟通，落实侨界帮扶工作，维护侨界合法权益。

【为侨服务】 2017年，区侨办、侨联深化联络联谊工作，切实做好侨界公益帮扶和权益维护。组织归侨和侨眷观看电影、参加书画摄影比赛、举办趣味运动会、开展中秋茶叙，加强信息沟通和感情交流。全年联系走访归侨侨眷、侨界人士30余次、重点归侨侨眷家庭7户。对接“最多跑一次”改革，梳理职责权限，对华侨回国定居事项实现网上咨询、1次受理、2级代办。全年接待华侨回国定居咨询件17人次，办结华侨回国定居1件、归侨证1件。配合有关部门妥善解决涉侨房产纠纷、劳资纠纷等重难点问题，受理来信来访来电93件次，办结率100%。

【推进引资合作】 2017年，区侨办、侨联搭建联谊交友平台，发动海内外侨领、侨商参与上城建设，推进交流引资。邀请世界浙商联合总会、美国浙杭同乡会、挪威浙江华人华侨联谊总会、欧洲杭州联谊总会、加拿大浙江同乡会等侨领、侨商20余人到上城考察、交流；组织“常春藤”学者一行18人考察玉皇山南基金小镇。增强侨界人士对上城区位优势、投资环境和基金小镇建设发展情况的了解，拓展引资合作平台的支撑能力。

【侨界创业投资国际高峰论坛】 2017年6月9日，由市归国华侨联合会、区政府联合主办，市海外企业家投资联合会和玉皇山南基金小镇联合承办的“2017侨界创业投资国际高峰论坛”在杭州绿城尊蓝钱江豪华精选酒店举行。省委常委、市委书记赵一德出席论坛，市领导佟桂莉、许明、张建庭、王立华和区领导金承涛、来剑波出席，玉皇山南基金小镇管委会、市区直有关单位、各区县（市）侨联及兄弟协会负责人与海内外专家、侨界创业投资人士等300人参加论坛。论坛围绕“后峰会前亚运”时代杭州城市国际化投资新机遇等展开对话，为投资创业者搭建互动交流与合作发展的平台。

台湾事务

【概况】 2017年，区台办贯彻落实中央和省、市对台工作新要求，全力做好涉台事务，发挥各方面优势，创新工作举措，较好地完成各项工作任务，上城、台湾两地融合更加紧密，基层交流更加深化。借助上城区区位优势和玉皇山南基金小镇品牌影响，吸引有关台资企业入驻玉皇山南基金小镇，注册资本共1000万美元。

【台胞台属工作】 2017年，区台办接待台湾客商23批。完成16名大陆学生到台湾就学工作及大陆学生回杭州访问对接工作，为辖区企业到台湾开展商务活动提供便利。会同市台联会做好台属台胞慰问工作，向台属台胞寄送对台工作刊物500余份。

（王琳莉）

地方志编纂

【概况】 2017年，区地方志办公室以中共十九大精神和习近平新时代中国特色社会主义思想为指引，聚焦志鉴“两全”目标，全力推进二轮志书《上城区志（1993~2015）》和《上城年鉴（2017）》编纂。有序进行依法修志。《上城年鉴（2015）》获2015~2016年度全国年鉴编校质量检查评比一等奖。

2017 年 3 月 1 日，区地方志办公室组织召开《上城年鉴（2017）》编纂工作动员培训会　　（高明明　摄）

【二轮志书编纂】 2017 年，区地方志办公室有序推进二轮志书编纂工作。建立撰稿单位沟通会机制，分批召集撰稿单位进行小范围沟通，提出修改意见和完成修改时间。全年召开沟通会 3 次，指导 11 个撰稿单位修改志稿。在发挥党史资料征编优势的基础上，整理汇编 1993 年以来的政府工作报告、历年党代会报告、大事记等史料，并面向社会征集历史照片和入志人物资料，同步推进口述史资料征集，为编修二轮志书充实资料。修订《上城区地方志编纂细则》，对志稿常见问题进行梳理，指导各责任编辑做好分纂工作。对进入初稿编纂的稿件进行反复修改，严把政治关、史实关、体例关、文字关。至年末，初步完成科学技术、地方人民代表大会、政法、教育、卫生 5 篇及财政管理、市场监督管理、纪律检查、清河坊历史文化特色街区 4 章初稿的编纂工作。

（刘　毅）

【《上城年鉴（2017）》编纂工作动员培训】 2017 年 3 月 1 日，区地方志办公室组织召开《上城年鉴（2017）》编纂工作动员培训会。会议传达学习中央、省、市地方志会议精神，通报《上城年鉴》编纂工作取得的成绩，介绍《上城年鉴（2017）》编纂工作安排，对交稿时间、内容选题、稿件规范等提出具体要求。邀请《杭州年鉴》资深编辑围绕“关于年鉴条目的撰写”做年鉴编纂实务培训。全区 75 个单位的年鉴撰稿人参加会议。

【《上城年鉴（2017）》出版】 2017 年 11 月，《上城年鉴（2017）》由方志出版社出版。该卷年鉴是创刊以来的第 12 卷，依据事物的发展变化，对以往的类目和分目设置进行适当调整。编排采用分类法，由类目、分目、条目 3 个层次构成。全书基本内容分为综合情况、动态信息、辅助资料三大部分。综合情况部分设特载、总述、专记 3 个专栏。动态信息部分设上城区委、上城区人大、上城区政府、上城区政协、上城区纪律检查委员会、民主党派与工商联、法治、军事、综合经济管理、工业、城区建设与管理、环境保护、社会·生活、街道等部类。辅助资料有大事记、统计资料和附录。“人物”类目增设“区委、区人大、区政府、区政协领导简历”分目。全书设类目 33 个、分目 174 个，收入条目 1117 条、随文照片 98 幅、表格 34 张、图片 5 张、附属资料 49 篇，约 64 万字。卷首刊有各级领导在上城调研、上城风貌等照片。

【《上城年鉴（2015）》获全国年鉴编校质量一等奖】 2017 年 3 月 8 日，中国年鉴网公布 2015~2016 年度全国年鉴编校质量检查评比结果，《上城年鉴（2015）》获编校质量一等奖。此前，中国出版协会年鉴工作委员会印发《关于开展 2015~2016 年度年鉴编校质量检查评比活动的通知》，上城区地方志办公室按照参评要求，选取《上城年鉴（2015）》参加编校质量评比，经过自查、复查等环节，该卷年鉴获一等奖。

（许红霞）

政协上城区委员会

Shangcheng District Committee of the CPPCC

综　述

【概况】 2017年，区政协常委会把思想政治建设放在首位，学习贯彻习近平总书记关于政协工作重要论述和省市区委重大决策部署，把握团结和民主两大主题，履行政治协商、民主监督、参政议政职能，做到建言建在需要时、议政议在点子上，为助推一流的国际化现代化城区建设做出积极贡献。

【助推城区创新转型】 2017年，区政协常委会围绕构建高端产业体系、拓展全域发展空间、完善创新创业机制等问题开展调研，组成课题小组，深入南宋皇城小镇、区电子机械功能区、望江新城和有关街道及企业调查研究，提出有针对性的建议。配合市政协做好“拥江发展”城市设计调研，助推上城区全面融入“拥江发展”战略。

【推进文化传承】 2017年，区政协常委会发挥人才汇聚优势，积极探索文史工作服务发展新途径，助力历史文化名城打造。围绕“南宋皇城遗址保护与建设”课题进行协商议政，形成专题报告，为区委决策提供参考。通过提案等形式，促成“南宋文化节”顺利举办。开展南宋文化保护挖掘活动，完成《南宋皇城记忆》系列丛书编撰。

【民生工程监督】 2017年，区政协常委会坚持“发展为了人民、发展依靠人民、发展成果由人民共享”的理念，开展危旧房治理、城中村改造、“无违建区”创建及“五水共治”等工作监督。组织委员深入一线调研督察，查问题、找短板、助落实。深入开展“五水共治”民主监督，参与市区两级政协“助推文明城市与生态文明建设”专项民主监督。开展医养融合工作、民办养老机构建设、区体育中心建设、学校校舍建设等调研视察，助力民生工程加快实施。

【社会治理建言】 2017年，区政协常委会把助力提升社会治理水平作为践行履职为民的重要抓手，开展“最多跑一次”改革、社区建设、平安创建、消防安全、维稳安保等调研视察，提高提案工作和社情民意信息工作质量。全年委员以提案形式提交的意见建议167件，上报社情民意70余条，为深化“法治上城”“平安上城”建设献计出力。

【团结联谊】 2017年，区政协常委会发挥最大爱国统一战线组织的作用，把加强大团结摆在重要位置，密切与社会各界人士特别是非公有制经济人士、新的社会阶层人士等联系沟通，为全区发展广泛凝聚智慧和力量。积极促进多党合作共事，尊重和保障各民主党派、工商联、无党派人士的民主权利，为他们履职建言搭建平台、创造条件，支持他们建净言、献良策。加强与各地政协的联动，接待福建、四川等省市区政协考察团到上城区交流工作。承办全市政协委员工委工作交流会，成立市政协委员上城联络组，组织联络组成员开展活动。

【政协自身建设】 2017年，区政协常委会从严抓好党的建设，切实发挥政协党组作用。根据“两学一做”学习教育常态化、制度化的要求，全面落实“三会一课”、主题党日活动制度，加强机关党员教育管理。持续推进作风建设，落实区委“三联三领”活动、“三重一大”事项集体决策要求，树立“一岗双责”意识，自觉遵守中央八项规定精神。抓好委员学习教育，建立健全委员个人履职全程纪实制度，发挥委员主体作用和界别小组作用。加强政协工作宣传和理论研究，并在省市政协刊物和《上城报》刊发稿件。

【提案办理跟踪】 2017年，区政协五届一次会议期间，政协委员以提案形式提交意见建议165件。根据提案审查的有关规定，立案146件，立案率88.5%。区政协完善提案办理协商办法，建立重点提案督办机制。至年末，全部立案提案办理答复完毕。

政协重要会议及委员活动

【区政协四届二十五次常委会议】 2017年1月4日，区政协四届二十五次常委会议召开。会议通过关于召开区政协五届一次会议的决定；协商决定区五届政协一次会议参加单位、委员名额和委员人选名单；协商和审议区四届政协常委会工作报告（草案）及报告人建议名单、区四届政协提案工作报告（草案）及报告人建议名单；审议通过区政协五届一次会议议程（草案）和日程(草案)；协商通过《关于授权主席会议审议区政协四届二十五次常委会议未尽事宜的决定》；书面审议区政协各专委会五年工作总结。

【区政协五届一次会议】 2017年2月6~10日，中国人民政治协商会议第五届杭州市上城区委员会第一次会议召开。会议审议通过区政协主席占仁义做的区四届政协常委会工作报告和副主席俞朔做的区四届政协提案工作报告。与会人员列席区十五届人大一次会议，听取和讨论政府工作报告及其他报告。各界别委员进行大会发言。会议选举占仁义为政协第五届杭州市上城区委员会主席，袁巧玲、陈少华、马彦、俞朔、周常生为政协第五届杭州市上城区委员会副主席，吴诗兵为秘书长，马骏等32人为常委；审议通过区政协五届一次会议提案审查情况的报告和区政协五届一次会议决议。会议期间，收到委员以提案形式提交的意见建议165件，立案146件；有16名委员做大会口头或书面大会发言。

【区政协五届一次常委会议】 2017年3月7日，区政协五届一次常委会议召开。会议协商审议增补徐俊明为政协第五届杭州市上城区委员会委员；协商审议通过有关干部人事事项，免去薛晓渝的政协杭州市上城区委员会办公室副主任、研究室主任职务；免去严莺的政协杭州市上城区委员会社会法制和港澳台侨委员会主任职务；任命徐俊明为政协杭州市上城区委员会社会法制和港澳台侨委员会主任；协商审议通过专委会设置及各专委会主任、副主任名单，以及区政协2017年工作要点（草案）；协商通报区政协五届一次会议重点提案；通报交流各委员小组、各界别2017年度活动计划。

【区政协五届二次常委会议】 2017年7月14日，区政协五届二次常委会议召开。会议听取区政府通报望江地区征迁扩容增量情况；通报委员暑期读书会方案和区政协上半年主要工作开展情况，下半年主要工作安排；协商审议调整增补区政协委员的决定。

【区政协五届三次常委会议】 2017年10月20日，区政协五届三次常委会议召开。会议听取区政协五届一次会议部分重点提案办理情况；听取区政府办公室通报区政协五届一次会议提案办理情况和区政协提案委员会关于五届一次会议以来提案办理情况的报告。

【政协委员暑期读书会】 2017年8月3~4日，区政协委员暑期读书会举行。区政协主席占仁义主持读书会。区政协副主席袁巧玲、陈少华、马彦、俞朔、周常生出席。区政协全体委员、市政协委员上城联络组成员、各街道委员活动小组成员、各界别小组召集人和联络员等参加读书会。区政府做政情通报。政协委员分4个小组进行建言问政、个人履职心得交流，对“四个标杆区”建设提出意见建议。

2017年度上城区政协收到的重点建议

表8

序号	作　者	题　　目
1	区工商联、区政协工商联界别	关于电子机械功能区对接紫金众创小镇融入城西科创大走廊的建议
2	区政协医卫界别	关于大力推进上城区医养结合的建议
3	区政协文体界别、区政协文史和教文卫体委员会	关于进一步做好上城区非遗传承与合理利用的建议
4	区政协教育界别、区政协文史和教文卫体委员会	关于扩大我区学前教育供给的建议
5	区政协城建和人口资源环境委员会	关于实施全面两孩政策后相关配套措施的建议
6	区政协城建和人口资源环境委员会、民建上城区基层委员会	关于上城区旧城（城中村）改造的相关建议
7	民革上城区基层委员会、区政协民族宗教界别	关于构建富有上城特色的创业创新生态系统激发社会创造活力的建议
8	民盟上城区基层委员会、区政协社会福利和保障界别	关于改进区行政服务中心工作的建议
9	民建上城区基层委员会	关于思鑫坊文化的挖掘保护及发展定位的建议
10	民建上城区基层委员会	关于进一步完善上城区国资监管体制的建议
11	民进上城区基层委员会	关于“G20”后峰会时代推进上城文化旅游品牌发展的建议
12	民进上城区基层委员会、区政协社会法制和港澳台侨委员会	关于加强“律师进社区”工作的建议
13	农工党上城区基层委员会、九三学社上城区基层委员会	关于加强公共卫生服务建设、提升健康品质打造国际化健康上城的建议
14	致公党上城区基层委员会	关于提升居民法治意识的建议
15	九三学社上城区基层委员会	关于营改增对我区经济发展影响及对策的建议
16	九三学社上城区基层委员会、区政协无党派人士界别	关于“G20”后峰会时代我区产业新布局的建议

2017年上城区政协重要文件题录

表9

文件号	文件日期	标　　题
上政协〔2017〕1号	2017-01-05	政协杭州市上城区委员会关于召开五届一次会议的决定
上政协〔2017〕2号	2017-02-10	关于政协第五届杭州市上城区委员会第一次会议选举结果的报告
上政协〔2017〕3号	2017-03-08	关于区政协主席、副主席分工的通知
上政协〔2017〕4号	2017-03-27	关于免去严莺同志职务的决定
上政协〔2017〕5号	2017-03-27	关于免去薛晓渝同志职务的决定
上政协〔2017〕6号	2017-03-27	关于任命徐俊明同志职务的决定
上政协〔2017〕7号	2017-03-27	上城区政协2017年工作要点
上政协〔2017〕8号	2017-07-06	关于成立上城区市政协委员联络组的通知
上政协〔2017〕9号	2017-07-18	关于同意刘宏等同志辞去政协第五届杭州市上城区委员会常务委员、委员职务请求的决定
上政协〔2017〕10号	2017-07-18	关于同意陈宏萍同志辞去政协第五届杭州市上城区委员会委员职务请求的决定
上政协〔2017〕11号	2017-07-18	政协第五届杭州市上城区委员会常务委员会关于增补委员的决定

（宋　燕）

纪检监察

Disciplinary Inspection & Supervision

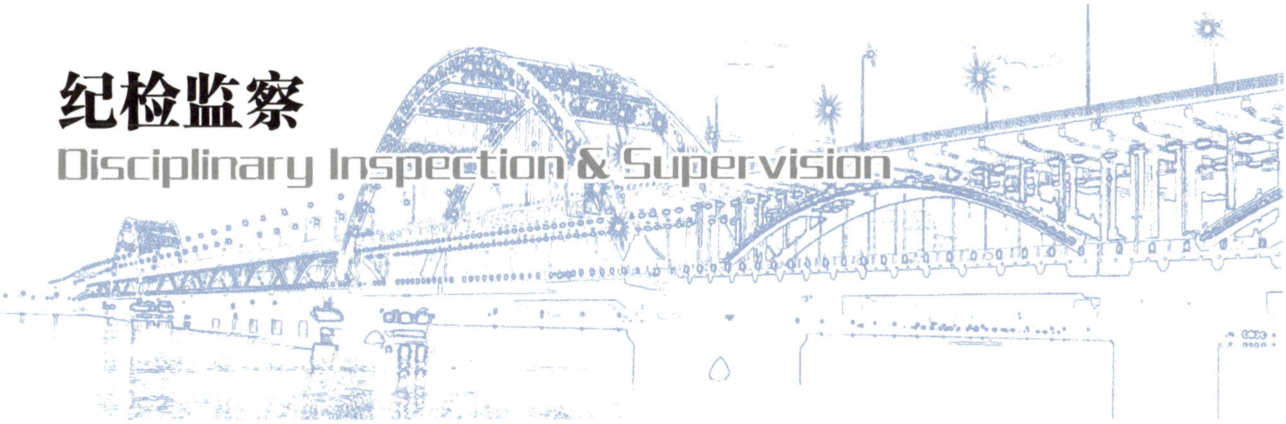

监察体制改革

【区监察委员会挂牌】 2017年，上城区按照监察体制改革时间表和路线图，着力推进改革试点工作。2月13日，区监察委员会（简称区监委）组建挂牌。转隶组建后，区纪委将15名转隶人员与原纪委人员混编安排，促进人员融合、优势互补，重点加强案件监督管理、审查调查和案件审理等监督执纪一线力量。纪检监察室由原来的2个增加到3个，人员由原来的6人增加到17人。至年末，区纪委、区监委设立内设机构10个，监督执纪部门的机构数、编制数占总数的70%和77.8%，组织架构进一步优化。

【法律法规培训】 2017年，区纪委、区监委对纪委人员加强法律法规培训，对区检察院转隶人员加强党章、党规和党纪培训，补齐短板、发挥优势，推动思想理念、方式方法、好传统好作风的相互融合。区纪委、区监委班子成员“一对一”“面对面”与转隶人员谈心谈话，做细做实思想工作。坚持把解决思想问题和解决实际问题结合起来，明确改革过渡期内转隶人员原职务、工资和福利待遇，把组织纪律和组织关爱统一起来，引导职工尽快进入角色。

【监察职能履行】 2017年，区纪委聚焦中央确定的改革目标任务，不等不靠，主动作为，以反腐败工作的实际成效彰显改革成果。全国首例留置案件启动后，区纪委、区监委积极探索，先行先试，对照“精品案件”标准，提出“首战必胜、细之又细”的工作要求，在操作流程和监察文书没有先例可参考的情况下，边摸索边办案，在一个月内完成调查工作，顺利移送审查起诉。《人民日报》、新华社、中央纪委网站、《中国纪检监察报》、《浙江日报》等中央、省级媒体专门进行报道。区纪委坚持以案带动，通过留置与非留置、单一留置与多对象留置、分级管辖与属地管辖等办案模式，推动机构人员融合和工作流程磨合。全年开具各类监察文书463份，区监委立案8件，留置3人，移送司法机关6人，实现“1+1>2”的改革目标。

【派驻机构改革】 2017年5月9日，区纪委印发《关于进一步规范化管理上城区纪委派驻机构工作

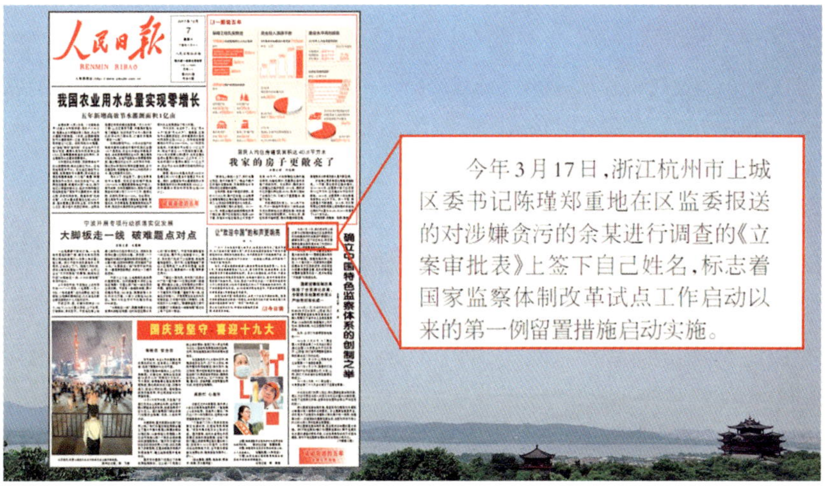

2017年10月7日，《人民日报》头版报道上城区作为国家监察体制改革试点单位，第一例留置措施启动实施　　　（区纪委、区监委 供稿）

的通知》。根据“归口分类、优势互补、便于协作”原则，将10个派驻机构、6个街道纪工委划分成3个协作片组，通过月度例会、交叉互检、综合执纪、片组联动等方式，做到问题无缝衔接、线索专业处置、调查快速高效。

“两个责任”压实

【概况】 2017年，区纪委、区监委认真执行“三书两报告”制度，压实“两个责任”（党委主体责任和纪委监督责任）。3月7日，区委主要领导专题听取区委、区政府班子成员履行党风廉政建设“一岗双责”情况报告，坚持责任倒逼，有责必尽、失责必问。印发《2017年上城区作风建设工作要点及重点工作责任分解》，将工作任务分解落实到各牵头部门、责任单位，确保权界清晰、分工合理、权责一致，实现牵头部门从虚到实，压力传导从松到紧的转变。

【党风廉政考核】 2017年5月23日，区纪委、区监委印发《2017年上城区党风廉政建设和反腐败工作的组织领导和责任分工》，修订党风廉政建设责任制检查考核标准，专门成立4个检查组，对所有区直单位2016年度落实党风廉政建设责任制情况逐一检查考核，并延伸检查部分二级单位，下发意见书55份、建议书19份。

【主体责任落实】 2017年，区纪委、区监委分类分批召开主体责任报告会，将全区55个单位分成末扣分党群组、末扣分政府组、扣分较少组、末十位组、街道组5个类别，分批听取各单位情况汇报。对排名末三位的单位，集体约谈全体班子成员，逐一进行点评。把检查主体责任落实情况做为巡察和监督执纪的重点，巡察工作结束后，向区委、区政府分管领导发放《巡察反馈意见督导整改建议书》；向被巡察单位反馈结果时，邀请区委、区政府分管领导参加。

正风肃纪

【监管督查】 2017年，区纪委深入开展“最多跑一次”改革督查，组织召开专题研究会10次，开展监督检查24次，检查单位46个，发现问题23个，发送专项督查通报3次，点名通报23个单位，各项改革指标按时完成。围绕城中村改造、危旧房治理等“四个全域化”工作，开展专项督查14次，梳理问题7个，提出意见建议7条。对征收中个别党员不配合的情况，发放协助函3件，均推动达成协议。6月，组织纪检干部专项督查安置房管理，推动出台《上城区安置房源管理办法》，配合区住房和城建局、区国土分局、相关指挥部等部门，抽查上交房源情况。

【作风建设】 2017年4月19日，区纪委印发《2017年上城区作风建设重点工作责任分工》，组织区政府办公室、区财政局、区审计局、区人力资源和社会保障局、区总工会等部门，研究制定贯彻中央八项规定精神相关制度，对需要把握的六大问题做出说明，强化落实中央八项规定精神“回头看”工作，防止“四风”反弹回潮。开展正风肃纪专项行动，检查单位1861个次，问责处理42人，对典型问题通报曝光30人次。

【联合监督】 2017年，区纪委会同区委组织部、区人力资源和社会保障局、区公安分局建立沟通联动监督机制，抽查7个单位工作人员因私出国（境）情况。会同区国税局、区财政局，通过税务平台，抽查重点单位发票开具、公务接待等情况，对涉及公款购买烟酒等问题一查到底。

【换届风气检查】 2017年，区纪委、区监委开展换届风气专项监督检查，严肃处理违反换届纪律问题。建立区、街道、社区三级候选人资格核查核实机制，先后对54个社区、2个经济合作社换届中的

2017 年 9 月 27 日，区纪委举办上城区第二届“清风讲坛”暨教育系统敬廉崇洁主题教育活动（区纪委、区监委 供稿）

1555 名候选人（自荐人）开展资格审查，有 6 人因不符合资格条件被劝退，把好基层干部入口关。全区顺利完成社区组织换届，城区基层党建基础进一步夯实。

【举办“清风讲坛”】 2017 年 9 月 27 日，上城区第二届“清风讲坛”暨教育系统敬廉崇洁主题教育活动在北京师范大学附属杭州中学举行。活动旨在推动廉政文化深入校园，努力营造崇廉向善的教育环境。市、区相关单位负责人，区部分“两代表一委员”、社区干部代表，全区教育系统基层单位行政领导，直属部门、中小学、幼儿园教师代表和家长代表 700 余人参加。与会教师在学校一楼大厅“我从教、我承诺”承诺墙上签名，牢记“遵守法规、静心教书、潜心育人、敬业成人、精业成才，做有理想信念、有道德情操、有扎实学识、有仁爱之心的好老师”的誓言。从承诺墙到二楼报告大厅，布置“学高为师、身正为范”“漫说师德师风”“传承家训、廉洁家风”等 10 余面宣传墙、100 余块展示牌，对全区教育系统党风廉政建设的成果进行系统展示。市纪委、区纪委为区廉洁文化进校园示范点进行授牌，北京师范大学附属杭州中学、杭州市建兰中学、区青少年活动中心等 10 个单位成为第一批区“廉洁文化进校园”示范点。示范点学校代表进行廉政文化课程介绍、典型事例现场展演。校长代表、教师代表、家长代表、区党代表等进行圆桌论坛。

执纪审查

【“四种形态”运用】 2017 年 4 月 13 日，区纪委出台《关于落实监督执纪“四种形态”的指导意见》，明确监督执纪“四种形态”的运用主体、适用情形、运用流程、责任分工及工作要求，细化每一种形态的具体适用情形及对应的 49 种组织措施处理、党纪政纪处分类型，规范“四种形态”实践运用过程中线索处置、请示报告、人员处理等环节，并实行“一人一档”全程留痕备查。区纪委组织专题培训，对指导意见进行解读阐释，就把握层级关系、完善运用机制、落实工作责任等提出具体要求，推动“四种形态”在全区的实践运用。全年运用“四种形态”处理 130 人次，比 2016 年增长 22.6%。其中，第一种形态 86 人次，占 66%；第二种形态 26 人次，占 20%；第三种形态 7 人次，占 5%；第四种形态 11 人次，占 9%。

资料

“四种形态”：指党内关系要正常化，批评和自我批评要经常开展，让“咬耳扯袖、红脸出汗”成为常态；党纪轻处分和组织处理要成为大多数；对严重违纪的重处分、做出重大职务调整应当是少数；严重违纪涉嫌违法立案审查的只能是极少数。

【腐败惩治】 2017 年，区纪委保持高压态势，做到惩治腐败力度决不减弱、“零容忍”态度决不改变，坚决减少存量，重点遏制增量。全年全区各级纪检监察组织受理信访举报 122 件，处置问题线索 108 件，立案 40 件，比 2016 年增长 33.3%；处分 36 人，增长 28.6%。其中，区纪委、区监委本级自办案件 19 件，是 2016 年自办案件数量的 6.3 倍。重点查办区房管局原局长骆某某、办公室原主任潘某某、房政管理科原科长吴某某等违纪违法案件。通过办案，为国家、集体挽回经济损失 6000 余万元。

【巡察工作】 2017年，区委巡察工作领导小组贯彻落实新修订的巡视工作条例，组建完善“一办两组”巡察机构，制订新一届区委巡察工作计划，细化巡察工作7个环节流程图，列明“12+N”种巡察方法，进一步规范巡查工作程序。突出政治巡察，落实区委常委会定期研究、区委“五人小组”听取巡察反馈意见整改情况汇报的工作机制。全年完成5轮12个单位的巡察，延伸巡察18个二级单位，发现问题298个，提出意见建议58条，挽回经济损失519.6万元，运用“四种形态”处理56人次，建立完善制度61项。对巡察发现的配置值班备勤专用手机等突出问题，由分管副区长牵头组织开展专项整治，推动职能部门出台制度规范，体现巡察的标本兼治作用。

【新任领导干部廉政教育】 2017年，上城区加强新任领导干部廉政教育。以考促廉，不断完善区管干部任前党纪党规考试制度，突出学习《中国共产党章程》《中国共产党廉洁自律准则》《中国共产党纪律处分条例》等内容，全年对44名拟提拔干部进行任前测试；发放《党员干部违纪典型案例警示录》，组织观看警示教育片，推送爱廉助廉信息，增强拟提拔干部勤政廉政意识；采取“一对一”、分批次、集体谈等形式，落实干部任前谈话工作，打好廉洁自律“预防针”。

【教育培训】 2017年，区纪委统筹管理区委机关、巡察机构、派驻机构、街道纪工委4支队伍，印发年度教育培训计划，干部轮岗交流8人次，挂职锻炼20余人次，组织开展跨部门协作60余人次；举办上城纪检监察干部大讲坛5期，参加培训400余人次，进一步提升干部能力素质。树立正确用人选人导向，选拔区管干部4人，提拔科级干部2人。

纪检监察队伍建设

【概况】 2017年，区纪委深入开展“两学一做”学习教育，学习贯彻中共十九大精神，强化纪检监察干部“四个意识”。加强机关党建工作，完成机关党总支换届，严格执行“三会一课”等组织生活制度，扎实开展“三联三领”活动，进一步发挥党支部战斗堡垒作用。机关4个党支部分别与长明寺巷社区12个党支部结对共建，每月安排2~3名党员参加结对党支部的主题党日活动，通过党课联上、活动联办、工作联抓等形式，促进党建工作双提升。组织干部到“五四宪法”历史资料陈列馆、中国共产党杭州历史馆、浙江省军区军史陈列馆、笕桥机场参观学习，感悟红色文化，强化法治意识。

2017年7月18日，上城区委巡察组巡察清波街道党工委工作动员会召开
（区纪委、区监委 供稿）

【自身监督管理】 2017年，区纪委认真执行《中国共产党纪律检查机关监督执纪工作规则》，严格线索处置、审查审理、涉案款物管理等工作流程。7月27日，制定机关各科室、派驻机构及街道纪工委年度工作考核办法，将纪检监察干部的自身监督管理落在日常、形成规范。10月9日，制订《上城区纪委、区监委工作人员请销假制度》，进一步规范请销假、离杭外出报告等制度，敦促组织意识、纪律意识的养成，坚决防止“灯下黑”。

（裴晓峰）

民主党派与工商联

Democratic Parties

& Association of Industry Commerce

民主党派综述

【概况】 2017年，上城区有7个民主党派基层委员会，46个基层支部，成员854人，其中新发展30人。各民主党派认真贯彻中央、省、市统战工作会议精神，围绕区委、区政府中心工作，积极建言献策、参政议政。全年各民主党派、无党派人士提出建议和提案100余件，上报社情民意200余篇，完成调研文章34篇。各民主党派基层委员会组织开展“不忘合作初心，继续携手前进”主题教育活动，凝心聚力，同建一流名城。结合“三联三领”活动，组织成员参加扶贫援建、清洁家园等社会服务活动。全年获民主党派省委会、市委会表彰的先进集体、星级支部25个。

【思想政治建设】 2017年，各民主党派以学习贯彻中共十九大精神为主线，举办读书班，采取个人自学、以会代训等方式，组织会员深入学习习近平新时代中国特色社会主义思想，牢固树立“四个意识”，不断增强“四个自信”和“三个认同”，进一步巩固多党合作的思想政治基础。全年组织民主党派人士培训6次，培训党外人士500余人次。

民革上城区基层委员会

【概况】 2017年，民革上城区基层委员会设支部3个，有党员61人，其中新发展3人。基层委员会加强组织建设，培养和发展一批高素质、有代表性、有影响力的民革党员。民革上城三支部新党员沈怡在纪念中国国民党革命委员会成立70周年知识竞赛中，先后代表上城区基层委员会、杭州市委会、浙江省委会参赛，获全国优胜奖和最佳风采奖。10月31日，民革上城区基层委员会在市民革“党员之家”开展“紧跟新时代步伐、不忘初心、继续前进”的学习中共十九大精神主题活动。贯彻中央对台工作精神，鼓励民革党员“走出去”，与台湾同乡会、商会等民间组织开展交流活动。

【建言献策】 2017年2月，民革上城基层委员会10名党员作为人大代表和政协委员参加上城区“两会”，在经济、文化、社会、生态建设等方面提出建议提案12件。加强社情民意信息工作，向民革市委会等报送社情民意信息19篇，被民革市委会录用。发挥民主监督职能，与对口单位区卫计局就医养结合工作进行座谈交流，结合调研情况，提出意见建议。

【创新社会服务形式】 2017年，民革上城区基层委员会创新社会服务形式，制订专项方案，建设民革“党员之家”，打造“同心·博爱”品牌。组织民革党员到湖滨街道东平巷社区调研垃圾分类工作，提出完善智能垃圾分类、加强宣传推广应用等建议。12月，组织党员到青年路社区开展法律宣传、医疗义诊等志愿服务。

民盟上城区基层委员会

【概况】 2017年，民盟上城区基层委员会有支部12个、盟员234人，其中新发展10人。组织全体盟员学习中共十九大精神，参加纪念杭州民盟成立70周年系列活动。上城区“盟员之家”经验做法在全国“盟员之家”工作交流会上介绍。民盟上城区基层委员会被民盟市委会评为先进单位，上城科技支部被民盟省委会评为十佳特色支部。上城科技支部、上城一支部、服装职高支部等被民盟市委会评为五星级支部，清河中学、惠兴中学、江城中学、建兰中学等支部被评为四星级支部，上城二支部、杭六中、杭十中、开元中学等支部被评为三星级支部，7人被民盟市委会评为优秀盟员。牟晓军被评为浙江省养老服务行业领军人物，杨士成获年度十大风云杭商创新奖，王毅军获市级助力剿灭劣V类水行动先进个人荣誉，陈航获市招商引资成绩突出嘉奖。

【专题调研】 2017年，民盟上城区基层委员会组织盟员围绕区委、区政府中心工作及社会热点、难点问题开展专题调研，形成有质量的提案与建议。《关于新农村建设工程中质量和投资控制的建议》《关于深化政府向社会购买服务的调研思考》《上城区社区队伍现状调研》3个调研课题获市级立项。全年上报反映社情民意信息80余篇，其中《关于降低金融风险，促进绿色金融发展的若干建议》《关于强化公路入城口公安检查站使用的建议》《建议关注虐童乱象背后的幼师心理健康问题》等6篇社情被区领导批示或有关部门采用。

【结对服务】 2017年，民盟上城区基层委员会组织、参与各项社会服务活动。结合全区“三联三领”活动，开展“暖心行动”，发动盟员与清波街道独居老人结对。深化与桐庐县的支教效果，邀请桐庐新合小学全体教师到杭州参观学习，开展教育交流活动。助力桐庐新合乡小城镇综合整治、富阳新登镇新农村建设，全年3次组织盟员到当地具体指导环境整治和乡村振兴工作。

民建上城区基层委员会

【概况】 2017年，民建上城基层委员会有6个支部及民建会员企业家联谊会上城分会、民建上城妇女工作委员会、民建上城青年工作委员会3个民间组织，有会员169人，其中新发展7人。会员中有市人大代表1人、区人大代表4人，区政协委员19人。推进基层支部换届，制订《民建上城区基层委员会基层组织换届方案》，完成第五支部、第六支部（原夕阳红支部）换届及人员调整。各支部开展会史和统战知识竞赛、读书笔会、主题聚会、企业家沙龙、参观考察等活动。组织企业家联谊会会员到江西省井冈山市、余江县等地开展革命传统教育及捐资助学活动。完成区行政审批服务中心、区文化馆、清波街道清河坊社区3个“民建之家”建设。会员周红领衔的班主任工作室获“杭州市首批中小学班主任工作室（2015~2017）”称号。

【调查研究】 2017年，民建上城基层委员会3名会员在区第五届政协第一次大会上发言。会员张艺群《关于以“南宋皇城小镇”品牌建设为抓手，打响“南宋文化”品牌国际化的建议》被列为区政协五届一次大会第一号重点提案。围绕城中村改造、“最多跑一次”改革，成立两个课题小组进行调研，召开座谈会9次，走访相关单位6个，提交各类调研报告11篇。民建会员企业家联谊会上城分会配合市委会，加强对城中村改造和小城镇环境综合整治民主监督。开展专项议政，针对城中村改造带来的企业员工流失等问题，提出解决思路和办法。在柳翠井巷、候潮门、清河坊3个社区设立社情民意采集点。“壹群公益”社会组织做好社情民意信息采集工作。全年收集群众反映比较集中的各类诉求162件，撰写社情民意77篇。

【服务社会】 2017年，民建上城基层委员会巩固以“橙暖冬日”为代表的主题社会服务活动，会同各基层支部组织开展向环卫工人捐赠衣物、慰问办事窗口工作人员和建设工地职工、进单位送演出等活动13场，捐赠实物折价9万余元。4月23日，18

名会员到江西革命老区余江县扶贫帮困，为20名特困学生捐款4万元。7月28日，胡成敏、葛佳轩随市民建艺术院到临安龙岗镇新溪新村为农民演出。7月31日至8月20日，由上城民建基层委员会协办的“铁血雄风——纪念中国人民解放军建立90周年军服史料展”在吴山古玩城举行。8月18日，胡成敏为100余名省、市民建会员做题为“古玩艺术品的收藏与投资”的讲座。12月，民建上城基层委员会6个支部为贵州省西部贫困地区捐款10.9万元。

民进上城区基层委员会

【概况】 2017年，民进上城区基层委员会设支部10个，有会员201人，其中新发展3人。会员中有省人大代表1人、省市政协委员3人、区人大代表10人、区政协委员9人。民进上城区基层委员会深入学习习近平新时代中国特色社会主义思想，认真贯彻民进十二大精神，牢固树立“四个意识”，不断增强“四个自信”和“三个认同”，进一步巩固团结奋斗的共同思想政治基础。杭十中支部被民进市委会评为市级先进支部。王莺被评为“同心服务基地”工作省级优秀会员。徐敏、葛孜、袁小航被民进市委会评为市级先进会员。

【参政议政】 2017年，民进上城区基层委员会举办支部信息员交流会，充分发挥区人大和区政协中民进会员的作用。《关于加快上城国际化街区建设的建议》被选为区政协五届二次会议民进基层委员会大会发言材料。全年采集上报社情民意信息25篇，《关于在杭州白塔公园建“中山纪念林”的建议》《关于“以纪念钱塘江大桥建成通车80周年为契机，推动钱塘江两岸综合保护与利用”》的建议获省委常委、市委书记赵一德批示。《将五四宪法历史资料陈列馆公布成为杭州市中小学法制教育实践基地的建议》获副市长陈红英批示。《基层反映警惕医改中的数字化考核倾向给医改带来消极作用亟待引起高度重视》的调研报告被中国民主促进会中央委员会采用，《关于强化农产品质量和食品安全监管的思考》等4篇文章被《联谊报》刊登。民进上城区基层委员会被民进市委会评为全市参政议政工作先进集体，葛孜被评为全市参政议政工作先进个人。

【爱心帮扶】 2017年，民进上城区基层委员会围绕服务上城区、服务本单位，深化“我为单位出份力”活动。积极参与“三联三领”、结对帮扶等工作，杭州利星名品广场管委会为上城区五保户家庭赠送空调、冷风扇等家用电器，为贵州扶贫援建项目捐助20万元。江城中学支部、建兰中学支部联合社会组织浙江观心公益成长支持中心，为辖区青少年及家长提供心理健康咨询服务。杭十中与丽水中学、天长小学与桐庐畲族莪乡小学继续开展结对帮扶。陈敏捐助物资，助力打造“湖滨利星孝亲园”，为社区老人献上爱心。

农工党上城区基层委员会

【概况】 2017年，农工党上城区基层委员会有支部4个、党员87人，其中新发展3人。基层委员会获评2016~2017年度杭州市先进集体，一支部获评省级先进基层单位和市级先进集体，二支部、三支部、口腔医院支部获评市级先进集体，一支部、三支部、口腔医院支部被复评为市级四星级支部，二支部被复评为三星级支部。韦云、宋燕、傅昌平、杜樱、郑丽芳为市农工党优秀党务工作者；王红华、吴桂萍、宋炜、傅丽红被评为市农工党优秀党员。宋红朋被评为市农工党社会服务工作先进个人，傅丽红被评为市农工党优秀教育工作者。

【课题调研】 2017年，农工党上城区基层委员会组织党员参与区一流的国际化现代化城区建设、深化“五水共治”、“最多跑一次”改革、食品安全等工作。全年撰写调研报告及建议12篇，谢晓燕在市政协大会上做题为《聚焦会议目的地建设+加快城市国际化进程》的发言，赖晓刚撰写的《关于加强公共卫生服务建设，提升健康品质》的提案成为区“两会”大会发言材料，周金映撰写的《关于简化、优化个人提供劳务代开发票程序的建议》被农工党省委会相关刊物录用。吴桂萍撰写的《关于建立我区大件垃圾处理体系、积极推进垃圾处理资源化的建议》被列为区五届一次会议重点提案。杜缨撰写的《关于非遗文化进校园的建议》《关于因绿化带缺损造成安全隐患的建议》，宋红朋撰写的《关于加强莫邪塘风情街区沿街商铺餐饮业无证经营及食品安全检查监督的建议》、袁相红撰写的《关于全面推进二孩生育政策实施的若干建议》、吴桂平撰写的《关于中山南路鼓楼南段南宋皇城遗址开发的建议》《关于切实提高上城教师体检服务保障的建议》《关于加强政协激励机制、全面提升我区政协委员履职水平的建议》均被立案，并得到相关部门采纳。赖晓刚撰写的《聚焦“四个一流”，对南宋皇城小镇建设的几点建议》在全区统战工作会议上交流。

【爱心服务】 2017 年，农工党上城区基层委员会深化“爱心服务，回报社会”。杜缨为常山县天马第一小学送教下乡。宋红朋组织 4 名在杭州创业的兰溪人士联手“爱在兰溪”助学中心，组织开展“爱回兰溪”爱心公益活动，宋红朋个人捐款捐物折价 3 万余元。徐静、谢晓燕参加农工党市委会组织的“联百乡，结千村，访万户”活动，深入农村调研走访。一支部与望江卫生服务站合作，每月开展一次医疗保健社会服务工作。三支部组织党员到定点服务点“城站敬老院”开展服务活动，向老人赠送慰问品。口腔医院支部党员参加医院组织的各项义诊活动，为社区老人和居民送去社会温暖和关爱。

致公党上城区基层委员会

【概况】 2017 年，致公党上城区基层委员会有支部 3 个、党员 48 人，其中新发展 3 人。党员中有市政协委员 1 人、区人大代表 1 人、区政协委员 7 人。致公党上城区基层委员会学习贯彻习近平新时代中国特色社会主义思想和中共十九大精神，开展“不忘合作初心，继续携手前行”专题教育活动，推进参政议政、社会服务等工作，被致公党市委会评为年度宣传工作先进集体，获“市委会不忘初心继续前行奖”。

【议政建言】 2017 年，致公党上城区基层委员会主动开展调研，积极建言献策，通过多种途径向市委、市政府、市政协、致公党市委会报送信息。其中叶虹撰写的《关于在杭州机场、火车站等处设立“国际会客厅”的建议》被市政府办公厅有关刊物录用；张虹撰写的《以改革医保支付方式为抓手，促进全科医生签约服务》《大力推进上城区医养结合的意见建议》被市、区政协采纳。张虹、赵超男撰写的《深化法律进社区，提升居民法治意识》列为区政协大会书面发言材料。王容峰提出的《关于上城区政府如何进一步扶持区内涉税中小企业的建议》、杨帆提出的《关于加大鼓励使用新能源汽车政策的建议》等意见建议引起区有关部门重视。

【社会服务】 2017 年，致公党上城区基层委员会开展多样化社会服务。王容峰和吕晴与贫困学生结对。张虹带领的上城区南星街道社区卫生服务中心获“全国优质服务示范中心”称号，该称号为全国社区卫生服务领域的最高荣誉。9 月，致公党上城区基层委员会参加由区委统战部组织的“狙击登革热，上城统一战线在行动”专题服务活动。

九三学社上城区基层委员会

【概况】 2017 年，九三学社上城区基层委员会有社员 60 人，其中新发展 1 人。社员中有市政协委员 1 人、区政协委员 9 人、区人大代表 3 人。5 月，马彦、徐志忠、于忠华当选九三学社浙江省第八次代表大会代表，马彦并当选九三学社浙江省第八届委员会委员。3 个支社均被评为星级支社，其中三支社首次获评五星级支社。九三学社上城区基层委员会被评为全市社务工作先进集体；第三支社被评为全市“坚持和发展中国特色社会主义学习实践活动”先进集体。葛向攀被评为全国参政议政工作先进个人、浙江省优秀社员、全市“坚持和发展中国特色社会主义学习实践活动”先进个人，并被续聘为省特邀信息员；于忠华入选市、区两级智库名录，被评为浙江省优秀社员；于淑娟被评为全省优秀社务工作者；夏丁玲被评为全省社会服务工作先进个人；徐志忠、徐跃峰、朱颖、郭园园被评为全市“坚持和发展中国特色社会主义学习实践活动”先进个人；徐志忠、夏丁玲的作品《九三感怀》在九三学社杭州市委会举办的“我的九三情·我的九三梦”演讲比赛中获二等奖。

【课题调研成果】 2017 年，九三学社上城区基层委员会组织社员参与课题应标、摘标，徐跃峰、陈萍、葛向攀 3 人摘得《传承优良家风，深入挖掘推广杭州 24 节气传统民俗》《关于提炼和推广“杭州味道”的建议》《以研究南宋文化为契机，深入挖掘杭州东方文化内涵》《关于优化市区财政体制的建议》4 个调研课题，其研究成果在评审会上受到好评。其中《关于优化市区财政体制的建议》被转化为市“两会”提案并立项。积极参与区委、区政府课题认领，先后认领《关于玉皇山南基金小镇发展史及其启示》《关于打造南宋皇城小镇文化品牌的建议》《以健康上城为抓手，助推品质生活标杆区打造》3 个课题，认领课题数量为全区各民主党派第一位。徐志忠、葛向攀提交的《“营改增”对我区经济发展影响及对策》的调研成果被有关部门付诸实施，并被评为上城区统一战线四大优秀调研成果之一。

【关注社情民意】 2017 年，九三学社上城区基层委员会关注社情民意，主动建言献策。马彦撰写的《关于去健为食，废除保健食品管理办法的建议》、葛向攀撰写的《还同龄儿童平等权利——建议以身份证年龄作为购票主要优惠标准的建议》被九三学社社中央等部门录用，葛向攀撰写的《关于推广人大参与式预算——改观人代会“橡皮图章”的建议》被省政协录用，并以专报形式上报全国政协；《关于推行不限时间“最多跑一次”——解决“三难”问题的建议》的有关内容被吸收到市政府有关工作部署中。上述两篇社情民意被纳入全国“两会”提案和议案。 （王琳莉）

上城区工商业联合会

【概况】 2017 年，区工商联有会员 720 人、团体会员 12 个、基层商会 9 个。区工商联坚持“团结、服务、引导、教育”的工作方针，以为企业服务为重点，以平台建设为导向，服务非公有制经济健康发展和非公有制经济人士健康成长。区工商联被全国工商联评为全国“五好”县级工商联，获杭州市工商联系统综合先进单位、上城区“三八”红旗集体等荣誉。

【为企服务平台建设】 2017 年，区工商联通过开展教育培训、加强交流合作、推进法律服务、活跃文体生活等方式，加强为企服务平台建设。组织企业家参加由市工商联和北京大学联合举办的杭商品质研修班，以及杭商大讲堂、新生代企业家培训班等教育培训活动 20 余次，参与培训 500 余人次。组织企业家到贵州雷山县工商联学习考察，促进两地商贸交流，深化长期合作。组织企业家参观 Google Adwords 杭州体验中心、农夫山泉和青岛啤酒生产基地，开展互访互学。围绕金融服务业、文化创意产业、信息技术产业、商贸旅游业、健康服务业五大产业，与区教育局、区人力资源和社会保障局、区文创办等部门联合举办产业对接沙龙，邀请区领导和政府部门负责人介绍区情、解读政策，为企业提供政策信息支持，全年举办政府与企业连心活动 4 次。12 月 7 日，成立由会员企业董事长、总经理担任调解委员的上城区商事联调工作室，并进驻区法院，为辖区非公有制企业提供法律调解服务。推荐南都法律服务所主任叶世娟为“七五”普法法律讲师团成员。组织企业家参加杭州市民营企业家运动会、上城统一战线趣味运动会，举办“易经智慧与现代企业管理”国学讲座，推动企业文化多元发展。

【非公有制经济人士建言献策】 2017 年，区工商联拓展非公有制经济人士参政议政渠道，组织企业家参与区委区政府召开的民主监督及政治协商会，参与党委和政府重点工作、民生工程并开展建言献策。在助推“最多跑一次”改革中，提出“打造区级综合为企服务平台”建议。“两会”期间，区工商联会员中人大代表和政协委员提出提案、议案、意见和建议 10 余条，部分提案、议案被列入区重点提案、议案。区工商联调研课题《借“企业上云”东风，整合提升为企服务信息共享平台效能》被市工商联评为杭州市工商联系统优秀调研文章三等奖。

2017年5月8日，区工商联组织企业家到杭州老板实业集团有限公司学习企业党建工作经验　　（区工商联　供稿）

【帮困扶贫】 2017年，区工商联组织会员企业参与区关工委牵头的帮困助学活动，有27家会员企业与120名寒门学子结对。杭州皇饭儿餐饮集团、杭州特美刻日用品有限公司、杭州海兴电力科技股份有限公司参与“联乡结村”帮扶活动。杭州利星名品有限公司为全区贫困家庭捐赠空调，杭州马可波罗假日酒店为南星地区贫困学子捐款捐物，陈敏、徐明、许旭宇、周生元等新生代企业家代表到雷山县捐助拍卖善款16万元。全年区工商联系统认捐款项230余万元。

【“上城区商会”微信公众号改版】 2017年，区工商联对“上城区商会”微信公众号进行改版，新建“智慧工商联平台”，增设“招商引资”“商机互联”“在线商学院”等内容，定期宣传优秀民营企业家先进事迹，向省、市媒体推送非公有制企业经验做法10余篇。杭州特美刻日用品有限公司和七彩小镇（杭州）控股有限公司入选“杭商品牌案例”。

【“优秀中国特色社会主义事业建设者”评选表彰】 2017年3月22日，区委、区政府授予王小军等19名新社会阶层人士第六届上城区“优秀中国特色社会主义事业建设者”称号。3月24日，全区经济、科技暨特色小镇推进大会对优秀建设者进行表彰。该评选工作自2016年6月启动，经各街道、工业园区民主推荐、有关单位评审和媒体公示，评选出19名为上城区经济社会发展做出突出贡献的优秀代表。

【新型政商关系构建】 2017年2月28日，区委统战部、区工商联举办习近平总书记在全国政协民建、工商联界别委员联组会上重要讲话一周年专题论坛。区委书记陈瑾，市委统战部副部长、市工商联党组书记邵根松，区委常委、区委统战部部长来剑波，区人大常委会副主任沈民，区政协副主席俞朔等出席。区直属部门负责人、区工商联执委、基层商会秘书长、新生代企业家联谊会代表等100余人参加。活动邀请浙江理工大学经济学院教授胡剑锋和浙商研究会执行会长杨铁清做关于构建新型政商关系的主旨演讲。区监委等单位负责人和企业家代表围绕中央、省、市相关政策和举措、非公有制经济健康发展等主题进行访谈交流。陈瑾要求深化“亲”“清”政商关系，优化涉企服务，共同构建风清气正、公正廉洁、规范有序、充满活力、和谐高效的新型政商关系。

（陈　栋）

群众团体

Mass Organizations

上城区总工会

【概况】 2017年，上城区有基层工会组织1197个，比2016年增加54个，覆盖法人单位5097个，增加150个；工会会员195887人，增加1635人。区总工会以习近平新时代中国特色社会主义思想为指导，以推进工会改革为抓手，围绕建设一流的国际化现代化城区的目标，加强基层工会组织建设，开展系列主题教育活动，构建和谐劳动关系，工会凝聚力得到进一步提升。投入近20万元，与杭州电视台联合制作《杭州工匠（上城篇）》宣传片，在全市播出1个月；举办以“中国梦·劳动美”为主题的“朗读上城·匠心聚会”诵读大赛，弘扬工匠精神、劳模精神、“最美”精神。全年举办各类技能竞赛100余场，参与职工1万余人。培育高技能人才200余人，获得政府奖励金10万余元。入选杭州市职工“五小”创新成果100例、项目4个。获省、市“五一劳动奖状”单位3个，省、市“五一劳动奖章”5人，省、市工人先锋号5个，获评为“浙江工匠”1人，获“杭州工匠”提名奖2人，入选市职工高技能人才（劳模）创新工作室2个。

2017年4月28日，区总工会在区政府大礼堂举行“朗读上城·匠心聚会”诵读大会 （区总工会 供稿）

【和谐劳动关系建设】 2017年，区总工会加大构建和谐劳动关系工作力度，连续第6年举办和谐企业建设论坛，做好省、市和谐指数劳动关系测评迎检。开展企业社会责任建设评估，全区有60个企业参加杭州市社会责任建设工作评估，其中4个参评企业达到A级标准，其余参评企业达到C级以上标准。杭州海兴电力科技股份有限公司和杭州图强工程材料有限公司参加杭州市企业社会责任建设暨发展和谐劳动关系新闻发布会。开展工资集体协商质效提升达标工作，辖区企业工资专项集体合同续签率100%。做好春节前外来务工者工资支付保障工作，对辖区使用外来务工者的各类用人单位进行全面清查，清查企业164个，涉及职工2615人，保障职工特别是外来务工者拿到足额工资。加强对职工群体性事件的预防、预报和应急处理，依托企业工会，将矛盾化解在萌芽状态。

【工会执法监督】 2017年，区及街道（园区）两级工会均成立工会劳动法律监督委员会。基层工会成立劳动法律监督委员会的比例超过50%。加强队伍专业化建设，106名劳动法律监督员接受教育培训，并获劳动法律监督专业资质。全年区及街道（园区）两级工会开展监督活动57次，监督各类企业178家，发出《工会劳动法律监督意见书》4份，企业整改率达100%。加强普法宣传，举办劳动法律宣讲、咨询服务活动41场。组织律师为辖区6个单位提供“一对一”法律服务。

【困难职工帮扶】 2017年，区总工会加强困难职工帮扶工作。建立困难职工档案，确保困难职工应帮尽帮。全区有建档困难职工100人，其中市级89人、区级11人。元旦、春节发放慰问金29.45万元，走访慰问建档困难职工、企业困难职工、困难劳模等112人次。完善帮扶体系，为40户困难家庭学生和“金秋助学”学生提供助学金20.24万元。全区参加医疗保险职工4.25万人，参保金额167.18万元，分别比2016年增长11.5%和14%。有542名因病住院、患重病和特殊疾病职工及遭受意外伤害职工获补助84.7万元。

【职工关爱】 2017年，区总工会开展为职工送清凉、送体检，助推外来务工人员“平安返乡”，关爱“小候鸟”等活动。投入70余万元，慰问高温作业职工、重点工程干部职工、“小候鸟”等群体。组织11批近1000名职工分别到舟山、安吉、磐安等地疗休养。开展助推“平安返乡”活动，为外来务工人员发放和邮寄爱心卡、组织新春观看电影、为困难职工报销往返车船票。暑假期间，连续第6年举办“关爱成长·关注未来”职工家庭亲子活动，全区各级工会开展关爱“小候鸟”专题活动60余场，参与活动1500余人；举办相亲活动10余场；小营街道总工会成立“爱的填空”相亲工作室，开展个人相亲信息登记，免费为单身男女青年提供相亲配对服务。

【职工作业环境改善】 2017年，上城区职工作业环境得到进一步改善。关注哺乳期女职工作业环境，全区建立“妈咪暖心小屋”22个，其中获评省级示范点2个，首批获评省级示范点的西湖银泰“妈咪暖心小屋”代表杭州市在全省工会劳动保障工作会议上做经验交流。加强劳动保护，95%的单独建立工会的企业实行劳动保护分级管理。全区参与“安康杯”竞赛单位951个，参赛班组1930个、职工4.43万人，参赛单位和职工分别比2016年增长10%和5%，全区获省级“安康杯”竞赛优胜单位1个、市级先进个人1人。发动职工查找隐患，提出整改建议375条，100%整改意见得到落实。举办“安全生产合理化建议金点子”有奖微信征集活动，并从最佳金点子中挑选5条报送省总工会，代表上城区参与全省合理化建议评比。建成“爱心驿家”8个，“爱心驿家”配备空调、冰箱、微波炉、饮水机、应急药箱等设施，为环卫工人、交通协辅警等提供温馨的休息场所。

【“职工之家”建设】 2017年，区总工会探索工会规范化建设新途径，深化线上线下“职工之家”打造，实现“职工之家”建设三年规划圆满收官。全区有80个基层工会被省、市总工会评为省、市级先进“职工之家”，街道（园区）总工会全部获评市级先进“职工之家”，湖滨街道下属社区工会实现市级先进“职工之家”全覆盖。年内，成立区总工会“智慧工会”建设领导小组，推进“一网两微”平台建设，升级“上城工会网”，建成“智慧工会”平台769个，录入实名制会员近5万人，该平台为职工提供法律援助、矛盾纠纷化解、困难救助等服务。

【工会改革】 2017年，区总工会围绕坚持问题导向、坚持重心下移、坚持自我革新、坚持务实办事等要求，推进工会改革工作。成立工会改革调研组，通过走访调查，起草区总工会改革实施方案。10月25日，召开区委党建工作领导小组会议暨全区群团改革工作会议，全区群团改革工作总体方案及区总工会改革方案获通过。着力打造“一圈两镇三园”发展平台，推出工会组建“6+N”模式，玉皇山南基金小镇总工会成为全国首个特色小镇总工会。

资料

工会组建"6+N"模式：依托规模企业组建单建工会、依托社区组建区域工会、依托特色小镇（产业园）组建基联会、依托专业协会建立行业工会、依托商务楼宇建立楼宇工会、依托专业市场建立市场工会。

（刘乃华）

共青团上城区委员会

【概况】 2017年，上城区有14~28周岁青年45388人，其中团员4862人。有基层团委41个、基层团工委9个、基层团总支23个、基层团支部348个。团区委履行组织青年、引导青年、服务青年和维护青少年合法权益四项基本职能。围绕"三联三领"等中心工作，开展社会主义核心价值观宣传教育、引导青年创新创业创优、志愿服务等活动。

【青年干部学习中共十九大精神】 2017年11月10日，区委组织部、团区委举办"上城青干线"培训班，组织青年干部学习中共十九大精神，邀请杭州电子科技大学教授黄核成讲授中国共产党历史，解析中共十九大报告思想内涵，结合上城"四个标杆区"建设目标，向青年干部提出"怎么学、怎么想、怎么干"的要求。通过学习，坚定全区青年干部前进方向，提升干事激情。

【青年信用体系建设】 2017年，团区委协同推进青年信用体系建设工作。对优秀青年志愿者实施守信联合激励，在青年中树立激励诚信的正确导向，营造弘扬诚信的社会氛围，做实做细全区青年志愿者工作，为加快推进全省青年信用体系建设提供可借鉴的样本。

【"上城青年诚信联盟"体系建设】 2017年12月5日，团区委联合区发改经信局，启动"上城青年诚信联盟"体系建设，对6名青年诚信志愿者和10个诚信行动合作伙伴进行表彰。纳入体系建设范围包括区直部门、企事业单位和社会组织等。加大对优秀青年志愿者守信的激励力度，进一步倡导诚实守信的社会风尚。

【纪念五四运动98周年活动】 2017年5月4日，团区委在市文广集团演播厅举行纪念五四运动98周年暨"听党话，跟党走，青春喜迎十九大"主题团日活动，团省委副书记王慧琳应邀为200余名团员青年做主题报告，号召青年传承"五四"精神，为建设一流的国际化现代化城区贡献力量。活动现场，新媒体"青年TV"举行发布会。"青年TV"由团区委和西柚传媒有限公司出品，是以短视频形式讲述上城青年故事的新媒体平台。

2017年12月5日，"上城青年诚信行动"启动仪式举行　（团区委　供稿）

【推出"青年TV"视频栏目】 2017年，由团区委主导、以PPP模式推出的"青年TV"视频栏目将镜头聚焦勇立潮头、干事创业的上城"青年铁军"。"青年TV"全年制作视频节目62期，播放量突破6000万次，获全国短视频类栏目点击量第一名，为"五四"精神注入新的时代内涵。

【改革调研】 2017年11月24日，上城区共青团改革调研团队分别到余杭区梦想小镇、江干区凯旋街道开展调研，学习、借鉴先行地区改革做法，就基层团组织改革、非公有制企业团建等工作进行交流，为做好下阶段全区团组织换届、街道团工作开展、非公有制企业集聚青年力量等工作明晰思路。

（李佳杰）

上城区妇女联合会

【概况】 2017年，上城区妇女联合会围绕中心，服务大局，发挥实施中国妇女儿童发展纲要国家级示范区作用，全面贯彻落实各级党的群团工作会议精神和群团改革工作部署，以“区域化统筹、融合式服务”为理念，推进都市型区域妇女组织建设改革工作，为加快建设一流的国际化现代化城区贡献妇女智慧和力量。中共中央政治局委员、国家副主席李源潮，全国妇联书记处书记杨柳，省委副书记、省长袁家军，省妇联党组书记、主席王文娟等领导先后考察上城区妇女儿童工作。区妇联获全国实施妇女儿童发展纲要先进集体称号。小营街道妇联被列为全省妇联组织改革试点单位。

【基层妇联换届】 2017年6月，上城区全面完成社区妇联换届，选举产生妇联主席51人，妇联主席全部进社区“两委”班子；副主席114人，分别由妇女干部和辖区单位优秀女性担任；379名执委中，33%来自两新组织、女性社会组织、女性自治组织；建立888个“网格型+功能型+网络型”妇女小组，形成组织集群。10月，全面完成街道妇联换届，各街道妇联设主席1人，以专职、兼职或挂职形式配备副主席若干人，增设常委会，增加执委至15人以上。队伍构成更加合理，代表性进一步提升，新一届街道妇联执委有成员94人，平均年龄42岁，大专以上学历占91.5%，约50%执委来自辖区单位、两新组织、团体会员及各行业的优秀女性。

【女性社会组织培育】 2017年，上城区把扶持本土女性社会组织，助推其规范发展作为区域化妇女组织建设改革的重要环节。5月19日，联合区民政局出台《关于推进上城区女性社会组织建设发展的实施意见》，扶持女性社会组织发展，更好地服务辖区妇女和家庭。8月28日，区妇联举办社会组织项目比巧大会。9月12日，成立上城区女性社会组织联盟——“TATA”合作社，促使承载女性创业、法律服务、心理疏导、家庭教育、婚姻调解等服务功能的社会组织找到产业上下游，互相扶持，互通有无。

【组建“她时代”女性社群矩阵】 2017年，区妇联突破传统“单位建制”，以服务需求为要素，组建“她时代”女性社群矩阵，以价值观为驱动力，开展创业创新、素质提升、家庭教育与社会公益等线上交流，各类社群有成员约4000人，以社群为对象的社交、商业平台吸收“粉丝”1.2万人。摄制、传播女创客短视频，最热视频点击量3.6万次。搭建3个线下交互平台，实现妇联组织服务对象裂变式增长。针对女性创业人员，搭建“梨掌柜”女性创业集合平台，开展女性创业品牌孵化，促进女性创业产品上下游资源互通，全年举办活动7期，4000余人参与。针对年轻女性群体，打造“自由链爱”交友平台，成立女性参与体验的青年社交联盟，年内组织社交联盟活动8场，300余人参与。针对城市女性的个人需求，搭建“女人不哭”有声

2017年3月6日，上城区成立“她时代女性社群” （区妇联 供稿）

服务平台，邀请媒体人员、心理咨询师等，开展婚姻家庭情感咨询和法律援助，全年推出节目31期，公众号有“粉丝”1000余人。

【保障妇女儿童合法权益】 2017年，区妇联加强妇女儿童维权工作，全年接待妇女群众来信来访近100次，通过区“平安365”社会服务管理平台，参与解决维权案例300余件，结案率100%。建立“区—街道—社区”反家暴工作三级联动微信群，向心理咨询工作室等社会组织购买专业服务，心理咨询和律师团队第一时间介入，对辖区内家暴事件及时跟进、追踪。推行“暖心工作法”，配合党委和政府参与突发事件调查处置。

【“最美家庭”系列主题活动】 2017年，区妇联把家庭文明建设作为培育和践行社会主义核心价值观的载体，开展寻找“最美家庭”、家庭志愿服务等活动，联合区纪委、区文明办，命名和宣传一批“最美家庭”“最美家庭志愿者”“最美廉内助”和“廉洁好家庭”，组织家风家训征集宣传、“好家风伴我行”公益健跑活动，推动形成“爱国爱家、相亲相爱、向上向善、共建共享”的社会主义文明新风。辖区楼重卫家庭获评省级“最美家庭”。中共十九大召开前夕，全国“最美家庭”鲁立清一家的剪纸作品《迎接党的十九大，不忘初心振兴中华》在中央电视台《新闻联播》栏目播出。

【“平安家庭”创建】 2017年，区妇联开展“平安家庭”创建活动。制作法治宣传展板，放置于人流量较大的区域进行宣传，发动家庭志愿者参与“七无五防”（即无事故、无犯罪、无赌博、无毒品、无纠纷、无家暴、无邪教，防拐卖、防盗窃、防抢劫、防艾滋、防隐患）宣传活动，发放“平安家庭”创建宣传品2万余份。联合“上城发布”微信公众号，组织反家暴法、防毒禁毒等内容的知识竞答，参与线上活动13万余人次。

【清河护水和生活垃圾分类主题宣传】 2017年3月28日，区妇联发出《垃圾分类从家庭起步，巾帼姐妹携手再出发》《清河护水，姐妹携手，共建共享现代化国际化美丽上城》倡议书，发动妇女小组长、妇女骨干上门宣传，让更多家庭行动起来，共同深化“五水共治”、家庭生活垃圾分类减量等工作。联合区治水办、区城管执法局、上城环保分局，在五柳巷历史街区小广场举办“绿色发展理念、巾帼共建美丽”主题宣传活动，通过展板宣传、有奖问答、微信互动，推进新一轮护河巡河和家庭生活垃圾分类行动。

【“妇女之家”服务空间拓展】 2017年，区妇联打造网上“妇女之家”，建立“区—街道—社区”三级妇联网络集群，畅通妇情民意渠道。以打造全域化组织为契机，推进“妇女之家”建设向特色小镇、市场园区、楼宇商圈等领域延伸。湖滨商圈“妇女之家”集合多个功能模块，承接“好家风伴我行”“爱在春光里”等公益服务项目。玉皇山南基金小镇“妇女之家”以园区女性需求为导向，搭起政策宣传、质素提升、社交融合的自治服务体系。馒头山社区“妇女之家”推出融入基层党组织、自治组织的“一揽子”计划，为妇女提供创业扶持、法律咨询、心理疏导、家庭教育、健康养生等一站式服务。

【“姐妹会客厅”妇情恳谈活动】 2017年，区妇联以开展“三联三领”活动为契机，开辟妇联干部直接联系妇女群众的平台，收集妇情民意，提升工作效能。常态化举办“姐妹会客厅”妇情恳谈系列活动，把基层群众“请进来”，进行面对面交流，了解妇联工作情况；让妇联干部“走出去”，深入商圈、楼宇、女性社会组织及企业，收集妇情民意，针对发现的问题，开展多元化贴心服务活动。

【妇女儿童发展规划实施】 2017年，区妇女儿童工作委员会办公室（区妇联）围绕妇女事业发展的七大领域和儿童优先发展的六大领域，全面推进妇女儿童发展规划实施工作，并加大对重点难点项目干预力度。在全省妇女儿童工作会议上，上城区作为杭州唯一代表进行经验交流，并获2016~2020年全国实施妇女儿童发展纲要示范区称号，上城区为全省唯一连续四届获该项全国荣誉的城区。推动社区儿童活动阵地建设，指导小营巷社区创建“儿童之家”，该项目获评杭州市“示范儿童之家”。实施“城市女性心理健康关爱”实事项目，与浙江省联合应用心理科学研究院、浙江理工大学心理系及心理咨询社会组织合作，开展婚姻家庭关系指导服务。区妇联参与实施“1+6+X”项目，推出星级家长执照工程，深化线上线下家庭教育，助力儿童关爱工作。

【“六一”儿童节活动】 2017年“六一”儿童节期间，区妇女儿童工作委员会办公室（区妇联）协调区四套班子领导分别到挂包的137所中小学、幼儿园开展走访慰问。联合社会组织“爱馨互助会”，举办“爱馨益起乐”公益游园活动，共同关爱特殊儿童及其家庭。

（李　璟）

上城区科学技术协会

【概况】 2017年，区科协围绕中心工作，履行好服务科技工作者、服务创新驱动发展战略、服务公民科学素质提高、服务党委政府科学决策“四服务”职责，推动开放型、枢纽型、平台型“三型”科协组织建设，不断提高科协组织政治性、先进性、群众性，为经济社会发展贡献力量。浙江咸亨国际通用设备有限公司院士专家工作站通过市级审核，上城区被认定为2016~2020年度浙江省科普示范区，科普中国宣传推广活动被中国科协授予2017年全国科普日优秀活动项目。发动机关党员提炼出“忠诚敬业、创新进取、和谐包容、科学发展”科协系统16字价值观核心词，引导干部职工树立中国特色社会主义职业价值观。

【院士专家座谈会】 2017年1月11日，区科协召开院士专家和优秀科技工作者座谈会，区委常委宣寅就上城区科技发展问题向与会专家和科技工作者咨政问策。中国科学院院士朱位秋、中国工程院院士汪槱生和蔡道基受邀出席座谈会，并就各自研究领域提出对企业发展有针对性和可行性的建议。合作企业表示，在院士团队指导下，辖区小企业实现大作为，发明专利和研发水平快速提升，企业市场竞争力明显增强。与会市科协领导和区领导充分肯定院士团队对上城区企业的技术引领作用，希望院士团队继续与上城区企业开展合作，推动产学研融合，助力上城区经济社会发展。

【科普学术工作情况调查】 2017年1月，上城区开展科普学术工作调查。调查资料显示，2016年末，上城区有注册科普志愿者1115人，科普讲师团成员136人，新增省级基层科普示范单位7个。有科协所属学会29个，单位会员825个、个人会员3160人。全年开展学术交流、科技帮扶活动97次，开展重大课题调研、软课题研究9次。

【科普知识微信互动竞答】 2017年2月8~14日，区科协联合区妇联开展“庆元宵，猜科普灯谜，创平安家庭”微信互动竞答活动，竞答内容涉及科普、反家暴、禁毒等。市民通过关注“杭州市上城区科学技术协会”或“上城妇联”微信公众号参与。竞答活动吸引4.6万人次市民参与互动竞答。

【社区科普】 2017年，区科协在全区范围内分学院班、社区班开展社区科普大学教学。学院班开设“玩转智能手机”“健康美食DIY”“科学养生”3个专题班，开课28节，受益996人次。社区班开设“玩转智能手机”“科学养身”等5个专题，43个社区参与点课，开课81节，受益1473人次。全年开展“百场科普益民系列活动”讲座6场，180人受益；开展“中医药科普知识进社区”活动7场，195人受益。开设市科普讲师团科普讲座，涵盖社区居民、在校学生、老人等群体，开课77节，受益2566人次。

【青少年寒暑期公益科普活动】 2017年1~2月，区科协面向中小学学生及家长开展“2017年新春惠民公益科普讲座”活动。活动推出天文、机器人、应急医疗救护3个系列活动，开课34节，受益人次1127人。7~8月，联合区关工委开展“快乐好少年，五彩科学梦”科普夏令营活动，推出省自然博物馆“科普之旅”、区电子机械功能区“科技之旅”

等5场科普体验互动活动，120余名小朋友和20余名家长参加活动。

【院士工作站工作考核】2017年4月，杭州图强工程材料有限公司院士工作站通过递交书面考核材料和省科协院士专家工作站建设协调小组抽检，达到省级院士工作站常规性绩效考核要求。杭州市第一人民医院院士专家工作站通过考核，达到优秀等级。8月，浙江咸亨国际通用设备有限公司院士工作站经自主申报、区科协推荐、材料初审、实地调研、现场答辩、专家评审等程序，被认定为杭州市院士工作站。全区建成市级以上院士工作站7个，其中省级院士工作站1个。

【科普画廊（楼道）规范化建设】2017年，区科协分两批对66座科普画廊、768块科普展板实行统一管理，按照规范化要求，统一画廊做展板尺寸，统一展板更换时间，统一定制宣传内容。8月7日，青年路社区和劳动路社区两座科普画廊被市科协评为杭州市十佳科普画廊。同时，区科协在全区26处居民单元楼设立科普楼道，每月更新宣传内容。建立科普画廊（楼道）信息化管理系统，加强科普画廊（楼道）的日常监管和维护。

【科普周活动】2017年9月16~22日，上城区开展科普周“科普中国”宣传推广活动。活动以“创新驱动发展，科学破除愚昧”为主题，围绕弘扬科学精神、宣传五大发展理念、倡导创新创造创业、促进公众理解高新科技4个方面展开，主题宣传贯穿全年。全年开展“公民科学素质测一测”、微信科普知识竞赛、中医药科普知识进社区、科普电影观看等各类科普活动77项，发放科普宣传资料2.1万份，157个单位参加科普宣传，直接参与人数7.2万人次。“科普中国”宣传推广活动被中国科协评为全国科普周优秀活动项目奖。

【科普项目立项】2017年，区科协开展科普项目评审，经前期申报、实地考察、绩效评估等环节，确定钱学森航天科普馆更新改造、紫阳街道生活安全科普馆升级改造等立项项目13个，其中科普资源开发项目2个、科普设施建设和维护项目11个。区科协根据《上城区科普项目资助资金管理意见》，对科普项目实施情况进行监督管理。

【科普e站建设】2017年，区科协采取社会化方式整合既有资源，推进科普e站建设。在有信息屏的场所采取“购买信息服务”的办法，无电子屏的场所采取“租用设备及购买信息服务”两种方式，在全区人流密集区域建设科普e站20个。全区借助科普e站，通过大屏带小屏（个人手机移动端）宣传推广“科普中国”。

【承办杭州科学大讲堂】2017年10月21日，区科协会同市科协、市建委、市交通运输局等单位承办杭州智慧城市与智能交通论坛暨杭州科学大讲堂。论坛主题为“绿色、智慧、创新、协调”。区人大常委会副主任管光尧、区政协副主席周常生出席活动。中国科学院院士孙钧应邀做论坛主旨报告。会上，同济大学教授束昱，浙江省创博智慧管廊研究院执行院长、高级工程师金国庆，杭州图强工程研究院副院长王勇，中油佳汇防水科技股份有限公司副总裁孟凡城等专家学者结合各自研究成果做大会发言。

【承办杭州市“青年科技大讲堂”】2017年，经团市委审核，区科协会同团区委联合申报的《新科技知识普及讲座》被确定为杭州市级“青年科技大讲堂”活动。7月28日和10月16日，区科协会同团区委分别以智能机器人和航空运动知识普及为主题，举办《机器人时代》和《飞行中国梦》两场“青年科技大讲堂”，分别邀请浙江国自机器人技术有限公司大客户总部副总经理唐鑫和浙江省航空运动协会会长、杭州市社区科普讲师团讲师范建钢主讲。活动吸引全市各级机关、企事业单位、非公企业、社会组织团员青年200余人参加。

【“小营·江南红巷”被命名为市青少年科普教育基地】2017年3月27日，“小营·江南红巷”国家AAA级红色旅游景区被市科协、市委宣传部、市教育局、市科委联合命名为杭州市青少年科普教育基地。“小营·江南红巷”景区内的钱学森航天科普馆设立 7 个科技探索区域，针对青少年群体，策划并实施科普品牌服务项目——“青少年科普新动力空间”。该项目采取专业的社区科普方法，在青少年中普及科学知识，传播科学思想，倡导科学方法，弘扬科学精神。

（来　源）

上城区残疾人联合会

【概况】 2017 年，上城区有持证残疾人 9059 人，比 2016 年增加 335 人，其中视力残疾 1303 人、听力残疾 1358 人、言语残疾 63 人、肢体残疾 3884 人、精神残疾 1273 人、智力残疾 994 人、多重残疾 184 人。区残疾人联合会以残疾人需求为导向、以残疾人满意为目标，全力做好残疾人保障、服务、维权和管理工作。区残疾人综合服务中心办证窗口简化残疾人办证手续，实现办证“最多跑一次”。新增杭州市中医院为上城区听力鉴定定点医院，加快残疾人鉴定工作。积极维护残疾人正当权益，最大限度地保证全区残疾人共享经济社会发展成果。全年受理残疾人服务事项 2400 余件次，除未到期承诺件外，办结率为 100%。就业服务窗口受理残疾人就业咨询和登记 94 人次。保障金服务窗口受理保障金咨询和服务事项 1200 余次，审核、录入有残疾职工的企事业单位 339 个，残疾职工 860 人。区政府残疾人工作委员会被省政府残疾人工作委员会授予“‘十二五’期间浙江省残疾人工作先进集体”称号。

【区残联第七次代表大会】 2017 年 12 月 11~12 日，上城区召开残疾人联合会第七次代表大会。出席会议正式代表 143 人，列席及特邀代表 68 人。市残疾人联合会理事长钟文静、区委书记陈瑾出席会议并讲话。大会听取并审议通过区残疾人联合会第六届主席团工作报告，选举产生新一届主席团主席、副主席，毛素云为主席团主席；推举产生执行理事会理事长、专兼职副理事长、理事，林森当选理事长；聘请周徐胤、宣寅、顾敏达、袁巧玲为主席团名誉主席。此前，全区 6 个街道及 5 个残疾人协会分别召开代表大会，进行换届选举，产生新一届领导班子。

【残疾人社会保障】 2017 年，区残联全面落实困难残疾人生活补贴、重度残疾人护理补贴、残疾儿童康复服务与补贴、残疾人社会保险补贴等制度。完成残疾人“两项补贴”专项平台建设，实现补贴申请、审批、发放在线流转。全年发放困难残疾人生活补贴 11856 人次、390 万元，发放重度残疾人护理补贴 37364 人次、1604 万元，发放残疾儿童康复服务与补贴 51 人次、107 万元，发放社会保险补贴 2346 人次、598 万元。重要节日慰问残疾人 3461 人次，发放慰问金 115 万元。

2017 年 12 月 11~12 日，上城区召开残疾人联合会第七次代表大会

（陈建荣　摄）

【精准康复服务】 2017 年，区残联围绕视力、听力、言语、肢体、智力、精神6 个残疾类别 57 项服务，全面实施残疾人精准康复服务行动计划，对全区8600 余名残疾人进行无障碍和辅助器具、小康“助明、助听、助行”工程、残疾儿童抢救性康复等需求调查，对有康复需求的残疾人建档列册，做到需求一例，筛查一例，符合康复适应指征一例，服务补助一例，并及时上报备案。

全年全区免费验配助听器 92 台、助视器 50 台，安装假肢 6 例，白内障患者复明手术补助 292 人。实施居家安养服务 522 人，服务时间 10 余万小时。为 276 户残疾人家庭实施“无障碍设施进家庭”项目，其中，为 37 户实施无障碍改造，为 239 户免费发放辅助器具 333 件。为 3302 名残疾人提供免费健康体检。由专人负责智力、精神残疾人康复服务，精神残疾人免费服药覆盖率 100%。

【残疾人教育就业】 2017 年，上城区依法推进残疾人按比例就业，全面落实按比例就业公示制度，推进党政机关带头招录安置残疾人就业工作。区卫计局单独招录残疾人 1 人。巩固发展残疾人辅助性就业和庇护性就业，重点扶持、培育上城区残疾人“阳光艺术”中心、上城区“智慧树”残疾人服务社。通过实施优惠政策、加大投入和加强技能培训等手段，推动残疾人就业创业。开展未就业残疾人上门调查和就业帮扶，举办残疾人专场招聘会 2 场、残疾人电子商务培训暨电子商务创业展示会 1 场，全年新增残疾人就业 45 人。配合做好残疾儿童少年调查，依法保障残疾儿童少年接受义务教育权利。落实残疾学生及残疾人家庭子女助学任务，全年发放残疾学生及残疾人子女补助 481 人次、101.1 万元；为区残疾人购买意外伤害保险 89.46 万元。

【志愿助残活动】 2017 年，区残联动员社会爱心人士加入助残队伍，形成扶残助残、助残自乐的良好社会风尚。成立上城区残疾人党员志愿者服务队，开展各类助残扶残志愿服务。全年完成电子注册的助残志愿者 418 人。残疾人周炎珍和杨云娣获杭州市“功勋志愿者”称号，残疾人许月娣获杭州市“优秀志愿者”称号，残疾人瞿妍钰（已故）入选“浙江好人榜”，残疾人王梦婷家庭获评“最美浙江人·最美残疾人家庭”，南星街道钱江残疾人喊潮队获市肢协授予的先进集体（提名单位）称号。

【残疾人文体生活】 2017 年，区残联结合全国助残日、特奥日、国际残疾人日等，组织开展自闭症学生画展、演讲、歌咏大赛、特殊艺术进社区学校、残疾人健身周等文体活动。全面实施文化助残“五个一”工程。残疾人胡雄华、何琦、傅颂安、黄云、吕平凡参加杭州市第八届残疾人艺术表演，凭借歌曲《南屏晚钟》获男声组唱一等奖。残疾人许峰、杨迪创作的紫砂壶、釉下彩瓷瓶作品在第五届中国（大连）国际文化产业博览会上获 1 枚金牌、2 枚银牌。残疾人陈巍的书画作品《有竹得清凉》入围全国书画家作品邀请展，残疾人葛国炎获第四届香港国际音乐节比赛中老年组（民族唱法）三等奖及杭州市“老年文化艺术节”红歌大赛铜奖。聋人游泳运动员胡雨晨代表中国队出征第二十三届夏季听障奥运会，获 4 枚银牌。上城区参赛队参加杭州市残疾人象棋比赛，获团体亚军，残疾人项逢兆、方涌生分别获男子肢体组第一名、第三名，周和明获男子视力组第一名。上城区还选派 2 名肢体残疾人参加全国象棋锦标赛。

2017 年 5 月 19 日，上城区举行庆祝“第二十七个全国助残日”活动，并成立上城区首支残疾人党员志愿者服务队　（区残联　供稿）

资料

文化助残“五个一”工程：

组织困难和重度残疾人读 1 本书、看 1 份报刊、游 1 次公园、参观 1 次展览、参加 1 次文化活动。

【残疾人权益维护】 2017年，上城区进一步加强对残疾人的司法保护，为残疾人提供有效的权益保障机制。畅通残疾人服务热线与网上信访咨询投诉平台，全年区残疾人联合会直接受理来信、来访、来电20件，受理区“12345”热线来电27件，所有来信、来电、来访办结率和群众满意率均100%。为残疾人提供法律援助，严肃查处侵害残疾人合法权益的案件。举办培训班，邀请专业律师为70余名残疾人及其亲属讲解法律知识，保障残疾人合法权益。

【残疾车更换】 2017年2~5月，上城区开展残疾人机动轮椅车（简称残疾车）更换工作，向全区符合条件的肢体残疾人提供自主选购残疾车服务。根据“车型自选、费用自负，分区培训、集中测试，严密组织、平稳有序”原则，区残疾人联合会审核把关，经提出申请、组织培训、安全教育、技能测试、预订新车、购买新车、登记上牌等环节，为151名残疾人更换新车，并及时办理第三者责任保险，全面完成残疾车更换工作。全年为497名残疾车车主发放燃油、维修、保险费43.57万元。

【春江社区申报创建省级无障碍社区】 2017年7月27日，省残疾人工作委员会出台《浙江省无障碍社区创建考核办法》，计划2017~2020年在全省范围内创建300个省级无障碍社区，提升全省社区无障碍环境建设水平。根据“政府主导、部门协同、镇街申报、社区创建、社会支持”原则，上城区推荐紫阳街道春江社区申报创建第一批省级无障碍社区。全年全区投入专项经费50余万元，完成春江社区大厅、小区运动场、周边公共道路、停车位、公共厕所五大类80余个改造项目。年内，春江社区对照考核验收标准，进行查漏补缺，完善无障碍社区建设工作各个细节，做好省市验收前的各项准备工作。

【承办省残疾人职业技能培训班】 2017年4月7日，上城区承办首个浙江省残疾人职业技能培训班。培训班由省残疾人联合会与区残疾人“阳光艺术”中心共同开设，为期90天，参训学员10人；设国画基础学习、户外写生、釉上彩瓷瓶制作等课程，采用集中教学、大师授课、外出写生、景德镇实训等形式进行。培训班将扶残助残与文化创业有机结合，提升残疾人就业层次，更好地实现残疾人就业创业。9月6日，区残疾人“阳光艺术”中心承办的第二期省残疾人职业技能培训班正式开班，为期60天。来自杭州、温州、金华、丽水、台州、绍兴、衢州等地20余名肢体、听力残疾人参加。第二期培训增加陶艺拉胚、紫砂壶制作两门课程，以培养省残疾人紫砂陶艺制作技能。区残疾人“阳光艺术”中心购置4台拉胚机，为学员实习提供更多便利。培训班邀请区残疾人“阳光艺术”中心负责人、上羊市街残疾人民间艺术制作中心创建人许峰，浙江省美术家协会会员、“阳光艺术”中心聋人艺术家陈巍等进行授课。

（林丽丽）

上城区红十字会

【概况】 2017年，区红十字会履行红十字会法定职责，坚持传播“人道、博爱、奉献”的红十字精神，发挥党和政府在人道领域的助手作用。加强红十字应急救援体系建设，深化红十字生命关爱工程，开展各类红十字志愿服务，为打造一流的国际化现代化城区做出应有贡献。区红十字会获全国红十字应急救护知识竞赛组织一等奖。器官捐献者黄秋红事迹获省委常委、市委书记赵一德批示肯定。年度信息宣传工作在市红十字会议上进行交流。

【红十字人道救助】 2017年，区红十字会联合区教育局、区卫计局及各街道红十字会，在辖区机关、企事业单位和市民中开展公益募捐活动，全年募得善款53.13万元，其中学校“捐出一元钱，帮助身边小伙伴”活动募得救助款4.19万元。春节期间，走访慰问困难家庭292户，发放慰问金15.7万元，慰问物资价值3300元。启动“2017情暖上城·红十字特殊家庭关爱”活动，慰问失独家庭35户，发放慰问金4万元。联络辖区爱心企业浙江省烟草公司杭州市公司，向岳王路社区困难家庭定向捐款2万元。

【红十字应急救援体系建设】 2017年，区红十字会建立健全灾害应急救援机制，做好救灾物资储备和管理，加强红十字应急救援体系建设。5月9日，在杭州第四中学开展校园防灾救灾演练和应急救护知识培训，向师生讲授校园逃生技能。8月23~25日，联合区科技局、区地震局在全区范围内举办地震应急演练和模拟救援应急演练。11月25~26日，上城红十字狼群救援队参加省地震救援演练，完成倒塌建筑物水平快速破拆、支撑、垂直安全破拆和伤员斜面绳索转运等科目演练，检验救援队员在倒塌建筑物中进行人员搜救的综合能力。按照市红十字会要求，完成辖区一级救护师资质注册工作，并选派优秀救护师参加市红十字会组织的师资培训。推进应急救护培训信息化管理，运用“互联网+”技术，进行实名制考勤和手机理论考试，实时查询考核情况，并提供培训在线评价功能。扩大应急救护培训范围，将养老机构照护人员列为救护培训对象，重点传授徒手心肺复苏、老人意外伤害急救、气道梗阻急救等急救方法。对网约车司机、游泳教练、志愿者等人群开展常态化应急救护培训。全年参加应急救护普及培训6180人，新增持证救护员1261人。

【红十字生命关爱工程】 2017年，区红十字会做好造血干细胞捐献的宣传动员、登记入库和慰问救助等工作，依法落实造血干细胞捐献者及其亲属的优惠用血政策，扩大人体器官（角膜、遗体）捐献协调员和志愿者队伍。全年全区有2423人参加无偿献血，献血总量55.86万毫升，全区献血率55.84‰，居全省各区县（市）第一位。72名志愿者通过现场采血留样，加入中国造血干细胞捐献者资料库。省中医院实习医生黄益麒成为上城区第9名成功捐献造血干细胞志愿者。全年新登记遗体器官捐献志愿者35人，成功捐献器官遗体组织16例，捐献大器官9个、脑组织3例、眼角膜24个、遗体10具，成功捐献人数位列全市各区县（市）之首。

【红十字志愿服务活动】 2017年，区红十字会结合自身实际，加强红十字品牌建设。至年末，组建红十字志愿服务队9支，支援服务内容包括造血干细胞及人体器官遗体捐献动员、无偿献血宣传动员、户外救援、心理救援、安全教育、社区关爱、助老扶弱等方面。上城红十字狼群救援队分别在上城消防大队和富阳救援培训基地接受专业训练，并受邀参加省地震局举办的地震救援实务操作演练。器官遗体捐献志愿服务队每月开展两次户外宣传活动。造血干细胞宣传动员志愿服务队以自己的捐献经历，鼓励爱心人士参加造血干细胞志愿捐献活动，为更多患者带去生命希望。文明劝导志愿服务队利用节假日，配合湖滨街道及派出所，在人流密集区域进行交通引导。“中医进社区”志愿服务队每月为社区居民和敬老院老人提供免费医疗服务。

【上城红十字狼群救援队成立】 2017年7月7日，上城红十字狼群救援队在湖滨家园成立。该救援队是上城区第一支群众自发组织的应急救援队伍，由21名具有救援专业资格的红十字志愿者组成。救援队以应急救援为己任，提供自然灾害及突发事件救援、灾情紧急抢险、医疗救治救护等志愿服务，最大限度地预防和减少灾害造成的损失。成立大会现场，全体狼群救援队队员进行宣誓。同时，救援队开展紧急救护、水上救生、野外生存、野外搜救、森林消防、技术装备使用、无线电应急通信等科目的培训，提高救援避险能力。

（孙　洁）

2017年5月9日，区红十字会在杭州第四中学举行校园防灾救灾演练和应急救护知识培训　　（区红十字会　供稿）

上城区社会科学界联合会

【概况】 2017年11月24日，上城区社会科学界联合会（简称区社科联）成立。区社科联有社会科学类社团30个，分布在区直机关、科研单位、学校及有关行业。区社科联以习近平新时代中国特色社会主义思想为指导，切实增强政治性、先进性、群众性，组织和团结全区社会科学工作者，充分发挥“桥梁纽带、组织协调、咨询服务、宣传普及”的作用，为繁荣发展哲学社会科学事业、加快建设一流的国际化现代化城区做出积极贡献。

【区社科联第一次代表大会】 2017年11月24日，区社科联成立暨第一次代表大会召开，市委宣传部副部长来虹，市社科联主席沈翔，区领导陈瑾、金承涛、袁建祥、占仁义等出席，区委书记陈瑾致辞。来自全区各社会科学学会（协会、研究会）、各街道和区级机关有关单位的代表参加。大会应到代表94人，实到代表92人，代表构成充分体现人员的广泛性、结构的合理性和组织的学术性。会上审议通过《上城区社会科学界联合会章程（草案）》《上城区社会科学界联合会第一届理事会理事选举办法（草案）》等，并以举手表决形式选举产生区社科联第一届理事会理事52人。大会号召全区各学会、协会、研究会和社会科学工作者，要深入学习贯彻落实习近平新时代中国特色社会主义思想，聚智聚力，开拓创新，充分发挥社科联桥梁纽带和智囊智库作用，积极推进理论宣讲、学术研究、社科普及和社团管理等各项社科工作。会上，市委宣传部为区社科联授牌。

【区社科联第一届理事会第一次全体会议】 2017年11月24日，区社科联第一届理事会第一次全体会议召开，大会应到理事52人，实到理事49人。大会审议《〈上城区社会科学界联合会工作报告〉的决议（草案）》，审议通过《区社科联第一届理事会主席、副主席、秘书长、副秘书长和常务理事选举办法（草案）》等。会上以无记名投票形式选举产生上城区社会科学界联合会第一届理事会常务理事18人，洪梦君当选为区社科联第一届理事会主席，王佳平为专职副主席兼秘书长，丁春早、卢晓琴、朱乐娟、许宏波、何平、龚军成、陶琴梯7人为兼职副主席，赵晨为副秘书长。

（赵　晨）

法 治
Rule of Law

综 述

【概况】 2017年，上城区以“平安护航十九大”为主线，深化基层社会治理体系“四个平台”建设，推进综合治理、维护社会稳定各项工作。上城区实现省“平安区”十二连创，获得全省首批“平安金鼎”。区委维稳办、区公安分局被省委、省政府表彰为“党的十九大维稳安保工作突出贡献集体”；区检察院被最高人民检察院授予全国检察机关保障律师执业权利示范单位；区法院设立“金融法庭”的做法被最高人民法院作为经验推广；区司法局法律服务“惠企便民”工作受到省司法厅肯定。政法系统涌现出联合国“和平勋章”获得者韩卓琦、全国模范调解员沈寅弟、全省法院先进工作者高建强等先进个人。

【社会安全稳定维护】 2017年，上城区政法战线把维护安全稳定、服务中心大局作为首要任务，深入排查各类社会隐患，落实管控制度举措，完成中共十九大、金砖国家领导人峰会、世界互联网大会等重大活动期间的维稳任务。区政法委牵头协调区金融办、区住房和城建局、区国土分局等部门及各指挥部、属地街道，有效应对“蓝色钱江放火案”等重大涉稳问题。着力提升反恐智能防控和群防群治水平，清河坊历史文化街区“四联三防”做法在全区推广。对接“一圈两镇三园”大平台建设，创新设立“金融法庭”、专门检察工作站，加大服务玉皇山南基金小镇工作力度，提高服务经济发展的法治水平。助力“四个全域化”攻坚工作，完成房屋征收、拆违治危项目稳定性评估报告56个、预案39个，依法办理全市首例公房征收公益诉讼案件，遏制征收领域违法犯罪行为。

【“平安上城”创建】 2017年，上城区以平安护航中共十九大为核心，深化提升G20杭州峰会维稳安保成功经验，抓重点、补短板、强弱项，推进平安建设各项工作取得新的进步。严厉打击违法犯罪，启动“扬旗”系列专项行动，命案、五类恶性案件、“两抢”案件破案率持续保持100%，侵财案件比2016年下降41%，社会治安持续向好。织密科技防控网络，研发“多维警务地理信息平台”，治安形势预测预警预防水平稳步提升。加强隐患排查治理，滚动排查危爆物品及快递物流等场所，消除安全隐患1000余处。着力提升群防群治水平，实现社区公民警校全覆盖，依靠社会力量收集信息1.8万条，成功阻止80余起电信网络诈骗，抓获各类犯罪嫌疑人500余人，查获违法物品4000余件。创新矛盾纠纷多元化解举措，打造“五室三站”多元调解平台和在线矛盾纠纷化解平台，政府主导、社会参与、居民自治良性互动的上城矛盾纠纷调解处置体系进一步完善。全年调解矛盾纠纷2517起，调解成功2502起，调解成功率99.4%。

【社会治理能力提升】 2017年，上城区以落实平安综合治理领导责任制为抓手，以社会治理创新为动力，以提升预测预警预防能力为重点，全力推进各项综合治理工作。健全完善防控响应机制，全区各街道（部门）按照“定人、定岗、定责、定任务”

四定原则，把辖区内的重点目标、重点场所、重点区域、重点人员、重点物品纳入社会面防控工作中，明确力量配置和防控措施，全年启动5次重要时段、节点社会面防控等级响应。推进“雪亮工程”建设和“人脸识别”系统建设，全年整合公安部门、城站火车站、汽车南站、各街道及其他社会面监控设施，通过区级视频监控共享交换平台，接入区街两级综合信息指挥平台1608路监控，确保区街两级实时掌握辖区社会面动态。探索社会力量参与综合治理，将城市安防专业社会力量纳入兼职网格员队伍，开展平安巡防、隐患排查。探索社会心理服务体系建设，选定“湖滨晴雨”工作室作为区级社会心理服务指导中心场地，各街道分别成立街道级心理服务中心，引入浙江理工大学心理服务团队，为辖区群众提供心理健康咨询服务，结合收集社情民意，分析社会心理动态。

【政法领域改革深化】 2017年，上城区全力推进政法领域系统性、整体性、协同性改革，着重抓好司法体制改革、基层治理体系“四个平台”建设两项重大改革任务。公安部门、检察院、法院、司法部门稳步实施司法改革，先后完成11项改革任务，其中信息化改革工作形成“上城模式”在全省推广。完善“大立案、大服务、大调解”机制，办理法律援助案件219件，挽回经济损失328.7万元。围绕国际化城区建设，集中管辖杭州地区涉外刑事案件12件、15人，依法保护涉外被告人合法权益。深化基层社会治理体系“四个平台”建设，推动综合执法、市场监管、司法、安全监管、环保等10个部门工作重心下沉；推进全科网格建设，加密并重新划定网格268个，打造党建引领的“1+2+3+N”网格队伍模式，实现基层网格“十统一”。推进综合信息指挥平台建设，实现“四个平台”与省协同平台、区“平安365”和“民情E点通”等平台功能整合升级，通过平台流转办结的公共服务事项占99.8%，信息化指挥体系初步建成。（徐小夏）

依法治区

【概况】 2017年，上城区深入学习贯彻中共十九大有关依法治国一系列新要求，围绕建设一流的国际化现代化城区和争做“四个标杆区”目标，全面实施“七五”法治宣传教育规划，落实“谁执法谁普法”“谁主管谁负责”责任制，开展形式多样、内容丰富的普法宣传系列活动。夯实基层依法治理工作基础，以“五位一体”尚法工作室推进基层司法行政工作向街道社区延伸。完善领导干部学法用法制度，加强法治文化阵地建设，为打造“法治上城”营造良好的舆论环境。

【领导干部学法用法制度】 2017年3月和5月，上城区依法治区普法教育领导小组办公室（简称区依普办）两次组织领导干部任职前法律知识考试，23名人大常委会任命的领导干部和78名非人大常委会任命的领导干部参加考试并全部达到要求。区依普办负责试卷命题和阅卷，并向区人大常委会、区委组织部提交成绩报告单。4~5月，区依普办组织全区市管干部和公务员、参照公务员法管理的事业单位工作人员参加全市网上学法用法活动，全区各单位、街道采取个人自学、集中讨论、辅导讲座等多种学习形式，网上学法考试通过率100%。

【“谁执法谁普法”普法责任制落实】 2017年5月15日，区委、区政府印发《2017年普法依法治区工作要点》《2017年普法教育依法治理工作责任清单》，推进全区各行业、各单位“谁执法谁普法”“谁主管谁负责”责任制落实。区直各单位根据实际情况制订年度普法工作计划，落实年度重点普法项目，明确目标任务。区依普办通过《上城报》、上城网和新媒体平台等渠道定期发布以案释法典型案例，实现普法资源共建共享。至年末，上城区“谁普法谁执法”工作覆盖率达100%。

【法治课观摩活动】 2017年6月7日和9月7日，区依普办分别在杭州市天地实验小学、杭州市崇文实验学校举办“平安校园梦，普法亮眼行”法治课观摩活动，让学生通过法治课学会用“法之眼”看待、处理校园生活中遇到的问题，提高自我法律意识，参加观摩活动400余人次。开展法律宣传进校园活动，加大校园普法教育宣传力度，增强青少年法治观念。动员社会各方面力量，构建“家校社会一体”法治教育新格局，形成促进青少年身心健康工作的合力。

【法治文化阵地建设】 2017年，区依普办构建多元化、广覆盖的法治文化传播体系，在彩霞岭社区打造集法治文化教育中心、法治文化街区、法治文化长廊和法治文化健身园于一体的“彩霞飞扬·爱尚法”法治文化公园。在玉皇山南基金小镇推出“乐活尚法，服务基金小镇”重点普法项目，以社区能人、普法志愿者领衔的“尚法工作室”将“五位一体”（集人民调解、法律援助、法治宣传、社区矫正、律师服务5项工作于一体）基层司法行政工作模式推广到基金小镇。各示范点把法治文化与区域特色文化、校园文化、群众文化有机融合在一起，形成一批法治文化特色示范点，进一步强化法治宣传的渗透力和影响力。

【国家宪法日“骑行”活动】 2017年12月1日，区司法局、区依普办在玉皇山南举行国家宪法日“骑行”活动，来自社区热心普法工作人士、机关党员干部、法律工作者、人民调解员、学校师生等近100人参加，以“筑梦骑行”方式，贯彻国家宪法日“学习贯彻党的十九大精神，弘扬宪法精神”的主题。活动启动仪式上，举行区普法志愿者总队成立仪式。普法志愿者总队志愿者一并参加“骑行”活动。骑行活动将单车定向运动与互动闯关答题有机结合，增强普法趣味性。17支队伍从白塔公园出发，途经浙江省（杭州市）禁毒教育馆、区少年军校、馒头山社区等地，最后返回至白塔公园，全程约10千米。

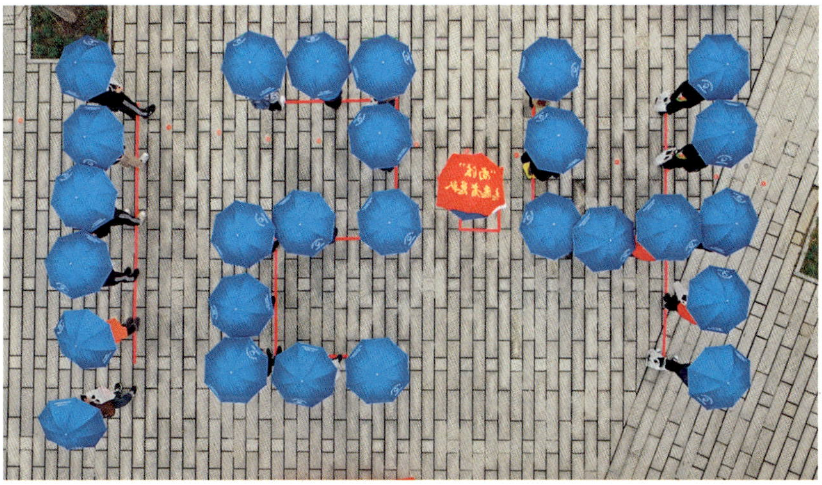

2017年12月1日，区司法局、区依普办在玉皇山南举行国家宪法日“骑行”活动。图为“骑行”活动启动仪式上的“12·4”造型　　（区司法局　供稿）

【法治宣传】 2017年，区依普办围绕社区换届选举、剿灭劣V类水、“三改一拆”、“五水共治”等中心工作，开展各类法治宣传活动。换届选举期间，通过分发换届选举法治宣传折页、法治宣传海报、“致居民的一封信”等普法宣传资料，为社区换届选举营造良好法治氛围，社区换届选举一次性成功，当选人员100%符合资格要求。区依普办通过“上城普法”微信公众平台，解析“五水共治”有关法律条文；开展线上线下相结合知识竞赛，成立“五水共治”志愿者队伍，举办法治文艺演出，助推剿灭劣V类水工作。建立法制宣传专栏，利用传统媒体、网络平台、法治阵地等载体，重点宣传《中华人民共和国环境保护法》《中华人民共和国水法》《中华人民共和国海洋环境保护法》等法律法规。全年组织各类法治宣传活动60余场，发放法治宣传资料6万余份。　　（陶轶鹏）

法治政府建设

【概况】 2017年，区法制办围绕依法行政目标，加强法律服务、文件审查、复议监督、证件管理等工作，全面推进法治政府建设，不断提高依法行政水平，为争创“四个标杆区”工作提供法制保障。全年区法制办收到公民、法人和其他组织提出的行政复议申请50件，经行政化解后撤回申请15件；行政诉讼案件71件（含二审），经调解自行撤诉34件；由市法制办办理的区行政复议案件19件，经行政化解撤案7件；办理国家赔偿案件1件。加大行政复议工作力度，全年受理行政复议、应诉案件140件，办结116件。完成2017年度优秀行政执法案卷和优秀行政执法文书汇编，并将汇编印发至全区各行政执法部门参考。

【行政复议应诉】 2017年，区法制办着力推动行政机关及时、规范做好行政复议应诉工作，建立与相关部门联席会议制度，加强行政机关与法院工作联动，助力行政争议化解，全区行政复议案件化解率呈上升趋势。全年区政府本级收到行政复议案件140件，化解56件，行政争议化解率40%。推进区行政机关负责人出庭应诉工作。11月3日，原告陈某某要求撤销有关复议决定，向市中级人民法院提起行政诉讼。区委常委、副区长张军伟出庭应诉。开庭前，张军伟仔细审阅案卷材料，深入研究案情事实和证据，积极做好应诉前各项准备。庭审中，区法制办就行政复议案件审理程序、适用法律等进行充分说理，证明行政复议决定所依据的事实清楚、证据充分、程序合法。

【区政府常务会议学法活动】 2017年，区政府常务会议坚持学法活动常态化、制度化，做到学法计划、时间、内容、人员、效果“五落实”。严格筛选学法专题，根据区委、区政府中心工作、区政府工作职责，以及要研究解决的重大难点、热点问题，确定学习内容，其中“依法行政与法治政府建设”“私募股权基金的法律解读”“信访积案化解”等内容具有较强的针对性。

2017年8月18日，区政府常务会议上进行学法活动　　（区法制办　供稿）

【规范性文件与合同合法性审查】 2017年，区法制办健全完善规范性文件制定与管理的各项制度，规范工作程序，强化文件与合同合法性审查。全年审查行政规范性文件24件，对外公布8件。清理规范性文件102件，经区政府常务会议审议，废止24件，宣布失效7件，拟修改后重新发布6件，清理结果在区政府门户网站统一公布。审查合同合法性86件，提出审查意见652条次。经审核的行政合同标的额19.62亿元，比2016年增长3.5倍。

【执法证件管理】 2017年，区法制办做好浙江省行政执法证件管理系统上城平台日常维护工作，全区所有执法单位和行政执法人员先后通过区、市、省三级审核后实现系统化管理。组织清理无执法依据的单位账号和违法违规持证人员，先后清理不合规单位16个、不合法持证证件70件，清理结果上报省、市法制办。结合行政执法证件到期换证工作，重点审查行政执法单位执法主体资格和行政执法人员资格，对不符合资格条件的证件予以注销。加强对全区行政执法队伍的培训管理，全年通过法律知识和业务培训，新增持证人员93人，全区执法人员“持证上岗”率进一步提高。

【行政主体资格审查确认】 2017年，区法制办组织专人对全区行政执法主体资格进行审查和确认，旨在推进行政执法机构、职能法定化，规范行政执法。11月10日，“杭州·上城”门户网站正式对外公布经审查确认的第一批行政执法主体，共43个，其中法定行政执法机关26个、授权行政执法机关9个、受委托行政执法机关8个。

【行政执法案卷评查】 2017年8~9月，区法制办组织开展行政执法案卷评查，采取全面检查和随机抽查评选相结合、自查和集中评查相结合的方式，评查行政许可案卷和行政处罚案卷。邀请区检察院工作人员和区行政执法局特邀监督员作为案卷评审员参与评查。先后评查自2016年6月1日至2017年5月31日，全区22个行政执法单位、6个街道办事处办结的行政许可案卷1.14万件，一般程序行政处罚案卷3671件，行政强制案卷97件。区法制办根据各单位提交的电子目录案卷随机抽查16个单位的案卷26件，其中行政许可案卷14件、行政处罚(含行政强制)案卷12件，未发现不合格案卷。

(俞心怡)

公共安全

【概况】 2017年，区公安分局以中共十九大安保为主线，深入践行习近平总书记提出的“对党忠诚、服务人民、执法公正、纪律严明”总要求，聚焦“品质治安、法治公安、满意民安”和“四个标杆区”建设目标，秉承杭州公安“敢胜、智胜、完胜”的“三胜”精神，坚持从严治警，不断探索社会治理创新路径，全区违法犯罪类警情和刑事案件发案连续第3年下降，实现“发案少、秩序好、社会稳定、群众满意”的工作目标。区公安分局获“全省党的十九大维稳安保工作突出贡献集体”、杭州市2016年度平安先进集体、杭州市命案全破县(市、区)公安局、全省打击治理电信网络新型违法犯罪专项工作成绩突出集体、全省公安信访工作考核县级优秀单位等荣誉。上城区连续第12年被评为全省“平安区”，获首批“平安金鼎”。湖滨派出所获全省公安基层基础工作成绩突出所队、全省优秀公安基层单位称号。全区公安队伍中获省“五一”劳动奖章1人，被评为全省公安基层基础工作成绩突出个人1人、杭州市基层站(所)十佳公务员1人，26名民警立个人三等功，49名民警获个人嘉奖。省委常委、市委书记赵一德，市委常委、公安局局长叶寒冰等对上城区建设全市首个主题办证大厅工作予以肯定。

【社会治安防控】 2017年，区公安分局加强“预测、预警、预防”工作，充分发挥主动维稳机制、合成作战机制、“日周月”评估机制、“三级督导”机制等工作机制，对各类不稳定苗头线索进行早介入、早调查、早处理，把各种风险和隐患防控解决在初始状态，成功处置相关涉稳事件。健全完善大型活动“稳评、恐评、安评”工作机制，完成各级“两会”、“一带一路”高峰论坛、金砖国家领导人峰会、第四届世界互联网大会等重要会议安保任务。全面加强重要目标单位、人员密集场所反恐措施，严格管理，确保危险物品不出安全问题。持续开展消防安全检查，督促整改火灾隐患点2777处。

2017年上城区公安分局和派出所基本信息

表10

区公安分局和派出所	地 址	邮 编	电 话
区公安分局	中河中路88号	310009	87281110
湖滨派出所	邮电路22号	310006	87065709
清波派出所	四宜路61号	310002	87780213
小营派出所	翰林街107号	310009	87800209
望江派出所	钱江路441号	310016	86063837
南星派出所	洋泮路85号	310008	86081143
紫阳派出所	南瓦坊3幢	310008	86061709
站前派出所	邮驿路12-1号	310009	87810680

【重特大案件侦破】 2017年，区公安分局集中警力，打造“大侦查”行动、“大数据”研判和“大兵团”作战的上城模式，加大重特大案件侦破力度。全年联合排查涉众型金融风险企业328个，抓获境外经济类在逃嫌疑人4人。全区现行命案发生1起破获1起，五类恶性案件发生7起破获7起，侦破两起20年命案积案、全国首例“院感HIV”危害公共安全案、全国首例监察委成立后的职务犯罪案等重大案件，实现在册命案逃犯“清零”，命案、五类恶性案件、“双抢”案件破案率持续保持100%。

【社会共建共治】 2017年，区公安分局采取各种举措，强化社会共建共治。巩固“一十百千万”机制，聚合各方资源，实行综治网和公安网“两网融合”，将管控对象全部纳入网格化管理，并落实“四长一员”（楼道长、单元长、院落长、党小组长及治安信息员）专项经费。依托54个公民警校分校，成立医院、银行、特殊行业等网格平安联盟，探索警察与媒体、警察与律师、警察与民众“三联调”模式。推广出租房屋“旅馆式”管理，让群众不出小区就可办理居住登记，推进实有人口、实有房屋管理。加强消防安全监管，区政府出台《上城区消防安全问责办法》，成立消防安全整治办公室，办公室实现实体化运作，部署开展各种专项检查和治理。推进“雪亮工程”建设，在旅馆、网吧等场所安装人脸识别系统，设置治安类高清探头，织密科技防控网络。

2017年6月1日，区公安分局召开全区半年度公安工作会议暨“扬旗”1号行动部署会 （区公安分局 供稿）

资料

“一十百千万”：“一”即一个平安365平台，“十”即54个社区民警、“百”即268个基础网格，“千”即7000名楼道长，“万”即4万名平安志愿者。

【刑事侦查】 2017年，区公安分局坚持打击整治“零容忍”，组织开展“平安”“扬旗”等打黑除恶专项斗争。全年受理侵财案件2932起，比2016年下降42.7%，其中抢夺案件下降50%、入户盗窃案件发案率下降56.1%、电信网络诈骗案件下降16.9%。全年抓获移诉四类侵财犯罪嫌疑人425人，上升37.5%；侵财刑事拘留474人，取保候审51人。全力打造最安全城区，上城区连续第3年实现总警情、刑事警情、治安警情下降，首个年份实现抢夺案件“零”发案。

【“多维警务地理信息平台”开发】 2017年，区公安分局以搭建云平台、融合大情报、实现智能化为目标，开发“多维警务地理信息平台”，打造全领域、深融合、智能化的“公安大脑”。年内，该项目完成软件著作登记，实用型专利获授权，4个发明专利进入实质审查阶段，在指挥研判作战、排查安全隐患、服务公共安全等方面发挥积极作用，并获全市公安机关改革创新大赛银奖。

【反恐怖“四联三防”工作法】 2017年，区公安分局从“一张天网”（智能防控网）、“五微举措”（微警务、微网格、微服务、微体验、微警校）和“御街联盟”群防群治入手，在清河坊历史文化街区推出行之有效的反恐怖“四联三防”工作法，该做法在省、市、区反恐怖工作会议上进行介绍。国家反恐办第一督导组组长、中共中央宣传部副部长、国务院新闻办公室副主任崔玉英，省委常委、常务副省长冯飞等对上城区反恐工作予以肯定。

资料

四联三防：“四联”即联建、联保、联防、联控；“三防”即防车辆冲撞、防刀斧砍杀、防爆炸。

【公民警校分校建立】 2017年，区公安分局在54个社区建立公民警校分校，通过组织培训、演练，巩固和壮大平安志愿者队伍。全年平安志愿者成功劝阻市民盲目转账汇款80余人，挽回经济损失2000余万元；提供各类有价值信息1.8万条，协助抓获各类犯罪嫌疑人500余人，查获易燃易爆违禁物品4000余件。新华社、《公安内参》、《人民与法制》、《中国公安杂志》等媒体和内参上专题报道上城区“公民警校”的做法。12月24日，区公安分局完成以“公民警校”为脚本原型的公安题材电影《爱无痕》拍摄。

【“三位一体”执法机制完善】 2017年，区公安分局积极适应以审判为中心的刑事诉讼制度改革，推进案件管理中心、办案中心、物证中心“三位一体”执法机制建设，规范日常执法办案。实施“七个一”民警执法能力培训计划，即每月一次法制员例会，组织全体法制员剖析存在的执法问题，学习最新法律知识；每月一次加强型执法培训，组织每月执法积分落后、办案质量扣分多、被评为最差案件的办案民警，开展点对点、面对面形式的培训一天；每季一次法制大讲堂，采用“请进来、选上来”的形式，组织分局全体执法民警开展执法实务培训；每季一次通报点评，组织分管领导和法制员，对执法考评问题以PPT形式进行通报点评、剖析执法考评情况；每半年一次法律知识比武竞赛暨执法资格等级预备测试，上半年组织100名民警参赛，下半年组织执法执勤岗位中层领导参赛，竞赛成绩计入单位及个人执法档案，对成绩优秀的予以表彰奖励；每年一次集中轮训，根据公安分局“战训合一”要求，集中组织法制干部、法制员、业务骨干等，开展法制业务工作专项培训；每年一次参加庭审旁听，有计划组织法制干部、法制员、骨干民警至少参加一次行政诉讼案件旁听，有计划组织办案民警参加旁听公安分局办理的重大、疑难刑事案件的庭审。强化中层干部、法制员和新警员执法培训。提前介入、主动跟进重大安保活动、重特大敏感案件的处置，进一步提升执法水平。

【警察队伍建设】 2017年，区公安分局围绕建设群众满意过硬队伍的目标，以中共十九大安保为动力，召开决战部署会，举行国庆升旗仪式暨中共十九大安保誓师大会，与全体民警和协辅警签订《十九大安保责任书》《战时保密工作纪律责任书》，以及通过举行万名干警宣誓大会、重温入党誓词和入警誓词等教育活动，引导全体干警坚定理想信念，永葆忠诚警魂。上城区出入境管理大队副大队长韩卓琦成为区公安分局首名维和警察，被联合国授予“和平勋章”。全年区公安分局帮助群众解决实际困难1200余个，办理实事180余件。

（蔡　勤）

2017年8月21日，杭州清河坊历史文化街区“御街联盟”成立

（区公安分局 供稿）

【交通管理】 2017年，上城交警大队以中共十九大安保为重心，围绕“创新发展”主题，着力构建“安畅”体系，实现交通治理现代化、

执法建设制度化、安全防控信息化、队伍管理规范化。以“为民服务”宗旨，将“最多跑一次”改革作为抓形象的重要载体，进一步建立会商、报送、流转等工作机制，严格落实窗口工作人员首问责任制和一次性告知要求，加强督查检查，规范审批事项，为群众提供更便捷服务。全年上城交警大队5个驻地交通管理服务站推出多项“最多跑一次”改革措施，接待群众来访23.4万人次，受理咨询、查询4万人次，办理车辆和驾驶证业务、处理非现场违法业务19.68万起。以强化监督教育为切入点，加强执法规范化建设。定期开展执法技能培训和民警执法业务知识自测，全年组织执法业务知识考试12次。对涉警、涉法类信访投诉，按照“执法记录仪必查”要求落实大队督察、中队自查；每月对民警日常执法案件中出现的问题进行分析、总结，发布案件质量通报，提高民警规范执法、安全执法能力。全年编发各类执法通报11期。

【交通组织优化】 2017年，上城交警大队高起点谋划望江复兴地区道路交通组织管理及提升优化措施，并细化五大类14项措施，得到区政府领导肯定。鲲鹏路、闻潮路、候潮东路、飞云江路、洋泮路及化仙桥路6条道路新辟停车泊位221个，对区域内20所学校的周边道路设置临时停车区域，制定有关规则，规范学校周边交通秩序，实现“看得见，有感觉”的优化工作目标。

【交通违法行为整治】 2017年，上城交警大队按照“管教结合，严字当头”原则，紧盯城市交通违法顽疾，采取多警联治和部门综治方式，加强现场违法管理和大数据运用，科学布置警力，对群众反映强烈、容易致乱致堵致祸的重点区域和重点车辆进行集中整治，辖区交通秩序、城市拥堵情况得到明显改善。全年查处各类交通违法行为101.96万起，其中：现场违法24.12万起，包括电动自行车违法9.89万起、酒后驾驶460起、醉酒驾驶176起；违法停车7909起，货车运输违章1550起，“两非”(非法运营、非法上路）车辆1632辆；非现场拍摄77.84万起；拖车1.26万辆次。

【交通安全监管】 2017年，上城交警大队围绕交通事故“控大防小”目标，在机制建设和源头管理上落实具体举措，扎实开展交通基础大排查，健全安全防控体系，全区交通安全形势保持平稳。全年发生上报道路交通事故8起，死亡2人，受伤5人，直接财产损失7100元，事故四项指标分别比2016年上升100%、下降100%、上升100%和上升42%。以“两客一危”（从事旅游的包车、三类以上班线客车和运输危险化学品、烟花爆竹、民用爆炸物品的道路专用车辆）和工程运输车为管理重点，每月组织开展交通安全隐患集中排查，重点排查车辆安全技术状况、GPS运行情况、车辆道路运输证及驾驶员从业资格证，发现问题采取责令限期整改、停车整顿等措施，将安全隐患消除在车辆上路前。健全重大交通事故责任追究机制，倒逼企业落实源头管理责任，提升道路安全指数。依托交通管理服务站、处理窗口和社区、酒店LED显示屏开展交通安全宣传教育，组织社区、学校、企事业单位开展交通安全教育培训，发动交通志愿者参与路面管理劝导。全年指导社区、企业培训驾驶员3724人次。根据老年人出行习惯方式，以公园、广场等老年人出入频繁的区域为重点，摆放事故警示展板，进行面对面提醒。

【世界互联网大会交通安保】 2017年11月28日，上城交警大队派出3名民警和10名协警到乌镇参加第四届“世界互联网大会·乌镇峰会”交通安保增援工作。赴外执勤民警和协警发扬上城交警“特别能吃苦、特别能战斗”的传统，圆满完成安保任务，得到上级公安机关肯定。全年重大活动出动增援警力13人，检查车辆400余辆次，纠查交通违法行为500余起；担负交通勤务21批，做到万无一失。

（蔡烨玲）

【消防管理】 2017年，上城区有消防安全重点单位373个、高层住宅和公共建筑659幢、多层老小区住宅76个、地下建筑11处、专业市场47个、加油站4个、瓶装液化气灌装点3处。区委、区政府将消防工作纳入综合考核内容，建立专题研究、督察督办和领导带队检查等工作机制。出台《关于加强消防安全社会治理的指导意见》《上城区消防安全责任问责办法（试行）》《上城区高层建筑“楼长制”实施方案（试行）》《关于开展民房等重点领域火灾隐患集中排查整治行动的通知》等意见办法，推动解决消防工作遇到的问题。区四套班子领导对各街道消防工作划片包干，带队开展消防安全大检查。各街道和社区参照此种工作模式，分级负责，分片包干，落实排查整治工作。6 个街道成立安全生产、消防安全联合执法小组，组织开展辖区安全生产、消防安全联合检查和联合执法。全年上城消防大队接警 696 起，出动消防官兵 7949 人次、消防车辆 1347 辆次，抢救、疏散被困人员 611 人，抢救财产价值 118.6 万元。其中火警 84 起，比 2016 年下降 62%。除蓝色钱江放火案造成 4 人死亡外，其他火灾未造成人员伤亡。

【区消防安全办公室成立】 2017 年 7 月 19 日，上城区成立消防安全办公室，从 6 个街道各调入 1 名社区工作者负责消防安全办公室日常工作。6 个派出所相应成立消防工作办公室，由分管消防副所长任办公室主任，上城消防大队辖区参谋任办公室副主任，设 1 名专职民警和 2 名消防协警，专门负责派出所消防工作。两级消防安全组织成立后，开展常态化消防安全检查，对高层建筑、出租房屋、沿街店铺和公共娱乐场所等进行隐患排查整治，实现检查、复查、整改、销号闭环管理。

【“智慧消防”设施建设】 2017 年，上城区将安装智慧式独立感应火灾报警器列入区政府 2017 年“为民办实事项目”之一，先后在出租房、公共场所等区域安装完成智慧式独立感应火灾报警器 1.64 万个。召开安装火灾自动报警装置专题会议，在全区 14 万户家庭和其他场所中推广使用烟雾报警器、煤气泄漏报警器等火情报警装置。对生活困难家庭等特殊群体，由社区组织免费安装；对群租房等人员密集型场所，区财政出资给予每户 50 元~100 元的安装补贴，做到应装尽装，不留死角。

【火灾隐患排查整治】 2017 年，上城消防大队联合各部门、各街道和派出所，结合有关行动工作部署，对高层建筑、地下建筑、城市大型综合体、人员密集场所、“三合一”（人员住宿与生产、经营等场所在同一建筑内混合设置）场所、出租房和辖区内容易发生火灾的高风险场所，开展排查整治，坚持隐患排查全覆盖、隐患整治“零”容忍。全年检查单位 11.89 万个次，督促整改火灾隐患 1.11 万处，下发责令改正通知书 5344 份，行政处罚 1930 起，临时查封单位 108 个，责令“三停”（停产停业、停止施工、停止使用）单位 113 个，罚款 218.71 万元，拘留 138 人。中共十九大召开期间，对未完成隐患整改的区域、单位和高层建筑，加强昼夜巡逻，落实人员值守和实名看护。

【消防隐患群防群治】 2017 年，上城区多措并举，落实消防隐患群防群治。在南星、望江街道试点开展“三色预警”火灾风险防控等级公示，以重点建筑、居住出租房和“九小”场所（小商场、小学校、小医院、小餐饮场所、小旅馆、小歌舞娱乐场所、小网吧、小美容洗浴场所、小生产加工企业）为主要对象，进行排查摸底，依据火灾风险等级划分标准，以“绿、黄、红”三色分别对应一般、较大、高危火险等级进行挂牌上墙，对单位的火灾风险等级进行公示，起到警示与督促整改作用。绘制社区消防设施示意图，在社区主干道或明显位置统一标注社区微型消防站、消防车道、消防登高场地、消控室、水泵房、消火栓、水泵接合器等位置，让社区居民直观地了解住地附近的消防设施，提高自防自救能力，并便于发生火灾时消防官兵第一时间赶到现场后，迅速展开施救。在全区高层住宅推行“楼长制”，街道党员干部担任高层住宅“楼长”，区直单位主要负责人担任高层商务楼“楼长”，企事业单位负责人担任高层楼宇“楼长”，开展高层建筑日常隐患排查、宣传培训、灭火和应急疏散演练，推动高层建筑设置电动车集中充电点和微型消防站建设。

2017 年 11 月 9 日，上城区举行“11·9”消防宣传月启动仪式暨高层综合体灭火疏散综合演练（上城消防大队 供稿）

资料

“三色预警”火灾风险防控等级：用红、黄、绿三种颜色标记各类场所的消防隐患等级：红色代表火灾形势严峻，黄色代表火灾形势需引起重视，绿色代表消防安全形势稳定。

【消防宣传】 2017 年，上城消防大队结合“3·15”消费者权益保护日、“5·12”防灾减灾日、“11·9”消防日和安全生产月等重要节点，组织社区宣传大使、消防志愿者等力量，通过消防安全知识讲座、消防演练等形式，开展消防宣传活动。结合“联百镇街、走千村社、进万家庭”活动，各部门、街道深入出租房、高层建筑、老旧小区，上门宣传消防安全知识，发放消防安全宣传册。联合区教育局、区民政局对校园和养老院进行全覆盖培训宣传，会同区卫计局把好医院“消防安全脉”。在湖滨商圈人流聚集点，利用近 3000 平方米的大屏幕高频次播放“消防我代言”宣传公益广告和安全提示。聘请全国人大代表、杭州娃哈哈集团有限公司董事长宗庆后和上城区道德模范、张能庆公益服务站站长张能庆及辖区热心公益事业志愿者共 23 人为消防代言人，并在公共自行车站点投放代言人海报。协调市公交集团和杭州电视台，录制有关消防安全常识视频《阿普说法》，利用地铁和公交车上车载视频，在上下班高峰期间循环播放。利用“双十一”物流高峰时机，通过辖区快递点分发印有消防安全提醒的宣传小页。全年上城消防大队举办消防知识讲座和演练 400 余场，组织宣传活动 290 余次，消防站开放 250 余次，发放各类宣传资料 8 万余份，发送短信 5 万余条，推送微博、微信 2300 余条，受益群众 10 万余人次。

（吴亚男）

检　察

【概况】 2017 年，区检察院以“绿色司法”理念为引领，进一步提升履职能力，为加快建设一流的国际化现代化城区提供法治保障。全年受理提请批准逮捕案件 334 件 436 人，批准逮捕 250 件 310 人；受理移送审查起诉案件 691 件 903 人，提起公诉 549 件 679 人。坚持宽严相济刑事政策，对情节轻微的刑事犯罪不批捕 96 人、不起诉 61 人。落实案件繁简分流、逮捕双向审查等改革要求，适用认罪认罚从宽制度审查处理案件 343 件 367 人，适用率 49.6%，其中适用刑事速裁程序办理案件 241 件 259 人。区检察院 7 名干警受到立功表彰和被评为省级以上业务标兵、能手，1 名干警被评为“全国优秀公诉人”。

【检察环节维稳】 2017 年，区检察院依法履行检察职能，维护社会稳定。依法严惩危害社会治安和人民群众生命财产安全的犯罪，批捕抢劫、盗窃、故意伤害及“黄赌毒”犯罪案件 200 件 236 人，起诉 278 件 335 人；突出打击利用网络实施诈骗、侵犯公民个人信息、赌博、非法买卖枪支等犯罪，批捕 37 件 58 人，起诉 46 件 75 人；落实风险排查、信访处置等各项任务；妥善处理各类控告、申诉线索 178 件，防范和减少矛盾纠纷。

【履行法律监督职能】 2017 年，区检察院履行法律监督职能，加强对立案和侦查活动监督，维护社会公平公正。全年发现并监督异地法院纠正错误刑事判决 2 起，对逮捕后无继续羁押必要的 17 人，变更为取保候审，督促13名罪犯履行财产刑。加强对民事、行政审判和民事执行活动监督。联合区公安分局、区法院建立打击虚假诉讼联动机制，维护民事、行政诉讼秩序。对执行案件专项检查中发现的问题向区法院通报，促进整改。区检察院办理的公房管理领域有关部门违法履行职责公益诉讼案获评全市检察机关优秀案例。履行公益诉讼职能，与区法制办、上城环保分局、区国土分局、区市场监管局等部门建立行政检察监督联动机制，共同促进依法行政，维护国家利益和社会公共利益，督促相关行政主管单位及时、正确行使撤销权，坚决纠正非法获取公房租用证并索要高额拆迁补偿款、妨碍征迁工作的问题，追究惩处违法者，服务保障全区“四个全域化”建设。

【司法体制改革】 2017年，区检察院深入推进以员额制、司法责任制为核心和基础的司法体制改革。实施检察人员分类管理，严格入额条件和程序，经遴选产生员额检察官17人，占原检察人员总数的32.6%。入额检察官全部投入一线办案，入额的院领导、部门负责人均带头直接承办案件，办案件数和人数分别占员额检察官总办案量的68.5%和64.5%。结合院情实际，研究制定绩效考核细则，对三类人员采取分类评价，考核到岗到人；明确员额检察官、科室负责人、院领导各自职责权限，确保员额检察官依法独立办案。聚焦“最多跑一次”改革，优化检察服务大厅“一站式”办理模式，通过案件信息公开网等平台，方便当事人网上查询信息、律师网上预约业务。全年公开案件程序性信息863条、法律文书543份，提供行贿犯罪档案查询9691人次。

资料

三类人员：按司法体制改革要求，司法人员分为员额制检察官、司法辅助人员和司法行政人员三类，其中司法辅助人员包含检察官助理和书记员。

【智慧检务建设】 2017年，区检察院结合工作实际，推进智慧检务建设，提升检察工作现代化水平。应用智能语音识别、远程提审等办案系统，90%以上案件使用智能语音技术制作审结报告、讯（询）问笔录，以远程视频形式讯问犯罪嫌疑人322人次。通过运用“智慧公诉”办案系统，辅助完成案件信息自动提取、证据关联比对、办案风险处置、量刑精准研判、文书制作校对等工作，促进司法办案提质增效。完善统一业务软件应用系统，推行网上办案、集约化管理，对全部案件流程节点、办案规范进行实时和全程监控，全年无超过法定期限案件，涉案财物均规范有效管理。

【监督违规申领公房租用证案件】 2017年8月，区检察院针对一起违规申领公房租用证损害国有财产的案件，对行政主体的不作为行为提起行政公益诉讼诉前程序，督促相关行政主管单位及时、准确行使撤销权，使非法获取公房租用证并索要高额拆迁补偿款、妨碍拆迁工作的问题得到坚决纠正，切实维护公共利益和公平正义。该案系国有资产保护领域全市首例公益诉讼案件，获评杭州市检察机关公益诉讼精品案例。

【冒名未成年人犯罪案件再审改判】 2004~2007年，犯罪嫌疑人秦某某在建德市、上城区等地，多次入户盗窃。2014年3月6日，区公安局经过侦查后，将因其他罪行已被判决并羁押在安徽省阜阳市九龙监狱的秦某某解回再审，2014年9月，秦某某因盗窃罪被区人民法院判处有期徒刑8个月，并处罚金1000元，与前罪有期徒刑和罚金刑并罚，决定执行有期徒刑5年，并处罚金5.1万元。区检察院在审查起诉该案中发现，秦某某于2008年在南京参与盗窃案件时，涉嫌冒用未成年人王某某的身份信息，从而获得减轻处罚，2017年2月7日，便对秦某某冒用王某某身份实施盗窃案件正式发出再审检察建议，经南京市秦淮区人民法院按照审判监督程序重新审判，秦某某因盗窃罪被判处有期徒刑4年，罚金2万元。该案系区检察院首次跨省运用再审检察建议获再审改判的案件。

（江徐赟）

法院

【概况】2017年，区法院围绕“争创标杆法院，争做标兵法官”的工作目标，依法履行法律赋予的职责，为加快建设一流的国际化现代化城区提供司法服务和司法保障。成立区法院机关党委，将“两学一做”学习教育常态化、制度化。深化“三联三领”工作，完善诉讼服务制度，助推“法治上城”建设，诉讼服务中心工作在区“一支部一品牌”创建活动中获二等奖。加强业务培训，组织137人次法官到高校或上级法院学习业务技能。完成司法调研课题4项，其中省高院重点课题2项，发表论文、优秀裁判文书和司法案例18篇。开设“尚法论坛”“尚法青年沙龙”文化交流平台，组织演讲比赛、好书荐读、专题讲座等活动，全面提升干警业务水平。开展“三大窗口”和执法队伍纪律作风专项检查，选拔15名干警担任部门廉政监察员，加强自我约束。主动向区人大常委会主任会议专题汇报司法改革后案件质量情况，向民主党派、无党派人士通报重点工作，听取意见建议。开展“创满意、促公正”走访人大代表活动，邀请区人大代表、政协委员担任人民陪审员、特约监督员，通过参与案件办理、定向视察、旁听评议案件、现场观察执行等活动，强化日常监督。全年受理各类案件11577件，办结11148件，分别比2016年上升21.3%和23.9%。一线法官人均结案300.8件，增加37.7件。诉前纠纷化解率19.8%，民事可调撤率84.5%，二审改判发回率8.26%，均优于全省基层法院平均水平。区法院被最高人民法院表彰为2017年度司法宣传工作贡献突出的基层人民法院。

【刑事审判】2017年，区法院依法打击各类刑事犯罪，依法严惩危害社会治安和民生权益犯罪。全年受理刑事案件557件，审结552件，分别比2016年上升12.8%和5.5%，对288名具有法定从轻、减轻情节的罪犯宣布适用缓刑。审结案件中，故意伤害、强奸、“两抢一盗”（抢劫、抢夺、盗窃）、涉毒等严重刑事犯罪案件279件；贪污、贿赂等职务犯罪案件4件；非法吸收公众存款、集资诈骗等涉众型经济犯罪案件13件，涉及被害人2200余人，涉案金额5.4亿元。集中管辖杭州地区涉外刑事案件，审结12件、15人，依法平等保护涉外被告人合法权益。审结未成年人犯罪案件7件、7人。推荐4名法官担任辖区中小学法制副校长，举办反校园欺凌活动讲座，发放法制宣传册，指导学生体验模拟法庭等，织密青少年法律保护网。

【民商事纠纷化解】2017年，区法院妥善处理人身伤害、婚姻家庭等民事案件，积极化解合同争议、金融借贷、企业经营商事纠纷。全年受理民商事案件6441件，审结6454件，分别比2016年上升10.2%和15%，其中劳动就业、婚姻家庭、相邻关系、医疗、人身伤害等与群众生产生活密切相关案件1188件。针对辖区医院集中、纠纷多发的实际情况，采取针对性措施化解医疗纠纷65件，调撤率79.2%。发布杭州首份医疗审判白皮书——《医疗纠纷类案件审理情况白皮书》，助推辖区健康产业园建设，其做法分别被《人民法院报》《浙江法制报》和浙江卫视等媒体刊发报道。审结商事案件中，金融借款、信用卡、票据等金融纠纷及民间借贷类案件3163件，涉案金额42.9亿元；房屋租赁及买卖、建设工程类纠纷462件；买卖、承揽、运输等服务合同类纠纷414件。设立独立建制的“金融法庭”，

2017年10月10日，区法院召开新闻发布会，发布设立独立建制的“金融法庭”（区法院 供稿）

服务玉皇山南基金小镇、望江金融科技城、钱塘江金融港湾建设，副省长朱从玖，市委常委、副市长姚峰，区委书记陈瑾等批示予以肯定。

【行政审判】 2017年，区法院在保护相对人合法权益的同时，支持行政机关依法征迁拆违，服务“四个全域化”和“一轴三组团”“拥江发展”战略实施。全年受理行政案件172件，审结169件，分别比2016年上升20.2%和7.6%，其中15%的诉讼案件经法院促成和解后撤诉。审结涉及拆迁行政案件25件。首次发布行政审判白皮书，严格执行修订后的《中华人民共和国行政诉讼法》，推动提升行政机关依法行政和出庭应诉水平。通过联席会议、讲座培训、旁听案件等方式，强化政府与法院联动，推进法治政府建设。

【执行工作】 2017年，区法院受理执行案件4407件，执结3973件，分别比2016年上升43.9%和46.8%。实际执行率64.6%，执行标的清偿率49%，分别上升27.2%和19%。根据《关于推进“基本解决执行难”工作的意见》，构建全区26个部门联动的执行破难工作大格局。打好执行组合拳，保持对失信被执行人的高压态势。利用“点对点”网络查控等手段，查控被执行人财产14.3亿元。开展强制腾房、搜查等专项执行行动，腾退房产235处，扣押车辆149辆。强化失信惩戒，依法网上曝光3134人，限制高消费和司法拘留1867人，向公安机关移送涉嫌拒不执行犯罪2人。依托公安协控机制、拘留所“院所合作”机制，抓获被执行人473人，执结案件183件，执行到位金额5946万元。协助区外法院控制被执行人677人。在全市推出“执行无忧”悬赏保险，动员社会力量参与执行，有效推进执行工作。

【“大立案、大服务、大调解”工作】 2017年，区法院做实大立案，开通网上平台、移动终端立案端口，设立网上、跨域立案专窗，在区行政服务中心、南星街道社区服务中心设立延伸立案点，实现网上立案4390件，跨域立案60件，延伸立案40件，民事案件网上立案率62.6%，助推立案登记“最多跑一次”“最好一次不用跑”。做优大服务，建成集立案、“12368”热线接听、心理咨询等十大服务功能于一体的区诉讼服务中心，打造温馨和谐服务环境。研发一体化智慧诉讼服务系统，设立智能导诉台、诉讼服务自助终端、电子档案查询终端和材料收转云平台，全面实现诉讼服务人性化、系统化、智能化。做强大调解，会同区司法局、区住房和城建局、区卫计局、区妇联等单位，设立医患、物业、家事、道路交通、商事5个联调工作室，以及人民调解、法律援助、律师公证诉讼服务3个工作站，聘任130余名特邀调解员，为群众提供多元化、体系化纠纷解决服务。

【司法责任制改革】 2017年，区法院严格执行法官员额制，经过第二批遴选，员额法官增至36人，完成法官单独职务序列改革，落实法官、审判辅助、司法行政三类人员分类管理，优化队伍结构。施行司法责任制，制订司法人员审判职责清单，组建以员额法官为审判核心的团队主导个案裁判，由民商事和刑事行政专业法官会议统一类案裁判尺度，实现“让审理者裁判，由裁判者负责”。制定审判委员会工作规则和院（庭）长审判管理监督权力清单，完善新型审判监督运行机制。推进院（庭）长办案常态化，全年院（庭）长办结案数占全部员额法官办案数的61.8%。

【诉讼制度改革】 2017年，区法院推进“以审判为中心”的诉讼制度改革。开展刑事庭审关键证人出庭作证试点，制定证人出庭作证工作细则，落实出庭人员经费保障，提升关键证人出庭意愿，推进庭审实质化。开展认罪认罚从宽制度试点，与区检察院、区公安分局、区司法局联合出台实施细则，全年适用该制度审结案件250件、272人，占结案总数的46.5%，其中适用速裁程序228件，平均审理天数5天。强化人权法治保障，为81名刑事被告人指定辩护人，禁止让被告人穿着囚服等具有监管机构标识的服装出庭。推行医疗纠纷鉴定人远程视频出庭，通过视频高拍仪点对点接入数字法庭，有效破解鉴定人出庭难，增强庭审实效。

【繁简分流机制改革】 2017年，区法院推行系统自主滚动分案“大民事”审判办法，实施民商案件统一分案、繁简分流。由区诉调对接中心先行诉前调解、快调快判，实现当天调解、当天立案、当月裁判。其他民事审判团队负责医疗、建设工程等疑难复杂案件，经团队法官助理专业化庭前调解、员额法官精细化开庭审判，确保繁案审理准确性。通过诉前化解、庭前调解、简案速裁，使66.9%的民事案件快速结案。尝试执行案件繁简分流办法，由区执行指挥中心统一收案、集中查控，根据查控结果和分流标准，将普通案件流转至执行团队集约化处理。该办法实施后月均结案量环比增长24%。

【“智慧法院”建设】 2017年，区法院建设以数据为中心的人民法院信息化3.0版，升级微信诉讼服务平台，推广运用道路交通纠纷“网上数据一体化”系统和在线纠纷调解平台，让“数据多跑路、群众少跑腿”。全面推进庭审记录改革，优化升级智慧法庭系统，基本实现庭审录音录像替代书记员记录。建设集网络查控、远程指挥、监督管理等功能于一体的新型执行指挥中心。自主研发司法评估拍卖流程节点管理系统，升级电子签章，推行电子卷宗随案同步生成，提升司法管理精细化。与金融机构跨界融合、数据共享，为“金融法庭”量身打造“线下纠纷、线上解决”的金融纠纷一站式化解平台，向当事人提供诉讼要素全流程线上服务，在全国率先探索便捷式、智能化金融审判的“上城样本”，该做法在最高人民法院工作简报上刊发介绍，被新华社、《人民法院报》、《浙江法制报》等媒体报道点赞。

【司法公开平台建设】 2017年，区法院推进审判流程、庭审活动、裁判文书、执行信息四大公开平台建设。全年开展网上庭审直播、录播151次，点击量25.5万次。开展公众开放日活动11次，接待公众528人次。网上公开裁判文书3.22万份。创办《尚法故事会》书刊，以案释法普及法律。通过官方微信、微博公开推送信息653条，召开新闻发布会4次，通过各类媒体发布司法工作动态260篇，及时公布法院重大活动、开庭公告等重要审务信息，保障公众知情权。

（李华珺）

司法行政

【概况】 2017年，区司法局深入推进司法行政领域公共法律服务体系建设，发挥司法行政在化解社会矛盾、促进社会和谐、保障改善民生等方面的积极作用。以“五位一体”尚法工作室为载体推动基层司法行政工作，“百千万”服务行动提升惠企便民法律服务水平，“四化”（社会化、信息化、人性化、基地化）工作机制推进社区矫正工作严管严控，“1+5+X”的矛盾纠纷大调解机制实现全区大调解工作格局横纵延伸，以党建促进律师事务所建设，优化营商环境。努力营造和谐稳定的社会环境、公平正义的法治环境、优质高效的服务环境。全年区司法行政法律服务中心接待来电来访、法律咨询1.07万人次，办理法律援助案件325件。调解各类矛盾纠纷1913起，调解成功1900起，调解成功率99.3%。

资料

“1+5+X”矛盾纠纷大调解机制：成立一个专项领导小组，形成五大特色调处机制，组建网格预警调解队伍，通过源头疏导，控制增量，利用社区“尚法工作室”，强化法律服务，扩大矛盾调解力度。

【“尚法工作室”打造】 2017年，区司法局制定《关于推进司法行政基层“五位一体”工作模式的实施意见》《上城区基层司法行政“五位一体”工作模式实施细则》等意见，通过组建社区能人领衔的“尚法工作室”，打造“一社一品”法律服务志愿团队品牌，延伸人民调解、法律援助、法治宣传、社区矫正、律师服务5项工作触角，推进基层社会治理法治化，弥补居民在自我法律服务、自我矛盾调解方面存在的空白，延伸“最后一纳米”的公共法律服务距离，满足基层群众基本公共法律服务需求，让更多有需要的居民享受到家门口的法律服务。全年全区建成“尚法工作室”33个，在建11个。工作室协助社区走访、帮教矫正人员200余人次，开展法治培训、讲座321场，发放科普宣传册6000余册，收集社情民意582条，受理法律咨询435人次；调解矛盾纠纷734件，调解成功456件，初步实现“小事不出家门、大事不出社区”的工作目标。

【社区矫正人员管理】 2017年9月27日，区司法局出台《上城区社区服刑人员外出请假管理规定(试行)》制度，加强社区矫正人员日常监管，严格请销假制度，加大信息化核查和手机APP监管力度，以“分阶段、滚动式、不间断、常态化”的方式，对社区矫正、归正人员开展日常排查走访，对严管人员和涉毒、涉赌人员及刑期较短的服刑人员建立上门走访、动态分析制度，做到人员情况“四个清楚”。各司法所采取“六个一”的管控措施，落实“五个包”的要求，对社区矫正人员实施三级分类管控，重点人员实行定人包案、一人一档和“一日一报告”制度。协同区检察院开展6次联合执法督查，督查基层单位11个。创新服刑人员教育载体，探索外籍社区服刑人员矫正管理工作，以学用结合，强化外籍人员监管。探索服刑人员参与公益服务新机制，组织心理矫正志愿者队伍，参加由《杭州日报》发起的“共建生态文明”捐种梭梭林公益活动。拓展社区矫正帮扶渠道，做好帮教安置工作。全区在册社区服刑人员126人，归正人员490人。开展业务培训3次，参加培训200余人次。救助社区服刑人员13人次，救助金额4.5万元。

资料

四个清楚： 基本思想情况清楚、家庭生活状况清楚、就业情况清楚、现实表现清楚。

“六个一”管控措施： 每周一次电话汇报、每月一次书面汇报、每月一次集中思想教育、每月一次公益劳动、每月一次走访、每个季度对服刑人员进行考察。

“五个包”： 包掌握情况、包解决困难、包教育转化、包监管稳控、包情况处置。

【法律服务活动】 2017年7月13日，区司法局、区依普办在全区开展“百名律师进社区、千名调解员化纠纷、万名普法志愿者在行动”法律服务活动。在每个社区增加1名公益律师，以公益志愿的形式，对辖区居民和企事业单位试行一对一、面对面的法律服务。发挥人民调解员化解矛盾“第一道防线”的作用，宣传人民调解工作典型，扩大人民调解工作社会影响力。组建上城区普法志愿者总队和“谁执法谁普法”普法讲师团，吸纳更多普法志愿者加入，满足群众基本公共法律服务需求。至年末，社区律师值班2952人次，接受法律咨询2375人次，出具法律意见书228份。

【“大调解”工作格局构建】 2017年，区司法局进一步完善“大调解”工作格局，推出“谈心调解、亲情调解、感化调解、帮扶调解、联动调解”五大特色调解机制，通过区、街道、社区三级网格化管理，结合律师进社区工作，将网格预警信息队伍力量下沉，依托“尚法工作室”，主动寻找矛盾、发现矛盾，提早消除隐患。深化“警民联调”工作机制，在区公安分局湖滨派出所试点成立“警媒、警律、警民”三联调工作室。与区法院一同推进“五室三站”多元调解平台建设，加强人民调解与司法调解、行政调解的联动，推荐89名调解员担任法院特邀调解员、113名调解员担任在线矛盾纠纷化解平台调解员。全区有调委会107个，调解员1003人；“和事佬”协会54个，会员347人。全年调解矛盾纠纷1913起，调解成功1900起，发放“以奖代补”经费40.1万元。5月,“和事佬”沈寅弟被司法部授予“全国模范人民调解员”称号；9月，沈寅弟被省司法厅授予“全省特级人民调解员”称号。

资料：

五室三站： 道路交通、物业、医患、家事、商事5个联调工作室；人民调解、法律援助、律师公证诉讼服务3个工作站。

【司法所基础建设】 2017年，区司法局多措并举，夯实司法所基础建设。4月12日，联合区编委办出台《关于进一步规范司法行政专项编制管理的若干意见》，理顺司法所管理体制。按照省司法厅《关于开展全省司法所工作台账和业务档案集中检查活动的通知》要求，组织各司法所认真开展自查、整改，通过季度例会、交流观摩等办法，提升司法所业务规范化水平。做好省司法厅对各星级司法所复评验收和创优创建申报工作，加强星级司法所创建工作指导。10月10日，成立中共上城区司法局司法所联合支部委员会。

【律师管理】 2017年，区司法局通过“打造3个党建试范点、建立2个律师智库、形成1个律师党员评估机制”的“321”项目为重点，加强法律服务规范化管理。打造“云法务IForensic”法律服务产品，用菜单式服务模式，满足中小微企业法律服务需求。以全区各律师党支部为单位，建立诉讼仲裁、公司法务、建筑房产、金融资本、政府法律顾问、海外投资6支专业队伍。开展“规范执业”和“三围绕、两坚持、两争创”活动，加大对区属律师事务所、基层法律服务所执业检查。全区24个律师事务所305名律师分别担任24个政府职能部门、35个企事业单位法律顾问。全年提供法律咨询服务2.4万人次。6月，浙江海通律师事务所被市司法局评为全市首批司法行政系统党建示范点。

【浙江泰杭律师事务所老挝联络处设立】 2017年5月12日，上城辖区内浙江泰杭律师事务所（简称泰杭事务所）在老挝首都万象成立联络处。泰杭事务所与老挝CLX老-中律师事务所签订战略合作框架协议，推动两国律师为促进经济社会发展服务。泰杭事务所秉承“共创、共建、共享”发展理念，通过加强信息化建设，完善专业化团队运作模式、律师晋升机制，实现业务共创、制度共建、利益共享。通过组建e律师联盟，实现国内10个省份、58个律师事务所通过统一的互联网技术平台，互联互通。双方合作为国内金融资本进入老挝提供法律保障，为老挝法律体系规范化建设提供中国经验。

【法律援助办理“最多跑一次”】 2017年，区司法局贯彻落实省、市关于加快推进“最多跑一次”改革决策部署，成立“最多跑一次”改革领导小组，制定实施方案，明确权力清单。局领导以工作人员身份在窗口值班，助推改革措施落地。对于符合法律援助申请条件的承诺“零”等待，将审批时间由原来5天改为当场受理、当场审批、当场决定、当场指派。全年区法律援助中心受理审批法律援助案件325件，其中刑事案件157件、民事案件168件，申请类援助案件186件，“四个当场”案件182件，一次性现场申请通过率达98%，挽回经济损失470.36万元。“12348”法律咨询热线提供法律咨询1.07万人次，其中接待法律咨询来访3612人次，接待法律咨询来电7122人次。通过法律援助，完善公共法律服务体系，让信息多跑路、群众少跑路。

【法律援助工作】 2017年，区司法局按照《法律援助案卷管理办法》，推进法律援助案件管理，将办结案卷扫描归档，实现案卷电子化管理。依托杭州市法律援助信息化平台，开展O2O的法律援助宣传活动，通过“上城普法”微信公众号，提供“全时段”的法律咨询、法律援助、事项指引等服务，避免群众跑空趟、空耗时。推进援助工作站和联络点建设，印发《2017上城区法律援助工作要点》，明确工作站和联络点工作任务，在区看守所、区法院安排律师值班，其他工作站和联络点安排街道法律顾问、社区律师值班，为群众提供法律服务。全区各援助工作站和联络点为居民提供法律咨询2219次。3月，区法院法律援助工作站被市司法局评为全市优秀法律援助工作站。

【刑事案件认罪认罚从宽工作试点】 2017年，区法律援助中心根据刑事案件认罪认罚从宽试点工作要求，结合上城司法行政工作实际，选配10名执业3年以上、具有良好职业道德和社会责任感、热心于法律援助事业的律师派驻到区公安分局、区法院、区检察院值班，充分保障犯罪嫌疑人、被告人在认罪认罚案件中获得法律援助的权利，为符合辩护条件的犯罪嫌疑人、被告人依法提供辩护。完善值班律师工作机制，规范值班律师工作职责，健全法律帮助快速办理机制，确保法律帮助案件在两个工作日内完成办理。全年区法律援助中心办理法律帮助案件169件，其中公安侦查阶段55件、审查起诉阶段114件。

（陶铁鹏）

军　事

Military

人民武装

【概况】 2017 年，区人武部贯彻落实军委国防动员部和浙江省军区、杭州警备区党委扩大会议精神，以习近平新时代中国特色社会主义思想为指引，围绕强军目标，聚焦打仗、备战，抓好实战训练，推进思想政治建设、民兵建设等工作，人武部和后备力量建设取得新发展，党委班子凝聚力、战斗力、创造力不断增强，党委核心领导作用得到进一步发挥。

【兵员征集工作】 2017 年 3 月 21 日，区人武部组织召开民兵组织整顿暨兵役登记工作会议，部署 2017 年度兵役登记工作，6 个街道的专武干部及 5 个社区的民兵连长参加。会议要求各单位进一步提高思想认识，主动适应应征对象主体调整的新情况，依托高等院校主渠道，深入开展征兵宣传工作。会后，联合地方新媒体进行兵役登记预告，开展兵员情况调研，掌握兵员底数。贯彻“五公开、五公布”等廉洁征兵各项规定，建立征兵工作通报制度，狠抓工作落实，圆满完成新兵征集任务，新兵中大专以上文化程度比例为 80%，达到省市征集高学历兵员要求。新兵入伍前，区人武部对新兵进行思想政治教育，组织观看爱国主义影片，鼓励新兵更好地献身国防、报效祖国。

【民兵应急连集训】 2017 年 6 月 1~5 日，按照杭州警备区民兵组织整顿工作要求，区人武部组织专武干部和民兵应急连开展民兵基地化集中训练。集训采取理论和实际相结合的方式，进行队列、警棍操、反恐维稳、轻武器射击等科目训练及政治教育、反恐相关知识学习。经考核，参训学员成绩全部合格。

【杭州警备区工作组检查指导人武部工作】 2017 年 7 月 14 日，杭州警备区司令员任明龙、政委徐建国率工作组到区人武部检查指导工作。工作组听取区委常委、区人武部部长李中富关于区情、区域经济发展及人武部建设情况汇报，并观看上城区宣传短片。随后到小营巷社区调研考察，参观毛主席视察小营巷纪念馆、红巷生活广场、全国爱国卫生运动纪念馆、钱学森航天科普馆等。工作组充分肯定区人武工作，对下一步民兵建设、国防动员、备战训练等工作提出要求。

【国防教育活动】 2017 年 7 月 27 日，紫阳街道人武部联合区社区学院、上羊市街社区及文化站、浙江大学医学院附属第一医院，到武警钱塘江大桥中队开展“文化进军营，传递共建情”主题活动，活动包括送书进军营、杭州老底子历史分享会等内容，并组织 10 余名应征青年在军营体验军旅生活和军事训练。结合“八一”建军节、国防教育日，在主要交通要道、旅游景区设置国防教育宣传标识和公益性宣传牌，组织国防教育宣讲活动，营造“处处是课堂，时时受教育”氛围。

【举行退役士兵返乡欢迎仪式】 2017 年 11 月 4 日，区人武部组织召开 2017 年度退役士兵返乡欢迎仪式暨专场招聘会，区委常委、区人武部部长李中富，副区长毛素云等出席，全体专武干部，20余个企事业单位的负责人及32名退伍士兵参加。李中富对为国家奉献青春，为家乡争得光荣的退役士兵表示衷心感谢，希望“退伍不褪志、退伍不褪色”，增强就业自信，在不同岗位上创造新的业绩。退伍士兵代表进行表态发言。招聘会推出就业岗位200余个，岗位涵盖不同领域不同学历层次的需求，为退役军人就业提供较大的选择空间。

【中共十九大精神专题学习】2017年10月，区人武部围绕中共十九大报告提出的新思想、新论断、新提法和新举措，开展专题学习活动。区人武部党委副书记、部长李中富进行专题辅导授课，从学习领会习近平新时代中国特色社会主义思想、理解把握中国社会主要矛盾的变化、了解把握坚持走中国特色强军之路、全面推进国防和军队现代化建设的战略部署等7个方面解读中共十九大报告内容。11月20日，组织召开中共十九大精神集中学习会，全体干部职工以学原文、悟原理、谈心得的形式，进行学习交流。11月24日，组织中共十九大报告主题知识考试，以考促学、以学促做，引导党员坚定理想信念，明确政治方向，强化宗旨观念。

【实弹射击集训】2017年11月15日，区人武部组织专武干部、民兵骨干在余杭民兵训练基地开展轻武器实弹射击集训。训练安排动员讨论、政治教育等内容，并从训练组织、枪支弹药准备、实弹射击场地划分、安全保障等方面进行细化。实弹射击训练前，区人武部组织街道专职武装部长为参训民兵讲解枪支基本常识和射击要领，并进行武器装卸、靶位瞄准等示范操作。集训按照“动弹必验弹、动枪必验枪”等规定及训练原则，做到组织严密，安全有序。

2017年11月15日，区人武部组织专武干部、民兵骨干在民兵训练基地开展轻武器实弹射击集训 （区人武部 供稿）

【基层党管武装工作考核】2017年12月29日，区委常委、区人武部部长李中富带领考核组对全区6个街道、3家企业进行党管武装工作考核。按照“突出重点、符合实际、注重实效、便于组织”的原则，将考核内容整合为党委政府重视、干部队伍建设、兵员动员征集、民兵整组训练、人武部基础建设、法规制度落实、战备执勤保障、思想政治教育、国防教育宣传、特色亮点工作10个方面，采取逐个单位“考”、逐名人员“过”的办法，进行量化打分，并结合听取汇报、座谈了解、查阅资料和实地核查情况，对9个基层武装部进行综合考评。

（毛俏燕）

人民防空

【概况】2017年，上城区人防工作以现代高科技信息化条件下人防应急准备为主线，以基层民防建设为抓手，编制修订防空袭预案，开展防空防灾疏散演练工作，完成“5·12”防空警报试鸣。加强人防重点工程规范化管理，开展人防工程平时使用和维护管理登记和“双随机”巡查，立案查处人防工程违法案件3件。完成区人防专业队和区民防志愿者队伍整组及专业训练，提高人防队伍履行战时防空、平时服务、急时支援的能力和水平。人民防空工作首次列入全区综合考评。

【人防工程审批】2017年，区人防办按照人防审批事项100%实现“最多跑一次”的目标，在区行政服务中心单独设立人防办事窗口，指定专人负责窗口咨询和接件，行政审批业务统一纳入省政务服务网平台办理，并落实工作人员进行报审事项后续办理。项目审批实行窗口受理、工作人员校审、业务科室提出意见、分管领导审核、主要领导审批五级审批制度，建立事中事后监管机制，做到人防行政审批流程规范、责任到位。加强服务浙商工作。全年区人防办受理审批事项 40 件，其中办结人防工程竣工备案 8 件、报建审批 3 件；平时使用和维护管理登记 53 件；完成结建竣工面积 3.58 万平方米；参加规划设计方案会审 5 次。

【人防工程“双随机”巡查】 2017 年，上城区首次开展人防工程“双随机”巡查，依据人防工程现状制订巡查方案计划，按照 5%~10%的比例分批次随机抽取 30 余处人防工程进行全面检查，主【人(民)防宣传】 2017 年 3 月 1 日，区人防办在天要检查工程质量，清理安全隐患。针对人防工程使用维护管理中存在的问题，发出整改通知单 11 份，督促工程管理单位抓紧整改。全年查处人防违法案件 20 余件，其中立案 3 件。

【指挥通信建设】 2017 年，区人防办完成区人防专业队和民防志愿者队伍整组、训练及人防指挥部成员调整和方案编成。落实防空警报器建设任务，新建电声防空警报器 1 台，防空警报完好率、鸣响率均 100%。推进基层人防（民防）规范化建设，年度规范化建设任务全面完成。视频会议系统和电台及移动指挥车联训达到上级要求，全年连续 4 个季度获全市人防系统指挥通信业务联训满分，并在全市人防应急应战机动通信保障演练中，完成既定演练任务。

【防空防灾疏散演练】 2017 年 5 月 9~15 日，区人防办会同区教育局举行防空防灾疏散演练和人防宣传周活动，全区 30 所中小学近 3 万名师生参加。5 月 12 日，区人防办将徐家埠列为社区疏散演练示范点，联合望江街道、徐家埠社区，组织 200 余名社区居民进行防空防灾疏散演练，并为居民讲解防空防灾知识，提高居民的国防意识和防空防灾自救能力。演练重点突出预案启动、防空信号鸣放、人员疏散等环节，检验街道、社区组织协调和应急处置能力。杭州电视台综合频道、生活频道对疏散演练活动进行全程跟踪报道。

【人(民)防宣传】 2017 年 3 月 1 日，区人防办在天阳明珠商场、如家快捷酒店开展以“关注民防，平安生活”为主题的国际民防日集中宣传活动，向市场管理员、业主、员工发放《中华人民共和国人民防空法》等人防法规手册。在区行政服务中心人防审批窗口向办事群众分发介绍民防知识的资料，现场接受群众有关民防地下空间使用等情况的咨询。5 月 12 日，区人防办在徐家埠社区展出防空防灾宣传展板，发放《公民防灾手册》等资料。全年辖区 9 所中学开展人（民）防知识普及教育，受教育学生 3000 余人，受教育率 100%。（王国醒）

【人防异地建设费调整】 2017 年，上城区对人防工程异地建设费进行调整，旨在给投资企业减负。根据省人防办文件精神，辖区人防工程异地建设费降低。对经人民防空行政主管部门核实可以不建或者少建防空地下室，并符合国家和省规定的减免政策的建设项目，减半征收或免收人防工程异地建设费。（王　然）

2017 年 5 月 12 日，区人防办在望江街道徐家埠社区进行防空防灾知识和人防法律法规宣传（区人防办　供稿）

特色产业与街区

Characteristic Industry and Characteristic Urban Block

金融服务业

【概况】 2017年，上城区利用“环湖拥江”的有利区位优势，依托传统金融产业的雄厚基础，全力打造以玉皇山南基金小镇为核心的新金融产业生态圈，加快与钱塘江金融港湾建设的融合，全面做好属地金融维稳工作。金融服务产业招商完成市外内资项目201个，到位资金135.98亿元。中兴通讯集团金融控股（杭州）有限公司、国新国控投资有限公司、浙江中商亿联实业发展有限公司等落户上城区，进一步助推金融服务业加快发展。全区对玉皇山南基金小镇、南宋皇城小镇、望江智慧产业园、8千米江岸线等区块进行重点规划。其中玉皇山南基金小镇结合景区总规修编评估、分区规划修编和“拥江发展”战略实施等工作，进一步完善小镇空间规划，将沿山、沿江、环湖等优质资源区块物业纳入拓展范围。通过之江路、复兴路提升改造工程沿线零星地块土地集约化利用，进一步释放上城区土地空间。望江智慧产业园大力发展金融经济、总部经济、楼宇经济，引进新金融产业和信息经济产业，打造以“金融+科技”为特色的望江金融科技城，实现从“园”到“城”的转变。

【金融产业特色明显】 2017年，上城区立足玉皇山南基金小镇，全力打造私募金融产业生态圈。至年末，小镇引进企业总数2361家，总资产管理规模1.05万亿元，实现税收21.6亿元，吸引中国建设银行亚太“一带一路”基金管理有限公司、中电健康医疗大数据（杭州）股权投资基金合伙企业、浙江省交通投资集团有限公司、浙江省能源集团有限公司等基金项目落户。上城区连续3年举办私募基金西湖峰会，并将峰会打造成为专业化、精品化、国际化的高端资本对话平台，成为浙江省、杭州市极具国内外影响力的行业会议标杆和国际会议品牌。2017年第三届全球私募基金西湖峰会以“私募基金的责任”为主题，参会人员1000余人。玉皇山南基金小镇与美国格林威治小镇签订友好合作备忘录，成立纽约、伦敦代表处，打通小镇通往世界的合作共赢通道，实现小镇从“名不见经传”到享誉国内外的重大转变。

【金融人才工作】 2017年，区金融办与区人才办、区人力资源和社会保障局、区财政局等部门修订完善《关于建设金融人才管理改革试验区的若干政策意见》，拓展金融人才覆盖面，提升人才评审信息化水平，提高评审效率，扩大金融人才政策的受众面和影响力。评出第二届杰出金融人才6人、第二届突出贡献金融人才10人，并依据新的政策意见开展2016年金融人才评定工作，有234名金融人才提交申报材料，年内完成申报材料初审。

【“凤凰行动”计划】 2017年，为全面落实浙江省推进企业上市和并购重组“凤凰行动”计划，上城区修订完善企业上市、挂牌、并购重组等奖励政策，创新构建由海通证券、天健会计事务所、锦天城律师事务所等知名金融机构和专业中介机构组成的综合金融服务联盟，为区内企业提供全方位、全流程的专业化服务，助力企业做强做大。年内，浙江威星智能仪表股份有限公司、浙江诚邦园林股份有限公司、龙运国际有限公司和杭州交联电力设计股份有限公司4家企业实现境内外上市，浙江春派科技股份有限公司、杭州新丰小吃股份有限公司成功挂牌“新三板”。相关企业获杭州市奖励410.19万元、上城区奖励650万元。至年末，上城区有上市挂牌企业和上市意向企业各31家。

【金融监管】 2017年，上城区成立领导小组，组织协调区公安分局、区市场监管局等部门，并聘请第三方审计机构联合检查、专题审计区内互联网金融企业，按照《网络借贷信息中介机构业务活动管理暂行办法》，对5家企业发出整改通知书，督促其进行合规性整改。根据省、市金融办的布置，由区金融办牵头，协同经侦、工商、街道等部门，配合做好交易场所清理整顿“回头看”工作。稳妥处理信访投诉，督促企业加快业务模式转型。开展风险防控检查，针对现金贷、校园贷及违规开展网络借贷业务的行为，第一时间与企业沟通。创新监管模式，构建玉皇山南基金小镇私募统计系统，召开私募金融统计试点实施工作推进会和培训会，指导属地街道统计部门和相关单位做好企业信息收集与报送工作。

【中国董秘百人会论坛】 2017年11月25日，上城区与中国董秘百人会联合举办的“钱江弄潮”中国金融科技创新与上市公司产业发展高峰论坛暨中国董秘百人会论坛在杭州国际博览中心举行。产业发展高峰论坛以“中国金融科技创新与上市公司产业发展”为主题，为境内上市企业、金融资本代表提供交流、合作的高端专业性平台。龙永图、曹德旺、马蔚华等全国知名专家、学者和金融机构高管、领军上市公司企业家等600余人参加论坛。中国董秘百人会论坛以“共商、共建、共享”为宗旨，以业务和学术交流为主要方式，以提高董秘执业能力、促进董秘职业化发展为主要目的。该论坛将持久落户上城区。

【春派科技公司登陆“新三板”】 2017年7月20日，浙江春派科技股份有限公司（简称春派科技公司）正式登陆“新三板”，证券代码“871729”，为全区在“新三板”挂牌的第18家企业。春派科技公司成立于2013年8月，主营业务以销售手机、3C数码配件、智能穿戴为核心，兼营相关产品研发、生产及售后维修服务。与三星集团、魅族科技有限公司、苹果公司、北京小米科技有限责任公司、联想集团、华为技术有限公司等国内外知名手机厂商建有良好合作关系。

【“金融+产业”对接洽谈会】 2017年5月19日，上城区举办以“产业引领发展，金融助力转型”为主题的“金融+产业”对接洽谈会，吸引50个银行、券商机构及创投类、股权投资类基金管理公司参加。会上，杭州微智兆智能科技有限公司、杭州芯影科技有限公司、杭州泰宏新能源技术有限公司、浙江谷丰科技有限公司4家区电子机械功能区重点企业进行项目推介。

（魏建军）

【南华期货公司获评中国最佳期货公司】 2017年9月22日，清波街道辖区企业南华期货有限公司在第十届中国最佳期货经营机构暨最佳期货分析师评选活动中获“中国最佳期货公司”等11项荣誉，公司总经理罗旭峰获首次设立的中国期货公司“最佳掌舵人”称号。该公司客户服务不断优化，研究力量不断加强，逐渐从省内行业规模较小的期货公司发展成为全国名列前茅的期货公司，赢得良好的行业口碑。

（蒋成杰）

文化创意产业

【概况】 2017年，上城区有文化创意企业2924家，其中规模以上303家。全区文化创意产业呈现核心行业引领发展、企业效益快速增长、税收增幅较大的良好态势。全年文化创意产业实现增加值143.7亿元，比2016年增长15.1%，高于全区GDP增幅8.9个百分点。完成一般公共预算收入5.4亿元，增长52.7%。规模以上文化创意企业从业人员5.41万人，完成主营业收入338.5亿元，增长34.4%；实现利润总额14.8亿元。从企业盈利水平看，主营业务收入超1亿元的文化创意企业50家，主营业务收入293.6亿元；主营业务收入超10亿元的5个，主营业务收入154.5亿元，占全区规模以上文化创意企业主营业务收入的45.6%。

【影视剧《鸡毛飞上天》入选“五个一工程”】 2017年9月6日，《鸡毛飞上天》入选第十四届全国精神文明建设“五个一工程”。该剧是中共中央宣传部和浙江省委宣传部重点扶持，杭州市委宣传部、上城区委区政府、杭州佳平影业有限公司、上城区投资控股集团等联合出品的影视剧，讲述义乌商人陈江河、骆玉珠白手起家、艰难创业的故事，展现三代义乌商人立足义乌、放眼全球，既艰辛曲折又充满激情的创业史和感情史，呈现改革开放近40年来浙江义乌的商业巨变。

【朱炳仁入选“年度文化人物”】 2017年1月11日，由中华文化促进会、凤凰卫视联合主办，深圳华侨城文化集团承办的“2016中华文化人物”颁授典礼在深圳举行。上城区铜雕艺术大师朱炳仁与其他10名来自国内各个文化艺术领域的“文化匠人”入选“年度文化人物”。该活动连续举办8年，为全球华人文化圈品牌活动。

【脸脸会公司被评为“新商业杰出企业”】 2017年1月5日，由《都市快报》发起的浙江创新企业评选活动结果揭晓，上城区文创企业杭州脸脸会网络技术有限公司入选，被评选为“新商业杰出企业”。该公司专注移动互联网业务，主要运营一款基于场所的移动生活服务应用平台——“脸脸”，旨在为国内2500万名场所经营者提供准APP集成平台，为都市生活人群提供场所生活的入口。“脸脸”与国内1000余个购物中心达成战略合作，以“娱乐——社交——电商”的方式帮助购物中心解决社会化销售问题。

【诚邦股份上市】 2017年6月19日，诚邦生态环境股份有限公司在上海证券交易所主板上市，股票代码“603316”，首次发行股票5082万股。该公司是集规划设计、科技研发、苗木种植、工程建设、养护管理于一体的全产业链生态环境综合服务运营商，拥有城市园林绿化壹级、市政公用工程施工总承包壹级、古建筑工程专业承包壹级、风景园林工程设计专项甲级、水污染治理甲级等资质。公司承建的工程遍及全国，获中国优秀园林绿化工程金奖、中国优秀园林古建筑工程金奖、浙江省优秀园林工程金奖、杭州市优秀园林绿化工程金奖等国家级和省市级奖项。

【中交华东区域城市发展研究联盟在上城成立】 2017年10月12日，由区文化创意企业欧联（杭州）节能建筑技术研究有限公司和中国交通建设股份有限公司联合发起的中交华东区域城市发展研究联盟在玉皇山南基金小镇成立。该联盟集聚世界500强企业——中国交通建设股份有限公司、国际著名高校设计单位——同济大学、全球一流战略咨询公司——罗兰贝格国际管理咨询公司等高端设计行业机构、知名高校智库及产业孵化等优质资源。联盟的成立有利于加快上城区文化创意设计产业发展。

【馒头山文化街区入选省级文化创意街区】 2017年12月18日，馒头山文化街区入选浙江省文化创意街区名单。馒头山文化街区南临浙赣铁路线、北靠万松岭路、东至中河高架、西临凤凰山麓，地处南宋皇城小镇核心区块。上城区抓住“拥江发展”战略机遇，按照“激活文化印记”“城市有机更新”理念，对该街区内原有旧厂房、旧仓库进行改造，将其打造成凤凰御元、凤凰公社、凤凰1138、LOMO创意谷、凤山·拾遗、山南·劳伦斯国际艺术设计园区、时尚创意园等文化创意产业园，园区总面积10万余平方米，街区吸引以中央电视台电影频道杭州基地为代表的影视文化企业、以博乐工业设计为代表的设计服务企业、以乐玛摄影为代表的婚庆摄影创意企业、以蒋胜男工作室为代表的剧本创作室、以夏达工作室为代表的动漫创作室等300余个文化创意企业入驻，全年实现总产值20亿元，文化创意产业出口总额8000万元，初步形成文化创意产业与区域生活“三生融合”发展的格局，为全区打造文化传承标杆区奠定坚实基础。

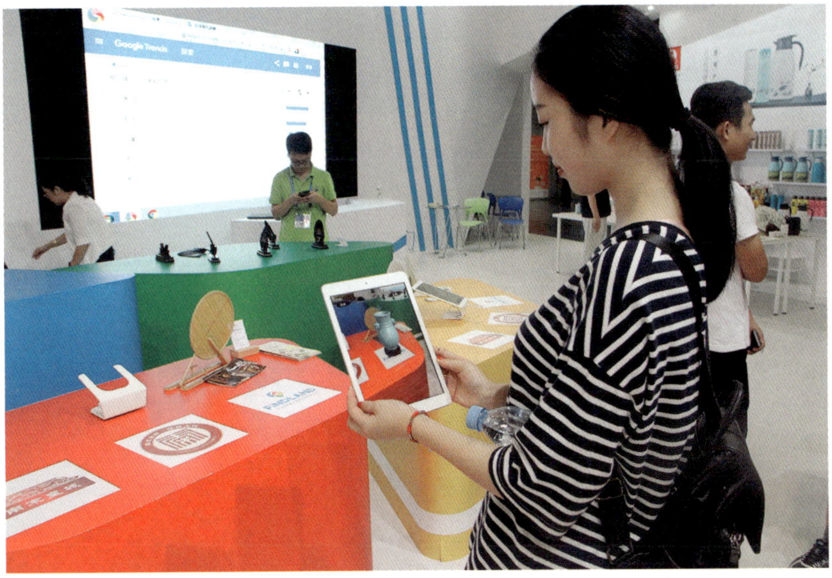

2017年9月22日，杭州市民在第十一届杭州文博会上城展馆参加龙泉官窑AR智能交互体验　　（区委宣传部　供稿）

【杭州文博会上城展馆开馆】 2017年9月21~25日，上城区“Google助力上城文创产品营销全球”主题展馆亮相杭州文化创意产业博览会。上城展馆通过Google（谷歌）大数据、VR（虚拟现实技术）和AR（增强现实技术）等高科技手段，展示南宋原创IP（知识产权）产品和现代文创产品。杭州锋澜科技有限公司、杭州龙官青瓷有限公司、杭州大头儿子文化发展有限公司、杭州匠无界文创科技有限公司、杭州特美刻日用品有限公司等文化创意企业参展。

【匠心筑镇·特色小镇创新实践论坛在北京举行】 2017年10月28日，由上城区重点文化创意企业浙江南方建筑设计有限公司主办、特色小镇建设成果展组委会支持的“匠心筑镇·特色小镇创新实践论坛暨小镇运营标准发布会”在北京国家会议中心举行。论坛上，主办方根据特色小镇国家发展战略和发展路径，与参会嘉宾分享该公司在特色小镇建设方面的思考与经验，并发布《南方特色小镇运营标准》，其中包括《特色小镇全过程运营标准》《运营创新孵化器落地标准》《特色小镇基础服务标准》等十大标准。

【南宋文化讲坛】 2017年，上城区在南宋皇城小镇“匠无界·南宋文化交流中心”开设南宋文化讲坛。讲坛邀请林正秋、傅伯星、徐吉军等著名南宋史专家、学者做专题讲座。先后举办“杭州兴起，南宋定都”“南宋时期的杭州地名”“话说最美丽名贵之城”“一张飘落千年的金名片”“雅趣与匠心暨南宋文物鉴赏”等主题论坛9期。论坛将传统文化与现代设计融合起来，让市民在生活休闲中接受艺术熏陶。

【南宋文化主题创意展】 2017年6月27日，“宋韵新生·南宋文化主题创意展”在“尚城1157·利星”商业综合体举行。展览展出“好间界”“开运宰相、护身将军”“神仙会”“游园惊梦”四大IP生活美学创意设计系列之“宋韵皇城”系列旅游文创产品300余件。南宋IP生活美学创意设计产品通过挖掘南宋文化内核，将现代工业设计、艺术品、美食与南宋传统文化相结合并推陈出新，形成可复制、可持续、可循环的文创产业链。

【纪录片《钱塘江》获“丹桂奖”】 2017年10月12日，首届浙江省纪录片“丹桂奖”颁奖仪式在杭州举行，上城区联合杭州佳平影业有限公司等单位出品的纪录片《钱塘江》获“丹桂奖”。《钱塘江》将镜头聚焦于自古繁华的钱塘，以钱塘江两岸老百姓的生活及生存状态为视角，立体式展现钱塘江沿岸生态环境的特点及影响，以全球视野关注人与自然家园的关系，展现原生态画面和基层百姓的生活状态，提出中国在经济发展与环境保护的平衡中所面临的困境、思考与探索。2016年10月，浙江省友好访问团到捷克访问期间，该片作为中国“诗画浙江”电视周开幕剧目播映。

【宋词书法、国画、篆刻作品展】 2017年5月23日，宋词书法、国画、篆刻作品展在中山南路187号举办。展览由区委、区政府主办，区委宣传部、南宋书画院、御室爱新觉罗书画院和中国民间艺术产业示范基地等单位共同承办。作品展展出书法作

2017年11月14日， 杭州美术节在“尚城1157·利星”商业综合体开幕

（区委宣传部 供稿）

品60幅、国画作品近100幅、篆刻作品300件，其中60幅书法作品主要来自御室爱新觉罗书画院。作品展吸引近1000人次参观。

【杭州美术节】 2017年11月14日，2017年杭州美术节开幕，活动为期15天。由市委宣传部、中国美术学院、市文创办、市文广新局和上城区委、区政府主办，区委宣传部（区文创办）、区西博办承办。美术节以“宋韵皇城·艺术杭州”为主题，围绕“南宋文化”核心内容，整合辖区内各艺术机构的优势资源，推出艺术展览、文化讲座、艺术体验等文艺活动近30场，展现南宋文化的活力和底蕴。

【西泠印社拍卖公司春拍活动】 2017年7月17日，西泠印社拍卖有限公司春拍活动落幕。此次拍卖拍品5115件，成交4463件，成交额13.04亿元，成交率87.5%。其中，西周重器国宝兮甲盘以2.13亿元成交，创下古董艺术品国内拍卖历史的新纪录；清中期·龚心钊旧藏杨彭年制、陈曼生刻香蘅款紫泥粉彩泥百衲壶以1449万元成交，为西泠印社拍卖公司第三次拍出曼生壶成交新纪录；民国·张作霖中华民国十六年伍拾圆龙凤金币以908.5万元成交，成为中国金币拍卖史上的最高纪录。南宋宫廷旧藏西周重器国宝兮甲盘专拍暨中国青铜器专场、西泠后四家诗书画印艺术作品专场、西泠印社部分社员作品专场、纪念王一亭诞辰150周年慈善拍卖专场及天工艺园——中国历代庭园艺术石雕专场5个专场获“白手套”专场。

资料

白手套：拍卖师这一职业的最高荣誉是获得“白手套”。它意味着一场拍卖专场达到100%的成交率，代表对拍卖师最高度的认可。

（张玉瑛）

现代商贸业

【概况】 2017年，上城区有商品专业市场27个，其中销售额超过1亿元市场10个（包括新增的欧维时装城钱塘大厦）；商贸综合体7个；农贸市场14个，其中星级市场13个；超市11个，其中大型超市5个；商业特色街区3个，其中国字号街区1个，为清河坊历史文化街区。在上城区注册的电子商务、网络科技、信息技术企业超过500个，开展电子商务应用的商贸服务企业超过3000个。上城区加快商贸业转型升级，积极培育消费热点，市场流通规模稳步扩大。全年实现社会消费品零售总额396.06亿元，比2016年增长10.6%，高于全市增幅0.1个百分点。全年市场批发零售业商品销售总额3650.2亿元。电子商务交易额188.76亿万元，位列全省各县（市、区）第21位。传统专业市场以“互联网+”为载体，通过电商化实现流通效率、发展层次和服务水平的整体提高。清江路服装专业市场从事网络分销或为网商提供货源的经营户占58.8%；从事线上经营的商户1300户，其中40%为注册品牌；在第三方平台开设网店的商户1280户，开展微信营销的商户1500余户。50%的市场自建平台和网站，会员超出200万人次。欧维时装城钱塘大厦被列入全市首批商品专业市场“互联网+”试点。

【商贸发展扶持资金项目评审】 2017年1月11日，区商务局组织召开全区商贸发展扶持资金项目评审会。评审小组由区发改经信局、区市场监管局、区统计局、区科技局等部门和街道组成。项目申报企业负责人参加评审会。评审小组听取申报企业有关项目投资、建设情况的陈述，对10家企业申报的12个项目逐一进行评审，按程序评选出符合上城区商贸产业发展导向、受益群体广、示范效应强的项目进行扶持。

【重点商贸企业文明城市检查迎检】 2017年8月28日，区商务局召开农贸市场文明城市检查迎检动员会议，通报市、区文明城市督查小组明察暗访情况，对农贸市场迎检工作进行动员部署。会议邀请区市场监管局、区爱卫办、区文明办有关人员参加，对食品安全和防“四害”等工作分别提出要求。8月30日，区商务局分组、分片对辖区商贸企业进行检查，发现问题第一时间责令企业整改。建立每日督查情况通报制度，将检查中发现的问题在微信群中通报。9月6日，市商务委有关部门到上城区检查指导农贸市场文明城市迎检工作，区商务局相关人员陪同到望江路农贸市场、棚桥农贸市场、察院前农贸市场和茅廊巷农贸市场检查。市商务委对农贸市场公益广告宣传、地面保洁、经营户用电安全等方面存在的问题提出整改要求。

【赵一德调研农贸市场节日供应工作】 2017年9月29日，省委常委、市委书记赵一德到上城区翰林农贸市场，检查“十一”黄金周民生保障等工作，看望慰问一线工作人员。他到水产、肉禽、蔬菜等摊位前，向经营户和市民了解商品价格、进货渠道等情况，并走进检测室，检查农产品安全检测是否到位；离开农贸市场时叮嘱有关部门负责人，要精心做好节假日市场供应工作，加强货源组织和市场监管，确保货源足、品种多、质量优、价格稳，让市民群众买得放心、吃得安心。

【商贸行业安全生产和消防安全工作培训】 2017年，上城区加强商贸行业安全生产和消防安全工作。4月25日，区商务局举办全区商贸行业安全生产和消防安全工作培训班，农贸市场、超市、专业市场、商场及重点餐饮企业负责人80人参加。区安全监管局、区市场监管局、上城消防大队等单位负责人到会并讲话。12月8日，区商务局再次举办消防安全工作培训班，全区商场（大型综合体）、超市、农贸市场、重点餐饮企业等47个单位的60余名分管负责人和商贸行业消防联防中队人员参加。区医疗中心医务人员进行紧急救护知识及职业病预防讲解，区消防安全教育中心通报各地发生的重大火灾情况，结合案例解读《中华人民共和国安全生产法》，并以互动方式讲授火场逃生技能和灭火器具的操作使用办法。

（黄逸真）

休闲旅游业

【概况】 2017年，上城区抓住“后峰会、前亚运”和南宋皇城遗址综合保护、历史文化名城建设等机遇，围绕打造文化传承标杆区目标，以“一心三化”为抓手，充分发挥旅游产业优势，全力促进产业融合、产城融合、城旅融合。全年三大特色街区接待游客3300万人次，比2016年增长4.5%；营业收入105.83亿元，增长6.8%；税收5.23亿元，增长4.2%。实际完成旅游投资5.24亿元。

【上城区旅游国际化三年行动计划出台】 2017年7月19日，上城区旅游国际化三年行动计划及实施项目出台。该行动计划采取路线图、时间表等方法，细化明确15个方面、51项具体任务的完成时限、责任单位和具体要求，并计划每年配套100万元的专项发展扶持资金。区风景旅游局协调成立区旅游国际化领导小组，推进该项工作纳入全区综合考评体系，营造区属37个部门（单位）合力推进旅游建设发展的氛围。

【钱塘江大型综合性水上夜游项目落户上城】 2017年11月24日，钱塘江首个大型综合性水上夜游项目落户上城。此前上城区政府、杭州运河集团、广东省珠江航运公司三方合作，开展项目前期调研、旅游资源普查和可行性分析。依托上城南宋文化底蕴和旅游资源，投资10亿元，合力开发钱塘江一桥至三桥及运河水上旅游项目。采用“政府搭台、企业运营”模式，推出连接玉皇山南基金小镇和南宋皇城小镇的“双镇双景”白天游、“双遗”夜游两条旅游线路，以吴山广场为起点，以钱塘江规划码头之一的白塔公园为重点，将区内文保点、国际访问点、老字号等旅游资源串珠成链。对接省市有关部门，将该项目及上城旅游整体发展纳入杭州城市规划修编，融入之江路沿山沿江带整体开发和景观提升改造，以及望江新城基金小镇“一轴两镇”整体建设，完成码头、船队、水上集散中心及商业设施等建设，增加9条全程20千米的旅游绿道。该项目的引进和落户，有利于解决上城乃至杭州旅游“湖边热、江边冷”的矛盾。

【钱塘江豪华邮轮项目签约】 2017年12月31日，“交旅融合”——水上旅游发展共商会在上城举行。该活动由市旅委、市交通运输局、上城区政府主办，区风景旅游局承办。会上，区风景旅游局与杭州钱航游船有限公司正式签订旅游深度合作协议，双方将共同打造水上旅游品牌——钱塘江豪华邮轮项目，推动上城旅游产业发展，提升上城旅游品质。

【南宋皇城东宫宫殿浮雕落成】 2017年5月8日，南宋皇城东宫宫殿浮雕落成。该浮雕坐落在南宋皇城小镇（馒头山）游客咨询中心，高2.5米，宽7米，是“南宋皇城微景游”的重要展示点之一。皇城微景游通过模型、浮雕等现代工艺手段，对古迹进行复原，使市民和游客更加真实直观地了解南宋文化，助力南宋皇城小镇品牌提升。

【3个景点入选“杭州夜十景”】 2017年5月26日，由市品牌办等单位主办的“杭州夜十景”评选结果发布会举行。位于上城区的湖滨水乐、河坊霓光、山阁览辉夜景入选“夜十景”。“湖滨水乐”观赏点为西湖音乐喷泉，一朵朵炫目的水花带着节奏盛开在西湖之上，为婉约的夜色增添一份现代感。“河坊霓光”观赏点为河坊街与高银街，河坊街曾是古代都城杭州的“皇城根儿”，更是南宋的文化中心和经贸中心，凝聚杭州最具代表性的历史文化、商业文化、市井文化和建筑文化。“山阁览辉”观赏点为城隍阁，站在城隍阁上可尽览杭城的江、湖、山、河、市、景。

【清波·古韵小镇列入省级风情小镇培育名单】 2017年8月14日，清波·古韵小镇列入省级风情小镇第二批培育名单。区风景旅游局会同清波街道全力培育清波·古韵旅游风情小镇，深入发掘辖区内的建筑风貌、节庆风俗、风物特产、名人轶事等，以南宋文化的历史遗韵为核心，融入文化旅游的基本要素，形成“古韵文化、南宋风情、古都商业、宋学经典、宋式养生”五大特色旅游板块。古韵小镇成为上城区旅游产品多样、旅游效益突出、产业融合共赢的新样板。

2017年12月31日，“交旅融合”——水上旅游发展共商会在上城举行

（区风景旅游局 供稿）

【“智慧旅游”大数据平台上线】 2017年10月7日，上城“智慧旅游”大数据平台上线。该平台具备景区、商圈、特色街区旅游产业布局及业态调整引导，以及游客流量、消费行为实时预测监控和最大人流量预警等功能。结合大数据平台上线，加快建设“上城VR云游”项目，重点打造“灯火南山”“南宋皇城”“魅力山南”三大主题旅游线路，通过VR全景漫游技术，让游客分享沉浸式互动体验的乐趣。

【旅游目的地管理】 2017年，区风景旅游局集中开展不间断的联合整治和节假日专项整治行动，按照“一律依法传唤、一律建立档案、一律依法处理、一律顶格处理”的“四个一律”要求，加强与区城管局、区公安分局、杭州市道路运输管理局上城管理处等部门和属地街道联动，营造扰乱旅游环境秩序者不想为、不敢为的态势。全年出动执法人员1.18万人次，驱赶无证导游7175人次，处罚无证导游198人次，其中行政拘留1人；驱赶“黑车”3191辆次，查处违停车辆45辆次，处罚2.38万元。

【景区(点)管理】 2017年，区风景旅游局加强清河坊、“小营·江南红巷”两个景区（点）的品质管理。4月，组织专家对清河坊AAAA级景区进行实地考察，针对存在的问题，提出整改意见，督促景区整改落实。结合全国爱国卫生运动纪念馆建设，通过保护与更新相结合的方式，对“小营·江南红巷”景区进行整治，提升硬件设施功能。加强在旅游交通、安全、卫生、服务、资源和环境保护等方面监管。12月20日，“小营·江南红巷”景区的“三馆两廊一园”被认定为省文化旅游示范基地。

【行业旅游管理】 2017年，区风景旅游局推进“最多跑一次”改革，加强全行业旅游管理，涉及区级旅游行政审批事项全部达到“跑一次”要求。组织开展“双节”保平安和春季、夏季旅游消防安全专项检查。开展文明城市复评、测评迎检工作，加强登革热疫情防控宣传。6个星级酒店被评为市级“十佳星级饭店”，8家旅游企业被评为市级平安示范单位，杭州索菲特西湖大酒店被评为市级平安工作先进集体。组织区优秀导游员参加杭州市第五届金牌导游大赛，2人获金牌导游称号，4人获优秀导游称号，2人入选杭州市高层次E类人才库，区风景旅游局获大赛优秀组织奖。

【旅游地区协作】 2017年，区风景旅游局借助与湖北省恩施州、贵州省雷山县旅游对口帮扶，开展地区协作，拓展西南旅游客源市场。5月19日，协助举办雷山县旅游招商杭州推荐会，促进雷山县与上城区文化旅游交流合作。11月22日，联手辖区浙江上海铁路局旅游有限公司开行“美丽上城号”旅游专列，推动雷山县旅游产业发展。

【旅游宣传营销】 2017年，上城区加强与媒体合作，深化旅游宣传营销。6月3日，上城区与杭州网联合举办“童眼看廉洁”上城区红色旅游线路深度体验和文化传承活动，主推城隍阁、孔庙、小营红巷、郁达夫故居“风雨茅庐”等体验点，该活动获评全区“清风宣教团”十项优秀宣教成果之一。6月30日，上城区与中央电视台合作拍摄的《美丽中华行》之《古韵上城》旅游纪录片在中央电视台《发现之旅》频道播出，进一步打响上城区旅游品牌。

【上城国际旅游特色商品创意大赛】 2017年11月15日，上城区举行国际旅游特色商品创意大赛暨南宋皇城小镇旅游纪念品设计大赛评选发布仪式。大赛由区政府、市旅委主办，区风景旅游局、杭州市清河坊历史街区管委会、杭州市休闲发展促进会、杭州清河坊资产管理有限公司承办。大赛围绕“南宋印象·漫游上城”主题，征集作品200余件，作品涵盖美食、竹艺、陶瓷、纺织等工艺。经过专家评议，借鉴南宋青瓷工艺制作的车载出风口香薰、《手绘杭州故事》文创扑克、王星记“杭州风景”

《蓝桥风月·南宋伴手礼》酒器套装 （李 忠 摄）

系列扇形书签、“最忆杭州”丝绸系列用品等28件作品获奖，其中作品《蓝桥风月·南宋伴手礼》酒器套装获特等奖，《仙人乘槎》摆件获一等奖。

【南宋达人秀评选】 2017年11月30日，上城区举办南宋达人秀评选活动，旨在发现培养各领域具有特殊贡献或杰出技艺的旅游文化人。活动前期，区风景旅游局邀请各达人在辖区江南铜屋、胡庆余堂、山阁览辉、西湖琴社、河坊街、国学孔庙、南宋皇城遗址等景点拍摄视频，现场发表对旅游文化的见解，并展示斗茶、戏剧等技艺。活动评出旅游古琴达人徐君跃、旅游铜雕达人朱军岷、旅游斗茶达人徐志高、旅游康养达人丁光明、旅游摄影达人顾勇等10名“上城民间旅游达人”。

（钟　诚）

健康服务业

【概况】 2017年，上城区健康服务业综合实力不断增强，产业特色更加鲜明，产业结构更趋多元，成为拉动上城区经济创新转型的一大亮点。健康服务业实现增加值88.82亿元，比2016年增长15.2%，位列主城区第二。区内集聚健康服务业企业850余个，规模以上健康产业企业实现营业收入99.8亿元，增长23%。

【推进“健康上城”建设】 2017年，上城区有序推进“健康上城”建设。7月17日，上城区召开全区卫生与健康大会，部署“健康上城”建设工作。7月20日，经区编委同意，在上城区疾病预防控制中心设立上城区健康城市建设指导中心，承担全区健康城市建设相关业务指导、培训、考核等工作。7月27日，建立健康上城建设领导小组，区委书记陈瑾、区长金承涛任组长。结合“健康浙江”“健康杭州”考核内容，出台《健康上城5+1平台指导意见》《健康上城考核办法》《健康上城建设实施意见》等文件，制定“健康上城”考核细则，完成“健康浙江”和“健康杭州”试评价，将“健康上城”考核纳入上城区综合目标管理考评体系，并进行优化。举办第二届国际专科护士大会，“弘扬爱国卫生精神，打造健康中国‘上城样本’”项目获杭州市创新奖。探索“健康上城”立体化、标准化、组合化、全域化、特色化“五化”模式，创新“健康社区”评价标准体系，建立区域健康联盟。深化医药卫生体制改革，加快建设紧密型医联体。改善基层就医环境，提升改造社区卫生服务中心3个、服务站6个。实施智慧医疗便民工程，社区医疗机构诊间结算率42%。开展医养结合试点，建成健康颐养园6个。深化中医药事业传承发展，上城区通过全国基层中医药工作先进单位复评。

【2个单位入选省健康产业“四个一批”重点培育清单】 2017年，彩虹鱼康复医院、全景医学影像诊断中心入选全省健康产业“四个一批”重点培育清单。彩虹鱼康复医院是2016年引进的市重点健康服务业企业，该医院的引进填补杭州康复医学的短板。全景医学影像诊断中心由上海世正医疗科技股份有限公司投资，引进该中心有利于提升全区三类甲级医院的影像诊断水平。（魏建军）

馒头山邻里中心健康颐养园　（区卫计局　供稿）

【中医药传统特色产业发展】 2017年，上城区根据国家、省、市关于发展健康服务产业的意见，抓住产业发展机遇期，努力抢占健康服务产业高地，在中医药传统特色产业发展、医养融合发展等方面取得新进展。上城区有胡庆余堂、方回春堂等国内外知名老字号，辖区内医馆林立、名医云集。区卫计局扶持“清河坊中医特色一条街”和“五柳巷中医药文化传承与创新产业园”有序协调发展；引进以何嘉琳、连建伟、鲍严钟为代表的国家级名老中医20余人，总入驻医生700余人。加大中医文化宣传推广力度，通过拍摄专题宣传片，举办中医大型义诊活动，打造“胡庆余堂中药博物馆”“方回春堂膏方节”等具有上城特色的中医文化品牌，带动全区中医保健、中医养生、中医药膳、中医旅游、中医药文化产业快速发展。

【养老机构内设医疗机构】 2017年，上城区鼓励和支持有100张及以上床位的养老机构开设门诊部或医务室。开展康复、医学护理、临终关怀等服务。取消对养老机构内设医疗机构的审批，实行备案管理。年内，上城区缘外缘颐养中心、上城区好地方健康颐养中心两个养老机构内部设立医疗机构。

【医养融合发展】 2017年，上城区以合作形式推进医养融合发展。建立医养融合联合体，无内设医疗机构的养老机构与社区卫生服务中心（或服务站）采取签约、托管、对口支援、合作共建等形式建立合作关系。区卫计局会同区民政局推进养老机构医养签约服务，16个养老机构实现医养服务一体化。

（仲　玥）

特色街区

【清河坊历史文化街区概况】 杭州市清河坊历史文化街区坐落于吴山北麓，毗邻西湖、城隍阁等杭州著名风景区。名人、老巷、旧居、百年老店交相辉映，历史人文遗产丰富。胡庆余堂、钱塘第一井、鼓楼、于谦故居、胡雪岩故居等国家级文保单位，王星记、张小泉、万隆火腿庄、方回春堂、叶种德堂、保和堂、状元馆、景阳观、羊汤饭店等杭州百年老店均集中在该街区。街区拥有国家AAAA级旅游景区，具有中药文化、餐饮文化、古建筑文化、人居文化、民俗文化、古玩字画文化六大特色文化。2017年，清河坊历史文化街区接待游客2054万人次，比2016年增长2.1%，其中境外游客114万人次；实现旅游总收入17.51亿元，增长17.3%，实现税收1.09亿元。街区被浙江省工商行政管理局、浙江省消费者权益保护委员会评为“浙江省放心消费创建示范区”。

【清河坊年俗活动】 2017年1月28日至2月1日，杭州市清河坊历史街区管委会举办清河坊年俗活动。活动以“感受南宋古韵、体验市井风情”为主题，推出“金鸡狂舞迎新春”“金鸡·新春美食来袭”“金鸡献寿财神到”等板块内容。“金鸡狂舞迎新春”活动演员穿着新春服饰或扮成生肖猴巡游在街区，为沿街商铺和市民游客送福祈福。“金鸡·新春美食来袭”活动组织餐饮商户展示现代精美的制作工艺和高超的技术，进一步传承南宋餐饮文化和中华老字号。“金鸡献寿财神到”活动安排在农历大年初五，迎财神的游行队伍沿街派发红包，为大家带去新一年的财运。

2017年7月28日，上城区举办清河坊缤纷夜游活动之“欢乐颂·南宋游园会”

（杭州市清河坊历史街区管委会　供稿）

【第十三届民间茶会】 2017年4月20~25日，第十三届清河坊民间茶会在南宋御街步行区、清河坊历史文化街区、吴山广场三地同时举行。茶会以“乘G20春风，品茶香四溢，展南宋古韵，享古街茶会”为主题，围绕“茶史百科、以茶会友、茶品展销”等内容，推出“知宋史、展茶韵”“茶会开幕式”“美丽茶人”“闹茶肆”“清河坊茶会茶叶茶具展销会”等活动。茶会实现营业收入210万元，比上届增长16.7%。茶会期间，清河坊、南宋御街步行区人流量达55万人次，增加3万人次。

【清河坊缤纷夜游活动】 2017年7~8月，上城区推出清河坊缤纷夜游活动，依托清河坊·南宋御街的“御文化”特色及G20杭州峰会后续效应，对既有文化内容进行组合包装，将文艺演出和游览体验有机结合，让游客在白天感受杭州的历史古韵，在夜间领略杭州的地方特色风情，体味老杭州的人文历史内涵。夜游活动包括“老街听旧事”“坊间看世界”“御街望七夕”“欢乐颂”“夜朗诵”“爱相送”等内容，活动以主题巡游和动态表演为主要形式。动态表演有御街器乐秀、御街动感秀、御街舞蹈秀、御街丝绸秀等。

【第七届中国民间艺人节】 2017年10月27日至11月1日，第七届中国民间艺人节在清河坊、南宋御街、鼓楼小广场同时举行，由各省民间文艺家协会推荐的100余名民间手工技艺代表，携带30余个工艺类别的200余件作品参展、参评，角逐“山花奖”和“中国十佳”。该届艺人节由中国民间文艺家协会、中国文物学会、浙江省文联、上城区政府共同主办，杭州市清河坊历史街区管委会承办，中国民间艺术产业示范基地、浙江朱炳仁铜雕艺术博物馆、杭州梓府文化创意有限公司、杭州吴山古玩城联合协办，是杭州第十九届西湖国际博览会的节庆项目。艺人节围绕“保护、传承、创新、发展”主题，推出中国民间艺术精品展、中国民间艺术产业示范展（含“山花奖”评选）、中国民间收藏品交流会、中国新生代匠人产业发展论坛、中国民间工艺精品拍卖会五大板块内容，荟萃民间工艺精品。经过角逐，上城区的孙亚青（清河坊拉花、烫花艺人），叶荫（杭州牙雕艺人）被评为“中国十佳艺人”，金国荣（杭州南宋官窑艺人）获产业示范特别奖并入选“山花奖”。

【吴山庙会】 2017年11月10~15日，杭州吴山庙会活动和“非遗”博览会在南宋御街、清河坊历史文化街区、吴山景区同时举行。庙会由区政府、市西博办、区文广新局、区风景旅游局、区商务局等单位主办，杭州市清河坊历史街区管委会、杭州清河坊资产管理有限公司、杭州西湖风景名胜区吴山景区管理处、上城区非物质文化遗产保护中心等单位承办。吴山庙会为杭州西博会的经典项目之一，也是民俗类的省级非物质文化遗产。此次庙会在保留传统项目的同时，将传统的商品展卖转型成国家级和省级的“非遗”产品展示，邀请数十个清河坊地区的传统“非遗”单位在鼓楼小广场进行展示和售卖。庙会期间，日均游客数比2016年增长20%。

（郑凌华）

2017年4月20~25日，上城区举办第十三届清河坊民间茶会。图为在吴山广场举行的开幕式表演

（杭州市清河坊历史街区管委会 供稿）

2017 年上城区吴山广场主要活动

表 11

序号	活动名称	主办单位	举办时间
1	“公益福彩，与你同行”暨“福彩刮刮乐，好运奔驰来”快乐共享活动	杭州市福利彩票发行中心	2017-01-13
2	义卖活动	杭州滴水公益服务中心	2017-03-11
3	书香换花香活动	上城区绿化办	2017-03-12
4	城投真情服务进社区暨万名学员志愿者服务总队成立一周年大型广场服务活动	杭州市环境集团有限公司	2017-03-17
5	清河坊民间茶会	杭州市清河坊历史街区管委会	2017-04-20~24
6	上城区第七届文艺团队艺术节	上城区文化馆	2017-04-25~27
7	“相约世遗，漫步 5A”活动	江山市旅游发展有限公司	2017-04-08
8	尚小创市集活动	团区委	2017-05-06~07
9	“消防法进社区”暨家电免费维修惠民活动	浙江省家用电器流通协会	2017-05-12
10	杭州市机关推进党员志愿服务常态化动员大会暨广场为民服务活动	杭州市直机关工委	2017-05-18
11	纪念“5·20”世界计量日暨“加油站诚信计量公开承诺”公益宣传活动	中国石化销售有限公司浙江石油分公司	2017-05-20
12	“米香、书香、香飘浙江”吉林大米大型爱心公益活动	杭州看看十度网络科技有限公司	2017-05-21
13	上城—淳安千岛湖生态农产品展销会	上城区商务局	2017-05-26~27
14	“拒绝毒品，你我同行”毅行公益活动	上城区禁毒办	2017-06-03
15	上城区安全生产月现场咨询日活动	上城区安全监管局	2017-06-08
16	公安机关督察条例颁布施行 20 周年广场宣传日活动	杭州市公安局警务督察支队	2017-06-09
17	杭州夜休闲主题嘉年华	杭州市旅委	2017-06-21~25

（方　汇）

综合经济管理

Integrated Economic Management

发展综述

【概况】 2017年，上城区深入学习贯彻习近平新时代中国特色社会主义思想，围绕争做“四个标杆区”、建设一流的国际化现代化城区目标，以推进供给侧结构性改革为主线，坚持稳中求进总基调，着力提升产业、改善生态、造福民生。全面加快国际化进程，主动对标国际、国内一流的中心城区，实施国际化战略，跻身中国城区国际化指数排行榜前八位，获评中国全面小康十大示范区县（市）。推进国家品牌消费集聚区和跨境电子商务综合试验区建设，Google Adwords杭州体验中心启动运营。鼓励企业“走出去”，举办“一带一路”工业智造杭州大会，咸亨国际科技股份有限公司登陆纳斯达克，成为上城区首个北美上市公司。制定实施旅游国际化三年行动计划，举办夜休闲嘉年华、水上旅游发展共商会等品牌节庆活动。强化海外高端人才集聚，在硅谷设立海外人才联络站，“海归驿站”落户玉皇山南基金小镇，“智·和”同心荟入选全国实践创新基地。

【城市有机更新推进】 2017年，上城区主动对接“拥江发展”战略，制定上城区分区规划，统筹深化望江金融科技城（望江智慧产业园）、南宋皇城小镇等发展规划，提升玉皇山南基金小镇建设和科技工业园二次发展规划水平，城市发展新框架初步形成。全力打好“四个全域化”攻坚战，全面推进城中村改造，全年实施征迁项目51个，签约5754户，完成年度目标的1.83倍；“清零”项目33个，腾出土地1平方千米；望秋立交项目提前半年“清零”交地，9个市级征迁“清零”项目按期完成。治理危房105处、10.37万平方米，提前6个月完成危房治理三年行动计划。推进省“基本无违建区”创建，年内完成“三改”103.31万平方米，拆除违法建筑8.1万平方米。

【重点项目建设】 2017年，上城区列入计划的重点建设项目112个，其中政府投资项目85个、社会投资项目27个。新开工安置房面积40万平方米，涉及常青村地块安置房、味精厂地块商品住宅等9个项目，其中常青村地块安置房项目总投资4.54亿元。玉皇山南基金小镇进一步扩容，推进金融产业在基金小镇的加快集聚。

【群众获得感增强】 2017年，上城区坚持以人民为中心，出台争做生活品质标杆区实施意见，着力解决事关民生的重大问题，推进优质教育、医疗、养老、服务“四个全覆盖”。抓好“名校就在家门口”工程，探索“名校集群发展”模式，全面提升教育优质均衡水平。深化全科医生签约服务，有效防控登革热疫情。深化“智慧餐饮”应用，成功创建浙江省首批食品安全区。深化医养结合，推进养老服务业改革试点，上城区获评浙江省首批老年友好城市。试点推广“3+X”社区为民惠民综合体建设，通过全国第三批社区治理和服务创新实验区中期评估。完善就业创业政策，社会保障水平稳步提升。

（魏建军）

国有资产监督管理

【概况】 2017 年，上城区深化国有资产监督管理，加快推进国有企业改革，有效激发国有企业活力，保障国有资产保值增值。全区有全资、控股国有企业 20 家，注册资金 38.07 亿元，资产总额 316.85 亿元。区财政局直接监管杭州上城区投资控股集团有限公司、杭州清河坊资产管理有限公司和杭州望海潮建设有限公司 3 家企业，各指挥部和各部门受托监管其余 17 家企业。

【行政事业单位国有资产监管】 2017 年，区财政局依托行政事业单位资产管理系统，加强国有资产报废处置、价值变更、调拨等日常管理。全年涉及报废、调拨、价值变更等固定资产 4.97 万件。完成 2016 年下半年和 2017 年上半年全区报废固定资产集中处置公开拍卖工作，成交额分别为 3.35 万元和 13.89 万元，与评估价比较分别溢价 6.7%和 23%，所得款项上交财政专户。规范行政事业单位国有房产经营出租行为，落实房产出租申请、评估备案、合同备案等审批环节，委托市级评估机构对房产租赁价格进行评估，通过区公共资源交易平台统一进场交易，做到租赁公开、透明。全年出租房产合同备案 82 件。完成 2016 年度行政事业单位国有资产年报统计，统计结果显示 2016 年全区行政事业单位独立编制机构 179 个，单位独立核算机构 141 个，资产总额 30.4 亿元，其中固定资产 1.25 亿元。

【国有企业监管】 2017 年，区财政局加强国有企业资产交易监管，落实企业国有产权登记管理，完成区属企业 2016 年度国有资产交易登记，包括产权转让、企业增资、资产转让、资产租赁等情况。2016 年纳入上报口径企业国有资产交事项 9 条，其中产权转让 2 条、增资 1 条、房产出租 6 条。产权登记事项 4 项，其中国有股份注销登记 1 条、产权变更登记 2 条、产权占有登记 1 条。推进区属国有企业负责人薪酬改革，制定薪酬考核实施细则方案，规范国有企业收入分配秩序。依据与国有企业负责人签订的经营业绩责任书，对区财政局直接监管的 3 家国有企业 2016 年度经营业绩开展专项审计，按照规范程序对区属国有企业的发展战略、发展规划、投资担保等重大事项予以发文确认，完成国有企业领导班子薪酬考核。

（黄怡雯）

投资与管理

【概况】 杭州上城区投资控股集团有限公司（简称上投集团）成立于 2008 年 8 月，系区政府的国有独资公司，主要从事资产管理、股权投资、商业地产开发、商业服务等业务，以及为区属各指挥部（企业）承担融资担保。2017 年，上投集团完成投资额 5320 万元；实现主营业务收入 1.79 亿元，完成目标任务 109.9%，其中房产租金收入 1.55 亿元、股权红利收入 2375.7 万元。上缴税金 4147.91 万元，国有资产收益 1637.33 万元，净利润 5166.07 万元。

【勾山商务中心招商】 2017 年，上投集团以“钱塘江金融港湾”建设为契机，积极开展勾山商务中心招商工作。在国新国际投资咨询有限公司、中安金控有限公司、同天下投资管理有限公司等金融投资类企业带动下，世界级“非遗”项目“浙派古琴”主要传承机构西湖琴社、传授交流南宋香道茶道及宋词吟唱艺术的承香堂、欧式英国下午茶“GAWT”、杭州八方文化创意有限公司相继入驻勾山商务中心并开业运营。

【“湖滨银泰 in77”实现销售额 37 亿元】 至 2017 年，湖滨银泰一、二、三、四期相继建成并投入运营，五期项目启动方案获批复，进入前期建设准备。“湖滨银泰 in77”作为上投集团投资的核心商圈，成为杭州的地标性建筑。全年“湖滨银泰 in77”实现销售额 37 亿元，日均销售额 1013.7 万元，比 2016 年增长 12.1%；实现销售利润 3.04 亿元，上缴税收 1.4 亿元。

【产业基金投资】 2017 年，上投集团完成产业投资基金投资项目 4 个，投资额 1.1 亿元。其中：杭州盛杭景晟投资管理合伙企业“回归 2 期”母基金规模3.94亿元，出资3000万元；杭州凯泰投资管理有限公司“创新3期”基金规模2.5亿元，产业基金出资3000万元，投资项目16个，投资金额2.15亿元；杭州凯泰投资管理有限公司“创新10期”规模2.8亿元，产业基金出资3000万元，投资项目14个，投资金额1.89亿元；杭州城投富鼎投资管理有限公司二期基金规模3亿元，产业基金出资2000万元，其主导产业落户上城区。

【企业资产结构优化】 2017年，上投集团根据产业布局和发展方向，优化所属企业资产结构，在前期完成杭州新苗营养食品有限公司歇业清算、杭州天长印务有限公司股权转让的基础上，启动杭州涌金置业投资有限公司与国泰商厦合并工作，杭州豪达教育服务有限公司完成歇业清算。按照区政府要求，区住房和城建局下属城南、厦安两个物业公司被上投集团接收，移交审计基本完成，进入整合评估阶段。推动参股企业资产证券化。12月13日，上投集团参股企业杭州新丰小吃股份有限公司挂牌“新三板”，成为上城区第19家挂牌“新三板”企业，证券代码为“872420”。湖滨银泰公司ABS项目获上海证券交易所上市批准。

（何　浩）

国土资源管理

【概况】 2017年，上城区国土部门注重土地资源“智慧利用”，推进征地拆迁、行政审批、土地利用、地质灾害防治、土地执法监察等工作。全年在区国土分局门户网站发布政务动态87篇，发布微博466条、微信85期。区级《政务动态》录用信息25篇，《杭州国土政务》录用信息7条，《杭州国土资讯》刊登上城国土动态12篇。组织“世界地球日”“全国土地日”“防灾减灾日”“法制宣传日”宣传活动4次，开展“喜迎土地日·生态文明之我见”线上活动和“小手拉大手，争做地球小主人”科普线下活动各1次，国土资源政策法规宣传进学校、进社区工作取得实效。

2017年6月23日，区国土分局开展“全国土地日”宣传活动

（区国土分局　供稿）

【助力城中村改造】 2017年，区国土分局选派业务骨干进驻望江街道现场动迁指挥部，做好集体土地征收监管和审核等工作。完成市级“清零”地块项目9个；回迁安置“清零”项目1个，安置居民774人；完成集体土地拆迁195户、非住宅4个；完成国有土地拆迁906户、非住宅10个。各项拆迁安置年度任务均完成和超额完成。城中村改造完成集体土地征收项目21个，完成征迁农户653户。发放集体土地征收令2个。完成征地项目2个，征用土地1.58万平方米，征地费用611.52万元。加强拆房工地施工安全和扬尘污染防治监管，全年巡查集体土地上拆房工地144次，无施工安全事故发生。

【土地节约集约利用】 2017年，上城区加强土地节约集约利用工作。完成复兴单元SC0602-08地块（大名空间旁）、望江单元SC0401-G1/S42-46地块（莫邪塘地下车库）、近江单元B-C2-07地块3宗地块出让，出让面积2.55公顷，出让总价7.35亿元。完成近江单元SC0302-B1/B2-14地块（地铁上盖）、南星单元SC0506-07飞云江路旁地块、小营紫阳单元中纬地块3宗土地收储任务，收储面积2.58公顷。全年开工供而未用土地10宗，开工面积34.53公顷，完成率104%。完成低效用地再开发53宗，面积40.47公顷，完成率101%。签订年收益金合同 116 个，计征面积 20.17 万平方米，征收合同金额 1783.38 万元，完成年度征收任务的 2 倍。

【地质灾害防治】 2017 年，区国土分局实行地质灾害防治全覆盖巡查监测，健全群测群防网络。全年组织巡查人员 328 人次，做到巡查无死角、不间断。向居民发放“防灾避险明白卡”，并开展地质灾害防治工作培训。全年已知隐患点全部治理完毕。

【国土依法行政】 2017 年，区国土分局开展土地执法巡查 113 次，参加巡查人员 226 人次，未发现辖区内新增违法用地情况。参加“无违建社区”复验 52 次，拆除占地违法建筑面积 2.48 万平方米，拆后利用面积 2.42 万平方米。制定年度法治国土建设和普法工作计划，组织相关人员业务培训，参训 22 人次。对照“权力清单”，进一步简政放权。年内梳理权力事项 75 项，新增公共服务事项 4 项，公布“最多跑一次”事项 8 项，并全部实现网上申请。全年组织规范性制度、合同等合法性审查 6 次。严格执行行政机关负责人出庭应诉制度，全年参加行政复议和行政诉讼 4 起。

【土地使用审批】 2017 年，区国土分局采取“一窗受理、集成服务”“证照快递送达”“网上申请、取件核实”三大举措，着力打造全流程优化审批、全区域便民服务的新模式。推进“最多跑一次”改革，窗口日均办件量 109 件，比改革前增长 195%。全年办理不动产登记业务 1.95 万件，比 2016 年增长 3.25 倍。办理行政审批事项 85 件，办件量增长 2 倍。完成未登记建筑的认定 344 户，查询档案 267 件，开具证明文件 21 份，全部做到当场一次办结。

（张　婧）

市场监督管理

【概况】 2017 年，上城区登记在册的内资企业 28351 家（含分支机构，下同），注册资本 5852.27 亿元，分别比 2016 年增长 45.6%和 58.5%。其中：私营企业 27496 家，注册资本 5612.68 亿元，分别增长 46.4%和 60.4%；国有、集体等非私营内资企业855 家，注册资本 239.59 亿元，分别增长 23.6%和 24%。个体工商户 16689 户，资金数额 11.35 亿元，分别增长 0.9%和 4.9%。农民专业合作社 2 个。台湾居民个体工商户 9 户、港澳居民个体工商户 6 户。

【服务发展】 2017 年，上城区深化商事制度改革，降低企业创业、兴业门槛，全区新增内资企业 9865 家，注册资本 1866.23 亿元，分别比 2016 年增长 94.7%和下降 30.6%。其中，私营企业 9698 家，注册资本 1839.13 亿元，分别增长 93.5%和下降 28.1%。新增个体工商户 2500 户，资金数额 2.23 亿元，分别下降 4.8%和 11.3%。全年注销内资企业 1077 家，注册资本 54.67 亿元，分别增长 40.6%和 2.2 倍，其中，私营企业注销 1041 家，注册资本 54.32 亿元，分别增长 44.0%和 2.27 倍。个体工商户注销 2236 户，增长 34.1%。内资企业发展加快，新增内资企业增长 94.7%。私营企业市场主体地位明显上升。登记在册的私营企业占市场主体的 61.1%。内资企业排名前三位的行业分别是批发和零售业、租赁和商务服务业、信息传输计算机服务和软件业，三大行业占新增企业总数的 84.3%，提高 11.7 个百分点。第一、第二、第三产业企业所占比重分别为 0.01%、2.91%和 97.08%，与 2016 年相比，第一产业持平，第二产业有所下降，第三产业比重略有上升，符合上城区优先发展服务业的发展思路，全区产业结构更加合理。

【农贸市场监管】 2017 年，上城区开展新一轮“放心农贸市场”创建工作，选定翰林农贸市场、茅廊巷农贸市场、棚桥农贸市场、断河头农贸市场为创建试点单位。区市场监管局根据每个市场特色，制定个性化创建计划，并对照《浙江省放心农贸市场评价细则》，对创建单位进行具体指导，引导市场将创星护星工作和创建“放心农贸市场”相结合，推进市场硬件设施提升改造。加大对农贸市场、蔬菜批发市场、超市食品抽检力度，全年抽检 2106 个批次，合格率 96.4%；查处不合格商品 76 批次、212.6 千克。加强农贸市场净膛杀白禽上市审核，严格索证索票验物制度，确保净膛杀白禽质量安全。

【商标品牌培育】 2017年，上城区重视商标品牌建设工作，推进“商标兴区”战略实施与转型升级工作相结合。开展浙江省商标品牌示范企业评价，推荐第六空间家居集团有限公司、回音必集团有限公司两个企业参加浙江省商标品牌示范企业申报。加大对商标侵权、销售假冒伪劣商品等违法行为打击力度。加强知识产权保护，全年查处商标案件6件，罚没款12万元。

【广告监管】 2017年，上城区加大互联网金融广告整治工作力度。区市场监管局成立整治工作领导小组，与区金融监管、公安等部门沟通联系，形成工

2015~2017年上城区内资企业分布情况

表12

行　业	企业数（家）			增幅（%）		
	2015年	2016年	2017年	2015年	2016年	2017年
农、林、牧、渔业	0	1	2	–	↑	100
制造业	3	2	17	50	–33.3	750
电力、燃气及水的生产和供应业	1	0	4	↑	↓	↑
建筑业	74	126	89	39.6	70.3	–29.4
交通运输、仓储和邮政业	5	2	7	66.7	–60	250
信息传输、计算机服务和软件业	101	733	728	90.6	625.7	–0.7
批发和零售业	806	958	4.814	27.1	18.9	402.5
住宿和餐饮业	74	150	196	–8.6	102.7	20.7
金融业	183	383	97	3 560	109.3	–74.7
房地产业	40	35	74	53.9	–12.5	111.4
租赁和商务服务业	1 646	1 986	2 773	105.8	20.7	37.6
科学研究、技术服务和地质勘查业	449	57	719	93.5	24.1	29.1
水利、环境和公共设施管理业	5	17	7	↑	240	–58.8
居民服务和其他服务业	38	65	65	72.7	71.1	–
教育	11	17	75	↑	54.6	341.2
卫生、社会保障和社会福利业	11	18	21	10	63.6	16.7
文化、体育和娱乐业	9	17	177	–52.6	88.9	941.2
合　计	3 456	5 067	9 865	78.1	46.6	94.7

2017年上城区内资企业产业结构情况

表13

产业类型	企业数（家）	所占比重（%）	注册资本（万元）	所占比重（%）	新增企业数（家）	所占比重（%）	新增注册资本（万元）	所占比重（%）
第一产业	3	0.01	1110	0.02	2	0.02	1 010	0.005
第二产业	824	2.91	962 863	1.64	110	1.12	96 186	0.515
第三产业	27 524	97.08	57 558 753	98.34	9 753	98.86	18 565 115	99.48
合　计	28 351	100	58 522 726	100	9 865	100	18 662 311	100

作合力。开展排查摸底，排查互联网金融网站 16 个、金融企业 91 家。坚决查处违法互联网金融广告。开展保健食品、药品、医疗器械等非法印刷品广告的专项整治，清理含有“特供”“专供”等字样的广告。全年查处违法广告案件 13 件，罚款 65.07 万元，其中涉及互联网金融广告案件 4 件，罚款 27.14 万元。

【企业诚信体系建设】 2017 年，上城区深入开展“守合同重信用”工作。以成长性强、龙头骨干企业、拟上市企业、高新技术企业为重点培育对象，开展“守合同重信用”企业申报工作。全年获评省级 AAA“守合同重信用”企业 6 家；市级 AAA 级“守合同重信用”企业 7 家，延续公示为市级 AAA 级“守合同重信用”企业 6 家。首次公示为市级 AA 级“守合同重信用”企业 6 家，延续公示为市级 AA 级“守合同重信用”企业 18 家；首次公示为市级 A 级“守合同重信用”企业 18 家，延续公示为市级 A 级“守合同重信用企业” 2 家。落实企业年度报告公示（简称年报）制度。全年应完成年报企业 19669 家，实际完成 17750 家，自然年报率 90.2%，其中因查无下落列入异常企业名录 817 家，工作年报率 94.4%；个体工商户应完成年报 15047 户，实际完成 13685 户，自然年报率 90.9%，其中因查无下落列入异常工商户名录 690 户，工作年报率 95.6%；农民专业合作社应完成年报 2 个，实际报送年报公示 1 个，自然年报率 50%。

【“小微企业三年成长计划”实施】 2017 年，上城区进一步实施“小微企业三年成长计划”。区市场监管局作为实施“小微企业三年成长计划”牵头单位，两次召开工作推进会，通报进展情况，部署下一步重点任务，制订完善考核方案。组织开展“百名领导千名干部访万家企业”活动，区领导和区直部门负责人走访企业 230 家，发放回收调查问卷 334 份；举办上城区民营企业与金融机构对接活动，60 余家小微企业参加。

【投诉举报受理】 2017 年，区市场监管局受理投诉举报 11818 件，其中咨询 377 件、投诉 8959 件、举报 2482 件。投诉举报件中，商品类投诉 4352 件，其中服装鞋帽 1422 件、食品 575 件。“110 联动”交办件 989 件。全年为消费者挽回经济损失 361.15 万元，比上年增加 276.57 万元。办理群众来信来访 40 件，办理市长、区长公开电话 2526 件，办结率均 100%。

【消费者权益保护】 2017 年，上城区以“网络诚信，消费无忧”为主题，抓好消费宣传、消费教育、消费调解、消费引导工作。3 月 15 日，区消费者协会及各分会在商场、超市受理消费者投诉 22 件，现场调解 11 件，移交查处 3 件，接待来访、咨询 890 余人次，发放宣传资料 3000 余份。5 月 12 日，在吴山广场举行“消费者权益保护法进社区”活动，区消费者协会、省家用电器流通协会、清波街道等单位参加，家电品牌企业代表在现场宣读承诺书，并为消费者提供免费清洗保养预约、现场家电维修等服务。开展“消费者信得过单位”举荐评选，杭州解百集团股份有份公司等 8 个单位获评杭州市第十一届“消费者信得过单位”，其中杭州解百集团股份有份公司、杭州银西百货有限公司同时获评浙江省第十一届“消费者信得过单位”。全年区消费者协会及各分会受理消费者投诉 7384 件，均及时结案。接待消费者来访、咨询 3058 人次。

2017 年 3 月 13 日，区市场监管局在西湖银泰地下一层 CITY LIFE 超市进行食品安全抽检 （区市场监管局 供稿）

【助推民营企业发展】 2017年，市市场监管局联合市民营（私营）企业协会举办银行与企业对接活动暨民企大讲堂培训班，上城区组织200余家企业参加。针对小微企业融资难等问题，举办银行与企业对接活动，全年有450家小微企业与泰隆银行达成合作，获授信额度1.5亿元，平均每户33.33万元，小微企业的资金压力有所缓解。

【宠物诊疗机构监管】 2017年，上城区有宠物诊疗机构11个。区市场监管局定期检查宠物诊疗机构，立案查处动物诊所超范围进行诊疗活动和未经兽医执业注册从事动物诊疗活动，罚款4000元，没收非法所得598.4元。加强狂犬病防治知识宣传教育，采用群众喜闻乐见的方式，开展狂犬病危害、犬只管理与免疫、被犬咬伤后的处理等常识的宣传，增强群众自我保护意识与能力。在宠物防疫注射前，仔细询问相关情况，发放“犬猫免疫须知”“犬猫免疫注意事项”“免疫注射告知单”等资料，全年为3758只宠物犬注射疫苗。

质量技术监管

【概况】 2017年，上城区推进质量强区工作，加大标准化工作开展力度，举办法律法规培训，提升企业质量管理能力。组织企业参加市政府、区政府质量奖评选，评出2016年度上城区政府质量奖企业2家。开展产品质量监督抽查，全年完成抽样检测7批次，合格率100%。抽检生产企业质量管理工作，督促企业进行隐患整改。

【公共服务标准化建设】 2017年，上城区坚持标准引领，推进国家级示范项目创建试点延伸工作。湖滨街道被列为全国社会管理和公共服务综合标准化试点，年内形成1个总框架、三大标准体系、358个标准、9本标准化工作手册，明确113个工作岗位、509项工作任务和流程，发布实施98个工作规范，制定14个区级规范、3个市级规范。6月，试点项目以93分高分通过国家验收。春江社区被列为“杭州市国际化试点社区”，开展“国际化社区”标准制定工作。玉皇山南基金小镇启动“特色小镇党建工作规范”标准制定。全年申报市级先进技术标准32项，制定区级先进技术标准23项。

【质量强区创建】 2017年，上城区加强对质量强区工作任务考核，层层落实目标责任。思创医惠科技股份有限公司、浙江威星智能仪表股份有限公司获评2016年度区政府质量奖，杭州海兴电力科技股份有限公司申报2017年市政府质量奖企业，申报市级名牌产品2个、省级1个。9月，区市场监管局会同区发改经信局、区住房和城建局、上城环保分局开展质量月活动，张贴宣传海报100余份，发放宣传资料400余份，为社区500余名群众提供血压测量、眼镜维修、珠宝鉴定、消费投诉咨询等服务。组织8家企业开展质量法律法规培训、QC小组质量分析、实验室开放等活动。

【企业品牌打造】 2017年，上城区支持企业加强技术创新、品牌建设，推动上城产品向上城品牌转变。组织6家企业32项标准申报市级先进技术标准补助，其中3项行业标准获2017年市级先进技术标准补助；全区44家规模以上企业采标率60%。督促企业公开标准128项，对公开标准区级组织抽查30项、市级抽查5项。鼓励企业参与国际和国家标准制订，推动企业技术革新。杭州海兴电力科技股份有限公司参与国际STS标准制定，杭州泽大仪器有限公司获批“农产品冷链物流国家级试点项目”。推进“浙江制造”品牌培育工作。召开“浙江制造”标准体系培训会，邀请浙江省标准化研究院专家进行“浙江制造”标准的编写说明，鼓励企业主动掌握产品技术标准话语权。浙江威星智能仪表股份有限公司的超声波燃气表取得“浙江制造”立项，杭州娃哈哈集团有限公司、杭州海兴电力科技股份有限公司等企业被浙江制造品牌促进会列入2017~2020年重点培育名单。

【计量管理】 2017年，区市场监管局加强医疗机构、加油站计量器具的民生计量监管。做好强制计量器具备案工作，备案企业72家、计量器具1720台。对未检和超期使用的计量器具实行先处理后备案，发放整改通知书22份。开展“医疗计量保健康”行动，重点核查医院计量器具的使用规范，发现 6 个医疗机构存在未检或超期使用的情况，均责令其改正。落实为民办实事工程，5 月和 9 月，区市场监管局两次开展全区加油站计量器具检查，建立加油站计量监督管理信息台账，对计量器具进行登记造册，核查辖区内加油站 4 个、加油机 32 台、加油枪 112 把，经现场核验，加油机均通过计量检定，检定证书均在有效期内，加油机各部位铅封完好，辖区所有加油站均无擅自改动或拆装加油机情况，台账信息无误，无计量违法行为。

【创新电梯监管“保险+服务”机制】 2017 年，区市场监管局创新电梯监管模式，推出电梯监管“保险+服务”机制，通过引入保险公司第三方监管，动态管控电梯维护保养质量。全年全区有 242 台电梯参保，实现电梯安全事前预防、事中管控、事后赔付的风险管理。推进多层住宅加装电梯工作，新民村杭州首例多层住宅电梯加装。年内，全区完成电梯加装 2 处，通过联合审查 15 处。出台《“三类住宅”电梯更新改造规范》《“商品房住宅”电梯更新改造规范》2 个区级标准。

【“蓝剑 1 号”专项执法行动】 2017 年，区市场监管局加强执法监督。采取多方联动、多措并举的执法形式，推进“蓝剑 1 号”等专项执法行动。全年排查市场主体 260 余个，立案处罚 23 件，罚款 47.73 万元。加强互联互通，形成执法合力，拓展办案领域，对 2 个检测单位涉嫌违法行为展开调查，立案查处检测单位 1 个、检验员 3 人。全区市场主体投诉量下降。

食品药品监管

【概况】 2017 年，上城区有食品生产流通企业 3234 家，其中生产企业 8 家、流通企业 3226 家；有医疗器械生产企业 4 家、药品批发和连锁企业 21 家、在册药品零售企业 136 家、医疗器械经营企业 468 家、正常开展诊疗活动的医疗机构 189 个。区市场监管局以创建国家食品安全城市和浙江省食品安全县（市、区）为契机，强化综合治理和风险防控，探索严密高效、科学先进的食品药品安全治理模式。上城区高分通过“浙江省食品安全区”各项指标考核，湖滨市场监管所通过浙江省五星级规范化市场监管所验收，湖滨街道和清波街道食安办通过市级规范化街道食安办验收。全年出动执法人员 7827 人次，排查食品药品经营机构 6070 个次，立案处罚 58 件，罚款 394.34 万元。全区无重大食品药品安全事故发生。

【“浙江省食品安全区”创建】 2017 年，区市场监管局围绕“浙江省食品安全区”创建工作，出台《上城区食品安全“党政同责、一岗双责”实施办法》，建立食品安全党政同责机制，提高食品安全在区对有关部门单位考核中的比重。推进街道食安办、市场监管所规范化建设，建立统一机构、统一制度、一网统管的组织架构，实现日常检查、部门联动和宣传教育常态化。制定《上城区关于全面推进街道市场监管平台建设指导意见》，发挥街道食安办牵头作用；市场监管所力量下沉，66 名工作人员全部集中在各监管平台办公，平台人员配置基本到位。推进食品安全责任保险和食品安全征信体系建设，完善食品生产经营数据库。优化食品安全监督员队伍，发挥其信息员、监督员、宣传员“三员”作用，全年开展专项监督活动 18 次。发挥新闻媒体舆论监督作用，协调省、市、区各级媒体，加强对食品安全区、餐饮示范店创建工作宣传。发挥基层站点宣传教育作用，全区建有食品药品安全科普宣传站（中心）42 个，组织宣传演出、知识讲座、现场咨询、开放日活动近 50 场，受众 4000 余人次，发放宣传资料 6000 余份。全区举报投诉渠道 24 小时畅通，全年受理食品举报投诉 1589 件，处理率 100%。食品生产企业 100%建立电子追溯系统。13 个农贸市场均设立食品快检室，免费向公众开放，接收居民送样。260 个餐饮单位纳入智慧管控平台，全年监管平台发现并督促整改问题419 个，整改率 100%。12 月，上城区被浙江省食品安全委员会命名为首批“浙江省食品安全县（市、区）”。

【食品安全监管】 2017 年，上城区以“两个创建”为契机，加强对食品安全工作监管。全年检查食品生产经营单位2000余个次，整治小餐饮店近160个，立案查处案件44件。与市、区公安部门联合查处专卖店非法销售假冒五粮液、茅台等高档白酒案件，查获假酒生产窝点1个、仓库13个、经销门店9个、假酒2854瓶，涉案金额200余万元，刑事拘留22人。以创建实施“学生饮食放心工程”为抓手，推动学校食品安全保障水平进一步提升，全区学校食品安全险参保率、师生食品安全监督组织建设率、大宗食品统一配送率和食堂AB等级率、“阳光厨房”建成率、油水分离装置安装率均100%。17个市场监管所食品快检室快检农产品6000余批次，接受市民送检200余批次，不合格品处置率100%。抽检调味品、“四自”食品、大宗食品、水产品、畜禽肉等食品1300批次，不合格品处置率100%。深化“智慧餐饮”建设，全区260余个餐饮店纳入智慧监管网络，全年创建食品安全放心示范店49个。开展畜禽水产品“两禁一超”、网络订餐、保健食品欺诈和虚假宣传等专项整治，集中排查食品安全风险隐患，坚决打击餐饮服务单位使用“地沟油”、罂粟壳等非食用品行为。强化对大中小型餐饮单位和网络订餐及弱势群体餐饮卫生的监管，以及旅游目的地和校园周边区域的检查。根据《上城区网络订餐和小餐饮百日整治工作方案》，启动“食品经营许可证”和“三小一摊”(小作坊、小餐饮、小食杂店、食品摊贩)登记换证工作，辖区食品生产企业、食品重点经营主体登记换证率100%。

【餐饮监管体系建设】 2017年，区市场监管局以“五可阳光餐饮”建设为抓手，更新设施设备，规范食品加工，净化店堂环境，25个餐饮店、20个学校食堂、2个景区餐饮店、2个早餐店创建成为食品安全放心示范店。全面推行阳光餐饮智慧监管模式，大型、特大型餐饮单位建成“阳光厨房”66个，建设率75%。21所普通中小学校（包括职高）、14个民办养老机构、37所等级幼儿园食堂“阳光厨房”建设率均100%。开通“智慧餐饮”网络，打造企业自查申报、部门定期审核、消费者即时打分的餐饮三方共治模式，全区260余个餐饮店纳入“智慧监管”网络。

【药品和医疗器械安全监管】 2017年，区市场监管局以药品和医疗器械日常监管与专项整治相结合，加强对全区涉药涉械单位的质量监管。开展现场检查，检查药品零售企业122家次、医疗器械生产企业231家次、医疗机构179个次，检查覆盖率95%以上。开展中药饮片、美瞳、硬性角膜接触镜等专项检查。加强药品不良反应（ADR）和医疗器械不良事件（MDR）监测，监测ADR数据1298条、MDR数据110条。与区公安分局联合开展二类精神药品专项检查，与区疾控中心联合开展疫苗专项检查。设计制作宣传短片《如何正确购买使用隐形眼镜》，该宣传片获2017年“全国医疗器械科普创作竞赛”一等奖，并被浙江省食品药品监管局的微信公众号转载。

【保健品和化妆品监管】 2017年，区市场监管局加大对夸大宣传功能类保健食品的监管力度，查处利用会议、讲座、免费旅游、免费义诊、送礼等方式从事保健食品非法营销的不法商家，重点检查欺诈销售食品和保健食品、虚假保健食品广告等违法违规行为。开展保健食品专项监督抽检，重点抽检受中老年人群青睐的铁皮石斛、保健酒、人参制品等常用的保健食品，以及消费者投诉频繁的产品。抽检保健食品9批次，合格率100%。推进化妆品“呵护美丽消费”示范工程建设，加强化妆品安全消费知识宣传，全面落实化妆品经营单位主体责任和监管部门监督责任。全年抽检化妆品12批次，合格率100%；完成1条示范街、1个示范商场和10个示范经营单位的创建工作。

（魏　静）

物价管理

【概况】 2017年，区物价局坚持“稳定物价，服务发展”工作主线，推进价格改革，加强市场价格监管，保障民生改善，为全区经济社会发展营造规范有序的价格环境。全区物价总水平基本稳定，平价商店较好地发挥平抑物价的作用。成立局级公平竞争审查制度，开展公平竞争审查制度的基础架构工作，完善公平竞争审查工作流程和工作要求。全年查处价格违法案件35件，实施经济制裁金额15.83万元。其中，处罚34件，罚款4.33万元；退还1件，退款11.5万元。受理价格举报投诉708件。

【价格调控监管】 2017年，区物价局加强价格调控监管，规范市场价格秩序。元旦、春节、清明、五一、中秋、十一等节日期间，组织开展农副产品价格巡查和旅游市场价格检查，坚决查处各种不正当价格行为，有效维护节日市场价格的稳定。发挥物美超市望江店和世纪联华江城店农副产品平价直销区作用，保障每日有不少于15种农副产品价格低于市场平均价15%以上，以平抑物价。开展旅游市场价格收费专项检查，重点检查宾馆酒店价格收费、景区门票收费、商场超市明码标价、机动车停车收费等情况。全年开展食盐价格、商场超市价格、旅游市场价格、养老机构服务收费、医疗耗材收费等专项检查。“12358”价格举报电话及网上价格举报平台，受理各类价格咨询、举报708件，办结率100%。

【价格宣传活动】 2017年，区物价局通过多种渠道和方法开展价格宣传活动。1月，邀请专家为74个电子商务企业开展价格法律、法规、政策培训。组织价格宣传员走进水澄桥社区、上羊市街社区、物美超市、中山南路美食夜市一条街等地，宣传解释价格政策。结合区委“三联三领”工作要求，每名党员走访社区居民，倾听民声，使价格服务与群众需求有效对接。5月，开展《中华人民共和国价格法》实施19周年宣传活动，区物价局组织价格政策宣讲、送法到基层等系列宣传活动，发放价格宣传资料100余份，结合开展价格检查，规范明码标价和收费行为。全年举办餐饮行业价格政策培训4次，参训200余人。

【推进清费减负】 2017年，区物价局加强收费管理，推进清费减负，帮助企业降低生产和经营成本，改善投资和创业环境。5月，区物价局对辖区内25个行政事业性收费单位开展收费情况和收支状况年度审核，全区2016年度行政事业性收费5899.78万元，比2015年下降21.5%。其中，行政性收费3544.03万元，下降32.9%；事业性收费2355.75万元，上升5.4%。行政事业性收费总体呈下降趋势。7月，区物价局对辖区内行业协会涉企收费情况进行摸底检查，敦促行业协会退还消防安全保证金11.5万元。

【物价信息公开】 2017年，区物价局落实信息公开工作，运用微博、微信等新媒体，发布微博信息40余条、微信信息20余条；公开行政处罚案件5条；通过编写简报和政务动态简讯，每季一期典型案例曝光、法律法规解读、价格政策提醒等形式，把物价政策及惠民信息送到群众身边，使物价工作更加贴近百姓、贴近生活。

2017年3月15日，区物价局在上羊市街社区开展价格宣传活动

（区物价局 供稿）

【完成收费备案】 2017年，区物价局对初次收费报备单位进行实地查看，了解企业基本情况，要求企业遵守备案相关规定，完善报备手续。全年办结各类收费备案审核65件，其中，停车收费18件，民办非学历教育培训21件，养老服务机构收费、学校幼儿园伙食收费、医疗服务机构收费等收费26件。

【价格认定】 2017年，区物价局价格认证中心按照规定的标准、程序和方法，办理涉案物品价格认定，提升价格认定业务水平，推动价格认定科学化，构筑信息化认定工作平台。全年完成价格认定案件274件，认定物品830项，认定金额1560余万元。其中：涉案物品价格认定265件，认定金额260余万元；涉纪物品价格认定9件，认定金额1300余万元。（张　杰）

安全生产监管

【概况】 2017年，区安全监管局围绕营造良好安全生产环境目标，以防范遏制重特大事故为重点，以常态化、制度化安全生产检查为抓手，不断强化责任落实、细化监管举措、深化隐患整治、狠抓执法检查，有效遏制各类安全事故的发生。年内实现所有13项危险化学品许可审批“最多跑一次”，1个备案事项实现“零次跑”。全年全区安全生产形势稳定，上城区在全市2017年度安全生产目标责任制考核中获优秀等次。

【安全生产责任体系构建】 2017年，区安全生产委员会（简称区安委会）为进一步完善安全生产组织领导体系，构建安全生产责任体系。区安委会由区级有关部门（单位）组成，区长担任区安委会主任，区安委会下设办公室（简称区安委办），具体负责安委会日常工作。在区安委会框架下，分设建设工程、特种设备、教育等8个重点领域安全生产专业委员会和其他领域安全生产专业委员会，指导、协调各专业行业领域的安全生产工作，各安全生产主营部门均建立部门（行业）安委会。各级安委会明确组织机构设置，严格界定工作职责，制定完善工作制度，层层落实安全监管责任，落实习近平总书记关于安全生产“党政同责、一岗双责、齐抓共管、失职追责”和“管行业必须管安全、管业务必须管安全、管生产经营必须管安全”的要求。

【安全生产隐患排查】 2017年，区安全监管局常态化开展安全生产大检查，针对出租房、商场、超市、沿街商铺、“三合一”场所（生产经营、仓储、住宿一种或一种以上使用功能违章混合设置在同一空间内的建筑）等重点隐患部位，坚持摸排巡察不间断，把各类安全隐患消灭在萌芽状态。全年出动执法检查人员1.07万人次，开展安全检查7160余次，检查单位8320余个次，查处各类隐患7650余处，整治“三合一”场所160余处。区安委办编制《安全生产大检查工作一周一报》，上报区领导审阅，全年编报48期，区委书记、区长批示11次。针对重点隐患和重点部位，按照管理权限和整治难度实行分级挂牌督办，全年挂牌督办隐患整治70余处。

【安全生产执法检查】 2017年，区安全监管局会同上城交警大队、上城消防大队、区市场监管局等部门突出危险化学品、建筑施工、特种设备、高层建筑等重点行业领域安全执法，部署开展危险化学品、易燃易爆场所专项整治和高层建筑消防安全大检查等活动。依法依规调查平海路地铁工地燃气泄漏事故，对责任单位进行行政处罚，罚款30万元。指导南星水厂完成全区唯一重大危险源核销工作。排查全区高层建筑659幢，对42幢涉及重大火灾隐患的高层建筑进行挂牌督办。全年发出整改通知书5160余份，处罚1890余件，临时查封单位112个、强制执行单位1个，责令“三停”（停产、停业、停止施工）单位110个，罚款240余万元，拘留132人，收缴燃气瓶870个。

【安全生产宣传教育活动】 2017年，区安全监管局重视安全宣传教育培训工作，同步推进安全宣传、安全教育与行政执法、隐患排查、打非治违、标准化建设等工作，细化措施，丰富形式，开展安全生产宣传教育进企业、进校园、进机关、进社区、进家庭、进公共场所活动。《中华人民共和国职业病防治法》《中华人民共和国安全生产法》宣传周、安全生产月等主题活动期间，通过新闻报道、专题采访、发表署名文章、开设专栏和专题讲座等形式，普及安全常识和基本技能。依托全区6300块楼道安全宣传牌，向群众普及用火用电、燃气、交通、旅游、出租房屋安全等方面的安全知识；在城站广场、汽车南站、商场、超市等公共场所和人员密集场所，通过电子显示屏、宣传栏等载体，开展公共安全常识的宣传普及。

【“安全生产月”活动】 2017年6月，上城区在吴山广场开展“安全生产月”广场宣传咨询活动。区安全监管局、区市场监管局、区文广新局等部门及各街道为各个社区提供安全咨询。全区悬挂标语（横幅）199条、宣传画3850张，发放宣传资料2.57万份，书写黑板报160期；培训职工1.07万人次，举办知识竞赛、演讲比赛33场；开展应急演练83次；出动宣传车20台次，展出各类展板586块，参观市民群众1.55万人次。

【深化“全员培训”工程】 2017年，区安全监管局深化“全员培训”工程，培训突出“三类人员”（企业负责人、安全管理员、特种作业人员），进一步提高企业主要负责人、安全管理员持证比例。全年培训企业主要负责人、安全管理员、重点岗位作业人员4.8万人次。培训收到良好效果，促进企业各层级从业人员了解和掌握岗位风险和相关控制措施，提高从业人员的安全素质和技能。。

【安全生产社会化服务】 2017年，根据辖区安全生产特点，区安全监管局组织街道、工业园区开展安全生产社会化服务。小营街道聘请第三方机构对街道范围内402家餐饮企业开展消防安全、烟道检测和清洗服务；委托第三方机构对街道范围内129家高层建筑开展消防检查，为街道提供参考建议。区电子机械功能区实行服务外包，对园区内41家企业安全生产工作开展巡查和评估，并形成评估报告，由园区跟踪督查，确保隐患整改到位。

【危险化学品安全隐患治理】 2017年8月10日，区安全监管局制订《上城区危险化学品安全综合治理实施方案》，开展全区危险化学品安全综合治理工作。建立联席会议制度，明确各部门监管职责，组织辖区内涉危企业的摸底排查，建立风险企业、风险点资料档案，绘制区域危险化学品企业风险位置图。重点对危险化学品经营企业、危险化学品使用企业、危险化学品运输企业开展安全检查，对检查中发现的问题下达整改意见书，督促企业限期完成整改，并对整改情况进行跟踪复查。全区危险化学品安全监管合力进一步提升，企业安全生产主体责任得到有效落实。

【安全生产应急管理】 2017年，区安委会组织查找企业和政府应急能力方面存在的主要问题，规范全区危险化学品事故应急救援队伍管理工作，并督促各成员单位制订和完善各系统的事故应急预案。强化应急演练。6月27日，辖区重大危险源企业南星水厂举行大型液氯泄漏防恐应急演练。区市场监管局、区教育局、区住房和城建局等部门分别组织应急管理、应急救援知识培训及应急演练，全年各级各单位实施应急演练130余次。区安全监管局重点对危险化学品事故演练、中小学等人员密集场所应急疏散演练等进行现场指导，增强演练的针对性和有效性。

2017年6月27日，杭州南星水厂举行大型液氯泄漏防恐应急演练

（区安全监管局 供稿）

【安全生产信用体系建设】 2017年，上城区深化安全生产诚信体系建设，加强安全生产依法治理，促进企业依法守信，切实保障从业人员生命安全和职业健康。完善安全生产不良信用记录和“黑名单”制度，规范企业安全生产不良记录“黑名单”信息采集、公布工作。全年有两个企业被列入安全生产“黑名单”，针

对“黑名单”企业，协同有关部门和单位采取联合惩罚措施，在信誉评级、项目核准、用地审批、证券融资、银行贷款、保险费率、财政奖补、招投标等方面予以限制、禁止或提高费率。加强安全生产诚信结果的运用，建立由挂牌督办隐患信息、行政处罚信息和生产安全事故信息为主的信用应用及查询机制，在企业申请上市、重点项目工程招投标和评优表彰等方面，将安全生产诚信结果作为重要参考，全年开具相关安全生产证明材料86份。

【职业卫生监管】 2017年，区安全监管局根据“预防为主、防治结合、综合治理”的职业病防治原则，协调有关部门加强对职业病防治工作的领导，将职业危害防治的各项任务和要求纳入安全生产目标管理考核体系，与安全监管工作同时部署、同时推进、同时考核。加强职业病防治法、职业病防治知识的宣传教育，提高全社会对职业危害的防护意识。加强用人单位主要负责人、职业卫生管理人员的职业卫生知识培训，督促用人单位做好从业人员岗前和在岗培训，提高从业人员职业病防治安全意识，开展职业卫生专题现场咨询3次，发放宣传资料5000余份，对规模以上企业开展送法上门，邀请专家进行业务培训3次，3000余人次参加。开展用人单位职业卫生调查摸底，全区存在职业病危害因素的用人单位34个，职业病危害因素主要为噪声。加强对辖区内重点行业职业卫生监督检查，明确用人单位职业病防治的主体责任，督促其健全组织机构，完善安全管理措施，加大资金投入，彻底整改安全隐患。

【夏季高温安全监管】 2017年，区安全监管局加强夏季高温安全监管工作。联合区卫计局、区人力资源和社会保障局、区总工会、区住房和城建局等部门组成联合检查组，对辖区范围内的建筑工地、高温作业岗位及露天作业场所开展监督检查，着重对用人单位防暑降温措施落实、高温津贴发放、职工工伤保险办理等情况开展检查，依法查处违反国家有关规定、危害职工身体健康的行为，责令用人单位限期整改，并加强跟踪检查，确保整改措施落实到位。

(吴璐莹)

审　计

【概况】 2017年，区审计局依法履行审计监督职责，落实政府投资项目审计全覆盖，做好审计服务提升工作。全年完成审计及调查项目156个，其中，国家审计项目14个，查处不规范金额8410.99万元。完成政府投资结算审计项目142个，送审造价74564.56万元，核减造价7205.15万元，平均核减率7.9%。编发审计信息和专报42期，在《中国审计报》《浙江审计》《浙江审计信息》《杭州审计信息》录用信息稿件16篇。完成省审计厅下达的2016~2017年度审计科研课题5个，申报省审计厅2017~2018年度审计科研课题3个。

【财政预算执行审计】 2017年，区审计局重点监督区财政预算执行和决算草案等情况。结合区情实际，制定切实可行的审计实施方案，重点关注财政资金的统筹和安排。坚持点面结合，完成参与式预算的3个部门预算执行情况审计，较为完整地反映全区各部门预算执行的总体情况。该做法得到区人大常委会和区政府领导肯定。

【政策落实情况审计】 2017年，区审计局加强对政策贯彻落实情况审计。首次开展信息系统安全性、可靠性、有效性、扩展性、共享性等情况绩效审计，通过对全区产业、医疗、社区、城管、旅游等领域信息系统建设和应用情况审计，发现信息化项目建而不用等问题15个。开展创业创新科技经费专项审计调查，审计从申请、发放、使用，成效4个方面展开，发现补助发放不规范、财政贡献率低等问题10个，监督财政部门收回资金50万元。

【政府投资项目审计】 2017年，区审计局加强对全区政府重大投资项目审计监督与跟踪。监督范围从G20杭州峰会等重点项目扩大到全区所有政府投资项目。按照审计质量管理要求，通过对账协商、争执调解，并经过区二级内审会、建设单位“三重一大”会议，完成2013年政府投资遗留项目处置。根据《杭州上城区政府投资项目分类管理与加强监督的实施办法（试行）》，区审计局按照投资规模、项目资金来源等情况进行分类管理，坚持依法审计，严格审计程序，强化审计监督。

【民生项目审计】 2017年，区审计局实施城镇保障性安居工程跟踪审计、基本公共文化资金支出审计、残保金管理使用情况专项调查和居家养老政策执行情况专项审计调查4个民生项目审计。审计人员通过实地查阅、问卷调查、座谈等形式，摸清政策规定、资金分配使用、项目建设及管理等情况，提出改进意见，促进被审计单位结合自身实际，围绕审计中发现的问题，完善相关制度。

【领导干部任期经济责任审计】 2017年，区审计局对7个单位11名领导干部实施任期经济责任审计。探索经济责任审计方法手段，对4个街道统一制订审计方案，开展审计试点，落实审计谈话制度，明确街道审计重点。对3个部门根据实际情况，与区纪委、区编委办等部门联系沟通，及时了解情况和反馈审计中发现的问题。审计过程中，认真梳理被审计单位和领导干部的工作创新情况、综合考评结果、年度综合目标完成情况，以及在决策机制建设、国有资产管理、内部监督管理等方面存在的问题，从体制、机制层面提出意见建议。

【环境资源审计】 2017年，区审计局结合领导干部任期经济责任审计，开展环境资源审计，重点审计贯彻执行节能环保政策法规情况，包括被审计单位及领导干部是否严格执行国家节能环保政策法规、节能环保约束性指标及减排任务完成情况、污水集中处理与生活垃圾无害化处理推进情况等。开展环境能力建设情况专项审计调查，重点关注环境工程治理和资金管理情况，向上城环保分局提出进一步改善空气质量、加强部分河流断面水质治理、提升小区生活垃圾分类投放效果等8个方面审计建议。

【内审指导服务】 2017年，区审计局制定进一步加强内部审计工作的实施意见，对内部审计提出规范要求。举办为期两天的审计知识“三合一”全员培训，全区39个部门负责人、内审人员等102人参加培训。对区城管局中层以上干部、内审和财务人员、工程管理人员60余人，开展工程审计和工程管理专题辅导培训。组织区卫计局负责人及下属各卫生服务中心负责人、内审和财务人员50余人，开展规范事业单位费用管理的专题培训。实现内审人员培训全覆盖。建立国家审计人员与内审人员沟通平台，利用“互联网+”模式，开辟“上城审计”微信公众号，建立内部审计微信工作交流群和QQ工作群，介绍内部审计法律法规及相关知识、重点普法项目相关内容和要求、内部审核复核审理和应承担的责任等内容。采取领导分片、科室分系统、个人联系对口单位，以及国家审计机关和业务人员分别联系各内审机构和内审人员的办法，进行量身定制的内审指导。

【加强审计督查整改】 2017年，区审计局根据《杭州市上城区人民政府关于进一步加强审计整改工作的意见》，将审计整改情况检查结果纳入全区年度综合考核内容。对2016年审计工作报告中反映的82个问题和2017年拟纳入审计工作报告中的107个问题，会同区纪委开展审计整改联合督查，主要督查审计报告反映应整改和应规范的问题，是否分门别类加以整改、是否在限期内加强管理或完善内部控制制度。督促区文广新局对“文化走亲”活动人员安排、事前审批程序、用餐和接待标准、活动预算编制等做出详细规定。督促区民政局出台相应制度，规范社区居家养老照料中心服务管理，建立养老人才队伍激励机制。督促有关街道对20万元以下小型建设工程项目聘请专家参与招标。同时对已整改的被审计单位及时回访，实行问题销号管理，确保整改落实到位。 （詹丹宁）

统　计

【概况】 2017年，区统计局围绕争创“四个标杆区”工作，以开展“三联三领”活动为载体，通过建强组织固根本、细化责任抓落实、跟踪反馈强督导等举措，提高统计数据质量和统计服务能力，为区委、区政府决策提供统计分析依据。编印《2016年度上城区经济和社会事业发展统计公报》及宣传册，为区“两会”提供数据分析资料。开展小微企业发展现状调查、企业发展环境调查、5‰人口抽样调查、群众安全感满意度调查及月度劳动力调查等统计调查。加强民情社情调查，开展市对区综合考评民意调查、外出务工人员异地就医情况调查、“最多跑一次”改革、“五水共治”、垃圾分类、改革满意度、食品安全等专项调查 14 个。注重民生统计，提高统计监测水平，完成居民收入、人才需求、企业用工、月度劳动力、妇女儿童监测等统计工作。开展统计执法检查，抽调专业人员组成稽查组，稽查统计单位 50 个，依法查处提供不真实或不完整统计资料情况，发现问题单位 3 个，其中当场警告 1 个、警告并罚款 2 个。区统计局被人力资源和社会保障部、国家统计局授予全国统计系统先进集体称号。区统计局创建的“数海先锋 1+1”党建项目被区直属机关工委认定为党建品牌。

资料

“数海先锋 1+1”：“数海”代表统计工作，“先锋”代表党员，“1+1”代表强经济研判和民情民意调查两张金名片。

【统计工作交流】 2017 年 3 月 3 日，成都市武侯区统计局副局长李林琪一行到区统计局考察。区统计局负责人与有关科室负责人参加座谈。双方各自介绍统计机构设置和统计基础建设情况，就加强业务培训、提升统计数据质量、完善统计执法检查等各自交换意见，各专业部门进行对口交流。

【巡察问题整改】 2017 年 3 月 2~17 日，区委第二巡察组对区统计局党组进行巡察。巡察结束后，巡察组向区统计局党组通报巡察情况，区统计局针对巡察发现的问题，研究制订整改计划。10 月 27 日，区委巡察工作领导小组办公室召开被巡察单位整改情况汇报会，向区统计局党组发送《巡察整改建议书》。10 月 31 日，区统计局党组根据建议书要求，召开党组会议进行专题研究，进一步细化整改措施，并列出整改时间表。至 11 月底，区统计局将巡察发现的问题全部整改到位。

【统计系统人员培训】 2017 年 9 月 20~22 日，区统计局组织全区统计人员集中培训。该局核算法制科、服务业调查科、普查科等科室负责人分别就《中华人民共和国统计法实施细则》、服务业调查统计指标、国家部门数据处理系统使用等法规制度和专业业务知识进行讲解及案例分析，并邀请市统计局法律顾问——浙江智仁律师事务所律师裘宇清解读《中华人民共和国统计法实施条例》。各街道分管负责人及社区统计调查员等 60 余人参加。

【住户调查样本轮换】 2017 年 9 月 5 日，区统计局召开全区住户调查样本轮换工作会议，研究布置住户调查样本轮换工作。根据市统计局确定的样本小区，组织绘制小区地图、建筑物清单，并根据建筑物清单抽取大样本 1400 户，利用 3 个月时间，对大样本进行摸底调查，最终确定 140 户为新的住户调查样本户，访问调查期为 5 年。

【5‰人口抽样调查】 2017 年 10 月 12~13 日，上城区召开 5‰人口变动抽样调查业务培训会议，启动 5‰人口变动抽样调查工作。区统计局会同区公安分

2017 年 9 月 20 日，区统计局举办全区统计系统业务培训班

（区统计局　供稿）

局、区民政局、区卫计局，抽取5个街道的5个调查小区作为2017年人口变动调查样本，涉及住户约700户、人口约2000人。全区调查员、调查指导员及有关部门工作人员20余人参与调查。通过绘制调查小区建筑物图纸、调查摸底、入户登记，于11月15日完成全部调查小区的入户调查登记，取得重要统计数据，为有关政策制定提供重要依据。

【统计宣传】 2017年1月，区统计局印发《2017年统计依法行政工作要点》和《2017年普法教育工作计划》，确定年度统计法制工作主要目标任务。加强统计宣传。全年利用微信微博公众号、工作微信群、QQ群、微信朋友圈推送统计工作动态信息500余条。组织年报会议18场，参会2000余人。12月8日，区统计局开展纪念《中华人民共和国统计法》颁布35周年宣传活动，以“弘扬法治精神，推进依法统计”为主题，分广场宣传、环西湖竞走两项内容。广场宣传环节主要进行统计法制知识普及、统计工作成果宣传资料发放、统计业务咨询等，向过往群众发放《统计法实施条例》等宣传册150余份，接受现场群众咨询40余人。环湖竞走由区统计局、街道统计调查员和企业统计人员100余人组成统计普法志愿者分队，开展环湖竞走并向沿路市民宣传统计法。 （张海树）

人力资源和社会保障

Human Resources and Social Security

劳动就业和创业

【概况】 2017年，上城区实施就业优先战略，依托区、街道、社区劳动保障平台，夯实就业创业工作新优势基础，完善和落实各项扶持政策，鼓励、引导、扶持劳动者自主创业，进一步发挥创业带动就业倍增效应，全区社会就业比较充分，就业形势总体稳定。全年全区新增就业22540人，完成目标任务的115.7%；失业人员实现再就业12676人，完成目标任务的116.2%；就业困难人员再就业4938人，完成目标任务的165%；培养高技能人才567人，完成目标任务的113.4%；发放创业担保贷款1460万元，完成目标任务的132.7%；“零”就业家庭保持动态“归零”、基数“归零”。

【公益性岗位管理改革试点】 2017年8月30日，上城区在“红色港湾”举行湖滨街道公益性岗位委托管理试点签约仪式，该街道率先开展公益性岗位管理改革试点。“百事帮”服务中心对政策帮扶性岗位实施开发管理。按照“科学设置、适度控制、动态监管”的原则，以转岗的形式与24名就业困难人员签订劳动合同，为其办理就业登记、缴纳社会保险和住房公积金，以企业化模式进行有效管理，用市场的力量创造更多就业机会，实现社区及居民公共利益最大化。

【就业培训与服务】 2017年，上城区以提升劳动者素质为目标，积极探索培育技能人才队伍，依托区、街道、社区三级就业指导、职业介绍平台，组织开展各类就业创业培训，全区举办失业人员网上创业培训、失业人员再就业技能培训、进城务工人员培训、高技能人才培养等培训班30余期，3036人次参加。企业组织职工自主培训40期，培训878人次。组织“民营企业招聘周”“就业创业进校园”等专项招聘会60场。在网上发布1842个单位用工信息，推出用工岗位3.72万个，推进失业人员、就业困难人员等重点群体就业工作。

【失业人员就业保障】 2017年，上城区享受居家就业社保补贴5519人次，发放补贴1221.84万元；

2017年8月30日，上城区在“红色港湾”举行湖滨街道公益性岗位委托管理试点签约仪式 （区人力资源和社会保障局 供稿）

110 人次获区困难家庭社保补贴 22 余万元；向 8907 人次灵活就业人员发放社保补贴 3310.87 万元；231 人次享受延期缴费社保补贴 64.15 万元；227 人次享受创业社保补贴 119.95 万元；全区有关企业吸纳就业困难人员 1299 人次，发放用工补贴 1044.52 万元；政策性帮扶岗位安置就业 929 人，市级补贴 2296.39 万元。区级安置 6 人，补贴 17.25 万元。公益性岗位安置就业 25 人。

劳动关系

【概况】 2017 年，区人力资源和社会保障局以创建“无欠薪城区”为契机，坚持“以职责为牵引，以法律为准绳，以服务为宗旨”的原则，加强劳动关系源头治理，健全劳动关系协调机制，规范劳动用工，辖区劳动关系整体和谐稳定。

【劳动保障专项检查】 2017 年，区人力资源和社会保障局开展各类专项检查，书面审查用人单位 1.79 万个，涉及从业人员 5.74 万人，指导企业完善各项规章制度，签订集体协商协议。加强对劳动关系 B 级以下企业巡查，巡查企业 2834 家。开展 7 项专项检查，检查各类单位 1519 个次，涉及从业人员 6.44 万人次。其中，检查 292 个单位农民工工资发放情况，涉及农民工 1.07 万人。检查 145 个中介机构，涉及从业人员 6964 人。检查 661 个用人单位遵守国家工时制度情况，涉及劳动者 2.22 万人。

【劳动争议仲裁回访服务】 2017 年，区人力资源和社会保障局根据审理劳动争议仲裁案件中发现的问题，建立劳动争议仲裁回访服务制度。回访服务指在劳动争议案件调解或裁决后，对单位是否履行调解或裁决确认的义务，以及是否有需要对反映的问题进行回访，并要求单位履行调解、裁决确认的义务。对单位存在用工不规范或侵害劳动者合法权益等问题，仲裁院在结案后，以书面形式指出问题，指导督促用人单位限期改进，促进企业用工行为规范、合法。全年对 40 余名劳动者在裁决、调解后用人单位有否履行所确认的义务进行回访，为 30 余个单位提供回访服务。

【行政许可审批】 2017 年，区人力资源和社会保障局受理企业实行特殊工时工作制申请 165 件，其中申请实行综合计算工时工作制企业 110 家，申请实行不定时工作制企业 29 家，同一单位同时申请综合计时和不定时工作制的 26 个，涉及综合计时职工 1.03 万人、不定时工时制职工 1852 人，上述申请全部依法依规做出决定。全年做出劳务派遣经营许可决定 3 件，劳务派遣经营许可证变更审批 6 件，劳务派遣经营许可证延续审批 5 件，劳务派遣单位设立分公司备案 3 件。完成 24 个劳务派遣许可单位及备案单位的劳务派遣经营情况年检。

社会保障

【概况】 2017 年，上城区结合“最多跑一次”改革，强化服务意识，突出工作重点，进一步推动社会保障事业全面发展。全年新增参加养老保险 17110 人、工伤保险 17129 人、生育保险 15118 人。深化机关事业单位养老保险制度改革，全区 189 个机关事业单位全部纳入国家统一的机关事业养老保险，涉及参保人员 12809 人，其中退休人员 6653 人。全年征缴养老保险 1.8 亿元，发放退休金 3.7 亿元。

【企业退休人员管理】 2017 年，上城区纳入社会化管理企业退休人员 89457 人，比 2016 年增加 505 人。全年为 23.76 万人次退休人员发放慰问金 2.32 亿元；探望因病住院退休人员 16758 人，发放慰问金 157.58 万元；协助 1582 名去世退休人员家属做好善后工作，依照规定支付各种费用 37.36 万元；帮扶生活困难退休人员 5091 人，发放补助金 270 万元。规范企业退休人员人事档案管理，全年接受退休人员档案查询 4000 人次。

【企业退休人员社会化管理培训】 2017 年 6 月 2 日，区人力资源和社会保障局举办企业退休人员社会化管理业务培训会，各街道、社区 90 余名企业退休人员专管员参加。重点讲解退休人员纳入社会化管理手续办理和异地参保在杭州居住人员资格认证两项“最多跑一次”事项，以及社会化管理信息数据和电子台账更新工作，并根据市人力资源和社会保障局开展“剿灭劣Ⅴ类水，退休人员在行动”活动要求，研究部署企业退休人员参加剿灭劣Ⅴ类水攻坚战等事宜。

【社保医保一站式服务】 2017年，区人力资源和社会保障局打造社保医保一站式服务，实行社保医保业务对外一窗受理。在原有社保、医保窗口的基础上，进行资源整合，设置7个社保医保综合窗口，业务办理采取内部流转形式，从受理到初审、复审、复核，实现“一个窗口进，业务全办结”。办事群众在一个窗口可同时办理社保医保所有业务。年末，窗口工作人员评出“服务之星”24人、“服务模范”3人，区人力资源和社会保险局驻行政服务中心所有窗口均被评为优胜单位。 （王　旻）

社会救助

【概况】 2017年，区民政局以稳定低保占比(0.5%)、提高低保边缘家庭占比（达到低保人数60%）为主要任务，结合“最多跑一次”改革要求，完善政策措施，优化办理程序，保障困难群众基本生活，全区救助工作水平进一步提高。至年末，全区持证困难家庭1961户、2828人。其中，低保家庭1409户、1843人，残保对象86户、87人，低保边缘家庭466户、898人。其中，含市级困难家庭246户、465人，区级困难家庭118户、214人，街道级困难家庭102户、219人。全年审批各类困难家庭2100户，认定低收入家庭387户。全年市、区两级救助困难家庭50043户次、75191人次，发放各类救助金3225.21万元。其中，向困难家庭发放低保金、残保金及相关补助费19508户次、25959人次、1667.24万元；向“农转非”人员、国家困难时期“精简”人员等特定对象发放补助费1319人次、39.67万元；向困难家庭发放物价补贴23232户次、29731人次、290.47万元。市级临时救助370户、541人，发放救助金264.4万元。开展“送温暖”和“送清凉”活动，发放救助金3291户次、600.48万元。向持证困难家庭发放一次性防暑降温补助1634户次、46.89万元。区级各类救助11102人次、416.04万元。走访慰问“三无”老人、孤儿等特殊群体13人，发放慰问金和慰问品价值26.64万元。充实儿童福利督导员队伍，完善区、街道和社区三级儿童福利督导工作网络。全年救助各类困境儿童2871人次，发放困境儿童生活补贴118.86万元。

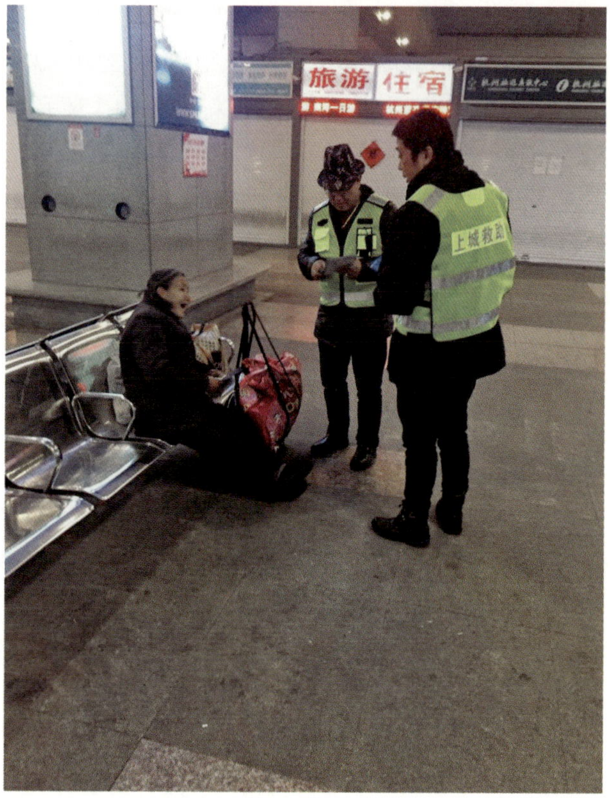

2017年1月19日，上城区社会救助小分队夜间巡逻劝说生活无着的流浪乞讨人员 （区民政局 供稿）

【流浪乞讨救助管理】 2017年，上城区以“不发生一起因救助不到位造成流浪乞讨人员死亡”为工作底线，尝试新形势下流浪乞讨救助工作新模式，提升辖区成员单位在流浪乞讨救助管理工作中的合力。积极引入社会力量参与流浪乞讨救助管理工作，有效破解救助对象复杂、人员力量不足、救助方式单一和基本面情况掌控偏弱的难题，探索出一条符合上城救助工作实际的新路子。全年全区出动巡查9784次，劝阻劝离流浪乞讨人员5921人次，护送救助流浪乞讨人员124人次。

【最低生活保障】 2017年，区民政局进一步扩大救助范围，加大低保边缘家庭的认定和救助力度，确保困难群众应保尽保，并得到及时救助。全年低保占比相对稳定，在0.51%~0.53%之间浮动，月均人数1715人。年末低保及低保边缘对象2741人，达到市考核要求。全年发放低保金及各类补贴1667.25万元。

【完善慈善医疗救助办法】 2017年6月20日，区民政局、区慈善总会联合印发《杭州市上城区慈善医疗救助实施办法》，对原试行办法进行完善，将申请人非本地户籍的配偶及子女的医疗费纳入救助范围。全年支出救助金199.78万元，比2016年增长76%。8月28日，区民政局印发《杭州市上城区街道级困难家庭救助实施办法（试行）》，加强对低保边缘家庭的救助和帮扶，对街道级困难家庭救助的申请条件、申请程序及救助待遇等相关事项予以明确和规范。

社会福利事业

【福利彩票发行】 2017年，上城区福利彩票发行中心发行福利彩票8592万元。其中，视频游戏彩票发行额7475万元、“刮刮乐”即开型彩票发行额419万元、电脑彩票发行额698万元。全年募集公益金500万元，发行费收入420万元。“中福在线”解放路销售厅被评为省级五星级投注大厅。

【第十七次“春风行动”】 2017年1月1日，上城区开展第十七次“春风行动”。“春风行动”得到广大干部、群众和社会各界人士的积极响应和参与，收到捐款544.14万元。累计向困难家庭发放助困、助医、助学、应急等各类救助金431.18万元，惠及1.13万人次；返还给各街道慈善分会救助资金244万元，由各分会向辖区困难家庭提供救助。

（谢　洋）

人才开发

【概况】 2017年，上城区推进人才工作，实施人才优先发展战略，修订完善人才政策，提高人才资助奖励标准，强化高层次人才引进工作。全年新增国家“千人计划”1人、市“521”计划1人、国家“万人计划”教学名师1人。以优化服务机制为抓手，落实人才工作目标责任，在创新驱动、产业转型升级中发挥人才引领作用，提高人才工作科学性、权威性，为加快建设一流的国际化现代化城区提供智力保障和人才支撑。上城区成功创建杭州市人才生态示范区。

【人才政策优势提升】 2017年，上城区实施新一轮“1211”引才计划，修订完善《上城区新一轮引进海内外高层次创业创新人才“1211”计划实施意见》，加大对海外高层次人才的扶持奖励力度，扶持奖励包括人才创业扶持资金、银行贷款贴息、办公用房房租补贴等方面。修订完善《关于建设金融人才管理改革试验区的若干政策意见》，进一步明确金融人才的评定原则，增加金融人才认定的有效期，取消金融人才奖励的年薪上限，调整金融人才分类认定的标准等。启动新一轮高层次金融人才分类认定工作，全年评定第二届上城区杰出金融人才6人、突出贡献金融人才10人。

【高层次人才引进】 2017年，上城区与杭州市海外企业家投资联合会联合设立上城区“海归驿站”，帮助海归创业者方便快捷实现资源整合、投融资对接等。在美国硅谷挂牌成立“杭州市上城区海外高端人才联络站”，在美国纽约、英国伦敦分别设立海外代表处，促进资本、项目、人才和服务国际化。举办浙江·杭州国际人才交流与项目合作大会上城分会活动，邀请200余名海内外高层次人才参会交流，达成项目合作意向40个，18个海外人才项目在大会现场签约，涉及科技、金融、健康、智能制造等领域，签约总额3.53亿元。

【人才服务机制优化】 2017年，上城区修订完善《上城区人才工作目标责任制考核实施办法》，强化人才工作目标责任制考核力度。加强人才智库建设，充分发挥人才在创新驱动和产业转型升级中的引领作用，进一步提高人才工作科学性和权威性。加强对院士专家工作站的指导和服务，积极申报省级、市级院士专家工作站。引导众创空间由数量型向质量型发展，鼓励企业出精品、创品牌、形成产业化，年内云楷智慧园科技（杭州）有限公司运营的“数动空间”被认定为杭州市众创空间。

（潘罗定）

人力资源管理

【概况】 2017年，上城区公开招录公务员和参照公务员管理单位人员27人、事业单位工作人员57人。加强公务员日常管理，做好机关事业单位工作人员职务晋升、岗位变动、工资进档晋级变动审批等工作，完成杭州市“十佳公务员”及省市“最美公务员”推荐、营以下军转干部安置，组织实施优秀公务员疗休养。推进专业技术职称考核评定，全年全区认定初级职称533人，审核初定中级职称73人；参与评审中级职称555人、高级职称99人，审核确认卫生、护士类资格考试报名人员520余人次。

【“一园多点”大学生创业园平台建立】 2017年，上城区以“LOMO创意谷”为主，以凤凰公社、凤凰御园、锦绣工坊、VCC创业投资中心、网尚空间等民营创业园区为辅，建立“一园多点”大学生创业平台，并与“长城178创意园”“风铃499创意园”“数动空间”“杭州幼发拉底孵化中心”等创业空间对接合作，推进大学生就业创业工作。

（王　旻）

对外经济贸易与区域合作

Foreign Economic Trade and Regional Cooperation

对外贸易

【概况】 2017年，上城区跨境电子商务出口总值22104.71万美元，完成市目标任务的105.3%；跨境电子商务进口总值5376.9万美元，完成市目标任务的107.5%。全区境外投资项目15个，实际投资额2649万美元，其中中方投资额2551万美元，完成市目标任务的42.5%。全区服务贸易出口额67亿元，完成市目标任务的107.0%。

【“大数据带您玩转跨境电商时代”巡回活动】 2017年3月20日，由区商务局、Google Adwords杭州体验中心主办的“大数据带您玩转跨境电商时代”系列巡回活动在望江国际中心举行。此次活动系Google Adwords杭州体验中心在杭州的首场路演，主要服务于外贸企业，杭州海兴电力科技股份有限公司、杭州捷尔思阻燃化工有限公司等30余家企业参加。

【外贸企业培训】 2017年4月19日，区商务局会同杭州海关、区国税局，举办外贸企业报关及退税业务知识专题培训，全区外贸企业负责人、企业财会人员及单证员近180人参加。区国税局相关负责人结合案例分析，对便捷退税系统性能及操作流程进行解析。杭州海关相关负责人介绍全国通关一体化与税收征管的改革背景及改革方向。6月22~23日，上城区举办“亚马逊”孵化班，36家区属企业、60余人参加，听取杭州鸟课教育咨询有限公司专业人员对跨境电子商务知识的讲解。

【组织电商企业参观学习】 2017年9月27日，区商务局会同杭州峰澜信息科技有限公司举办“不出国门，营销全球Google中国行”活动，邀请30名跨境电子商务龙头企业负责人到上海Google中国总部参观学习。Google大中华区渠道事业部负责人做题为“你所不知道的Google”的演讲分享；杭州峰澜信息科技有限公司销售总监介绍Google外贸企业的营销策略。

【市贸促会会长到上城调研】 2017年6月14日，市贸促会会长王国珍一行到上城区调研，与区贸促会负责人就发挥贸促会职能、加强市区两级贸促会互动、共建企业信息库、服务中小企业等问题进行探讨，并就玉皇山南基金小镇与市贸促会推出的旅游合作项目进行对接。

【参加第八届浙交会】 2017年9月19~20日，第八届浙江商务服务交易博览会（简称浙交会）在杭州国际博览中心一楼D馆举行。浙交会以“‘一带一路’倡议下的开放机遇”为主题，以涉外企业为主要服务对象，为企业参与“一带一路”建设搭建交流合作平台。辖区杭州峰澜信息科技有限公司、杭州伯恒进出口有限公司、杭州和讯实业有限公司、杭州易上弘网络科技有限公司等企业参加浙交会。

【参加国际电商博览会】 10月26~29日，第四届中国（杭州）国际电子商务博览会暨第一届跨境电商进口博览会在杭州白马湖国际会展中心举行。上城区组织杭州峰澜信息科技有限公司、杭州舞环科技

2017年10月26日，杭州市贸促会会长王国珍（左二）参观国际电商博览会上城馆，并听取企业工作人员的产品介绍　　（区商务局 供稿）

有限公司、杭州金星铜工程有限公司、杭州石谷网络科技有限公司、杭州丰平文化创意有限公司、杭州久祺工贸有限公司6家企业参加博览会，并专门设立上城馆。市贸促会会长王国珍参观上城馆展出的产品，并听取企业工作人员对产品的介绍。副区长孙刚锋参加博览会相关活动。

【Google大数据人才培养计划启动】 2017年12月3日，Google Adwords杭州体验中心联合亿邦动力商学院、浙江工商大学、浙江财经大学、浙江商业职业技术学院，启动首期Google大数据人才培养计划。该计划以“大数据，大梦想”为主题，面向在杭高校学生、研究生和留学生，通过杭州知名上市公司、标杆企业和Google Adwords杭州体验中心等导师团队“一对一”定制化教学，为跨境电子商务企业吸引、培养更多人才，提高电子商务企业创新创业能力。

招商引资

【概况】 2017年，上城区新设立外商投资企业39家，比2016年增加15家，增长62.5%；利用合同外资5.26亿美元，增长3.7倍；实际利用外资2.18亿美元，下降7.8%。引进市外500万元以上项目211个，实际到位资金112.96亿元，完成市年度目标任务的110.8%。引进浙商回归项目133个，其中内资项目129个、外资项目4个。省外到位资金57.79亿元，完成市年度目标任务的113.3%。

【招商引资专题培训】 2017年2月22日，区商务局在玉皇山南基金小镇举办招商引资专题培训班。副区长孙刚锋到会并做培训动员。市商务委有关部门负责人为参训人员讲解招商引资业务知识。区国税局、上城地税分局、区市场监管局有关部门负责人运用案例介绍招商工作。各产业部门、街道、区电子机械功能区分管领导和招商人员约60人参加培训。

【高盛投资集团并购咸亨国际公司】 2017年3月20日，上城区引进世界500强企业高盛亚洲战略投资集团有限公司，该公司对浙江咸亨国际通用设备有限公司进行外资并购。年内，并购项目完成市商务委审批和市市场监管局登记注册。项目利用外资2800万美元，成为全区“以民引外”的样本。

【参加第三届中东欧博览会】 2017年6月8~9日，区委常委宣寅、副区长孙刚锋率区商务局、上城工业基地和各街道负责人及招商人员20余人，参加在宁波举行的第十九届浙洽会、第十六届消博会、第三届中东欧博览会。其间，参加“中东欧贸易（跨境电商）对接会”“全省重大项目签约仪式”“浙洽会主题论坛”“浙江海外高层次人才项目洽谈会”等系列活动，利用展会平台，进行宣传推介和投资洽谈。

【“特色小镇国际对接游”项目专题交流会】 2017年7月11日，由市贸促会组织的国际机构驻杭代表处“特色小镇国际对接游”项目专题交流会在玉皇山南基金小镇举行。会上，市贸促会副会长盛晓蓉和玉皇山南基金小镇等6个市级特色小镇负责人与英中贸易协会、加拿大商务代表处、大韩贸易投资振兴公社等机构驻杭代表处负责人进行交流。各机构驻杭代表处负责人参观玉皇山南基金小镇。

【美国浙江商会秘书长考察上城】 2017年9月27日，美国浙江商会秘书长、斯坦福干细胞研究中心博士后、北京大学北加州校友会会长朱方芳到上城区考察，与入驻玉皇山南基金小镇的杭州凯泰投资管理有限公司进行交流，并走访杭州博博科技有限公司和杭州佳沃思医疗科技有限公司，洽谈合作事项。

【上城区与麦粒投资管理有限公司签署合作协议】 2017年10月16日，上城区政府与杭州麦粒投资管理有限公司签署《麦粒控股总部落户上城合作协议》。区政府将助推该公司打造“我想我享”文化生态产业，使其成为文化生态产业标杆性企业。该公司作为文化产业的一级运营商，以发展区域文化为己任，推动中国首届“区域特色+文化产业”高峰论坛、“我想我享”影视节等文化项目落户上城。

【《欧洲货币》高级编辑考察基金小镇】 2017年10月18日，《欧洲货币》高级编辑Elliot到玉皇山南基金小镇考察并进行专题采访。区委常委、副区长胡永光陪同。Elliot详细了解基金小镇发展情况、产业特色及优势，与浙江赛伯乐科创股权投资管理有限公司、杭州凯泰投资管理有限公司负责人进行专题交流。

【龙运国际公司美国纳斯达克上市】 2017年10月20日，总部落户在上城的龙运国际控股有限公司在美国纳斯达克资本市场上市交易，股票代码为“LYL”。此前，该公司完成首次公开募股，募集资金850万美元。公司业务涵盖互联网众筹、创业孵化及创业投资转介三大领域，公司拥有一站式易投众筹平台、完善的创业孵化流程和资深的运营管理团队，致力于打造资本、政策、资源共享的创业生态圈。 （黄逸真）

区域协作

【概况】 2017年，上城区向淳安县提供城乡统筹帮扶资金2300万元。其中，区县协作资金2000万元，用于“百源经济”工程建设，助推乡村振兴，重点打造千岛湖镇汪家源、姜家镇龙源溪源等10条源；街道与乡镇协作资金300万元，协作项目6个，其中基础设施项目2个、产业发展项目1个、民生项目3个，重点扶持薄弱村集体经济发展和低收入农户增收。按总体规划，上城区援建项目7个，总投资10490万元。与淳安县续建山海协作产业合作项目2个，新建9个，实际到位资金2.58亿元；与衢州市签订山海协作产业合作项目1个，实际到位资金2亿元。向淳安县威坪镇西山村提供帮扶资金30万元，用于香榧基地道路硬化工程。村级协作项目中，分别向淳安县王阜乡胡家坪村和衢州市常山县东乡村提供帮扶资金10万元和30万元。紫阳街道与淳安县王阜乡签订结对协议，提供帮扶资金50万元。为辖区企业浙江新洲国际贸易有限公司参与山海协作申请财政贴息30万元。根据对口帮扶地区的需求，采取学校结对、以师带徒、送教支教等方式，开展教育对口支援。

【检查帮扶项目】 2017年1月12日，上城区为淳安县瑶山乡岭后源村提供帮扶资金3万元，用于该村道路改建工程建设。1月19~20日，副区长孙刚锋率区政府办公室、区商务局、区教育局、区卫计局、紫阳街道等负责人到区“山海协作”对口单位——淳安县威坪镇西山村、王阜乡胡家坪村及衢州市常山县东乡村考察，检查援建项目推进情况，要求抓紧做好项目收尾工程。10月30日和11月27日，孙刚锋一行到淳安县岭后源村慰问70岁以上老人，并送上大米、食用油、红枣、棉被等物品。

【区县协作工作对接】 2017年9月5日，淳安县委副书记、县长董毓民，县委副书记董文吉等带领县委办、县政府办、县农办、县财政局等部门负责人到上城区对接区县协作工作。区人大常委会主任袁建祥，区委副书记周徐胤，区委常委、常务副区长富永伟，副区长孙刚锋与区委办公室、区政府办公室、区商务局、区财政局等部门负责人参加对接。双方就协作工作开展情况和对口援建项目推进情况进行交流。

【参加全市城乡区域统筹发展联席会议】 2017年10月12~13日，杭州市城乡区域统筹发展第三区县协作组第二次联席会议在淳安县召开。区领导陈瑾、占仁义、周徐胤、顾文友、孙刚锋及区委办公室、区政府办公室、区商务局（区统筹办）和各街道负责人参加。会议期间，区领导实地考察淳安“百源经济”工程示范源培育点——千岛湖镇汪家源和千岛湖“金山鱼湾”增殖放流基地建设情况。会后，区商务局组织到淳安县里商乡调研，就落实11个联乡结村项目进行交流对接。

【参加“联乡结村”帮扶成员单位联席会议】 2017年11月26~27日，杭州市新一轮“联乡结村”25集团帮扶成员单位第一次联席会议暨里商乡帮扶工作会议在淳安里商乡召开。副区长孙刚锋与有关部门负责人及25集团帮扶成员单位联络员参加。里商乡介绍帮扶项目进展情况及五大产业发展设想，25集团帮扶成员单位联络员具体介绍可对接项目基本情况。其间，孙刚锋一行实地考察里商乡架子岭村停车场、郎范村老年活动综合楼、鱼泉村来料加工厂房等项目，表示要加大帮扶工作力度，推进多点帮扶。

资料

25集团：根据市委、市政府《关于进一步深化“联乡结村”活动加快推进精准帮扶工作的实施意见》，市委、市政府组建杭州市新一轮“联乡结村”活动市级集团，上城区政府是第25集团的牵头单位，简称25集团。

【千岛湖生态水果采摘季推介会】 2017年5月26日，由区商务局（区统筹办）等单位承办的千岛湖生态水果采摘季推介会在吴山广场举行。45家农产品生产企业和生产大户参加展售，其中枇杷生产大户20家。现场安排枇杷挑选、吃枇杷大赛、有奖问答等互动活动和具有淳安地方特色的睦剧及歌舞表演。推介会售出枇杷10.5吨，销售额40.6万元；其他农产品销售额近30万元。

2017年5月26日，千岛湖生态水果采摘季推介会在吴山广场举行　　（区商务局 供稿）

对口帮扶

【概况】 2017年，上城区按照对口帮扶要求分别向贵州省黔东南州雷山县、湖北省恩施州鹤峰县拨付帮扶资金370万元和330万元，分别向鹤峰县走马镇卫生院和雷山县丹江小学捐助建设经费10万元和15.9万元。拓宽对口支援交流平台，上城区3个部门、6个街道与鹤峰县9个乡镇实现“一对一”结对帮扶，开展“传帮带”活动，重点进行教育对口帮扶。

【定点帮扶鹤峰县】 2017年，上城区与湖北恩施州鹤峰县加强帮扶对接。2月16日，恩施州人大常委会副主任、鹤峰县委书记王小平率领鹤峰县考察团到上城区考察对接“双对口”工作。先后考察玉皇山南基金小镇二期、杭州方志馆和南宋皇城小镇。

区长金承涛、副区长孙刚锋会见考察团成员并召开座谈会，上城区有关部门负责人参加座谈。金承涛要求各部门创新帮扶方式，做好对鹤峰县帮扶工作。5 月 16~18 日，孙刚锋与相关部门负责人到鹤峰县，考察燕子镇龙坪村、走马镇卫生院、木耳山茶叶产业基地和鑫农茶业有限公司、县电子商务公共服务中心等单位和重点帮扶项目。7 月 6~7 日，由鹤峰县委常委、县纪委书记王闯带领的鹤峰县考察团到上城区考察，对接合作项目，与杭州农夫山泉股份有限公司、杭州娃哈哈集团有限公司、上城区电子机械功能区，就合作项目进行交流。8 月26~27 日，上城区与鹤峰县在杭州举行对口帮扶协作座谈会。10 月 24 日，鹤峰县副县长赵虎带领县企业代表团到杭州参观考察 Google Adwords 杭州体验中心与杭州峰澜信息科技有限公司等企业，探讨加强合作事项。12 月 19~21 日，区委书记陈瑾率党政代表团到鹤峰县，就帮扶援建工作召开座谈会，听取帮扶援建项目进展情况介绍，并进行实地调研，对对口帮扶工作予以充分肯定。

【对口帮扶雷山县】 2017 年，上城区深化与贵州省黔东南州雷山县帮扶工作。4 月 26 日，区商务局组织辖区中国国旅（浙江）国际旅行社有限公司、浙江红太阳旅行社有限公司、浙江海峡国际旅行社有限公司和杭州东都旅行社有限公司负责人，参加在黄龙饭店举行的黔东南州凯里市产业招商会。6 月 7 日，雷山县委书记黄清发率党政考察团到上城区交流对口援建工作，区委书记陈瑾，区委副书记、区长金承涛等领导与有关部门负责人同考察团举行座谈，双方签订《2017 年度上城区—雷山县对口帮扶合作备忘录》，在文化旅游、教育卫生、产业发展、基础设施建设等方面继续深入合作。8 月 22~24 日，金承涛率党政代表团到雷山县调研对口帮扶工作，深入郎德镇、大塘镇、西江镇、方祥乡、县人民医院、丹江第二小学、县第三中学等单位了解情况，并召开座谈会，听取帮扶工作意见。10 月 10~14 日，区人大常委会主任袁建祥率区人大代表团到雷山县考察调研，走访雷山县苗族银饰刺绣博物馆、丹江第二小学、大塘镇九十九生态农业园区、水上粮仓和苗家大院，并到西江镇调研乡村旅游工作。代表团向丹江第二小学捐赠羽毛球拍、篮球、足球等文体用品。

（黄逸贞）

2017 年 6 月 7 日，上城区和雷山县签订《2017 年度上城区—雷山县对口帮扶合作备忘录》 （区商务局 供稿）

工业经济

Industrial Economy

综　述

【概况】 2017年，上城区工业经济总体运行平稳。全区实现工业总产值783.11亿元、工业销售产值774.32亿元，分别比2016年增长9.0%和3.4%。其中，规模以上工业企业实现工业总产值780.26亿元、工业销售产值771.47亿元、工业增加值367.9亿元，分别增长9.0%、3.5%和8.7%。全年实现新产品产值15.41亿元，下降46.9%。新产品产值率2.0%，减少2.1个百分点。高新技术产业实现工业销售产值53.46亿元、增加值19.7亿元，增长38.6%和23%；完成利税14.83亿元，增长38.7 %。高端装备制造业增加值7.52亿元，增长18.7%。规模以上工业企业（不含市电力局）实现产品销售收入407.74亿元，增长5.1%；实现利税299.65亿元，增长6.8%，其中利润42.31亿元，增长14.1%。工业产品产销衔接良好，产销率98.9%。杭州卷烟厂卷包车间技术组获全国轻工行业先进集体称号。

【工业综合能源消耗下降】 2017年，上城区能源“双控”工作围绕经济社会发展大局，系统谋划，整体部署，全年单位GDP电力消耗比2016年下降1.7%。工业企业综合消耗标准煤45.14万吨，增长3.2%。万元产值综合消耗标准煤0.0579吨，下降5.7%。工业增加值综合能源消耗降低率5.0%。占全区工业总产值与能源消耗总量80%以上的杭州电力局和浙江中烟公司杭州卷烟厂从技术改造、内部管理等方面挖掘节能降耗潜力，为上城区万元产值综合能源消耗降低做出贡献。

【工业和信息化发展专项资金项目35个】 2017年，上城区根据《关于组织申报2017年上城区工业和信息化发展财政专项资金项目的通知》，经企业申报、材料审核、专家评审、信用审核、公示等环节，确定上城区工业和信息化发展专项资金项目35个，资助资金842.6万元。其中，资助类项目27个，资助金额775.6万元；补助类项目7个，资助金额37万元；奖励类项目1个，奖励金额30万元。

（魏建军　张海树）

【工业智造·杭州大会】 2017年10月27日，由上城区政府、市工商联主办，区机械电子功能区管委会、区商务局等单位承办的工业智造·杭州大会在杭州中维歌德大酒店举行。会议主题为“助力中国企业扬帆远航”。区政协主席占仁义和市工商联党组成员、秘书长黄凯旋等出席，200余人参加。大会举行8个工业项目签约仪式，项目涉及智能电力设备、新能源和其他高科技领域，并举行3场主旨演讲和6场海内外项目路演及专题项目闭门对接会。来自意大利的路演项目负责人与杭州安旭科技有限公司、浙江咸亨国际通用设备有限公司、杭州峰澜信息科技有限公司等辖区企业进行合作项目洽谈对接。

（黄逸真）

软件和信息产业

【概况】 2017年，上城区强化信息科技创新引领，充分利用思科（中国）有限公司、中国铁塔股份有限公司浙江分公司等龙头企业效应，以“一号工程”、“两化融合”（工业化和信息化融合）、智慧应用项目建设等工作为抓手，推进信息经济各项工作，全年完成信息经济增加值60.28亿元，比上年增长16.1%，占地区总产值的6.0%。其中，互联网金融业增加值11.62亿元，增长2.8%；信息软件产业增加值40.73亿元，增长28.8%；电子信息制造业增加值11.66亿元，增长3.2%；集成电路产业增加值7.35亿元，增长3.1%；数字内容产业增加值34.51亿元，增长31.3%；信息安全全产业增加值5100万元，增长119.9%。全年软件业务收入实现20.22亿元，“两化”融合发展指数81.76，“上云”企业1902家。全区信息产业结构持续优化，创新能力不断提升，微贷（杭州）金融信息服务有限公司与杭州海兴电力科技股份有限公司分别入围“2017年中国互联网百强企业”与“2017年中国软件业务收入百强企业”。（魏建军　张海树）

【“智慧上城”建设推进】 2017年，上城区为完善政府投资的政务信息化项目管理，经区发改经信局、区科技局、区财政局和区电子政务办公室联合审核，对“局属医疗机构敏感数据访问控制项目”等8个政务信息化项目进行立项，并督促各部门落实立项项目的后续工作。“智慧上城”创建工作加快推进。8月，“阳光厨房”项目通过验收；9月，“智慧消防”“智慧医疗”两个项目完成验收；启动“智慧上城”三期项目建设，三期项目5个，投资额700万元，并有数据容灾中心、无线网络两个配套项目，投资额878万元。

【“企业上云”行动】 2017年，上城区深化“企业上云”行动。区发改经信局制订“企业上云”工作计划，并将工作任务分解落实到有关部门。3~9月，区发改经信局召开4次“企业上云”推介会，320家企业参加，中国电信股份有限公司杭州分公司、中国移动通信集团浙江有限公司杭州分公司、中国联合网络通信有限公司杭州分公司、浙江远传信息技术股份有限公司、杭州锐意电子科技有限公司、浙江用友软件有限公司6家“企业上云”服务商进行产品推介。全年实现“企业上云”1902家，思创医惠科技股份有限公司和杭州金通公共自行车科技股份有限公司入选浙江省第一批“上云”标杆企业。

（魏建军）

工业企业选介

【杭州娃哈哈集团有限公司】 2017年，杭州娃哈哈集团有限公司（简称娃哈哈集团）完成饮料产量906.93万吨，实现营业收入464.52亿元、利税82.36亿元，其中税金42.05亿元。娃哈哈集团列中国民营企业500强第104位、中国民营企业制造业500强第54位，为浙江省百强企业，获强省领军企业、工业品牌培育示范企业、“春风行动”爱心奖、浙商人工智能标杆企业等荣誉。娃哈哈集团研发的娃哈哈果蔬酸奶被中国乳制品工业协会授予中国乳业优秀新产品奖，饮料生产工厂被浙江省企业信息化促进会、中国产业互联网（浙江）研究院评为十大食品饮料生产智能工厂。

（陈小冬）

【浙江华日实业投资有限公司】 浙江华日实业投资有限公司前身是杭州华日电冰箱厂，创建于1984年，主要生产经营电冰箱和商用冷冻冷藏系列产品，是杭州华日电冰箱股份有限公司和杭州华日家电有限公司的控股公司。公司富阳基地占地19.17万平方米，具备国际领先的高科技生产设备、个性智能的生产管理体系和国家级测试实验室，在智能控制、无氟环保、高效节能等方面达到同行领先水平，是中国家电制冷行业重点骨干企业、全国用户满意企业、全国实施卓越绩效模式先进企业、“中国工业行业排头兵”企业、浙江省高新技术企业、浙江省信用管理示范企业和“浙江省专利示范企业”。公司在行业内最早发明智能化模糊控制技术，并获国家科委发明金奖。其无氟改造项目获联合国环境署“示范项目杰出贡献奖”，为国内家电冰箱行业唯一获该奖项的企业。公司拥有100余项行业核心专利技术，主导产品华日冰箱是“中国名牌产品”“全国用户满意产品”和首批“中国节能认证产品”，“华日电器”为“中国驰名商标”。公司富阳基地关键生产设备从日本、意大利等国家引进。2017年，公司对开门、多门及风冷变频等中高端冰箱的比例超过90%。富阳基地年产200万台制冷设备项目形成全风冷变频无霜、环保型直冷冰箱、匀冷冰箱、冷柜4个系列产品。公司及产品获“优质服务先进单位”“2017最佳畅销品牌奖”等荣誉，中高端冰箱产品被评为全国用户满意产品。

（王荣荣）

【杭州海兴电力科技股份有限公司】 2017年，杭州海兴电力科技股份有限公司围绕全球智能电网建设，致力于为全球配用电公司的可持续发展提供整体解决方案。公司通过大数据、物联网、传感采集等核心技术的应用，为客户提供智能计量、营收保障、智能城市和智能社区建设等“一揽子”的方案和服务。累计为海外80余个国家的客户提供智能配用电产品和解决方案，是国家电网公司、南方电网公司智能用电终端的主要供应商。公司围绕电力业务进行战略布局，坚持走“标准先行、系统跟进、贴近用户”的差异化领跑之路，将公司从发展之初的“计量产品为主、系统产品为辅”的业态拓展到“智能配用电解决方案”全覆盖的新业态，培育较为完整的计量产品研发生产、应用场景定制化方案设计、国际工程项目实施管控及跨国电力运营服务产业链。公司主营业务覆盖用电、配电和微电网板块，利用自身技术和产品优势为客户提供优质运营服务。公司全年实现营业收入30.25亿元，比2016年增长39.8%；实现利润5.63亿元，增长10.8%，被评为浙江省AAA级“守合同重信用”企业、浙江省信息经济创新引领型企业、浙江省服务型制造示范企业、浙江省信用管理示范企业。

（徐　玲）

【杭州捷尔思阻燃化工有限公司】 杭州捷尔思阻燃化工有限公司于2005年落户区电子机械功能区，是专业从事无卤阻燃材料研究、生产和销售的高新技术企业。产品主要应用于交通运输、建筑材料、电子电器、新能源装备等行业，是国内无卤阻燃技术的龙头企业。公司坚持自主创新，拥有核心技术，在国际市场上服务于多个世界500强企业。在美国、俄罗斯和韩国建有海外销售公司，在欧洲、日本、英国等国家和地区设有11个代理商。公司有3个生产基地、1个独立的省级高新技术研发中心、1个杭州市级技术研发中心，并拥有CNAS认证实验室。公司完成重大创新项目20余个。2017年，公司实现销售额2.9亿元，获浙江省出口名牌、浙江省科技进步奖二等奖等荣誉。

（沈子澄）

【浙江博世华环保科技有限公司】 浙江博世华环保科技有限公司是专业从事废水、废气、固体废弃物处理及污染修复的技术开发、技术咨询、技术服务、工程设计、工程总承包的国家高新技术企业。2017年，公司实现销售额6.5亿元、营业收入4.5亿元、净利润7600万元。完成环保工程专业承包升级，取得一级资质，并获浙江省著名商标、浙江省年度最受欢迎百佳企业、中国环保产业协会AAA信用等级、浙江省工商企业AA级“守合同重信

2017年4月13日，杭州海兴电力科技股份有限公司收购的巴西EPC公司为当地电力公司提供运维服务　（杭州海兴电力科技股份有限公司　供稿）

用”企业、社会责任A级企业等荣誉。公司在传统优势领域及省内区域的工程形象和质量、客户美誉度明显提高，市场占有率和竞争优势上升。

（张　莉）

【思创医惠科技股份有限公司】 思创医惠科技股份有限公司是全球领先的智慧医疗和商业智能整体解决方案供应商，是一个集科研、生产、服务于一体的国家火炬高新技术企业。公司以“互联物联改变生活”为理念，通过运用互联网、RFID、云计算技术，将移动互联网和物联网两大产业在终端、网络、平台等层面进行多种形式的融合，有效改善健康医疗、零售商业、居家生活等应用终端的生产和生活方式，打造健康轻松生活。2017年，公司以智能开放平台为核心的“智慧医院”整体解决方案在北京垂杨柳医院大型项目竞标中中标；助力首都医科大学宣武医院、浙江大学医学院附属第一医院等医院通过HIMSS评级；承担国家卫生计生委所属（管辖）医院信息化建设项目，成为全国5个医院信息化顶层设计规划单位之一。其商业智能整体解决方案应用于苏宁电器公司无人BIU店、阿里巴巴集团乌镇无人超市，并成为阿里巴巴集团首批智能城市认证合作伙伴。公司获2017年中国物联网优秀解决方案成果奖、中国零售技术创新奖，被命名为“上云”标杆企业、国家知识产权优势企业、全国智慧健康养老产业示范企业等。公司产品出口70余个国家和地区，与全球300余个客户及代理商建立长期稳定的合作关系；在国内获得1500余个大中型医院的信赖。

（田　甜）

【浙江威星智能仪表股份有限公司】 浙江威星智能仪表股份有限公司聚焦智能燃气信息系统平台、智能终端及超声波计量产品研发、生产和销售，致力于成为燃气领域计量管理、管网安全、在线监测、能源管理、结算收费等完整解决方案的一流供应商。2017年，公司在深圳证券交易所中小企业板挂牌上市，并获上城区政府质量奖，被评为杭州市战略新兴产业培育企业及浙江省管理创新试点企业；威星智慧燃气云平台上线；威星超声波燃气表产品开发持续推进；威星民用超声波水表系列通过MID和OIML认证，并获国际权威认证机构颁发的符合性证书和认证报告。年内，与中国电信股份有限公司杭州分公司结成智能燃气表及物联网战略合作伙伴关系；投资建设智慧燃气物联网智能终端产业化项目；与中燃慧生活电子商务有限公司共同出资设立中燃荣威能源设备（杭州）有限公司。全年实现销售收入5.02亿元，比2016年增长30%。

（陈程程）

2017年2月17日，浙江威星智能仪表股份有限公司在深圳证券交易所中小企业板上市

（浙江威星智能仪表股份有限公司　供稿）

财政·税务

Finance and Tax Administration

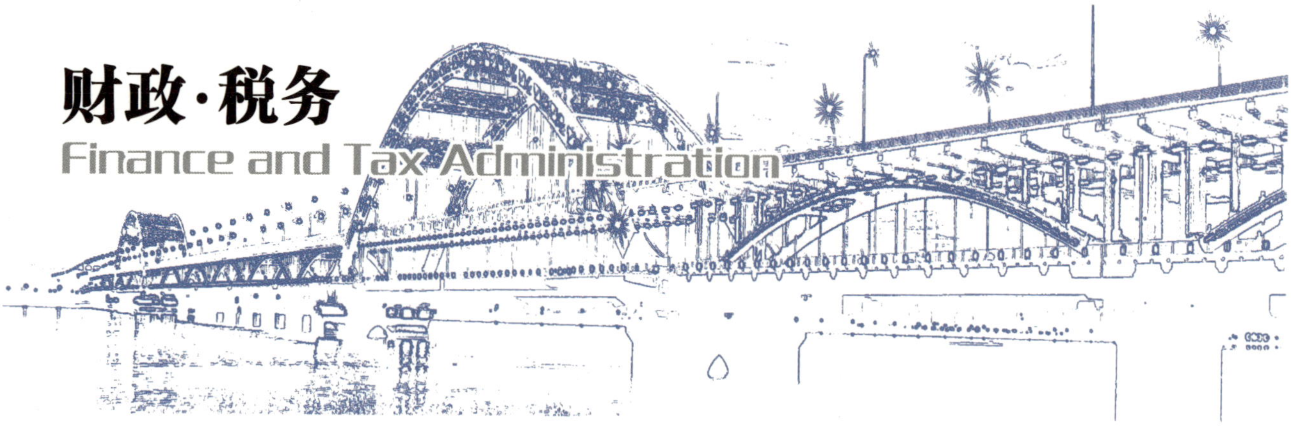

财　政

【概况】 2017年，区财政局优化工作流程，系统梳理财政各项行政许可与公共服务事项，推动“最多跑一次”改革落地。代理记账机构管理系统上线，“代理记账机构执业资格审批”与“代理记账机构年度报备”事项实现“网上申请、在线办理、快递送达”的“零跑”目标。全年实现财政总收入144.56亿元，比2016年增长12.6%。其中，一般公共预算收入73.19亿元，增长9.9%，占财政总收入50.6%。一般公共预算收入中，税收收入69.96亿元，占一般公共预算收入95.6%。全年一般公共预算支出34.6亿元（不含省市专项支出），增长16.1%。其中，民生保障支出26.86亿元，增加3.25亿元，占一般公共预算支出77.6%。全年财政收支平衡，为加快建设一流的国际化现代化城区提供财力保障。

【财政收入管理】 2017年，区财政局深化财税协作、部门联动、街道组织、重点财源监管、收入分析五大机制，对财政收入中苗头性、趋势性问题做好预研预判，依托职能部门信息共享机制，合力组织财政收入。规范非税征收管理，推进统一公共支付平台建设，初步建立非税收入一体化收缴体系。该平台涉及政府缴费项目24项、执收单位16个，全年缴费4万余人次。制订全区行政事业性收费目录清单并进行动态更新。优化收入结构，全区一般公共预算收入完成计划102.2%；完成非税收入3.23亿元，占一般公共预算收入4.4%。

【扶持经济发展】 2017年，区财政局出台为企业服务政策，完善为企业服务工作考核办法。推进人才发展政策落地，全年落实各类人才专项资金4102万元，参与制定金融人才管理改革试验区政策意见，支持引进和培育各类高层次人才。落实“清费减负”工作，开展全区涉企行政事业性收费自查，取消、停（免）征行政事业性收费11项。加大企业扶持力度，用足用活财政政策，推动供给侧结构性改革落地生效。全区落实财政资助项目199个，涉及企业621家次，资助金额4.02亿元。做强做大主导产业，健全现代产业扶持政策体系，推动区域经济转型升级，促进五大主导产业加快发展。全区五大主导产业实现一般公共预算收入46.6亿元，占全区一般公共预算收入66.6%。其中，文化创意产业与信息技术产业成为增收新引擎，分别比2016年增长52.7%和54.5%。高质量加快产城融合，构建开放发展新空间，提升“一圈两镇三园”产业平台发展品质，打造经济倍增新高地。玉皇山南基金小镇被命名为首批省级特色小镇，集聚各类金融机构2361个，总资产管理规模10455亿元以上，实现税收21.61亿元，小镇集聚效应进一步显现。

【民生支出保障】 2017年，区财政局加大民生投入，财政支出继续向民生领域和重点环节倾斜，坚持新增财力2/3以上用于民生改善，全力保障危房治理、消防隐患整治、困难人员帮扶、教育设施建设等10件民生项目。全年民生保障支出26.86亿元，其中教育支出7.59亿元，重点支持教师队伍建设、校舍品质提升及特色教育活动开展。文化体育与新闻传媒支出3200万元，建成馒头山社区文化公园和南落马营体育文化公园，保障40余场大型群众体育赛事顺利举办。医疗卫生支出1.7亿元，提升改造社区卫生服务中心3个、服务站6个，推进实现医养护一体化签约11.73万人。社会保障和就业支出7.78亿元，落实就业创业扶持政策，完善流浪乞讨人员长效救助管理机制，实施残疾人精准康复服务行动计划，完成3个街道级居家养老服务照料中心建设。城乡社区事务支出4.71亿元，保障地铁站口、交通要道、窗口区块共享单车等11个街容秩序整治项目实施，以及老小区加装电梯试点、消防隐患整治和“智慧式”独立感应火灾报警器加装、“五水共治”、垃圾“智慧分类”等工作。

【财政监管】 2017年，区财政局加强重点领域监管，配合区纪委开展全区违规公款购买消费烟酒问题自查及公款购置通信工具、支付通信费等情况检查，落实从严从紧管理，严格控制一般性支出，“三公”经费比2016年下降15.5%。切实防范“四风”问题反弹。严格落实工程项目控制价审核工作，从源头上加强项目建设资金监管。全年完成项目预算审核140个，送审金额7.11亿元，审定金额6.43亿元，净核减资金6800万元，净核减率9.6%。开展全区行政事业单位内部控制建设全面摸底和基础性评价工作，以评价结果为基础，完善各单位内部控制制度。深化政府债务管控，强化建设主体融资情况监管，严格规范政府与社会资本合作行为，禁止以政府购买服务行为违法违规举债，有效防范债务风险。严格落实地方政府债务限额管理，加大存量债务置换力度，优化政府债务结构，完成29.33亿元存量债务置换工作，降低融资成本4076万元。加强财政法规制度培训，组织国库集中支付业务、机关事业单位养老保险预算业务集中培训，上门开展点对点服务指导，确保财务规定落到实处。向全区各单位印发最新财政政策资料汇编，汇编收录预算管理类、经费管理类、基本建设类等九大类财经制度77项。

【深化财政改革】 2017年，区财政局推进预算管理改革，实施全口径预算，推行机关事业单位基本养老保险基金预算。实施政府预算、部门预算和“三公”经费预算公开，细化公开内容，扩大公开范围，做到预算公开全覆盖。推进结余资金统筹使用，开展两年以上省市专项资金结余清理，将存量专项资金合并调整为支持企业发展类、城乡社区事务类和一般公共服务类三大类，充分发挥财政资金使用效率。加强预算执行管理，扩大国库集中支付范围，完善国库集中支付动态监控系统，首次将年度预算执行情况纳入财政绩效考核，确保各部门合理、有序安排支出，预算执行率明显提高。推进政府产业基金市场化运作，发挥财政资金撬动社会资本作用，促进产业发展。推进政府和社会资本合作，有序实施望江安置房PPP项目。

（黄怡雯）

国家税务

【概况】 2017年，上城国税部门组织国税收入64.5亿元，比上年增加18.9亿元，增长41.4%。完成中央级收入34.96亿元，增加9.64亿元，增长38.1%。完成区级收入28亿元，增加7.81亿元，增长38.7%。其中，增值税收入45.07亿元，增加14.99亿元，增长49.8%；企业所得税收入19.07亿元，增加3.7亿元，增长24.1%。

【税收优惠政策落实】 2017年，上城区国税部门以组织收入为中心，落实各项税收优惠政策，助力企业减负增效，推动经济结构转型，服务地方经济发展。全年办理出口退税98087万元。其中：办理外贸企业退税83438万元，比2016年增长12%；生产企业退税14649万元，增长50.4%。审批免抵退税25291万元，增长41%。全年有80361家企业享受小微企业免征增值税优惠政策，免税金额4218.61万元。

【登记制度改革】 2017年，上城区国税部门推进“五证合一、一照一码”“两证整合”登记制度改革，以培训学习、对接协调、规范流程为抓手，以“最多跑一次”为服务原则，明确“一照一码”工作的受理岗位，按月就“一照一码”推行过程中的问题，及时以台账形式上报反映至省、市国税局，协调优化审批流程，减少审批审核事项。全年新增纳税人11701户，其中单位纳税人10118户、个体纳税人1583户；注销纳税人2672户，其中单位纳税人1229户、个体纳税人1443户。至年末，区国税局登记纳税人41383户，其中单位纳税人31276户、个体纳税人10107户。推进实名办税，在区国税局办税服务厅、上城行政服务中心办税服务点、玉皇山南基金小镇办税服务厅设置实名采集窗口，并在区国税局增加临时采集点。全区应实名采集40032户，已实名采集16398户，完成采集进度的41.0%。

【纳税服务优化】 2017年，上城区国税部门全面落实纳税服务规范，开展"便民办税春风行动"，依托"互联网+税务"平台推行网络化、电子化办税。实现代开增值税发票税费征收、开票一窗办结，全年开具普通发票5215份，征收国税税款665.55万元；代征地税税款1251.44万元，其中个人所得税1187.17万元、城建税40.31万元、教育费附加23.56万元、印花税4000元。做好纳税人满意度调查工作，加强涉税需求管理，规范投诉管理，及时处理并反馈纳税服务投诉。全年受理"12366"热线电话工单450件，办结率100%。会同杭州市纳税人权益保护协会上城分会开展纳税服务活动5次。

（徐　颖）

地方税务

【概况】 2017年，上城地税分局围绕依法治税、服务立税、科技强税的总要求，优化税收征管模式，推进税收征管改革。全年组织各项收入128.3亿元，比2016年同口径（剔除"营改增"因素）增长21.3%，入库税收67.31亿元，增长21.3%。其中：个人所得税27.46亿元，增长26.4%；企业所得税25.49亿元，增长25.5%；其他税收14.36亿元，增长6.2%。其他入库收入60.8亿元，增长21.1%，其中社保基金收入57.18亿元，增长24.6%。完成地方财政收入34.8亿元，同口径（剔除"营改增"因素）增长15.7%。

【地税工作改革】 2017年，上城地税分局深化地税工作改革，在国税办税大厅设立专门窗口，并在区电子机械功能区设立地税服务点和自助办税区，每周派专人到园区为纳税人提供办税服务。推进"两证整合"，缩短纳税人业务办理时间。梳理"最多跑一次"涉税事项清单，提升服务效率。妥善处理"股权转让"相关事项。通过地税专邮，对不需送上门的涉税材料以邮寄方式寄出。推进三方协议网上办理，优化对区外企业的纳税管理。

【国地税合作】 2017年，上城区加强国地税合作。采取国地税办税服务科科长互派挂职，成立联合办税大厅，在国税办税大厅设立地税窗口，派遣地税分局人员进驻，让纳税人"进一家门办两家事"。7月6日，召开上城区国地税合作联席会议，双方就党建工作、纪检监察、"最多跑一次"改革、税源税收管理、税收宣传等方面合作进行商讨，提出国地税合作新的设想。制订《杭州市上城区国家税务局、杭州市地方税务局上城税务分局交叉效能监察方案》，互相整合监督资源，及时整改作风效能方面存在的问题，促进国、地税干部依法依规履职。联合服务实体企业，对"走出去"企业从税收制度、合同签订等方面进行辅导。

2017年7月5日，上城地税分局召开"一带一路"走出去企业税收政策辅导会

（上城地税分局　供稿）

【助推税源经济发展】 2017年，上城地税分局通过走访企业，为企业送服务、送政策，扶持拟上市企业、“一带一路”走出去企业，助推经济转型升级、创新发展。落实各项减免政策，为企业营造良好发展环境。全年减免企业所得税905户，减免金额1.4亿元；减免水利建设专项基金73户，减免金额257.97万元；减免城镇土地使用税89户，减免税款860.49万元；减免房产税37户，减免金额3967.59万元。

【开展练兵比武】 2017年，上城地税分局进推进练兵比武工作。6月8日，召开“金三系统”应用类业务练兵、比武工作动员会，制订《上城分局“金三系统”应用类业务练兵、比武工作实施细则》，成立练兵比武办公室，落实培训场地和设施，抽调10名骨干成立师资团队，对各科室进行有针对性的与日常工作紧密结合的业务培训，并开展学习互助，全局干部业务考试取得优良成绩。上城地税分局在全市“金三系统”练兵比武中获团体第二名。

（彭　敏）

城区建设与管理

Urban Construction and Administration

城区规划

【概况】 2017年，上城规划分局以服务上城、打造国际化标杆城区为目标，围绕中心工作，推进相关规划编制，加强规划管理。深化与社区、重点工程对接工作，组织走访区有关部门、街道、社区，协调解决建设规划中的问题。全年办结规划审批147件，其中选址意见书54件、用地规划意见34件、方案审查6件、建设工程规划许可30件、用地规划许可23件。批后监管116件，其中建设项目开工验线13件、竣工规划核实15件、在建跟踪55件。处理各类信访132件，受理市规划局转来信息公开10件。

【规划编制】 2017年，上城规划分局配合市规划局开展规划调研和编制，先后参与《杭州市上城分区规划》《杭州市上城区停车设施布点规划》《杭州市上城区城中村改造一区一规划》《杭州市玉皇村城中村改造一村一方案》《望江新城城市设计》《吴山地下空间方案设计》《杭州上城区工业功能区规划》等编制。编制过程中，主动对接有关部门、街道、社区，通过走访座谈、发放调查问卷及线上调研等方式，了解掌握基层最真实的规划诉求，增强规划工作的科学性，确保规划实施的可操作性。

【规划审批及批后管理】 2017年3月，上城规划分局开展“最多跑一次”事项梳理，对外公布列入承诺“最多跑一次”的清单目录，年内7个主项、13个子项实现“最多跑一次”。落实清单中的具体规划服务事项，整合“投资项目”综合窗口，实现“一窗受理、集成服务”。上城规划分局窗口获区行政服务中心连续4个季度“优秀首席代表”、年度“模范窗口”等荣誉。针对老城区环境复杂的特点，逐一分析每个拆迁项目的可行性，主动提供相关规划审批的档案信息，配合城管执法部门做好违法建筑认定。全年完成违法建设移交5件、违法建设认定28件。完成全区54个社区“无违建社区”创建验收。妥善解决浙江旅游品展示中心、望江区块有关地块拆迁安置用房、中山中路综保工程有机更新建筑规划确认等8个历史遗留问题。

【民生保障和公共服务配套】 2017年，上城规划分局全力配合区政府推进地块征迁、旧城改造、危房治理、历史街区和历史建筑保护等工作。依法加快办理望江地区的用地规划意见，依规办理湖滨、小营、清波等街道征收规划证明意见。参与岳王新村、劝业里、三元坊等项目选址论证。配合市住保房管局、市规划局做好既有住宅加装电梯的规划前期调研等工作。

【《杭州市上城分区规划》编制】 2017年3月，上城规划分局启动《杭州市上城分区规划》编制工作。组织召开讨论会和汇报会22次，其中市规划局负责人参会6次、上城区领导参会7次、专家部门审查会2次、公众意见征求2次。《杭州市上城分区规划》编制工作从公众参与、技术运用、规划落实等方面创新做法。制订《杭州市上城分区规划实施建议》，将编制成果分解落实，建立重点建设项目库，项目库拥有项目110个。

【城中村改造规划指导】 2017年，上城规划分局与区城中村改造领导小组办公室等部门对接，协助完成《杭州市上城区城中村改造一区一规划》《杭州市玉皇村城中村改造一村一方案》的规划报审，其中《杭州市上城区城中村改造一区一规划》获批复。编制《杭州市玉皇村城中村改造一村一方案》过程中，对实施拆整结合的玉皇村进行实地调研，了解村委、村民实际需求，增强改造方案的可操作性。全程服务跟踪上城区城中村改造征迁工作，先后参加国有和集体土地未登记建筑确认会40余次，通过规划比对确认单位及个人建筑1000余户。上城规划分局获“2017年度上城区城中村改造征收最佳配合奖”。

（王晓帆）

城区建设

【概况】 2017年，上城区按照“秉持浙江精神，干在实处、走在前列、勇立潮头”的要求，大力推进一流的国际化现代化城区建设。成立区城中村改造办公室，全面开展城中村改造五年攻坚行动，以“大征收格局”带动城中村改造，全年实施征迁项目51个，签约5754户，完成年度目标任务的1.83倍。“清零”项目33个，位列全市主城区第一。完成丁家花园水塘水质治理，剿灭全区最后一处劣V类水体。试点老旧小区海绵城市改造，完成美政花苑1800户住户阳台雨污分流。建成停车场库4个、泊位808个。竣工交付支小路5条。开发地下空间16万平方米，西湖电影院综合体和复兴商务国际广场地下综合体竣工。新增钱学森故居等省级文物保护单位4处、市级文物保护点3处；修缮历史建筑19处，完工11处。开工望江单元常青村地块等安置房5.5万平方米；续建杭州橡胶厂地块安置房14万平方米，竣工近江单元地块和徐家埠地块安置房1089套、16.7万平方米。区住房和城建局95%审批事项实现“最多跑一次”，100%投资项目审批实现网上办理。上城区被市政府评为城中村改造工作优胜单位、征迁安置“双清”专项行动考核先进单位，区城中村改造办公室被市建委评为“最美建设”集体，区征迁安置“双清”专项行动获市级一等奖。

【危房治理三年行动任务提前完成】 2017年7月，上城区完成危房治理105处，建筑面积10.37万平方米，提前半年完成危房治理三年行动任务。上城区从2015年启动危房治理，全区列入行动计划危房514处，建筑面积21.6万平方米，占全市计划内危房治理总数的37.9%。上城区采取具有区域特色的治危模式，对修建早、安全隐患严重的历史建筑和民居民宅，通过新建、改建、修缮、利用，推进治理改造，3年累计完成危房治理575处，建筑面积24.94万平方米。

【既有多层住宅加装电梯试运行】 2017年11月22日，上城区新民村2幢1单元加装电梯通过验收，正式投入使用，成为全省首个落成使用的既有多层

清波街道新民村加装电梯

（李　忠　摄于2017年11月15日）

住宅加装电梯项目。老旧小区既有住宅加装电梯是2017年市政府“为民办实事”10件实事项目之一。上城区在全省先行试点，制订《上城区既有多层住宅加装电梯试点实施方案》，创立多部门联合审查制度，明确资金补助方案，统一协调项目规划、消防、市场监管等问题，加快推进加装电梯试点工作。至年末，上城区完成电梯加装2台，通过电梯加装联审35台。

【征收资金管理】 2017年6月，区征收办开发的“上城区征收安置资金管理平台”信息化系统投入试运行。该系统包括项目管理、征收补偿、业务收支、浏览查询、报表汇总、协同办公六大模块内容，可实时反映征收资金额度，有效解决手工结算审核繁琐、信息沟通不畅、数据时效性差等问题，弥补人为因素造成的管理漏洞和廉政风险，实现征收资金审核拨付的信息化。

【区安置房管理平台与市房屋征收信息系统对接】 2017年，区安置房管理平台与市房屋征收信息系统完成信息连通，市、区两级信息全面共享、融合互通。区安置房管理平台直接导入市房屋征收信息系统中的房屋征收项目信息模块和被征收人信息模块，提高征收信息资料的准确性和平台操作人员的工作效率。上城区于2016年在全市率先建成安置房管理平台，使全区安置房资源利用更为合理。

【复兴国际商务广场地下综合体建设】 2017年12月，复兴国际商务广场地下综合体建设项目完工。该项目是杭州“十三五”期间新规划的12个地下综合体之一。地下开发面积3.2万平方米，其中商业综合体和大型公共停车场各1.6万平方米，停车场拥有停车泊位392个。综合体建设采用最先进的PRD模式支撑技术进行施工。

【民工学校建设】 2017年，上城区按照杭州市建设规模1000平方米以上或者工期半年以上的工程均应成立民工学校的规定，加强在建工地民工学校建设工作。全区20个在建工地均开办民工学校，其中80%以上民工学校参与示范民工学校创建。民工学校组织开展安全教育、技能培训、知识讲座等活动，全区26家施工企业2856人参加民工学校“自培自考”。

（王　然）

【违法建筑拆除】 2017年，上城区围绕“无违建区”创建目标，按照“属地管理、分级负责、主动防控、责任追究”原则，建立健全监管严格、查处高效、监督有力、问责到位、齐抓共管的查违拆违长效机制。建立区、街道、社区三级违建巡查发现机制及物业单位违建发现上报制度，以大拆违带动大征迁，通过科学有效的方法，完成拆违控违“最后一公里”。在新增违建“零增长”的前提下，全区拆除违法建筑1749处，面积8.1万平方米，超额完成全年拆违4.2万平方米目标。

（李月江）

【湖滨指挥部项目建设】 2017年，湖滨指挥部围绕建设一流的国际化现代化城区目标，抓好项目建设、地块开发等工作。全年实施龙翔桥地铁上盖物业二期、省妇保院南侧社会停车场库等重点项目14个。完成岳王路新村地块133户、三元坊巷10号地块20户及三元坊巷9号、11号地块30户征收工作，学士路46号、47号完成收购2户，光复路105号收购“清零”，思鑫坊项目完成征迁40户。岳王新村保障性住房项目、太平天国听王府文物保护项目启动征迁，涉及住户157户，非住宅2处。万安桥东侧地下公共停车场库投入使用。

【省妇保院停车库项目开工】 2017年4月6日，省妇保院停车库项目开工建设。该项目由省妇保院和湖滨指挥部联合建设，总投资4.3亿元。总建设用地5300平方米，总建筑面积4.25万平方米。其中，地上12层，建筑面积2.59万平方米，建筑高度45米；地下4层，建筑面积1.66万平方米，深度20.6米，设计公共停车泊位322个（含地面21个）。该项目三面临街，南侧紧邻岳王新村，为减少施工对环境的影响，选用地下室逆作法施工。工期3.5年。10月30日，停车库项目北侧杭州市图书馆电力迁改割接正式施工，南侧大树迁移项目取得行政许可，至此，制约项目桩基施工的两个问题得到解决，项目施工进度加快。

【东坡路获市区支路整治样板工程一等奖】 2017 年 4 月 28 日，整治后的东坡路获 2016 年度杭州市区支路整治样板工程一等奖。东坡路北起庆春路，南至湖滨路，道路总长 980 米，路宽 19 米，属 G20 杭州峰会一类道路整治项目，于 2015 年 12 月 4 日开工，2016 年 4 月 30 日竣工，总投资 2430 万元。

【岳王新村地块改造】 岳王新村地块改建项目 5 幢房屋涉及住户 134 户，面积 8076.01 平方米，其中 2 幢为 D 级危房，4 幢、6 幢、7 幢为 C 级危房。2017 年 4 月 18 日，该项目立项。5 月 28 日，正式发放征收令，至 7 月 18 日，完成签约 109 户，签约率81.3%。7 月 19 日，71 户拆迁户腾空。征收完成后，拟建两幢安置房，地上建筑面积 1.14 万平方米，地下建筑面积 9000 平方米。

【工联二期深基坑围护专项工程设计论证】 2017 年 1 月 19 日，湖滨指挥部召开工联二期项目深基坑围护专项工程设计论证会，邀请专家对工程设计方案及图纸细节进行论证。3 月 14 日，湖滨指挥部会同专家对“地铁设施影响安全评估报告”及工程地下室基坑围护设计方案和建设整体部署进行研究，专家两次论证研究相关报告方案并予以认可。工联二期工程地处市中心商业区，周边紧邻地铁 1 号线龙翔桥站、杭州市第一人民医院等。计划建设地下室 3 层，基坑开挖深度 16 米，建于 20 世纪 70 年代的浣纱渠贯穿工程地下室。建设工地周边环境复杂，施工作业难度大，工程地质状况复杂，属高风险项目。11 月 29 日，工联二期深基坑施工围护专项工程按照专家确认的设计方案和建设进度安排施工，年内完成浣纱渠一期第一块底板基础隐蔽部分验收和地下室地板混凝土浇筑，建筑面积 350 平方米。

【安全生产保障】 2017 年，湖滨指挥部整合各部门力量，通过各项举措保障辖区安全生产。定期排查各个在建工地和地下停车库（场）内的电动车充电情况，做到发现问题立即整改。重点排查自主物业、自管房管辖区域内的危旧房及人员密集、易燃易爆等场所，及时消除安全隐患。对特色街区内商贸企业，落实属地管理职责。对市级文保单位、历保建筑开展专项检查，完成 7 处文保单位、历保建筑安全评估。全年出动检查人员 500 余人次，检查“三合一”出租房、重点危险源单位 49 处，发现并整改事故隐患 7 处。对商家使用燃气情况进行分级管理，把消防安全风险降到最低。

（洪斯斯）

城区管理

【概况】 2017 年，上城区城市管理工作围绕“争做四个标杆区，加快建设一流的国际化现代化城区”目标，以城市精细化管理为总揽，立足服务民生，深化综合行政执法体制改革，深入推进“五水共治”、生活垃圾“三化四分”、违法建筑查处拆除、环境综合治理、“智慧城管”建设等工作，全面提升城市管理整体水平。全年办理热线交办件 9424 件，综合满意率 97.7%。打造杭州首个“第三卫生间”——湖滨商圈劝业里公厕。区城管局获浙江省文明单位称号，“智慧城管”网格化管理平台等 3 个系统获国家版权局颁发的软件著作权登记证书，汽车场之江路清扫班获“浙江省巾帼文明岗”称号。

【上城区综合行政执法局挂牌】 2017 年 11 月 28 日，杭州市上城区综合行政执法局挂牌，原杭州市上城区城市管理行政执法局撤销。区综合行政执法局与区城管局合署办公，基本保留原职能，即城市市容和环境卫生、城乡规划、城市绿化、市政公用、环境保护、工商行政管理、公安交通等方面的行政处罚权及相关行政监督检查、行政强制职权，以及行政管理方面法律、法规、规章规定的全部或部分行政处罚权及相关的行政监督检查、行政强制职权。

【城区管理“五化”水平提升】 2017 年，区城管局对标国际化城市管理，全面提升“洁化、序化、亮化、绿化、美化”水平。持续深化“清洁一号”行

西湖大道绿化小品“青青、春春”

（区城管局 供稿 摄于2017年10月1日）

动，重点开展全区夜市及窗口地区“脏乱差”整治，完成513万平方米道路面积保洁，清理卫生死角5835处。按照“依法规范、严格标准、疏堵结合”原则，加强地铁站口、交通要道、窗口区块共享单车、违法广告、违法建筑等11项街容秩序整治。开展渣土整治30次，查处渣土违规运输案件154件。集中整治犬类30次，捕获流浪犬、无证犬225只。“贴心城管”志愿者志愿服务15万人次。运用法律手段，实施严管重罚，全年办结各类案件5.01万件，罚款853.23万元。实施湖滨五期、秋石高架沿线、望江路沿线、玉皇山南基金小镇区块亮灯建设，全年重要节日和重大活动期间，亮灯工程统一开放。按照“绿随路增、路建景成”的原则，实施西湖大道、解放路、南山路等精品线路绿化彩化景观提升工程，以及中河、秋石高架覆绿工程，加强道路、河道两侧养绿护绿，高架绿化养护获杭州市最佳绿地评比第三名。制订户外广告设置方案，规范沿街商家店招店牌审批，加强户外非法广告整治，全年拆除户外广告、大型店招421块，面积2.2万平方米。南山路申报省级“街容示范街”。

【河道治理】 2017年，区城管局以提升河道水质为目标，实施浣纱渠、八卦田渠等6条防洪排涝渠道，以及东河、贴沙河河道清淤和中东河沿线27处弃流井限流改造等治水工程。结合“三改一拆”、城中村改造推进涉河拆违，拆除贴沙河沿线、馒头山等区块违法建筑1.5万平方米，日均减少污水排放量400立方米。查处小餐饮等“八小行业”违规排污，涉水案件80件，全面巩固污水“零直排”成果。实施新开河底泥基质处理、复氧曝气系统建设、微生物投放增殖系统建设、河道生态系统修复及沿河截污纳管、驳岸建造等生态治理，10月25日，新开河被市治水办命名为市级生态示范河道。

【生活垃圾“三化四分”】 2017年，上城区推进生活垃圾“三化四分”（减量化、资源化、无害化，分类投放、分类收运、分类利用、分类处置）工作，全年清运生活垃圾19.08万吨，日均522.85吨，垃圾增长保持在低位态势，垃圾分类工作考核连续3年位列全市第一。全区垃圾分类小区增至381个，其中分类示范小区20个、智慧分类小区20个。注重“互联网+”、实名制扫码投放等智慧分类模式，开辟餐厨垃圾清运专线和“垃圾不落地”音乐清运专线各11条及11个农贸市场89个水果店生鲜垃圾清运专线，实现生活垃圾减量3万余吨。

东河垃圾自动打捞船在作业 （区城管局 供稿 摄于2017年6月15日）

【实事工程建设】2017年，区城管局围绕加快建设一流的国际化现代化城区目标，深入推进实事工程建设。全年完成截污纳管工程65个，源茂里、觉苑寺巷等老小区实现雨污分流。完成清泰街456号、清江路188号等交通改造项目9个。修缮婺江路、江城路、钱江路、复兴路、之江路、清泰街等道路14条。对道路沿线杆件、标识实施“多杆合一”“多箱合一”，完成路名路牌更换和“多杆合一”644处。提升改造秋涛一弄、通江桥、凤凰城、凤山公园、河坊街公厕，改造内容包括将三格化粪池改造后接入市政污水管网及优化厕位比例、增设电子除臭设备等；协调沿街单位对外开放卫生间61座。上城区市政设施管理养护按照“一类道路一天一次，二类道路两天一次”的巡检频率进行，全年修复沥青路面12.59万平方米、人行道3.52万平方米、平侧石2248米，提升窨井237座，灌缝12.23万米。

【“智慧城管”建设】2017年，上城区完善“智慧城管”系统功能，挖掘“智慧城管”系统潜力，提高平台领导决策和服务基层能力。“智慧城管”平台运用大数据分析，客观反映城管各部门日常工作质量水平，数字环卫系统实现对环卫工作智能化监管，提高日常环卫管理的运行效率与水平。3月，由区城管局研发的“智慧城管”平台、“城管执法工作日常运行质量评价”平台、上城区城市管理网格化管理平台获国家版权局认证颁发的计算机软件著作权登记证书，并为原始取得方式，拥有全部权利。

【首个“第三卫生间”打造】2017年2月20日，区城管局在湖滨商圈劝业里公厕打造的杭州首个“第三卫生间”正式启用。卫生间内部设有无障碍通道及10平方米空间，让轮椅无障碍行驶，洗手池高度和设计均符合坐轮椅者使用标准，并设有带扶手架坐便位、小便位，墙上安装紧急呼叫按钮、便民服务箱等设施，便民服务箱内免费提供针线、药品、卫生巾、尿不湿等用品。“第三卫生间”还设置婴儿护理台、儿童安全座椅、儿童马桶等母婴设施，为特殊群体如厕提供便利。

【城市应急保障】2017年，上城区完成全区54个社区防汛防台形势图编制，为全区应急指挥系统智能化打下基础。加强汛期监测预警和河道“智慧监管”建设，发挥“智慧城管”平台功效，确保人防、物防、技防全部到位。全年启动防御大雪、台风等灾害性天气应急响应9次，未发生因灾死亡事故和影响民众生产生活事件。

【瓶装液化气使用管理】2017年，区城管局会同区安全监管局、各街道开展瓶装液化气使用情况检查，对沿街店家、餐饮企业等瓶装液化气使用情况逐一排查，对问题隐患及群众意见较大的经营场所进行立案查处或督促停止经营活动。全年排查企业、学校、餐饮店等2573个，排查液化气充装、储存、运输等环节180次，收缴问题液化气钢瓶563个，消除安全隐患299处。

【“共享单车”管理】2017年，随着“共享单车”大量投放，湖滨、清波、小营等区域及公交站、地铁站口“共享单车”无序停放，随意侵占盲道、人行道及毁坏绿化等情况十分严重。5月1日，区城管局出台《上城区互联网租赁自行车日常运维指导暨节假日应急保障方案》，通过加强与企业沟通、

上城区保洁员帮助整理共享单车（区城管局 供稿 摄于2017年9月9日）

施划非机动车停放泊位、严格执法监管、全员搬扶单车等举措，加大对“共享单车”管理力度。全年清运堆积、无序停放“共享单车”2万余辆，搬扶整理乱停、倒地“共享单车”10万余次。

【蚊蝇消杀】2017年8~11月，区城管局加强对全区绿化带、公厕、小区等卫生死角清理及蚊蝇消杀，积极预防登革热。出动消杀人员791人次，消杀公厕1318座次、垃圾中转站97座次、绿化带46.2千米。配合社区清运大件垃圾1706车4777吨，清洗消杀垃圾房2509座次。出动保洁人员4.6万人次，清除卫生死角868个，处理路面污水2222处，清运路面杂物及偷倒垃圾1061吨，清洗果壳箱、垃圾桶等城市家具4万件次。

【庆祝省第21个环卫工人节表彰大会】2017年10月20日，上城区举行庆祝省第21个环卫工人节表彰大会暨“韵味上城，感谢有你”活动，表彰先进，向中共十九大献礼。区委书记陈瑾、区委常委宣寅等区领导，市城管委副书记杨英英等出席会议，全区城管系统有关工作人员和社区代表参加。大会表彰省级环卫先进集体1个、市级4个、区级5个，表彰省级环卫先进个人2名、市级5名、区级10名。现场举行“韵味上城，感谢有你”慰问演出，演出分“感谢有你”“因你美丽”“爱满上城”3个篇章，以精彩的节目与环卫工作者共同庆祝节日。（李月江）

城区绿化

【概况】2017年，上城区新增绿地5.4万平方米，其中近江经济联合社新增3163平方米、近江单元(SC04) B-C2-03-2地块农转非居民拆迁安置房新增1.13万平方米、贴沙河望江段新增4万平方米；改建绿地1.83万平方米。实施屋顶绿化。完成省公安厅东侧绿地征地。全区建立义务植树卡单位1416个，参加义务植树活动12.03万人次，其中直接植树3.11万人次、绿化管护4.1万人次。受理树木迁移和砍伐审批80件，处理绿化问题24件，会审绿化方案14件，新建改建绿地验收7件。

【屋顶绿化】2017年，杭州汇宝置业有限公司、上城区政法大楼、杭州市市容环境卫生监管中心、杭州马妮尔实业有限公司4个单位（楼宇）实施屋顶绿化，绿化面积6100平方米。其中，杭州汇宝置业有限公司3000平方米、区政法大楼1000平方米、市容环境卫生监管中心600平方米、杭州马妮尔实业有限公司1500平方米。

【花事创作】2017年，区绿化办组织花事创作活动，主要作品有立体花坛“美丽杭州”和环境小品“阅”。立体花坛“美丽杭州”位于凤山路与上塘路交叉口东南侧，作品通过红绿草塑造斑马线礼让行人的场景，展示“美丽杭州”建设“从我做起，从小事做起”的主题。作品使用红草、绿草等植物400平方米。环境小品“阅”位于中河南路万松岭路口东南角，设计灵感来源于世界读书日，作品通过层叠的书本，倡导“全民阅读”的社会风尚，激发更多人去阅读和写作。小品高4.5米，长15米，宽6米。

【义务植树】2017年3月12日，上城区在吴山广场举办以“美化家园大行动，扮靓环境迎嘉宾”为主题的植树节绿化宣传活动，参与活动3000余人次。活动包括以书换花、随手护绿、插花现场展示、绿化成就展览、义务植树、病虫害防治、家庭养花光盘发放等内容。此前，区绿化办组织区属机关、各街道、辖区学校等单位，在五柳巷地下停车库义务植树点义务植树，种下苗木300余株。

（屠晓晨）

房地产业

【概况】2017年，上城区有房地产企业60家，完成房地产开发投资95.36亿元，投资额比2016年增长37.9%，占全区固定资产投资78.5%。全年销售商品房4.17万平方米，为2016年的23.9%。完成限额以上建筑安装工程投资28.5亿元，为2016年的85.4%。

（张海树）

【广宇集团实现商品房销售额 30.62 亿元】 2017 年，广宇集团股份有限公司（简称广宇集团）实施发展“广宇健康+”战略和“稳中求进”经营策略，主抓项目建设和产品销售。全年通过竞价投标竞得杭州复兴单元 SC0602-08 地块、彭埠单元 B1/B2-31 地块等地块 5 宗，总建筑面积 35.77 万平方米。新开工商品房建筑面积 40.47 万平方米，竣工 36.73 万平方米，实现签约销售额30.62 亿元。实现营业收入 34.65 亿元、利润 3.97 亿元。“广宇”浙江省著名商标顺利延续，广宇集团子公司杭州广宇建筑工程技术咨询有限公司被列入上城区文化创意产业重点企业，集团董事长王轶磊获“2017 年度中国长三角十大杰出青商”称号。广宇集团热心公益事业，全年向社会各界捐款 23.2 万元。

【区政府与广宇集团签署战略合作协议】 2017 年 10 月 24 日，区政府与广宇集团签署战略合作协议，双方携手共建小营智慧健康产业园，共同推进上城区健康产业发展。区委书记陈瑾、区人大常委会主任袁建祥、区政协主席占仁义、副区长叶榕等出席签约仪式。小营智慧健康产业园位于上城区小营巷历史街区，北面为风貌协调住宅区，南面为浙江大学医学院附属第二医院，西接马市街，东临直大方伯巷，是集健康体验、养护、孵化、数据于一体的健康产业园。园区计划以“一圆心四区域”为基调，充分运用“互联网+”技术，将医疗资源转化成百姓“看得见、摸得着、能享受”的实体平台，为健康产业发展创造更大空间。

（陈　翀）

城站广场综合管理

【概况】 城站广场东至杭州铁路新客站主站房西侧规划红线，南至江城路郭东园巷以北人行道，西至建国南路东侧人行道，北至清泰立交桥北侧滴水线（不含桥面）向南范围，总建筑面积 3.49 万平方米。1999 年 12 月投入使用时交于上城区政府管理。2012 年 9 月，城站广场成立管委会，为区政府派出机构，主要负责城站广场区域的社会治安、交通运营管理、公共卫生、绿化养护、市政设施维护等工作。经过 2014 年 9 月、2015 年 10 月两次综合整治提升，城站广场内外环境明显改观。2017 年，城站广场发送疏散旅客 2035 万人次，比 2016 年减少 48 万人次。其中元旦、春运、清明节、劳动节、端午节、暑假期间、国庆（中秋）节分别发送旅客 23 万人次、278.5 万人次、34.4 万人次、37 万人次、31 万人次、401 万人次、102 万人次。城站广场旅游咨询服务区服务旅客逾 5 万人次。

【春运客运保障】 2017 年春运期间，城站广场管委会会同公安、交警、运管、城管、市场监督等部门，对广场进出站秩序、消防安全、食品卫生、票点经营、客运场站安全等进行不间断巡查，全力做好地面广场、地下层出站大厅、出租车通道、出租车旅客候客区、高架层进站口、环城东路、江城路、站前路等区域的旅客疏导、交通秩序维护、违法营运车辆查处、卫生保洁等工作。增设 2 个可容纳 1500~2000 人的临时候车棚，落实浙江铁道大厦等 7 个旅客临时安置点。广场管理人员 24 小时值班协调，做好应对各类突发事件的准备。联合武警和车站管理人员，维护车站秩序。组织志愿者为旅客提供各种便民服务。城站火车站各项公共设施安全指标达到规定要求。

【南北商场消防安全整治】 2017 年 1 月 22 日，城站广场二楼南北商场消防安全整治专题会议召开，副区长孙刚锋出席，上城消防大队、区法院、公安站前派出所、小营街道、城站广场管委会等单位负责人参加。会议对城站广场南北商场消防安全整治工作进行部署。1 月 23 日，城站广场管委会集中约谈二楼南北商场 12 户经营户，发放《消防安全责任告知书》，与各经营户签署《消防安全承诺书》。3 月 23 日，城站广场管委会会同站前派出所，就二层、三层南商场消防安全问题再次约谈经营户，布置安装独立式光电感烟火灾探测报警器，要求经营户做好消防自查，落实消防安全责任和承诺。3 月 27 日，城站广场二层、三层南商场的小百货、小超市、网吧等经营点完成 27 只简易独立式光电感烟火灾探测报警器安装。

【安全教育和防控】 2017年6月21日，城站广场管委会组织辖区内保安、维修、消防管控人员和商铺经营负责人等50余人，开展夏季消防安全培训和应急疏散演习。6月23日，会同公安站前派出所组织城站站房消防安全大检查，主要检查站房地下、地面餐饮店和网吧的用电设备、灭火器、消防水带、烟感报警装置、逃生通道标识等设施完好情况，以及快餐店和小超市用水、用火、用电、用气安全制度落实、安全设施配备等情况，责令整改问题20个。开展消防安全主题教育活动，举办消防安全知识讲座，发放宣传资料1000余份，悬挂宣传横幅，在地下出站大厅、旅客咨询服务区的LED电子屏滚动播放平安建设宣传片，提高群众对平安建设的知晓率。

【治安防控】 2017年，城站广场管委会联合公安站前派出所、铁路杭州站派出所加强广场内外治安防控工作。以城站广场为中心，加大对人员密集部位的施巡力度，不断提高见警率。主动与区公安分局巡特警大队机动部队、市公安局巡特警支队、市武警支队武装巡逻队等单位对接，分工合作，相互配合，共同维护城站广场的治安秩序。成立由民警、特保人员及广场协管员组成的巡逻小分队，24小时不间断地在广场上施巡。每晚22时至次日1时，民警带领特保人员在广场开展“诊察行动”，盘查可疑人员。在广场警务室入口处进行设卡盘查，采集相关信息。通过一系列面上防控工作，城站广场及周边区域有效接警比2016年下降10%，无重大刑事案件和治安案件发生。开展预防非接触性诈骗宣传教育，在广场大屏幕上播放“平安365”宣传教育片，分发宣传资料，安排便衣协警在银行自动柜员机等场所进行警示劝导。

【流浪乞讨人员劝离救助】 2017年，城站广场管委会协调区城管、公安、治安大队救助分队等单位，加强对流浪乞讨居无定所人员的劝离工作，确保旅客安全出行和杭州城市入城口文明有序。重点抓好地下室出站大厅、南北车库、一层候车大厅及内部通道等场所的流浪乞讨居无定所人员的劝导，对愿意接受救助的人员及时遣送到救助站救助。全年有100余名流浪乞讨居无定所人员被劝离，其中5人被遣送救助站。

【夏季广场秩序整治】 2017年6月9日至7月9日，城站广场管委会组织夏季广场秩序整治大行动。协调站前派出所、交警四中队、城站运管所、城管中队等单位对杭州站进出站口、地铁城站站进出口和周边主要干道的交通秩序进行管控，现场教育有轻微违法行为100余人，治安处罚非法拉客人员11人，收缴非法改装电动车10辆，查处无营运证车辆2辆，查扣乱停乱摆共享单车10辆。

【特种设备管理】 2017年，城站广场管委会按照安全生产法规定，从硬件和软件两方面强化特种设备管理，全力维护特种设备安全运行。落实安全责任，做到安全责任制度到位、安全防范措施到位、值班巡查工作到位、安全隐患排查到位、应急预案准备到位。在员工中开展参加“一次安全生产教育、一次消防安全和生产安全培训、一次紧急情况处置演练、一次查找薄弱环节”活动，提高安全防范意识。邀请省、市特种设备管理专家对城站广场自动扶梯等设施运行状况进行把脉，制订安全防范措施。6月30日，城站广场管委会组织广场一线安保人员应急安全培训，帮助安保人员掌握电梯故障应急处置方法。

【城站广场登革热防控】 2017年8月29日，城站广场管委会成立由管委会主任任组长、各职能部门负责人参加的防控工作领导小组，领导小组下设统筹协调组、物资供应组、安全防控组、后勤保障组、宣传报道组，分工协作，有序开展登革热各项防控工作。以城站站房为中心，对广场进行全面检查。检查餐饮店、杂货铺、小旅馆500余个次，清理污水、废水、空调积水等死水380余处，疏通广场地下车库、出租车通道排水沟渠3000余米，并进行二次喷撒药水消毒。落实保洁单位对广场果壳箱、垃圾桶进行彻底消杀，对卫生死角进行彻底清理。加大广场室内控烟力度和公共厕所保洁力度。做好流浪乞讨、居无定所人员劝离工作，广场基本消除乱拉乱吐现象。

【城站广场志愿服务微笑亭设立】2017年1月20日，城站广场志愿服务微笑亭设立并投入使用。志愿者服务队成员由社会公开招募、街道社区推荐。服务亭每天开放，服务时间为上午8时30分至11时30分，下午13时30分至16时30分；春运期间服务时间为上午8时30分至晚上20时30分。服务亭为市民和游客提供信息咨询、旅游引导、志愿服务、手机充电、医疗救护等便民服务。春运期间，服务亭推出免费供应姜茶等服务，日均服务800人次。（许康勇）

2017年5月23日，山东省考察团考察上城区城站广场志愿服务微笑亭
（城站广场管委会 供稿）

环境保护
Environmental Protection

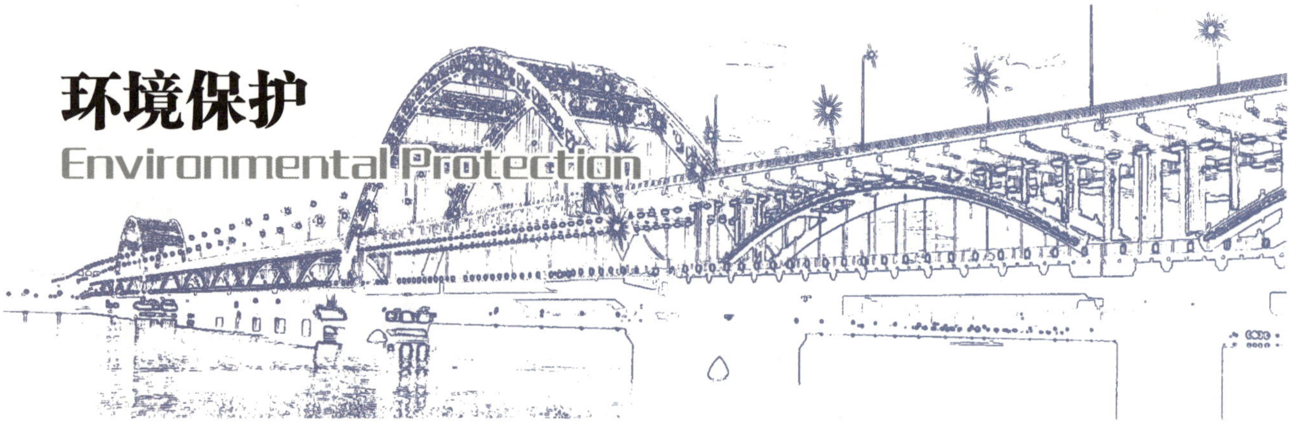

中央环保督察迎检

【迎检部署】 2017年7月6日，区政府召开专题会议，研究部署中央环境保护督察迎检工作，并对全市环境专项检查发现的问题提出整改要求。成立迎检领导小组，制订迎检工作方案。相关部门和街道根据省市环境保护专项检查工作要求，全面梳理实行生态环保目标责任制、“五水共治”、大气污染防治、环境监管等工作，列出餐饮油烟等8个方面的问题作为整改重点。

【完成交办信访61件】 2017年，上城环保分局在中央环保督察期间，落实专人24小时OA系统接收任务，做到及时接收转办、严格材料审核、按时反馈上报。先后完成资料调阅22批、市迎检工作协调联络组交办信访61件，其中主办59件、协办2件。出动611人次，检查企业152家，其中责令整改127家，立案查处29件。

【环境问题整改】 2017年，上城环保分局根据中央环保督察组提出的小餐饮噪声油烟污染和农贸市场环境卫生等问题，确定责任主体，进一步统一思想，制定整改措施，推进全区餐饮油烟和市容环境卫生整改工作。全市环保检查列出的中东河沿线雨污合流和污水溢流、浣纱渠污水溢流等4个重点环境问题完成整改。馒头山区块山水分流项目完成技术方案编制。复兴大桥下游浙江第一码头关闭，码头上3艘经营性船舶驶离，2个经营性泊位关闭。加强钱塘江饮用水源保护，严肃查处饮用水源保护区内垂钓和游泳问题。

环境综合整治

【水环境质量改善】 2017年，上城区进一步开展集中式饮用水水源地保护专项排查和专项执法，对照《集中式饮用水水源地规范化建设环境保护技术要求（HJ773-2015）》规定，梳理上报饮用水源保护区存在的实际问题，提出完善污水管网、加大执法力度、严查违法行为等意见措施。加强对辖区范围

2017年8月17日，区长金承涛（左二）带队巡查钱塘江饮用水源保护工作
（上城环保分局 供稿）

内2处饮用水水源一级保护区、2处饮用水水源二级保护区和1处饮用水水源准保护区的巡查，切实保障饮用水源安全。以水质监测为抓手推进“五水共治”工作，在6条河道16个断面开展“一旬一测”，并有针对性地开展雨天、晴天水质对比监测，为科学治水提供技术支撑。根据《水污染防治行动计划》考核要求，完成辖区5条河道5个自动监测站点的选址。每月编制全区水质监测报告，并提出对策建议。全年监测河道水质19次，监测断面301个，达标率87.7%。

【大气环境质量改善】 2017年，上城区以改善大气环境质量为目标，制订《上城区2017年大气污染防治实施计划》，通过部门联动、无缝对接的工作机制和大气污染防治网格化长效监管机制推进“五气共治”工作。完成辖区6个街道大气自动监测站点建设。完成复兴路加油站和秋涛路加油站地下储油罐双层罐防渗漏改造。对气液比超标的秋涛路加油站和复兴路加油站进行立案查处，确保油气回收管理工作落到实处。

【土壤及固废管理】 2017年，上城环保分局牵头编制《杭州市上城区土壤污染防治工作方案》，为开展土壤污染详查和防治打下基础。完成原杭州红星化工厂退役厂区和杭州五丰冷食有限公司退役场地环境初步调查。会同区卫计局建立上城区医疗废物管理长效工作机制，开展全区医疗卫生机构医疗废弃物专项检查，全年全区收集处置医疗废物7722.2吨。联合市机动车服务管理局上城办事处开展汽修行业危险废弃物专项检查，确保危险废弃物处置规范。全区43个危险废弃物产生单位转移处置危险废弃物145.8吨。

环境安全保障

【“铁拳执法”行动】 2017年，上城区开展“剿劣护水”“夏季治废”“夏季攻势”“秋季环保执法专项行动”“冬季治霾专项执法行动”等系列“铁拳执法”行动，加大对环境违法行为的打击力度。全年出动312人次，检查企业120家次，其中涉及VOCs排放企业8家；立案查处5件，罚款8.9万元；限产停产企业5家。按照街道牵头，城管、市场监管、环保联合执法的机制，以群众满意为导向，对群众反映强烈的餐饮店油烟污染问题采取停业整改措施。

【“双随机”环境监管模式启动】 2017年，上城环保分局启动“双随机”抽查环境监管模式，全力保障环境安全。全年排定重点监管单位45个，其中重点污染源7个、一般排污单位34个、加油站4个。按季度完成“双随机”抽查任务，全年累计抽查重点监管单位40个。

【规范建设项目审批】 2017年，上城区严格执行《中华人民共和国环境影响评价法》《中华人民共和国大气污染防治法》等相关法规，把建设项目审批作为控制新污染源的突破口和重点，强化对新建、扩建、改建项目的管理，实现污染防治由末端治理向源头控制转变。严把项目审批选址关、环评关、参与关和审核关，确保审批工作的规范性和合法性。

【环境安全监管】 2017年，上城区进一步提高应对突发环境事件的预防、预警和应急处置能力，制订印发《上城区突发环境事件应急预案》。加大对辐射单位的监管力度，加强对浙江大学医学院附属第二医院等涉源单位的检查，确保辐射环境安全。完成电信、联通、移动3个公司4个基站项目和6个医院新增辐射类建设项目的竣工验收。做好大气重污染Ⅳ级（蓝色）预警和应急响应工作。

（陈　曦）

科学技术

Science and Technology

综 述

【科技创新能力增强】 2017年，上城区贯彻落实创新驱动发展战略，积极推进“大众创业、万众创新”工作，加强产学研科技合作，加大高端项目引进力度，加快科技创新能力提升，促进高新技术企业发展。全年区级财政投入科技经费1.23亿元，比2016年增长2.5%，其中技术创新专项资金3693万元，增长6.0%。被列入省级及以上科技项目11项，获省级及以上科技项目经费962万元。全区有省级以上高新技术企业75家，其中新增7家；市级高新技术企业88家，新增10家；区级高新技术企业96家，新增4家。获省、市科技进步奖9项，其中省级奖4项、市级奖5项。新认定省级企业研究院2个、市级以上高新技术研发中心9个、市级以上科技型企业42家、市级专利试点企业5家、市“雏鹰计划”企业12家。新认定国家级和省级众创空间各3个、市级众创空间1个，市级以上众创空间（含孵化器）增至13个。组织实施区级科技计划项目75项。发明专利授权量207件，增长13.7%。企业投入科技研发经费5亿余元。区科技创业中心引进科技型企业31家，实现技工贸总收入9.1亿元，增长6.4%；实现税收3850万元，增长12.3%。上城区通过科技部国家可持续发展实验区中期考核验收，获2016年杭州区县（市）创新发展专项考核优胜单位和2016年度杭州区县（市）党政领导科技进步目标责任制考核优秀单位等荣誉。

【上城区经济、科技暨特色小镇推进大会】 2017年3月24日，上城区经济、科技暨特色小镇推进大会在区政府大礼堂召开。区委书记陈瑾出席会议并讲话，区委副书记、区长金承涛主持会议。大会对在上城区经济社会发展中有突出贡献的重点企业进行命名。杭州联合农村商业银行股份有限公司等148个企业获此荣誉。大会同时授予思创医惠科技股份有限公司、浙江威星智能仪表股份有限公司2家企业区政府质量奖，授予杭州金通公共自行车科技股份有限公司等14家企业“科技创新企业”称号，授予王小军等19名新社会阶层人士第六届上城区

2017年3月24日，上城区召开经济、科技暨特色小镇推进大会

（区科技局 供稿）

优秀中国特色社会主义事业建设者称号。杭州凯泰资本管理有限公司、玉皇山南基金小镇和南宋皇城小镇等单位负责人在会上做表态发言。

【上城区国家可持续发展实验区通过中期验收】 2017 年 3 月 21~22 日，省科技厅受科技部委托组织专家组对上城区《国家可持续发展实验区建设规划》及指标完成情况进行中期考核、验收。专家组实地考察望江智慧产业园、众创空间“江南 1535”茶馆、玉皇山南基金小镇，并在基金小镇“基金经理人之家”召开企业座谈会，在区会议中心召开上城区国家可持续发展实验区中期检查汇报会，听取试验区建设工作汇报和企业意见建议。3 月 30 日，科技部批准专家综合评估结果，上城区国家可持续发展实验区通过中期验收。

【科技活动周】 2017 年 5 月 18~31 日，上城区围绕“科技强国、创新圆梦”主题，举办科技活动周，面向学校师生，开展科技宣传和科学普及活动。在杭州市美术职业学校举办地震应急疏散演练，在杭州清河实验学校举办“创客实验室——植物工厂应用”主题科普宣传，在杭州师范大学附属小学开展“欢庆六一、畅玩科技”主题活动，辖区 20 余所学校、1500 余名师生参加。

科技计划与管理

【概况】 2017 年 6 月 23 日，上城区出台《科技计划与项目申报管理办法（试行）》《科技计划项目验收管理办法》，规范科技计划和项目申报管理。办法进一步规范科技计划项目申报程序和管理体制及运行机制，明确科技计划项目申报管理的责任、权利和义务，以及立项项目的验收要求。全年列入科技发展计划项目 75 项，推荐申报省级重点研发计划 4 个、省级科技型中小企业扶持和科技发展专项 12 个，市级各类科技创新扶持、资助补助项目 53 个。获市级以上科技项目立项 52 个，落实科技项目经费 2741.59 万元。

【省级重点研发计划项目立项】 2017 年 2 月 7 日，省科技厅根据《浙江省重大科技专项竞争性分配管理办法》规定的竞争性评审立项程序，发文公布 2017 年度省重点研发计划项目，上城区立项项目 4 个，分别是杭州捷尔思阻燃化工有限公司承担的“轨道交通装备新型绿色材料开发与应用——轨道交通专用低 VOC 绿色阻燃可回收轻量化聚丙烯复合材料”、浙江省机电设计研究院有限公司承担的“航空零部件设计与制造技术研究与应用——航空机体轴承研制及应用示范”、浙江赞宇科技股份有限公司承担的“节能技术与绿色制造研究——脂肪酸系列产品节能技术与绿色制造示范工程”、杭州海兴电力科技股份有限公司承担的“Billing 电力计费云信息服务系统”项目。5 月 24 日，根据省科技厅印发的《关于组织开展 2018 年度省重点研发计划项目申报的通知》精神，上城区经过宣传发布、征集、初选等相关程序，推荐 8 家企业申报 2018 年省重点研发计划项目，其中主动设计类项目 5 个、发明专利产业化项目 1 个、企业研究院项目 1 个、重大国际科技合作项目 1 个。

【获省级科技经费补助】 2017 年 4 月 11 日，省科技厅、省财政厅下达 2017 年省级科技型中小企业扶持和科技发展专项资金，上城区有 5 个项目获得补助经费 431 万元，其中重点研发项目 1 个、技术创新引导项目 2 个、科技型中小企业扶持项目 2 个。

科技创新

【概况】 2017 年，上城区围绕加快创新型城区建设，推进科技创新创业各项工作，引导和支持以企业为主体建立不同类型的研发机构，提升企业科技创新能力。全年全区新认定国家重点支撑领域高新技术企业 14 家、省级科技型企业 42 家、高新技术企业研究开发中心 7 个、企业研究院 2 个，市级高新技术企业 10 家、高新技术研发中心 2 个、专利试点企业 5 家；新认定国家级众创空间 3 个，省级众创空间3个，市级众创空间1个、双创示范创新基地（载体）17个。专利授权量1080件，其中发明专利207件、实用新型专利485件、外观设计专利388件。

【新认定国家重点支持领域高新技术企业】 2017年12月27日，全国高新技术企业认定管理工作领导小组办公室公布2017年第一批高新技术企业认定名单，杭州通兴电子有限公司、浙江科欣工程设计咨询有限公司、杭州远方科技信息有限公司、杭州物点网络科技有限公司等14家企业榜上有名。根据国家《高新技术企业认定管理办法》，被认定的高新技术企业3年后须重新认定。此次一并公布的被重新认定企业中，浙江省机电设计研究院有限公司、杭州快凯高效节能新技术有限公司等24家企业名列其中。至此，上城区拥有国家重点支持领域高新技术企业75家。

【思创医惠公司被认定为国家知识产权优势企业】 2017年12月21日，国家知识产权局公布《关于确定2017年度国家知识产权示范企业和优势企业的通知》名单，全省15家企业被认定为国家知识产权示范企业，39家企业为国家知识产权优势企业。思创医惠科技股份有限公司被认定为国家知识产权优势企业。

【国家级众创空间增加】 2017年12月8日，科技部根据《国务院办公厅关于发展众创空间推进大众创新创业的指导意见》和《关于印发〈发展众创空间工作指引〉的通知》精神，按照有关规定和程序，审核确定639个众创空间为国家备案众创空间，并纳入国家级科技企业孵化器管理服务体系。杭州必迅莱科技有限公司“网尚空间”、杭州知意诚文化创意有限公司“江南1535”、云楷智慧园科技（杭州）有限公司“数动空间”3个众创空间入选。至此，上城区有国家级众创空间7个、省级众创空间8个、市级众创空间9个。

【省级科技型企业增加】 2017年12月7日和12月18日，市科委根据省科技厅《关于做好科技系统下放行政审批和管理事项工作的通知》及《浙江省科技型中小企业认定管理办法》，认定公布2017年杭州市第二批和第三批浙江省科技型企业名单，杭州舞环科技有限公司、杭州鼎绘家居科技有限公司、杭州圈外网络科技有限公司、杭州佳沃思医疗科技有限公司、杭州荣亚科技有限公司、杭州爱易特智能技术有限公司、杭州唯曦科技有限公司、浙江求是科教设备有限公司、杭州精瑞科技有限公司、杭州博博科技有限公司等42家企业名列其中。至此，上城区有省级科技型企业161家。

【入围省级众创空间】 2017年9月26日，省科技厅根据《浙江省众创空间管理与评价试行办法》，组织认定省级众创空间141个。杭州必迅莱科技有限公司“网尚空间”、云楷智慧园科技（杭州）有限公司“数动空间”、杭州星工场文化创意发展有限公司“星工场”3个众创空间名列其中。10月12日，省科技厅根据《浙江省人民政府办公厅关于加快发展众创空间促进创业创新的实施意见》和《浙江省众创空间管理与评价试行办法》，组织对2017年度省级众创空间进行绩效评价，经第三方评估，评出省优秀众创空间33个。“唯曦国际创投基地”获评为省级优秀众创空间，并获得用于众创空间条件建设奖励经费。

【省级企业研究院增加】 2017年9月6日，省科技厅、省发改委、省经信委联合公布2017年省级企业研究院认定结果，由浙江省远传信息技术股份有限公司创办的浙江省远传技术人工智能与智慧服务研究院、杭州联众医疗科技股份有限公司创办的浙江省联众医疗健康医疗大数据研究院名列其中。至此，上城区有省级企业研究院9个，其中晋升为省级重点企业研究院3个。

【2人分别获评“科技新浙商”“科技小巨人”】 2017年7月30日，由《钱江晚报》《科技金融时报》等单位主办，浙江省科技厅、浙江日报报业集团、浙江广播电视集团等单位支持的第八届“科技新浙商”“科技小巨人”评选活动，经过层层推荐和筛选，最终通过电视直播产生10名“科技新浙

商”和10名“科技小巨人”。浙江远传信息技术股份有限公司董事长徐立新被评为第八届“科技新浙商”，杭州联众医疗科技股份有限公司董事长柴雪挺被评为第八届“科技小巨人”。

【市级高新技术企业增加】 2017年7月26日，市科委公布2017年杭州市高新技术企业认定结果，杭州创辉医疗电子设备有限公司、杭州迪卡能源技术有限公司、杭州华雁云态信息技术有限公司、杭州天冠科技有限公司、杭州瑞苒科技有限公司、杭州驭缘网络科技有限公司等10家企业榜上有名。至此，上城区有市级高新技术企业88家。

【市级专利试点企业增加】 2017年7月12日和12月14日，市科委、市知识产权局分两批公布认定2017年市级专利试点企业名单，杭州金通公共自行车科技股份有限公司、浙江求是人工环境有限公司、杭州天冠科技有限公司、杭州亿恒科技有限公司、浙江安正科技股份有限公司5家企业被认定为市级专利试点企业；思创医惠科技股份有限公司晋级为市级专利示范企业，杭州捷尔思阻燃化工有限公司通过专利示范企业3年有效期复评。至此，上城区有省级专利示范企业8家、市级专利示范（试点）企业15家。

【“数动空间”被认定为市级众创空间】 2017年6月16日，市科委根据《发展众创空间推进大众创业万众创新的实施意见》和《杭州市众创空间认定和管理办法》，经过公开征集、行政决策、网上公示等程序，认定公布31个单位为2017年杭州市众创空间，云楷智慧园科技（杭州）有限公司的“数动空间”众创空间名列其中。

【创新载体被认定为市双创示范创新基地】 2017年11月16日，杭州市建设国家小微企业创业创新基地城市示范工作领导小组办公室根据《加快杭州市“小微企业创业创新基地”建设的指导意见》，组织认定并公布2017年杭州市“双创示范”小微企业创业创新基地名单，上城区的凤凰御元艺术基地、“网尚空间”、杭州望江创业大街、清河坊历史文化特色街区、上城区科技创业中心等17个创新载体（平台）名列其中。

【市级高新技术企业研发中心增加】 2017年9月13日，市科委公布认定2017年市级高新技术企业研发中心名单。上城区杭州网营科技股份有限公司的网营智能化电子商务高新技术研究开发中心、杭州金通公共自行车科技股份有限公司的金通科技研究开发中心名列其中。至此，上城区有市级高新技术企业研发（技术）中心48个。

【市“雏鹰计划”“青蓝计划”企业增加】 2017年9月18日，市科委印发《关于认定2017年杭州市科技型初创企业培育工程企业的通知》，上城区的浙江乐租信息科技有限公司、杭州锐同科技有限公司、杭州华雁云态信息技术有限公司、杭州大业环保科技有限公司、浙江舒怀特医疗科技有限公司等12家企业被认定为市“雏鹰计划”企业，杭州爱易特智能技术有限公司被认定为市“青蓝计划”企业。至此，上城区有“雏鹰计划”企业49家、“青蓝计划”企业8家。

“数动空间”面貌　（望江智慧产业园 供稿）

科技服务与交流

【概况】 2017年，上城区科技服务与交流工作在“力推创新驱动、力促作风转变、力求科技惠民”方面下功夫，大力营造创新创业环境，认真落实各级科技创新政策，主动当好科技创新的推进器。启动“科技服务月”专项行动，举办校企对接会2场、科技政策和项目培训会4场。与4个在杭高校科研院所对接，举办中国（杭州）移动互联网大会和科技活动周，推出首个科技工作者日和防震减灾应急预案桌面推演等活动。

【创业项目对接】 2017年1月17日，浙大海创俱乐部常务副理事长乔建民率海外留学归国人员考察团一行13人到上城区考察，进行留学归国人才创业项目对接。考察团先后参观望江智慧产业园、玉皇山南基金小镇和唯曦国际众创空间，听取区科技局企业科技创新创业情况介绍，与上城区企业座谈交流，双方进行创业项目对接。

【“科技服务月”专项行动】 2017年3月9日，区科技局启动为期1个月的“科技服务月”专项行动，以科技型企业、新引进企业和区外孵化企业为服务对象，开展企业走访。举办科技成果转化进园区、进众创空间校企对接会2场。组织科技政策、知识产权保护、科技经费使用、科技项目申报等培训会4次。

【科技合作交流】 2017年3月14日，区科技局组织中层以上干部到浙江清华长三角研究院杭州分院开展科技合作交流，双方就音乐小镇和智能物联网应用示范基地建设、区块链产业小镇项目落地等问题进行探讨。长三角研究院杭州分院发布多方面科研成果，区科技局与该院进行对接。

【风险池贷款办理】 2017年5月10日，区科技局与杭州银行科技支行、杭州高科技担保有限公司就风险池贷款项目进行联合评审，经过可行性审查，杭州联众医疗股份有限公司、杭州慧景科技股份有限公司、杭州泵浦节能技术有限公司、浙江春派科技股份有限公司分别以固定资产抵押、公司股权质押等方式，获风险池贷款3500万元。

【上城区与机械工业经济管理研究院合作】 2017年5月18日，上城区与机械工业经济管理研究院签订全面战略合作协议，共建“先进制造业研发中心”和“咸亨国际应用装备研究所”，双方将致力于在政策研究、产业政策、战略规划及先进制造、网络经济、“两化”融合等方面加强合作，开展科技与金融对接、科技与产业对接等服务，促进科技成果转化与产业化。区委常委宣寅、副区长薛鸿翔，机械工业经济管理研究院党委书记、院长徐东华，副院长聂秀东，浙江咸亨国际通用设备有限公司董事长王来兴、总经理李灯东等参加签约仪式。

【上城区与杭州电子科技大学计算机学院合作】 2017年6月19日，区科技局组织杭州海兴电力科技股份有限公司、浙江威星智能仪表股份有限公司、杭州交联电气工程有限公司、杭州慧景科技股份有限公司、浙江亿邦通信科技股份有限公司、浙江中杭电子有限公司等8家高新技术企业与杭州电子科技大学计算机学院开展校企对接。双方就大数据分析、云计算、人工智能、图像识别等领域的合作进行沟通，初步达成合作意向。

【上城区与浙江理工大学合作】 2017年7月18日，上城区与浙江理工大学签署《促进科技成果转化与产业化全面战略合作协议》，区人力资源和社会保障局与浙江理工大学招生与就业部门签署“就业实训基地共建合作协议”，上城众创联盟与浙江理工大学创业学院签署“创新创业基地共建合作协议”，并为新成立的上城区科技创业中心浙江理工大学分中心、浙江理工大学上城区科技成果转化基地揭牌。区委书记陈瑾、区委常委宣寅、副区长叶榕，浙江理工大学党委书记吴锋民、校长陈文兴、副校长陈文华等出席签约仪式。

【防震减灾应急培训】 2017年8月23~25日，区政府应急办、区科技局（区地震局）、区民政局、区红

2017 年 9 月 22 日，中国（杭州）移动互联网大会暨中国首席技术官大会在杭州国际博览中心举行　　（区科技局　供稿）

十字会在临安青山湖畔举行防震减灾应急救援培训暨地震应急桌面推演活动，邀请国家地震局地震灾害防御中心研究员申文庄等 3 位专家授课，介绍地震急救知识，市地震局和临安市科技局分别介绍杭州市地震工作和临安市“4·12”地震应急处置情况。应急预案推演着重从地震震情报告、地震初期处置、地震应急预案启动、地震应急指挥协调、地震应急现场处置和震后恢复重建等方面进行模拟演练。上城区副区长叶榕全程参加并做动员讲话。区防震减灾领导小组各成员单位主要负责人，区属各部门、指挥部、街道、社区分管负责人等 120 人参加。

【中国（杭州）移动互联网大会】 2017 年 9 月 22 日，中国（杭州）移动互联网大会暨中国首席技术官大会在杭州国际博览中心举行。大会由中国首席技术官联盟、科技部现代服务产业联盟、上城区政府、杭州市“两创”示范工作领导小组办公室主办，区科技局、市移动互联网技术学会、市信息经济人才协会、省大数据科技协会承办。大会围绕“移动互联智慧杭州，技术精英引领中国”主题，设立“大数据与人工智能高峰论坛”“企业服务高峰论坛”“CCF YOCSEF 移动健康高峰论坛”3 个分论坛，共同探讨应急移动互联网带来的机遇和挑战。中国科学院院士陈国良、省科技厅厅长周国辉、副市长陈新华、区委书记陈瑾、副区长叶榕、区政协副主席俞朔等出席，区有关部门、街道、园区等主要负责人参加大会。

【企业科技政策培训】 2017 年 9 月 15 日和 9 月 29 日，区科技局举办两场企业科技政策培训，邀请专家讲解科技创新项目申报、科技人才引进等政策；区科技局、区人力资源和社会保障局业务部门就发明专利等项目申报、项目验收程序进行具体辅导。参训企业 115 家、人员 278 人。

【区“1211 人才”项目专家评审】 2017 年 12 月 15 日，区科技局组织召开上城区“1211 人才”项目专家评审会。由 4 名技术专家和 3 名投资专家组成的评审小组对 10 家企业申报的项目进行评审。申报企业就逐个项目的国内外机构研究情况、实施方案、主要研究内容、项目经费预算和用途及自筹经费来源等情况进行陈述。评审专家围绕企业项目申报内容进行提问，在听取申报企业答辩后，按照区“1211 人才”项目评审标准给出综合评价分，10 家企业申报的项目全部通过专家组评审。

科技奖励与成果转化

【概况】 2017 年，上城区加快建设“海外高端人才创新中心”，深化与在杭高校院所合作，健全产学研协同创新机制。与机械工业经济管理研究院、浙江理工大学签订战略合作协议，引进海归人才开发的科技项目 10 个、省“千人计划”专家领衔的创业团队 1 个，全区获得省、市科技进步奖 9 项。对获得认定的国家高新技术企业、市级高新技术企业、省科技型中小企业和列入省重点研发计划、专利的项目给予配套资助奖励，发放科技奖励经费 3399.3 万元。

【获省科技进步奖项目 4 个】 2017 年 4 月 19 日，省政府发文公布 2016 年度科学技术进步奖获奖名单，浙江省水利勘测设计院研发的“台风暴潮-洪水灾害应急处置技术”、浙江省机电设计研究院研发的“复杂铸件近净成型铁型覆砂铸造关键技术与装备”项目获省科技进步奖二等奖，杭州图强工程材料有限公司、杭州丰强土建工程研究院共同研发的“预应力中空锚杆系列成套技术”和浙江省水利勘测设计院研发的“钱塘江河口地区城市排涝关键技术及应用研究”项目分别获省科技进步奖三等奖。

【获市科技进步奖项目5个】 2017年7月16日，市委办公厅、市政府办公厅联合发文公布2017年市科技进步奖获奖名单，杭州海兴电力科技股份有限公司研发的“输配电网设备一体化”、杭州捷尔思阻燃化工有限公司研发的“非多聚磷酸铵体系无卤膨胀型阻燃剂”、浙江博世华环保科技有限公司研发的“重金属污染土壤成套修复技术”、杭州娃哈哈集团有限公司研发的“基于羧甲基纤维素钠、黄原胶和瓜尔胶的复配胶体的流变学测试及其在乳饮料体系中的应用研究”、杭州柯林电气股份有限公司研发的“变电设备故障模块化物理仿真技术研究与平台开发应用”5个项目获市科技进步奖三等奖。

【海外高端人才联络站建成】 2017年5月31日，上城区在美国硅谷挂牌成立杭州市上城区海外高端人才联络站，为对接海外高端人才、服务创新发展常设性专门机构。美国硅谷作为全球创新发展的集聚高地，引领全球科技创新发展的方向，联络站将作为上城区对接海外高端人才的桥头堡，为吸引更多更好的高端项目与人才落户上城发挥积极作用。

【“海归驿站”与区众创空间联盟签约】 2017年8月17日，“海归驿站”与上城众创空间联盟建立合作框架协议签约仪式在南星街道目术塘创意园“智·和”同心荟举行。“海归驿站”是杭州市侨联、杭州市海外企业家投资联合会和上城区共同打造的涉侨企业创业创新服务平台。众创空间联盟由区科技局发起，系促进孵化项目和创新企业发展的交流合作平台。双方将通过资源共享、优势互补方式，为海归创业创新人才提供实战培训、落地辅导、资源对接等服务。市侨联党组成员丁佐，区委常委、统战部部长来剑波，副区长叶榕出席，区有关部门、众创空间、基金小镇、杭州市海外企业家投资联合会等单位负责人出席签约仪式。

【企业团队引进】 2017年，区科创中心以孵化培育生物医药大健康、物联网、高端智能装备等项目为重点，引进初创型高科技企业项目和团队31个，其中包括海归人才研发的科技项目10个及省“千人计划”专家领衔的创业团队——杭州博博科技有限公司张必勇博士团队。该团队拥有来自荷兰埃因霍芬理工大学、荷兰代尔夫特理工大学、美国加州大学的教授及美国斯坦福大学的博士和硕士等研究人员。

（杨永清）

教 育
Education

综 述

【概况】 2017 年，上城区有各类学校、幼儿园 54 所，其中，幼儿园 22 所，小学 18 所，初中 12 所，中等职业学校、特殊教育学校各 1 所，注册学生 40240 人。在职教师 3405 人，其中，研究生学历 340 人、本科学历 2853 人、大专学历 208 人，大专及以上学历教师占 99.9%。有高级职称的 453 人、中级职称的 1564 人，中高级职称教师占 59.2%。有省特级教师 20 人、区特级教师 34 人，有省、市教坛新秀 452 人、区教坛新秀 1130 人。全年招收中小学生 6897 人，完成学业毕业学生 6125 人，九年制义务教育入学率 100%。

上城区学前教育生均公用经费实行“全覆盖”，生均公用经费 410 元。义务教育阶段生均公用经费定额标准比 2016 年提高，小学生均公用经费 820 元，初中 1020 元。全年财政性教育经费支出 7.59 亿元，增长 11.5%。

全年投入基建经费 1.28 亿元、校（园）舍维修经费 1618 万元。杭州新世纪外国语学校湖畔校区改建、杭州市培红幼儿园保安桥园区装修、杭州市胜利东河幼儿园小塔儿园区装修、杭州市江城中学 2 号教学楼及实验楼装修、杭州市抚宁巷小学一期装修改造、杭州市行知幼儿园新城园区局部改造和区教育局青年教师公寓装修等项目完工。杭州市胜利小学新城校区及其附属幼儿园项目、杭州市崇文实验学校世纪城校区项目、杭州市行知幼儿园望江园区项目主体结顶；杭州市惠兴中学整体改建项目、原上城区教育学院装修改造项目开工建设。全年新增校（园）舍建筑面积 1.11 万平方米，装修与改造校（园）舍 5.71 万平方米。

全年投入教育装备经费 3130 万元，校园无线网络覆盖率 100%，全面完成城域网千兆升级工作。全区有中小学创新实验室 16 个，中学科学实验室 53 个，小学科学实验室 39 个。国家、省、市数字校园示范创建学校 8 所，市智慧校园示范创建学校 7 所。“创客教育”设施配备到位。全区所有中小学均配备 3D 打印设备，有创设三维设计及 3D 打印创新实验室 15 个、Scratch 创意编程创新实验室 12 个、智能机器人实验室 5 个。杭州市胜利实验学校、杭州市行知幼儿园新城园区等 10 所学校自办食堂建成 A 等级食堂，全区 A 等级食堂 10 个，B 等级食堂 41 个。

【上城区获评全国首批中小学校责任督学挂牌督导创新区】 2017 年 3 月 20 日，国务院教育督导委员会公布第一批全国中小学校责任督学挂牌督导创新县（市、区）名单，全国有 11 个省 29 个县（市、区）上榜，上城区是杭州市唯一上榜的城区。上城区于 2012 年 9 月成立教育督导委员会，建立教育工作定期汇报制度，并将教育督导经费列入财政预算，为责任督学工作的开展提供经费保障，通过强化挂牌督导保障、完善督学工作机制、加强责任督学队伍建设、落实课业减负措施、推广教育督导评价等工作，及时发现解决教育实际问题，促进学校全面实施素质教育。

【区教育局获评全国未成年人思想道德建设工作先进单位】 2017年11月17日，中央精神文明建设指导委员会公布第五届全国未成年人思想道德建设工作先进城市（区）和第四届先进单位、先进工作者名单，上城区教育局获评全国未成年人思想道德建设工作先进单位，成为全省唯一获评的县（区）级教育局。区教育局重视未成年人思想道德教育工作，围绕“立德树人”根本任务，推行机构改革，架设全面育人新体系，围绕核心价值，构建行走德育新网图，以培养“身心健康、品质优秀、学业上乘、素质全面、个性鲜明”的上城学子为目标，全面布局、全员参与、全力保障，未成年人思想道德教育工作取得明显成效。

2017年5月16日，上城区举行“星级家长执照”工程启动仪式

（区教育局 供稿）

【上城区获评浙江省示范性学习型城区】 2017年3月17日，浙江省教育厅公布省示范学习型城市，19个地区被评为浙江省示范学习型城市，上城区名列总分第一。作为全国社区教育示范区、全国数字化学习先行区、全国特殊教育先进区，上城区统筹资源，全面规划，分步实施，以“教育社会化、社会教育化、教育终身化”为方向，建设适应不同人群的终身学习平台，形成“人人皆学、时时能学、处处可学”的学习型社会总体框架，成功推进学习型城市建设，并积累丰富经验。

【中国杭州名师名校长国际论坛】 2017年11月4~5日，中国杭州名师名校长国际论坛举行，论坛由杭州市政府、北京师范大学教师教育研究中心主办，杭州市教育局、上城区政府承办，21世纪教育研究院、浙江天长差异教育研究院协办，论坛设在杭州市新世纪外国语学校和杭州市天长小学，主题为“差异教育研究”。副市长陈红英、省教育厅副厅长韩平等领导，北京师范大学教学部部长朱旭东、21世纪教育研究院院长杨东平、日本个性化教育学会会长加藤幸次等专家学者，美国、英国等6个国家，北京、上海及中国香港、中国台湾等地区的500余名嘉宾参加论坛。

【实施“星级家长执照”工程】 2017年5月16日，上城区“星级家长执照”工程启动仪式在“尚城1157·利星”商业综合体一楼大厅举行，启动仪式上，区教育局为清荷幼儿园家长马小民颁发全市第一张星级家长执照。副市长陈红英对上城区实施“星级家长执照”工程做出批示，予以肯定，并希望有更多的区县（市）积极探索，共同助推家庭教育的新发展。副省长成岳冲在《上城区首推星级家长执照工程建立家长教育新体系》专报上进行圈阅。

学前教育

【概况】 2017年，上城区有幼儿园22所、园区40个。其中，省一级园区25个、省二级园区15个，城区省市等级幼儿园覆盖率、优质学前教育资源覆盖率、名园集团覆盖率均100%，学前教育普惠率97.1%。有幼儿教师849人。幼儿教师中本科及以上学历700人，占教师总数的82.5%。有高级职称教师16人、中级职称教师274人，中级及以上职称教师占教师总数的34.2%。有省特级教师1人、区特级教师2人、区学科带头人24人，“五阶段”获奖教师178人。在园幼儿9891人，班级356个，学前三年入园率 100%。全年全区学前教育事业费支出 9584 万元，占教育事业经费12.3%，安排学前教育专项经费 1600 万元，学前教育生均公用经费定额标准 410 元，覆盖全区所有幼儿园。

【创新学前招生工作模式】 2017 年，上城区积极探索招生工作，在全市率先推出“学前教育招生报名服务区”，方便社会、家长了解幼儿园报名范围；推出学前教育招生线上线下双轨制服务，提出“一次报名，一站服务；不带幼儿，减少等待，线上下载；不便下载，园里去带”的便民招生举措。做到调查在先、谋划在先、预案在先，幼儿园招生工作平稳有序。

【结对国外幼儿园】 2017 年，上城区加强对外交往与合作。9 月 21 日和 10 月 17 日，杭州市紫阳幼儿园、培红幼儿园分别与新西兰 The Beststart Education and Care Centre 和德国 Waldkita Fila 建立友好结对关系。上城区学前教育国际交流与合作规模不断扩大，至年末，与国外幼儿园结对幼儿园增至 3 所，成为上城学前教育国际化发展的新动力。

【“陪伴是最好的教育”Ted 论坛】 2017 年 4 月 8 日，“崇文杯”上城区幼儿园第二届“陪伴是最好的教育”Ted 论坛总决赛在杭州市崇文实验学校音乐厅举行。13 名爸爸在论坛上发表演讲，知名教育专家进行点评，并与家长开展互动。省妇联儿童工作部部长吴伟刚等出席。论坛创新“好爸爸”征选方式，初选采用微视频征选，复赛通过网络视频进行选拔，开通“上城教育”微信公众号，先后有 6.86 万人次参与“好爸爸”投票活动，最终评选出“好爸爸”奖 13 名，“最具风采奖”“最具启示奖”“最具人气奖”各 1 名。

【保育员专项培训】 2017 年，上城区加强在职保育员培训。根据“十三五”学前教育规划，区教育局推出“保育员职业道德及职业认同感”等七大主题活动，对全区保育员进行业务素养提升培训，由全区园区园长组成的备课团队授课。全年举办培训 31 场，参训 1987 人次。

【“儿童语言学习与发展核心经验”教学研究】 2017 年，上城区加强幼儿园教育教学质量管理，围绕“儿童语言学习与发展核心经验”开展教学研究，在园级研修的基础上开展区级研修成果展示评比。5 月 23 日、12 月 12 日，上城区 2 次推送的研修成果在杭州市幼儿园语言核心经验研修中获一等奖、三等奖各 2 个，选送的 10 篇幼儿园教学论文获一、二、三等奖各 2 个。

【“新园丁工程”启动】 2017 年 3 月 23 日，上城区幼儿园“新园丁工程”启动，由 18 名区幼儿园名教师组成的导师团队与 49 名学员结对。“新园丁工程”导师以团队形式出现，以领域教学研究为切入点，以“核心研究小组”为单位，以散合式研究为主要形式展开教师培养工作，有效带动上城区幼儿园教师的专业发展。

义务教育

【概况】 2017 年，上城区有小学 18 所，在校学生 20931 人；初中 12 所，其中九年一贯制学校 5 所，在校学生 8625 人。全区小学适龄人口全部入学，小学毕业生 100%升入初中，高水平普及义务教育基本实现。根据省教育厅新一轮课程改革要求，积极推进义务教育课程改革，初中毕业生进入重点高中占 57.3%，再创历史新高。由市教育局委托第三方组织的全市抽样调查显示，上城区“家长对学生课业负担的满意度”“家长对学生 19 项素质发展总体满意度”“家长对学校办学总体满意度”“学生和家长对学校教育环境的总体满意度”均居全市第一。

【名校集群发展】 2017 年 1 月 18 日，区教育局举行杭州市建兰中学教育集团挂牌暨“杭州市建兰中学与杭州市惠兴中学集群发展”签约仪式。区教育局基于推进教育优质均衡发展的战略布局，启动“示范带动、校际联动、互助发展”的模式，实施民办公办优质资源互补的集群发展。两所学校将在师资交流、管理共建、教研同步、资源共享等方面无缝对接。

【山南教育集团成立】2017 年 4 月 7 日，为促进南星地区教育质量的整体提升，满足辖区群众对优质教育资源的需求，上城区成立山南教育集团。集团融合杭州市清河实验学校、杭州市教育科学研究所附属小学、上城区教育学院附属小学 3 所学校资源。通过名校带动、优势互补，实现乘法效应。

【“行走德育”工作】2017 年 11 月 9~10 日，教育部中小学党建暨德育工作会议在杭州召开。会议期间，150 余名与会代表考察杭州天地实验小学和北京师范大学附属杭州中学，并观摩体验上城学子在 Do 嘟城与青少年素质教育实践基地进行的社会实践活动。上城区“行走德育”工作联动社会，整合资源，初步形成多维统整、立体辐射的全时空德育模式。通过培育德育基地，鲜活德育内容，拓展德育时空，不断提升德育实效。上城区德育工作优秀案例《行走德育：基于社会主义核心价值观的上城德育实践》获教育部点赞。

【杭州·上城中小学生（幼儿）戏剧节·戏剧教育论坛】2017 年，上城区积极探索学生戏剧教育，举办各种戏剧表演展评、名剧进校园、剧本创作征集、戏剧节海报评选和戏剧教育论坛等活动。12 月 7~8 日，由区教育局主办，区教育学院、杭州天地实验小学承办的杭州·上城中小学生（幼儿）戏剧节·戏剧教育论坛开幕。开幕式上，杭州天地实验小学举行《玩转童话》首发仪式。《玩转童话》是杭州天地实验小学校长、浙江省特级教师王雷英带领一线教师跨学科打造的创意戏剧教程，由“童话阅览”“戏剧宝藏”“戏剧活动”三大板块组成，收录《木偶奇遇记》《大闹天宫》《青鸟》等经典童话 12 个。戏剧节戏剧教育论坛举行专家演讲、课程分享、教学展示、戏剧工作坊、中小学和幼儿园戏剧展演等活动。上城区中小学以戏剧节为起点，深入开展戏剧教育活动，激发中小学生的创造力和想象力。

【“部编本新语文教材”杭州峰会在上城举行】2017 年 5 月 4 日，“部编本新语文教材”杭州峰会在杭州市建兰中学举行。峰会围绕部编本教材的备课和使用展开研讨与交流，着重传达新教材所体现的教学理念和方法，交流备课和教学经验，对教材的使用、教学设计等予以更专业的指导。部编本语文教材总主编温儒敏及相关分册主编和参与编写的专家在主会场开设主题论坛报告，就部编本小学语文教科书的核心理念、初中新教材的设计与教学等话题展开深入探讨与交流。

【上城“070 行动”现场会】2017 年 2 月 21 日，上城“070 行动”（“零欺凌”行动）现场会在杭州市时代小学举行，“070 行动”主题教育活动全面启动。“070 行动”推出学生教育动员大会、设计上城“070 行动”徽标、“校园反欺凌”行动日、“校园反欺凌”主题班会课、全区“校园反欺凌”现场会 5 个板块活动。杭州市时代小学大队辅导员沈贞、北京师范大学附属杭州中学学生处副主任俞飞腾、上城区青少年活动中心研究员周志君分别以《070——让校园更美好》《校园欺凌预防处理机制》《为孩子守护那第一扇窗》为题进行主题分享。

【中小学生体育比赛】2017 年，上城区举办第三届“七彩阳光”体育节、小学生田径对抗比赛等体育赛事，并组队参加省市体育比赛，展示上城风采。其中在杭州市中学生三大球比赛中，北京师范大学附属杭州中学、杭州市建兰中学获杭州市男女排球冠军，杭州市建兰中学获男子篮球冠军，杭州第六中学女子篮球队、杭州市勇进实验学校女子足球队获亚军，杭州市清河实验学校获男子足球第三名。年内，杭州娃哈哈双语学校和杭州市崇文实验学校成功申报为全国校园足球特色学校，杭州市天长小学、杭州市胜利实验学校、杭州市金都天长小学和北京师范大学附属杭州中学成功申报为浙江省校园足球特色学校。

【中小学生七色花艺术节】2017 年 3~11 月，上城区举办第二十三届中小学生七色花艺术节。艺术节推出舞蹈、声乐、器乐、戏剧、小品、书法、篆刻、摄影等项目 26 个。全区 4 万名中小学生和幼儿园小朋友参加。11 月 30 日，举行以“幸福少年，快乐成长”为主题的艺术节优秀节目展演，展演分

2017 年 11 月 30 日，上城区举行第 23 届中小学生“七色花”艺术节优秀节目展演 （区教育局 供稿）

“放飞梦想”“幸福少年”“葵花向太阳”3 个板块。通过展演，充分展现上城区艺术教育成果。

【中小学生七巧板科技节】 2017 年 3~12 月，上城区举办中小学生七巧板科技节，旨在让全区青少年感受科技魅力，享受成长快乐。科技节期间，开展创意电子制作、信息技术创意作品创作、建筑模型制作、少年科考等活动，给中小学生提供学习机会和平台，促进学生科技特长发展，全区 4 万余名学生参与，其中 3369 名学生参加区级比赛。

中等职业教育

【概况】 杭州市服装职业高级中学（简称服装职高）是上城区唯一一所中等职业学校，是全国纺织服装教育学会副会长单位、教育部中职服装教学指导委员会主任单位。2017 年，学校在校学生 578 人，开设服装设计与工艺、服装设计与表演、服装制作与营销 3 个专业，其中服装设计与工艺为主干专业，被列为浙江省中等职业教育省级骨干专业、杭州市中等职业教育质量提升工程第一批品牌专业。服装职高被评为全国中等职业教育服装专业指导委员会先进单位。副校长王杲哲被列入杭州市中等职业教育质量提升工程第二批名校长培养人选；教师孙常胜获第三届中国服装创意设计与工艺教师技能大赛“工业制版”项目全国铜奖。

【现代学徒制教学试点】 2017 年，服装职高与汉帛（中国）有限公司深入开展现代学徒制教学试点。根据《现代学徒制试点工作实施方案》《现代学徒制人才培养方案实施细则》，服装职高以工学结合、半工半读形式，分 3 个阶段对学徒制班级进行体验式教学，让学徒在企业学习服装立体裁剪、工艺制版等技能，创建“学生、学徒、准员工、员工”四位一体的人才培养模式，推进学校与企业在技能人才培养上的“捆绑式发展”。

【参加省中等职业技能大赛获奖】 2017 年 12 月 13 日，服装职高组织师生参加杭州市中等职业学校师生职业能力大赛，服装职高在服装设计与工艺专业（学生个人）比赛中获市级一等奖 3 个、二等奖 3 个、三等奖 2 个；在服装设计与制作（教师个人）比赛中获市级一等奖 1 个、二等奖 1 个、三等奖 4 个。10 月 23 日，服装职高服装设计与工艺专业教师孙常胜参加浙江省中职学校教师服装设计制作竞赛获一等奖。

社会教育

【概况】 2017 年，上城区面向全区市民，以需求为导向，以机制创新、资源整合、项目推进、特色发展为策略，建立纵向一贯、横向沟通、内外一体、多维整合、高度开放、科学规范的终身教育体系。上城区社区学院着力推进社区教育各项工作开展。全年全区接受教育培训市民 38 万人次，评选出社区好老师 20 名、优秀社区教育志愿者 32 名，认定“匠心工作室”6 个、“市民终身学习体验基地”12 个。

【终身教育券新六大工程】 2017 年，上城区社区学院以终身教育券新六大工程为主线，推进终身教育人群全覆盖。全年参加双主体成长工程——各类亲子活动5000余人次、星级家长执照线下活动1万余人次；“夕阳红”七彩工程——老年学习主题日活动1000余人次；筑匠心惠民工程——社区好老师“匠心课堂”和“非遗”课堂等活动2万余人次；养教护健康工程——“身边的私人医护”系列活动1000余人次；域文化传承工程——国学诵读亲子活动、茶文化体验活动、南宋文化传承活动等2000余人次；数字化学习工程——终身学习电子地图、“诗意生活”诗词线上答题等活动2000余人次。

【第十四届市民终身教育节】 2017年10月15日，上城区全民终身学习活动周暨上城区第十四届终身教育节开幕。此次学习周活动以“智慧学，幸福家”为主题，设置五大板块内容、80个主题活动，依托数字化学习平台，引导各家庭开展终身学习。开幕式采用电子签到的方法，并进行社区教育成果展示和社区好老师、优秀志愿者表彰活动。活动周设置体验区，开展互动体验活动，6428人次参与活动。

【市民终身学习电子地图上线】 2017年，上城区对区域学习资源进行梳理，确定55所市民学校、48个活动基地、44个公共场馆为第一批终身学习体验点，在纸质终身学习地图的基础上，推出电子地图，便于市民迅速找到离家最近的终身学习体验点。10月15日，市民终身学习电子地图正式上线。电子地图可自动定位使用人所在位置，并智能推荐离使用人最近的10个学习体验点供参考。

【创意馆幼儿培训】 2017年，上城区社区学院创意馆以小班化教学、个性化发展为特色，关注幼儿的活动过程，让幼儿在参与中体验生活、在体验中培养创意。创意馆面向全区3~6岁幼儿开设创意美术、幼儿舞蹈、幼儿英语、少儿围棋、少儿跆拳道、乐高建构等培训项目9个、班级39个，参加培训404人次。

【职业技能培训】 2017年，上城区开办成人双证制培训班2个，参训120人。参训学员通过国家职业资格技能考核合格的绿化工初级61人、茶艺师初级25人。开办月嫂培训28期，培训高级育婴员23人、家政服务1050人，达到母婴护理专项资质201人。区社区科普大学举办科普进社区、科普夏令营等系列科普活动，1500余人次参加。开展定向职业技能培训，杭州第九中学、杭州第二中学东河校区1320余名学生参加，培训内容涵盖救护、西式烘焙、陶艺、花艺、布艺、茶艺、木工、计算机、电工、篆刻等。开展养老护理技能培训，培训初级养老护理员80人、中级养老护理员40人、高级养老护理员22人。

【老年教育培训】 2017年，上城区社区学院组织开展“乐龄学堂”老年教育培训。全年开设班级51个，招收学员1600余人；组建社团5个，100余人参加。评选出优秀老年学员80余人。上城区老年教育培训活动坚持以人为本、服务为先，培训规模和服务质量不断扩大和提高，被浙江省教育厅评为成人教育品牌项目；上城区社区学院被浙江省老年电视大学评为先进单位。

【学历教育与专项培训】 2017年，上城区参加双证制职业高中学历培训204人，毕业165人。全年举办入党积极分子培训2期、党员发展对象培训1期，488人参加；组织区直机关工委党建工作培训，参训320余人。开展“幸福生活DIY”培训，中小学教师48人参加。开展食品安全讲座进社区活动，为19个社区举办讲座22场，受教642人。开设微课程形体艺术培训4期，学员96人。

【打造“e+微”学习空间】 2017年，上城区将数字化学习平台“e学网”和移动学习平台“微学通”进行数据对接，实现用户整合、资源融合。基于全新的立体式学习空间，创设数字化学习积分管理办法，设立个人电子学习账户，实现学习成果的转化，并与省学分银行对接，提高市民学习积极性。该平台设有线上课程300余门，通过手机端开设课程181门。全年有2185人在线报名、3.99万人次线上学习。线上活动有创意画展投票、微课程评选、诗词竞赛、问卷调查等。

【9个社区教育微课程获奖】 2017年6月12日，上城区选送优秀社区教育微课程参加第三届NERC全国社区教育优秀微课程评选，有9个作品获奖，其中戚亦平、姚怡青创作的《第三年龄课堂·健康篇——快乐健步走》获一等奖，王林春创作的《殷商时代——文字的独特浪漫》和徐跃峰创作的《走读杭州之远古篇》获二等奖，其余为二等奖和优秀奖。

【学分银行分中心上线】 2017年，浙江省终身教育学分银行上线运营，上城区社区学院首批入选浙江省终身教育学分银行分中心，负责上城区市民学分银行服务体系的开户建档、学习成果认定积累转换、学习档案查询、学习成果证明开具等服务。至年末，分中心实名建档2.34万人，登记职业培训成果总学时2.28万学时，登记非学历教育成果总学时5.25万学时。

特殊教育

【概况】 2017年，上城区特殊教育体系由1个中心、1所学校、4个基地组成。1个中心即上城区特殊教育资源中心，负责全区特殊教育业务指导。1所学校即杭州市杨绫子学校，有20个班级、225名智力障碍学生、78名教职工。学校持续探索研究“十五年制智障教育模式”，成立上城区智慧树残疾人服务社，促进智力障碍青少年就业。4个基地即上城区自闭症康复训练研究中心、特殊教育康复训练基地、随班就读师资培训基地和上城区青少年生活教育基地。上城区较为完整地形成学生学习、教师发展、资源服务、督导评价、资讯拓展五大项工作相互支持、相互补充的特殊教育管理格局，为有特殊教育需求的孩子提供学习、生活保障，推进特殊教育工作不断深化。

【第三届自闭症学生公益画展】 2017年4月1日，市残联、市教育局、市妇联、杭州市杨绫子学校联合浙江赛丽美术馆、浙江在线，举办第三届“来自星星的画语自闭症学生公益画展”和主题为“爱让‘浙’里蓝起来”的作品义卖大型公益活动，旨在响应联合国关注自闭症人士生活的倡议，为患有自闭症及有特殊教育需求的学生搭建展示才艺的平台。来自省内外的19所特殊教育学校、2所康复机构参展，展出作品450余幅。

【国际特殊奥林匹克东亚区家庭论坛】 2017年5月28日，国际特殊奥林匹克东亚区家庭论坛在杭州市杨绫子学校举行。来自蒙古、韩国和中国台湾、中国香港及北京、西安、广州等国家和地区的近50名家长参加，共同交流心理和智力障碍青少年家长有关心理调适、就业辅导、组织活动技巧等经验心得。

【融合特奥活动】 2017年12月6日，美国特奥信使团和杭州市建兰中学、浙江树人大学志愿者与杭州市杨绫子学校特奥运动员开展融合特奥活动。12月7日，日本30余名媒体工作者到该校参观访问，对学校办学理念和校园环境表示肯定。

【特殊教育与普通教育幼儿融合活动】 2017年12月6日，杭州市杨绫子学校与杭州娃哈哈幼儿园赞成园区进行特殊教育与普通教育融合尝试。举办为期1个月的融合特殊教育幼儿计划活动，活动分6次进行。杭州娃哈哈幼儿园赞成园区大班学生和杭州市杨绫子学校一年级小朋友进行两次互访，开展普通幼儿与特殊儿童手拉手等游戏活动，并一起体验学校生活，提高特殊孩子的自信心、集体适应能力和社会交往能力，培养普通幼儿的包容爱心。

家庭教育

【概况】 2017年，上城区根据家长、学生、学校需求，以“读懂家长、读懂孩子”为理念，开展面向社会、家庭、学校3个层面的家庭教育指导与服务，形成以“整体关注、促进个性、满足需要”为导向的服务机制，助力学生发展。全年开展家庭教育服务活动60余次，服务学生家长1万余人次，研发“星级家长执照”课程151节，接听“成长热线81312345”咨询电话103个。

【“星级家长执照”课程研发】2017年，上城区为培养“明责任、乐学习、会倾听、常陪伴”的家长，依托区域内教师和家长资源，自主设计研发区域“星级家长执照”课程。课程根据学生身心发展特点，分1~3岁、4~6岁、7~9岁、10~12岁、13~15岁5个阶段进行设计。从栏目上形成“成长锦囊”“为师有约”“父母故事”“家教悦读”“荧屏拾贝”五大板块，从形式上分为线上线下两大类，其中线上课程集中全区43所学校的骨干教师及家长代表共120人参与录制，为“星级家长执照”提供微视频学习课程3期、151节。

【家庭教育国际论坛】2017年10月27~28日，家庭教育国际论坛在北京师范大学附属杭州中学举行。论坛以“新家庭，智慧爱”为主题，设1个主论坛、4个分论坛。中国教育学会会长朱永新，中国青少年研究中心家庭教育首席专家孙云晓，十大杰出女教育家、“知心姐姐”卢勤等出席。举办论坛旨在通过国内外家庭教育专家的交流和研讨，推动中国家庭教育事业科学、健康发展，使少年儿童、家庭和社会共同和谐成长。4个分论坛以“智慧聚合力，共育新家庭”为主题，分别在杭州市娃哈哈幼儿园、杭州师范大学第一附属小学、杭州市金都天长小学、杭州市时代小学举行。

【“家风故事”征集评选】2017年4~7月，上城区开展“家风故事”征集评选活动。通过家长撰写一则利用家风对孩子进行春雨般“润物细无声”的教育故事，传播中华传统美德。经家长报名、学校推荐、专家评议，选送100篇“家风故事”参加全市评比，获奖28篇。区教育局将“家风故事”汇编成《好家风，代代传》故事集，供家长和孩子学习。

【“家长大讲堂”活动】2017年9~12月，上城区青少年活动中心以“携手走过青春期”为主题，面向家长推出“家长大讲堂”活动，帮助家长认识青春期孩子成长的生理变化和心理发展特点，引导家长树立正确的家庭教育理念。活动分突变系列——走进孩子心灵、发展系列——支持孩子成长、完善系列——帮助孩子冲刺3期。通过各中学家长自主报名、发放入场券的形式，服务有需求的家长。全年举办“家长大讲堂”4场，参加听讲家长2000余人次。

校外教育

【概况】2017年，上城区校外教育体系由区青少年活动中心及6个中小学素质教育基地组成。区青少年活动中心以“公益为先、孩子为本、活动育人”为理念，围绕“立德树人”的宗旨，为全区青少年提供全面、优质、便捷的校外教育。全年开展“玩转周末”“玩转寒（暑）假、春（秋）假”活动203场；组织“流动少年宫”进学校、进社区活动41场，参与学生1.52万人次；开展国防、农事等教育活动60场，参与学生9530余人次；开设区域性一级社团17个，推出个性特长培训项目181个，服务学生1.72万人次，认定特长生1115人；举办少先队、科技、艺术、体育等大型学生活动86场，参与学生10.8万人次。

【红领巾社团文化节】2017年5月27日，上城区1000余名少先队员在杭州市清河实验学校，参加由上城区少工委主办的“玩转多彩社团，放飞童心童梦”红领巾社团文化节展示暨庆祝“六一”儿童节活动。文化节期间，有87个学生社团参加互动游戏、竞技比赛等活动，对“十佳红领巾社团”进行表彰，团省委少年部部长朱慧琴，浙江省少先队总辅导员葛红敏等出席文化节。

【尚青书院入选杭州市青少年第二课堂活动基地】2017年5月25日，尚青书院入选杭州市第七批青少年学生第二课堂活动基地。12月7日，该书院的“弘扬国学文化，传承德礼孝贤”项目获评全国优秀国学教育项目。尚青书院以南宋文化社会生活史为根基，开创开放互动和浸润体验两大运营模式，致力于全面提升青少年人文素养。书院推出新蒙学基础和国学“新六艺”课程，招收学员200余人。

【上城军分校建设】2017年，上城区军分校深入贯彻习近平总书记关于培育和践行社会主义核心价值观的重要指示精神，开展以“三热爱”（爱党、爱国、爱军）教育为核心，以爱国主义为主题，以素质教育为宗旨的“少年军校”活动，构筑青少年崇尚英雄、血性阳刚、爱军习武、立志报国的精神和信念。全年全区有20所学校3000余名学生参加少年军校国防教育“五日营”实践活动，72名学生参加暑假军事伙伴夏令营活动，263名学生参加“玩转周末”军事活动。全区各校军分校共开展国防主题教育91次。

【生存实践和农事实践活动】 2017年，上城区通过多种形式，开展生存教育实践活动，全年有5300余名学生参加该项活动，旨在培养学生敢于挑战困难的毅力和遇到危险时的快速应变能力。农事实践活动有2770余名学生参加。农事实践活动坚持以素质教育为基础，培养学生善于解决问题的实践能力和勇于探索的创新精神，通过集体生活，锻炼动手能力，增强合作意识，学会坚持，学会担当。

教育国际化

【概况】 2017年，上城区立足“后峰会前亚运”时代，围绕上城教育工作重心，全面推进“千校结好”“百校结对”行动计划，深入开展国（境）外友好学校交流互访，严格规范因公出国（境）任务批件办理流程，深入开展国际化示范校创建和理解教育特色品牌项目建设。2所学校获评浙江省千校结好特色学校，4所学校获杭州市首批教育国际化示范校，7所学校获评杭州市首批理解教育特色品牌建设项目，驻外使领馆阳光学校合作基地选派的教师胡珏作为全省首名派驻非洲的教师到肯尼亚支教，获杭州“最美教师”称号。全年有176名教师因公出国（境），到加拿大、英国、德国交流基础教育，探讨课程改革；554名学生到美国、英国、加拿大、澳大利亚开展交流访问和课程体验。全年接待来自英国、美国、加拿大、澳大利亚、新加坡等国家教育考察团35批次、390人。

【教育国际化示范校创建】 2017年，上城区加快中小学对外开放工作，着力打造与国际化大都市相适应的高水平教育服务体系。11月15日，杭州市胜利实验学校、杭州市时代小学两所学校获评省千校结好特色学校。12月29日，杭州市建兰中学、杭州新世纪外国语学校、杭州市崇文实验学校、杭州市时代小学通过市教育局组织的创建验收，获杭州市首批教育国际化示范校称号。杭州市天长小学、杭州市胜利实验学校成为杭州市第二批教育国际化示范校创建学校。

【国际理解教育特色品牌打造】 2017年，上城区研发中小学国际理解教育区域大课程体系及校本教材，将国际化教育内化于教育教学全过程，推进国际理解教育。6月2日，杭州市建兰中学、杭州新世纪外国语学校、杭州市开元中学、杭州市天长小学、杭州市胜利小学、杭州天地实验小学、杭州市崇文实验学校获评首批杭州市国际理解教育特色品牌项目，杭州市娃哈哈双语学校、杭州师范大学第一附属小学 、杭州市金都天长小学、杭州市饮马井巷小学被确定为杭州市第二批国际理解教育特色品牌建设项目。11月3日，12名外交官到杭州考察上城区“外交学院国际理解教育研发基地”，围绕国际理解教育与师生进行交流。

【参加哈佛大学全球教育创新论坛】 2017年5月7~11日，区教育局局长项海刚参加哈佛大学教育学院组织的第二次全球教育创新智库论坛。会议安排28个国家和地区的250余位教育家、地方政府官员、非政府组织代表、大学和研究机构学者进行交流研讨。项海刚围绕“如何为每一个学生提供适性的教育”话题，向与会专家和学者讲述中国教育故事，介绍上城教育经验。

【加拿大高贵林教师杭州培训基地落户上城】 2017年3月15日，上城区教育学院与加拿大高贵林教育局签订“加拿大高贵林教师杭州培训基地”落户上城区协议，并举行“我们眼中的理解教育”主题交流。上城区将拓展培训基地功能，让更多外籍教师走进上城，开展课程合作与研讨，领略中国文化魅力与课堂活力，加快提升上城教育国际化程度。

2017年7月10日，杭州市胜利实验小学学生参加“2017浙江—印州STEM课程平移教学项目”课堂学习 （区教育局 供稿）

以市立项课题《区域推进星级家长执照课程体系的实践研究》为抓手，整体提升上城区居民的家庭教育素养，构建良好的区域教育生态。

【教育对外交流】 2017年3月28日，杭州市时代小学承办第二届“中美STEM教育论坛”，中美双方进行课堂展示交流，并进行STEM教育观点分享、课堂观察报告交流。7月10~21日，杭州市胜利实验小学和杭州市惠兴中学80名学生参加“2017年浙江—印州STEM课程平移教学项目”课堂学习，在家门口感受美国教师带来的课堂教学。上城区80名教师围绕“课堂学习关键策略的整合”的主题，针对指定的观摩内容进行解剖式教案分析，并与美国专家和教师进行面对面提问互动。

【课题推广】 2017年10月12日，杭州市2016年教育科研优秀成果一等奖课题推广活动在桐庐县叶浅予中学举行。上城区教育学院教育科学研究中心组织杭州新世纪外国语学校进行课题推广。推广课题包括教师杜娟的报告《指向学科核心素养的“小外交官”课程深化研究》和教师倪思聪的“Film and Dubbing”影视欣赏与配音课，该校课题受到听课老师好评。

【科研人才培养】 2017年10月，上城区教育学院教育科学研究中心举办学校教育科研骨干教师高级研修班，以区科研带头人为培养重点，通过专家讲座、同行交流、获奖科研成果推介等形式，开展“学校科研规划的制定”“新时期学校科研工作的使命”“2016年杭州市优秀教师小课题一等奖成果推介会”等主题活动，提升各学校科研骨干专业水平。

教育科学研究

【概况】 2017年，上城区教育科研工作以问题为导向，坚持开拓创新，注重理论研究与实践探索相结合，发挥教育科研为学校教师发展服务、为教育决策服务的功能，通过课题规划引领教育综合改革向纵深推进。全年各类课题立项99个，其中省科研类课题6个、省教研类课题5个、省师干训类11个，市科研类课题42个、市教研类课题23个、市师干训类12个。全年获奖研究成果49个，其中省科研成果奖1个、省师干训成果奖8个、市科研成果奖26个、市教研成果6个、市师干训成果8个。《上城教育研究》获“全国教育内部报刊优秀奖”。

师资管理

【概况】 2017年，区教育局围绕“静心教书、潜心育人、敬业成人、精业成才”的培育目标，加强师资管理，深化教师队伍建设。在学科专业层面，实行以省特级教师为“尖端”、区特级教师为“高端”、区学科带头人为“中坚”、“五阶段”获奖教师为基础的“四级人才梯队计划”。在育人者队伍层面，构建一星级到三星级班主任梯队，通过传帮带等形式，提高教师队伍整体水平。完成中小学(幼儿园）教师职称认定评审，全年通过初级教师职称认定226人，通过一级教师职称评审133人；通过高级教师职称评审26人，其中正高级教师2人。

【校长和教师交流】 2017年，上城区有77人参加校长和教师交流，其中骨干教师39人，占符合交流条件骨干教师总数的24.1%；普通教师17人、校级干部21人。通过特级教师工作室、名师工作坊等机制，以区内普通学校和薄弱学校作为项目基地，发挥名优教师的示范、引领、辐射作用，培养和造就更多优秀教师。全区建成特级教师工作室19个、名师工作坊20个。

【区特级教师评选】 2017年1月20日至8月30日，上城区组织开展第五届区特级教师评选，经过自主申报、资格审查、综合考评、专家评审、进校考察、公示等程序，评选出王林慧等14名区特级教师，由区政府发文表彰。至年末，在职在岗的上城区特级教师增至34人。

【省、市、区教坛新秀评比】 2017年，区教育局组织推荐教师参加省、市、区级教坛新秀评比。通过个人申报、民主推荐、组织评议、网上公示等程序，杭州市回族穆兴小学王林慧、杭州市行知幼儿园陈云2名老师被评为省教坛新秀，北京师范大学附属杭州中学白引等27名老师被评为第十六届市教坛新秀，北京师范大学附属杭州中学黄睿清等105名老师被评为第十六届区教坛新秀，上城区教师资源优势进一步扩大。

【区管校聘试点】 2017年1月，上城区在全区9所公办初中（含九年一贯制学校）先行试点区管校聘改革。3月20日，区政府办公室印发《上城区推进教师"区管校聘"工作实施意见》；6月12日，区教育局、区编委办、区财政局、区人力资源和社会保障局四部门制订《杭州市上城区推进教师"区管校聘"试点工作实施方案》《杭州市上城区教师退出教学岗位实施细则》和《杭州市上城区教育局下属学校（单位）统筹岗位管理试行办法》。以"区管校聘"改革为契机，进一步推进教师资源均衡配置，建立区域统筹和学校自主管理相结合的教师管理机制。

【教师资格定期注册】 2017年，区教育局启动教师资格定期注册工作。成立上城区中小学、幼儿园教师资格定期注册工作领导小组，开展定期注册工作流程梳理。3月16日，完成2151名中小学教师定期注册，中小学教师注册全部合格。7~12月，完成868名幼儿园、中等职业学校教师首次注册。

【名师工作坊项目启动】 2017年4月5日，区教育局根据《关于进一步推进上城区义务教育学校教师校长交流工作的指导意见》及《关于下发〈杭州市上城区名师工作坊实施办法（试行）〉的通知》的精神，继续在全区范围内设立名师工作坊项目。经学校申报、专家评审、项目公示，确定上城区2017年名师工作坊立项项目10个。

【第二批名校长工作坊项目启动】 2017年7月27日，区教育局根据《杭州市上城区名校长工作坊实施意见（试行）》，开展上城区第二批名校长工作坊申报工作。经个人申报、专家评审、局党委讨论及项目公示，确定上城区第二批名校长工作坊立项项目2个。杭州市建兰中学校长饶美红、杭州市胜利实验学校校长张浩强为第二批名校长工作坊项目负责人。

【区教育学院获评省师干训先进集体】 2017年2月，区教育学院被评为浙江省2015~2016年度县级师干训先进集体（县区级）。此次评选按照《浙江省中小学教师培训中心关于开展2015~2016年度师干训先进集体和个人评比活动的通知》要求，在各地区推荐的基础上，经过6个核查小组核查，结合2015~2016年绩效指标排名，由各地市培训机构负责人组成评审委员会讨论通过。在绩效指标排名中，区教育学院名列总分第一，实现"三连冠"。

（郭荣强）

文 化
Culture

综 述

【概况】 2017年，区文广新局围绕“争创文化传承标杆区”目标，以弘扬中华传统文化为着力点，以活跃基层文化为抓手，实施文化惠民工程，构建全民健身格局，推进“最多跑一次”改革，全力促进全区文化繁荣。举办上城区第七届文艺团队艺术节、“百团百场”活动、送戏下乡、“城市一家人”外来务工者慰问演出、纪念中国人民解放军建立90周年文艺晚会暨上城区第五届群众合唱节、上城区第十七届歌手大赛和各类主题书画摄影大赛、“剿灭劣V类水，上城团队在行动”采风巡演等文艺活动160余场。结合中国传统节日与传统文化，打造“文化传承你我他”特色文化品牌，各街道、社区推出元宵灯会、清明诗会、重阳登高诗会等大型文化活动200余场。举办公益性惠民文化体育项目培训、讲座500余次，惠及群众30余万人次。区文广新局组织创作的歌曲《老街长长》在“诗画浙江”好歌曲大赛总决赛中获三等奖，全国各地有1100余件作品参赛。

【省第六次街道综合文化站评估定级完成】 2017年，上城区发挥街道综合文化体育站的功能与作用，在浙江省第六次街道综合文化站评估定级工作中，小营街道文化体育站被评估定级为“特级综合文化站”；湖滨、望江、南星、紫阳和清波5个街道文化体育站被评估定级为“一级综合文化站”。6个街道综合文化站以区文化馆为培训总部，设立基层公益培训点，开展春季、暑期、秋季3个时段公益培训，全年设4期课程，开办音乐、舞蹈、国画等培训班52个，授课596课时，参训2.86万人次。上城区基本建成具有自身特色的公共文化服务体系。

【馒头山社区被列入市首批社区文化家园推荐试点】 2017年6月19日，南星街道馒头山社区被列入市首批社区文化家园推荐试点。南星街道以“邻里”为设计理念，通过设置邻里客厅、邻里文化家园、邻里文化礼堂，打造集教育、展示、文化精神传承功能和娱乐功能于一体的馒头山邻里文化综合体。其中邻里文化礼堂自3月1日开放以来，组织放映电影7场，观众300余人次。通过电影传播大众文化，丰富居民精神文化生活。

【国家级电影频道杭州基地落户上城】 2017年11月25日，国家新闻出版广电总局电影频道杭州基地在上城区正式落成启用。国家新闻出版广电总局电影局副局长李国奇，国家电影事业发展专项资金管理委员会办公室副主任李东，国家新闻出版广电总局电影频道节目中心主任曹寅，浙江省新闻出版广电局副局长王国富，市委宣传部副部长钮俊，区领导陈瑾、金承涛、占仁义等出席基地启用仪式。启用仪式上，华夏银行北京分行、北京银行中关村分行分别提供5亿元综合授信额度，为电影频道杭州基地发展提供金融服务。电影频道杭州基地位于致力于打造创意影视基地的馒头山地区。基地运营主体为电影频道全资子公司一九零五（北京）网络科技公司，系中央电视台电影频道节目制作中心下属全资子公司。区长金承涛表示，上城区将以南宋文化创意影视基地建设为核心，进一步促进文创产业大发展和文化事业大繁荣，擦亮“南宋古都、经典上城”的金字招牌。

2017年5月19日，上城区文化惠民工程启动仪式暨经典电影文化艺术展映在“尚城1157·利星”商业综合体举行　　（区文广新局 供稿）

【公共文化服务体系建设】 2017年，区文广新局推进公共文化服务体系建设，满足不同层次群众的公共文体服务需求。全区有省级图书馆、市级图书馆、区级文化馆各1个，各类公办（民营）博物馆20余个，市、区级体育中心3个（2个在建）。基层综合公共文化活动室总面积1.32万平方米。各公共文化场所配置图书（电子）阅览室、健身房、培训室等设施。辖区内有朱炳仁铜雕艺术博物馆（江南铜屋）、胡庆余堂中药博物馆等特色文化场所，以及龚自珍纪念馆、郁达夫故居、胡雪岩故居等名人故居和纪念馆。以文体惠民工程为载体，坚持将其作为民生保障的重要组成部分，推进群众性文化体育活动深入开展，形成以公共文化服务、“百团百场”公益演出、送戏送电影进社区、公共文化体育项目免费培训、向文体团队赠送器材、发放文体惠民消费券、开展国民体质免费监测为主要内容的“七送”文化惠民工程，增强公共文化服务供给能力。推出中国民间艺人节、吴山庙会、上城区歌手大赛、上城区“城市一家亲”外来务工者艺术节、上城区文艺团队艺术节等公共文化品牌活动，丰富和充实全区品牌文化内涵。

【文化惠民工程】 2017年5月19日，上城区文化惠民工程启动仪式暨经典电影文化艺术展映在“尚城1157·利星”商业综合体举行。该工程本着“以人为本、惠及全民”原则，创新开发老百姓喜闻乐见的文化产品，开展送图书、送戏、送演出、送培训等活动，解决人民群众最关心、最直接、最现实的文化需求问题。全年举办各类文体免费培训1289场，培训项目73个，受益群众4万余人次。举办“百团百场”公益演出、送戏送电影及越剧、书画、摄影等领域名家讲座115场，编辑出版《风雅上城》20期，读者6万余人次，省、市主流媒体对文化惠民工程进行现场连线和跟踪报道。

群众文化活动

【基层迎中共十九大文化活动】 2017年，上城区以迎接中共十九大召开为契机，进行整体规划、广泛宣传，引导市民开展多种形式的基层文化活动。3月起，通过基层文化系列展示活动宣传中共十八大以来取得的历史性变化，为中共十九大召开营造氛围。举办历时两个月的“喜迎十九大，剿灭劣V类水”上城区笔会、“银龄颂党恩”老干部喜迎十九大书画展、“千名文艺工作者赴基层”采风巡演等系列活动，以及有关“杭州”“西湖”“南宋”的主题书画展览、现场书画创作等。5~9月，先后举办“不忘初心跟党走，勇当铁军排头兵”第四届“草根民师”讲堂专场活动、“喜迎十九大，颂歌献给党”上城区第十七届歌手大赛、“喜迎十九大”庆祝中国人民解放军建立90周年等大型主题活动600余场。组织全区街道、社区参加“喜迎十九大，匠心传雅韵”的印章篆刻体验，献礼中共十九大。举办“喜迎十九大”外来务工者文艺演出、庆国庆书画摄影展、重阳登高诗会、“共迎十九大”文化走亲系列活动。利用首个“文化和自然遗产日”，联合街道组织13场系列活动，开展“非遗”展示、展演、展销，让“非遗”回归百姓生活。9月28日，由杭州西湖风景名胜区管委会与区政府主办，市文物保护管理所、清波街道承办的丁酉年杭州祭孔典礼暨南宋儒礼体验活动在杭州孔庙举行，活动包括丁酉年南宋风格祭孔典礼、“南宋儒礼”体验、诵读南宋太学石经、“南宋点茶”展示与体验等内容。

2017 年 4 月 1 日，上城区举办清明诗会　　（陈建荣　摄）

【清明诗会】 2017 年 4 月 1 日，上城区举办清明诗会。清明诗会以“传承南宋文脉，吟诵风雅上城”为主题，以吟唱清明节的古诗词、现代诗及上城区作者原创的诗词为主，辅之以民间舞蹈、传统音乐和经典歌曲的展演。诗会分开篇“祭祀”、上篇“缅怀祖先”、下篇“感恩春天”3 个篇章，表达人们对先人的追思怀念和对春天的赞美向往，300 余名表演者参加演出。

【上城区第七届文艺团队艺术节】 2017 年 4 月 25 日，“剿灭劣Ⅴ类水，上城团队在行动”上城区第七届文艺团队艺术节在吴山广场文化大舞台启动。上城区 60 支群众文艺团队 1000 余名队员参演。艺术节包括启动仪式和 3 场综合专场演出、1 场戏曲专场演出、11 场与上城区各街道合办的团队巡演等动态类群众文化活动，以及“城南访水”金桂文学社采风、“水韵上城”F1 摄影沙龙采风、“水墨中河”上城书画家采风等静态类群众文化活动。艺术节由区委宣传部主办，区文广新局、区文化馆承办，杭州市清河坊历史街区管委会协办。

【上城区歌手大赛】 2017 年 5 月 20 日，“喜迎十九大，颂歌献给党”上城区第十七届歌手大赛决赛在杭州市工人文化宫举行，60 余名歌手从 300 余名初赛选手中脱颖而出进入决赛。经过决赛选拔，青年组王亚男、刘妙、沈子琰演唱的歌曲《给家捎个话》《鸟儿在风中歌唱》《mercy》分别获民族组、美声组、通俗组冠军，中老年组马学锋、少儿组朱曦元演唱的《说给大海》《长坡雄风赵子龙》分别获两个组冠军。

【纪念中国人民解放军建立 90 周年文艺晚会】 2017 年 7 月 26 日，上城区在北京师范大学附属杭州中学举办“永远跟党走，军旗万代红”纪念中国人民解放军建立 90 周年文艺晚会暨上城区第五届群众合唱节。活动由区委宣传部、区文广新局、区民政局主办，区文化馆承办，区教育局协办。晚会推出《红色娘子军连歌》《十送红军》等节目 17 个，全区 400 余名爱好声乐群众和 100 余名专业歌舞演员参加演出。驻区部队官兵、区直机关干部、街道社区代表和群众 1200 余人观看演出。演出采用史诗性的表现形式，有“序”、有“尾”、有篇章，所有章节名称均出自《毛主席语录》。通过文艺演出回顾 90 年来人民军队可歌可泣可赞的历史。晚会在全体演员齐声共唱《走向复兴》中结束。

【参加市“三江”歌手大赛】 2017 年 9 月 19~20 日和 9 月 27~28 日，杭州市第二十四届“三江”歌手大赛各个组别的决赛先后在桐庐县桐庐剧院和余杭区临平剧院举行，来自 10 个区县（市）的 2500 余名歌手参赛。大赛设老、中、青 3 个组别和美声、民族、流行、组合四类唱法的金、银、铜奖，上城区选派 6 名歌手参赛，马学峰、徐德文分别以歌曲《说给大海》和《大江南》获老年组独唱金奖和银奖。

2017 年 11 月 18 日，上城区举办南宋文化节南宋文化共享日活动

（区文广新局 供稿）

【上城区“城市一家亲”外来务工者艺术节】 2017 年 11 月 14 日，“同心、同向、同行，共享、共乐、共歌——喜庆十九大，情系建设者文艺演出”暨上城区“城市一家亲”外来务工者艺术节在区电子机械功能区举行。演出由区文广新局主办，区文化馆承办，区电子机械功能区管委会协办。演出节目有歌舞、杂技、魔术、戏曲、音乐说唱等。通过艺术节将优秀的群众文化作品传播到基层中，丰富群众的精神文化生活。

【杭州南宋文化节】 2017 年 9 月 15 日至 11 月 30 日，杭州南宋文化节在上城区举行。文化节以“传承、引领、开放、共享”为主题，分“南宋文化共享日”、南宋文化论坛和南宋文化节三大板块。“南宋文化共享日”以中国南宋时期为背景，展现南宋旧时风土人情的同时，与当下流行的穿越元素相结合，通过“情景再现+定点展示+主持人走读+网络直播”等形式，开展线上线下联动的逛古街、穿越体验、看表演、集印章等活动。“历史传承·文化复兴”论坛在杭州新世纪外国语学校湖畔校区举行，现场为南宋文化使者颁发聘书。论坛以“雅集”的形式集中展现南宋文化源远流长的雅韵，全面呈现“文化感、立体化、全方位、情景式”南宋经典和人文记忆。南宋文化节整合吴山庙会、南宋斗茶会、杭州文交会、中国民间艺人节、杭州美术节、上城区非物质文化遗产博览会等文化资源和节展项目，打造南宋文化品牌，推出主题展览、体验活动、讲座讲坛等 23 个大项、54 个子项文化活动。30 万人次参加南宋文化节。

【大华书场重新开放】 2017 年 9 月 1 日，大华书场经过改造提升后重新对外开放。大华书场始建于 1952 年，是杭州唯一的评弹专业演出场地。重新开放后，除保留每天固定的公益性评弹演出外，增加带有江南味道的文艺演出，推出相声、浙江地方曲艺、小话剧、艺术培训、雅集等文化活动。大华书场成为杭州曲艺演出的主阵地和非物质文化遗产展示与传承的主要基地。

（徐贤丰）

历史文物保护

【概况】 2017 年，上城区范围内有各级文物保护单位（点）96 处（含景区管理 53 处），其中全国重点文物保护单位 13 处、省级文物保护单位 17 处、市级文物保护单位 48 处、市级文物保护点 18 处。1 月 13 日，省政府公布第七批省级文物保护单位，上城区丁家花园、韩国独立运动旧址、钱学森故居、浙江省实业银行旧址 4 处被列为省级文物保护单位。市级文物保护单位杭州海塘与现有省级文物保护单位钱塘江海塘合并为杭州海塘。8 月 25 日，市园文局公布市级文物保护点，上城区维新堂、张小泉鹤记剪刀店旧址、浙江大学电机系大楼旧址 3 处被列为市级文物点，其中维新堂属景区管理。新挖掘发现的平安里与现有市级文物保护点元城墙遗址合并为元城墙。

资料

丁家花园：位于兴安里 33 号，始建于清晚期，为杭州城内名园。清乾隆年间，浙江巡抚王亶望将此处作为自己的别墅，后来王家家道

韩国独立运动旧址　　（区文保科　供稿）

中落，将一半园子割为山东盐运使丁阶寓所有，改称丁家花园。民国时期，此地成为浙江近代史上著名的吴兴陈氏的宅第。现存花园比原来小，总面积1702.8平方米。园内主体建筑建于1935年，为砖木混合结构的并联式中西合璧风格的别墅，坐北朝南，由东西两幢小楼组成，中间以连廊连通。

韩国独立运动旧址：由长生路湖边村23号、学士路思鑫坊41号、42号、板桥路五福里2弄2号组成。1910年，日本吞并韩国。韩国民主革命志士流亡中国，积极开展反日复国运动。1919年，流亡志士在上海成立大韩民国临时政府。1923年4月“虹口公园爆炸案件”发生后，临时政府无法在上海立足，被迫迁往嘉兴和杭州等地。临时政府在杭州的活动地点约9处，现查明的3处明确地点其建筑均为民国时期典型的石库门里弄式民居。

钱学森故居：位于马市街方谷园2号。该地原为方谷园，据传为明代浙江布政使应朝玉的后花园。应朝玉欲与富商石崇的名园金谷园媲美，故称方谷园。后转为杭州富商章家所有，并作为章家小姐章兰娟的嫁妆而归于钱王后裔钱均夫。两人之子为钱学森。故居坐北朝南，占地864.52平方米。

浙江省实业银行旧址：位于中山中路193-3号，前身为浙江银行。总行设在上海，开展存放汇兑、储蓄和国外汇兑等业务，经营作风稳健，10余年间发展成为“南三行”之一的大银行。杭州分行以存汇为主，建于1925年，为三层带地下室仿西洋文艺复兴风格建筑。

张小泉鹤记剪刀店旧址：位于大井巷98号。建筑坐东朝西，二层砖木结构，矩形平面。屋顶两坡覆板瓦，外墙水泥仿块石抹面。西立面为主立面，为杭州民国时期典型的“洋门脸”商业建筑之一。

浙江大学电机系大楼旧址：位于老浙大直路17号6号楼。该建筑立面简洁明快，兼有中西建筑风格，具有民国时期的文化教育建筑特征，为浙江大学早期遗留建筑。

【蒋子良入选“最美浙江文物守望者”】　2017年5月27日，第一届“最美浙江文物守望者”业余文保员名单公布，上城区胡庆余堂的文保通讯员蒋子良入选。蒋子良从事文物保护志愿服务30年。1980年，蒋子良应聘进入胡庆余堂，在后勤岗位上工作，后被调至保卫科为胡庆余堂中药博物馆安保科科长兼任综合部部长。30年来，他为守护胡庆余堂兢兢业业工作。2016年，被授予杭州市G20峰会安保工作成绩突出个人。

【参加“讲文物故事，传优秀家风”征集讲解词活动】　2017年8~12月，杭州市园林文物局组织开展“讲文物故事，传优秀家风”有奖征集讲解词活动，上城区参与活动11人次，上报故事5个。经过网络投票、专家初评、终评审议，上城区王希发撰写的《杭州海潮寺遗址解说词》获二等奖，王希发、孟蕾、袁凯共同撰写的《朱智故居解说词》获三等奖，方灶华撰写的《清泰第二旅馆旧址解说词》获优秀奖。

【太平天国听王府修缮】 2017年4月29日，太平天国听王府启动文保修缮，将其修旧如旧。听王府原为清道光年间顾鸾之宅第，太平军攻克杭州后，陈炳文居此，因陈炳文被封为听王，故称听王府。听王府内仅小营巷58号、61号、马市街92号建筑保存尚好。其中小营巷58号尚存一座四架卷棚轩廊及后墙上的小部位壁画；小营巷61号仅存二层门楼，面宽三间；马市街92号为一座两层的木构楼房，院墙上部壁画依稀可辨。2000年，听王府被公布为第三批市级文物保护单位。

【历史建筑保护修缮】 2017年，上城区有历史建筑六批162处。全区列入杭州市历史建筑保护修缮项目计划19处，年内完成（包括部分完成）冯山人巷6号、觉苑寺巷19号等11处历史建筑保护修缮。

冯山人巷6号是杭州市第六批历史建筑，建于19世纪70年代，原为西方人建的基督教教会建筑，作为宣教士的宿舍使用。该建筑对当时外来居民生活及教会文化的研究具有一定史料价值。修缮前，冯山人巷6号建筑木地板损毁严重，楼梯局部破损，粉刷层大面积脱落，存在安全隐患。5月15日，修缮单位进场施工，在保留历史韵味的同时，着眼于提高建筑结构的安全性能。8月14日，冯山人巷6号历史建筑修缮完成，并通过市、区两级历史建筑保护部门验收。

觉苑寺巷19号建于1926年，为院落式布局，半开敞式天井，主体建筑为木结构，两层三开间的楼房有明显民国建筑痕迹。修缮前，该处历史建筑外墙面开裂，屋面、楼面局部破损严重，木结构和构件被白蚁蛀蚀。2016年4月，修缮单位进场施工，按照可识别性、可逆性原则进行修缮。2017年4月18日，觉苑寺巷19号历史建筑修缮完成，并通过市、区两级历史建筑保护部门验收。

方谷园位于小营巷历史街区内，修缮工程包括胡宅（小营公园17~21号）、方谷园7号，总建筑面积2457平方米。修缮注重保护历史建筑的真实性，保持建筑风貌的完整性，增强居住功能的合理性，对建筑主体进行局部整修，对破损构建进行更换。2017年10月19日，方谷园修缮工程竣工验收，并移交小营街道使用。（陈梦娇）

【三元坊巷历史建筑修缮】 2017年5月，三元坊巷9号、11号地块历史建筑修缮工程启动，修缮面积950平方米。其中三元坊巷9号为合院式两层砖木结构的传统民居，建于19世纪70年代，为杭州市第三批历史保护建筑。湖滨指挥部根据历史建筑保

2017年上城区历史建筑保护修缮完成情况

表14

序号	历史建筑名称	建筑面积（平方米）	实施单位	修缮情况
1	方谷园胡宅	3 200	上城区危改办	竣工，移交小营街道
2	方谷园7号	580	上城区危改办	竣工，移交小营街道
3	冯山人巷6号	690	上城区危改办	部分竣工
4	元宝街6号	110	上城区危改办	部分完成
5	成乐堂	540	湖滨指挥部	竣工
6	何柱国旧居	324	湖滨指挥部	竣工
7	胡藻青旧居	458	湖滨指挥部	部分屋面维修完成
8	承德里建筑群	2 372	湖滨指挥部	竣工
9	萱寿里建筑群	730	湖滨指挥部	竣工
10	觉苑寺巷19号、20号	677	新华书画院浙江分院	通过竣工验收
11	中山中路90号	990	浙江艺唐实业有限公司	通过竣工验收

护要求，对三元坊巷9号、11号建筑进行整体测绘、设计和修缮，通过查证历史资料以还原建筑风貌，通过结构补强提高建筑安全性能，按照可识别的原则对更换、添加部分做出标识，记录修缮时间，并对违规搭建进行拆除。

【敦厚堂吴宅修缮开工】 2017年12月25日，敦厚堂吴宅修缮开工。敦厚堂吴宅位于小营街道小塔儿巷13号，属历史保护建筑，建筑面积677平方米，南北两处院落为二层传统木结构建筑。因房屋年久失修，存在重大安全隐患，湖滨指挥部对该历史建筑进行落架大修。计划工期6个月。

（洪斯斯）

非物质文化遗产保护和利用

【概况】 2017年，上城区加强非物质文化遗产保护和利用，出台《关于加强非物质文化遗产保护和利用工作的意见》《上城区非物质文化遗产名录申报认定奖励（扶持）暂行办法》《上城区非物质文化遗产代表性传承人补贴暂行办法》等意见办法，坚持“保护为主、抢救第一、合理利用、传承发展”的方针，按照“历史文化搭台、‘非遗’活动唱戏”的思路，初步建立起较为完整的“非遗”名录保护和传承体系。完成省第五批“非遗”代表性传承人和市第二批“非遗”生产性保护示范基地的推荐申报、区第六批“非遗”代表性项目评审与认定。王文英、陈明珠、吴莹、钱立新、丁光明5人被认定为省第五批“非遗”代表性项目代表性传承人；“杭州刺绣”责任保护单位上城区映山静水刺绣馆、“萧山过江布”责任保护单位杭州吴越人家工艺服饰有限公司入选第二批杭州市非物质文化遗产生产性保护基地；新增区级“非遗”项目6个。开展“非遗”年货进社区、文化和自然遗产日系列活动、中小学生暑期“非遗”实践活动、吴山雅集等活动；完成《上城区系列传说》整理编撰，《杭州市上城区非物质文化遗产精粹——南宋遗韵》入选首届浙江省非物质文化遗产“十佳百优”图书。会同区教育局开展“非物质文化遗产进校园”活动，推进“非遗”特色学校建设，在辖区中小学和幼儿园中掀起弘扬传统文化、参与“非遗”体验活动的热潮。联合街道、社区开展暑期“非遗”社会实践活动40余场。利用首个“文化和自然遗产日”，开展“非遗”展示、展演、展销活动13场。引入社会资本，打造集“保护保存、传承传播、展示展演、教育研究、生产开发”于一体的上城区“非遗”展示馆，开启“非遗”保护的新模式。组织区“非遗”项目参加国家、省、市级展会，杭州木雕雕刻技艺获全国手工艺产业博览会暨非物质文化遗产传统技艺展金奖。萧山过江布（一新坊）在“紫禁城”杯中华老字号文化创意大赛中获铜奖。在第七届中国浙江工艺美术精品博览会上，杭州木雕雕刻技艺获金奖，杭州刺绣获两项金奖，杭州机绣获两项金奖、一项铜奖。国家级“非遗”代表性项目杭州铜雕生产厂家成为金砖国家峰会主会场场馆的内装承建方。

【4个项目入选省级“非遗”名录】 2017年1月5日，省政府发文公布第五批浙江省非物质文化遗产代表性项目名录，上城区申报的“杭州机绣”“古画（籍）修缮及墨拓技艺”“万隆腌腊食品制作技艺”“万承志堂中医药养生文化”4个项目成功入选。在上城区域内由杭州市申报的杭州灯谜同时入选。至此，上城区“非遗”项目列入省级名录增至21个。

【“非遗”项目参加中国（义乌）文化产品交易会】 2017年4月27日至5月1日，上城区国家级“非遗”项目振兴祥中式服装制作技艺和杭州刺绣、杭州机绣、萧山过江布（一新坊）染制技艺4个省级“非遗”项目参加第十二届中国（义乌）文化产品交易会。展会期间，文化部副部长项兆伦、省文化厅副厅长陈瑶等考察萧山过江布染制技艺（吴越人家）展馆，对吴越人家在“非遗”传承、保护、创新等方面的成果予以肯定，并参与现场体验。

【非物质文化遗产图片巡展】 2017年7月10日，上城区启动非物质文化遗产图片巡展。巡展展出“非遗”项目46个，集中展示上城区非物质文化遗产传承保护的突出成果。自2008年开始，上城区全面开展非物质文化遗产普查，累计上报各类线索3010条。至年末，全区有非物质文化遗产100余处，非物质文化遗产线索3000余条；全区“非遗”项目列入五级名录105个。

【“五牛五福”铜雕亮相北京王府井步行街】 2017年9月24日，大型铜雕“五牛五福”亮相北京王府井步行街。“五牛五福”铜雕由区国家级非物质文化遗产传承人、熔铜艺术创始人朱炳仁历时5个月设计制作完成。朱炳仁曾创作的铜雕“故宫五牛”被故宫博物院永久陈列及收藏。此次“五牛五福”铜雕运用色彩更为绚丽的庚彩工艺，标志着朱炳仁在熔铜艺术与色彩结合上取得新的突破。

【第六批区非物质文化遗产代表性项目专家评审会】 2017年10月19日，由区文广新局召开的第六批上城区非物质文化遗产代表性项目专家评审会在浙江梅地亚新闻交流中心举行，区文广新局有关负责人参会并致辞，区“非遗”中心负责人汇报评审会筹备情况。会议邀请许林田、朱德明、杨光宇、林敏、仲向平、顾希佳、吴祖熙7位“非遗”专家担任评委。专家对项目申报的文本、照片、视频等资料进行审阅，对项目的传承谱系、技艺特点和历史渊源等进行详细验证，并就“非遗”保护和“非遗”名录项目、传承人评选、申报书内容的撰写等问题提出建议。

文化市场管理

【概况】 2017年，区文广新局主动对接上级业务部门，接受具体指导和帮助；对内落实行政执法工作制度，加强业务培训、指导和监督，促进全系统执法的一致性、统一性、连续性，维护法制的公正性、严肃性和稳定性。完成文化市场行政执法专项监督检查，进一步规范文化市场依法行政工作。结合“百日攻坚行动”、文明城市复评、夏季消防安全集中整治、登革热疫情防控等工作，做好安全护航、文明劝导。全年出动检查人员1997人次，组织联合检查和专项检查23次，检查经营场所1829个次，查处违规单位60个次。立案查处27件，没收非法音像制品、非法书刊等物品996件。办理行政许可251件、备案案件222件，受理举报咨询897人次，辖区文化市场规范有序。

【参加省市非法出版物集中销毁活动】 2017年4月24日，浙江省暨杭州市非法出版物集中销毁和“绿书签2017”系列宣传启动仪式在杭州学军中学西溪校区运动场举行。上城区文化市场行政执法大队派人参与销毁活动。区文广新局将2016年度执法行动中查获的非法音像制品（非法出版物）1409张（册）运达现场进行集中销毁。

【春季艺术品市场专项整治】 2017年4月6日至5月6日，区文广新局组织开展春季艺术品市场专项整治，旨在解决艺术品市场监管相对薄弱的问题，确保上城区艺术品市场监管不缺位、全覆盖、底数清，促进区内艺术品市场正规有序。整治行动期间，区文化市场行政执法大队出动执法人员24人次，组织检查12次，检查艺术品经营单位50个次，为艺术品市场繁荣发展营造安定有序环境。

（徐贤丰）

档案工作

【概况】 2017年，区档案局围绕“五档共建”的工作要求，深化法治档案建设，利用微博、微信开展《中华人民共和国档案法》颁布30周年宣传，提升档案工作法治化水平。深化“智慧档案”建设，开展档案查阅服务网上申报和“最多跑一次”电子文件归档，提升档案工作现代化水平。深化民生档案建设，开展“异地查档、跨馆服务”“送档上门”“预约查档”便民服务，提升档案公共服务能力。加强“五水共治”、社区换届、城中村改造等重要工作、重点项目档案归档工作，依法接收“出生医学证明”等民生档案。区档案馆新馆建设步伐加快，完成高压水雾安装和智能库房主体工程。全年接待查档2053人次，提供案卷2612卷2838件，其中接待异地查档18次，送档上门20次。区检察院创建成为浙江省规范化数字档案室，区法院启动创建浙江省示范数字档案室。

【档案员业务培训】 2017年6月27日，区档案局举办全区档案员业务培训。围绕《中华人民共和国档案法》修订、档案工作“最多跑一次”改革等内容，邀请省市档案专家授课，以案释法，以案明纪，通过案例讲解，提高专业素质能力。全区机关、企事业单位及社区档案员160余人参加培训。

【《中华人民共和国档案法》宣传月活动】 2017年9月，区档案局开展《中华人民共和国档案法》颁布30周年普法宣传月活动。通过各种平台播放省档案局法治动漫宣传片，利用《档案说法》栏目集中推送法律法规知识，每天发布微博内容1条，每周发布微信2次；在官方微信平台组织档案法律法规知识竞赛，3721人次参加。通过宣传教育，进一步增强干部职工的档案法律意识和法治观念。

【“最多跑一次”电子文件归档模块配置】 2017年9月20日，根据“最多跑一次”改革要求，区档案局启动行政许可事项的在线归档模块配置工作，并组织电子文件在线归档模块配置工作培训，区民宗局、区住房和城建局、区市场监管局、区文广新局、区城管局、区民政局等15个单位参加培训。10月，上述单位完成124项归档配置许可事项的梳理，按照年初制订的进馆档案接收计划，在区文广新局、区发改经信局进行浙江政务服务网归档电子文件移交进馆试点。

2017年6月27日，区档案局举办全区档案员业务培训班

（区档案局 供稿）

【档案规范化管理培训指导】 2017年，区档案局以“服务改革、服务项目、服务经济发展”为中心，以“三个体系”建设为指导，按照“确保档案安全，加快业务创新，狠抓基础建设，激发队伍活力”的工作要求，改革和完善档案工作管理体制和运行机制。11月，针对望江金融科技城、玉皇山南基金小镇作为全区金融产业和信息经济创新型产业平台的特点，从档案收集、管理、利用三方面进行具体指导，推进档案标准化建设。通过面对面指导，提高档案管理水平和综合服务能力。

【城中村改造档案收集】 2017年12月，区档案局走访调研涉及城中村改造工作的单位，实地了解情况，摸清村史村情，挖掘可用的历史文化碎片，并与区征收办联合举办征收档案培训。通过确定收集范围、制定归档模板，夯实拆迁档案收集工作基础。至年末，全区收集城中村改造永久性档案文件188件，其中文书1件、照片70件、实物117件。

【《与历史对话——档案中的上城》出版】 2017年12月，区档案局编纂的《与历史对话——档案中的上城》由西泠印社出版社出版发行，并入选2017年度浙江省“百项档案编研精品”。为留存上城区真实和生动的历史记录，区档案局（馆）自2015年起组织编纂该书。本着忠实记录历史的原则，区档案局在全区范围内开展档案故事收集、考证和分类工作。全书以上城区各类档案为引子，用200余幅档案照片记录上城区的发展历程，从名人足迹、历史遗迹、重大事件、传奇人物、地标建筑、医疗、教育等方面回顾上城区的历史人文。全书分7个篇章，约24万字。 （陈 曦）

卫 生

Public Health

综 述

【卫生事业发展】 2017年，上城区有医疗卫生机构203个，其中医院、卫生院26个、社区卫生服务中心（站）43个、门诊部57个、诊所（含卫生所、医务室）71个。拥有床位12602张，其中医院床位12245张。有各类专业卫生技术人员21496人，其中执业（助理）医师7969人，注册护士9904人。全区每千人拥有卫生技术人员67.18人，每千人实有床位数39.38张（按常住人口计算），分别比2016年增长2.7%和3.7%。6个社区卫生服务中心中有全国示范中心1个、省级示范中心4个。11月，南星街道社区卫生服务中心创建成为全国优质服务示范社区卫生服务中心。全年社区卫生服务机构总诊疗人数264.5万人次，门（急）诊平均每次费用183.74元。突发公共卫生事件处置率100%。

【卫生事业管理】 2017年，区卫计局加强与省、市医院合作，以“医养护一体化签约服务”为抓手，推进基本医疗和基本公共卫生服务全覆盖，构建分级诊疗就医体系，提升居民健康水平。开展社区卫生服务用房改造工作，小营、紫阳、清波3个社区卫生服务中心完成改造装修，扩面木场巷、清泰门、水澄桥、在水一方、姚园寺巷、涌金门6个社区卫生服务站完成扩面。投入资金1730.7万元，装修改造面积8700平方米，采购医疗设备252台（套）。推进“最多跑一次”改革，开展“换位体验、助推改革”专题活动，进一步简化行政审批程

2017年上城区卫生机构、人员情况

表15

指 标 名 称	计量单位	年末实有数	备 注
卫生机构	个	203	
医院、卫生院	个	26	含2个护理站
门诊部	个	57	
社区卫生服务中心（站）	个	43	
疾病预防控制中心	个	2	含杭州铁路疾控中心
卫生监督所	个	2	含浙江省卫生监督局
卫生技术人员	人	21 496	
执业医师	人	7 854	
执业助理医师	人	115	
注册护士	人	9 904	

序和手续。加大卫生计生系统党风廉洁建设力度，开展医疗购销领域专项清查，实行会计集中委派、交叉办公。实现区域医院信息系统有效整合，全区医疗数据一网共享。为纪念爱国卫生运动65周年，建立全国爱国卫生运动纪念馆，纪念馆成为杭州宣传爱国卫生运动的金名片。（仲　玥）

【第二届国际专科护士大会在杭州召开】 2017年11月30日至12月3日，由广宇集团大健康事业部所属子公司浙江广宇金和医疗投资管理有限公司（简称广宇金和医疗公司）联合美国护士协会（ANA）、中华护理学会共同支持，美国护士资格认证中心（ANCC）、浙江省护理学会、浙江大学医学院附属邵逸夫医院主办的第二届国际专科护士大会在杭州召开，参会1400余人，参会对象覆盖国内所有省份。大会收到论文400余篇。会议期间，开办美国老年护理专科护士资格认证试点考试及美国老年专科护士教育培训课程。广宇金和医疗公司与美国护士资格认证中心达成合作，正式将美国专科护士的培训考试及认证体系引入中国，并被独家授权在中国试点美国老年护理专科护士资格证书的认证考试的资格。该认证考试在国际范围内获广泛认可，资格证书为护士在职业发展、专业提升、出国交流、学术研究等方面提供便利。

（陈　翀）

医政医管

【概况】 2017年，上城区成立医疗质量控制中心及分质量控制中心，强化对辖区各级各类医疗机构的监管，坚持“以质量为核心、以患者为中心”，确保全区医疗服务质量持续改进、医疗服务水平不断提升。完善开放办医格局，积极扶持社会力量办医，加快形成健康服务产业集群。强化部门、街道、社区联动，完善体检设施和流程，完成残疾人体检、干部保健检查、征兵体检等工作。深化医德医风建设，提高医疗服务水平，构建和谐医患关系。

【残疾人健康体检】 2017年10月，上城区完成残疾人健康体检工作，参加体检3554人，到检率82.5%，对自行去体检有困难的人员，各承检社区卫生服务中心会同社区提供上门体检等服务，全年上门体检168人。健康体检费用为人均300元，由区残疾人联合会承担。

【扶持社会力量办医】 2017年，上城区根据《浙江省人民政府关于促进民营医疗机构加快发展的意见》及《杭州市上城区区域医疗机构设置规划(2015~2019)》，以公平性、可行性、有序错位、中西医并重等原则，鼓励支持社会力量办医，给非公立医疗机构留有合理空间。全年新增的注册医疗机构中，依托社会力量开办的医疗机构占78.6%。

【医疗机构设置审批流程电子化】 2017年7月，上城区根据《浙江省卫生计生委关于推进医疗机构、医师、护士电子化注册管理改革的实施意见》，进一步深化医药卫生体制改革，推进医疗机构、医师、护士注册电子化管理工作，运用“互联网+”和大数据思维，改进行政审批机制，推进“最多跑一次”改革。医疗机构、医师、护士人员注册业务探索网上申请、受理、审核、公示的网上服务管理模式，推进线上线下并行审批，降低医疗机构及医护人员办事成本，完善事中事后监管，着力构建与健康服务业发展相适应的信息化管理模式。

【医疗质量控制检查】 2017年，区卫计局联合区疾病预防控制中心和区卫生和计划生育监督所，对辖区6个社区卫生服务中心、1个妇幼保健计划生育服务中心、11个民营医院、3个综合性门诊部进行医疗质量督查。分成7个组先后督查医疗机构（社区卫生服务站、诊所、门诊部）128个。成立上城区医疗质量控制中心及分质量控制中心，聘请10名省、市医院相关专业专家担任分质量控制中心顾问，各分质量控制中心对辖区相关医疗机构组织开展两期以上的业务能力提升培训，并对医院感染工作薄弱的医疗机构进行火罐消毒工作培训。

【医疗机构年度校验】 2017年4月，区卫计局按照《医疗机构管理条例》《医疗机构基本标准》《医疗机构校验管理办法》，开展2016~2017年度医疗机构校验。经审核，通过校验医疗机构 148 个，暂缓校验 2 个，因改建、扩建、迁建等原因报停 12 个，新设置医疗机构 27 个，注销 10 个，校验情况在《上城报》公示，并报市卫计委备案。

【医疗安全监管】 2017 年，区卫计局加强第一类精神药品、麻醉药品管理，对购用的麻醉药品、第一类精神药品进行严格初审，两个医疗机构换领新卡。实行辖区医疗机构医疗争议月报制度，全年处理医疗投诉、医疗纠纷 202 件，行政调解医疗纠纷 2 件，均调解成功；委托杭州市医学会进行医疗事故技术鉴定 6 件。

疾病预防控制与卫生应急

【概况】 2017 年，上城区无甲类传染病报告。报告乙类传染病 12 种（艾滋病、肝炎、麻疹、出血热、登革热、细菌性痢疾、肺结核、伤寒及副伤寒、百日咳、猩红热、淋病和梅毒）944 例，报告发病率 270.51 人/10 万人，比 2016 年报告发病数上升 29.3%，报告发病率上升 26.9%。与 2016 年相比，增加病种为出血热和登革热，减少病种为流脑。全年死亡病例报告 2 例，报告死亡率 0.57 人/10 万人，均死于艾滋病。报告丙类传染病 4 种（流行性感冒、流行性腮腺炎、其他感染性腹泻和手足口病），报告发病总数 1465 例，报告发病率 419.81 人/10 万人，无死亡病例报告，与 2016 年相比，无增加病种，减少病种为风疹，报告发病数上升 17.4%，报告发病率上升 15.2%。全年全区未发现人感染 H7N9 流感确诊病例。接收预警信息 364 起，其中时间序列 118 起、时空探测 43 起、单病例预警 203 起；预警信息总数上升 158.2%；总预警病种 8 种，与 2016 年相比，增加预警病种为登革热，减少病种为流脑、霍乱、流行性腮腺炎、恶性疟和丝虫病。预警起数排名前三的病种依次为：登革热、其他感染性腹泻病和流行性感冒。上城区作为杭州市传染病数据交换联程测试首批测试城区，于 8 月启动首批试点单位（市第三人民医院和区 6 个社区卫生服务中心）测试工作。11 月 2 日，开展第二批试点单位（市第一人民医院、市妇产科医院和市肿瘤医院）测试工作。

【疫苗管理体系完善】 2017 年，区卫计局成立由领导、专家、业务人员组成的疫苗管理组织机构，综合管理并协调全区疫苗使用。印发《上城区疫苗采购及配送方案》，规范全区疫苗采购及配送工作，建立并调整“疫苗管理系统”，实现疫苗实物管理和财务管理一体化、信息化。对接理顺过渡期采购工作，完成 14 个疫苗生产企业资质审查及采购合同和“二类疫苗购销廉政协议”签订。提高疫苗管理工作质量，通过社会购买服务方式，进行疫苗全程冷链储存、运输管理服务。全区有预防接种门诊 6 个，完成“九苗”（卡介苗、乙肝、脊灰疫苗、百白破、麻疹、麻腮风、甲肝、流脑、乙脑）接种 10.65 万剂次。常住儿童、流动儿童“五苗”（卡介苗、乙肝、脊灰、百白破、麻疹）调查接种率分别为 98.6%和 100%。

【结核病防治管理】 2017 年，上城区发现疑似肺结核病人 234 例，转诊 232 例，转诊率 99.2%。其中，主动转诊到位 62 例，转诊到位率 26.5%；追踪到位病人 160 例，追踪到位率 93%；总到位率 95.7%。全年管理肺结核病人 193 例，其中涂阳肺结核病人 23 例；管理结核性胸膜炎 13 例。在世界防治结核病日期间，开展各种形式的结核病防治宣传，受益群众 3000 人次。

【艾滋病防治“一地一策”】 2017 年，区卫计局以杭州市创建第三轮全国艾滋病综合防治示范区为抓手，根据上城区艾滋病流行特点，精准制定“一地一策”，有效推进艾滋病防治工作。全年上城区医疗卫生机构报告法定性病 5 种（梅毒、淋病、生殖道沙眼衣原体感染、尖锐湿疣、生殖器疱疹）6197 例，比 2016 年下降 0.08%。辖区医疗卫生机构报告艾滋病病人和感染者 280 例；随访管理 HIV 感染者（病人）227 例，其中免费抗病毒治疗 205 例。接待自愿咨询检测 1430 人次，发现 HIV 感染者 20 例。HIV 抗体检测外来务工人员 4453 人、男性老年人450 人和区看守所羁押人员 477 人。

资料

上城区艾滋病防治"一地一策"：上城区医疗机构对就诊病人进行艾滋病初筛阳性后，通过多种途径动员初筛阳性者到医疗机构采集第二份血样，并送到杭州市疾控中心进行艾滋病确证，旨在提高艾滋病初筛阳性者确证率，从而对后续确证为阳性的病人进行管理，从传染源上对艾滋病进行预防和控制。

【地方病防治】 2017年，上城区未发生疟疾病例，辖区医疗机构报告疟疾病例9例，处置率100%。与浙江大学附属第一医院续签浙江省抗疟药物放置试点项目协议。采集辖区孕妇家庭食盐样品106份，其中合格碘盐77份，合格碘盐食用率72.6%。选择5所小学进行尿碘检测和甲状腺B超检查，采集尿液标本210份，尿碘中位数238.8微克/升；甲状腺B超检查210人，发现甲状腺肿大学生15人。对辖区内106名孕妇开展尿碘监测，采集尿液样本106份，尿碘中位数129.9微克/升。

【慢性非传染性疾病防控】 2017年，上城区落实各项社区慢性病综合防控措施， 全区医疗卫生机构慢性病监测信息化工作稳步推进。发挥基本公共卫生服务技术指导机构作用，每季度对6个社区卫生服务中心慢性非传染性疾病综合防治工作进行督查，加强整改指导。在南星街道紫花埠社区和湖滨街道岳王路社区开展慢性病患者自我管理试点。结合健康宣传日开展专题活动。辖区内浙江大学医学院附属第一医院、浙江大学医学院附属第二医院和杭州市第一人民医院信息化工作进一步完善，报卡质量提高。全年全区肿瘤报告发病率510.09人/10万人，急性冠心病事件报告发病率83.11人/10万人，脑卒中报告发病率358.70人/10万人，糖尿病报告发病率258.91人/10万人。粗出生率8.19‰，粗死亡率7.70‰，自然增长率0.49‰。全年全区发现并建档高血压患者3.65万人，高血压发现率11.1%，高血压患者规范管理人数2.23万人，规范管理率61.1%；糖尿病发现率3.2%，糖尿病患者规范管理人数6473人，规范管理率60.9%。

【中国环境流行病学特殊人群队列研究】 2017年，上城区参与北京大学组织开展的中国环境流行病学特殊人群队列研究，旨在建立全国双生子人群队列，为开展慢性病病因研究提供特殊人群队列和科研数据，为慢性病防治研究创造条件。在2016年双生子人群摸底的基础上，开展双生子人群调查，调查18岁以下双生子87对、18岁以上双生子27对。围绕"四城市居民生活方式与社区建成环境研究"课题，调查居民家庭249户。

【健康危害因素监测】 2017年，区卫计局对3个医疗机构开展消毒质量监测，采集样品40件，合格37件，合格率92.5%。全年无尘肺病及职业病病例报告，未报告农药中毒事件，建立用人单位职业病信息库，审核职业健康体检卡316张。开展生活饮用水监测，采集管网末梢水样品120份，合格118份，合格率98.3%；检测居民水箱水样品40份，合格38份，合格率95%。对5个公共场所开展集中式中央空调通风系统卫生监测。开展个人剂量监测，监测对象为6个社区卫生服务中心、区妇幼保健计划生育服务中心、区预防保健门诊部和区疾病预防控制中心等9个单位18名放射科医护人员。

【食物中毒事件管理及食品风险监测】 2017年，上城区网络报告食源性疾病事件1起。全区采集、检测食品226份，其中化学污染物和有害因素监测样品118份、微生物样品监测108份，监测发现不合格样品12份，风险发现率5.3%。杭州市第一人民医院作为常规监测点医院，开展食源性疾病主动监测工作，上报腹泻病例255例，采集粪便样本进行食源性致病菌检测病例255例，采样检测率100%；检出阳性17例，检出率17.35%。杭州市妇产科医院开展单核细胞增生李斯特氏菌专项监测。全年杭州市第一人民医院上报病例信息及生物样本检测结果26例，杭州市妇产科医院上报病例信息及生物样本检测结果3例。

2017年5月，上城区开展公共场所“双随机、一公开”监管工作

（区卫计局 供稿）

卫生监督

【概况】 2017年，区卫计局以推进“最多跑一次”改革为抓手，加强“双随机，一公开”监督管理工作，全面履行卫生监督执法职责。全年核发公共场所卫生许可证287个，单位放射诊疗许可证13个；受理医师执业注册及变更643人次、护士执业注册及变更588人次，医师备案658人次；办理母婴保健技术人员服务许可265件、母婴保健技术服务机构许可8个，按时办结率、群众满意率均100%。办理行政处罚案件325件，罚没款28.7万元。其中：公共卫生案件（包括控烟案件）167件，罚款9.27万元；医疗机构案件（包括非法行医）158件，罚款19.43万元，均及时立案、及时结案。无行政复议或行政诉讼案件。受理投诉举报71件，其中，公共场所卫生投诉（包括控烟投诉）59件，医疗机构投诉（包括非法行医）12件，各类投诉及时回复，满意率100%。

【“双随机”抽检】 2017年5月，区卫计监督所承担“双随机”监管项目159个，其中国家项目72个，包括公共场所监督检查（含监测）52个、学校卫生监督检查6个、医疗卫生机构传染病防治情况监督检查6个、医疗卫生机构放射诊疗监督检查5个、医疗机构监督检查3个；省任务87个，包括公共场所监督检查53个、医疗机构监督检查17个、医疗卫生机构传染病防治情况监督检查12个、学校卫生监督检查3个、病媒生物预防控制单位监督检查2个。至8月15日监管项目完成时，共出动监督员318人次，检查单位159个，任务完成率100%，检查结果手机移动端录入率100%。

【医疗市场监管】 2017年，区卫计局提升监督执法效能，强化医疗机构日常监管力度，督促医疗机构规范执业。建立民营医疗机构行业联片监督组织架构，组建民营医疗机构卫生专管员队伍，以街道片区为单位，以民营医疗机构卫生专管员和监督执法员为主要力量，每季度开展依法执业、消毒隔离、医疗废物处理等情况监督巡查，形成“以医疗机构卫生专管员为核心，卫计部门监督员进行技术支持，行业机构加强自我管理”的监督管理体系，全区医疗机构协管专管员61人。建立“依法执业二维码公示平台”，对辖区30个专科口腔诊疗机构进行依法执业二维码公示试点，将民营医疗机构基本信息及其被监督信息、监测信息和传染病量化分级信息等通过二维码予以公示和定期更新。对非法行医行为持“零容忍”态度。建立每月定期“回头看”工作机制，以历年来群众举报查处的黑窝点为巡查目标，严厉打击非法行医，杜绝死灰复燃。全年受理群众医疗机构投诉举报6件，立案查处3件，其中1件移送区公安分局。开展医疗机构安全隐患排查，全面检查社区卫生服务中心、民营医疗机构依法执业情况；开展辖区内非法医疗美容专项检查，检查单位24个，未发现医疗机构有非法医疗美容行为和非法医疗美容信息。

【消毒产品市场和医疗机构消毒管理】 2017年3月，区卫计局对近江食品市场、辖区母婴保健用品商场和超市的妇女用品、婴儿用品等消毒产品进行采样检测，采集商品33种、样品198个，检测结果均合格。引入第三方检测机构，开展口腔诊疗机构专项整治，对辖区45个口腔诊疗机构的口腔诊疗用水（手机水和漱口水）进行全覆盖监测，根据检测结果，对存在问题的单位进行行政约谈，责令限期改正。

【职业病健康防护和放射卫生监督】 2017年，区卫计局制订基层医疗机构放射防护“4+2”专项治理行动方案，先后完成19个区属医疗机构自查自纠。4月，联合区安全监管局开展以“健康中国，职业健康先行”为主题的宣传活动，发放宣传资料400余份，现场接受咨询100余人次。对浙江大学医学院附属第一医院进行检查，抽查《职业健康检查报告书》，未发现疑似职业病、职业禁忌症，职业病发病人数处于可控状态，体检机构未超负荷工作，职业健康检查报告书总体质量较好。探索医用辐射远程监控试点，会同市卫生和计生监督所到江苏苏州市和浙江舟山市监督所考察学习辐射远程监控工作，选定浙江大学医学院附属第二医院和浙江省中医院开展试点工作。

【学校卫生监督管理】 2017年，上城区围绕传染病防控、饮用水卫生、教学与生活环境卫生监测等内容，开展校园卫生健康行动。制订学校卫生重点监督计划，完善卫生监督协管机制，加强学校卫生监督管理。创新推广学校直饮水设备流量控制全面监管模式，确定杭州市凤凰小学为试点，对学校直饮水设备基本信息、专项监管、定期监测、月度自查、流量监管、日常维护等综合信息通过学校饮用水手机APP，实现数字化监管，通过用水流量数字化监管，探索学校直饮水设备更换滤芯的时间频次，保障学校饮用水安全。在春秋季开学、中高考期间和各类应急保障期间，出动74人次，对学校教学环境、生活设施、传染病防控、饮用水卫生管理等进行监督检查，检查学校36所次。根据《杭州市中小学校课桌椅分配符合率提升项目工作方案》要求，对5所试点学校15个班级的桌椅配备和设置进行监督、监测。

【公共场所卫生监督量化分级管理】 2017年，区卫计局推进公共场所卫生监督量化分级管理，提高监督检查和监督监测覆盖面。开展元旦、春节和国庆中秋节期间饮用水安全、公共场所卫生、病媒生物防控等专项执法检查，主要检查旅游接待景点及其周边的快捷酒店、大型商场（含超市）、车站等公共场所卫生情况，防止重大公共卫生事件发生。利用手机APP实时共享二次供水信息，实现卫生监督员、社区协管员、二次供水单位卫生管理员三方协同保障。卫生监督员通过手机APP发布工作任务，组织卫生管理知识培训；社区协管员对二次供水试点单位摸底建档，定期进行现场巡查，开展现场快检，将建档资料和发现的问题通过手机APP及时报告；二次供水单位卫生管理员根据发布任务对卫生管理制度、管理流程、二次供水消毒管理台账、涉水产品管理台账等情况进行自查、上报，提升自身管理水平。加强控烟工作，组织对全区机关事业单位和星级宾馆控烟情况检查，检查单位383个，行政处罚单位73个，罚款3.07万元。

2017年2月26日，区卫计局对杭州市建兰中学直饮水进行采样

（区卫计局 供稿）

【行政执法责任制落实】 2017年，区卫计局规范卫生监督执法行为，严格落实行风专项稽查和行政执法责任制。组织处罚案件评查，更改一般程序行政处罚案件流程，细化行政处罚自由裁量顶格标准，明确所有行政处罚事先告知书必须经法制稽查部门审核，严格规定承办步骤和结束时间，防止案件办理超时。制作启用新的行政处罚案件评查表，对即将发出的告知书和决定书采用双人校对评查机制，确保发出的告知书和决定书不出差错。

卫生科研

【概况】 2017年，区卫计局加强医学科研工作，开展继续教育与业务培训，深化与浙江大学医学院附属第二医院合作，提升医务人员学术水平。全年各社区卫生服务中心参加新模式全科医师培训4人，培训率100%；取得合格证4人。参加社区护士岗位培训18人，取得合格证17人，培训合格率94.4%。全年区属医疗卫生机构发表论文24篇。其中SCI发表2篇（第四作者）。与浙江大学医学院附属第二医院联合举办学术讲座4次。

【上城区与浙二医院战略合作】 2017年，上城区继续与浙江大学医学院附属第二医院开展战略合作，采取进修、专题培训、专家下基层等形式，提高基层医务人员技术水平。与往年相比，医务人员进修人数增加、专业覆盖面扩大、进修时间延长。全年选派全科医师、社区护士、医技人员等104人到浙江大学医学院附属第二医院接受“传帮带”进修学习。邀请该院专家就化疗药物及使用后并发症处理、脊柱疾病术后康复与处理、神经外科术后、胃癌术后4个专题进行授课，参加听课240人次。

妇幼保健

【概况】 2017年，上城区辖区产科医院活产数4.28万人，户籍产妇3085人，户籍活产数3124人，发生孕产妇死亡1例。实施免费婚前医学检查和免费孕前优生健康检查3213人，体检率75.8%；妇女病普查9.21万人，普查率85.7%，妇女常见病患病率46.1%。孕产妇系统管理率94.4%，全年产前筛查孕妇2641人，筛查率85.6%；新生儿生长发育有缺陷的20例，其中怀孕28周前终止妊娠12例，出生缺陷率2.55‰。为全区1.97万名0~6岁儿童提供保健服务，7岁以下儿童健康管理率98.5%，3岁以下儿童系统管理率95.9%，母乳喂养率92.5%。新生儿访视率97.9%，新生儿疾病筛查（包括听力筛查）3123人，筛查率99.97%。5岁以下儿童死亡率1.28‰，婴儿死亡率1.28‰。全年完成9707名集居儿童健康体检、营养评价和资料汇总；辖区入园儿童体检3380人，儿童入园体检率100%。对辖区36所幼儿园开展预防性消毒质量监测工作，监测率100%，合格率99.7%。区（县）级水平高危筛查率99.8%，剖宫产率37.7%。“出生医学证明”当年发证率95.5%，废证率0.16‰。

【妇幼保健服务与管理】 2017年，上城区严格落实孕产妇和0~6岁儿童免费保健服务项目，积极应对二孩政策后引起的生育高峰。完善“婚检—婚登—优生优育咨询”一站式服务模式。实施“艾滋病、梅毒、乙肝母婴阻断”项目，加强阳性病例的母婴跟踪随访、保健服务和病毒阻断治疗。完善高危孕产妇管理模式，加强产科医院高危孕产妇信息报告，保持高危孕产妇救治渠道通畅。做好孕产妇营养性疾病监测和管理，减少孕期并发症。实施“孕产妇死亡、儿童死亡、出生缺陷、围产儿死亡、医院危重孕产妇监测”等妇幼卫生监测项目，开展“不宜妊娠育龄妇女监测”，加强跟踪随访。推广《母子健康手册》的使用和母婴健康素养项目，推进出生医学证明电子化归档工作。通过召开儿童保健例会、开展培训和调研、加强督导考核，落实辖区基本公共卫生儿童保健服务项目、高危儿、营养性疾病管理、婴幼儿营养改善与监测、早产儿营养监测和幼儿园肥胖儿童干预监测，确保儿童得到保健服务。组织辖区儿童保健医师和托幼机构卫生保健人员参加省、市、区儿童保健业务培训32批，参加人员567人次。开展儿童意外伤害监测，降低儿童意外伤害死亡率。加强对0~3岁儿童疑似残疾和先天缺陷监测，让残疾儿童及早接受康复治疗和康复训练，并享受政府有关政策优惠。与区教育局、杭州口腔医院合作，规范托幼机构管理，提高集居儿童保健服务质量。望江街道社区卫生服务中心通过市妇保儿保基本公共卫生服务五星级门诊市级评审。借助浙江大学医学院附属第一医院儿科力量，加强对儿童生长发育监测，对存在生长发育问题的儿童及时进行干预。

精神心理卫生

【严重精神障碍患者管理】 2017年，上城区按照《重性精神疾病管理治疗工作规范》和《国家基本公共卫生服务规范重性精神疾病患者管理规范》要求，加强严重精神障碍患者管理。全年全区在册精神病人1819人，其中严重精神障碍患者1734人，检出率5.1‰。规范管理严重精神障碍患者1614人，规范管理率93%。

【精神卫生综合服务管理】 2017年4月12日、6月15日，上城区两次召开全区精神卫生工作会议，布置精神卫生综合服务管理工作。实施由街道牵头，综治部门协调，公安、卫计、民政和残联等部门密切配合的工作机制，开展联合排查。7月24日，区综治办转发《关于进一步加强严重精神障碍患者预防管理工作的紧急通知》，牵头组织召开集中排查专项部署会。全年排查出疑似精神障碍患者28人，区卫计局及时组织专家诊断复核，诊断复核率100%。各街道建立由网格员、社区民警、民政干部、助残员、社区医生、社区干部、监护人组成的关爱帮扶小组，落实对严重精神障碍患者的监测、救治、救助、服务和管理。建立易肇事肇祸（倾向）精神障碍患者信息共享机制，完善精神障碍患者突发事件应急处置办法。9月6日，区委平安办、区精神卫生工作领导小组办公室（简称区精卫办）联合开展易肇事肇祸严重精神障碍患者快速反应处置演练。全年应急处置严重精神障碍患者38人次，所有处置有效及时。

【严重精神障碍患者监护人责任落实】 2017年，上城区进一步落实严重精神障碍患者监护人责任，对符合低保条件的精神疾病患者给予最低生活保障，发放基本生活费及残疾人生活补贴、物价补贴、护理补贴等。在原救助政策上，落实“以奖代补”政策，对切实履行监护责任的严重精神障碍患者监护人发放监护奖金（监护奖金与残疾人护理补贴不重复享受），由街道和患者监护人签订监护协议。2016年奖补年度内，全区有49名患者监护人（Ⅰ类患者监护人3人、Ⅱ类患者监护人46人）签订监护协议，享受奖补政策，发放奖补费6.6万元。

资料

“奖补年度”： 每年6月1日起至下年度5月31日止，为一个奖补年度。

Ⅰ类患者： 指已录入公安部重性精神病人信息管理系统的，曾有肇事肇祸行为及危险性评估在3级及以上的严重精神障碍患者。

Ⅱ类患者： 指精神分裂症、妄想性障碍（偏执性精神病）、分裂情感性障碍、双相情感障碍、癫痫所致精神障碍、精神发育迟滞伴发精神障碍六大类严重精神障碍患者。

【精神心理卫生知识普及】 2017年，上城区深入推进社会心理服务体系建设，加强资源整合和人才培养，全面开展社会心理服务，培育自尊自信、理性平和、积极向上的社会心态，努力争创社会治理标杆区。7月11日，区综治办出台《上城区社会心理服务体系建设的实施方案》，建立上城区社会心理服务指导中心，中心设在“湖滨晴雨”工作室。6~11月，社会公益组织杭州市民生公益服务中心、区卫计局、区公安分局联合举办社区戒毒康复人员心理干预活动4次。6月6日，区精卫办和杭州市第七人民医院党支部联合成立全市首个心灵家园临时党支部，依托该院专业团队，为社区精神障碍患者和家属提供可持续的专业服务，为上城区社区精神卫生工作探索新的思路。10月10日，区精卫办创作拍摄微电影《叩响心门》，反映社会各界对精神障碍患者的关注。

爱国卫生与健康城区建设

【概况】 2017年，上城区爱国卫生运动委员会办公室（简称区爱卫办）全面实施“健康杭州、健康上城”战略，围绕区委、区政府中心工作，探索新形势下爱国卫生工作的新思路和新方法，打造与一流城市相适应的爱国卫生工作体制，不断改善城市环境，提高人民健康水平，推动经济社会协调发展，为健康浙江和健康杭州建设提供上城模式和上城经验。

【爱国卫生主题宣传片摄制】 2017年，为迎接爱国卫生运动65周年，区卫计局联合区文明办、小营街道，结合上城区爱国卫生工作取得的成效，拍摄制作《健康文明，上城再出发》《为了人民健康》《足迹》等爱国卫生主题宣传片，在毛主席视察小营巷纪念馆等场所播放。

【“健康中国上城样本”获杭州市创新奖】 2017年，上城区以“弘扬爱国卫生精神，打造健康中国上城样本”为主题，完成爱国卫生创新项目。该项目获2017年度杭州市创新奖。项目立足上城实际，探索从爱国卫生实验田到健康城区示范点的跨越发展之路。上城区秉承“以人为本，以健康为核心”的发展理念，基本服务全覆盖，弱势群体全兜底，多元需求全满足，健康产业全升级，践行“健康路上一个都不能少”工作理念，走出一条政府主导、市场助力、全民参与的“共建、共促、共享”新路径，形成“立体化”推进健康促进、“标准化”提升健康服务、“组合化”布局健康保障、“全域化”打造健康环境、“特色化”培育健康产业的“五化”新模式。

【登革热疫情防控】 2017年7月30日，上城区发现首例登革热疫情。按照“无盲点、无死角，横向到边、纵向到底”的网格化防控要求，上城区以“清洁家园、灭蚊防病”为主题，全面动员区直各单位、各街道社区、辖区单位开展爱国卫生运动，人人动手消灭蚊虫孳生地。横向上以网格为重点，把疫情防控从核心区向全面防控延伸；纵向上以行业为重点，把疫情防控从户外防蚊向户内延伸。8月起，在全区开展登革热疫情防控工作督查，形成省、市、区三级联动的督查防控机制。8~11月，疫情防控期间，出动督查1000余人次，通报整改问题500余个。出动保洁人员6.78万人次，消杀绿化带68.2千米，处理路面污水3280处，清运路面杂物639.2吨，清运大件垃圾383吨；出动清理孳生地3250余人次，清理街道社区孳生地2248处；组织开展登革热防制技能培训40余场，参训5000余人次；5个PCO消杀公司出动1500余人次，投放灭蚊缓释剂4500千克，消耗灭蚊药物1万余千克。11月11日，上城区所有登革热疫点均解除，登革热暴发疫情得到有效控制。

【全省病媒生物等级评估获通过】 2017年10月，省爱国卫生运动委员会对上城区开展鼠类、蚊虫、蝇类、蟑螂密度控制水平等级评估，省级专家组通过对社区、学校、医院等10余类场所的现场评估，认定上城区病媒生物控制水平达到规定国家C级标准，上城区通过全省病媒生物等级评估。

【上城区“金牌健康讲师”大赛】 2017年7月27日，上城区举办“健康好声音，喜迎十九大”暨“金牌健康讲师”大赛，辖区17个省、市、区级医疗机构报名参赛。来自浙江大学医学院附属妇产科医院、杭州市第一人民医院和紫阳街道社区卫生服务中心的3名选手被分别评选为上城区“首席金牌健康讲师”“金牌健康讲师”和“健康好讲师”。上城区自2002年开展健康讲师团巡讲活动以来，累计为辖区社区、机关、学校、企业举办各类健康知识讲座950余场，受益6万余人次。

【“健康细胞工程”建设】 2017年，上城区推进“健康细胞工程”建设，全年全区申报健康促进医院1个、市健康单位2个，创建省市级爱国卫生先进单位4个、省市级无烟单位13个，完成35个省级卫生先进单位复查确认。小营巷社区、市国税局被评为首届“杭州市十佳健康单位”，杭州文广集团获“杭州市十佳健康单位提名奖”。

中医药工作

【概况】 2017年，上城区有中医门诊部37个、中医诊所21个，开展中医科诊疗服务的医疗机构126个。医疗机构中执业医师（含助理医师）2264人，其中中医类执业医师753人、中西医类执业医师81人。全年民营中医医疗机构诊疗人数198万人次，业务收入10.79亿元。全区6个社区卫生服务中心中医诊疗人数82.88万人次，业务收入1.45亿元。上城区通过杭州市对全国基层中医药先进单位复核和地市级全国基层中医药先进单位复审。

【中医药适宜技术推广】 2017年，上城区36个社区卫生服务站配备至少1名中医类别医师或能够提供中医药服务的临床类别医师，能提供50种以上中成药及100种以上饮片，会规范开展4类以上中医药适宜技术推广工作。全区6个社区卫生服务中心均设有相对独立的“名中医馆”，同时设有中医诊室、针灸室、推拿室、康复室、养生保健室等中医临床科室，配备针灸治疗床、推拿治疗床等中医设备及300种以上中药饮片，提供中药统一配送或煎药服务；规范开展6类以上中医药适宜技术推广工作。年内，开展临床类别医师中医药知识与技能培训，培训率100%，其中参加中医全科医生转岗培训4人、“西学中”学习班11人、新模式中医住院医师规范化培训4人。

【中医中药特色街区打造】 2017年，上城区中医药产业形成以“南宋御街·清河坊”和“五柳巷中医药文化传承与创新产业园”（五柳巷中医特色街区）一街一园为核心的特色产业聚集区。其中五柳巷中医特色街累计投入8900余万元，初步形成产业集聚效应，拥有三慎泰、傅同春、天禄堂、俞同春等百年老字号，引进以何嘉琳、连建伟、鲍严钟为代表的国家级名老中医20余人、名老中医200余人，总入驻医生700余人。

居民保健

【概况】 2017年，上城区推进医养护一体化签约服务，全年居民转诊率、社区就诊率等指标均达市级要求，签约居民满意度居全市前列。基本公共卫生服务项目稳步推进，老年人慢性病管理、孕产妇保健、儿童保健等各项指标均达到考核要求。全区完成医养护一体化签约10.3万人，转诊率控制在12%，其中市级医联体转诊占52.3%，社区就诊率达64%，全区建立家庭病床288张。全年为1331名居家医疗服务对象开展上门服务3万余人次。

【基本公共卫生服务项目推进】 2017年，上城区做好十二大类46项基本公共卫生服务。累计建立健康档案32.01万份，建档率92.9%，健康档案合格率90.6%，动态使用率55.4%。新生儿访视3741人，访视率93.6%；0~6岁儿童健康管理2.18万人，儿童管理率98%。孕产妇保健早孕建册3798人，早孕建册率95.1%；孕产妇系统管理3714人，孕产妇系统管理率92.9%；产后访视产妇数3723人，产后访视率93.2%。老年人享受健康管理3.38万人，老年人健康管理率70.7%。为65岁以上老年人提供中医药健康管理2.72万人，管理率56.8%；0~36月龄儿童接受中医药健康管理服务8233人，管理率57.8%。

（仲　玥）

体　育

Sports

综　述

【概况】 2017 年，上城区体育工作以满足群众日益增长的健身需求为根本任务，全面加强体育运动场所建设，并实行免费开放制度。全区中小学校全部对市民免费开放；54 个社区拥有 100 余个健身苑（点），实现免费开放全覆盖和“10 分钟健身圈”。全年举办区第四届智力运动会、体育嘉年华系列活动、在华世界 500 强企业羽毛球赛、“大宋 108 公里（国际）越野赛”等大型群众体育赛事 40 余场，组织机关、社区专项赛事 10 余场。街道、社区开展各类体育健身活动和赛事 50 余场，参加居民 2 万余人次。全区 35 个体育社团开展各类健身活动 160 余场，参加居民 5 万余人次。承办杭州市第十一届健美健身锦标赛、浙江省轮滑积分联赛（杭州站）比赛、杭州市桥牌联赛上城站比赛等赛事。在杭州市第十九届运动会上获青少组团体总分第六名，奖牌总数第五名，金牌总数第八名。区游泳队培养的游泳选手——市教育科学研究所附属小学学生姚佳在全国少儿游泳锦标赛（小年龄组）中独揽女子组 50 米蝶泳、100 米蝶泳、蝶泳全能、4×50 米自由泳 4 块金牌，并打破该年龄组 100 米蝶泳全国纪录。

【南落马营体育文化公园开园】 2017 年 6 月 23 日，南落马营体育文化公园开园。该公园位于南落马营 9 号，占地面积 3.8 万平方米，适合各种休闲运动，是杭州首个体育文化创意产业园和首个由政府与民营企业合作搭建的体育产业平台。该体育文化公园拥有新概念健身操房、体能训练中心、少年军事训练基地、室内篮球羽毛球场地、充气式游泳场、笼式足球场等运动场馆，业态涵盖体育传媒、体育影视、体育竞技、体育培训、体育俱乐部等方面。

【幼儿国民体质监测】 2017 年 3 月 11~12 日，区国民体质监测中心对 3~6 岁年龄段的 300 名幼儿开展国民体质监测。监测内容包括身体形态、身体机能和身体素质三大方面，主要检测幼儿柔韧性、平衡感、反应能力等情况，监测合格率 92.1%。监测结果以报告的形式反馈给家长、学校，帮助他们全面了解幼儿的身体素质，选择更有针对性的日常锻炼项目。

群众体育

【承办“万人迎新”跑活动（上城站）】 2017 年 1 月 1 日，由市体育局主办，区体育局、区体育总会承办的杭州市“万人迎新”跑活动（上城站）在望江公园启动，旨在以积极健康的姿态，展现新年新气象，营造新年健身新氛围。活动以“文明点亮旅程”为主题，融合全民健身、户外活动、公众参与、团队组织等元素，健身跑全程 5000 米，浙江电视台经济生活频道进行全程直播。

【上城区全国第九个全民健身日活动】 2017 年 8 月 8 日，上城区举行全国第九个全民健身日活动。活动以“健身每一天，喜迎十九大”为主题，设置运动损伤专家义诊、南落马营亲子游园会和青少年城市趣味定向赛等全民健身项目。上城红十字狼群救援队志愿者携带急救装备，为参加定向赛的300余名选手进行救援保障。区体育局此前在南落马营体育文化公园举行活动启动仪式，对最受市民欢迎的运动场所进行表彰授牌。

【首届社区工作者趣味运动会】 2017年11月25日，上城区首届社区工作者趣味运动会在杭州第六中学举行。来自全区54个社区的700余名社区工作者参加比赛。运动会由区民政局、区体育局主办，区社会工作协会承办，旨在激发社区建设工作活力，传播"快乐工作幸福生活"理念，落实全民健身国家战略。运动会设置"蚂蚁偷菜""龟兔赛跑""袋鼠运瓜""穿越时空""陆地龙舟"等团队趣味赛和1分钟跳绳、1分钟呼啦圈、立定跳远、实心球投远等个人技能赛及广播操比赛项目。最终，小营街道代表队夺得团体总分第一名，南星街道代表队和望江街道代表队分别获得团体总分第二名和第三名。

竞技体育

【竞技体育业余训练】 2017年，上城区在市第十九届运动会业余训练期间，重新筛选和调整体育传统项目学校、市队联办学校，探索出一种与社会力量合作办学的市场化运作模式。全区拥有国家级训练基地、申报创建国家级青少年训练基地各1个，省级体育特色学校3所，省级阳光体育后备人才基地1个，市级体育传媒学校5所，市队联办学校6所，区级体育传统项目22个，训练基地7个。

【上城区中小学生游泳联赛】 2017年4月29~30日，上城区游泳比赛暨区中小学生游泳联赛在定安路游泳馆举行。辖区各街道和中小学36支代表队近300名游泳选手参加。经过比拼，南星街道陈洪以1分36秒64的成绩打破上城区男子甲组蝶泳记录；杭州师范大学第一附属小学和北京师范大学附属杭州中学分别获小学组和初中组团体总分第一名。

【首届小学生武术邀请赛】 2017年6月10~11日，上城区举办首届小学生武术邀请赛，比赛以弘扬武术精神、传承中华文化、提高体育技能、强健学生体魄为宗旨。全区各小学组成7支队伍130余名运动员参赛。经过角逐，杭州新世纪外国语学校夺得团体第一名，杭州市大学路小学和杭州市教育科学研究所附属小学分别获团体第二名和第三名。

【上城区第四届足球比赛】 2017年10月28日至12月2日，由区体育局主办、区足球协会承办的上城区第四届足球比赛开赛，18支代表队参加。经过竞

2017年11月25日，上城区举办首届社区工作者趣味运动会。图为运动会开幕式现场　（区体育局 供稿）

技，至乐国际杭州凯迩足球俱乐部获比赛冠军，杭州晶德食品 SUMMER 足球队获亚军，国网杭州供电公司足球队获季军。上城区直机关、农业银行浙江省分行营业部和浙江大学医学院附属第一医院 3 支代表队均获体育道德风尚奖。

【参加省第八届中小学生足球超联赛】 2017 年 2 月 27 日至 3 月 5 日，ZSFL“特步杯”浙江省第八届中小学生校园足球联赛初中男子超级组总决赛在金华市西苑中学举行。该联赛由浙江省教育厅、浙江省体育局主办，金华市教育局、金华市体育局承办，来自全省各地市的 10 支市级冠军球队参赛。杭州市清河实验学校和杭州市建兰中学全程参加，分别获亚军和季军。

【参加市运动会乒乓球赛】 2017 年 3 月 8 日，杭州市第十九届运动会乒乓球赛在桐庐县举行。比赛设男、女单打和双打及团体赛 18 枚金牌，各区县（市）13 支代表队的 318 名运动员参赛。经过比拼，上城区代表队获 1 枚金牌、2 枚银牌、4 枚铜牌，并以 82 分团体总分列 16 个区县（市）（含 3 个开发区）第二名。此次比赛，李旋、李凯夺得男子甲组双打金牌，女子甲组团体和女子乙组团体分别获 1 枚银牌，男子甲组团体获 1 枚铜牌，叶清杨、陈乐毅和徐孟元、刘辰阳和余沁蔓分别在男子甲组单打、男子乙组双打和女子乙组双打中获铜牌。

【承办在华世界 500 强企业羽毛球赛】 2017 年 10 月 14 日，“在华世界 500 强企业体育系列赛”羽毛球赛在杭州白塔公园全民健身中心举行。比赛由国家体育总局对外体育交流中心主办，杭州市体育局、上城区政府承办，国际商业机器（中国）投资有限公司/国际商业机器（中国）有限公司、阿里巴巴集团、百威英博投资（中国）有限公司、广州宝洁有限公司、松下电器（中国）有限公司等 12 支世界 500 强企业代表团参赛。活动以体育活动为媒介，搭建文化、经济交流平台，加强上城与 500 强企业交流合作，展现开放包容、多元共融的城市文化。经过两天角逐，物产中大集团有限公司球队获羽毛球赛冠军，阿里巴巴集团球队获亚军，百威英博投资（中国）有限公司和国际商业机器（中国）投资有限公司/国际商业机器（中国）有限公司球队获季军。国家体育总局对外体育交流中心主任黄凌海、副区长毛素云等为获奖单位颁奖。

【承办全国羽毛球后备人才基地比赛总决赛】 2017 年 12 月 7~11 日，来自全国 28 个羽毛球后备人才基地的 250 名运动员在杭州白塔公园全民健身中心参加羽毛球比赛总决赛。上城区此次总决赛的承办权由国家体育总局经过经费保障、场馆设施、交通状况、竞赛组织能力、大型比赛承办经验等方面综合评估后授予，为上城区历年来承办的最高水平的竞技体育赛事。羽毛球总决赛分为 10~12 岁 3 个年龄组别，设置 10 岁组男女单打；11 岁组男子单打、双打，女子单打、双打；12 岁组男子单打、双打，女子单打、双打 10 个竞赛项目。经过角逐，决出前八名 80 个奖项。

（徐贤丰）

2017 年 10 月 28 日至 12 月 2 日，区体育局举办上城区第四届足球比赛

（区体育局 供稿）

社会·生活
Society and Livelihood

民政事务管理

【婚姻登记服务】 2017年，上城区婚姻登记工作突出主动服务、人性化服务，进一步优化服务功能。全年办理内地居民结婚登记3166对，比2016年下降2%。办理内地居民离婚登记1234对，上升11.2%。补办婚姻登记证1723本，出具无婚姻登记记录证明18份，婚姻登记合格率100%，接待婚姻问题来电来访咨询1万余人次。完成浙江省婚姻登记管理信息系统中历史数据的修改核对，核对并修正数据3000余条。

【婚姻家庭辅导】 2017年，区民政局与拱墅区有晴天婚姻家庭指导中心续签婚姻家庭辅导工作协议。该中心以政府购买服务形式承接上城区婚姻家庭辅导工作，无偿为当事人提供包括婚前辅导、婚姻家庭与心理咨询、法律咨询、离婚劝导和调解等婚姻家庭辅导服务。全年为婚姻当事人提供婚姻家庭辅导服务256件，其中新婚辅导109件、离婚调解及劝导147件。经劝导，有69对夫妻选择和好或暂缓离婚，劝导成功率47%。辅导对象对婚姻家庭辅导员的服务满意度100%，全区非理性离婚的比例有所降低。

【地名管理】 2017年，上城区受理道路名命名申报3条，住宅小区名命名2处。审批编排门号209户、3054处，制作发放门牌证3633本（含使用证），处理数字城管问题510件，接收地名咨询电话888个，开具情况证明51份，处理有关信访问题6件。开展与西湖区界线问题的联合调查。完成地名文化遗产保护名录编制工作，经过筛选和地名专家组评审，确定上城区第二批地名文化遗产名录9处。

社区建设与社会组织管理

【上城区通过“全国第三批社区治理和服务创新实验区”中期评估】 2017年7月，上城区通过“全国第三批社区治理和服务创新实验区”中期评估。根据《民政部办公厅关于做好2017年全国社区治理和服务创新实验区工作的通知》，上城区对照实验方案和评估项目指标，做好中期评估各项准备，撰写汇报材料5000余字，完成四大类12小类台账资料整理，并确定馒头山社区为实地走访社区，东坡路社区“湖滨晴雨”工作室为社区治理案例，上羊市街社区“六步法”协商案例为实地走访考察典型案例。相关街道、社区积极做好准备，将创建成效、创新亮点与特色做法通过各种方式全方位、立体性展示出来，为顺利通过中期评估打下较好基础。

【和谐社区建设】 2017年6月24日，上城区出台和谐（满意）社区评价办法，进一步优化“四评一结合”的社区工作评价体系，完善居民满意度测评方法，通过居民满意度调查、居民自治成效评定、社区社会组织参与社区治理评估、社区公共服务绩效考核，并结合民情民意采集与反馈情况测查，对和谐社区建设成效进行综合评价。根据评价办法，经过街道推荐、第三方评估及实地考察，上城区评出和谐社区建设示范社区 8 个、居民满意社区进步奖 10 个、社区治理“十佳金点子”奖 10 个。

【国际化社区建设】 2017 年，上城区总结国际化社区建设的实践经验，协同市民政局制订《杭州市国际化社区评价指标体系（试行）》。南星街道白塔岭社区对照各项评价指标，申报第二批杭州市国际化示范社区。11 月 30 日，白塔岭社区被评为第二批杭州市国际化示范社区。上城区采用政府购买服务和公益创投等方式，鼓励和支持社会组织参与国际化社区建设。设立 10 万元社区服务业专项补助资金，用于社区购买社会组织的专业服务，推进全区国际化社区建设。

【社区组织换届选举】 2017 年，上城区完成社区居委会和居务监督委员会换届选举工作。除海潮社区和木场巷社区因大批居民拆迁推迟换届外，其余 52 个社区全部完成换届，实现居委会成员直选率、一次选举成功率、组织意图实现率 3 个 100%，选举产生新一届居委会班子成员 284 人，其中，居委会主任 52 人、副主任 55 人、委员 177 人；新当选居委会成员 211 人，占 74.3%；女性 190 人，占 66.9%。平均年龄 41.5 岁。52 名社区居委会主任均为大专以上学历，其中新当选 31 人、女性 30 人、35 岁以下 20 人。社区居务监督委员会新一届居民代表大会采用无记名投票方式进行选举，选举产生居务监督委员会成员 260 人，其中，党员 158 人，占 60.8%；女性 185 人，占 71.2%；居民代表 137 人，占 52.7%；熟悉财务知识 56 人，大专及以上学历 139 人。换届选举注重提高本土居委会成员的比例，社区居委会成员中本土居民占 51.1%。

【综合防灾减灾能力提升】 2017 年，上城区以“减轻社区灾害风险，提升基层减灾能力”为主题，深入开展防灾减灾系列活动，深化综合减灾示范社区创建工作。望江街道在水一方社区被浙江省减灾委员会办公室评为 2017 年全国综合减灾示范社区。至年末，全区有全国综合减灾示范社区 10 个、全省综合减灾示范社区 1 个。

【专职社区工作者管理】 2017 年，上城区社区工作者实行级差绩效薪酬，结合社区工作岗位实际需求，在全面总结试点街道级差绩效薪酬制度改革经验的基础上，进一步完善试行方案。根据市民政局《关于优化杭州市区社区专职工作人员工资福利待遇的通知》，印发《关于明确上城区专职社区工作者工资福利待遇的通知》等文件，在专职社区工作者人员核定总数与总经费不变的情况下，结合岗位级差薪酬改革，按需科学合理核定社区岗位人数和经费。

2017 年 3 月 6 日，上城区白塔岭社区开展中外友谊林植树活动

（区民政局 供稿）

【专职社区工作者培养】 2017 年，上城区多措并举培养专职社区工作者。6 月，举办全区新一届社区“两委”成员培训班，开设 9 门课程，内容涵盖社区治理与服务创新、社区协商与居民自治和业委会换届选举等，参训 1000 余人次。启动上城区社区工作领军人才第二阶段学习培养计划，以导师制形式开展社区工作课题研究、社区服务项目策划及小组（个案）研究，探索建立社会工作本土督导的新模式，全年 4 个导师团队开展培训交流活动 20 余场。4~12 月，区民政局组织街道

分管领导及社区干部150余人，分别到上海、广州、成都、深圳、武汉等地对口见学，学习当地在社区治理、社会组织培育和社会工作发展方面的先进经验。全年选派社区工作者参加省、市举办的各类培训40余次，参训234人次。12月19日，举办上城区社区社会工作经验分享交流会，分享国内外社区社会工作的先进理念和创新做法。年内全区有38人通过考试，取得社会工作师资格。全区拥有社会工作职业资格证书的社区工作者增至429人，社区工作者持证率54%。

【关爱专职社区工作者】 2017年，区民政局会同区委组织部和区人力资源和社会保障局，对社区工作者社会认可度、职业归属度等问题进行调研，通过走访社区、座谈汇报和随机访谈等方式，了解全区社区工作者人才队伍情况，针对发现的问题出台文件，对社区工作者体检、加班审批、加班费标准、午餐补贴标准和特殊荣誉津贴等事项做出明确规定。11月14日，区民政局联合杭州明珠电视台举行“向你致敬——最美社工颁奖典礼”活动，22名“最美社区工作者”和21名优秀社区工作者获表彰，6名老社区工作者代表105名老社区工作者上台领取“服务满15周年”奖牌。

【社会工作协会活动】 2017年，上城区社会工作协会以凝心聚力、增强行业认同、扩大行业影响力为重点，开展跨部门合作和区级公益创投项目申请，申请项目资金8万元，组织全区社区工作者开展“社工趣味运动会”和“上城社工欢乐总动员”等活动，参与人数2000余人次，激发社区工作者队伍活力，体现对社区工作者关心关爱。在“上城公益”微信公众号上开设“社工故事”专栏，宣传社区工作者典型人物故事。

【社会组织管理】 2017年，上城区开展社会组织登记年检和评估工作。全年应检组织403个，其中社会团体107个、民办非企业单位296个，实际参检396个，参检率98.2%，合格率88.6%。符合参评条件的社会组织59个，参加评估42个，占应参加评估的71.2%，其中获AAA等级以上4个。至年末，上城区有登记注册的社会组织473个。其中，社会团体154个、民办非企业单位319个；有社区社会组织1235个，其中登记注册74个、备案1161个。

【社会组织公益嘉年华】 2017年12月29日，上城区社会组织公益嘉年华暨上城区十佳（优秀）社会组织颁奖典礼活动在太庙广场举行。全区32个社区社会组织报名参加。嘉年华由启动仪式、公益展示区、公益宣传区、公益互动区、公益体验区、公益服务区六大板块组成。启动仪式上，对前期评出的区十佳（优秀）社会组织进行颁奖，对获评杭州市AAA级以上社会组织进行授牌。嘉年华活动为社会组织搭建公益资源对接和公益项目展示的平台，成为社会公众参与体验的社会组织盛会。

【公益创投管理】 2017年，上城区规范公益创投项目，依托上城社会组织发展基金会，以居民需求为导向，采用区—街道两级公益创投运作新模式，分层分类进行资助和管理。全年资助项目64个，资助金额499.68万元，其中区级公益创投服务项目30个、街道级公益创投项目34个，涵盖老年人、青少年、妇女等多层次、多领域的服务内容。制定《基金会项目专项资金使用管理制度》《基金会项目监督管理制度》，根据“分级负责，属地管理”原则，引入“社区社会组织监督员”，实施区、街道、社区和社会组织四级监管体系，严格把控项目实施与服务落地，确保公益服务项目按合法、合规、合理要求实施。

（谢　洋）

中国社区建设展示中心

【概况】 中国社区建设展示中心（简称展示中心）是民政部批准建立，集史料陈列、文物展示、理论研究、文献收藏、社区实务于一体的社区建设专题类展示馆，位于清河坊历史文化街区，占地面积约5000平方米，由居民委员会发展厅、社区建设发展厅、社区建设史料藏馆、全国社区社会组织成果（社会组织党建成果）展示厅、“左邻右舍”社区治理创新园和公益创客空间“三社”生态园6个展馆组成。2017年，展示中心接待国内外参观团队434批、1.27万人次，散客3.6万人次；举办座谈交流活动169场。先后被认定为上城区“第二课堂”活动基地、上城区市民终身学习体验基地、杭州社会资源国际旅游推荐访问点、“智慧引领·红游上城”首批红色旅游驿站。在市园林文物局组织的“讲文物故事，传优秀家风”讲解视频征集活动中获三等奖。

【社区建设业务培训】 2017年，展示中心培训基地提早谋划社区建设业务培育工作，精心选拔师资团队和参观访问点，较好地完成各项培训任务。全年实施社区建设业务培训项目21个，培训学员1477人，培训对象覆盖全国15个省、市、自治区。组织专题授课90次，互动交流30次，体验式培训19次。全年培训基地发放培训意见征求表1413份，收回1104份；发放结业证书1352本。收到意见建议3312条、学员心得体会939份。培训满意率99%。

【展示中心学术研究与交流】 2017年，展示中心制定远期和近期科研规划和目标，明确科研项目选题、方向和成果形成载体。申报国家青年社会科学基金项目、浙江省民政政策理论研究规划课题等3个科研项目，其中课题“协同式治理：社会工作介入社区治理机制研究——基于杭州和嘉兴的经验探索”被列为浙江省民政政策理论研究规划重点课题，“政府购买社会工作服务基本模式及其演变态势探究”被列为杭州市社科规划学术年会专项课题。展示中心承办的“基层社会治理中的‘三社联动’研讨会暨第四期杭州市城乡社区治理创新论坛”取得预期效果。

2017年9月21日，中国社区建设展示中心管理委员会第五次会议召开。图为会后合影　　（中国社区建设展示中心　供稿）

【展示中心管委会第五次会议】 2017年9月21日，中国社区建设展示中心管理委员会（简称展示中心管委会）第五次会议在展示中心举行。省民政厅厅长、管委会主任王剑侯，民政部基层政权和社区建设司副司长、展示中心管委会副主任黄观鸿，区委书记、管委会副主任陈瑾等出席会议并讲话。会议由省民政厅副厅长、管委会副主任江宇主持。会议以视频形式听取展示中心管委会第四次会议以来的工作情况汇报，并就新一届管委会组成人员名单、管委会章程、全国社区建设史料征集及展示中心3年发展规划等议题进行研究，会议通过相应决议。

（袁　凯）

民族和宗教工作

【概况】 2017年，区民宗局贯彻落实中央统战工作会议和全国宗教工作会议精神，围绕打造“四个标杆区”和一流的国际化现代化城区目标，做好民族宗教团结进步宣传教育、少数民族困难群众帮扶等工作。加强民宗队伍建设，提升依法管理水平，维护宗教领域稳定，进一步巩固全区民族团结、宗教和睦、社会和谐的局面。组织宗教界代表人士到陕西延安、重庆开展“重走红色路·共圆中国梦”爱国爱教主题教育活动，增进对“中国梦”思想认同。同时，依托微信、微博及上城网等新媒体，积极弘扬宗教中国化。

【和谐寺观教堂创建】 2017 年，区民宗局开展和谐寺观教堂创建工作，推出“制度规范年”“平安创建年”主题活动，倡导文明敬香，实行辖区宗教活动场所分类管理，健全学习例会、财务管理、安全责任、文化交流、专项评比“五位一体”管理制度，明确场所主体责任，提升宗教活动场所创建水平。

【民族村结对帮扶】 2017 年 3 月 29 日，由区民宗局领导带队，到民族村武义县俞源村交流帮扶工作。该局与俞源结对以来，实施农田水利建设、村级公路改造、电网改造等帮扶项目 20 余个，助推当地发展特色产业。12 月 24 日，区民宗局会同南星街道走访慰问民族村淳安县千岛湖镇富泽村。区民宗局建立街道、社区（学校）与民族村结对互动机制，确定 3 年结对帮扶计划，选定 4 个街道、社区分别与民族村开展结对共建，推动当地乡村振兴。

【海潮寺复建】 2017 年，区民宗局会同望江指挥部做好海潮寺复建工作。3 月，区民宗局组织各领域专家 13 人，对海潮寺休闲文化街区建设建言献策。6 月 23 日，区人大常委会副主任管光尧、韦云、沈民及区人大各专委会主任、人大代表 30 余人考察海潮寺复建工作，听取区民宗局有关情况汇报。

资料

海潮寺：因濒临钱塘江口，朝听潮、夜闻汐而得名，始建于明朝与万历年间，寺内有天王殿、钟鼓楼、大雄宝殿，经书房及众多的香客房舍，铸有大钟。海潮寺与灵隐寺、昭庆寺、净慈寺在杭州历史上并称为“四大丛林”。2000 年 7 月 9 日，杭州市政府将"海潮寺旧址"列为市级文保单位。上城区加快望江金融科技城建设步伐，推进望江地区城中村改造，注重收集望江地区历史文化遗存和城市记忆，将海潮寺原址复建项目纳入望江新城建设的总体规划。

【宗教场所公益活动】 2017 年，区民宗局发动全区各宗教场所参与公益慈善，白云庵定期走访慰问南星敬老院，并与贵州雷山水族村结对，捐赠扶贫资金 5 万元；鼓楼堂积极参与社区“春风行动”；思澄堂长期结对慰问小营敬老院；大资府庙持续开设爱心凉茶摊。区民宗局注重发扬宗教扬善传统，会同区工商联支持杭州市上城区国学与企业文化研究会（周信堂）实施“传统文化进社区”公益创投项目。该项目全年举办系列讲座 80 余场，参加人员 4000 余人，依托“千聊直播”平台，组织线上听课 3 万人次，汇集听课“粉丝”2000 余人。

【宗教场所安全工作】 2017 年，区民宗局与属地各宗教场所签订安全生产责任书，落实宗教活动场所安全管理主体责任。会同区公安分局、区安全监管局、上城消防大队等部门，开展宗教场所消防安全排查和火灾防控、隐患治理等专项整治 20 余次，解决各类隐患 12 处，为各宗教场所配置烟感报警器和燃气报警器。

（王琳莉）

人口和计划生育管理

【概况】 2017 年，上城区计划生育工作主要指标执行情况良好。全年全区出生 3126 人，自然增长率为-12.86‰，出生人口性别比保持正常水平。计划内出生 3065 人，计划生育率98.1%。全区 6 个街道配备计划生育工作人员 24 人，54 个社区均设立计划生育工作委员会，各社区配备专职计生委员 1 人，其中 2000 人以上社区增配计生委员助理 1 人，全区配备社区计生委员和计生助理员 81 人，落实计生专职干部待遇，保持街道、社区两级队伍稳定。全年参加国家免费孕前优生健康检查夫妻 3213 人，孕检率 75.8%。育龄妇女避孕药具、随访服务等计划生育生殖健康服务落实率均 90%以上。新婚、孕期、产后随访率均 98%以上。

【计划生育政策落实】 2017 年，区卫计局全面落实计划生育特殊困难家庭（独生子女死亡或三级以上伤残家庭）帮扶政策。全年为计划生育特殊家庭发放特别补助金 762.15 万元，惠及 941 人；发放公益补助金 36.5 万元。发放待（无）业人员独生子女父母奖励费 8.82 万元。办理上城户籍 0~14 周岁独生子女平安保险、育龄妇女生殖健康保险、待（无）业独生子女家庭平安保险、基层计生干部保险1.85万人，投保金额27.17万元。对待业育龄妇女与流入育龄妇女实行四项手术补贴。实行计划生育"一票否决"制，审核2460人。其中，社区换届任用对象1674人，"两代表一委员"380人，非公有制经济代表人士25人，各类先进个人381人。全年无违反计划生育行政侵权行为、无行政诉讼案件及恶性事件发生。建立健全区、街道两级审批制度，简化行政审批流程，方便群众办事。加强社会抚养费征收和管理工作，全年征收社会抚养费51.2万元。

【"二孩"生育政策宣传】 2017年，上城区组织辖区企事业单位和社区计生工作人员开展"二孩"生育政策培训学习45场。开通微信公众号，发布微信宣传12期。全面实行生育登记服务制度，积极推广《母子健康手册》的使用，按照办事"最多跑一次"要求，提供"个人承诺""全程代办""无需资料"的温馨服务，兑现区、街道、社区三级所有许可、办证、服务项目的"最多跑一次"承诺。全年办理生育登记服务卡2900张。5~8月，小营街道老浙大社区、金钱巷社区和湖滨街道青年路社区、吴山路社区成为2017年全国生育状况抽样调查样本点，区卫计局对样本点80名辖区内15~60周岁女性的生育意愿、生育养育相关公共服务落实情况等内容展开调查，圆满完成全国生育状况抽样调查工作。全年全区受理再生育审批38例，全部审核办结。

【性别比综合治理】 2017年，上城区户籍出生人口男婴1631人，女婴1493人，户籍人口性别比109.24；流动出生人口男婴3917人，女婴3600人，性别比108.81。全年出生人口性别比108.93。区卫计局坚持把出生人口性别比综合治理作为促进人口长期均衡发展的一项重要任务，联合区公安分局、区市场监管局、区妇联及各街道开展禁止"两非"（非法鉴定胎儿性别和非法终止妊娠）情况督查4次，并加强对人工终止妊娠药品的监管，促进社会性别比自然平衡。

【失独家庭社会关怀】 2017年，上城区推进特殊家庭关爱工作，加大对失独家庭在健康管理、生活照料、精神关怀、疾病保险等方面的投入。全年投入762.15万元，为941人发放计生特殊家庭补助经费；投入39.49万元，为110户失独家庭提供居家养老服务；投入20.27万元，为107名失独人员提供每月两次上门的居家医疗健康管理规范化服务；投入31.3万元，为57名70周岁以上失独老人提供生活护理补助；投入16.6万元，为14名80周岁以上失独老人提供生活护理补助；投入3万元，为374名失独家庭成员提供医疗保险。与区精卫办联合组成区特殊家庭帮扶队伍，组建上城区心理援助专业队伍，上门心理援助新增失独人员19人次。通过政府招标方式委托社会公益组织对辖区失独家庭开展帮扶；为困难家庭发放慰问金和慰问品折价近4万元。

【青春健康教育活动】 2017年，上城区开展青春健康师资培训2期，参训40人次。8月29日，4名师资通过市级青春健康师资认证。全区有省级师资1人、市级8人、区级43人。4月12日，中国计划生育协会青春健康教育项目培训班在杭州举行，上城区省级师资在蓝天社区青春健康教育基地对全国项目管理人员进行授课。联合区教育局在杭州清泰实验学校、杭州第十中学、杭州惠兴中学及杭州穆兴回族小学开展4期200名家长参加的杭州市"沟通之道"家长培训课程。7~12月，开展"青春健康百场讲座进社区活动"52场，听众2032人次。

【计划生育关怀行动】 2017年10月，上城区完成铁路杭州站省级母婴室试点验收工作，建设费用7.58万元，服务人群1万人次。杭州银西百货有限公司、湖滨银泰计生协会成为年度首批区级生育关怀母婴室建设单位，补助资金6万元。全区户籍人口和流动人口家庭均纳入独生子女家庭保险投保范围，全区投保金额27.17万元，惠及人群1.85万人，理赔金额4.68万元。邀请浙江大学医学院附属第一医院、杭州市妇产科医院、杭州市第三人民医院等医院主任医师授课11次。

【流动人口服务管理】 2017年，上城区有流动人口10.6万人，其中已婚育龄妇女4.7万人。区卫计局加强流动人口计划生育基本公共服务，对外来已婚育龄妇女全面落实与户籍人口同等的卫生和计划生育服务，使流动人口享受包括免费孕前检查、避孕药具免费领取、生育登记服务卡申领、产前筛查、新生儿疾病筛查、孕产妇保健、儿童保健等均等化服务。全区流入育龄妇女生殖健康检查2000余人，“两癌”筛查检查839人，建立外来育龄妇女个人健康档案1000余份，孕期保健服务490人。开展以“健康同行·均等化服务在路上”为主题的流动人口健康宣传活动，举办各类宣传活动30余场、健康讲座30余场，4000余人次参加。全面实施杭州市外来困难孕产妇分娩补助制度，对符合条件的外来孕产妇按每人700元的标准提供分娩补助金。5月，全国流动人口卫生计生动态监测抽样调查涉及上城区紫阳街道彩霞岭社区、北落马营社区，通过智能设备网上操作，完成40份调查问卷的动态监测。9~11月，上城区计生协会联合公益组织开展两轮困难流动人口家庭关爱活动。全年组织开展流动人口系列培训6场。杭州银西百货有限公司计划生育协会被选为区级流动人口计划生育协会示范点。

（仲　玥）

老龄工作

【概况】 2017年，上城区户籍总人口320431人。其中：60岁及以上老年人98008人，占户籍总人口的30.6%；65岁及以上66771人，占20%；70岁及以上48122人，占15.0%；80岁及以上21212人，占老年人口的21.6%；90岁及以上3263人，100岁及以上52人，最大年龄105岁。全年为老年人办理、申领老年卡7354张。其中60~69周岁老年卡3252张，70周岁以上4102张。为80周岁以上高龄老年人发放保健补贴1375.19万元。为2.63万名上城区户籍60周岁以上低保、失独、“三无”、重点优抚对象及80周岁以上高龄老年人购买意外伤害保险。全区有养老机构18个，床位2033张，每100名老人拥有床位2张。有居家养老服务照料中心54个、床位518张，其中省五星级照料中心10个、市四星级照料中心14个、区三星级照料中心32个。有社区老年食堂16个。全年接待老年人来电来访咨询1099人次，受理涉老法律援助案件27件，满意率100%。开展各类养老宣传活动，结合签约服务的推进，扩大为老服务范围和服务内容，全年完成医养护一体化签约服务10.3万人，其中65岁以上老年人3.88万人。全年为90岁以上独居空巢老人875人、困难残疾人349人、失独家庭107人提供居家医疗服务。

【养老服务业综合改革】 2017年8月，《上城区养老服务业综合改革实施方案》出台，为推动社区养老服务改革创新、提高养老机构建设管理水平、完善居家养老服务管理、深化医养结合、促进养老服务人才队伍建设、拓展养老服务平台功能、提升基层老龄工作服务水平提供路径。方案细化分解成44项责任任务，并按照国家、省、市关于养老院服务质量大检查要求，开展动员培训、机构自查、区级联动检查督查等工作，推进养老服务产业发展。

【完善居家养老服务】 2017年，上城区制定《上城区养老服务体系建设扶持资金补助和使用管理办法》，印发《关于进一步创新社区养老服务管理模式的通知》，整合和依托各方资源，推进居家养老服务专业化建设。全区6.3%的老年人享受居家养老政府购买服务，累计服务5.63万人次。为3745人次老年人提供家电和水电设施保修服务，为2.1万人次90周岁以上空巢独居老年人提供每月2次的居家医疗服务。

【养老服务社会化运行】 2017年，上城区通过政府引导、社会化运作的养老服务模式，进一步吸引各类社会组织为老年人提供养老服务。由社会力量投资建设的上城区暮泰颐养中心养老护理院拥有养老床位569张。全区54个居家养老服务照料中心中有30个实现社会化运行，其中五星级照料中心10个、四星级照料中心14个。全年区老年电视大学春、秋两季共招生3.12万人，老年人入学率15.9%。

【“敬老月”系列活动】 2017年10月，上城区开展以“关爱老年人，欢庆十九大”为主题的“敬老月”系列活动，先后安排书画创作、科普咨询、走访慰问等活动9项。选送14个戏曲舞蹈作品、105幅书画摄影类作品、9篇老年人征文作品及组织800余名老人参加杭州市老年文化艺术节系列活动。组织开展东河健步行、重阳登山、区第七届老年人运动会及趣味运动会等建身活动，并组织参加省市举办的各类老年体育比赛项目。

【老龄工作“三项创建”活动】 2017年8月8日，上城区被评为首批省级“老年友好城市”。上城区“老年友好城市”创建工作自2015年2月启动，经过两年多努力，完成生活环境和设施、社会保障和援助、社会服务和健康、文化教育和体育、社会参与和优待五大方面50项指标的创建任务，老年人的生活品质进一步提升。启动第三届“敬老文明号”创建工作，各街道、社区发动辖区单位按照创建工作要求，开展考察孝亲敬老家庭建设、走访慰问和志愿服务、“老有所为”宣传教育等活动。

【老年人体育比赛获佳绩】 2017年，上城区老年人在市级体育比赛中，太极拳（剑）、围棋、乒乓球和桥牌比赛均获第一名，中国象棋和钓鱼比赛获团体第二名，地掷球、门球比赛获团体第六名。健身球操、经络操、可乐球操比赛均获优胜奖，经络操比赛同时获创编奖。太极拳剑、乒乓球选手代表杭州市参加省级比赛均获第二名。

【第七届老年人运动会】 2017年3月17日至10月8日，上城区举办第七届老年人运动会。运动会设置双扣、门球、兜球、乒乓球、中国象棋和钓鱼六项比赛。各部门、街道和协会组织10支队伍、900余人参加比赛。运动会闭幕式上，举行兜球、保龄球、套圈和飞镖四大项目的趣味比赛；各街道代表队进行才艺展示，南星街道腰鼓、湖滨街道太极导引功、紫阳街道可乐球、小营街道排舞、望江街道功夫扇和清波街道秧歌等表演，展现各街道老年体育团队的良好精神面貌。

（谢　洋）

【推进医养结合】 2017年，上城区推进医养结合工作。6个街道“健康颐养园”完成初期建设。依托街道社区邻里中心、居家养老服务照料中心等场地，采取“1个社区邻里中心”或“1个居家养老服务照料中心”+“1个社区卫生服务中心”+“1个养老机构”融合互助模式，因地制宜建设健康颐养园。全区16个养老机构中，4个内设医疗机构，12个与社区卫生服务中心签订合作协议。54个日间照料中心与社区卫生服务中心开展合作。辖区所有养老机构实现医疗服务全覆盖。

（仲　玥）

双拥·优抚·安置

【概况】 2017年，上城区坚持把双拥工作纳入党委政府工作重要议事日程，严格执行优抚安置政策，及时落实各项优抚待遇，主动接收部队转业退伍军人，较好地发挥清波街道双拥陈列室和双拥一条街的品牌示范效应。通过党政领导过“军事日”、走访慰问驻区部队、军地座谈联欢等活动，军政军民关系进一步密切。

【“双拥在基层”活动】 2017年，上城区以各种形式、各种载体，开展“双拥在基层”活动。“八一”前夕，全区举办以“永远跟党走，军旗万代红”为主题的中国人民解放军建立90周年文艺晚会。小营街道举办以“军民鱼水情，共筑强军梦”为主题的文艺演出活动，邀请辖区老兵参加活动，并为其颁发荣誉证书和夏季清凉用品。开展“我们的社区”温馨茶话会、重阳节座谈会，为优抚对象提供交流与沟通平台。望江街道举办红色电影展播月，放映爱国主义优秀影片，并邀请军人代表做报告。南星街道开展“悠扬夏日，健康你我”大型系列活动，聘请保健专家为优抚对象传授三伏养生之道，教授手指保健操，提供肢体理疗等服务。

【优待抚恤】 2017年，上城区加大优抚对象帮扶力度。春节期间，制作并印发慰问年画4000余份，走访慰问优抚对象4000余人，发放慰问金150.2万元；上门慰问特困优抚对象11户，发放慰问金1.1

万元；“八一”期间，走访慰问优抚对象878人，发放慰问金10.5万元；慰问特困优抚对象13人，发放慰问金1.3万元；国庆前夕，走访慰问退役士兵家庭13户，送去慰问金1.3万元。全年发放各类抚恤补助1609.3万元，其中，重点优抚对象补助230万元，在职伤残抚恤金453.3万元，牺牲病故军人一次性抚恤金557.9万元、丧葬费10.4万元，义务兵家庭优待金122户、337.2万元，在职“三属”（未享受定期抚恤的烈士、因公牺牲、病故军人的遗属）抚恤金补差13.7万元。实施民心工程、爱心工程、暖心工程，认真受理优抚对象各种诉求，切实为优抚对象排忧解难。为700余名残疾军人、“三属”分别办理乘车证和“三属”优待证。及时更新“优抚信息数据系统”，如期完成年度核查任务，优抚对象身份信息录入率、核查完成率均100%。

【慰问驻区部队】 2017年春节和“八一”建军节前夕，区四套班子领导分别走访慰问浙江省军区、省预备役师、杭州警备区、海军杭州干休所等部队，与部队首长座谈交流，向部队官兵致以节日问候。6个街道分别走访共建部队和优抚对象。全区慰问部队单位14个，送去慰问金59.5万元。

【退役士兵安置】 2017年，上城区接收安置退役士兵70人，选择自谋职业70人。发放2016年度77名冬季退役士兵一次性自主就业补助金345.4万元，接收安置率、自主就业率均100%。上城区引导退役士兵自主创业、自主就业。区教育局、区人力资源和社会保障局和承训学校联合开展退役士兵职业技能培训和就业创业能力培训，参训率80.6%。培训期间，举办面向退役士兵招聘会，有20余个企业推出就业岗位，为退役士兵提供就业机会。

【残疾军人接收管理】 2017年，上城区对辖区内的优抚对象资料进行核实、完善、更新，后录入全国优抚对象信息数据系统，并按比例对各类优抚对象进行入户核查，核查采取全区抽查和街道、社区核查相结合，至年末，完成全部核查工作。全年接收残疾军人7人，审核认定60周岁以上农村籍退役人员2人，转出残疾关系2人，因去世、转出取消残疾关系7人，信息变更7人，审核新增定补“三属”2人，转出烈属关系1人。

【烈士纪念活动】 2017年4月1日，上城区开展烈士祭扫活动。区四套班子领导、区直机关各部门单位党员干部在云居山浙江省革命烈士陵园举行悼念活动，缅怀先烈。清波街道组织辖区党员干部、居民群众、部队官兵、学校师生和单位职工，举行祭奠革命先烈仪式，重温革命传统，传承红色事业。小营街道组织党员干部、退伍军人、社区工作人员到云居山烈士陵园祭扫革命烈士墓。

（谢　洋）

志愿服务

【概况】 2017年，上城区完善志愿者招募注册、培训管理、供需对接、服务记录等制度，全面推进志愿服务能力建设。全区有注册志愿者85517人，志愿服务以年轻人为主力军。全年围绕“五水共治”、环境整治、关爱帮扶弱势群体等开展志愿服务，累计服务时数10万余小时。

【春运志愿服务】 2017年1月13日至2月21日，“青春志愿行，温暖回家路”春运志愿服务行动在城站广场启动。活动现场开展春运送“福”字、送姜茶、交通咨询服务等活动。城站广场布置鲜花绿草和盆景，进站大厅、出站大厅、南北车库、出租车上下客地方挂上12只崭新的大红灯笼，候车大厅播放具有过年韵味和杭州特色的背景音乐，营造喜气洋洋的节日气氛。发放平安出行折页500份、安全知识手册400份，为旅客提供送开水、冲泡面、送姜茶等暖心服务。

【区首支国际志愿者队伍成立】 2017年3月5日，上城区首支国际志愿者队伍正式成立。团区委依托市青联、市侨联、在杭高校，通过多种渠道招募在读留学生、国际友人加入上城志愿者队伍。志愿者队伍围绕“四个标杆区”建设目标和“四个全域化”等重点工作，开展为老微笑服务、景点旅游服务、文明旅游倡导、峰会双语服务等活动，为上城打造一流的国际化现代化城区贡献力量。

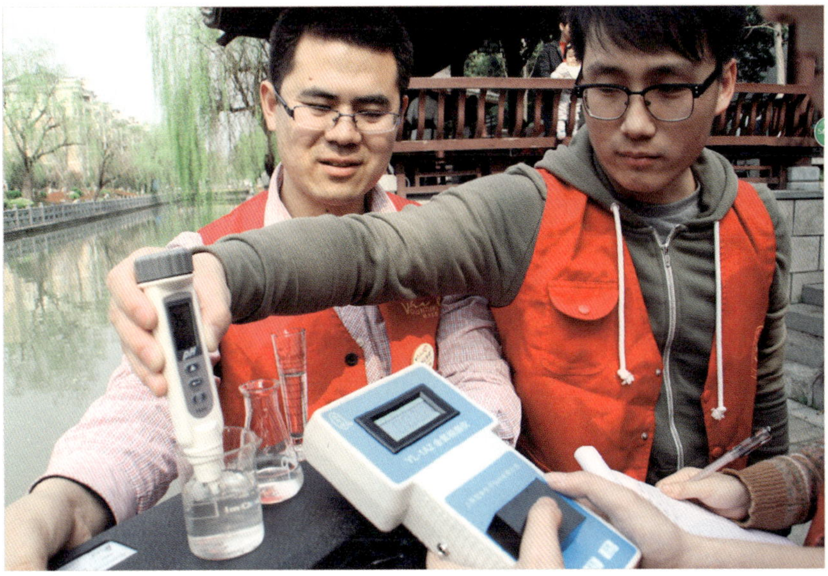

2017 年 3 月 5 日，上城区居民护水队志愿者在监测中河水质

（团区委　供稿）

【学雷锋系列活动】 2017 年 3 月 3 日，上城区开展“‘17’来志愿，共建国际化城区”暨“3·5”学雷锋系列活动。活动现场设置“爱在春光里”义卖、便民服务、党团员“微心愿”认领等传统项目，并首次运用直播方式连线参与老年食堂送饭的“洋雷锋”和正在河道巡河的“河小二”进行互动。同时通过“剿灭劣 V 类水，上城河小二‘在行动’”的新浪微博与市民游客互动。3 月 4 日，“雷锋广场”志愿者开展为民服务日活动，40 余支志愿者服务团队的 200 余名志愿者为市民群众提供各种志愿服务。“3·5 学雷锋日”当天，延安路、平海路上身穿红马甲的志愿者帮助交警一起维护交通秩序。

【“共享单车共管理”志愿监督模式推出】 2017 年 6 月 6 日，针对共享单车大面积停放乱象，团区委推出“共享单车志愿行，纠违报损我先行”的监管模式，动员青年志愿者参与共享单车管理。志愿团队加强与各单车互联网运营商联系，及时报告处理共享单车大面积堆积等问题。

【承办国际志愿者日系列活动】 2017 年 12 月 6 日，由团省委、团市委主办，团区委承办的“你好，志愿者”第 32 个国际志愿者日系列主题活动在“尚城 1157·利星”商业综合体举行。活动推出美容美发、酵素制作、中药加工、珠宝鉴定等 40 余项特色志愿服务项目。活动期间，上城“单车猎人”在辖区整理乱停放的共享单车，对单车进行搬扶、摆正、搬移归位。活动现场循环播出公益视频《没有志愿者的世界会怎样》《我在“浙”里做志愿者》《红马甲，谢谢你》，通过展现全省 900 万名志愿者无私奉献精神，引领树立“我为人人，人人为我”的社会风尚。

【志愿服务国际化】 2017 年 8 月 2 日，上城区抓住“后峰会、前亚运”的机遇，依托杭州市“志愿汇”平台，通过挖掘和培养骨干力量、组织专业培训、建立常态联系、固化服务项目等方式，以志愿服务国际化推进“国际化城区”建设。

（李佳杰）

街　道

Streets

湖滨街道

【概况】 湖滨街道辖区面积1.6平方千米。下辖涌金门、青年路、东平巷、岳王路、东坡路、吴山路6个社区。区域内省市行政事业单位、大型商场超市、三甲医院、星级酒店、商务楼宇汇聚，其中集高端商业、人文景观、风景旅游于一身的湖滨国际名品街，成为杭州引领时尚、体验经典的标志性商业街。2017年末，辖区有户籍人口12043户、32344人。全年引进企业249个，实际到位资金17.8亿元，浙商回归到位资金12.5亿元。利用外资3567万美元。实现社会消费品零售总额138.57亿元，比2016年增长10.6%。社会消费品零售总额占全区33.3%，提高11个百分点。实现地方财政收入7.4亿元。湖滨商圈品牌消费集聚区示范效应明显，集聚知名品牌、新品牌300余个。街道以“最多跑一次”改革为动力，在全区率先推出“百通岗”（配备电脑、电话、公交、旅游线路触屏查询机及爱心医药箱、免费茶水、地图、雨伞、针线等便民服务设施的服务岗亭），居民部分事项实现“网上办、简化办、就近办”。借力“四个平台”为居民提供“集成式”服务。全年完成拆迁征收（收购）256户，征收签约数列全区第二。在“四个全域化”大比武中获征收启动优秀奖、征收项目“清零奖”等奖项5个。实施危旧房治理三年行动计划，完成C级、D级危旧房治理2万平方米。生活垃圾分类“湖滨模式”获上城区2017年度综合考评创新奖，《浙江日报》对该模式进行专题报道。推进社区治理创新，将社区办公用房打造成一“厅”迎客、一“岗”受理、一“坊”议事的“3+X”社区服务综合体，提升“百”字系列服务品牌。

【社会管理和公共服务综合标准化工作通过试点验收】 2017年6月6日，国家第一批社会管理和公共服务综合标准化试点项目验收组到湖滨街道调研“湖滨晴雨”工作室，观看街道标准化专题汇报片，听取标准化工作试点情况汇报，验收组按照《社会管理和公共服务综合标准化试点细则（试行）》，对湖滨街道标准化工作进行评审。获街道社会管理和公共服务综合标准化工作获验收组充分肯定，并以93分的高分通过验收。湖滨街道于2014年4月被国家标准化委员会确定为全国第一批社会管理和公共服务综合标准化试点单位。3年来，街道形成1个总框架、三大标准体系共358个标准、9本标准化工作手册；明确113个工作岗位、509项工作任务和流程，发布实施98个工作规范；制定14个区级规范、3个市级规范。

【“四个平台”建设】 2017年，湖滨街道全力推进综合治理、市场监管、综合执法、便民服务“四个平台”建设，通过抓机制、抓延伸、抓网络，借助互联网为居民提供“集成式”服务。该街道是杭州老龄化程度较高的地区之一，60岁以上人口占全区总人口的33%。街道便民服务平台推进“一窗受理、集成服务”改革，引导辖区居民上网操作办事。辖区31个网格通过“平安浙江”APP为群众提供信息180条。街道“四个平台”为辖区老人发放高龄津贴160余万元；为500余名老人提供居家养老服务，累计服务6.5万小时，提供上门水电、家电维修265次。

【湖滨街道招商引资】2017年，湖滨街道加大招商引资力度，整合招商资源，多方位开展招商引资工作。落实专人挖掘增量项目资源，做好杭州城建众创投资股份有限公司、衣之家商业管理股份有限公司、杭州金投商贸发展有限公司等骨干企业新投资项目的服务工作，为“安商稳商、以商引商”打下良好基础。到北京、上海、宁波等地招商，走访接洽龙头企业，介绍投资环境与招商政策。补充和完善街道楼宇招商资源库，打造辖区内业态转型的标杆项目。对接市外、省外信息项目，落地新设企业249家，认缴资金32.8亿元。引入市外到位资金17.8亿元，完成年度目标任务的107.9%；引入浙商创业创新资金12.5亿元，完成年度目标任务的152.4%，利用外资3567万美元。

【“湖滨晴雨”工作室信息采集】2017年，湖滨街道“湖滨晴雨”工作室发挥信息采集全覆盖的优势，全年采集信息1878条，向中央宣传部和省、市委宣传部报送信息704条，其中中央宣传部采用49条、市委宣传部采用120条。接待参观、考察、调研团队102批次、3000余人次。2月24日，“湖滨晴雨”工作室被中央宣传部授予舆情信息工作优秀单位称号。“湖滨晴雨”工作室作为业绩突出的直报点被省委宣传部通报表扬。“湖滨晴雨”工作室基层公民政治参与案例被《政治参与蓝皮书——中国政治参与报告（2017）》收录。其具体做法被《中国社会科学报》、浙江省级刊物《思想工作与企业文化》等刊物刊登，“湖滨晴雨”工作室《社情民意处置规范》成为杭州市地方标准。

【“红色港湾”成为省级市民终身学习体验基地】2017年12月15日，“红色港湾”平台入选第二批全省市民终身学习体验基地。该平台位于羊血弄10号，总面积500平方米，于2005年建立。2017年6月，街道对其进行改造升级。改造后，一楼大厅设“晴雨”展厅、党建展厅、民情议事厅、党代表工作室、党员档案室，二楼为“晴雨”学堂，集党员教育、服务群众、互动管理于一体，最大限度地满足市民个性化的学习需求，并成为杭州党建促民主、民主惠民生工作的展示窗口。

【湖滨百味大食堂开业】2017年2月5日，位于光复路153号的湖滨百味大食堂开业，大食堂面积为150平方米，可同时容纳80人用餐。食堂设有老人专区，60~79岁老人可享受8折优惠，80岁以上（含80岁）老人享受7折优惠。食堂开业后，承接该公益项目的上城区润万家邻邻互助服务社携手省妇女儿童基金会举办“冬季爱心午餐”活动，为辖区内200余名困难老人送上免费午餐，活动持续半个月。全年百味大食堂办出会员卡1739张，其中老人卡1607张。老人就餐9.05万人次，日均274人次。

【第五届“爱在春光里”活动】2017年3月3日，湖滨街道携手团区委、区城管局团委、杭州利星名品百货有限公司等单位在平海路124号湖滨·利星爱心广场举办第五届“爱在春光里”慈善主题活动。区人大常委会副主任顾敏达和区委宣传部（区

2017年3月3日，湖滨街道在湖滨·利星爱心广场举办第五届“爱在春光里”慈善主题活动　　（湖滨街道　供稿）

文明办)、湖滨街道、团区委等单位负责人及两新组织、志愿者代表参加活动。现场设立15辆“爱心花车”，并开展爱心义卖，吸引市民游客1000余人参与购买，为街道筹得义卖款2405.8元。

【“湖滨家园”文化惠民活动】 2017年3月13日，湖滨街道综合文化站启动以免费提供培训为主要内容的公共文化惠民活动。自即日起，在“湖滨家园”为辖区居民、工会会员免费开展乐器、瑜伽、书法、编织等10门课程的学习培训。全年举办3期专门课程培训班，并不定期开办主题文化名家大讲堂。文化惠民活动惠及辖区居民1万余人次。

【餐饮污水专项整治】 2017年3月22日为第25个“世界水日”，湖滨街道开展餐饮污水专项整治行动，发动辖区142家大中型餐饮企业、300余个小型餐馆及30余个医院、机关、企业食堂，在洗碗池排水口加装不同型号的油水分离设备，从源头上解决油污水二次污染问题。整治活动期间，大中型餐饮企业安装油水分离器70个、隔油池86个，其中57个隔油池装有两种油水分离设备；60%的小餐馆直接安装油水分离装置。

【中山中路和光复路沿线整治】 2017年3月21~29日，湖滨街道实施中山中路和光复路沿线整治，整治围绕改善周边环境和畅通消防通道展开。街道组织专人挨户走访沿街店铺及居民户，动员其对占道经营、车辆违规无序停放等行为进行自行整改。严格落实“门前三包”“包路到人”“认责到户”等举措，确保责任区域城市环境秩序日常管控到位，各项管理工作达到精细化管理标准。

【共享单车整治】 2017年4月2~4日，湖滨商圈综合治理领导小组联合城管执法湖滨中队、交警湖滨中队、湖滨派出所等单位，对商圈共享单车乱停乱放现象开展集中整治。出动执法人员76人次、车辆19辆次，清理乱停共享单车148辆，收缴占道车辆435辆，有效维护人行道畅通和市容整洁。

【消防安全项目实施】 2017年4月10~16日，湖滨街道开展地下空间消防安全整治。出动检查人员60人次，检查场所114处，发现隐患63处，当场责令整改3处。联合社区民警、物业公司对尚农里3号3单元地下室承接服装加工、尚农里11号2单元地下室私自住人问题进行查处，责令限期自行搬离腾空。在辖区内设置电动自行车智能充电点4处，安装智能充电桩86个。委托杭州汇点网络科技有限公司规划设计充电点13处、充电桩150个。小区内安装单点式或智能式烟感报警器408个。改造老旧居民房、“九小”场所和人员密集场所电气线路2.25万米，更换、新增空气开关1000余个、漏电保护装置650余套。（沈　雯）

清波街道

【概况】 清波街道面积2.2平方千米，辖清河坊、定安路、劳动路、清波门、柳翠井巷5个社区，总人口3.42万人。该地区历史悠久，曾是南宋皇城所在地，南宋至清的临安府、杭州府署、元朝的江浙中书省、明清的浙江布政司署均设在境内。浙江省军区领导机关、中国美术学院、上城区政府、浙江省商业集团、浙江省机电集团等坐落辖区。2017年末，有行政事业单位及各社会团体227个、各类企业2409家、大中型商务楼11幢。辖区内有柳浪闻莺公园、胡庆余堂中药博物馆、潘天寿纪念馆、浙江省革命烈士纪念馆、南山路文化艺术特色街区、清河坊历史文化街区、南宋御街等特色景区、博物馆（纪念馆）和街区。

清波街道以“建设幸福宜居现代化清波”为目标，加快推进经济转型升级，主要经济指标稳中有升。全年新注册企业282家，认缴注册资本134.7亿元，浙商回归到位资金9.8亿元。实现社会消费品零售总额77亿元；财政总收入14.99亿元，其中一般公共预算收入7.06亿元。地块征收、危旧房改造、“无违建街道”创建等工作取得实效。推行“大部制”改革，综合设置“五部六中心”；打造“E治理”格局，建设“一刻钟社区服务圈”和“3D清波智慧家园”系统，全面提升基层治理能力。建立消防隐患“红橙黄”三色挂牌机制，推进消防安全隐患整治。以清波街、惠民路等3条精品示范街管理为试点，全面实行“八清八整”长效机制。完成全市首个加装电梯项目（新民村2号1单元），为全市加装电梯工作探索经验。全市首台贴墙式加装电梯在柳浪阁1幢3单元完工并通过验收。成立“清波同心文化联盟”，打造具有区域特色文化品牌。清波街道获浙江乡镇（基层）劳动争议调解综合示范单位、全省劳动人事争议基层调解优秀单位、杭州市“无违建街道”、杭州市基层妇女工作先进集体、杭州市第一批规范化乡镇（街道）食安办、杭州市平安巡防先进集体等荣誉。

资料

“八清八整”：即围绕环境秩序和消防安全开展“八项清除”和“八项整治”工作。“八项清除”为清除卫生死角，清运大件垃圾，清理楼道和平改坡堆积物，清洁垃圾桶和垃圾箱，清洗油烟管道，清理绿化带，清通下水道，清理电瓶车车库；“八项整治”为整治小微水体，整治宣传栏“牛皮癣”，整治共享单车，整治无证摊贩及占道经营，整治病媒传播，整治店招店牌和户外广告，整治非分类垃圾桶，整治老旧小区电器线路。

【社区党委换届】 2017年4月8日，清波街道5个社区统一召开社区党委、纪委换届选举大会，选举产生新一届社区党委委员25人、兼职委员19人和纪委委员15人。选举工作呈现参选率高、成功率高、当选人员文化程度高等特点，党员参选率95.6%，实现社区党委换届一次选举成功率、当选人员资格符合率两个100%。清波街道自3月15日启动换届工作，做到全方位宣传发动，着力营造良好氛围。选举全过程采取“1+2”督导模式，通过“两推一选”“二访四谈五清”，严格把好素质、程序、监督“三道关”。

【社区居委会选举】 2017年5月13日，清波街道完成社区居委会选举，由街道党政班子领导担任的社区“第一书记”全程指导选举工作，挂包科室协同配合，确保选举依法有序进行。设立流动票箱，保障行动不便居民的投票权，5个社区选举投票率达91%。依法依规选举产生居委会主任5人、副主任10人、委员20人，当选人员资格符合率100%。

【试点推广“互联网+党建”基层管理模式】 2017年4月，清波街道被列为“杭州党建信息平台”应用试点单位。试点运用大数据技术，创新智慧党建管理方式，探索解决党员管理难题。依托平台将在线党组织和党员责任清单、活动记录、参与积分、绩效奖惩、考评等纳入管理体系，实现任务在线留档、党员先锋指数考评和星级评定指标量化，党员考核日常监测体系进一步完善。

【基层社会治理与服务创新】 2017年5月18日，清波街道作为全区基层单位代表在民政部社会治理与服务创新试验区中期评估验收会上做汇报发言。清波街道作为全区试点单位，推进行政管理体制扁平化改革，健全社区居民自治制度，实现街道社区责权“双向确权”。设置街道“五部六中心”，形成社区“五二五”工作模式，有序下放社区公共事务管理权限，通过议事协商平台，落实百姓实事项

2017年6月12日，清波街道引进安邦护卫专业安保队伍，组成清波综治联网巡防队（清波街道 供稿）

目。建立"E治理"社会治理机制，依托新开发的"新社惠"智能网络系统，实现一键服务、精确指挥、专业安防等服务功能，解决老旧小区社会治理难题。

【社区治理案例获评区"十佳金点子"】 2017年1月6日，清波街道柳翠井巷社区"扩大有序参与、加强议事协商"案例在全区社区治理"金点子"案例现场展示会上被列为"十佳金点子"。清波街道以落实人民依法直接行使民主权利为出发点，以扩大有序参与、加强议事协商为重点，在柳翠井巷社区开启社区居民自治试点工作，试点建立社区协商议事会。通过居民直选，选出楼层代表，按照居民同意的规则，理性协商，自议自决，实行社区居民自我管理、服务、教育和监督。该举措获居民好评和《杭州日报》等媒体关注。年内，其余4个社区均建立社区协商议事会，引导社区居民有序参与，平等理性表达，实现公开透明协商。

【首个区域消防安全联盟成立】 2017年2月15日，清波街道联合杭州市清河坊历史街区管委会、清波派出所，在清河坊社区成立"公民警校清河坊分校"消防小分队，成为杭州首个区域消防安全联盟。消防小分队首批40名队员由民警、管委会及社区工作人员、餐饮商户法人代表组成，为辖区消防安全增设长效培训、定制每日消防自查登记制度、搭建沟通互动平台三道"防火墙"。消防小分队吸收辖区餐饮商户代表参加，有利于打破职能部门与商户之间的"隔膜"，形成双向互动效应。

【十三湾巷地块征收】 2017年6月5日，十三湾巷地块旧城改建项目征收令正式发出，征收补偿方案同步确定。此前，清波街道预先启动十三湾巷地块征收工作，抽调党员干部和业务骨干，开展入户调查，摸清房屋产权、结构、人员情况，听取安置意见。7月11日，十三湾巷地块征收项目启动网签，在前期入户调查基础上进行签约协商，首日签约率超过50%。9月1日，征收工作进入腾房领号阶段，有20户居民当日领到腾空号，办理产权调换选房和货币补偿安置等手续。

【垃圾分类居民小区全覆盖】 2017年12月18日，《人民日报》报道清波街道垃圾分类常态化处置工作。清波街道垃圾分类实现居民小区全覆盖，居民参与率和满意度均90%以上，分类准确率80%。升级智能分类投放方式，在新民村小区建成智能颜色识别垃圾房，通过垃圾袋颜色识别系统自动感应开启相应投放窗口，提高居民投放正确率和满意率，智能垃圾房投放正确率90%。建立"点长+555"工作模式，在辖区116个垃圾分类点设立"点长"，参与垃圾分类引导和管理，解决点多面散的管理难题。以建立5个小区常态化处置点、5个共建宣传交流点和5家企业示范点为载体，分层次推进垃圾分类工作，提升分类前端处置能力，实现垃圾源头减量管理。组织垃圾分类志愿者236人，开展现场监督和引导，全年垃圾减量20%以上。规范高银街垃圾收集清运工作，带动全区餐饮店餐厨垃圾减量化。

【爱国卫生主题活动】 2017年，清波街道以爱国卫生运动65周年为契机，开展爱国卫生系列主题活

2017年7月11日，上城区十三湾巷地块旧城改建项目征收户签约

（清波街道　供稿）

动。3 月 31 日，统一开展灭鼠行动，投放粘鼠板、灭鼠药和溴鼠灵蜡块，实施环境卫生综合整治，清除鼠类孳生的卫生死角。4 月 14 日，举办“为了人民的健康——65 年的历史与展望”大型宣传活动，向辖区居民介绍病媒生物、蚊媒传染病防治等卫生健康知识。提供健康咨询、血压测量、抑郁症检测等便民服务，发放蟑螂药、粘鼠板等药物，开展红十字志愿者招募。4 月 27 日，启动“打造洁美家园、消除安全隐患、共享健康清波”主题爱国卫生大行动暨夏季消防安全生产大检查，组织辖区各单位和居民志愿者参与，围绕环境卫生和消防安全开展“八清八整”行动。清理卫生死角 70 余处、城市家具 50 余处、绿化带 300 余平方米。

【楼道长协会成立】 2017 年 4 月 20 日，清波街道举行第一届楼道长会议，成立全市首个楼道长协会。会议选举协会理事会成员 31 人，由理事会选举产生会长、副会长和秘书长。会议审议并通过协会章程，明确规定协会组织机构、人事任免程序、楼道长职责和管理要求等事项。协会下设 5 个分会，有楼道长 761 人。

【古井保护机制建立】 2017 年，清波街道深入挖掘古井特色，发动辖区单位、居民，形成护井治水合力，最大化凝聚治水力量。建立“1+2”（1 名社区“第一书记”负责包干，2 名社区工作人员定点联系）责任机制，健全督查和追责机制，创新“志愿者+”模式，进一步完善“井长”制度。组建 60 人的“青年井小二”队伍，对古井周边环境进行治理，着力提升文化和实用两大功能，实现水井保护长效化。

【“清波同心文化联盟”成立】 2017 年 11 月 18 日，清波街道成立“清波同心文化联盟”。该联盟坚持公益性文化事业和文化产业同步发展，创设以经典宋学为核心的“国学书院”文化空间，推动文化创意创业发展，开发南宋主题文创产品，实施“展示+体验+分享”文化体验模式。深化经典艺术进社区工作，打造文化建设集群项目。“清波同心文化联盟”首批创始单位有 8 个。

【反恐群防群治“御街联盟”成立】 2017 年 8 月 21 日，清波街道联合清河坊历史街区管委会、区公安分局，成立反恐群防群治“御街联盟”。“御街联盟”建有反恐指挥中心和体验馆，沿街设置治安岗亭、自动防冲撞装置、人脸识别系统、一键式报警按钮等设施，在商户中配备防爆装置和急救箱。定期组织相关单位联防联保演练，强化商户自救技能，提升快速集结、快速处置能力。落实长效防控措施，完善快速反应工作机制和微消防、微警务巡逻车长效巡查机制。8 月 29 日，省公安机关有关部门、反恐组织成员单位到清波街道参观学习。

【“无违建街道”创建】 2017 年 9 月 13 日，清波街道被评为杭州市第一批“无违建乡镇（街道）”，成为上城区唯一入选单位。清波街道采取全员攻坚模式，落实班子领导、科室、社区挂包责任制，创新实施“六步”拆违工作法，健全街道、社区、社会三级控违网络体系，保持新增违建、已拆违建复建严格管控态势。全年拆除违建 540 处、面积 1.8 万平方米；拆除违建彩钢瓦（棚）141 处、面积 1 万余平方米，实现辖区违建“清零”目标。

【危房整治】 2017 年 9 月 1 日，清波街道桂花弄 1 号和孝子坊 13 号、15 号、17 号危房“拆复建”工程通过竣工验收。该区域均为有百年历史的土木结构民居，存在木结构腐朽变形、墙体开裂等诸多问题。重建采用现代建筑安全标准对内部结构进行优化，增加厨房卫生设施，外观改为粉墙黛瓦的江南传统民居样式。此前，叭蜡子巷 2 号危房“拆复建”动工。该建筑建于 20 世纪 80 年代，总面积 400 平方米，涉及 11 户居民，属于 D 级危房，存在多种类型的安全隐患。清波街道实施“先排危后治理”的整治模式，前期拆除违法建筑，完成电力线路“上改下”，并在两星期内腾空居民住房。通过拆后重建实现户型优化、厨卫拼接、一户一表、雨污分流，居住舒适性大幅度提高。

【祭孔典礼】 2017 年 9 月 28 日，由上城区和杭州市西湖风景名胜区管委会主办，杭州市文物保护管理所、清波街道承办的杭州祭孔典礼暨南宋儒礼体验活动在杭州孔庙举行，省市区相关领导、社会知名人士及学校师生、市民代表等参加。典礼采用宋代祭祀模式，服饰、礼仪等均仿照宋代规范，并增加向至圣先师孔子恭送圣水环节。仪式后举办南宋儒学讲座、小孔游园会等活动，向百姓学子传播尊师重道的传统美德。

【南宋文化节“清波活动月”】 2017年9月28日，清波街道发布“清波活动月”旅游指南，启动杭州南宋文化节“清波活动月”系列活动，设宋韵、品鉴、雅集、传承四大内容、8场子活动，以书画展、瓷器展、茶会、风情市集及器乐、戏曲、花道展示等形式，展现地区独特历史文化底蕴。11月18日，举办“宋月映清波，朝霞别样红”主题大型宋韵文艺晚会，设“一梦越千年”“宋韵荡清波”“朝霞别样红”和“有梦终将圆”4个篇章，推出舞蹈、歌曲、书画、器乐表演等节目15个，单位和居民代表300余人参加，文艺晚会成为南宋文化节“清波活动月”的重头戏。

【日昌升集团落户清波街道】 2017年2月22日，国内大型高端砂石骨料生产企业日昌升集团有限公司落户清波街道，注册资金10亿元，包括集团总部、研究设计院及物流、金融、海外事业等重要产业板块均在清波四宜大院“安家”。日昌升集团有限公司为国内骨料行业标准制定企业，该公司引进有利于清波街道区域产业结构优化升级，推动街道争做创新转型标杆区的排头兵。

（蒋成杰）

小营街道

【概况】 小营街道总面积2.7平方千米，下辖小营巷、金钱巷、西牌楼、紫金、马市街、大学路、葵巷、老浙大、长明寺巷、茅廊巷、梅花碑、姚园寺巷12个社区。常住人口10.03万人。辖区内有行政事业单位265个、金融机构48个、工业企业68家、房地产开发公司47个、三产单位3276个。毛主席视察小营巷纪念馆、中共杭州小组纪念馆、钱学森故居及红巷生活广场组成“小营·江南红巷”国家AAA级红色旅游景区。2017年，实现财政收入25.44亿元，比2016年增长16.1%。其中一般公共预算收入12.18亿元，增长13.8%。引进认缴制企业117家，认缴金额26.64亿元，市内到位资金6.8亿元。利用外资4474万美元，完成年度目标任务的126%。浙商回归到位资金8.3亿元。实现社会消费品零售总额78.92亿元，增长10.7%。完成固定资产投资1.46亿元。

【党建工作】 2017年，小营街道加强包括两新组织在内的基层党组织建设，全年专题研究党建工作16次，推动党工委主体责任、书记第一责任、班子成员“一岗双责”的落实。推进“智慧党建”试点工作，完成规定动作，有效扩大参与面，提高实效性。开展主题党日系列活动，引导党员以实际行动争做先锋表率。全年“民情E点通”发布微心愿9132个，党员认领微心愿6428个。5300余名党员信息全部录入“红芯”系统，实施积分管理。10月12日，全省基层党建工作现场会在小营街道召开。会议期间，省委组织部副部长姚志文参观红巷党建工作综合体，充分肯定小营街道党建工作。

【红色主题阵地打造】 2017年，上城区依托小营巷社区浓厚的红色氛围，在银枪班巷9号打造党派之家——“红巷·同心筑”。“红巷·同心筑”串联辖区众多场馆、旧址、故居，成为“红色”印记鲜明的基层统战阵地。建成以毛主席视察小营巷纪念馆、全国爱国卫生运动纪念馆、红巷生活馆和小营健康公园为主体的红色主题文化阵地。“小营·江南红巷”国家AAA级红色旅游景区被评为浙江省健康文化宣传基地、全国爱国卫生运动教育基地，全年接待参观团队487批、1.76万人次；开展大型文化活动238场，服务群众5.41万人次。

【“小营·江南红巷”列入区首批红色旅游驿站】 2017年7月26日，区纪委、区委组织部、区直机关工委、区风景旅游局在小营红巷生活馆大礼堂联合举办以“智慧引领·红游上城”为主题的品牌发布会。由区风景旅游局策划的红色智慧之旅、廉政清风之旅、“童眼看世界”之旅3条“红色之旅”

旅游路线同步"启程"。会上，"小营·江南红巷"国家AAA级红色旅游景区被列入上城区"智慧引领·红游上城"首批红色旅游驿站。

【28个项目落户小营街道】 2017年，小营街道引进项目28个。其中，浙江咸亨国际通用设备有限公司与美国高盛集团合作，到位资金1.95亿元；杭州冲营网络科技有限公司增资7700万元；浙江东方集团为浙江国金租赁股份有限公司增资1.59亿元，并完成项目并购；杭州全景医学诊断股份有限公司新增注册资本6400万元。落户企业中包括互联网数据应用运营商——杭州城市大数据运营有限公司等。

【健康产业转型发展】 2017年，小营街道健康产业实现税收3.23亿元，获"杭州市重点类健康（养老）产业集聚区"称号。街道有健康相关类产业企业395家，其中新引进34家。7月，杭州暮泰医养中心投入运营，中心面积1.3万平方米，有床位550张，为上城区最大的养老机构。依托五柳巷中医街、彩虹鱼康复护理中心、全景医疗诊断检测中心等高端健康医疗机构，加快"金融+科技+医疗"的产业融合。整合方谷园区域近5000平方米物业，与广宇集团联手将其打造成为"六位一体"的健康展示中心和"双创"中心。

【危旧房改造与拆违】 2017年5月22日，小营街道列入省、市计划的6处危旧房改造项目全部销号。年内，银枪班巷4号、清吟巷11号等5处危房改造开工，太平天国听王府项目启动，小营公园7户公房归并完成，街道25处存量违法建筑全部"清零"。全年拆除违法建筑115处、7820.5平方米，完成年度目标任务的156.4%。

【环境清洁行动】 2017年8月，为做好登革热疫情防控工作，小营街道第一时间建立网格责任清单，47个责任网格充实防控力量。12个社区开展"消杀成蚊、清除蚊虫孳生地"环境清洁行动，街道领导班子成员进驻挂包单位，不定期督查环境整治情况，发现问题124处，均24小时内整改到位。动员各方面力量，开展防控工作培训和入户宣传，累计走访居民3.2万户，推送提示短信3万余条。与1156户沿街商户、企业签订防控责任书。组织突击清运辖区楼道堆积物350吨、建筑垃圾996吨，清除滋生地3312处，消杀面积35万平方米。

【"最美"品牌建设】 2017年，小营街道深化"最美"品牌建设工作，开展"最美公益伙伴"系列活动，整合企业力量参与社区共建，12家企业认领民生项目20个，涉及资金50余万元。成立多支以"好人"名字命名的志愿者队伍，"营火虫联盟""抗癌小分队"等30余个团队持续开展志愿服务，全年服务困难人群5562人次。陈全江警官工作室入驻最美一条街。评选产生"最美楼道长"24人、"浙江好人"12人。与西湖明珠电视台联合举办第六届"最美小营人"评选，评出"最美小营人"10组，全街道优秀党员成为引领社会"最美"风尚的"主角"。

【文化体育站获评省"特级综合文化站"】 2017年2月15日，小营街道文化体育站在浙江省第六次乡镇综合文化站评估定级中获评"特级综合文化站"

2017年12月24日，上城区举行第六届"最美小营人"颁奖典礼。图为区政协副主席马彦（右一）为十佳"最美小营人"颁奖　（小营街道 供稿）

荣誉。小营街道致力发展“红色文化”“健康文化”和“群众文化”。成功打造杭城首个红色主题文化阵地，包括毛主席视察小营巷纪念馆、中共杭州小组纪念馆、钱学森故居、郁达夫杭州故居等文化活动场所，总面积6000余平方米，每星期为辖区群众免费开放时间40小时以上。成立文体团队50余个、1500余人，投入活动经费40余万元，开展各种形式的文化活动，受到辖区居民好评。

【“@小营”智慧管理平台升级】 2017年，小营街道“@小营”智慧管理平台升级为“基层治理创新平台”。平台升级后，进一步整合消防、交警、安全监管、水务、电力、文化执法、环保等部门力量，实现信息无缝对接，工作合力协同。线上通过“@小营”微信群随时报送信息，相关部门及时回应；线下在街道设指挥中心，城管、工商、公安等主要职能部门派专人驻守，并随时组织联合执法、约谈等行动。“@小营”基本形成拍照上传问题——中心受理@责任单位——即时处置@反馈结果——考核评价@平台公示的模式，并逐渐形成便民服务、综合执法、市场监管、综治工作“基层治理四平台”。2017年，小营街道成为全省“四平台”建设试点单位。“@小营”流转上报问题2577件，其中城市管理类1246件、矛盾纠纷类765件、民生保障类178件、消防及安全生产类388件，问题解决率95%。

【救助对象生活保障】 2017年，小营街道引进第三方社会组织，开展工疗服务，开设课程144门，授课216小时，服务778人次，其中心理课程6门、心理干预（疏导）30人次，结合全国助残日、国际残疾人日，开展特色文化活动29次。细化“分级帮困”机制，实现对街道救助对象全覆盖。全年街道一级兜底保障429人，发放低保金28万余元；二级临时救助329人，发放临时救助金28.15万元；三级结对帮扶71人，发放补助金10.82万元。全年发放残疾人补贴372.48万元，为41名残疾人提供辅助器具56件，完成无障碍设施改造家庭13户。发放失业救助金365万元，为各类灵活就业、居家就业人员申请社保补贴1164.3万元。

【社会组织扶持】 2017年，小营街道通过整合资源、项目运作，促进社会组织更快发展。红巷生活广场开展大型社区活动250余场，其中敬老助残类11场、教学讲座类22场、社区共融活动30场。设立专项资金，引进成熟社会团体，重点扶持具有示范导向作用的公益服务性社会组织，为社区提供品质化服务。投入公益创投项目资金50万元，组织优秀社会组织参与省、市、区三级公益创投，引进优秀社会组织带项目落户社区。全年街道向社会组织购买服务100余项；14个社会组织获市、区和街道三级公益创投资金156万元；15个社会组织、30个项目落户小营街道。整合企业力量参与社区民生公益项目，12家企业认领民生项目20个，投入资金50余万元。

【养老服务水平提升】 2017年，小营街道发挥区域优势，依托社区配套用房，推进日间照料中心、老年食堂等养老设施建设，拓展养老服务地域覆盖面，形成“家门口的养老服务圈”。建成日间照料中心12个，其中五星级2个、四星级2个、三星级8个，改建提升养老服务照料中心1个，增加“小乐胃”老年食堂2处。全年享受居家养老购买服务1266人，支出购买服务费用260余万元。收集整理7500余名独居空巢和失能半失能老人的健康信息，为5500余名80岁以上老人办理意外伤害险，养老服务满意度98%。依托“智慧养老”平台，提供以呼叫、救助、居家照料、健康咨询等内容的智能居家养老服务。协同在水一方养老集团为老人发放“关爱手机”5686只，制定应急预案，确保70岁以上老人服务接听24小时在线。自街道呼叫中心开通以来，日均接听电话30余次，完成居民养老服务问题反馈340余个。全年办理老年卡1590张，老年卡申办“零投诉”。

【“15分钟学习圈”打造】 2017年，小营街道依托各种学习平台，打造“15分钟学习圈”。选拔市民讲师34人，组建“小营草根师资库”，不定期进社区、进企业开展宣讲。依托市民自发组织的学习型队伍，充实金秋艺术团、残疾人艺术团、火棒操文体艺术队、葫芦丝队等13支精品文体团队力量，开展各类文体活动，营造浓厚的学习氛围。整合全域化资源，建设“区域互动”学习圈，开办“小营微学堂”，全面统筹辖区学习型建设资源、基地、队伍，实行双向互动。利用“微感悟征集”等新型活动载体，发送“民主、公正、法治、敬业”等学习短信3000余条，收到相关感悟100余条。开展“街校社大联动”活动，实现学校教育与社区教育的良性互动。

【推行垃圾不落地行动】 2017年，小营街道以小营巷社区为试点，推行垃圾不落地3.0版——“333敲门行动”。垃圾分类不落地由党员带头做起，居民自觉参与，分类垃圾由保洁员上门入户收集、志愿者同步上门进行指导宣传，社区配备智能化分类处理机，并采用积分换服务、积分换实物等激励手段，推动社区垃圾分类工作走上正轨。

资料

“333敲门行动”：指三联合、三约定、三行动。“三联合”即社区联合居民、联合志愿者、联合物业公司；“三约定”即垃圾袋使用约定、分类约定、配合时间约定；“三行动”即分类行动、敲门行动、牵手行动。

【准物业“管家”模式推出】 2017年，小营街道以金钱巷社区为试点，创新推出准物业“管家”模式，通过政府招标、市场化运作引入鑫煌物业服务企业开展老旧小区准物业“管家”服务模式，统筹公共服务资源，统一服务标准，由专业服务企业为小区提供保洁、保绿、保序等综合服务，避免多头管理、资源浪费、责任推诿，提高服务质量和效率。全年引进服务企业提供各类服务2000余次，收缴准物业费12万元，收缴比例约70%。

【社区队伍建设】 2017年，小营街道推进“3+X”社区邻里服务中心建设，完成5个社区办公室及服务大厅提升改造。完善社区服务大厅一“岗”（百通岗）一“厅”（会客厅）一“坊”（议事坊）功能布局，优化公共服务站设置，扩大居民参与社区建设途径，构建社区民主协商平台。完成12个社区居委会换届和居务监督委员会选举，选出居民委员会成员72人、居务监督委员会成员60人。社区干部实现新老交替，社区工作创造力不断提升。推进社工队伍建设，完善人才培养计划，引入相关激励体系，形成社区治理“一盘棋”。

（王　芹）

望江街道

【概况】 望江街道面积4.0平方千米，辖大通桥、始版桥、兴隆、莫邪塘、清泰门、婺江、耀华、近江东园、近江西园、在水一方、徐家埠11个社区，居民10.67万人。驻有行政事业单位62个、金融机构25个、工业企业1家、房地产开发公司12个、服务业企业2493家。有商务楼宇14幢，总建筑面积97.88万平方米。2017年，街道着力构建“科技+金融”智慧产业生态系统，实现税收收入13.9亿元，首次突破10亿元大关；实现地方财政收入6.87亿元。新引进企业653家，其中金融类企业266家、信息经济类企业161家，实现税收收入5亿元，科技金融类企业成为街道经济发展的重要支柱。浙商回归到位资金10.42亿元，Google Adwords杭州体验中心等优质企业落户望江街道。围绕“拥江发展”战略，形成信息经济和金融产业的集群，中国（杭州）跨境电子商务综合试验区在望江街道签署合作备忘录。新增国家级众创空间2个，成功孵化企业55家，杭州劲驰医疗器械有限公司、杭州阵视科技有限公司等5个“1211”人才计划项目在望江街道落地。全面推进征迁工作，完成征收住户5073户（含企业55家），“清零”地块19个，所有项目均实现“启动当天完成签约50%、一星期完成签约80%、一月完成签约90%”，再次刷新“望江速度”。开展“无违建街道”创建工作，3个月超额完成全年拆违任务的150%；提前完成危旧房改造任务。打造全省首个“五水共治”主题公园，辖区新开河段创建成为杭州市生态示范河道。强化网格化管理，全力打赢登革热防控攻坚战。做好社会救助和优抚工作，全年向各类困难人群和优抚对象发放各类补贴、救助金、慰问金1113万余元；加快实施老旧小区电梯加装等民生实事工程。

【城中村改造】 2017年，望江街道坚持问题导向，通过协同攻坚、挂包助推，全面推进城中村改造。3月20日，现场动迁指挥部组织开展凯旋路道路工程项目四至范围内店铺的综合整治，一天时间拆除店铺招牌200余块，拆除违建137处、599平方米，消除安全隐患170余处，清退违法出租户300余人，区域内127个沿街店铺全部关停，为后续征收打下扎实基础。4月15日，望江新城海潮路沿线SC0401-32（面粉厂）地块、SC0401-33地块、望江单元凯旋路五期、望江单元始版桥直街道路工程（东宝路—婺江路）、望江单元始版桥直街道路工程（婺江路—甘王路）5个城中村改造项目启动征迁，通过实施"1+X"综合安置方案，70户农户中有21户提前腾空。望秋立交项目涉及拆迁户160户，一个星期内签约131户，签约率82%，近90%住户选择货币和异地安置，为望江新城建设腾出发展空间。5月10日，城中村联建房及宅基地农户启动签约搬迁。此次联建房涉及凯旋路五期、始版桥花园11幢、望秋立交二期3个地块，有房屋403套，总建筑面积2.67万平方米。现场两小时内签约246套，签约率61%。

【国有房屋征收项目启动】 2017年6月5日，上城区最大体量的国有房屋征收项目启动，主要涉及望江单元SC0402-G1-22公园绿地工程项目、望江单元SC0402-R21-01地块、望江单元婺江路道路工程（始板桥直街—凯旋路）、望江单元始版桥直街道路工程（婺江路—甘王路）、望江单元始版桥直街道路工程（东宝路—婺江路）5个项目，征收居民1078户。当天签约736户，签约率68.3%，其中选择货币安置546户，占签约户数的74.2%。8月26日，霞晖北村05地块征收项目启动，涉及居民834户，为望江街道单个征收令涉及住户最多的项目。当天签约593户，签约率71.1%，其中选择货币安置420户，占签约户数的70.8%。9月29日，上城区单个体量最大的望江单元SC0401-R21-13地块启动征收工作，该地块涉及国有土地上居民974户，当天签约672户，签约率69.0%，其中选择货币安置占70%。

【"基本无违建街道"创建】 2017年，望江街道加大拆除违法建筑力度，做好"一幢一档"建档等工作，做到排摸底子清、无遗漏、无死角。会同公安、行政执法等部门结合城中村改造、"五水共治"、"四边三化"等重点工作，拆除存量违建553处、面积4.3万平方米，超额完成区政府下达的2万平方米年度目标任务。10月15日，望江街道通过上城区"基本无违建街道"创建工作验收。

【推进全民巡河】 2017年，望江街道以民间河道长、巡河志愿队和6000余名望江"红袖章"队员为主体，组建群众志愿服务队、护河巡查队和特保巡河队3支队伍，有专职巡河队员30人，巡河志愿者400余人，聘请民间"河长"7人，确保所有河道纳入全面监控。全年平均每天有15人次巡河，发现问题，均立即整改到位，辖区贴沙河水质基本达到Ⅱ类标准，新开河、新塘河水质基本达到Ⅲ类标准。

【社区矫正工作】 2017年，望江街道加强社区矫正工作，深入推进"健全机构层次化、建档立制规范化、'接收解除'人性化、公益劳动基地化、学习教育专题化、教育改造人性化、监管考核分级化、正面引路典型化"的"八化"矫正法，促进矫正人员重新融入社会，确保社区矫正工作全面覆盖。全年接收社区服刑人员396人，帮教率100%，归正人员安置率98%。

【"智慧经济"发展】 2017年，望江街道"智慧经济"发展稳中向好，经济实力显著提升。全年实现税收收入12.7亿元，比2016年增长46.8%；实现地方财政收入6.26亿元。望江智慧产业园入驻信息经济和金融类企业4000余家，实现总产值80亿元，浙江安正科技股份有限公司、浙江易之园林股份有限公司、杭州顺治科技股份有限公司等5家企业在"新三板"上市。拥有国家级众创空间4个、省级众创空间3个，成功孵化企业55家，5个"1211"人才计划项目相继落地。

【文化创意产业发展】 2017年，望江街道大力发展文化创意产业，进一步聚合人才、整合资源、融合产业，激发地区创新创业活力。深化“店小二”服务模式，成立为企服务中心，专人负责挂包企业，一条龙式为企业提供专项服务，助力企业办事“零次跑”。街道新增国家高新技术企业3家、省科技型中小企业6家、市高新技术企业6家、市初创型文创企业3家、市成长型文创企业3家。

【“民情E点通”入选全国创新社会治理典型案例】 2017年12月4日，由人民网和国家行政学院政治学部联合主办的全国“创新社会治理典型案例”征集活动结束，望江街道“民情E点通”社会治理平台成功入选。该项目创新运用新媒体技术手段，研发推出融合智慧城市与复合多元治理体系的“民情E点通”基层社会治理平台，实现各类诉求随时表达和快速解决、苗头问题即时发现和精准响应、社情民情实时掌握和联动调处。

【为老服务力度加大】 2017年，望江街道加大为老服务力度，全面推进“智慧养老”工作。从1月起，开展老人安防手机、安全智能定位器、无线门磁发放工作，服务对象涵盖70周岁以上空巢独居孤寡老人、80周岁以上高龄老人和享受政府养老服务补贴的老人，累计发放老人安防手机、安全智能定位器、无线门磁3500余部（个）。望江街道近江西园社区、徐家埠社区、清泰门社区联合浙江省唯康为老服务发展中心、杭州百穗餐饮有限公司、杭州舟之宝餐饮管理有限公司3家爱心公益企业打造家门口的老年食堂。3个老年食堂面积200余平方米，开业当天吸引200余名老年人就餐。发动党员志愿者参与菜肴配送和上门送餐服务，有效缓解老年人“吃饭难”问题。

【23个民生实事项目完成】 2017年，望江街道确定为老服务类、助残服务类等民生实事项目31个，依托各种平台，引导社会组织认领、承办民生实事项目，形成社会管理、资金众筹、自主运营的新格局，全年募集社会资金157.3万元，完成23个民生实事项目，服务居民3万人次。

【社会治理创新】 2017年，望江街道为民服务与社会治理同步落实，通过“民情E点通”与城管、公安等平台资源无缝对接，推进“一个社会治理指挥中心、一个社会治理指挥室”，以及“四个平台”（综治工作、综合执法、市场监管、便民服务）建设。通过分析研判民情关注度、矛盾集中度和隐患风险点，提升基层社会治理的预见性、针对性、有效性，实现社会治理由“事后治理”到“源头治理”的转变。全年街道社会治理指挥中心受理各类事件6908件，办结率100%，满意率97.0%；成功处置重大矛盾纠纷7起。

【矛盾纠纷化解】 2017年，望江司法所开展矛盾纠纷大排查与大调处活动，旨在保障辖区平安与稳定，确保“一带一路”国际合作高峰论坛顺利举行。加强矛盾纠纷日常排查与调处。落实对不稳定因素、特殊人群的定期排查，搭建街道、社区、单位三级联动平台，建立对接机制。对积压或久调未决的矛盾纠纷因案施策，责任社区、责任部门全力配合调处。加强对重大疑难矛盾纠纷化解的协调。依托街道法律顾问、社区律师等调解资源，共同调处涉及社会热点、难点问题的矛盾纠纷。全年成功化解矛盾纠纷5起。

【承办“两学一做”学习闯关骑行活动】 2017年10月14日，望江街道承办“喜迎十九大，踏上新征程”——上城区“两学一做”学习闯关骑行活动。望江智慧产业园内及区直机关、街道、社区100余名党员组成19支队伍参加。他们重温入党誓词、骑单车过关斩将、唱红歌赞美祖国和党、拼人墙“党徽”和“十九”造型。骑行路程中设“四大关卡”，分别为以“两学一做”党建知识抢答成绩决定出发顺序的“百舸争流”、以红歌接唱方式获取“习近平总书记治国理政金句”前半句密钥的“经典回忆”、以寻找“习近平总书记治国理政金句”后半句密钥方式开启返程之锁的“金句联对”及到达终点后集体献上对中共十九大的“深情寄语”。通过此次开放式主题党日活动，为望江金融科技城内的企业搭建联系沟通的良好平台。

（周廷波）

2017年10月14日，望江街道承办“喜迎十九大，踏上新征程”——上城区“两学一做”学习闯关骑行活动。图为拼人墙“党徽”和“十九”造型（望江街道 供稿）

2016年9月由知名作家、编剧蒋胜男在馒头山创立。工作室以网络文学影视化改编为核心，通过全媒体合作平台的共同运作，充分体现每个知识产权的商业价值。工作室落户杭州，将为浙江打造中国网络文艺之都起到推动作用，市文联主席应雪林、区委副书记周徐胤出席仪式并为工作室揭牌。

【南宋皇城游客咨询服务中心成立】 2017年3月28日，南宋皇城游客咨询服务中心及旅游产业创新创意创客基地在馒头山文化街区成立。游客咨询服务中心除提供旅游咨询、票务受理等服务外，还作为一个展示空间展示南宋文化。旅游产业创新创意创客基地主要孵化培育南宋文化创意产品、南宋特色体验游项目，以及与旅游相关的创业项目。南宋皇城小镇另一处游客服务中心设在吴山广场旅游集散中心。

【“文化驿站”打造】 2017年，南星街道整合资源，发挥社会组织作用，打造分散分布式青少年活动项目——“文化驿站”，给青少年提供学习、服务他人的机会，在付出的同时有所收获。“文化驿站”项目由学悦青少年活动中心负责执行，结合社区场地资源和社区工作特点，因地制宜开展各项工作。海月桥社区、复兴街社区针对家长上班孩子无人接送问题建立以托管服务为核心的青少年公益服务组织。馒头山社区、玉皇山社区、玉皇山南基金小镇等外来人口较多的地区，开展早教公益服务。美政桥社区民族馆、水文馆，水澄桥社区低碳馆建立社会组织托管机制、联络机制，依托白塔岭社区、馒头山社区、玉皇山社区丰富的旅游资源，建立青少年校外活动基地，推出深耕“我们的节日”系列文化活动和“五水共治”、垃圾分类、防灾减灾等系列体验活动，增强青少年的社会责任意识。

【元墅长者照护园入驻馒头山】 2017年3月21日，杭州首个失能、失智老人社区照料中心——元墅长

南星街道

【概况】 南星街道面积4.31平方千米，下辖美政桥、海月桥、馒头山、玉皇山、紫花埠、复兴街、水澄桥、白塔岭8个社区。2017年，有常住人口14921户、4.47万人。辖区内有闸口白塔、梵天寺经幢、施家山吴汉月墓、慈云岭石窟造像、老虎洞窑址、天龙寺、千佛洞、南宋皇城遗址8处国家级文物保护单位及于子三墓、宋京郊坛下官窟址、中河南端古桥、古泉群等省、市级文物保护单位。全年完成财政总收入15.01亿元，比2016年增长93.3%；地方财政收入6.82亿元，增长63%，增幅居全区第一。引进内资到位资金20.17亿元，其中市外到位资金17.31亿元，完成年度目标任务的104.9%。

【社区卫生服务中心获评全国百强】 2017年11月9日，国家卫生计生委公布“全国百强社区卫生服务中心”名单，全省有18个基层医疗机构上榜，南星街道社区卫生服务中心位列其中。南星街道社区卫生服务中心着力打造医养护签约、社区康复、精神卫生三大服务品牌，曾获全国基层中医药工作先进单位、全国示范社区卫生服务中心、浙江省百强社区卫生服务中心等荣誉。

【蒋胜男工作室启动】 2017年3月16日，蒋胜男工作室启动仪式在馒头山文化街区举行。工作室于

者照护园入驻馒头山。照护园设有老年病医院、养老公寓、居家养老照料服务中心3个服务机构，实行“医疗机构+养老机构+居家服务”三位一体的运营模式，专业服务于失能、失智及高龄老人。照护园引进社会养老服务专业机构，配置全自动除颤仪及各类专为失能、失智及高龄老人设计使用的康复理疗器材、专用护理设施及生活设备，由专业医疗康复和护理人员对日间托管的失能、失智老人开展生活照料、医疗照护、康复训练、养生指导等服务。

【为老服务水平提升】 2017年，南星街道有60周岁以上老年人10211人，占街道总人口的22.8%。为有效应对人口老龄化，南星街道积极构建为老服务新模式。街道社区卫生服务中心及6个卫生服务站配有优秀医护团队，为老人提供周到、细致、贴心的服务，让老人享受居家医疗的优质服务。全年街道社区卫生服务中心服务老人4.3万人次，6个卫生服务站服务老人10.9万人次。百穗健康老年食堂等5个老年食堂及5个敬老院为老年人提供满意的就餐和就住服务。白塔岭社区成立“互助养老服务研究与实践基地”和“党员志愿服务基地”，由街道、高校、社会组织三方通力合作打造，进一步提升街道为老服务水平。

【“美丽山南，乐活南星”摄影比赛】 2017年4月1日，南星街道举办“美丽山南，乐活南星”第三届摄影比赛。参赛作品以展现南星地区人文历史变迁及在经济转型中的新貌为主。大赛收到反映玉皇山南基金小镇风貌、南星人文历史等题材的摄影作品1500幅，评出摄影能手40余人。南星街道将摄影作品制作成画册，供摄影爱好者交流和鉴赏。

【“南宋游园会市民体验日”活动】 2017年5月9日，南星街道举办“南宋游园会市民体验日”活动。以“体验感受南宋文明”为主题，邀请何水法、黄亚洲、宋柏松、杨西湖等书画家现场为市民挥毫泼墨。凤凰御元“南宋寻梦馆”为游园者开设南宋文化讲座，以大量南宋史料、南宋文物向市民讲述南宋故事，让市民深入了解南宋文化的内涵和底蕴。有300余名市民游客参加体验日活动。

【“剿灭劣V类水”摄影专题创作活动】 2017年5月11日，南星街道联合区文化馆组织30余名省、市、区摄影爱好者开展“剿灭劣V类水”摄影专题创作活动。摄影爱好者从不同角度记录南星地区山清水秀的美丽风光，挖掘南星区域的水文之美、绿色之美、生态之美、人文之美，见证南星街道“五水共治”的成果。参赛作品后期制作成展板展出。

【馒头山社区邻里中心改造提升】 2017年，南星街道以提高邻里中心为民服务效率为宗旨，按照居委会委员本地化要求，对馒头山邻里中心社区办公区域进行升级改造，增加居民委员、居民党务志愿者的工作区域，增设前台全能社工接待窗口，将公共服务站综合办公区域后台化。居民办事只需向社区全能社工接待窗口提交一套申请材料，经办机构就会办妥所有相关手续，让居民办理个人事项“最多跑一次”。

【全国首支产业供应链基金母公司入驻南星街道】 2017年4月18日，中国物流与采购联合会在杭州主办“产融中国——2017中国供应链基金高峰论坛”，会上发起成立中国第一支产业供应链基金，总规模1000亿元。该基金母公司为浙江禹邑股权投资基金管理有限公司，基金母公司以基金管理、资产管理、海外并购为主要业务，注册资本1亿元，于1月22日入驻南星街道。

【南星益家社会组织创客空间成立】 2017年5月24日，南星益家社会组织创客空间成立。创客空间以“三全服务”（全人群、全过程、全服务）理念为引领，围绕打造一个邻里中心、建立社区服务创新基地、社会组织培育基地、社会组织实践基地三大基地的宗旨，推出便民服务、公共服务、文化服务、组织入驻、能力建设、培育引导、人才培养、理念宣传、专业服务、社志联动10项服务，使创客空间成为服务领域全方位、服务内容全过程、服务人群全覆盖的服务共同体。

【主题端午节活动】 2017年5月25日，南星街道文化站联合社区社会组织服务中心主办以“艾香端午邻里和，传承家风颂美德”为主题的端午节活动。除安排包粽子、赠香袋、颂家风外，水澄桥社区还引进智能机器人进行展示和表演。其间，服务中心送出粽子近1000个和香袋500个；元墅长者照护园组织免费体检，服务老人300余人；百穗健康老年食堂给老人送去餐券100余张。

2017年5月25日，南星街道举办主题端午节活动 (李 忠 摄)

【第三届“百日百马”公益夜跑活动】 2017年5月26日，上城区第三届“百日百马”公益夜跑活动在馒头山公园举行，即日起，每天有1名浙江知名企业家和跑友一起奔跑于南宋御街。举办“百日百马”活动旨在以浙江企业家的新形象激发全区人民健康、积极的正能量生活。活动由浙江大学企业家同学会发起，100名国内外企业家及知名跑团团长参与其中，以馒头山公园为起终点，连续100天完成100个“半个马拉松赛”，以此挑战世界上接力时间最长的马拉松赛。

【视觉康复“加油站”落成】 2017年7月6日，上城区首个视觉康复“加油站”在南星街道落成。落成仪式上，区残联、南星街道残联和省眼科医院联合举办“助明康复真关爱、惠民利民显情怀”——视觉康复加油站主题活动。视觉康复“加油站”主要给视觉障碍人员提供互联网医院专家视频诊疗服务，并通过定期举办爱眼护眼知识讲座，帮助居民预防视力残疾，促进视力健康。

【钱江残疾人喊潮队获评市级先进】 2017年8月15日，南星街道钱江残疾人喊潮队被杭州市肢残人协会授予“2016年度先进集体（提名单位）”称号。钱江残疾人喊潮队成立于2003年，致力于在每年大潮汛期间开展喊潮活动，提醒群众珍惜生命。喊潮队人员从最初的11人发展到2017年的61人，累计出动喊潮1万余人次，发放宣传资料10余万份，悬挂横幅标语1300余条，张贴宣传画3000余张，成功劝阻下堤人员5000余人次，做到“十年喊潮十年安”。

南星街道钱江残疾人喊潮队 (区残联 供稿)

【文化创意街区打造】 2017年，南星街道以“文创+产业集聚”为主线，打造文化创意街区，通过建设文化创意园，推进“文创+旅游”“文创+商贸”“文创+金融”三大“文创+”活动，吸引文化创意企业入驻街区。年内，街道从多个领域引进企业150余家，街区总面积10万平方米，初步形成以文化为特色的创意经济产业链。

2017 年 10 月 5 日，桐荫堂公益书院落户馒头山　　（南星街道　供稿）

【凤凰御元艺术基地获省重点文化产业园区称号】2017 年 1 月 13 日，省委宣传部公布重点文化产业园区名单，上城区凤凰御元艺术基地获省级重点文化产业园区（2015~2016 年度）认定。该园区入驻文创设计、艺术类企业 62 家，2016 年实现总产值 6.05 亿元，成为全区发展文化创意产业的重要平台。

【桐荫堂公益书院落户馒头山】2017 年 10 月 5 日，桐荫堂公益书院在箬帚湾路 87 号揭幕，标志着书院正式落户馒头山。该书院致力于传统文化的公益传承，主要以桐荫堂编撰并出版的近 1 万册书籍展售为主，集公众阅览、文房产品展示于一体，兼办文化沙龙、书画欣赏、雅集、小型座谈和交流等活动。书院不定期举办南宋历史文化、馒头山地域文化传播活动。书院不设收银员，由读者自主投钱到善款箱内，售书款捐给与桐荫堂结对的西藏那曲 10 座村级医务室。

【馒头山人才公寓建设】2017 年 7 月，馒头山地区首个人才公寓一期建成。人才公寓为老旧厂房通过提升改造建成的现代化民宿。有公寓房 88 套，首期 38 套位于宋城路，于 12 月完成改造。二期 50 套位于馒头山邻里中心附近，年内完成建设前期准备，将为创客青年提供拎包式入住服务。

（沈　忱　徐弋茜）

紫阳街道

【概况】紫阳街道面积 3.49 平方千米，辖上羊市街、彩霞岭、十五奎巷、太庙、候潮门、北落马营、新工、海潮、木场巷、凤凰、春江、甬江 12 个社区。2017 年有常住人口 27043 户，总人口 75072 人。辖区内有行政事业单位 31 个、三产服务业企业 2519 家。实现税收 11.03 亿元，比 2016 年增长 14.8%；地方财政收入 4.91 亿元，增长 14.5%，完成年度目标任务的 102.2%。街道党建工作规范化、经济发展现代化、民生服务精品化、城市管理精细化、社会治理法制化“五化”水平进一步提升，街道经济社会各项事业又好又快发展。全年引进企业 344 家，到位资金 59.7 亿元，其中市内资金 43.2 亿元、市外资金 16.5 亿元。浙商回归到位资金 8.2 亿元。利用外资 3550 万美元。引进项目中，1000 万元以上大项目 29 个，包括浙江炬翎科技有限公司、杭州麦粒投资管理有限公司、敦和控股有限公司、1905 电影网等知名企业。紫阳街道获全市“五水共治”工作先进集体、杭州市第二批基本“无违建街道”等荣誉。

【征收拆违】2017 年，紫阳街道全力推进望南地块征收攻坚“清零”工作，提前半年完成 31 个地块、4330 户住宅和 29 家企业征收任务，征收面积 53.36 万平方米。完成回迁安置 557 户、危旧房治理和城中村改造 375 处；拆除违法建筑 1.6 万平方米，完成全年目标任务的 130.7%，基本实现“无违建街道”。开展云雀苑、城南家园等小区老大难问题整治。平安里危旧房改造项目重新开工，该项目计划提供安置房 186 套。

【产业结构优化】2017 年，紫阳街道集聚金融企业 180 个，创造地方财政收入 1.2 亿元。紫阳地区地方财政收入前 10 位企业中，金融企业 4 家；全街道50强企业中，金融企业14家。敦和资产管理有限公司、国新国际投资咨询有限公司、浙江财通资本投资有限公司等金融企业的高级管理人员获评杰出人才。1905电影网、杭州鑫纳文化传播有限公司、杭州视博尚橙影院有限公司等文创企业先后入驻街道。南落马营体育文化公园正式开园，体育文化产业布局日益完善。

【社会保障提质扩面】 2017年，紫阳街道推进精准救助工作，扩大社会保障水平和受益面，全年民生保障支出8000余万元。扩大居家养老机构覆盖面，“爱心港湾”入选全市首个社区嵌入式微型认知症养老机构。加强就业创业帮扶，发放创业贷款650万元，开发工作岗位3753个，就业率90%。切实履行劳动监察职责，帮助民工讨回薪资1300万元。为550人办理城乡居民医保。通过“四民工作法”(民事民提、民事民议、民事民决、民事民评)确定的20个民生实事项目全部完成。安装独立式烟感报警器2886个、充电桩103处、社区微型消防站48处，提升基层处置潜在警情能力。加快街道便民服务中心及社区“百通岗”建设，优化办事流程，个人事项办理实现“一次不用跑”。

【社区文化建设】 2017年5月18日，紫阳街道举办首届南宋瓦肆文化节，推进南宋文化挖掘与保护，南宋瓦肆文化主题街区“金名片”效应不断扩大。以上羊市街社区为试点，打造全市首批社区文化家园，构建“15分钟市民学习圈”，丰富群众日常文化生活。开展“紫阳书院古诗词大会”等特色活动，共建书香社区。成立民间古井研究会，完善民间护河队，“五水共治”工作扎实推进。

【城管工作加强】 2017年，紫阳街道加强城市执法管理，推动市容环境品质、文化品位实现新的提升。全年数字城管解决率100%，道路平均清洁度99.2%。建立“垃圾换物”、积分奖励机制，开展垃圾分类社会化服务试点，实现垃圾减量目标，全年创建市级垃圾分类示范小区4个。加强车辆违停、垃圾偷倒案件处置，组织建筑垃圾管理集中整治，对建筑渣土堆积情况进行摸底排查，并确定重点管控目标。深化“民间食安办”建设，推动食品安全管理群防群治。加强防灾减灾、应急队伍建设等工作。对大马弄进行综合整治，大马弄达到环境整洁、道路畅通、经营有序的要求。

【综合治理创新】 2017年，紫阳街道以“四个平台”建设为依托，以网格化管理为抓手，推进平安护航中共十九大和“平安紫阳”建设。全年化解全民健身中心路面坍塌引发的群体性事件等11件。筑牢消防安全“防火墙”，发挥“向阳群众”“紫阳管家”品牌效应，提升辖区安全感。金色海岸小区流动人口“旅馆式”管理的经验做法在全区推广。成立社区发展协会，培育社会组织201个。春江社区入围全市首批国际化示范社区，为全区唯一入围的市级国际化示范社区。“邻里之家”建设及“凤凰早班车”“红糖妈妈俱乐部”等社区自治品牌建设受到好评，“有困难找社工”的社会氛围逐渐形成。

【群团组织建设】 2017年，紫阳街道打造“爱心驿家”，推进工会组织全覆盖，全年组建工会6个，发展会员189人，其中外来务工人员56人。激发团组织活力，打造园区团建联盟，实行团员“菜单化”服务，丰富团员青年活动。完成街道、社区妇联换届，开展寻找“最美家庭”等系列活动，发挥妇女在垃圾分类和“五水共治”中的带头作用。

【“廉政三句半”表演队成立】 2017年6月26日，紫阳街道成立“廉政三句半”表演队。表演队由4名阿姨组成，队长是退休党员陈俊英。唱词有13段、364个字，由十五奎巷社区纪委书记李敏编辑、改写。“廉政三句半”把党纪党规、清廉文化和群众喜闻乐见的民间艺术密切融合，再由表演队到各社区巡回演出，将清廉文化送进千家万户。紫阳街道重视建立互动体验类、专家解读类和互联网传播类学习平台，以各种方式推进党风廉政建设“情景教育”。在方式方法上，注重挖掘廉政文化、贴近人民群众，让群众多参与、让党群多互动，让受众以有故事、有温度、看得见、摸得着的方式接受教育。

【推行垃圾分类持证上岗制度】 2017年，紫阳街道以甬江社区阳光海岸小区为试点，推行垃圾分类工作持证上岗制度。设置理论培训、笔试测验、业务实操3个考核环节，向通过考核的家政服务从业者发放“垃圾分类培训上岗证”。全年发放“垃圾分类培训上岗证”30个，小区垃圾分类工作专业化程度进一步提升。

【首创出租房“旅馆式”管理模式】 2017年，紫阳街道探索“最多跑一次”服务前移路径，以甬江社区金色海岸小区为试点，通过建立信息化服务平台、运行五色房屋动态管理等创新手段，联动街道科室、社区干部、辖区公安、小区“区长”、物业管家等5个方面力量，规范流动人口信息采集登记和消防安全综合管理，在全区首推出租房“旅馆式”管理模式。8月24日，街道召开该管理模式主题现场会。11月1日，在甬江社区召开现场推广交流会，新华社、中央电视台对推广交流会进行报道。

【国家级青春健康基地创建】 2017年，紫阳街道以“解读青春密码，护卫青春健康”为主题，打造春江社区国家级校外青春健康教育基地。教育基地以“春”为主线，内设“春之语、春之华、春之悟、春之心、春之韵”五大功能区，集青少年心理咨询、情绪调适、健康讲堂、生活技能、文化交流等青春期服务功能于一体。教育基地创建三维特色教育模式，以杭州市杨绫子学校学生为“点”，以家庭成员为“线”，以社会青年及流动人员为“面”，服务辖区青少年，促进青少年生活技能、健康知识、心理素质的全面提升。

（朱丽群）

2017年11月1日，上城区召开出租房“旅馆式”管理现场推广交流会

（紫阳街道 供稿）

人　物
Figures

上城区第六届道德模范（最美邻里）

陈　浩　男，（1987年12月至2017年9月），生前系紫阳街道上羊市街社区主任。陈浩说，他喜欢社区工作，他觉得他做的事，老百姓认可，很有成就感，这不是赚多少钱能获得的。工作中，陈浩一直兢兢业业、尽责勤勉，从一名普通社工成为社区主任。他满腔热忱、一心为民、任劳任怨、无怨无悔，在党和政府最基层的岗位上，谋民生之利、解民生之忧、增民生福祉，他用实际行动和年轻生命践行共产党员的庄重承诺。2017年9月23日，在结束一天繁忙的工作后，陈浩在家中突然昏迷、心脏骤停，不幸去世。还原陈浩生前最后30个小时，他走访了3个老小区，爬了50层楼，访问了90余户居民和4个酒店式公寓，敲定一项电梯改造计划，分发涉及500户居民的消杀药剂和宣传材料，帮助两名居民化解矛盾……9月26日，省委常委、市委书记赵一德对陈浩事迹做出批示，号召大家向他学习。9月27日，区委追认陈浩为上城区优秀共产党员。12月28日，杭州市举行陈浩先进事迹报告会。

杨印军　男，1970年4月出生，青年路社区印军送水站负责人。他诚信对人、乐于助人，时常帮助小区居民，连续多年背着独居老人去医院看病。夏天，他在路边设置免费饮水点供来往行人消暑解渴；过春节时，他坚持送水，连续10年未回家。杨印军自己经常说，诚实守信，与人为善是一件快乐的事，能为身边的人做一些力所能及的事，让别人因为他的存在而感到幸福，相信他，是他最大的快乐。在他的言传身教中，他的孩子从小就懂得努力进取、善良感恩、诚实守信。

邱华平　男，1978年9月出生，紫阳街道社区卫生服务中心针灸推拿科兼骨伤科主任。15年来，他坚持以治疗骨伤疾病为特色专业，积极推广中医药适宜技术，坚持以人为本，爱岗敬业，刻苦钻研。工作期间，医治疑难杂症无数，其诊室从3张诊床扩大到10余张，不但紫阳地区的居民喜欢找他看病，还有不少其他地方的患者赶几小时的路来请他治疗。他在国家核心期刊发表论文2篇，主持省中医药管理局项目1项，参与省部级、厅局级项目3项。连续3年被评为优秀员工，多次被评为优秀共产党员，带领科室连续3年被评为先进集体。2017年11月1日，在全国最美中医授奖仪式上，他作为唯一一名来自基层的社区医生获“全国最美中医”称号。

胡　珏　女，1974年7月出生，杭州市胜利实验学校教师，曾获评杭州市优秀教师、杭州市教坛新秀、杭州市第五届“最美杭州人——感动杭城十佳教师”。2016年8月，她作为全国第一名派往非洲一类艰苦地区的外派教师只身到非洲，在肯尼亚学校，承担从幼儿园到高中的全部教学任务，一个人教6个年级，开创“复式课堂”，关注差异教学。支教期间，她担任学校少先队辅导员，创新主题课程，开展“海外红领巾”一系列爱国主义教育活动。在异国他乡，她作为“一带一路”的文化使者在“蒙内铁路”列车上为中非两国孩子上文化课，传播中国文化和中华民族的精神，受到外交部、驻肯大使夫妇、驻外人员家长、学生一致好评。

徐多富 女，1943 年 5 月出生，社区居民。12 年如一日照顾秦小美，无微不至、面面俱到并且无怨无悔。徐多富搬到信余里小区后，成为秦小美的隔壁邻居，得知老人情况后，便开始照料老人。从上门陪老人聊天、读报、送点心、搞卫生开始，到帮老人申领各项优待补助，照料老人起居，帮老人买菜、送报、领工资、办理各种证明，精心守护老人健康。在她的照料下，90 岁高龄的秦小美身体健朗，精神矍铄。徐多富用她的善良和孝心为其晚年撑起一片爱的天空。

黄秋红 男，（1962 年 10 月至 2017 年 9 月），南星街道海月桥社区居民，生前系上海范宇建设有限公司总经理、高级工程师、国家一级注册建造师。他从事建筑工作 30 余年，先后获浙江省建筑工程集团总公司劳动模范、浙江省企业优秀项目经理和浙江省优秀建筑装饰工程项目经理等荣誉。他所主持完成的浙江省革命烈士纪念馆和杭州日报报社迁建工程被评为杭州市优良工程，浙医二院脑科中心和急诊中心项目被评为浙江省优质工程“钱江杯”奖。2017 年 9 月 11 日，黄秋红在生命的最后时刻，捐献出自己的肝脏、双肾和一双眼角膜，让 3 名患者重获新生、2 名患者重见光明。

韩卓琦 男，1984 年 4 月出生，区公安分局出入境管理大队副队长。从警 12 年中，在区公安分局处理涉外事务 10 年，是区公安分局处理涉外事务的“专职翻译”。2014 年，韩卓琦报名参加联合国维和警察选拔。2016 年底，经过浙江省公安系统的层层筛选，韩卓琦从几百名优秀警察中脱颖而出，成为上城区公安部门中的首名维和警察，也是浙江维和警队中唯一的一名杭州警察。2017 年 2 月，韩卓琦随浙江省公安厅单独组建的中国第六支赴南苏丹维和警队到非洲南苏丹执行为期一年的维和任务。韩卓琦依靠过硬的政治素质及娴熟的警务技能，攻坚克难，出色完成多项维和任务，获联合国驻南苏丹特派团、中国驻南苏丹大使馆的称赞，联合国为他颁发“和平勋章”，以表彰其在南苏丹执行维和任务中的突出表现和卓越贡献。中央、省、市媒体多次报道韩卓琦的维和工作事迹。

葛新举 男，1966 年 4 月出生，东宝路汽车装潢店店主。2017 年 3 月 20 日凌晨，他被一股奇怪的味道惊醒，出门查看，发现隔壁馒头店里飘出很浓的刺激气味，他意识到这是煤气泄漏，店里可能还有住人。于是立刻叫来救护车，带着两个店员冲进馒头店，将 4 名已经昏迷的邻居救出送往医院。救人后，他又开车到医院看望他们，确认都平安无事才放心。面对媒体采访，葛新举只说是做了一件小事，算不了什么。

赖　敏 女，1965 年 10 月出生，紫阳街道候潮门社区居民。她是一名孝顺的女儿、善良的妻子、坚强的母亲，从母亲瘫痪那天起，一直不离不弃，精心照顾。丈夫远在外地工作，她毅然挑起家庭重担；同时抚育照顾脑瘫女儿 24 年。赖敏怀着一颗孝顺之心、一颗体贴之心、一颗关爱之心，用自己的实际行动践行为人子女、为人母的责任和担当，在平凡生活中演绎出点滴亲情故事。她说：“自从母亲走后，自己一个人走在路上的时候会感到特别孤独，当路上没人，很清静时，会心酸得掉眼泪，怕被别人看见，迅速把眼泪抹掉，因为我必须坚强，女儿才有依靠。”“坚强”这两个刻在心里的字，提醒着她做生活的强者。

清波环卫所清肥班组 该班组有章文根等职工 3 人，负责整个清波辖区 500 余只化粪池疏通、保养、粪便清运等工作。化粪池清疏是一项脏、臭、累的工作，他们每天早出晚归，坚持在岗位一线，有时为疏通一个化粪池，在地上一跪就是几个小时，干完后揉揉麻木的双腿，又忙着把现场打扫干净。每天工作下来，手磨出泡，泡磨出血，最后双手结起老茧，面对艰苦的工作环境，他们总是咬牙坚持，从未叫过一声苦。多年来，他们发扬“团结实干、奉献大局、敢打硬战、争创一流”的环卫精神，以热情的服务和全心全意为人民服务为宗旨、一流的工作水平获辖区居民的点赞好评，在平凡的岗位上树立起当代环卫工人的良好形象。

（王　蕾）

上城区非物质文化遗产市级代表性传承人

王君琴　女，1963年6月出生于浙江桐庐。就职于杭州万隆实业有限公司，自1985年大学毕业后到万隆腌腊食品公司工作，一年内就掌握火腿和香肠的全部制作工艺和技术，并提出多项技术创新举措，被公司任命为技术主管。2004年起，王君琴一直担任万隆公司下属加工厂的首席生产技术总监，担负并引导万隆传统腌腊食品制作技术的传承与创新。2015年11月，王君琴被认定为杭州市非物质文化遗产万隆腌腊食品制作技艺代表性传承人。

王晨云　女，1975年10月出生于浙江。杭州市工艺美术大师、高级工艺美术师。就职于杭州陈水琴工艺美术大师工作室，具有全面、扎实的刺绣功底，在继承传统技法的基础上大胆创新，艺术思路宽广，尤其擅长人物刺绣。其作品特色为：传统打籽绣颗粒饱满，排列均匀；传统齐针绣、木梳套针脚整齐、丝理清晰；盘线绣色泽秀丽，线条流畅；人物行神皆备、栩栩如生；刺绣花鸟鱼虫针法运用自如，用线精辟细致，施色自然丰富，绣面光洁明亮。2011年9月，王晨云被认定为杭州市非物质文化遗产杭州刺绣技艺代表性传承人。

朱军岷　男，1969年11月生于浙江杭州。中华老字号“朱府铜艺”第五代传人、北京大学宗教系硕士研究生、中国工艺美术学会金属艺术委员会副秘书长、浙江省工艺美术大师、杭州市十大新锐企业青年领军人物。他传承祖业，师从中国工艺美术大师朱炳仁，于2005年任杭州金星铜集团有限公司董事长，致力于将传统手工艺企业打造成中国铜建筑领域最具规模的高科技文化创意企业。与朱炳仁一起建造“江南铜屋”，先后有“仁品行”品牌和“熔铜禅画”工艺问世。2013年12月，朱军岷被认定为杭州市非物质文化遗产杭州铜雕技艺代表性传承人。

杨连根　男，1942年1月出生，籍贯浙江。他致力于梨膏糖手工制作技艺和说唱小热昏的传承。1989年创办全省第一个专业生产梨膏糖的工厂——杭州天一堂梨膏糖厂，该厂于1999年被国内贸易部命名为“中华老字号”。2011年，梨膏糖传统制作技艺被市政府公布为第四批杭州市非物质文化遗产名录。2011年9月，杨连根被认定为杭州市非物质文化遗产梨膏糖传统制作技艺代表性传承人。

郑胜宁　民国32年（1943年）1月出生，浙江乐清人。高级工艺美术师，中国工美行业艺术大师，中国木雕艺术大师，中国根艺美术大师，浙江工艺美术研究所木雕原研究室主任，从艺60余年，一直秉承和发扬优良民族传统文化，木雕风格既继承传统又面向现代。2015年11月，郑胜宁被认定为杭州市非物质文化遗产杭州木雕雕刻技艺代表性传承人。

黄建铭　男，1959年11月1日出生，籍贯浙江。1978年12月进入杭州毛源昌眼镜厂当学徒工，随后一直在镜片车间从事眼镜片的加工生产和技术创新。杭州毛源昌眼镜厂经黄建铭团队自主研发磨制疑难光度镜片，结束省内不能生产疑难光度镜片的历史。生产的疑难光度镜片1986年被省轻工业厅列为名、优、新、特产品，授予“金鹰奖”；1987、1988、1989年被连续授予省市优秀“四新产品奖”。2010年7月，黄建铭被认定为杭州市非物质文化遗产疑难光度镜片传统加工技艺代表性传承人。

蒋　明　女，1957年5月出生，籍贯浙江。杭州利民中式服装厂部门经理、技师。她出身裁缝世家，1996年被评为杭州市服装缝纫技师，2004年被评为杭州市十佳服装设计师。2008年担任北京奥运会“青花瓷”和“粉色”两个系列6个款式近200套礼仪服装的生产技术指导。2010年7月，蒋明被认定为杭州市非物质文化遗产振兴祥中式服装制作技艺代表性传承人。

程晓冬　女，1956年11月出生，籍贯浙江。任职于杭州方回春堂国药馆有限公司，从事医药行业工作40余年。她刻苦学习，潜心钻研，熟练掌握中药制剂丸、散、膏、丹等制作技艺。在膏方制作技艺上，把现代中药制剂工艺与中医制膏技术相结合，特别在传统中医膏方的制作工艺上，既有保留、传承，又有发挥、创新。在保持传统膏方制作的同时，开发强腰补肾膏、雪梨膏、桑葚膏等膏剂，并发掘开发制作琼玉膏、玉容膏、长春广嗣膏、资生健脾膏等膏方。2013年12月，程晓冬被认定为杭州市非物质文化遗产方回春堂传统膏方制作技艺代表性传承人。

潘晓颖　女，1975年2月出生，籍贯浙江杭州。杭州市工艺美术大师，师从中国工艺美术大师陈水琴至今。20余年来，一直致力于刺绣精品创作与民间艺术研究工作，作品具有较强的专业技艺水平和理论绘画基础，同时又大胆创新，注重将传统意识与现代理念相结合，搏采众长，充分吸收其他艺术品种的精髓，逐渐形成清晰明快、雅致大方的刺绣风格。她所创作的作品在各类省、市及全国性展览上获多个奖项。2008年北京奥（残）运会期间，她随浙江代表团到“中国故事”浙江馆进行现场绣艺展示，受到海内外人士一致好评。2013年12月，程晓冬被评为杭州市非物质文化遗产杭州刺绣技艺代表性传承人。

（裘　聪）

统计资料

Statistical Data

统计表

2017年上城区国民经济主要统计指标

表16

指　标	计量单位	实　绩	比2016年（%）	占杭州市的比重（%）
地区生产总值	亿元	1 011.44	6.5	8.3
规模以上工业增加值	亿元	367.88	8.7	11.5
社会消费品零售总额	亿元	396.06	10.6	6.9
地方财政收入	亿元	73.19	9.9	4.7
固定资产投资	亿元	121.46	11.3	2.1
外贸出口总额	亿美元	95.68	8.7	2.8

2013~2017年上城区生产总值及发展指数

表17

年　份	2013年	2014年	2015年	2016年	2017年
地区生产总值（亿元）	738.93	800.59	848.2	928.34	1 011.44
发展指数	106.5	107.8	109.1	106.2	106.5

2017年上城区规模以上工业企业主要经济指标

表18

指　标	计量单位	数　量
规模以上工业企业数量	个	32
规模以上工业企业平均人数	人	12 206
规模以上工业企业总产值	亿元	758.45
规模以上工业企业销售产值	亿元	748.98
规模以上工业产品销售收入	亿元	746.94
规模以上工业企业利润总额	亿元	49.93
规模以上工业企业利税总额	亿元	311.50

2017 年上城区主要工业产品产量

表 19

产品名称	计量单位	实 绩
饮料	吨	409 602
卷烟	万支	5 372 816
服装	万件	63
合成橡胶	吨	335
塑料制品	吨	9 122
钢结构	吨	11 028
电动机	千瓦	45 085
变压器	千伏安	805 424
家用电冰箱（家用冷冻冷藏箱）	台	199 104
家用冷柜（家用冷冻箱）	台	48 797
光电子器件	万只（片、套）	2 747
电子元件	万只	57.5
工业自动调节仪表与控制系统	台（套）	32 400
电工仪器仪表	台	16 885 755
试验机	台	425
自来水生产量	万立方米	52 387.9

2017 年上城区固定资产投资

表 20

单位：万元

项 目	实 绩	为上年（%）
固定资产投资	1 214 556	111.3
房地产开发投资	953 572	137.9
工业投资	9 027	114.3

（区统计局）

2017 年上城区外商直接投资情况

表 21

指 标	计量单位	实 绩	比 2016 年（%）
批准项目数	个	33	26.9
总投资额	万美元	71 975	240.2
合同外资金额	万美元	38 573	249.1
实际利用外资	万美元	21 785	-7.7

2017 年上城区进出口情况

表 22

指　标	实绩（万美元）	比 2016 年（%）
全区进出口总值	263 918.53	14.6
出口总额	140 960.37	5.6
中外合资企业	25 005.47	40.1
进口总额	122 958.16	27.2

（区商务局）

2017 年上城区社会保障情况

表 23

单位：人

城镇居民社会养老保险参保人数	基本养老保险参保职工人数	基本医疗保险参保人数	工伤保险参保人数	生育保险参保人数	失业保险参保人数
152 581	152 581	152 581	161 284	148 083	149 999

（区人力资源和社会保障局）

2017 年上城区环境保护情况

表 24

指　标	实　绩
空气质量指数（AQI）优良天数（天）	271
集中式饮用水源地水质达标率（%）	100

（上城环保分局）

附 录
Appendix

先进集体

2017 年度国家级和部级先进集体

表 25

获奖部门	先进荣誉（称号）	颁奖单位	颁奖时间
上城区	第一批全国中小学校责任督学挂牌督导创新县（市、区）	国务院教育督导委员会	2017 年 3 月
上城区	2017 年度中国全面小康十大示范县（市、区）	中国全面小康论坛组委会	2017 年 12 月
区委组织部	组织系统 2016 年度信息报送先进单位	中共中央组织部办公厅	2017 年 3 月
“湖滨晴雨”工作室	2016 年度舆情信息工作贡献突出“优秀单位”	中共中央宣传部办公厅	2017 年 2 月
区教育局	第五届全国未成年人思想道德建设工作先进单位	中央精神文明建设指导委员会	2017 年 11 月
小营街道小营巷社区	第五届全国文明单位	中央精神文明建设指导委员会	2017 年 11 月
区委统战部“智·和”同心荟服务中心	全国第二批新的社会阶层人士统战工作实践创新基地	中共中央统战部	2017 年 12 月
杭州市崇文实验学校、杭州娃哈哈双语学校	2017 年全国青少年校园足球特色学校	教育部	2017 年 6 月
区教育局	《行走德育：基于社会主义核心价值观的上城德育实践》获全国中小学德育工作优秀案例	教育部办公厅	2017 年 10 月
紫阳街道上羊市街社区	2016 年度全国社会工作服务示范社区	民政部	2017 年 1 月
区法院	全国优秀法院	最高人民法院	2017 年 1 月

续表 25

获奖部门	先进荣誉（称号）	颁奖单位	颁奖时间
区委组织部	撰写的《从“+互联网”到“互联网+”：创新平台和思维做强基层党建——基于杭州市上城区的探索实践》课题报告被评为全国党的建设研究会2016年度调研课题优秀成果	全国党的建设研究会	2017年3月
区地方志办公室	《上城年鉴（2015）》获2015~2016年度年鉴编校质量检查评比一等奖	中国出版协会年鉴工作委员会	2017年3月
区市场监管局	2016年全国医疗器械科普创作竞赛一等奖	国家食品药品监督管理总局新闻宣传中心、中国医药新闻信息协会联合主办，中国医药新闻信息协会承办	2017年5月
湖滨街道	标准化国家级试点项目	国家标准化委员会	2017年6月
团区委、区青少年活动中心	2017年全国优秀国学教育项目	共青团中央学校部、全国学联秘书处、全国少工委办公室	2017年9月
区社区学院	2016年全民终身学习活动周成功组织奖	中国成人教育协会	2017年4月
区社区学院	2016年全民终身学习活动周先进单位	中国成人教育协会	2017年4月
区社区学院	全国社区教育优质课程资源共享先进单位	中国成人教育协会社教专业委员会、国家数字化学习资源中心	2017年6月
杭州市清河实验学校	教育戏剧联盟学校	全国少儿教育戏剧联盟、浙江少儿戏剧教育研究院	2017年7月
“小营·江南红巷”景区	全国爱国卫生运动教育基地	全国爱国卫生运动委员会	2017年5月
南星街道社区卫生服务中心	全国百强社区卫生服务中心	中国社区卫生协会	2017年11月
区工商联	全国“五好”县级工商联	全国工商联	2017年12月
湖滨街道涌金门社区盛之花舞蹈队	2017年福摩杯“舞动中国——广场舞联赛”总决赛常青组大集体团体第三名	国家体育总局体操运动管理中心	2017年11月
望海潮公司	钱塘江北岸亮灯工程获中照照明二等奖	中国照明协会	2017年6月
望海潮公司	区体育中心项目入选2017年度全国建筑业绿色建造暨绿色施工示范工程	中国建筑业协会	2017年6月
杭州娃哈哈集团有限公司	2017年工业品牌培育示范企业	工业和信息化部	2017年11月
杭州娃哈哈集团有限公司	2017年度中国企业最具影响力新媒体账号（娃哈哈）	国务院国资委新闻中心、中央企业媒体联盟	2017年12月
杭州娃哈哈集团有限公司	2016年度中国工业综合指数（ICI）填报优秀单位	中国工业经济联合会	2017年1月
杭州娃哈哈集团有限公司	2017年中国快速消费品牌新零售先锋	中国电子商务协会B2B行业分会	2017年3月
杭州娃哈哈集团有限公司	2016年度中国企业人力资源开发与管理最佳企业奖	中国人力资源开发研究会	2017年5月

续表 25

获奖部门	先进荣誉（称号）	颁奖单位	颁奖时间
杭州娃哈哈集团有限公司	2017 年度中国企业人才发展服务优秀企业奖	中国人力资源开发研究会	2017 年 11 月
杭州娃哈哈集团有限公司	《北上广依然相信爱情》营养快线娱乐营销案例获第九届广告主金远奖	北京金远扬文化传媒有限公司等	2017 年 5 月
杭州娃哈哈集团有限公司	2016 年度中国轻工业食品行业五十强企业	中国轻工业联合会	2017 年 6 月
杭州娃哈哈集团有限公司	2016 年度中国轻工业百强企业	中国轻工业联合会	2017 年 6 月
杭州娃哈哈集团有限公司	2016~2017 年度食品安全示范项目奖	第九届中国食品安全论坛组委会	2017 年 6 月
杭州娃哈哈集团有限公司	ADMEN 国际大奖内容营销类实战金案	ADMEN 国际大奖中国组委会	2017 年 7 月
杭州娃哈哈集团有限公司	中国乳业优秀新产品奖（娃哈哈果蔬酸奶）	中国乳制品工业协会	2017 年 8 月
杭州娃哈哈集团有限公司	2017 年中国民营企业制造业 500 强第 54 位	中华全国工商业联合会网站	2017 年 8 月
杭州娃哈哈集团有限公司	2017 年中国民营企业 500 强第 104 位	中华全国工商业联合会网站	2017 年 8 月
杭州娃哈哈集团有限公司	2017 年中国企业 500 强第 327 名	中国企业联合会、中国企业家协会	2017 年 9 月
杭州娃哈哈集团有限公司	2017 年可持续发展包装大奖	香港美狮传媒集团、包装经理人俱乐部、《包装经理人》杂志	2017 年 10 月
杭州娃哈哈集团有限公司	论文《超高效液相色谱——串联质谱法检测油脂样品中 18 种邻二甲酸酯的含量》获中国食品科学技术学会科技创新奖二等奖	中国食品科学技术学会	2017 年 11 月

2017 年度省级和省属部门级先进集体

表 26

获奖部门	先进荣誉（称号）	颁奖单位	颁奖时间
上城区	2016 年度浙江省“五水共治”工作优秀县（市、区）“大禹鼎”	中共浙江省委、浙江省人民政府	2017 年 3 月
上城区	平安区“平安金鼎”	中共浙江省委、浙江省人民政府	2017 年 3 月
上城区	第三批无违建创建先进区	中共浙江省委、浙江省人民政府	2017 年 5 月
上城区	浙江省示范学习型城市	浙江省教育厅	2017 年 3 月
上城区	首批“浙江省老年友好城市”	浙江省老龄办	2017 年 8 月
上城区	浙江省食品安全区	浙江省食品安全委员会	2017 年 12 月
上城区	2016~2020 年度浙江省科普示范县（市、区）	浙江省科学技术协会	2017 年 7 月

续表 26

获奖部门	先进荣誉（称号）	颁奖单位	颁奖时间
区城管局	浙江省文明单位	中共浙江省委、浙江省人民政府	2017 年 12 月
区公安分局、区委维稳办	全省党的十九大维稳安保工作先进集体	中共浙江省委、浙江省人民政府	2017 年 12 月
区委办	全省党委系统信息工作一等奖	中共浙江省委办公厅	2017 年 1 月
区委组织部	全省组织系统 2016 年度优秀调研报告	中共浙江省委组织部	2017 年 3 月
区直机关工委	2016 年度全省机关党建信息工作一等奖	浙江省直机关工委	2017 年 3 月
区人大常委会办公室	2016 年全省人大信息工作先进单位	浙江省人大常委会办公厅、浙江省人大常委会研究室	2017 年 1 月
馒头山文化街区	2017 年度浙江省文化创意街区	中共浙江省委宣传部	2017 年 12 月
玉皇山南基金小镇	浙江省特色小镇	浙江省人民政府	2017 年 8 月
杭州山南国际设计创意产业园	2016 年度省级现代服务业集聚示范区	浙江省发改委	2017 年 12 月
区财政局	浙江省财政预算执行工作质量考核综合财务报告先进单位	浙江省财政厅	2017 年 11 月
区财政局	《浙江财政年鉴（2017）》组稿工作先进单位	浙江省财政厅	2017 年 12 月
区劳动人事仲裁委员会	全省劳动人事争议案件处理工作优秀单位	浙江省劳动人事争议仲裁委员会	2017 年 12 月
区商务局	2016 年全省外商投资企业服务年成绩突出单位	浙江省商务厅	2017 年 1 月
区市场监管局	2016 年度创新奖	浙江省质量技术监督局	2017 年 1 月
区公安分局	全省公安队伍正规化建设优秀单位	浙江省公安厅	2017 年 1 月
区公安分局	2016 年度全省公安机关执法质量优秀单位	浙江省公安厅	2017 年 1 月
区公安分局	2016 年度全省公安信访工作考核县级优秀单位	浙江省公安厅	2017 年 1 月
区公安分局	命案全破县（市、区）公安局	浙江省公安厅	2017 年 2 月
湖滨派出所	全省公安基层基础工作成绩突出所队	浙江省公安厅	2017 年 3 月
湖滨派出所	全省优秀公安基层单位	浙江省公安厅	2017 年 9 月
区公安分局	2016 年全省打击治理电信网络新型违法犯罪专项工作成绩突出集体	浙江省打击治理电信网络新型违法犯罪工作联席办公室	2017 年 3 月
区禁毒委员会办公室	全省禁毒业务工作成绩突出集体	浙江省禁毒办	2017 年 3 月
区残联	“十二五”浙江省残疾人工作先进集体	浙江省残疾人工作委员会	2017 年 3 月
区国税局纳税服务科	浙江省青年文明号	浙江省青年文明号、青年岗位能手活动组委会	2017 年 9 月
上城地税分局	浙江省地税系统先进集体	浙江省地税局	2017 年 1 月
南星街道社区卫生服务中心精神康复病区	浙江省工人先锋号	浙江省总工会	2017 年 4 月

续表 26

获奖部门	先进荣誉（称号）	颁奖单位	颁奖时间
区城管局汽车场之江路清扫班	浙江省巾帼文明岗	浙江省妇联	2017 年 12 月
区卫生和计划生育监督所	2017 年度浙江省卫生计生执法微课优秀作品评选活动三等奖	浙江省卫生监督所	2017 年 12 月
南星街道社区卫生服务中心	2017 年浙江省百强社区卫生服务中心	浙江省卫生和计划生育委员会	2017 年 9 月
区妇幼保健计划生育服务中心	浙江省无烟单位	浙江省爱卫会	2017 年 5 月
紫阳街道社区卫生服务中心、区妇幼保健计划生育服务中心	2017 年浙江省卫生先进单位	浙江省爱卫会	2017 年 11 月
区疾病预防控制中心	2017 年浙江省控烟微图文大赛微图文作品二等奖	浙江省健康促进与教育协会	2017 年 5 月
清波街道	浙江省乡镇（街道）劳动争议调解综合示范单位	浙江省人力资源和社会保障厅	2017 年 5 月
清波街道	2017 年度全省劳动人事争议基层调解优秀单位	浙江省劳动人事争议仲裁委员会	2017 年 12 月
南星街道	浙江省征兵工作先进单位	浙江省人民政府征兵办公室	2017 年 12 月
望江街道	“丝韵浙江”首届葫芦丝巴乌全国邀请赛最佳组织奖	浙江省民族管弦乐学会	2017 年 12 月
紫阳街道	“十二五”全省计划生育协会工作先进单位	浙江省计划生育协会	2017 年 1 月
紫阳街道蓝色钱江小区、新绿园小区、春江花月小区	浙江省节水型居民小区	浙江省住房和城乡建设厅	2017 年 4 月
紫阳街道甬江社区、新工社区	2017 年气象防灾减灾标准化村（社区）	浙江省气象局	2017 年 12 月
“湖滨晴雨”工作室	2016 年度舆情信息工作业绩突出直报点	中共浙江省委宣传部办公室	2017 年 1 月
湖滨街道“红色港湾”	第二批全省市民终身学习体验基地	浙江省社区教育指导中心	2017 年 12 月
清波街道张能庆公益服务站	浙江省志愿服务先锋队	共青团浙江省委、浙江日报报业集团	2017 年 6 月
清波街道张能庆公益服务站	2015~2016 年度浙江杰出志愿服务集体	浙江省志愿服务工作委员会办公室、共青团浙江省委、浙江省志愿者协会	2017 年 5 月
小营街道文化体育站	浙江省特级综合文化站	浙江省文化厅	2017 年 2 月
“小营·江南红巷”景区	浙江省文化旅游示范基地	浙江省旅游局	2017 年 11 月
“小营·江南红巷”景区	浙江省健康文化宣传基地	浙江省卫生和计划生育委员会	2017 年 4 月
小营红巷生活广场青少年综合服务平台	浙江省示范性“青年之家”综合服务平台	共青团浙江省委办公室	2017 年 7 月
杭州市胜利瑞丰幼儿园、杭州市胜利金都幼儿园、杭州市清波幼儿园、杭州市紫阳幼儿园、杭州市喜洋洋幼儿园、杭州市行知金陶幼儿园金陶园区、杭州市培红幼儿园培红园区、杭州市娃哈哈幼儿园赞成林风园区、杭州市天艺幼儿园天艺园区	第三批通过一级幼儿园重新审核认定	浙江省人民政府教育督导委员会办公室	2017 年 7 月

续表 26

获奖部门	先进荣誉（称号）	颁奖单位	颁奖时间
区社区学院	“乐龄学堂”获评浙江省成教品牌项目	浙江省教育厅	2017 年 3 月
杭州市天长小学	授予少先队杭州市天长小学大队“浙江省少先队先进集体”称号	共青团浙江省委、浙江省教育厅、浙江省少工委	2017 年 8 月
北师大附中、杭州市胜利实验学校、杭州市天长小学、杭州市金都天长小学	浙江省 2017 年青少年校园足球特色学校	浙江省教育厅办公室	2017 年 10 月
杭州市娃哈哈双语学校	2016 年第二批义务教育标准化学校	浙江省教育厅办公室	2017 年 1 月
杭州市娃哈哈幼儿园	“创造性游戏‘还少了一个塔尖儿’”入选 2016 年浙江省幼儿园优秀游戏视频案例资源目录	浙江省教育厅办公室	2017 年 1 月
杭州市培红幼儿园	“爸爸你再不陪我，我就长大了”入选 2016 年度浙江省家长学校家庭教育数字资源征集活动资源名单	浙江省教育厅办公室、浙江省妇女联合会办公室	2017 年 3 月
杭州市行知金陶幼儿园	“心灵的画板——亲子涂鸦情绪疏导活动”入选 2016 年度浙江省家长学校家庭教育数字资源征集活动资源名单	浙江省教育厅办公室、浙江省妇女联合会办公室	2017 年 3 月
杭州师范大学第一附属小学	“改变，从阅读开始”入选 2016 年度浙江省家长学校家庭教育数字资源征集活动资源名单	浙江省教育厅办公室、浙江省妇女联合会办公室	2017 年 3 月
杭州市陶子幼儿园	“一起来‘悦’读，让孩子爱上书——家庭亲子阅读策略谈”入选 2016 年度浙江省家长学校家庭教育数字资源征集活动资源名单	浙江省教育厅办公室、浙江省妇女联合会办公室	2017 年 3 月
杭州市行知幼儿园	“小饭团，滚一滚（亲子活动指导）”入选 2016 年度浙江省家长学校家庭教育数字资源征集活动资源名单	浙江省教育厅办公室、浙江省妇女联合会办公室	2017 年 3 月
区教育局教育通讯站	浙江省 2016 学年教育宣传工作先进集体	浙江省教育厅新闻办公室、浙江教育报刊总社	2017 年 3 月
区教育局发行站	浙江省 2016 学年（下）先进发行站一等奖	浙江教育报刊总社	2017 年 4 月
杭州市紫阳小学、北师大附中、杭州市惠兴中学、上城区教育学院附属小学、杭州市金都天长小学、杭州市清河实验学校	2016 年度省课外阅读先进集体	浙江教育报刊总社	2017 年 3 月
杭州市胜利实验学校、杭州市时代小学	浙江省第二批“千校结好特色学校”	浙江省教育国际交流协会	2017 年 11 月
杭州市胜利实验学校	浙江省第二批中小学亲子辅导示范培育学校	浙江省中小学心理健康教育指导中心办公室	2017 年 6 月
杭州市金都天长小学	浙江省第八届小学生课内作文大赛团体优胜奖	浙江省小作家联络部	2017 年 5 月

续表 26

获奖部门	先进荣誉（称号）	颁奖单位	颁奖时间
杭州市娃哈哈小学、杭州师范大学第一附属小学	2017 年浙江省暨杭州市中小学生 DI 创新思维大赛优秀奖	浙江省青少年 DI 创新思维大赛组委会	2017 年 11 月
杭州市崇文实验学校	2017 年浙江省暨杭州市中小学生 DI 创新思维大赛一等奖	浙江省青少年 DI 创新思维大赛组委会	2017 年 11 月
杭州市抚宁巷小学、杭州市开元中学	2017 年浙江省暨杭州市中小学生 DI 创新思维大赛二等奖	浙江省青少年 DI 创新思维大赛组委会	2017 年 11 月
杭州市胜利实验学校、杭州市惠兴中学	2017 年浙江省暨杭州市中小学生 DI 创新思维大赛三等奖	浙江省青少年 DI 创新思维大赛组委会	2017 年 11 月
上城区贸促会	2016 年度全省贸促系统业务考核联络工作先进单位	浙江省贸促会	2017 年 1 月
杭州联众医疗科技股份有限公司、浙江远传信息技术股份有限公司	2017 年省级企业研究院	浙江省发展和改革委员会、浙江省经济和信息化委员会	2017 年 8 月
杭州娃哈哈集团有限公司	2017 年浙商人工智能标杆企业	2017 浙商（投融资）大会组委会	2017 年 6 月
杭州娃哈哈集团有限公司	2017 年浙商全国 500 强第 23 名	《浙商》杂志社	2017 年 6 月
杭州娃哈哈集团有限公司	2016 年度浙江省百强民营企业	浙江省工商行政管理局、浙江省民营企业发展联合会	2017 年 8 月
杭州娃哈哈集团有限公司	浙江优质乳企展示品牌	浙江省食品药品监督管理局、浙江日报报业集团	2017 年 9 月
杭州娃哈哈集团有限公司	浙江省制造业百强企业	浙江省企业联合会、浙江省企业家协会、浙江省工业经济联合会	2017 年 9 月
杭州娃哈哈集团有限公司	浙江省百强企业	浙江省企业联合会、浙江省企业家协会、浙江省工业经济联合会	2017 年 9 月
杭州娃哈哈集团有限公司	2017 年十大智能工厂食品饮料生产智能工厂	浙江省企业信息化促进会、中国产业互联网（浙江）研究院	2017 年 9 月
杭州娃哈哈集团有限公司	2017 年度浙江省企业管理现代化创新成果二等奖（获奖成果为“卓越组织绩效管理体系的构建与实施”）	浙江省企业联合会、浙江省企业家协会	2017 年 9 月
杭州娃哈哈集团有限公司	娃哈哈晶钻饮用纯净水、娃哈哈酵苏发酵果蔬汁饮品、娃哈哈爱迪生奶酪酸奶被评为 2017 年浙江省优秀工业产品	浙江省优秀工业产品评选委员会	2017 年 9 月
杭州娃哈哈集团有限公司	“四个强省”领军企业	第四届世界浙商大会	2017 年 11 月
杭州娃哈哈集团有限公司	浙江传统制造业改造提升示范企业	浙江省经济和信息化委员会、浙江日报社	2017 年 11 月
杭州娃哈哈集团有限公司	传统制造业改造提升领航者——十大典型企业	浙江省经济和信息化委员会、浙江日报社	2017 年 11 月
杭州娃哈哈集团有限公司	2017 年浙江省企业信息化项目创新奖（获奖项目为“企业级非结构化大数据智能分析平台”）	浙江省企业信息化促进会	2017 年 12 月

2017年度市级先进集体

表27

获奖部门	先进荣誉（称号）	颁奖单位	颁奖时间
上城区	杭州市“创新奖”	中共杭州市委、杭州市人民政府	2017年4月
上城区	《老城区转型发展的探索与实践——上城区以玉皇山南基金小镇为载体打造高端金融产业生态圈》项目获2016年度杭州市综合考评创新奖	中共杭州市委、杭州市人民政府	2017年4月
上城区	2016年度杭州“五水共治”先进区	中共杭州市委、杭州市人民政府	2017年5月
上城区	2016年度城乡区域统筹发展（新农村建设）工作达标单位	中共杭州市委、杭州市人民政府	2017年2月
上城区	2016年度城乡区域统筹发展（新农村建设）工作区县（市）协作贡献单位	中共杭州市委、杭州市人民政府	2017年2月
上城区	2016年度创建法治区工作示范单位	中共杭州市委	2017年11月
上城区	2016年度区县（市）创新发展考核优胜	中共杭州市委办公厅、杭州市人民政府办公厅	2017年6月
上城区	2016年度全市招商引资目标责任制考核三等奖	中共杭州市委办公厅、杭州市人民政府办公厅	2017年4月
上城区	2016年度市重点项目征迁安置“双清”暨做地质量年专项行动考核一等奖	杭州市人民政府办公厅	2017年1月
上城区	2016年度全市支持浙商创业创新工作目标责任制考核三等奖	杭州市人民政府办公厅	2017年4月
区委办	杭州市2016年度党委系统信息工作一等奖	中共杭州市委办公厅	2017年1月
区委政法委	杭州市2016年度平安工作先进集体	中共杭州市委、杭州市人民政府	2017年2月
区商务局	杭州市外贸目标责任制考核一等奖	杭州市人民政府办公厅	2017年4月
区商务局	杭州市服务贸易综合考核三等奖	杭州市人民政府办公厅	2017年4月
区统计局	杭州市2016年度平安工作先进集体	中共杭州市委、杭州市人民政府	2017年2月
湖滨街道	杭州市2016年度平安示范乡镇（街道）	中共杭州市委办公厅	2017年2月
“湖滨晴雨”工作室	全市信息直报点一等奖	中共杭州市委办公厅	2017年1月
清波街道	杭州市“无违建街道”	杭州市人民政府	2017年9月
望江街道	杭州市2016年度平安“示范乡镇（街道）”	中共杭州市委、杭州市人民政府	2017年3月
南星街道	2016年度全市政务信息工作先进单位	杭州市人民政府办公厅	2017年3月
南星街道	2016年度杭州市法治乡镇（街道）创建先进单位	中共杭州市委	2017年11月
杭州娃哈哈集团有限公司	2017年“春风行动”爱心奖	中共杭州市委、杭州市人民政府	2017年12月
杭州娃哈哈集团有限公司	2016年市级科技进步奖三等奖（获奖项目为“机器人码垛包装工作站”）	杭州市人民政府	2017年3月
杭州娃哈哈集团有限公司	杭州市科技进步奖三等奖（获奖项目为“基于羧甲基纤维素钠、黄原胶和瓜尔胶的复配胶体的流变学测试及其在乳饮料体系中的应用研究”）	杭州市人民政府	2017年7月

【2016 年上城区征迁、治危、拆违工作先进集体】

征迁先进单位

望江街道、紫阳街道、区住建局、区国土分局、区公安分局、望江指挥部

治危先进单位

南星街道、湖滨街道、湖滨指挥部、玉皇山南指挥部

拆违先进单位

清波街道、小营街道、区城管局

【上城区先进基层党组织】

区委组织部机关党支部、市国土局上城分局机关党支部、区发改经信局机关第三党支部、杭州市清波幼儿园党支部、南星街道社区卫生服务中心党支部、湖滨市容环卫所党支部、区公安分局看守所党支部、区公安分局紫阳派出所党支部、浙江威星智能仪表股份有限公司党支部、浙江中杭电子有限公司党支部、湖滨街道东平巷社区第五党支部、新湖滨商业党支部、张能庆公益服务站党支部、清波街道十三湾巷动迁分指挥部党支部、小营街道大学路社区党委、杭州中维歌德大酒店党支部、望江街道现场动迁指挥部临时党委、杭州近江股份经济合作社党委、敦和资产有限公司党支部、南星街道玉皇山社区党委、紫阳街道彩霞岭社区党委、紫阳街道上羊市街社区党委、上城区保安服务有限公司党支部、杭州娃哈哈昌盛饮料公司党支部

【2016 年度上城区夏秋季征兵工作先进单位】

先进基层单位

望江街道、紫阳街道

先进社区

青年路社区、清波门社区、马市街社区、金钱巷社区、大通桥社区、近江西园社区、在水一方社区、美政桥社区、复兴街社区、北落马营社区、彩霞岭社区、上羊市街社区

先进个人

2017 年度国家级和部级先进个人

表 28

获奖单位	获奖人姓名	先进荣誉（称号）	颁奖单位	颁奖时间
区公安分局	韩卓琦	联合国“和平勋章”	联合国	2017 年 12 月
区司法局	沈寅弟	全国模范人民调解员	司法部	2017 年 5 月
区市场监管局	王宝谕	三等功	国家食品药品监督管理总局	2017 年 6 月
区财政局	葛向攀	2013~2017 年度参政议政工作全国先进个人	九三学社中央委员会	2017 年 11 月
紫阳街道社区卫生服务中心	邱华平	最美中医	中华中医药学会	2017 年 11 月
杭州娃哈哈集团有限公司	宗庆后	2016 年中国财经年度人物	第三届中国财经领袖年会	2017 年 1 月
杭州娃哈哈集团有限公司	宗庆后	2017 年中国慈善榜第 34 位	福布斯杂志	2017 年 5 月
杭州娃哈哈集团有限公司	宗庆后	中国财经 30 年 30 人	中国财经论坛组织委员会	2017 年 8 月
广宇集团股份有限公司	王铁磊	2017 年度中国长三角十大杰出青商	第十届中国长三角青商论坛	2017 年 11 月

2017年度省级和省属部门级先进个人

表29

获奖单位	获奖人姓名	先进荣誉（称号）	颁奖单位	颁奖时间
区委宣传部	黄友味	浙江省党的十九大维稳安保工作先进个人	中共浙江省委、浙江省人民政府	2017年12月
区信访局	傅　萍	浙江省党的十九大维稳安保工作先进个人	中共浙江省委、浙江省人民政府	2017年12月
区安全监管局	楼复进	浙江省党的十九大维稳安保工作先进个人	中共浙江省委、浙江省人民政府	2017年12月
湖滨街道	卜沈涛	浙江省党的十九大维稳安保工作先进个人	中共浙江省委、浙江省人民政府	2017年12月
清波街道	鲁　坚	浙江省党的十九大维稳安保工作先进个人	中共浙江省委、浙江省人民政府	2017年12月
望江街道	潘晓岑	浙江省党的十九大维稳安保工作先进个人	中共浙江省委、浙江省人民政府	2017年12月
团区委	李佳杰	浙江省党的十九大维稳安保工作先进个人	中共浙江省委、浙江省人民政府	2017年12月
区市政园林管理所	陈　伟	2016年度省“五水共治”工作先进个人	中共浙江省委办公厅、浙江省人民政府办公厅	2017年3月
区纪委	张雅斌	全省纪检监察系统先进工作者	浙江省纪委	2017年9月
区纪委	张云鸿	全省纪检监察系统嘉奖	浙江省纪委	2017年9月
紫阳街道	张建文	浙江省“最美公务员”	中共浙江省委组织部、中共浙江省委宣传部、浙江省人力社保厅、浙江省公务员局	2017年12月
区直机关工委	徐春英	2016年度全省机关党建信息工作优秀个人	浙江省直机关工委	2017年3月
区财政局	葛向攀	参政议政工作浙江省先进个人	九三学社浙江省委员会	2017年1月
区司法局	沈寅弟	全省特级人民调解员	浙江省司法厅	2017年9月
区城管局湖滨执法中队	汪建兵	浙江省综合行政执法工作先进个人	浙江省住房和城乡建设厅	2017年12月
区城管局湖滨环卫所	葛玉霞	2017年浙江省“优秀城市美容师”	浙江省住房和城乡建设厅、浙江省总工会	2017年1月
区城管局望江环卫所	胡建生	2017年浙江省“最美环卫人”	浙江省住房和城乡建设厅、浙江省总工会	2017年1月
区商务局	贾元元	全省外商投资企业服务年活动成绩突出个人	浙江省商务厅	2017年1月
区公安分局	乐　纯	2016年度全省公安机关打击侵财犯罪专项行动成绩突出个人	浙江省公安厅	2017年2月
区公安分局	张　涛	2016年度“猎狐行动”追逃工作成绩突出个人	浙江省公安厅	2017年2月
区公安分局	朱新炎	全省公安基层基础工作成绩突出个人	浙江省公安厅	2017年3月
上城交警大队	陈　欣	全省公安基层基础工作成绩突出个人	浙江省公安厅	2017年3月
区公安分局	朱新炎	2016~2017年度全省优秀人民警察	浙江省公安厅	2017年9月

续表 29

获奖单位	获奖人姓名	先进荣誉（称号）	颁奖单位	颁奖时间
区公安分局	沈 跃	全省优秀警务辅助人员	浙江省公安厅	2017 年 9 月
区公安分局	董键航	全省禁毒业务工作成绩突出个人	浙江省禁毒办	2017 年 3 月
区公安分局	陆泽华	2017 年浙江省五一劳动奖章	浙江省总工会	2017 年 3 月
区委宣传部	吕 啸	优秀通讯员	《浙江日报》	2017 年 3 月
上城区卫计局	孙怀谷	浙江省控烟积极分子	浙江省爱国卫生运动委员会	2017 年 5 月
区疾病预防控制中心	李 娜	浙江省疾病预防控制系统优秀思想政治工作者	浙江省卫生系统政促会疾控专业委员会	2017 年 11 月
南星街道社区卫生服务中心	顾 盼 陆建宏	2017 年浙江省百姓信赖的签约好医生、好护士	浙江省基层卫生协会	2017 年 12 月
杭州市回族穆兴小学	王林慧	浙江省教坛新秀	浙江省人民教育基金会、浙江省特级教师协会	2017 年 9 月
杭州市行知幼儿园	陈 云	浙江省教坛新秀	浙江省人民教育基金会、浙江省特级教师协会	2017 年 9 月
杭州娃哈哈集团有限公司	宗庆后	2017 年度浙江省企业管理现代化创新成果二等奖（获奖成果为“卓越组织绩效管理体系的构建与实施”）	浙江省企业联合会、浙江省企业家协会	2017 年 9 月

2017 年度市级先进个人

表 30

获奖单位	获奖人姓名	先进荣誉（称号）	颁奖单位	颁奖时间
区人力资源和社会保障局	杨军民	2016 年度杭州市区县（市）十佳公务员	中共杭州市委	2017 年 4 月
区司法局	黄春晖	2016 年度平安创建先进个人	中共杭州市委、杭州市人民政府	2017 年 2 月
区公安分局	李兔儿	2016 年度杭州市基层站（所）十佳公务员	中共杭州市委、杭州市人民政府	2017 年 4 月
紫阳街道凤凰社区	汪彬华	2016 年度平安工作先进个人	中共杭州市委、杭州市人民政府	2017 年 5 月
区市场监管局	周 立	杭州市五一劳动奖章	中共杭州市委、杭州市人民政府	2017 年 4 月
紫阳街道上羊市街社区	邹紫娟	杭州市五一劳动奖章	中共杭州市委、杭州市人民政府	2017 年 4 月
杭州始版桥幼儿园	邵 琳	杭州市五一劳动奖章	中共杭州市委、杭州市人民政府	2017 年 4 月
浙江杭州红楼大酒店有限公司	方小平	杭州市五一劳动奖章	中共杭州市委、杭州市人民政府	2017 年 4 月

续表 30

获奖单位	获奖人姓名	先进荣誉（称号）	颁奖单位	颁奖时间
杭州东南化工有限公司	吴伟明	杭州市劳动模范	中共杭州市委、杭州市人民政府	2017 年 4 月
湖滨指挥部	张　雷	2016 年度扩大有效投资推进重点项目建设先进个人	杭州市人民政府	2017 年 3 月
杭州市玉皇山南基金小镇管委会	张志悦	2016 年度扩大有效投资推进重点项目建设先进个人	杭州市人民政府	2017 年 3 月
杭州娃哈哈集团有限公司	宗庆后	2016 年度工信经济突出贡献企业及优秀经营者	杭州市委办公厅、杭州市人民政府办公厅	2017 年 11 月
区委办	周　影	2016 年杭州市政务信息工作先进个人	杭州市人民政府办公厅	2017 年 4 月
望江街道	裘华君	记三等功	杭州市人民政府	2017 年 3 月
望江街道	郑国伟	2016 年度杭州市招商引资目标责任制考核嘉奖	杭州市人民政府办公厅	2017 年 9 月
南星街道	王飞舟	2016 年市重点项目征迁安置“双清”暨做地质量专项行动行政嘉奖	杭州市人民政府办公厅	2017 年 1 月
区国土分局	许联辉	2016 年市重点项目征迁安置“双清”暨做地质量专项行动行政嘉奖	杭州市人民政府办公厅	2017 年 1 月
紫阳街道	张建文	杭州市“最美公务员”	杭州市委组织部、杭州市委宣传部、杭州市人力资源和社会保障局	2017 年 12 月

【2016 年上城区征迁、治危、拆违工作先进个人】

汤才赓　李鹤祥　俞　愉　陈明哲　纪伟恺
郭　萍　徐璐英　胡建亭　吴芝兰　屈　姣
张志红　刘晓俊　张　伟　蒋海波　韩永华
林友柏　夏　军　郭子渊　赵佳雄　王文波
赵正轩　王瑞华　孟　晨　俞小平　胡　韡
郑宝香　李杨勇　周　旻　胡宝康　蔡少杰
陈伟新　吴国平　娄李嘉　孔蓓蕾　朱　虹
林必成　朱江伟　卢　正　周忠诚　周骆斌
罗立中　郑　刚　金远臻　商洪波　朱胜锋
施晓松　徐国兴　徐松江　徐晓峰　王天元
陈炜彪　夏之韵　杨　莹　曹　琛　王飞舟
陈　斌　姚志强　刘　微　陈　骏　朱鸿名
沈宗泓　杨　挺　徐晓勇　陈道虎　方国良
谢　静　沈　骅　孙　洁　何惠芳　赖海明
张　雷　张　清　张志悦　刘寅峰　王光培
冯连顺　张佰卡　顾　镆　章敏波　王　涛
陈志坚　应然然　张建峰　朱晓良　赵苗成
李　一　王智刚　颜子龙　胡国平　华　山
夏　军　王跃春　王　妍　刘　芳　周　智
蒋　伟　徐　瑛　朱　捷　方国耀　孙向荣
项国胜　徐　恺　童跃中　胡鑫福　杨建波
周　立　汪　洋　郭志键　张宇宾　李　斌

【第六届上城区优秀中国特色社会主义事业建设者】

王小军　王来兴　王轶磊　尤恩校　卢建军
任为民　安　杰　严　斌　吴华锋　张晓光
邵碧霞　陈西玉　周林霞　施俞刚　徐　皓
徐小卫　高胜有　黄文谦　童志华

【上城区优秀共产党员、优秀党务工作者】

优秀共产党员

徐　斌　吴艳艳　陈国民　王　灵　陈学军
陈月影　曹天艳　曹　健　胡　珏　陈　惠
陈　曦　胡　琛　陈　燕　赵金珍　叶向升
陈　俊　周伟元　彭　强　傅建忠　董　蕾
俞金良　甘建军　朱冬祥　陆　耘　黄晓明
陈伟新　周凤华　朱　盛　沈志远　施　哲
罗立中　谢宝凤　张碧薇　鞠德伦　徐松江
孟敏姿　金意明　丁炜锋　沈金囡　张　伟
朱　峻　张玲巧　王飞舟　陈　骏　端木群帆
姚志强　陈学友　赵佳雄　李杨勇　李啸杰
方国良　吴伟都　嵇福华　江利雄　楼泉武
郦仁峰　周春发　吴玉龙　何丽华　翁　政
俞玉静　汪　洋　陈　浩

优秀党务工作者

陈晓明　刘占勤　吴　璇　斯　晔　刘梅春
田宝庆　夏洪涛　秦　迅　王　银　曹　琛
蔡　琪　夏　衍　王　晶　章海森　吴青松

【上城区记三等功公务员】

汪　菁　周文敏　沈　军　李晟曙　潘守卫
姜永晓　薛仁亮　莫　晨　干　静　田宝庆
徐清奉　陶雄军　马建军　朱志群　傅建文
顾佳思　孙　波　朱　琛　金松涛　顾建明
方立民　虞立森　袁　兴　周　律　张天鹏
徐　渊　徐鼎一　吴兆品　童侃辰　盛晓兵
潘　戟　倪柏全　毛利民　楼向晖　李兔儿
黄国宝　高敏骏　陈肖东　江　涛　蔡征宇
金杨斌　吾　莺　朱　军　潘晓岑　周　旻
程煜峰　阮　颖

【2016 年度上城区夏秋季征兵工作先进个人】

严国庆　王　先　熊娟娟　任　翔　张天明
王旭涛　朱　虹　严洪建　周骆斌　王　伟
朱瑞栋　张　坚　黄　业　倪国惠　陈　俊
吴钥园　徐晓红　许　玮

【第五届上城区特级教师】

王林慧　任敏龙　汪　玥　吴恢銮　陈　滔
张　麟　庞科军　周素颖　金　蕾　俞林亚
俞富根　徐　珺　蒋　敏　滕梅芳

【上城区第二届杰出金融人才和突出贡献金融人才】

杰出金融人才

王　阳　施建军　姚　宏　徐汉杰　龚伯勇
徐　皓

突出贡献金融人才

李　勇　洪　伟　徐　兵　张　慧　宾益湘
史杰文　项茹冰　李伟达　诸慧芳　徐蔓萱

文件辑录

上城区推进“三联三领”工作实施方案

为认真贯彻中央办公厅《关于推进“两学一做”学习教育常态化制度化的意见》和市委《关于深化“联百乡结千村访万户”蹲点调研活动的实施意见》，进一步深化区领导联系街道领衔破难、机关部门联系社区领办项目、党员干部联系群众领跑示范“三联三领”工作制度的推进落实，切实营造“实干至上、行动至上”“创新创优、为民惠民”的干事创业氛围，扎实推进“四个全域化”、争创“四个标杆区”等工作，特制定此方案。

一、加强全区干部对“三联三领”的认识

在全区开展“三联三领”是我区立足新起点、瞄准新方位，全面深入推进“两学一做”学习教育常态化制度化的重要举措；是我区继承和发扬党的理论联系实际、密切联系群众，锤炼干部严实作风、夯实街道社区基础的务实之举；是我区激励广大机关党员干部立足基层一线攻坚克难，推进“四个全域化”、建设“四个标杆区”的有效途径；是我区发扬G20杭州峰会精神，创新机制解决制约我区经济和社会发展难题，推动基层服务和社会治理的有力抓手。推出“三联三领”制度以来，全区广大党员干部深入一线蹲点调研、了解民情、化解难题，赢得来自街道社区基层和居民群众的好评。接下来，要围绕常态化推进要求，加强全区干部对这项工作的认识，积极践行“三联三领”。尤其是要围绕“摸实情、强基础、聚人心、解难题、促发展”要求，坚持“实干至上、行动至上”，加强统筹协调、注重以上率下，继续深入扎实推进活动开展，确保常态长效。

二、深入推进“三联三领”活动贯穿全年

把“三联三领”与迎接党的十九大、推进我区“四个全域化”、打造“四个标杆区”有效结合，围绕市委部署和我区中心工作、重点任务，分启动实施、统筹推进、巩固深化、总结提高四个阶段明确“三联三领”任务和进度要求。推动“三联三领”活动贯穿全年，并在融入中心、互促共赢、锻造队伍中取得实效。

（一）启动实施阶段（1~3月）。主要任务是：下发《关于建立区领导、机关部门、党员干部“三联三领”工作制度的通知》，启动“百名机关干部联系基层领办项目主题活动”“深化党员先锋365，全面争创四个标杆区”行动，开展“三联三领”集中蹲点调研，组织全体机关党员围绕宣讲党代会精神，发扬实干至上精神，助推我区中心工作良好开局。

（二）统筹推进阶段（4~6月）。落实“两学一做”学习教育常态化制度化、深化“联百乡结千村访万户”蹲点调研、推进“三提一争”等要求，以“解百难、访百企（户）、树百佳”为主线开展“互学互看大比武”，落实“十个一”。即：制订一个贯穿全年的挂包走访计划、有针对性地走访一批重点企业和居民、集中力量化解一批历史积压难题、领办一批重点创新项目、签订一份社区共建协议、开展一次民情恳谈活动、组织一次主题党日活动、选树和宣传一批“月度之星”、举办一次“草根民师”讲堂、完善一批工作制度，切实推动干部和资源“双下沉”，积极引导党员向基层学、向群众学、向实践学，实现组织共建、活动共联、资源共享，齐心协力推进“四个全域化”、打造“四个标杆区”。

（三）巩固深化阶段（7~9月）。弘扬服务保障峰会精神，围绕“党建+”推进责任落实、项目创优和工作创新，发动全区各级基层党组织和党员围绕中心，建设队伍，推进工作。打造先锋示范岗、党员服务驿站，展示党员风采。组建专业化的服务队伍，推进“四个全域化”攻坚，汇聚“四个标杆区”建设力量。深化领导干部到基层宣讲、机关在职党员“双报到双服务双管理”、“千名党员走访千户家庭”、“党员互学大比武”等活动，争当“五大排头兵”。

（四）总结提高阶段（10~12月）。迎接十九大，

学习宣传十九大精神。从机制方法、典型案例、活动成果入手，把推进“三联三领”的好经验、好做法、好案例汇编成册。召开总结会议，交流各单位经验做法。发动全区各单位在集思广益基础上完成蹲点调研报告，其中，区领导和区各部门主要领导蹲点调研报告、单位蹲点调研总结要在 11 月底前分别上交区委组织部。

三、加强对“三联三领”工作的保障

1.加强组织保障。发挥领导小组办公室牵头协调作用，加强对“三联三领”综合协调。建立区、部门、街道“三联三领”分管领导和联系人制度，每月召开会议，听取情况、明确重点、推进工作。区领导、各部门一把手要以上率下，带头宣传理论、带头讲解政策、带头破解难题，当好真抓实干的示范。各单位要结合实际制定“三联三领”推进方案，按照时间节点和市区要求抓好落实。

2.加强制度保障。把“三联三领”纳入区综合考评和大党建考核，强化各部门的责任心。要进一步细化“三联三领”制度落实，挂包走访要列出全年走访计划，做到每月走访主题明确、对象明确、责任明确；领办项目要力求“社区所需、群众所需、部门所能”，项目落地，可检验，有效果；与挂包社区共建要真心诚意，要通过签订《共建协议》固化下来，形成制度。区委大督查组要每月确定重点督查项目和重点督查单位，加强面上督查和专项督查，推进制度贯彻落实。建立“三联三领”专项经费，为推动“三联三领”提供必要的经费保障。

3.加强宣传保障。要以“解决发展难题、夯实基层基础、从严锻造队伍”为重点，围绕开展“三联三领”、推进“四个全域化”、“打造四个标杆区”加强宣传和活动策划，通过内外联动，营造上下同欲、实干至上、奋勇争先的良好氛围。要做好“三联三领”活动的动态信息、经验做法和问题信息报送，及时编发“三联三领”动态简报。要加强与媒体的合作，用好报纸、视频、网站的专栏和专刊，把我区以“三联三领”为抓手推进一线练兵和一线破难、一线创新的好经验好做法宣传出来，把我区推进“四个全域化”、打造“四个标杆区”的好成果展示出来，用实际行动赢得基层认可和群众好评。

中共杭州市上城区委员会办公室

2017 年 5 月 24 日

关于进一步加强和改进社会组织党的建设工作的实施意见

为认真贯彻落实《中共中央办公厅印发〈关于加强社会组织党的建设工作的意见（试行）〉的通知》（中办发〔2015〕51 号）、《中共浙江省委办公厅印发〈关于进一步加强社会组织党的建设工作的实施意见〉的通知》（浙委办发〔2016〕14 号）和《中共杭州市委办公厅印发〈关于进一步加强和改进社会组织党的建设工作的实施意见〉的通知》（市委办发〔2017〕34 号）文件精神，不断加强党对社会组织的领导，提高我区社会组织党建工作科学化水平，现就进一步加强和改进我区社会组织党的建设工作提出如下实施意见。

一、切实增强对社会组织党建工作的认识

社会组织主要包括社会团体、社会服务机构、基金会、社会中介组织以及社区社会组织等，是社会主义现代化建设的重要力量，是党的工作和群众工作的重要阵地，是党的基层组织建设的重要领域，在协调推进“四个全面”战略布局中承担着重要任务。当前，我区社会组织迅猛发展，结构日趋复杂，从业人员不断增多，自身发展也面临许多新情况新问题新挑战，在党的建设上还存在一定程度的空白点和薄弱点。全区上下要立足“全面从严治党”的战略布局，充分认识新形势下做好社会组织党建工作的重要性，认真贯彻落实中央、省、市关于加强社会组织党建的各项新部署、新要求，以夯实党的坚强堡垒为根本，以促进经济社会协调发展为中心，坚持实事求是、改革创新，进一步增强抓社会组织党建工作的自觉性和主动性，进一步完善社会组织党建工作领导体制和工作机制，进一步创新社会组织党建工作思路方法，促进社会组织又好又快发展，为打造“四个标杆区”、建设一流的国际化现代化城区提供坚强的组织保证。

二、正确把握社会组织党组织的功能定位

1.强化社会组织党组织的政治属性和政治功能。社会组织党组织是党在社会组织中的战斗堡垒，其根本属性是政治属性。要着眼于履行政治责任、强化政治功能、发挥政治作用，加强对社会组织的政治方向引领。要紧紧围绕党章赋予基层党组织的基本任务开展工作，宣传执行好党的路线方针政策，学习贯彻好习近平总书记系列重要讲话精神。要严肃组织生活，严明政治纪律、政治规矩和组织纪律，紧扣实际加强和创新对党员的教育和管理，教育引导职工群众坚决拥护党的领导，坚决同危害党的领导的各种错误思想和行为作斗争。

2.强化社会组织党组织的服务属性和服务功能。服务是党组织和社会组织的天然优势，要紧紧围绕社会组织自身发展目标任务开展社会组织党建工作，落实好“保证政治方向、推动事业发展、服务人才成长、团结凝聚群众、建设先进文化、加强自身建设”等六大基本职能，强化服务功能、发挥服务优势，广泛开展党员先锋岗、党员责任岗、党员承诺践诺等活动，在建设组织文化、构建诚信体系、帮助职工成长、密切联系群众、促进和谐稳定等方面主动作为，推动社会组织创业创新、不断壮大和发展。

3.发挥社会组织党组织在推动中心工作的积极作用。围绕区委、区政府中心工作加强社会组织党建，发挥社会组织党组织的引领、凝聚、服务作用。结合社区建设、社会治理创新等重点任务进一步推进社会组织党建创新实践，引导社会组织参与项目攻坚、平安巡防、环境美化、文明劝导、法制宣传等工作。发挥社会组织在弘扬社会主义核心价值观中的主观能动性，加强价值引领、文化引领。发挥社会组织承接政府公共服务、增进公益能量的优势，推动经济社会发展。

三、不断提升社会组织党建“两个覆盖”工作水平

1.摸清底数。对社会组织进行调查摸底，摸清社会组织的数量、规模、分布及从业人员、党员等基本情况，建立台账底本。建好社会组织党建信息库，对社会组织登记注册信息、党组织及党员队伍状况等数据和信息进行动态管理。严格按照党章和基层组织建设各项规定推进“双覆盖”，加强上门走访，及时发放《党建工作告知书》，确保组织建设关口前移，做到有群众的地方就有党的工作覆盖，有党员的地方就有党的组织覆盖。

2.全面覆盖。大力推进“双覆盖”攻坚，通过“单独组建、区域联建、行业统建、先进领建、派员帮建”等方式，因地制宜建立社会组织党组织。全面抓好注册类社会组织党组织组建工作，党员在3名以上且比较稳定的社会组织都要单独建立党组织；党员不足3名的，要按照行业相近或地域相邻原则，建立联合党组织。没有党员的，由属地街道或行业主管部门党组织选派党建工作指导员、联络员加强联系，及时了解动态情况，积极开展党的工作。

3.突出重点。强化社会组织综合党委和社会组织服务中心的托底管理责任，严格按照“社会组织登记同步采集员工信息、社会组织年检同步检查党建工作、社会组织评估同步评估党建工作”的“三个同步”要求，确保社会组织党组织动态组建。聚焦民办学校、民办医院、律师事务所等行业机构，落实行业主管部门党建责任。发挥街道党工委的区域统领责任，全面抓好各类社会组织党建覆盖工作，确保兜底组建、兜底覆盖。

4.巩固提升。对照社会组织党建标准化要求加强分类指导，选优配强党组织书记和党务工作者，进一步建强、建稳社会组织党组织。落实“两学一做”学习教育常态化、制度化要求，加强对软弱落后党组织的整转，着力解决组织体系不够健全、组织覆盖不够全面、作用发挥不够充分等难题。扎实推进党组织按期换届等7项基层党建重点任务，落实党支部13项基本制度，规范提升社会组织党建工作，确保社会组织党建“有形覆盖”和“有效覆盖”。

5.示范引领。对照社会组织党组织“五个好”要求加强党建责任“链式管理”，提升“堡垒指数”。实施“墩苗计划”，选定一批规模较大、有发展潜力、业内行业影响面较广、党建基础较好的社会组织进行有计划地培养，并将其打造成各具特色

的社会组织党建示范点。同时，发挥典型示范作用，通过现场观摩、经验推广、表彰评比等推动整体提升、全面进步、全面过硬。2017年，培育社会组织党建示范点不少于15家，五星级社会组织党组织占比不少于20%，并逐年提高。

四、分类推进全区各领域社会组织党建工作

1.加强社会组织"双孵化"体系建设。加强区、街、社三级社会组织党建"双孵化"组织体系建设，落实"组织双孵化、党员双管理、人才双培养、工作双促进"制度。区社会组织综合党委隶属于区民政局党委，接受区委两新工委指导，综合党委书记由民政局分管领导担任，并按要求配备至少1名专职党务工作者。综合党委承担行业指导、托底管理和联系服务等工作职责，对社会组织党组织进行"同登记、同年检、同评估"，并切实抓好脱钩后行业协会商会党建工作。各街道也要因地制宜成立社会组织综合党委或党总支，发挥社会组织创新园、孵化器和众创空间等平台作用，推动社会组织"双孵化"，并为其提供必要的活动阵地、教育培训等方面的服务。各社区要因地制宜建立实体或虚拟党支部，落实专人按照"双重管理"原则做好注册类和备案类社会组织党建工作。

2.理顺各领域社会组织党建隶属关系。加强教育、司法、卫计等行业主管部门的领导班子建设，明确职责分工，配强社会组织党建工作力量。按照业务归口原则加强行业属性比较鲜明的社会组织党组织建设。民办学校、民办医院、律师事务所的党组织关系原则上转入行业管理部门或行业综合党组织，实行归口管理。其他区级层面的行业协会党组织归口区民政局党委管理。街道层面要加强对本辖区社会组织党建工作的领导，因地制宜加强枢纽型社会组织、社区社会组织和草根公益型社会组织的党建工作，把一些规模较大、业内影响面较广、党建基础较好的枢纽型、公益型社会组织培育成示范点。

3.抓好不同行业类型的社会组织党建工作。贯彻落实中央《关于加强民办学校党的建设工作的意见（试行）》，加强民办中小学、民办幼儿园和民办教育培训机构党建，补齐短板、培育品牌。抓实民营医疗机构党建，加强医风医德建设，引导规范经营，助推发展壮大。加强律师行业党建，加大对执业律师党员的教育管理，打造"法律先锋服务团"，推动"法治上城"建设。加强互联网、金融、文创等新经济新业态领域行业协会和脱钩后的协会党组织管理，推进行业协会等社会团体党建。

五、拓宽社会组织党组织发挥实质作用的方法和途径

1.抓实抓好党支部各项工作。以尊崇党章、遵守党规为基本要求，以"两学一做"为基本内容，以"三会一课"为基本制度，以解决问题、发挥作用为基本目标，充分调动党支部的积极性、主动性和创造性。加强党性体检、民主评议，强化党员政治意识、大局意识、核心意识、看齐意识。加大培养和发展党员力度，严格党员组织关系管理，严肃处置不合格党员，加强对流动党员的管理，加强思想政治教育，保持队伍先进性、纯洁性。灵活创设党组织活动载体，搭建互学、互助、互比、互商平台，落实党员关爱"四必谈"，实施"人才菁英计划"，推动"开放式决策"，开展星级党组织和优秀党员评选，不断强化党内激励、关怀、帮扶，切实推动创先争优，增强党员归属感和荣誉感，实现"党建强、服务强"。

2.不断提升社会组织党建智慧化水平。运用"互联网+"手段创新社会组织党建，推进网上e支部建设，开展"线上线下"党组织活动，用好"民情E点通"手机APP等平台，促进传统党建与信息技术融合。注重吸收政治素质好、懂网用网的年轻党员作为党务工作者，建好"微平台"，用好"微时间"，加强"微管理"，增强党建感染力、凝聚力。抓好清单管理和积分管理，深入开展争创"双强堡垒""双强先锋"行动，积极开展"好支书""好党员""身边最美"等评选，强化"双强争先"氛围，把党组织"堡垒指数"和党员"先锋指数"落到实处。

3.积极推动社会组织党建工作创新。发挥工会、共青团、妇联等群团组织作用，纵深推进社会组织党建工作创新。深化区域型、智慧型、青春型、公益型、示范型的"五型党建"，围绕"服务、青春、文化、人才"四大主题组织开展"四季党建"，进一步扩大党组织活动影响力。深化"资本众筹、公益相亲”机制，发挥非公企业资金、资源优势，发挥社会组织服务群众、服务社会优势，培育社会组织党建公益品牌，开展“最美先锋行动”义工服务、认领“微心愿”等活动，推行“公益菜单”，速配“公益伙伴”，进一步形成“非公企业出资金、社会组织接项目、党员群众做公益”的良好氛围。

4.引导社会组织融入区域发展。在特色小镇、产业园区、商务楼宇、商圈市场内统筹推进社会组织党建，织密基层组织网络，夯实党的执政根基。深化区域共建，探索“党课联上、活动联办、工作联抓”等机制，推动社会组织党建与不同领域的党建工作深度融合。以建设服务型党组织为抓手，引导社会组织主动融入“最多跑一次”“四大平台”等改革，融入区域经济和社会发展，更好团结和服务群众，引领社会治理创新。

六、切实加强对社会组织党建工作的保障

1.加强党务队伍建设。选优配强社会组织党组织书记，按照守信念、讲奉献、有本领、重品行的要求，通过公开招选、组织选派、挂职锻炼等渠道加强党组织书记队伍建设，按规定学时加强培训。建立健全党务工作者人才库，加强与高校、科研院所合作，提升党务工作者队伍专业化水平。发挥退二线书记和党员骨干作用，因地制宜打造“名师工作坊”和“能人工作室”，培养和造就一支优秀的社会组织党务工作者队伍。

2.加强党建阵地建设。发挥各类社会创新园、孵化器和众创空间等平台作用，串珠成链打造红色教育圈、党群示范圈、组织生活圈，进而形成社会组织党建“生态圈”。推进“三社联动”治理模式创新，加强社会组织孵化阵地和服务中心建设，建好上城区社会组织党建展示馆，为社会组织提供活动阵地、教育培训等方面的支持。建好、管好、用好党员活动室，做到布局合理、制度健全、功能发挥、作用明显。

3.加强党建经费保障。建立“多渠道筹措、多元化投入”保障机制，加大经费预算、资金补贴力度，严格落实两新组织党建工作经费税前列支、党费全额拨返等相关政策，确保经费用于党组织开展活动。落实社会组织扶持激励办法，用好专项扶持资金，建立社会组织星级评定和政府购买服务与党建工作挂钩制度，加强对枢纽型和公益型社会组织的扶持。引导社会组织负责人主动支持党建工作，为党组织开展活动、做好工作提供必要条件，并将有关内容写入社会组织章程。

七、落实社会组织党建工作责任

1.加强组织领导。把加强社会组织党建工作纳入全区基层党建的总体布局，并作为抓基层党建专项述职和班子考核评价的重要内容。行业主管单位和各街道党工委要按照有工作班子、有党务队伍、有经费保障、有活动阵地、有运作机制、有各自特色等“六个有”要求推进社会组织党建，确保“点上覆盖与面上示范同步、组织覆盖与作用发挥同步、实体党建与网络党建同步”。

2.完善责任体系。建立健全区、街道两级社会组织党建工作联席会议制度，按照季度分析、半年交流、年终述职推进党建任务落实。行业主管单位党组织每季度要对本行业本系统的社会组织党建工作进行一次分析研判，每半年要与属地街道进行一次工作会商，要及时发现问题，提出对策举措，做到“清单明责、管理考责、保障强责”。各街道要主动与行业主管部门加强交流与沟通，形成相互配合、各负其责、齐抓共管的工作格局。

3.提升工作水平。围绕构建“区域统领、行业引领、两新融合、街社兜底”的城市基层党建工作格局主动作为，齐心协力打造“一中心（上城区社会组织党建展示中心）、一园（“左邻右舍”社会治理创新园）、一巷（小营·江南红巷）、多点”的社会组织党建示范带（群），因地制宜培育党建示范点，及时选树先进集体和个人典型，系统梳理好经验、好做法，进一步提炼具有普遍指导和借鉴意义的工作方法，形成工作制度，整体提升我区社会组织党建工作水平。

中共杭州市上城区委员会办公室
2017年11月7日

进一步深化“简政放权、放管结合、优化服务”推进办事“最多跑一次”改革实施方案

为贯彻落实省十二届人大五次会议和市第十二次党代会精神，进一步深化“简政放权、放管结合、优化服务”工作，实现“群众和企业到政府办事最多跑一次”的改革目标，根据《杭州市人民政府关于印发进一步深化“简政放权、放管结合、优化服务”推进“最多跑一次”改革实施方案的通知》（杭政函〔2017〕40 号）精神，结合我区实际，特制定如下方案：

一、总体要求

（一）工作目标

全面贯彻落实国务院和省、市政府关于“简政放权、放管结合、优化服务”改革的总体要求，以“便民便企、提速增效”为目的，以切实增强群众和企业获得感作为衡量改革成效的标准，通过强化“互联网+政务服务”应用，宽准入、优服务、强监管，巩固“四张清单一张网”建设成果，做好行政权力的“减法”和政务服务的“加法”，建设法治政府、责任政府、智慧政府和服务型政府。到 2017 年 6 月底前，实现 80%的群众和企业到政府申请办理事项“最多跑一次”；到 2017 年年底，基本达到群众和企业到政府办事“最多跑一次是原则、跑多次是例外”的要求。

（二）基本原则

1.依法行政。依据国家法律法规的规定，从提升群众的获得感、提高管理服务效能的角度出发，制定“最多跑一次”改革举措和工作流程。

2.分类实施。对群众和企业到政府办理的事项进行全面梳理，实事求是、因事制宜、分类管理，分期分批尽快制定“最多跑一次”事项清单，并对外发布实施。

3.惠企便民。以群众和企业到政府办事需求为导向，以“减负惠企、便民利民”为改革宗旨，主动作为、上门服务，变办事对象跑腿为政府部门内部流转、信息数据网上互通。

4.上下联动。充分发挥四级行政审批（便民）服务体系的平台作用，街道及社区同步实施、协同推进；各职能部门要积极与上级部门进行沟通，确保“最多跑一次”改革纵向到底、落地生根。

5.配套改革。依托“四张清单一张网”建设，进一步深化各重点领域供给侧结构性改革，勇于创新、条块结合、齐抓共管、全面推进，形成配套兼容、相辅相成的改革体系。

（三）实施范围

区政府各部门和承担行政职能的事业单位，各街道办事处。

二、职责分工

区政府深化“四张清单一张网”改革推进职能转变协调小组更名为区政府推进“最多跑一次”深化“四单一网”改革协调小组，增设“最多跑一次”改革专题组，由区政府办公室、区编委办、区审管办、区法制办、区发改经信局等单位组成，专题组办公室设在区审管办。

区政府办公室负责协调各部门在加快推进“最多跑一次”改革中出现的重大问题，推进“互联网+政务服务”等工作，并负责督查“最多跑一次”改革落实情况。

区编委办负责督促各部门按照省、市明确的“最多跑一次”内涵抓好工作落实，并牵头做好权力清单、公共服务事项目录梳理等工作。

区审管办负责牵头行政审批制度改革，规范行政审批行为，深化行政审批标准化建设，全面落实投资项目统一代码制和审批监管事项平台受理制，推进投资项目办件信息同步共享工作；推进“一窗受理、一次办结”改革试点，推进服务事项网上申请，确保 50%以上事项于 2017 年 6 月底前开通网上申请渠道，做好已公布的“最多跑一次”事项在政务服务网同步录入和维护工作；完善四级行政审批（便民）服务体系建设，进一步拓展服务功能。

区发改经信局负责制定政府核准的投资项目目录（2017 年本），优化投资项目审批流程，依托浙

江政务服务网完善企业信用等信息交换共享体系，积极探索推行企业投资项目告知承诺制试点。

区电子政务办负责统筹全区智慧电子政务建设，强化“互联网+政务服务”技术支撑；加快政务服务网络整合，实现电子政务网络根据政务服务需求延伸，推进部门业务专网与政务服务网络整合对接，负责各类事项开通网上申请渠道及“最多跑一次”事项在政务服务网上同步录入的技术支持工作；构建统一、标准的电子证照信息库，进一步规范部门间电子证照库的归集共享，支撑行政审批过程中相关信息一次生成、多方复用，一库管理、互认共享；推进公共信用信息共享开放，推动各部门在政务服务、业务管理过程中积极应用信用记录和信用报告。

区财政局负责推进政府非税收入接入浙江政务服务网统一公共支付平台，构建线上线下一体化收缴体系，建立完善促进各部门加快推进平台实施和平稳运行的长效机制；推进行政征收、行政给付等领域的“最多跑一次”改革工作。

区市场监管局负责牵头推进商事制度改革工作。

上城国土分局加强同市住保房管局窗口对接，深化推进不动产交易与登记“最多跑一次”改革等工作。

区法制办就行政许可事项、其他权力事项和公共服务事项适用“最多跑一次”改革提供法律意见，明确电子签章、电子文件的法律效力，加强改革的合法性审查评估等工作。

区信访局负责进一步整合热线电话、互联网信访平台等受理平台，完善统一政务咨询投诉举报平台，加强平台受理咨询投诉举报和实施监管的衔接，提升平台运行效能。

其他职能部门根据各自职责做好本单位加快推进“最多跑一次”改革相关工作。

三、实施步骤

结合权责清单的制定，对群众和企业到政府申请办理的权力事项和公共服务事项进行分类梳理、分批公布、分步实施，接受社会监督。

（一）梳理公布阶段。2017年3月前，对加快推进“最多跑一次”改革工作进行全面部署，全面梳理并集中公布第一批、第二批群众和企业到政府办事“零上门”和“最多跑一次”事项。6月底前再公布若干批“最多跑一次”事项。

（二）全面督查阶段。2017年6月中旬，由区政府办公室牵头，开展“最多跑一次”改革专项自查，查找短板，进一步倒逼政府自身改革。

（三）巩固提升阶段。2017年下半年，完善“最多跑一次”改革事项标准、办事指南、办理流程，建章立制、总结评价，巩固深化改革成效。

四、配套措施

（一）继续做好权力事项的清减、规范工作。加强权力清单和责任清单成果运用，重点清理国务院和省、市政府已公布取消和调整的行政权力事项，做好上级政府下放事项承接工作。

牵头单位：区编委办、区审管办、区法制办。

配合单位：区各部门。

完成时限：2017年9月。

（二）深化申报材料标准化建设。在推进行政审批标准化工作的基础上，进一步深化申报材料标准化建设，做到凡无法律、法规、规章、行政规范性文件依据的材料，一律取消；对同一部门内前一个审批环节已经提交的材料，下一环节不得要求再次提交；凡能通过网络共享复用的材料，不得要求群众和企业重复提交。

牵头单位：区审管办、区法制办。

配合单位：区各部门。

完成时限：2017年9月。

（三）完善“综合进件”窗口建设。在试行投资项目审批“综合进件”的基础上，积极推动设立商事登记、不动产交易登记的综合窗口，分领域设立若干社会事务综合窗口，实行前台综合受理、后台分类审批、统一窗口出件。深化我区4+2窗口协调服务机制，做到服务主动介入、审批全程掌控、困难及时解决，切实提高投资项目审批效率，实现便民服务和公共服务均等化、人性化。

牵头单位：区审管办、区编委办、区市场监管局、上城国土分局。

配合单位：区有关部门。

完成时限：2017年3月。

（四）进一步精简审批环节，强力推进并联审批机制。以代办项目三级协调机制为载体，优化投资项目“五阶段”审批流程，以及“批文入库、资料共享”、方案设计和初步设计“二合一”联审、施工图集中联审、模拟审批、容缺受理、工业企业“零土地”技改项目不再审批、园区前置审批“化零为整”等制度，重点突破建设工程项目联合踏勘、联合验收的难题。

牵头单位：区政府办公室。

配合单位：区有关部门。

完成时限：2017 年 10 月。

（五）进一步推进“互联网+政务服务”工作。依托浙江政务服务网，实现互联网与政务服务深度融合，基本形成政务服务事项“最多跑一次”机制。加快制定电子签章、电子文件、电子证照相关技术指南和政策文件，为深化网上办事、推进系统和数据整合提供技术支撑和政策依据。运用“互联网+”思维和手段，以数据资源共享互通为支撑，全面开展政务服务流程优化工作，大力推行网上并联审批。推动网上网下政务服务体系创新融合，建成“互联网+政务服务”示范大厅，打造基层网上政务服务示范点。全面开展公共数据资源归集整合共享工作，推进全区人口、法人、信用综合库的建设和应用。

牵头单位：区电子政务办、区审管办、区法制办、区档案局。

配合单位：区各部门。

完成时限：2017 年 12 月。

（六）进一步深化商事登记制度改革。实行企业名称自主申报，持续推进“一址多照”“一照多址”“工位注册”改革；试行外商投资企业“一窗一表”登记备案模式；拓宽办事渠道，扩大网上预约服务，全面推行网上受理，加快探索全程电子化登记服务，推行免费快递送达和数字证书发放服务，进一步降低创业成本，激发市场活力。

牵头单位：区市场监管局。

配合单位：区商务局、区财政局。

完成时限：2017 年 12 月。

（七）积极探索企业投资项目告知承诺制。在总结工业企业“零土地”技改项目政府不再审批、政府投资项目“形式审查制”、企业投资项目负面清单制、投资项目模拟审批等改革经验的基础上，积极选取试点，探索实施“政府定标准、企业作承诺、过程强监管、失信有惩戒”的新型企业投资项目管理模式。

牵头单位：区发改经信局、区审管办。

配合单位：区有关部门。

完成时限：2017 年 12 月。

（八）进一步创新监管模式。建立完善“一单两库一细则”，全面实施“双随机、一公开”、“互联网+监管”和“一次到位协同监管”等事中事后监管制度。建立完善社会信用体系，着力推进信用记录和信用报告的应用，健全信用联合奖惩机制，建立守信激励和失信惩戒机制。完善企业信用信息公示工作，加强市场主体信用信息归集、存储和应用，通过信用约束，让失信主体“一处失信，处处受限”。

牵头单位：区发改经信局、区市场监管局。

配合单位：区各部门。

完成时限：2017 年 12 月。

（九）进一步健全四级行政审批（便民）服务体系建设。落实“两集中、两到位”改革，充分发挥行政服务中心的集聚效应，从场地面积、配套设施、办公设备等方面，对各类办事服务大厅软硬件进行升级改造，进一步拓展行政服务中心功能，大幅提高即办件事项比例，在实现行政审批“一站式”办理的基础上，逐步向“一窗受理”“一次办结”转变。同时，将便民服务向街道办事服务中心下沉，实现同城通办、多点可办，提高群众满意度。建立行政审批服务监督机制，强化行政服务中心第三方监管职责，建立行政服务中心办理工作回访机制。

牵头单位：区审管办，各街道办事处。

配合单位：区各部门。

完成时限：2017 年 10 月。

（十）积极推进便民事项多端服务。区直各部门和办事服务大厅要以服务清单为基础，以最终实现“一网通办”为目标，打造“互联网+便民服务”线上线下融合新模式。制定关于深化实体办事大厅端、电脑 PC 端、自助服务端、口袋移动端“四端”政务服务的实施意见，实现“市民之家”服务清单事项“最多跑一次”全覆盖。年底前实现“网上申请、在线服务、快递送达”服务全覆盖，增强政务服务的主动性、精准性、便捷性。

牵头单位：区审管办、区编委办、区电子政务办、区财政局。

配合单位：区各部门。

完成时限：2017 年 12 月。

五、工作要求

（一）统一思想，提高认识。深化“简政放权、放管结合、优化服务”改革、推进群众和企业办事“最多跑一次”，是我区争创“四个标杆区”，加快建设一流的国际化现代化城区的深入实践，是我区勇做全省、全市改革“弄潮儿”和排头兵的重要举措。各职能部门要增强改革的紧迫感，紧紧抓住“后峰会、前亚运”时代改革良机，抓好各项改革举措落实，进一步提高行政审批和行政服务效率。

（二）明确分工，合力推进。各部门要牢固树立大局意识和全局观念，密切协作、上下联动、相互促进。要以群众和企业办事“最多跑一次”为最终目标，使服务更直接、审批更高效、投资更便捷，让社会各界尤其是投资者享受更多的改革红利。

（三）强化保障，力求实效。各部门要加强组织领导和统筹协调，主要领导亲自抓、带头干，建立推进改革的组织保障机制，认真落实工作部署。区编委办和区审管办要加强跟踪分析和服务指导，及时协调工作推进中存在的困难，发现重大问题及时向区政府报告。

（四）加强考核，科学评估。区考评办、区审管办、区政府电子政务办要根据“最多跑一次”的改革目标，制定行政效能指标和智慧电子政务考核办法，加大对网上办事“零上门”服务，主动发起证照互认、资料核验、并联审批服务，主动接入政务服务网并实现资料共享等事项的考核权重，进一步形成改革激励导向和科学评价体系，助推“最多跑一次”目标尽快实现。

杭州市上城区人民政府

2017 年 8 月 8 日

上城区全面深化河长制工作方案（2017~2020 年）

为深入贯彻落实《中共中央办公厅、国务院办公厅印发〈关于全面推行河长制的意见〉的通知》（厅字〔2016〕42 号）、《中共浙江省委办公厅、浙江省人民政府办公厅关于进一步深化河长制工作的通知》（浙委办传〔2016〕44 号）、《中共浙江省委办公厅、浙江省人民政府办公厅关于全面深化落实河长制进一步加强治水工作的若干意见》（浙委办发〔2017〕12 号）、《中共杭州市委办公厅、杭州市人民政府办公厅关于印发杭州市全面深化河长制工作方案（2017~2020 年）的通知》（市委办发〔2017〕43 号）等要求，加快推进青山碧水“生态上城”、幸福安康“美丽上城”、“一流的国际化现代化城区”建设，特制定本方案。

一、目的意义

河长制是生态文明建设的重要制度创新，是供给侧改革的重要举措。全面深化河长制是贯彻落实中央决策部署的重要体现，是落实绿色发展理念、推进生态文明建设的内在要求，是解决我国复杂水问题、维护河湖健康生命的有效举措，是完善水治理体系、保障国家水安全的制度创新。

河长制是责任制，是基层政府对水环境质量负责的基本制度，是省、市在“五水共治”中形成的一项基础性、关键性治水保障制度。全区要严格按照“党政同责”和“一岗双责”要求，建立更加严格、清晰的河湖管理分级责任体系，要从制度上把党委、政府及领导干部促进绿色发展、保护河湖生态环境的责任落到实处。

二、总体要求

（一）指导思想

全面贯彻党的十八大和十八届三中、四中、五中、六中全会精神，深入贯彻落实习近平总书记系列重要讲话精神和治国理政新理念新思想新战略，统筹推进“五位一体”总体布局和协调推进“四个全面”战略布局，全面贯彻五大发展理念，坚定不移走“绿水青山就是金山银山”之路。认真落实党中央、国务院决策部署，坚持环境立区，以保护水资源、防治水污染、改善水环境、修复水生态为主要任务，在全区江河湖泊全面深化河长制，构建责任明确、协调有序、监管严格、保护有力的水体管理保护机制，为维护水体健康生命、实现水体功能永续利用提供制度保障，为上城建设“一流的国际化现代化城区”提供持续动力。

（二）基本原则

坚持生态优先与绿色发展。牢固树立尊重自然、顺应自然、保护自然的理念，处理好河湖管理保护与开发利用的关系，强化规划约束，促进河湖休养生息、维护河湖生态功能。坚持党政领导与部门联动。建立健全以党政领导负责制为核心的责任体系，明确各级河长职责，强化工作措施，协调各方力量，形成一级抓一级、层层抓落实的工作格局。坚持问题导向与长效管理。巩固“清三河”成果，全面推进劣Ⅴ类水剿灭战，统筹上下游、左右岸，实行一河一策、一湖一策，解决好水体管理保护的突出问题。坚持强化监督与严格考核。依法治水管水，建立健全水体管理保护监督考核和责任追究制度，拓展公众参与渠道，营造全社会共同关心和保护水体的良好氛围。

（三）主要目标

在全区全面深化河长制，建立健全以党政领导负责制为核心的责任体系，完善水体管理保护的监督考核和责任追究制度。

到2017年底，全区制定并公布河道名录，全面落实河道和小微水体河长制全覆盖，全面剿灭劣Ⅴ类水体，保持水体整洁，无漂浮物，全域小微水体得到全面治理。确保5个出境断面均达到Ⅲ类水质，全区河道全区域Ⅲ类以上水质。打造“污水零直排”升级版示范样本。到2020年底，河流、池塘、沟渠等各类水域水体洁净，环境整治优美，水清岸绿，人民群众满意度明显提高，建设一流的国际化现代化城区。

（四）组织形式

1.河长制组织体系

按照“分级管理、属地负责”的原则，我区根据河道等级划分，健全完善分级分段的区-街道-社区三级河长体系，责任制落实以街道级河长为责任主体。健全完善小微水体责任制体系，责任制落实以社区级主要负责人为责任主体。

由区委、区政府主要领导同志担任全区总河长，区人大和区政协主要领导同志担任全区副总河长。区政府主要领导同志担任钱塘江上城段河道河长。区委、区政府有关领导同志担任区级河道河长。

各街道党政主要负责同志分别担任本辖区的总河长。各街道、社区级河长，由同级党委和办事处、居委会负责人担任河长。河长人事变动的，应在7个工作日内完成新老河长的工作交接。

区级河长要明确相应的联系部门，协助河长负责日常工作。完善河道保洁员配备，建立健全河道巡查员、网格员体系。

区河长制办公室与区“五水共治”领导小组办公室合署，区纪委、区委办公室、区委组织部、区委宣传部（区文明办）、区委政法委、区直机关党工委、区信访局、区档案局、区人大城建环保工委、区政府办公室、区发改经信局、区教育局、区科技局、区民政局、区司法局、区财政局、区住房和城建局、区商务局、区风景旅游局、区文广新局、区卫计局、区审计局、区统计局、区市场监管局、区城管局、区安监局、区法制办、区公安分局、湖滨街道、清波街道、小营街道、望江街道、南星街道、紫阳街道、区政协城建委、区总工会、团区委、区妇联、上城国土分局、望江指挥部、吴山指挥部、清河坊管委会、玉皇山南管委会、区河道整治指挥部、区市政所、上城交警大队、上城规划分局、上城环保分局、上城运管处等相关单位为成员单位。

参照市河长制办公室，建立和完善区河长制办公室，设立街道河长制办公室，落实人员负责河长制工作。

2.河长的主要职责

总河长是本行政区域河湖管理保护的第一责任

人，对河湖管理保护负总责，负责辖区内河长制的组织领导、决策部署和考核监督，解决河长制实行过程中的重大问题。区级副总河长协助区级总河长统筹协调推进河长制的落实。

各级河长是相应河道湖泊管理保护的直接责任人，要切实履行“管、治、保”三位一体的职责；也是河湖剿灭劣V类水第一责任人，要领衔制定工作方案、排出治理项目，并负责指导督促、跟踪落实。

区级河长的主要职责是牵头制定“一河一策”治理方案，协调解决河湖治理和保护中的重大问题，对本辖区内跨行政区域的河湖明晰管理责任，协调上下游、左右岸、干支流实行联防联控，对同级相关单位和下一级河长履职情况进行督导，对目标任务完成情况进行考核，强化激励问责。

街道、社区级基层河长主要职责是对责任河湖进行日常巡查管理保护，及时发现和解决问题，并协助上级河长开展工作。

3.河长制办公室的主要职责

区河长制办公室对我区总河长负责，统筹协调和督查考核我区的河长制工作；拟定河长制相关制度和考核办法，监督各部门、各街道任务的落实；具体组织开展对区各有关部门、街道进行河长制工作考核。办公室各成员单位根据各自职责，参与河湖管理、保护和监督考核工作。

各级河长制办公室要加强指导、协调、督查、考核，健全相关制度和台账，统一设立监督举报电话，明确各类管理、考核和督查督办要求，组织开展河长培训。

河长联系部门协助区级河长履行对口河道整治的指导、沟通、协调和监督职能，开展日常巡查，发现问题后及时报告河长，协同推进河长制的实施。

4.各部门的主要职责

区河长制办公室负责推进实施最严格水资源管理制度、河道健康评估、河道湖泊等级划分；负责河道河长制的组织实施；牵头负责建立和公布城市河道名录。

区委组织部负责协调河长制的考核及结果运用，推进和完善河长履职的奖惩工作。

区委宣传部（区文明办）负责协调河长制的文明建设宣传工作和媒体监督工作。

区考评办会同区河长制办公室将河长制的相关内容统一纳入综合考评五水共治的专项考核。

区发改经信局负责协调推进区级重点项目的实施，以及水环境综合治理的综合协调。负责河道湖泊周边工业企业的产业结构调整，完善落后生产能力淘汰目录，健全落实落后生产能力退出机制，推进工业园区、企业清洁生产审核和绿色企业创建。

区教育局负责组织在中小学中开展河长制宣传、社会实践工作。

区科技局负责河道水处理有关科技成果的推广、应用、示范，提高河道水处理技术水平；联系省、市“五水共治”专家组相关工作。

区财政局负责河道湖泊的建设、管理、治理的资金支持和保障，协调落实河长制区级相关资金政策，监督管理区级资金使用情况。

区住房和城市建设局负责统筹新建污水管网等大市政相关基础设施的建设管理；开展辖区内建筑工地监管，按规范排放雨污水，严禁工地污水排入雨水管道及附近水体。

区卫计局负责饮用水卫生监督监测和公布工作。

区审计局将河长履职情况纳入领导干部自然资源资产离任审计范围；根据组织部门下达的审计任务建议，具体负责组织实施领导干部自然资源资产离任审计。

区市场监管局负责依法查处无照经营违法行为。

区城管局负责全区引配水的组织协调工作，健全生态调水；负责河湖库塘清淤的组织实施；负责推进河道的综合整治、保洁养护、河道执法监管、入河排水口合法性认定、排水口标识等工作实施，建立“一口一证”排污口身份证式管理，开展入河排污口审核登记。负责推进城区截污纳管和雨污分流工作；负责城市河道的河道健康评估、河道等级划分、引配水、清淤疏浚、保洁养护、河道执法监管、排水口合法性认定、排水口标识等工作实施。

区公安分局负责设置各级河道警长，打击涉及水体的涉嫌环境或资源犯罪行为，依法保障相关部门涉水行政执法。

区总工会负责组织、指导开展河长劳动竞赛、岗位立功等工作。

团区委负责组织、指导团员青年及志愿者积极参与河长制，开展河长制相关优秀青年突击队、优秀团员、优秀团干部、先进团委（团支部）等评选工作。

区妇联负责组织、指导妇女、家庭等积极参与河长制，以及在各级河长中开展三八红旗手、巾帼文明标兵等评选工作。

上城国土分局负责重点项目建设用地保障。

上城环保分局负责水环境污染防治的统一监督管理；负责协调推进水污染防治行动计划、工业企业污染源执法监管；牵头指导水质监测工作。

上城运管处负责指导、监督航道整治、疏浚和通航水域内水上运输船舶及港口码头污染防治；配合做好河道保洁和引配水工作。

各部门、街道要进一步明确涉及本单位的具体职责。

三、主要任务

（一）加强水资源保护

落实最严格水资源管理制度。严守水资源开发利用控制、用水效率控制、水功能区限制纳污三条红线，强化考核评估和监督。实行水资源消耗总量和强度双控行动，实施规划水资源论证制度，建立健全水资源承载能力评价和监测预警机制。严格水功能区管理监督，根据水功能区划确定的河流水域纳污容量和限制排污总量，分阶段制定总量控制和削减方案。全面实行计划用水管理，推进重点用水户水平衡测试，严格实行水资源有偿使用。

在全区实行河湖清单化管理。到 2017 年底，完成全区河道湖泊等级划分，依法制定并公布河湖名录。优化入河湖排放口布局，加强入河湖排污口设置的审查管理。切实依法加强入河湖排水口的监管，深入开展入河排水口整治。到 2017 年底，基本完成入河排水口合法性认定，建立排水口动态管理档案，完善入河排水口标识工作。

（二）加强河湖水域岸线管理保护

严格水域岸线等水生态空间管控。依法划定河湖管理范围，到 2020 年完成全区河道管理范围划界工作，完成水利工程管理与保护范围划定工作。依法依规逐步确定管理范围内的土地使用权属，推进建立范围明确、权属清晰、责任落实的河湖管理和水利工程管理保护责任体系，恢复河湖水域岸线生态功能。

优化岸线码头布局。落实全区建筑垃圾、渣土泥浆码头和其他岸线码头布局调整，强化推进船舶污水、垃圾上岸专项工作，维护健康良好的港口秩序。

（三）加强水污染防治

全面落实“水十条”。认真落实《水污染防治行动计划》，加快推进我区水污染防治行动计划的实施，完成年度目标任务。

强化污染源综合防治。开展入河湖污染源排查，各相关部门依法推进城镇生活污染、船舶港口污染等防治，改善水环境质量。

（四）加强水环境治理

落实河湖水功能区质量目标管理。强化水环境质量目标管理，按照水功能区、水环境功能区确定各类水体水质保护目标，逐一排查达标情况。切实保障饮用水水源安全，完善饮用水水源规范化建设。到 2017 年底，基本实现供水水源地水质、出水水质、终端水质的供水链水质公布制度。

加强河湖水环境综合整治。实施《上城区五水共治“十三五”规划（2016~2020）》《上城区“五水共治”五年行动计划任务（2017~2020 年）》《上城区市政配套管网、泵站等设施建设三年行动计划》《上城区截污纳管工作及雨污分流工作三年行动计划》。强化联动治水，完善部门协作机制、流域（区域）协作机制。推进水环境治理网格化和信息化建设。到 2020 年底，建立健全水环境风险评估排查、预警预报与响应机制。巩固“清三河”成果，实现河湖环境整洁优美、水清岸绿。

（五）加强水生态修复

推进河湖生态修复和保护。禁止侵占自然河湖等水源涵养空间，有效保护沟、渠、塘等自然小微水体。在规划的基础上恢复河湖水系的自然连通，加强水生生物资源养护，提高水生生物多样性。实施引配水工程，科学调度生态流量。加大河湖岸边绿化。健全水环境应急、预警和处置机制。开展河湖健康评估。到 2020 年底，基本建成河湖健康评估制度。加强水土流失预防监督和综合整治，维护河湖生态环境。

健全水环境生态保护补偿制度。强化山水林湖系统治理，加大水源涵养区、生态敏感区保护力度，完善水环境生态保护补偿机制。到2020年底，基本建成全区范围内的水环境生态保护红线划定区域的综合性水环境生态保护补偿制度体系。

（六）加强执法监管

加大河湖管理保护监管力度，完善监督执法机制。建立健全部门联合巡查、联合执法机制，强化执法信息通报。完善行政执法与刑事司法衔接机制，加大对涉嫌水环境或水资源犯罪行为的打击力度。落实《中华人民共和国河道管理条例》《浙江省河道管理条例》《杭州市河道管理条例》《杭州市城市河道建设和管理条例》等规定，完善河湖长效管理机制，实行河湖动态监管。

（七）完善河长责任体系

深化河长制基础工作。完善河长公示牌动态更新管理机制，河长名单要在属地主要媒体上公告，接受社会监督，并要报区河长制办公室。全区湖泊全面建立湖长制，到2017年底落实湖长责任制全覆盖。全区全面推进社区级河长制，到2017年底实现区级、街道级、社区级三级河长全覆盖，完善河道警长配备。深化河长制信息化管理及考核运用，建立健全集信息查询、河长巡河轨迹和现场照片上传、投诉举报、政务公开、公众参与等功能的智慧治水平台，完善“问题一键直达河长”模式，实现“扁平化、透明化、互动化”的河湖管理保护社会治理新模式。到2017年底，全区实现河长履职情况进行网上检查、电子化考核。区级河道由相应河长牵头制定年度治理计划和新一轮的河道“一河一策”（2018~2020），根据河道水质达标现状实行差别化管理举措。深化小微水体整治和管理，到2017年底全面落实小微水体责任制，积极设立小微水体河长，实施责任清单化管理，完善小微水体“一社一图”。

健全河长日常履职制度。完善河长巡查制度，将水域巡查作为河长特别是街道级、社区级河长履职的重要内容。区级河长每月不少于2次；街道级河长每旬不少于1次；社区级河长每旬不少于2次。街道级、社区级河长要组织好河道保洁员、巡查员、网格员以及志愿者开展巡查，确保主要河流每天有人巡、入河排放口每天有人查。完善巡查日志制度，河长及巡查人员要按规定填写、记录巡查情况，发现问题及时处理和报告。落实河长例会制度，各级总河长每年至少召开1次会议，研究本地区河长制推进工作；街道级及以上河长定期组织召开工作会议，研究制定河湖治理措施，协调解决工作中的问题。落实督查指导制度，街道级及以上河长要定期牵头组织对下一级河长和同级相关单位的督查指导，发现问题要及时发出整改督办单或约谈相关负责人，确保整改到位。

完善河长履责考核制度。落实河长报告制度，各级河长每年要向当地总河长述职，报告河长制落实工作。到2017年底，将河长履职情况列入领导干部年度述职述廉述法的重要内容，实行差异化绩效评价考核；探索试点河长向同级人大常委会或人大代表述职制度。健全领导干部自然资源资产离任审计制度，到2018年底，将河长履职情况列入领导干部自然资源资产离任审计或在任年度审计范围，将审计结果及整改情况作为考核的重要参考。区河长制办公室受同级河长委托，在各级组织部门的指导下，负责组织对相应河湖下一级河长进行考核，考核结果作为地方党政领导干部年度综合考核评价的重要依据，并与绩效奖惩挂钩。

完善河长奖惩制度。进一步完善和落实河长失职渎职的责任追究制度，完善河长约谈、通报批评与自我批评制度，实行生态环境损害责任终身追究制，对造成生态环境损害的，严格按照《浙江省党政领导干部生态环境损害责任追究实施细则（试行)》规定追究责任。进一步加大对优秀基层河长、治水先锋的表彰力度，由各级组织、宣传等部门与河长办联合进行表彰；由各级工会与河长办联合开展劳动竞赛，评选劳动模范、予以岗位立功、授予荣誉等。

（八）推进河长制社会参与

推动社会各界积极参与河湖管理保护。结合“两学一做”学习教育，推广党员参与义务护水巡查活动。发挥统战、文明办、教育、科技、工会、共青团、妇联、老干部、少先队等引导作用，以及行业协会、NGO等社会组织作用，积极参与义务护水巡查活动。积极推动企业落实水污染防治的主体责任，并发动企业履行社会责任，参与护水巡河、包干治河等活动。

加强社会监督。建立河长制义务社会监督员队伍，强化河湖管理保护的社会监督，对管理保护效果进行监督和评价。强化媒体监督，进一步做好宣传舆论引导，广泛宣传河长制，强化正面宣传和反面曝光，提高全社会对河湖保护工作的责任意识和参与意识。河长公示牌上应标注“杭州河道水质”APP或微信等平台网络二维码，街道级及以上河长要建立河长微信等联络群。

广泛开展民间河长活动。各级水行政主管部门积极发挥民间河长参与水环境长效管理和治理的作用，完善民间河长的选拔、聘任等管理制度。

四、保障措施

（一）加强组织领导

各部门、街道按照生态文明建设“党政同责”“一岗双责”要求，切实加强领导，狠抓责任落实，对本行政区内的水环境质量负总责，组织制定全区全面深化河长制具体实施方案，明确工作目标、主要任务和工作进度安排，健全目标责任制。加强各级河长制办公室建设，配齐配强工作力量。将河长制落实情况纳入全区“五水共治”、美丽浙江建设、最严格水资源管理制度、综合考评等工作考核范围，纳入“五水共治”工作年度考核。

（二）强化工作督查

区河长制办公室健全工作督查制度，对河长制实施情况和河长履职情况进行日常督查。建立区委、区政府督查组与区河长办联合督查机制，定期开展联合督查。建立健全河湖管理保护情况通报制度，区河长制办公室至少每季度开展工作进展通报1次。区人大办、政协办要通过组织人大代表和政协委员视察、执法检查、民主监督、专题审议、专题协商等形式，积极支持、助推、监督河长制落实。各级河长制办公室要加强组织协调，完善问题督查和抄告制度，督促相关部门按照职责分工，落实责任，密切配合，协同联动，共同推进河长制落实。

（三）落实资金保障

进一步加大对河长制的财政支持力度，建立健全财政投入保障机制，确保河湖管理工作顺利开展，确保各项水环境治理、河道整治建设等项目的推进和年度目标任务的完成。合理加大生态环境保护财力转移支付资金投入力度，加强各类生态环保、水利、城建等专项资金的整合，引导资金向河湖管理保护倾斜。积极引导社会资本参与，建立长效稳定的河湖管理保护投入机制，要以市场化、专业化、社会化为方向，加快培育水环境治理、河道维护、河道保洁等市场主体。

各街道党工委、办事处要在每年1月5日前将上年度落实河长制情况报区委、区政府。

中共杭州市上城区委办公室

杭州市上城区人民政府办公室

2017年6月20日

上城区旅游国际化行动计划（2017~2020年）

按照杭州城市国际化发展的战略布置，根据《杭州市第四轮旅游国际化行动计划（2017~2020年）》文件精神，为深入落实市委、市政府关于《杭州市旅游休闲业转型升级实施意见》，结合“后峰会前亚运”的发展机遇，围绕建设一流的国际化现代化中心城区的目标，特制定本行动计划。

一、总体目标

以“文商旅”大融合战略为指导，进一步发挥旅游国际化的发展先导和战略突破作用，以国际化旅游产品、国际旅游营销品质、旅游环境国际化为抓手，创新发展旅游产业，持续推进旅游产业的转型升级，不断完善我区旅游产业“12345”的发展体系。到2020年，全区旅游产品、营销、环境国际化水平明显提升，旅游总收入突破300亿元，旅游外汇收入突破3亿美元，年均增长12%；旅游接待总人数达到3500万人次，年均增长8.4%，接待入境旅游者达到40万人次，年均增长保持在6%以上，社会资源国际访问点数量增至26家，特色潜力行业转化成旅游产品项目达到100个，辖区内有2个省级特色小镇，3个国家A级景区，1个省级风情小镇。

二、行动计划

（一）打造具有上城韵味的国际化旅游产品

转变旅游产品开发思路，以挖掘南宋文化、展现上城韵味为重点，围绕“一街两镇三圈”打造，进一步丰富上城旅游产品的国际化特质，全面提升上城旅游产品的国际化。

1.打造南山路国际旅游体验一条街。着力打造20个休闲体验馆，精心引进具有代表性的世界级咖啡、美食、酒吧等休闲业态。建设“爱西湖景·恋南山路”中英双语智慧旅游系统，包括后台数据库及智慧服务、智慧管理两大平台，实现全路段WIFI覆盖、全智能触屏布点。打造南山路VR视觉旅游体验中心。（责任单位：清波街道、湖滨指挥部）

2.打造省级特色小镇——南宋皇城小镇。紧扣“南宋皇家文化”主题特色，以“南宋文化节”“国际生活品质体验日”等活动为载体，发挥文化遗产在城市发展中的作用，打造独具特色的国家5A级旅游景区，中国一流、世界著名的“旅游小镇”，成为杭州旅游国际化先行区和“城市旅游”示范区。（责任单位：清河坊资产管理有限公司）

3.创建玉皇山南基金小镇国家4A级景区。通过整合山水、生态、文化、产业等资源，积极延伸“金融+”产业链，推进旅游全域化发展，打造全国首个“金融+旅游”4A景区小镇。通过“一个小镇、三大街巷、三大公园、八大遗迹、九大展馆”的旅游布局，到2018年，通过国家4A级旅游景区评定。（责任单位：玉皇山南基金小镇管委会）

4.推进湖滨、吴山商圈转型升级，推动小营健康产业园产城融合，打造品牌消费集聚区。立足智慧城市、智慧生活、智慧商圈的建设，通过加快建设品牌消费四大平台，借力跨境电子商务，深化商旅文体会联动融合，将上城区打造成全国著名品牌消费集聚区、世界特色品牌消费集聚区，更好地满足杭州市民、境内外游客品牌消费需求。以小营地区为核心推动健康服务业集聚区规划落地，做好旅游+健康的文章，将健康产业与休闲旅游、康复养生有机结合，为小营健康产业园打造营造良好的环境。（责任单位：区商务局、小营街道）

5.提升清河坊历史文化街区、小营·江南红巷景区品质。提升全区主要A级景区周边休闲、美食、住宿、购物设施的国际化品质，在景区设立多语种地图，介绍相关情况，指示周边景点、休闲设施位置和交通换乘信息。延伸和扩展国际游客的活动范围。鼓励景区配置便携式多语种电子语音导览器。景区逐步完善多语种网站和手机APP系统建设。邀请国际化专家改进景区的外文导览导游词，增强景区文化的国际“可显度”，实现国际游客对杭州城市文化感知的无缝对接。落实公厕革命，推进旅游公厕改造提升工程，提升景区公厕环境。（责任单位：清河坊管委会、小营街道）

6.积极推进上城区旅游纪念品“一景一品”工程。增强上城文化的国际“可携度”。提升上城特色旅游商品的品质，开发国际游客喜爱的杭州旅游纪念品，加大宣传推广，方便国际游客选购。（责任单位：区风景旅游局）

7.开发和打造全域化的国际旅游产品。打造南宋皇城小镇传统文化体验示范基地、健康养生文化展示基地、创意创客服务基地、艺术休闲品质时尚基地，重点加强特色潜力行业与旅游的融合。按照国际游客的特点，梳理文艺演出、电影欣赏、特色展览、书场、茶馆、演艺角等文化活动，实施国际化培育打造和宣传推荐，增强杭州国际文化大都市和国际创意文化之都形象。绘制多语种的上城慢游地图，做好慢游线路上的多语种公共交通指示和旅游配套服务设施（休闲娱乐设施）建设。（责任单位：区风景旅游局、区卫计局、区城管局、上城交警大队）

8.完善社会资源国际访问点国际化旅游功能。实现访问点国际化提升，做好对外信息的细化公告。新增社会资源国际访问点2~5家。做好社会资源国际访问点标准化试点工作，到2020年完成80%。继续深化韵味杭州点，串点成线，将韵味杭州点作为国际访问点的补充和完善。（责任单位：区风景旅游局）

9.开发上城运动休闲类国际旅游产品。抓住亚运会等国际赛事的机遇，积极参与和配合市相关赛事的举办，做好上城区运动休闲国际旅游产品的推介。（责任单位：区文广新局）

（二）着力提升上城国际旅游营销品质

紧抓“前亚运后峰会”的机遇，加强上城旅游品牌、旅游形象宣传，重视新媒体渠道营销，进一步推进上城旅游营销国际化。

1.上城旅游品牌全领域推广。整合资源，多方联动，强化品牌推广的全领域渗透。全节事营销，办好杭州国际体验日、南宋文化旅游节、夜休闲主题推广活动、西博会等重大节事。全媒体营销，完善传统媒体，灵活运用微信、微博等新媒体平台，用外国人看得懂的语言、感兴趣的方式推介我区旅游产品。（责任单位：区风景旅游局）

2.加强对外国人市场的旅游推介力度。组织区内旅行社踩点、设计，重点推介“文化景点+休闲慢生活”的“1+X”产品组合，包装推出高品质杭州亲子游系列产品，打造外国人休闲度假胜地和国际家庭度假目的地。（责任单位：区风景旅游局）

3.继续做好“home stay”项目。开展杭州本地人推介之旅，向国际游客介绍最真实的老杭州生活：邀请国际知名人士体验南宋菜肴、南宋茶、养生休闲、“非遗”技艺、市井坊巷、名人故居，感受南宋古韵、市井风情老杭州人的生活。（责任单位：区风景旅游局、区文广新局）

4.加强国际商务游客和国际团队游客两大群体有效营销和精准营销工作。做好家门口的营销工作，特别是在杭最后一刻的旅游营销工作。增加户外公益广告上旅游国际化的宣传内容，在杭州火车站、市中心主要地带、窗口单位常年设立“欢迎来杭州 Welcome to Hangzhou”的欢迎牌。（责任单位：区风景旅游局、区文明办）

5.做好旅游国际化宣传的基础工作。推广和协助国际文化工作者、媒体、影视业工作者前来上城进行影片拍摄宣传的工作。协助和建议其取景，提供一定的拍摄基金。设立“上城区宣传电子图片库”，海量征集和收藏代表上城区特色的各类图片，供国际宣传、文化制作团队在创作时取用。通过智慧化手段，推广上城旅游。完善“品游尚城”微信公众号，推出英文版微官网，介绍上城旅游信息。（责任单位：区委宣传部）

（三）提升上城旅游环境国际化

加强公共设施的投入，提升公共管理国际化水平，完善旅游辅助设施的国际化品质，提高旅游企业的国际化服务水平，实现上城旅游环境国际化。

1.加快旅游咨询中心的国际化改造。改进旅游咨询中心的功能设置，增加自主查询、旅游纪念品、城市旅游卡售卖功能。强化工作人员培训，切实掌握杭州各类特色旅游产品信息，进一步提升咨询服务水平和能力。（责任单位：区风景旅游局）

2.优化和提升旅游宣传资料。从易于外国游客阅读的角度出发，优化上城区宣传资料的编制与投放，设计制作英文版的宣传手册及旅游地图，注重信息的精选和简化，细化每个核心吸引物和旅游设施的具体信息，做到无障碍自由行。加大在国际游客喜爱的酒店内部的手册投放力度。（责任单位：区风景旅游局）

3.打造设备稳定、认证便捷、安全可靠的城市和景区 Wi-Fi 网络。提升景区、酒店等重点场所的免费 Wi-Fi 覆盖率。（责任单位：各街道办事处、区科技局）

4.加强旅游市场监管，严厉查处各类违规违法行为，维护良好的旅游市场秩序和城市国际形象。进行旅游执法综合改革，有效解决国际游客投诉时语言不通的问题，切实提高投诉处理及时率和满意度，维护良好的旅游市场秩序和城市国际形象。（责任单位：区风景旅游局、区城管局）

5.提升市内国际旅游交通舒适度。进一步完善火车站和汽车站等大型交通枢纽的多语种图形标识和指引系统，进一步规范外文翻译，细化旅游标识标牌的引导功能。（责任单位：区城管局、城站管委会、上城交警大队）

6.全面做好我区旅游目的地秩序管控和旅游市场秩序综合治理。提升区旅游目的地形象、游客文明程度和管理水平。落实综合治理旅游市场环境，落实联席会议、联合执法（整治）、抄告（督办）、信息互通四项制度。（责任单位：区风景旅游局、区城管局、区公安分局、各街道办事处、上城运管处）

7.提升上城区餐饮行业国际化水平。鼓励区内著名、品牌餐饮场所在门外设立多语种菜单，提升各类特色餐饮门店的国际化接待水平并向国际游客进行重点推介。（责任单位：区商务局）

8.提升杭州主要旅游企业的国际化水平。鼓励规模较大的旅游企业或集团在利用和发挥好自身原有的企业品牌和知名度的基础上，尽可能引进国际化管理团队或者组建国际化员工队伍，加快国际化进程。通过内部软硬件设施设备的提升改造，提升酒店的国际化管理水平。组织上城区现代服务业技能比武大赛，以赛促训，提升酒店国际化接待能力。（责任单位：区风景旅游局）

9.加强旅游国际高端人才培养。重点培养和引进国际营销、国际会议管家、小语种导游、同传翻译等方面的人才。实施旅游一线服务人员外语提升工程。加强在杭旅游院校与国际知名旅游类院校的合作，引进国际通用旅游职业资格认证，借力国外资源合作办学，培养旅游创业创新型的国际性人才。（责任单位：区人社局、区风景旅游局）

三、保障措施

（一）组织保障

成立上城区旅游国际化工作领导小组及其办公室，完善其职责。各部门要切实加强对旅游国际化工作的组织领导，落实工作责任，完善工作机制，进一步分解并明确行动目标和重点任务，确保各项工作落到实处。

（二）政策保障

把旅游国际化工作纳入区政府相关工作部署和考核。出台《上城区加快旅游业国际化发展扶持和考核意见》，加大对旅游国际化相关工作的经费支持力度，设立旅游国际化专项经费，用于推进旅游国际化战略的专题研究、专项活动、项目扶持等，保障行动计划各项目标任务顺利推进。

（三）环境保障

进一步加强舆论宣传引导，集成广泛共识，形成社会合力，全面推进上城区旅游国际化行动计划，为实现“一流的国际化现代化中心城区”目标贡献应有的力量。

杭州市上城区人民政府办公室

2017 年 7 月 19 日

上城区推进教师“区管校聘”工作实施意见

根据《国家中长期教育改革和发展规划纲要(2010~2020 年)》、《浙江省中长期教育改革和发展规划纲要（2010~2020 年)》，以及省教育厅、省机构编制委员会办公室、省财政厅、省人力资源和社会保障厅《关于深入推进中小学教师“县管校聘”管理改革试点的指导意见》（浙教人〔2016〕103 号），浙江省教育厅《关于确定中小学教师“县管校聘”管理改革试点地区的通知》（浙教人〔2016〕155 号）等文件精神，结合上城实际，现就推进我区中小学幼儿园教师“区管校聘”管理改革试点工作提出如下意见。

一、指导思想

认真贯彻落实党的十八大和十八届三、四、五、六中全会精神，深化教育体制机制改革，按照“以人为本、总量控制、统筹使用、合理配置”的原则，全面落实中小学教职工“以区为主”的管理体制，加强区域内中小学教师的统筹管理，打破推进校长教师交流的管理体制障碍，为促进校长教师合理流动提供制度保障。

二、基本原则

（一）坚持以人为本，突出重点

秉持以人为本理念，保障教师权益。把办人民满意的教育作为推进“区管校聘”管理改革的出发点和落脚点，着力解决制约优质教师资源合理配置的问题，建立科学有序的教师队伍正常流动机制。

（二）坚持统筹兼顾，分步推进

“区管校聘”管理改革是一项综合性的制度改革，需要整体谋划、统筹安排，要着眼于事关全局的关键领域和薄弱环节，分步推进实施，确保改革的科学性和稳定性。

（三）坚持动态管理，定期评估

对“区管校聘”推进情况实行动态管理，定期开展效果评估，根据环境变化、社会需求和群众反映，及时调整与之相适应的工作措施。

三、实施范围

全区公办中小学、幼儿园在编在岗教职工。

四、主要内容

（一）完善编制管理机制

1.科学核定编制

进一步建立和完善教师编制“总量控制、动态管理“机制。区编委办应会同区教育局，根据全区教育事业发展和学校办学规模核定全区教职工编制总数。核定后，根据学校布局结构、班额、生源（含外来务工人员子女）等情况变化进行动态调整，原则上每2年核定一次。

2.统筹使用编制

区教育局应在核定的编制总量内，对编制进行统筹安排，实行动态调整。按照师生比和班师比相结合的方式核定各校编制，并根据生源变化、教师结构和教育教学任务增减情况，每年进行一次微调，编制使用情况报区编委办备案。探索压缩非教学人员编制，逐步将一般性教学辅助岗位、工勤岗位不再纳入编制管理范围。

3.实施“退补平衡”

区编委办应会同区教育局、区人力社保局，及时确定每年用编进人计划总量，保证专任教师“退补平衡”，确保全区中小学、幼儿园按上级规定配足配齐专任教师。

（二）完善岗位管理办法

1.科学核定岗位总量

区人力社保局应会同区教育局，根据国家、省、市制定的中小学幼儿园专业技术岗位结构比例控制标准和全区教职工编制总量，对全区中小学、幼儿园分别核定岗位设置总量，实行总量控制。进一步健全学校岗位设置动态调整机制，根据学校编制变化情况，及时调整岗位数量。

2.统筹岗位管理

区教育局负责指导各学校在核定的岗位设置总量内，按照专业技术岗位结构比例控制标准，结合学校教师人员结构、承担教育教学改革和任务需要等情况，科学编制岗位设置方案，报人力社保部门备案后实施。对于主动参加教师校长交流的骨干教师，由区教育局统筹、调剂出若干中高级职称岗位，用于评聘交流教师，优先满足校长和骨干教师交流工作需要。

3.实行按岗聘用

进一步落实学校用人自主权，全面落实中小学教师聘用合同管理。在核定的编制和岗位内科学制定本校岗位设置方案，确定管理人员、专业技术人员和工勤人员岗位结构，依法依规做好人员聘用上岗工作，与聘用人员签订聘用合同。

（三）完善用人机制

1.建立竞争择优的用人机制

全面推行竞聘上岗制度，建立竞争择优、能上能下的用人机制。积极探索建立多轮竞聘上岗和组织统筹调剂相结合的教师资源配置模式。鼓励教师校长交流，积极引导骨干教师和校长向普通学校、薄弱学校或空编学校流动。对参与交流的校长教师，在评先评优、职称评聘、岗位聘任等方面给予倾斜。

2.完善考核评价机制

坚持公开、公平、公正的原则，以岗位职责为依据，以师德、能力、业绩、贡献为核心，建立不同工作岗位的分类考核指标和考核办法，建立学校、教师、学生和社会多方参与的教师考核评价机制。聘期考核结果作为评先评优、职称评审、岗位聘任、工资分配等工作的重要依据。

3.建立健全退出机制

逐步建立以竞聘上岗为核心的退出机制。教师年度考核或聘期考核不合格的，学校可以调整其岗位，或者安排其离岗接受必要的培训后调整岗位，教师不同意学校调整其工作岗位，或者虽同意调整到新工作岗位，但到新岗位后考核仍不合格的，学校可按规定程序解除聘用合同。对教师资格定期注册不合格或逾期不注册的人员，不得再从事教学工作岗位。

五、工作步骤

按照“抓好试点、以点带面、稳步推进、不断完善”的改革步骤，积极稳妥地推进“区管校聘”人事管理制度改革。2017 年，全区公办初中（含九年一贯制学校初中部）先行开展试点工作。在取得经验的基础上再适时全面推行。

六、保障措施

1.加强组织领导，抓好统筹协调

在区委领导下，成立由区政府分管副区长为组长，区政府办公室、区编委办、区教育局、区财政局、区人力社保局主要负责人为成员的“区管校聘”改革工作领导小组，加强对改革试点工作的统筹和领导。领导小组下设办公室，设在区教育局，由区教育局局长兼任办公室主任，分管局长任副主任，组织实施全区教师“区管校聘”改革工作。

2.完善配套政策，确保任务落实

各相关部门要细化工作职责，抓好任务落实。建立工作联席会议制度，强化部门之间的沟通与协调，定期分析工作中存在的问题和不足。建立工作督查机制，加强推进过程的督查与指导，及时协调解决改革过程中出现的问题，确保改革顺利进行。

3.坚持以人为本，保障教师权益

各相关部门要严格执行有关政策规定，坚持“公平、公正、公开”原则，严肃纪律，规范操作，切实维护教师的合法权益。坚持“以人为本”理念，对老弱病残孕教师给予适当照顾。不断提高教师政治、社会地位，切实保证各类教师的薪酬待遇。

4.加强宣传沟通，营造良好环境

高度重视改革的宣传动员工作，多形式、多渠道宣传改革试点的重要性、必要性，宣传政策内容，宣传先进典型，形成支持改革、参与改革的良好氛围。加强与省、市教育部门的沟通联系，争取政策支持、理论指导和资源共享。注重总结提炼，对改革过程中好的经验和成果及时进行宣传，努力营造良好环境。

杭州市上城区人民政府办公室

2017 年 3 月 20 日

上城区养老服务业综合改革实施方案

为积极应对人口老龄化问题，加快发展养老服务业，切实满足广大老年人养老服务需求，根据《市委办公厅 市政府办公厅关于印发杭州市养老服务业综合改革试点方案的通知》（市委办发〔2016〕56 号），结合我区实际，特制定本实施方案。

一、指导思想

深入贯彻落实习近平总书记系列重要讲话精神，按照国家、省、市关于加强养老服务业改革与发展的要求，以杭州市被列入国家、省养老服务业综合改革试点和上城加快建设一流的国际化现代化城区为契机，通过完善体制机制、优化政策环境、创新发展模式、推动社会参与，进一步深化养老服务业改革，增加养老服务供给，满足多样化养老服务需求，提升我区养老服务整体水平，努力使养老服务业成为保障和改善民生、促进健康产业发展、推动经济转型升级的重要力量。

二、基本原则

（一）坚持政府引导，市场运作

转变政府职能，改进养老服务供给方式，改革养老服务管理机制，形成“市场化+”的养老服务模式，充分发挥市场在配置养老服务资源方面的基础性作用，激发全社会参与活力，推进全区养老服务业健康发展。

（二）坚持需求导向，精准服务

以老年人实际需求为导向，厘清政府购买与市场供给的关系，积极搭建服务平台，培育服务实体，提供更加丰富多元、切合需求、长效高质的服务项目，满足老年人多层次、多样化的服务需求。

（三）坚持整体谋划，重点突破

找准试点“突破口”，着力在完善养老服务体系、创新养老服务方式、健全养老服务工作格局等方面有所突破，不断深化养老服务业改革创新，全面提升我区养老服务水平。

三、发展目标

基本建成以居家养老为基础、社区养老为依托、机构养老为补充、医养相结合的养老服务体系，形成具有上城特色的改革创新模式。

（一）社区养老全面提升

推动社区养老服务设施分层分类发展，形成专业服务与公益服务融合发展，政府补贴与市场消费有机结合的工作格局，基本建立老人就餐服务体系，有效提升社区养老社会化运营水平。到 2017 年底，每个街道建有 1~2 个街道级居家养老服务照料中心，老年食堂服务实现有效覆盖，全区居家养老服务照料中心社会化运营达三分之一以上。

（二）医养融合深度发展

推动养老服务与医疗卫生服务深度合作、资源共享。到 2017 年底，提供康复服务的居家养老服务照料中心达 40%以上，有需求的老年人签约家庭责任医生实现全覆盖；全区养老护理型床位占比达 50%以上，建成 1 所护理型养老机构。

（三）人才技能显著提高

加强养老管理人才和护理人才队伍建设，提升护理员专业技术能力，培养一批养老服务专业人才。到2017 年底，护理员持证率达 95%以上，人员结构进一步优化，高级、中级以上护理人才比例显著提升。

（四）养老产业快速发展

通过培育扶持，着力使社会力量成为养老服务业发展主体。到 2017 年底，民营（包括公建民营）的养老机构达 90%以上；形成 1~2 个在全省或全国有影响力的涉老社会组织和养老服务项目品牌；政府购买服务成为服务供给的主流；社区养老服务管理工作实现服务外包。

四、主要任务

（一）推动社区养老服务改革创新

1.分层分类推进照料中心建设。支持各街道打造街道级示范型居家养老服务照料中心，区级给予重点的资金扶持。到 2107 年底，通过新建、改扩建、提升改造等方式，建成 3 家功能齐全、面积较大的街道级照料中心。鼓励各街道积极引入第三方服务组织，三分之一的照料中心实现社会化运营。以街道为主体，实现居家养老服务照料中心等社区为老服务场地保险全覆盖，区级给予适当的资金补助。

2.推动老年助餐服务体系建设。采取新建老年食堂、助餐服务点、送餐上门等方式，着力解决老年人“吃饭难”问题。到 2017 年底，实现老年人助餐服务有效覆盖，所有社区均具有一种以上老年人助餐服务方式，新建 4 家社区老年食堂；鼓励老年食堂建设“阳光厨房”。

3.深化专业养老日、托喘息服务。深入推进养老服务专业化改革工作，通过政府购买服务方式，积极引进有资质的社会组织开展“失智失能”老人日托服务和喘息服务，不断提高服务的专业化水平和实效，并根据老年人的经济收入、年龄等情况，提供分层分类的政策保障。2017 年底，每个街道至少设立 1 个日托点。为运行成效明显、受老人欢迎的日托点或喘息点，扶持配备接送车辆、爬楼机等设备。

（二）提高养老机构建设管理水平

1.有序推进全区养老床位建设。落实养老机构建设、运行和租金补助等扶持政策，通过提高租金补助标准，年租金由 35%提高至最高 40%，吸引社会力量利用宾馆、酒店、厂房、仓库等房产资源改建成养老机构；鼓励老旧养老机构进行提升改造，区级给予一定的资金扶持；公建民营养老机构签约满五年（含）后通过招标变更投资主体、并进行提升改造的，可享受区级一次性建设补助，属地街道根据改造投入情况可适当给予资金扶持。推进养老机构社会化运营，到 2017 年底，民营（包括公建民营）的养老机构达 90%以上；新增机构床位数 470 张以上，新增机构护理型床位数 240 张以上，全区养老护理型床位占比达 50%以上，护理型床位享受同等补助政策，建成 1 家护理型养老机构，1 家以上社区嵌入式养老机构，新增日托床位数

122 张。

2.全面提升养老机构服务质量。以“五查五改、对标达标”为主要内容，对照影响养老院服务质量的运营管理、生活服务、健康服务、社会工作服务、安全管理等五个方面，开展养老院服务质量建设专项行动，推进养老院服务质量大转变、大提升。

3.加强养老机构安全管理工作。建立养老机构安全管理长效机制，积极开展社会福利机构构建双重预防机制防范遏制重特大事故试点工作。每年对全区养老机构组织开展不少于一次消防安全培训和演练，组织有资质的第三方机构对养老机构建筑物内的消防系统进行检测。每季度组织开展养老机构消防和食品安全检查，每半年组织一次街道级养老服务设施安全排查。鼓励养老机构、照料中心和老年食堂进行安全设施提升改造，并把烟感、电流检测设备、厨房油烟分离设备等作为重点改造项目；全面实施养老服务机构综合责任保险，切实提高安全风险防范水平。

（三）完善居家养老服务管理工作

1.拓展居家养老服务特定对象。推动养老服务供给侧改革，探索长期照护保障制度。2017 年底前，将空巢、独居、孤寡老年人纳入智慧养老服务平台主动关怀范围。

2.探索居家养老精准服务项目。根据老年人需求，有针对性地设置服务内容，以政府购买服务的方式引进专业服务实体，探索实施机器人陪聊、家电水电维修、居家医疗、助浴、助洁、助行、助急等高精度专业养老服务项目。

3.规范居家养老服务管理机制。完善第三方评估机制，进一步优化居家养老服务对象评估流程，加强养老服务信息系统动态管理，规范居家养老服务对象特殊审批工作，提高居家养老政府购买服务标准，按照市场化的方式建立居家养老政府购买服务价格递增机制。居家养老政府购买服务由各街道按照招一续一的方式负责公开招标；养老机构接收政府购买养老服务对象入住的老年人，原享受的养老服务补贴及各类补助经费可转入社会办养老机构，用于支付其床位费和护理费。

（四）全面深化推进医养结合工作

1.明确养老机构医疗服务设置。积极推行 100 张（含）以下床位的养老机构与医疗机构建立稳定的医疗合作联系，100 张床位以上、500 张以下（含）床位的养老机构设置医务室，500 张床位以上的养老机构设置独立的医疗机构，使机构内老人能便利享受医疗服务。

2.推进社区养老和医疗相结合。加强新建照料中心和社区卫生服务站的建设规划，新建照料中心应和卫生服务网点合并建设，步行距离不超过 15 分钟。到 2017 年底，40%以上居家养老服务照料中心实现医养结合，提供医疗康复服务，全面推动老年人的家庭责任医生签约工作。

3.提高医养融合服务管理水平。深化完善居家医疗上门服务，健全社区老年卫生保健制度，开展健康教育、心理辅导、康复护理、疾病预防、家庭病床、健康档案等管理服务，建立健全医养一体的长效协作机制。政府购买养老服务对象建立家庭病床的，原享受的养老服务补贴及各类补助经费可转入支付家庭病床护理等相关费用。

（五）推动养老服务人才队伍建设

1.建立养老人才队伍激励机制。实施入职奖补、持证奖励及廉租房等优待政策，增设养老护理员长期服务津贴，以此吸引医护专业人员进入养老服务领域；开展“最美养老护理员”评选，提高养老服务队伍年轻化、专业化水平，提升职业认同感。

2.建立养老人才队伍培训机制。定期组织区级养老护理员培训，开展养老护理员技能竞赛，提升养老服务技能和水平。2017 年，培训养老护理员 190 人，持证率达 95%以上。

3.创新社区养老服务管理模式。以街道为主体，采取政府购买服务的方式，做实街道养老服务中心和社区养老服务管理工作，提升社区养老服务管理水平，区每年根据社区养老服务管理工作对象数量和管理水平，采取因素分析法的方式，给予每个街道购买服务配套资金的扶持。

（六）拓展提升养老服务平台载体

1.落实智慧养老转型提升工作。推进全市统一的智慧养老服务平台转型提升工作，为老年人提供更智能、更精准、更便捷、更高效的智慧养老服务，有序引导社会力量参与智慧养老综合服务。

2.打造为老服务志愿活动品牌。优化“银龄互助”志愿服务者守信联合激励方案，深化完善“时间银行”志愿服务模式，打造具有上城特色的为老服务志愿品牌，探索为老服务志愿长效机制。

3.推进老年宜居环境提升改造。加强老年人家庭适老化、社区适老化改造，无障碍设施改造等项目的推进，满足老年人居住和出行需求；积极稳妥探索老旧既有住宅加装电梯试点。

（七）提升基层老龄工作服务水平

1.开展多样化的文化养老活动。积极参与市“老年文化艺术节”和“敬老月”活动，在活动中激发“银发活力”，举办集体生日会、运动会、书法摄影大赛、征文比赛等老年人喜闻乐见的系列活动，在文化养老杭州品牌的打造过程中展现上城魅力。

2.构建现代多元老年教育体系。巩固区级老年电视大学实体化办学成效，鼓励街道老年电视大学分校开展实体化办学。积极探索构建以电视教学为基础、远程教学为补充、面授教学和课外活动为拓展、老年开放大学相融合的现代多元老年教育体系。

3.加强基层老年协会规范建设。积极鼓励老年协会依法登记，2017年底，依法登记率达到12%以上。

（八）有力推进养老服务产业发展

1.加快推进健康养老产业发展。通过公建民营、民办公助、PPP等模式，扶持社会力量参与健康养老服务，鼓励连锁化、品牌化、集团化发展。根据老年用品产业园区、颐养特色小镇和为老服务品牌街区的认定标准，2017年底建成1个产业集聚区，建立产业招商项目库。

2.加大扶持为老服务项目发展。每年安排公益创投资金、福彩资金，用于资助社会组织开展为老服务项目，聚焦老年人关注的热点、难点和焦点问题，提供专门的服务满足老年人需求。

3.培育打造养老服务品牌发展。鼓励通过社会力量主动参与，培育打造具有典型示范功能的养老机构服务品牌和居家养老服务照料中心运营品牌。2017年底，打造1~2个在全省、全市有影响力的涉老社会组织和养老服务项目品牌。

五、时间步骤

试点时间从2017年1月至2017年12月底，共分4个阶段：

（一）组织准备阶段（2017年1月~6月）

成立上城区养老服务业综合改革试点工作推进领导小组，编制《杭州市上城区养老服务业综合改革实施方案》。

（二）动员落实阶段（2017年7月）

召开全区养老服务业综合改革工作动员大会，明确任务和时间进度，落实阶段性工作。

（三）全力实施阶段（2017年7月~11月）

推进综合改革工作，本方案预定的各项任务在全区范围内开展并取得实质性进展；定期召开工作例会，研究工作中存在的问题和解决方案。

（四）总结提炼阶段（2017年12月底）

全面完成本方案各项任务并取得明显成效，及时总结提炼综合改革有效经验和做法。

六、保障措施

（一）强化组织机制保障

明确综合改革工作的责任主体，成立上城区养老服务业综合改革工作推进领导小组，负责统筹指导全区各项工作开展，定期召开会议，切实解决推进过程中的难点问题。领导小组办公室设在区民政局，负责协调开展相关工作。成立5个专项攻坚小组，负责专项重点工作的推进。

（二）强化养老资金保障

保障落实养老服务业发展所需的财政资金，加大福彩资金扶持养老服务业发展的力度。进一步完善养老服务资金补助和使用管理办法，提高资金使用效益，重点引导社会力量参与养老服务业发展。

（三）强化人才队伍保障

重点推进区养老服务指导中心的配设，确保有专门的工作人员，并落实各项保障，以队伍建设促进综合改革各项工作任务顺利推进。

（四）强化宣传舆论保障

采取多种形式广泛宣传养老服务综合改革工作和项目，加强舆论引导，推行积极的养老文化，营造尊老、爱老、助老的良好风尚，形成“党委领导、政府主导、社会参与、全民行动”的养老格局。

中共杭州市上城区委办公室

杭州市上城区人民政府办公室

2017年8月10日

上城区中医药事业发展“十三五”规划

为进一步发挥中医药传统文化的特色优势，促进全区中医药事业持续健康发展，更好地满足人民群众对中医药服务的需求，促进全民健康，根据国务院《中医药发展战略规划纲要（2016~2030年）》《中医药健康服务发展规划（2015~2020年）》精神和《浙江省中医药事业发展“十三五”规划》、《杭州市卫生计生事业发展“十三五”规划》部署，结合我区中医药事业发展实际，特制订本规划。

一、上城区“十二五”中医药事业发展简要回顾

上城区高端医疗资源聚集，辖区目前拥有综合性医院9家、中医院3家、专科医院9家，其中省、市级医院10家，截至2016年末，区属医疗机构189家，其中包含中医科的医疗机构达121家，区属医疗机构中执业医师（含助理医师）共计2201人，其中中医类执业医师636人，中西医类执业医师83人。

“十二五”期间，杭州市政府出台了《关于促进健康服务业发展的实施意见》（杭政函〔2014〕74号），明确将养生保健服务作为四大重点发展领域之一。充分发挥中医医疗预防保健特色优势，推广科学有效的中医药医疗、养生、保健服务。上城区清河坊中医特色一条街、五柳巷—建国南路等已经发展成为中医特色明显的品牌街区。2014年成立全市首个中医药行业协会，通过中医药行业协会的桥梁和纽带作用，进一步提升了行业自律，规范了竞争行为，同时协调了基层社区卫生机构与社会办中医机构之间的互学、互补、多赢发展。

“十二五”期间，上城区中医药事业发展态势良好，基层中医药工作成绩显著提高。根据市卫计委联合五部门出台的《杭州市基层中医药服务能力提升工程实施意见》（杭卫发〔2013〕147号），紧紧围绕提升工程的各项任务，建立健全基层中医药服务网络。全区100%的社区卫生服务中心有中医药文化氛围浓郁并相对独立的中医药综合服务区，通过多种中医药技术方法开展常见病基本医疗和预防保健服务。针对65岁以上老年人和0~3岁儿童开展国家基本公共卫生中医药服务项目，覆盖人群分别达到48.82%和86.97%，远远高于全市平均水平，高分通过了全国基层中医药先进单位的复评。

“十二五”时期上城区加大中医药事业投入力度，使中医药事业获得持续、快速、健康发展，中医药文化不断普及，在保障人民健康和促进经济社会发展方面发挥了不可替代的作用。积极开展优质中医药资源下沉工作，取得显著成效。杭州市第一人民医院分别与6家社区卫生服务中心建立紧密合作医联体模式。充分利用市级中医医院的优势，推进医疗资源“双下沉、两提升”工作，使居民能够就近享受到便捷、优质、连续的同质化基本医疗服务。

二、“十三五”中医药发展面临的机遇和挑战

当前，在全面实施“四个全面”重大战略，我国经济社会发展进入新常态的新形势下，中医药事业的发展迎来了新的历史性机遇。

首先，党中央、国务院高度重视中医药工作。习近平总书记高度关注中医药发展，多次对中医药工作做出重要指示，重视发挥中医药在我国对外交流合作中的独特作用。党的十八大报告提出要“坚持预防为主、以农村为重点、中西医并重”的卫生工作方针，再次重申了要“扶持中医药和民族医药事业发展”，充分体现了保障人民健康权益、在病有所医上持续取得新进展的重要政策导向。十八届三中全会进一步提出要“完善中医药事业发展政策和机制”，表明了党和国家把中医药事业摆在了国家改革发展的更突出位置，体现了中医药在国家经济社会发展中的地位作用不断提升，抓住了推动中医药事业发展的关键，提出了明确的工作要求。

其次，医药卫生体制改革为中医药事业的发展注入新的活力。随着医药卫生体制改革的进一步深入，覆盖城乡居民的基本医疗卫生制度逐步建立和

完善，将促进中医医疗机构办出特色，形成优势，完善功能，并促使中医医疗机构不断深化内部运行机制改革，提高医疗质量、服务质量和管理水平。

再次，随着社会发展和人民生活水平的提高，为中医药事业发展提供了更加广阔的空间。当前，人类生存环境加快变化、城市化进程加快、老龄化社会加速到来、医学模式不断转变，使中医药独具特色的整体观更加符合现代医药科学发展的趋势。人们消费观、健康理念的变化为中医药在防病保健、临床治疗、养生和康复等方面特色优势的发挥拓宽了服务领域，提供了更加广阔的服务空间。

“十二五”期间，我区中医药事业取得了显著成绩，呈现出良好的发展态势，在许多方面走到了全省甚至全国的前列，但也应该清醒认识到中医药工作中还存在着许多困难与问题，主要表现为：一是从全区看，医疗资源空间布局不合理与利用不充分并存，基层医疗机构用房紧张、中医药相关设备设施落后的局面没有得到全面改观，基层中医药医疗服务能力还有待提升。二是中医药人才培养有待加强，因中医药人才培养周期较长且经济收益慢，部分医疗机构仍存在中医药科室人员配置偏少、服务能力相对较弱等问题。三是中医药科研队伍较为薄弱，中医药学术、临床基础研究和特色流派发展缓慢，培养具有继承与创新能力的人才队伍工作相对滞后，高素质中医药人才匮乏，尤其缺乏一批在省内外有影响力的学科领军人才。

三、中医药事业发展指导思想、基本原则与发展目标

（一）指导思想

以马克思列宁主义、毛泽东思想、邓小平理论、“三个代表”重要思想、科学发展观为指导，全面贯彻党的十八大和十八届三中、四中、五中、六中全会精神，深入贯彻习近平总书记系列重要讲话精神，贯彻落实中央领导发展中医药的指示精神，贯彻实施《中华人民共和国中医药法》，坚持“民本卫生、和谐卫生”的发展理念，把发展中医药作为深化医药卫生体制改革，有效解决群众医疗保健问题，实现“人人享有基本医疗卫生服务”的重要举措，以继承创新为主线，以发挥中医药特色优势为重点，推进中医药事业快速健康发展。

（二）基本原则

1.坚持以人为本原则。注重中医药服务的公平性和可及性，最大限度地满足居民对中医药服务的需求。

2.坚持政府主导原则。强化政府责任，鼓励社会参与，多渠道、多形式发展中医药事业。

3.坚持统筹兼顾。推进中医药医疗、保健、科研、教育、产业、文化全面协调发展，促进中医药事业健康协调发展。

4.坚持中西医并重。突出中医药特色，充分发挥中医药在公共卫生、预防保健中的作用。与西医相互取长补短、发挥各自优势，促进中西医结合。

5.坚持继承与创新。既要保持特色优势，又要积极利用现代科学技术发展成果；既要普及中医药知识的宣传，又要探索基层中医药发展的新模式。

（三）发展目标

到 2020 年，进一步加强基层中医药服务能力建设，加快中医药文化建设；大力推进中医药法制建设，营造有利于中医药事业全面健康持续发展的政策环境；进一步完善中医药人才培养体系，优化和提高中医药人员知识结构和综合素质，不断增强中医药在经济社会发展中的地位和作用。

“十三五”期间，我区中医药事业的主要发展目标：

1.全区 100%的社区卫生服务中心能提供 6 类以上中医药技术服务，100%的社区卫生服务站能提供 4 类以上中医药技术服务，100%的社区卫生服务中心建立中医药综合服务区。基层医疗卫生机构中医诊疗量占基层医疗卫生机构诊疗总量的 35%以上。

2.按《浙江省基层中医药服务能力提升工程“十三五”行动计划实施方案》要求，基层中医药适宜技术推广基地按照中医药技术操作规范开展 10 类 45 项以上中医药适宜技术，并对辖区内基层医疗卫生机构推广 10 类 30 项以上中医药适宜技术。

3.争创省级中医药特色示范社区卫生服务中心。

4.继续巩固“全国基层中医药工作先进单位”创建成果，做好 2018 年先进单位复评迎检工作，力争取得优异成绩。

5.提高中医药服务成效，严格控制医疗机构门

诊均次费用、中药饮片处方贴均费用和住院床日费用的增长速度，中药饮片均贴费用不超过全市平均费用（以市医保统计口径为准）。

6.加强中医药人才队伍建设，强化与省市医院的战略协作，建立社区中医专业人员培训带教机制。积极培养区级名中医专家队伍和市级基层名中医骨干队伍，加强社区卫生服务中心特色中医专科（专病）建设。

7.充分发挥上城区中医中药产业的传统优势，推进“清河坊中医特色一条街”和“五柳巷中医药文化传承与创新产业园”协调有序发展。强化产业延伸，发挥龙头示范引领作用，在中医诊疗的基础上带动中医保健、中医养生、中医药膳、中医旅游、中医药文化科普等项目共同发展，持续提升上城区中医药品牌影响力。

四、主要任务

（一）增强合力，加强中医药工作的发展

要把中医药事业列入公共卫生体系建设和国民经济与社会发展规划，落实人力、物力、财力等各项保障措施，为中医药的发展提供良好的外部环境和物质条件。全社会、各部门动员起来，深化中医药事业改革，优化中医药资源配置。在切实保障人民群众基本医疗卫生服务需求的基础上，创新服务模式，鼓励多元投资，加快市场培育，充分释放中医药健康服务潜力和活力，充分激发并满足人民群众多层次多样化中医药健康服务需求，推动构建我区特色健康服务体系，促进中医药养生、中医医疗、康复、养老、文化、旅游等服务产业优化发展。

（二）进一步加强基层中医药服务能力建设

积极探索中医药参与社区卫生服务的途径和方法，发挥中医药的作用和优势，加强中医药适宜技术在社区的推广和应用，提高中医药资源利用率，完善和提高中医药服务功能和水平。

社区卫生服务中心要加强妇科、儿科、针灸、推拿、骨伤、肛肠、老年病等中医特色优势专科（专病）建设。加强中医特色康复服务能力建设，开展具有中医特色的社区康复服务。

加快推进以“治未病”为核心的中医药特色预防和保健服务体系建设，推广开展中医体质辨识和各类中医药健康咨询和养生保健服务，为提升全民健康素质做出新贡献。强化中医药适宜技术推广基地建设，带动全区中医药事业整体发展。

（三）加强中医药人才队伍建设，优化人才结构

加强中医药人才队伍建设，以培养和造就适应中医药事业发展需要的各级各类中医药人才为目标，重点抓好高层次人才、优秀中医临床人才、中医药骨干人才的培养，全面提高中医药队伍的整体素质。

实施中医类别全科医师岗位培训和规范化培训，鼓励和支持社区中医人员到省市级医院进修，扎实推进基层中医药人才培养。

鼓励中西医人员相互学习。建立中西医结合人才培养的长效机制，鼓励中医人员学习相关专业的西医理论知识和诊疗技术，提高急危重症的救治能力；鼓励西医临床医生参加中医理论学习和临床实践，积极参加“西学中”培训。

开展名中医师带徒和传承带教，探索和逐步完善不同层次、不同类型的中医药师承教育模式，开拓中医药人才培养方式和途径。逐步提升中医药科技创新能力。鼓励中药企业、民营科研机构等开展中医药科学研究，加强中医药学科建设。

（四）完善绩效方案，提高中医药人才的积极性

进一步完善适合我区特点的中医药绩效方案，充分发挥中医药骨干的积极性，使更多的中医药骨干扎根在基层、服务在基层，全面实施 “中医基层化，基层中医化”行动。

（五）进一步推进基层中医药信息化建设

加快推进中医药信息化建设工作，着重加强各社区卫生服务中心内部信息系统整合、信息共享、信息互联互通等方面工作，充分发挥信息化对中医药事业发展中的支撑作用。按照省中医药管理局的要求，逐步推进基层医疗卫生机构中医诊疗区健康信息平台建设，大力提升基层中医师医疗服务水平，满足中医药服务分级诊疗需求。

（六）加强中医药文化建设

培养一支涵盖培训、管理、健康教育等方面能力较高的中医健康讲师团；培育一批受人喜爱、在行业内外有广泛影响力的名老中医；打造良好的中医药文化宣传氛围，充分利用现有信息服务平台，

整合资源，借势推进，传播推广中医药文化知识。

加强中医药宣传队伍和网络建设，组织中医药文化宣传讲师团定期进社区、进机关、进校园、进家庭针对不同人群开展中医药科普知识宣传、预防保健养生知识巡回宣讲和义诊活动，促进中医药文化传播和普及。

五、保障措施

（一）健全管理体制，加强组织实施

建立由区政府牵头，发改经信、卫计、宣传、编委办、教育、民政、财政、人力社保、市场监管、公安、妇联、残联、街道等部门参与的中医药工作联席会议制度，及时协调解决中医药健康服务发展中的重大问题。健全中医药管理体制，加强中医药管理队伍建设。完善区卫计局中医药管理组织构架，做到有领导分管、有科室负责，有专人落实，保证中医药方针、政策和各项任务的贯彻落实。

（二）加大投入力度，完善政策措施

区政府部门认真贯彻落实《中华人民共和国中医药法》、《浙江省发展中医条例》、《浙江省人民政府关于进一步促进中医药事业发展的意见》、《杭州市人民政府关于扶持和促进中医药事业发展的若干意见》等法律法规和政策文件，加大对中医药事业的投入，按需落实经费保障，促进中医药事业的可持续性发展。

（三）加强行业监管，发挥行业组织作用

对中医医疗机构的设置、中医从业人员的准入，严格按照规定予以审批，重点监管服务质量，严肃查处违法行为，严厉打击违法行医。充分发挥中医协会行业管理作用，形成行业内部通报机制，促进中医药行业规范化发展，切实控制中药饮片不合理处方，进一步加强中药饮片处方管理。食品药品监管部门要制定加强基层中药质量监督管理、完善医疗机构中药制剂在基层调剂使用的政策措施，保证中药质量，确保用药安全。

（四）加强舆论宣传，营造良好氛围

加强宣传工作，营造全社会尊重和保护中医药传统知识、重视和促进健康的社会风气。支持广播、电视、报刊、网络等媒体开办专门的节目、栏目和版面，开展中医药文化宣传和知识普及活动。弘扬大医精诚理念，加强职业道德建设，不断提升从业人员的职业素质。依法严厉打击非法行医和虚假宣传中药、保健食品、医疗机构等违法违规行为。

杭州市上城区人民政府办公室

2017 年 8 月 30 日

上城区食品安全“党政同责、一岗双责”实施办法

第一章　总　则

第一条　为深入贯彻党的十八大、十八届三中、四中、五中、六中全会和习近平总书记关于“食品安全党政同责，党政一把手必须亲力亲为、亲自动手抓”的重要指示精神，根据《中华人民共和国食品安全法》及相关法律、法规，全面推进食品安全战略，认真落实“党政同责”“四个最严”的政治责任和工作责任，形成严密高效、社会共治的食品安全治理体系，切实保障人民群众食品安全，特结合我区实际，制定本办法。

第二条　食品安全“党政同责、一岗双责”是指党委、政府对食品安全工作共同承担职责与责任，党政领导干部在履行岗位业务工作职责的同时，按照“谁主管、谁负责”、“管行业必须管安全、管业务必须管安全、管生产经营必须管安全”和“分级负责、属地为主”的原则，履行食品安全工作职责。

第三条　本规定适用于区委、区政府，各有关部门，各街道党工委、办事处。社区党委、社区居委会以及事业单位、国有企业参照执行。

第二章　区委区政府的领导责任

第四条　区委区政府对全区范围内食品安全负总责，切实加强对食品安全工作的领导，其主要职责是：

（一）贯彻执行食品安全法律法规，认真贯彻上级党委、政府的重大决策部署和工作要求；

（二）将食品安全纳入全区经济社会发展的总体战略，推动食品安全与经济社会协调发展，食品安全工作经费列入政府财政预算；

（三）认真分析总体形势，研究部署全区食品安全工作，组织相关部门和单位依法开展食品安全监管工作，组织对食品安全监管工作开展评议、考核；

（四）每年专题听取食品安全工作汇报不少于1次，主要领导开展食品安全工作专题调研或检查每年不少于1次；

（五）加强各类考核中食品安全权重，把食品安全控制指标纳入经济社会发展考核评价指标体系，把食品安全指标纳入年度综合目标考评；

（六）重视基层食品安全监管部门队伍建设，配强领导，建强班子，切实解决机构编制、人员配备、基本待遇、工作条件等方面的实际问题，确保食品安全监管部门领导班子和干部队伍坚强有力；

（七）建立健全食品安全工作机制，切实发挥食品安全委员会作用，统一领导、组织、协调全区食品安全监管工作，应对食品安全突发事件；

（八）加强食品安全的宣传教育，普及食品安全知识，倡导健康的饮食方式，增强人民群众食品安全意识和自我保护能力。

（九）加强食品安全体系建设，领导和督促各部门、街道、其他机关、团体和组织、社会各界开展食品安全有关工作和活动；

（十）领导纪律检查机关严肃查处食品安全工作中的违纪行为，按照相关规定落实对党员干部的责任追究。

第五条　区委区政府主要负责人对食品安全工作负总责；区政府主要负责人是全区食品安全工作的第一责任人，担任本级食品安全委员会主任；区政府分管食品安全工作负责人对食品安全工作负综合监管领导责任；区委区政府班子的其他成员按照“一岗双责”的要求，做好职责范围内食品安全相关工作。

第三章　街道党工委、街道办事处的属地责任

第六条　街道党工委、街道办事处对本辖区食品安全负总责，其主要职责是：

（一）贯彻执行食品安全法律法规，认真贯彻上级党委、政府的重大决策部署和工作要求，结合实际提出落实措施；

（二）将食品安全纳入本辖区经济社会发展的总体战略，推动食品安全与经济社会协调发展；

（三）负责定期分析本地区食品安全形势，研究部署、统筹协调和指导辖区食品安全工作，督促检查食品安全监督管理责任落实情况；

（四）切实发挥食品安全委员会作用，建立健全协调联动机制、综合监督管理制度，制定食品安全监督管理政策措施，解决影响本地区食品安全的重点、难点问题；

（五）建立健全日常工作机制，组织开展食品安全隐患排查、信息报告、协助执法和宣传教育等工作，组织开展食品安全联合巡查、隐患排查以及专项整治；

（六）每年专题听取食品安全工作汇报不少于2次，研究部署食品安全重点工作；

（七）加强各类考核中食品安全权重，把食品安全控制指标纳入经济社会发展考核评价指标体系，加大对所辖社区、企业的食品安全考核力度；

（八）制定并组织实施本辖区食品安全网格化管理方案，建立完善责任网格内食品生产经营单位信息数据库，统筹规划本辖区内食品摊贩经营场所，落实投诉举报处置，并开展日常管理预防群体性食品安全事件发生，按规定及时向上级报告食品安全事故，做好食品安全应急预案编制、演练、事故应急处置工作；

（九）负责推荐、管理、培训和考核辖区内各社区食品安全专管员、信息员，明确其工作职责、考核办法等事项；

（十）将食品安全工作纳入宣传教育工作范畴，加强食品安全宣传教育和舆论工作，发挥企业党群组织食品安全监督作用，引导广大群众全面参与、主动支持食品安全工作，营造全社会关爱生命、关注安全的良好氛围。

第七条 市场监管平台以街道食安办为主体，加强与市场监管所、公安派出所、综合行政执法中队等派驻机构以及卫生计生监督管理等监管力量的联动，承担面向经营主体的行政监管和执法责任，其主要职责是：建立和完善“双随机”抽查机制，制定并实施与综合行政执法相结合的联合抽查计划，加强抽查结果运用，规范事中事后监管；推进随机抽查与社会信用体系相衔接，依托政府企业信用联动监管平台，将随机抽查结果纳入市场主体的社会信用记录，建立健全市场主体诚信档案、失信联合惩戒和黑名单制度；强化生产经营者主体责任，突出市场检查和质量抽检力度，强化重点领域治理和日常监管。

第八条 街道党政主要负责人对本辖区的食品安全工作负总责，街道办事处主要负责人担任街道食品安全委员会主任，其他班子成员按照“一岗双责”的要求，做好职责范围内食品安全相关工作。

第九条 街道食安办主要负责人对本辖区食品安全监督执法工作负总责，市场监管、公安、综合行政执法等派驻机构和卫生计生监督管理负责人承担具体的行政监管和执法责任。

第四章 部门监管责任

第十条 各食品安全监管部门对全区范围食品安全负监管责任，主要职责是：

（一）区委宣传部：负责协调、指导新闻媒体开展食品安全报道和公益宣传工作；配合食品安全监管部门及时、客观曝光食品安全典型违法案件；配合做好食品安全重大问题及突发事件的信息发布和舆论引导工作。

（二）区法制办：负责区政府食品安全规范性文件和重大决策的合法性审查；负责食品安全执法监督工作；协调食品安全依法行政工作中的有关问题及部门之间行政执法中的矛盾和争议。

（三）区发改经信局：负责将食品安全体系建设列入国民经济和社会发展规划，加强对食品工业产业发展的宏观指导，推动食品安全专项项目的组织、申报和实施。

（四）区教育局：负责指导学校食品安全工作的实施和管理，督促学校落实食品安全措施，负责指导开展学校食品安全宣传教育，配合相关部门开展学校及周边环境的食品安全监督执法工作，负责指导建立和完善学校突发性食品安全事故的应急处理机制，参与学校食品安全突发事件的应急处置和事故的调查处理。

（五）区科技局：加强食品安全科技工作，将食品安全纳入科技发展规划；支持高校、科研院所和企业开展食品安全相关的技术研究和成果转化；会同有关部门开展食品安全科普宣传，提供有关的技术服务。

（六）区财政局：做好食品安全综合协调和食品安全监管工作的经费保障，对资金使用情况进行监督。

（七）区纪律检查委员会、监察委员会 负责监督政府认真履行食品安全监管职责及各职能部门依法履行食品安全日常监管职责；参与重大食品安全责任事故的调查处理，对政府和职能部门及其相关责任人的失职、渎职等行为进行责任追究，并适时通报典型案件。

（八）区住房和城建局：配合市场监管部门加强建筑工地食堂食品安全的监督管理。

（九）区卫计局：负责食品安全风险检测和评估工作；负责饮用水和集中消毒餐饮具的卫生安全监督管理；协调疾病预防控制机构开展食品安全事故中相关的流行病学调查工作；协调医疗机构做好食品安全事故的救治和保障工作。

（十）区市场监管局：负责食品生产经营环节的监督管理；负责食用农、林、水产品进入批发、零售市场或生产加工企业后的监督管理；负责境外食品进入批发、零售市场或生产加工企业后的监督管理；负责食品生产经营企业、个体工商户的登记注册工作；加强食品商标、食品广告监管工作，依法查处仿冒知名食品特有的名称、包装、装潢等不正当竞争行为以及违法食品广告、商标侵权行为。

（十一）区城管局：负责餐厨废弃物的监督管

理工作；加强对食品流动摊贩的查处。

（十二）区公安分局：负责组织查处、协调指导食品犯罪案件侦查工作；维护食品安全重大事故现场秩序，配合调查食品安全重大事故；查处阻碍食品安全监管人员依法执行公务的违法犯罪行为；协同开展食品安全舆情监测，及时向职能部门通报相关信息。

（十三）区法院：负责食品安全案件审理工作，牵头明确食品安全案件审判法律适用标准。

（十四）区检察院 负责食品犯罪案件审查逮捕、审查起诉、出庭公诉和法律监督工作，依法查处食品安全监管相关人员职务犯罪案件。

（十五）上城环保分局 负责统筹协调影响食品安全重大环境问题的处理；参与和食品有关的突发环境事件的应急处理及事故的调查处理。

（十六）区食品安全委员会办公室：负责组织贯彻国家、省、市、区食品安全工作方针政策；承担食品安全综合统筹职责；督促检查有关部门和街道履行食品安全监管职责，并负责考核评估；推动食品安全应急体系和能力建设，牵头组织食品安全重大事故调查等。

第十一条 各部门主要负责人对部门食品安全工作负总责，分管负责人副分管责任，各相关科室负责人负工作职责。

第五章 监督落实和相关要求

第十二条 各街道、各部门要将食品安全纳入学习计划并组织学习、培训，自觉落实食品安全“党政同责、一岗双责”制度，认真履行食品安全工作职责。坚持一级抓一级，不断提高广大人民群众的安全意识。

第十三条 各街道、各部门要对食品安全“党政同责、一岗双责”制度建立和落实情况进行监督检查，对不按规定建立和落实“党政同责、一岗双责”制度的，提出整改意见并督促整改。

第十四条 各街道、各部门要完善工作例会、检查、暗访、督查、追责问责等制度，开展食品安全定期评析和报告。

第十五条 各街道、各部门要把食品安全工作考核结果作为评价领导班子和干部实绩的重要内容，纳入对领导班子和干部的年度考核。

第六章 附 则

第十六条 本办法在实施过程中，上级另有规定的，从其规定。

第十七条 本办法自发布之日起施行。

中共杭州市上城区委办公室

杭州市上城区人民政府办公室

2017 年 5 月 11 日

主题索引

Subject Index

·说　明·

一、本类目设条目索引、表格索引两个分目。

二、条目索引采用分析索引方法，中文条目按第一字汉语拼音（同音字按声调）顺序排列；第一字相同，按第二字音序排列，依次类推。数字开头的条目按数字 0~9 顺序排列。

类目、分目用黑体字标示。标引词后的阿拉伯数字表示内容所在页码。数字后的拉丁字母 a、b 分别表示从左到右第一、二栏。

本年鉴的“特载”“大事记”“人物”“统计资料”“附录”均未做主题索引。

三、表格索引按序号排列。

主题索引

0 ~ 9

A

D

E

H

T

W

表格索引